中国近代史学文献丛刊

王 东 李孝迁／主编

中国古代史学评论

王应宪／编校

上海古籍出版社

2018年度国家出版基金资助项目

上海高校服务国家重大战略出版工程

上海市教育委员会科研创新计划重大项目
"重构中国：中国现代史学的知识谱系（1901–1949）"
（2017-01-07-00-05-E00029）

丛刊缘起

学术的发展离不开新史料、新视野和新方法，而新史料则尤为关键。就史学而言，世人尝谓无史料便无史学。王国维曾说："古来新学问之起，大都由于新发现。"无独有偶，陈寅恪亦以为"一时代之学术，必有其新材料与新问题"，取用此材料，以研求问题，则为此时代学术之新潮流；顺此潮流者，谓之预流，否则谓之未入流。王、陈二氏所言，实为至论。抚今追昔，中国史学之发达，每每与新史料的发现有着内在联系。举凡学术领域之开拓、学术热点之生成，乃至学术风气之转移、研究方法之创新，往往均缘起于新史料之发现。职是之故，丛刊之编辑，即旨在为中国近代史学史学科向纵深推进，提供丰富的史料支持。

当下的数字化技术为发掘新史料提供了捷径。晚近以来大量文献数据库的推陈出新，中西文报刊图书资料的影印和数字化，各地图书馆、档案馆开放程度的提高，近代学人文集、书信、日记不断影印整理出版，凡此种种，都注定这个时代将是一个史料大发现的时代。我们有幸处在一个图书资讯极度发达的年代，当不负时代赋予我们的绝好机遇，做出更好的研究业绩。

以往研究中国近代史学，大多关注史家生平及其著作，所用材料以正式出版的书籍和期刊文献为主，研究主题和视野均有很大的局限。如果放宽学术视野，把史学作为整个社会、政治、思潮的有机组成部分，互相联络，那么研究中国近代史学所凭借的资料将甚为丰富，且对其也有更为立体动态的观察，而不仅就史论史。令人遗憾的是，近代史学文献资料尚未有系统全面的搜集和整理，从而成为学科发展的瓶颈之一。适值数字化时代，我们有志于从事这项为人作嫁衣裳的事业，推出《中国近代史学文献丛刊》，计划陆续出版各种文献资料，以飨学界同仁。

丛刊收录文献的原则：其一"详人所略，略人所详"，丛刊以发掘新史料为主，尤其是中西文报刊以及档案资料；其二"应有尽有，应无尽无"，丛刊并非常见文献的大杂烩，在文献搜集的广度和深度上，力求涸泽而渔，为研究者提供一份全新的资料，使之具有长久的学术价值。我们立志让丛刊成为相关研究者的案头必备。

这项资料整理工作，涉及面极广，非凭一手一足之力，亦非一朝一夕之功，便可期而成，必待众缘，发挥集体作业的优势，方能集腋成裘，形成规模。华东师范大学历史学系，在史学理论与史学史研究领域有着长久深厚的学术传统，素为海内外所共识。我们有责任，也有雄心和耐心为本学科的发展贡献绵薄之力。在当下的学术评价机制中，这些努力或许不被认可，然为学术自身计，不较一时得失，同仁仍勉力为之。

欢迎学界同道的批评！

前　言

中国传统史学源远流长，资源富集，有其自立自足的知识谱系，以及连汇贯通的思想特质，在世界史林亦占重要一席。检讨既往史学变迁大势者，已有刘知幾《史通》、章学诚《文史通义》为代表之理论专著，而对中国史学发展进行反思的中国史学史学科，其诞生则为晚近百余年的事。适如异邦史家所言："史神（Clio）虽系文艺女神（Muses）中之先进，然只知勤于记他人之过去，而忘却自身之过去。"①

清季学制改革引入西学分科观念，于大学堂设立史学科，并注重历史学的方法训练。1904年《奏定学堂章程》在史学门主课首列史学研究法，所讲述的"史学家之盛衰"，②已指向现代意义的史学史范畴。1909年曹佐熙在湖南中路师范学堂讲授史学研究法，上溯太古传闻，下迄海通以后，以权舆、全盛、中衰、复古、会通五时代区分历代史学盛衰，概述史学源流变迁。③ 若从史源学观察，"史学史"一词，至少可追溯到巴克尔《英国文明史》（1857），后为日本学界吸纳，京都大学1914年已有内藤湖南的中国史学史。④ 至民国初年，这一概念始为国人译介入华。20世纪初年以来，在史学专业化进程中，中国史学史逐渐确立知识体系。回望中国史学史学科所走过的道路，如果传统史学的深厚底蕴是孕育其生命的摇篮，那么现代西方史学显然发挥了"助产婆"的作用。史学史作为一次学科，正是在近代中外史学的交流互动中应运而生。

---

① ［美］绍特韦尔著，何炳松、郭斌佳译：《西洋史学史》，商务印书馆，1929年，第1页。
② 璩鑫圭、唐良炎编：《中国近代教育史资料汇编·学制演变》，上海教育出版社，2007年，第359—361页。
③ 曹佐熙：《史学通论》，湖南中路师范学堂，1909年，第1—5页。
④ ［日］内藤湖南著，马彪译：《中国史学史》，上海古籍出版社，2008年，第358页。

1902年梁启超发表《中国之旧史学》一文,略述中国史学派别,已见书写史学史之端倪。其后在南开大学演讲"过去之中国史学界",梁氏又从史官、史家、史籍、史体以及清代史学方面,缕述两千年来史学经过大凡。1926年在历史研究法补编中,梁启超更是将"史学史"视为学术思想史的分支,提议围绕史官、史家、史学的成立及发展、最近史学的趋势四方面,撰写中国史学史。① 可以说,梁启超对于中国史学史学科初创,居功至伟。事实上,国内最早提出"史学史"概念者,为现代史学名家朱希祖。1919年北京大学史学系设有"史学史"课程,朱希祖担任教员。② 自1920年代起,朱氏在北大主讲"中国史学概论",说明中国史学之源流变迁及编纂方法,并评论其利弊;主讲"本国史学概论",叙述本国史学之起源、历史之种类派别以及历史学思想之发展及进步。③ 又在清华大学兼授"史学史"中国部分,讲述中国史学之起源及历代各派史学发展之概况,注意各时代文化思想之背景,而以近代史学视点评论重要著作之价值,④又于辅仁大学、北平师范大学、北平大学讲授同类科目。⑤ 在主政北京大学史学系期间,朱希祖致力于史学社会科学化,"以欧美新史学,改造中国旧史学",⑥将历史课程分为基本科学、辅助科学、史学史及史学原理、中外通史及断代史、专门史、外国语六大系统,史学史及史学原理者,中国史学概论、中国史学名著评论、欧美史学史之类,多定为史学系必修课,⑦特别要求学生既学史学,"则于本国、外国史学之变迁利病,尤宜深知灼见",将本国史学概论、本国史学名著讲演、欧美史学史作为史学系"最重要之学科"。⑧ 作为国内最早建立的史学系,北大的课程规划具有示范意义,"国内公私大学史科,纷纷仿行",⑨中国史学史因之成为多校的常设科目。

自梁启超、朱希祖一二大师导夫先路,为史学史学科奠立藩篱,描

---

① 梁启超:《中国历史研究法》,河北教育出版社,2000年,第325—328页。
② 王应宪编校:《现代大学史学系概览(1912—1949)》,上海古籍出版社,2016年,第11页。
③ 王应宪编校:《现代大学史学系概览(1912—1949)》,第14、25页。
④ 王应宪编校:《现代大学史学系概览(1912—1949)》,第315页。
⑤ 《北平各大学的状况》,新晨报出版部,1930年,第66页,第102页。
⑥ 王应宪编校:《现代大学史学系概览(1912—1949)》,第674页。
⑦ 傅振伦:《先师朱逖先先生行谊》,《文史杂志》1945年第5卷第11、12期,第51页。
⑧ 王应宪编校:《现代大学史学系概览(1912—1949)》,第29页。
⑨ 傅振伦:《先师朱逖先先生行谊》,第51页。

绘蓝图。后学者继业而起，推衍阐发，有意撰述专书，传世者除了朱希祖《中国史学通论》，要者尚有陈功甫、陆懋德、容肇祖《中国史学史》、萧鸣籁、卫聚贤、姚名达《中国史学史讲义》、方壮猷《中国史学史讲录》等大学讲义，以及金毓黻、魏应麒、张圣奘、赵超玄《中国史学史》、王玉璋《中国史学史概论》、傅振伦《中国史学概论》、方壮猷《中国史学概要》、董允辉《中国史学史初编》、贝琪《中国史学史初稿》等自编本或公开出版物。

探讨民国时期史学史研究状况，由专著入手确能彰显学术进展的总体水平。惟因上述讲义多为内部资料，流传未广，故而1934年山西省立教育学院教员以为"史学史"科目"在中国尚在萌芽时代，见于著作者极尟"，①萧鸣籁在1937年也曾感慨学界"至今仍无一有统系较完备之史学史"。② 因此，欲扩充我们对于近代中国史学的认知，全面把握、客观评估当时研究传统史学的水准，报刊所载之史学论文，亦属于不可忽视的重要方面。较之于前述讲义专著，这部分文献数量浩瀚庞杂，传播面与普及面更为广泛，值得特别关注。正如杜维运先生所言："史学史专书以外，最值得注意者，为发表于各学术性杂志之史学史论文，晚清以来，论述中国史学史之精华，荟萃于此。洋洋巨观之一部专书，往往不如一篇论文更富学术性。专书每流于驳杂，为字数而拼凑材料；论文则专精，能道前人所未道。"③有鉴于此，杜维运、黄进兴、陈锦忠主编《中国史学史论文选集》三册，对于整理近世学人论传统史学之专题论文，最具开拓之功。接续而起者，则有葛懋春主编《中国现代史论选》、蒋大椿主编《史学探渊——中国近代史学理论文编》、乔治忠主编《中国史学史经典精读》以及李孝迁《中国现代史学评论》等，皆拓宽了中国近现代史学研究的视野。

编者爱仿先行者之示范，选录民国时期报刊所发表的时人论传统史学之专题论文，间及部分专著篇章，选文三十八篇，汇辑成书。整理过程中，我们在尊重原本的基础上，遵循以下原则：（一）次序编排。

---

① 王应宪编校：《现代大学史学系概览(1912—1949)》，第371页。
② 萧鸣籁：《史与史学及史学史》，《史学专刊》1937年第2卷第1期，第10页。
③ 杜维运：《中国史学史论文选序》，参杜维运、黄进兴编：《中国史学史论文选集》，台湾华世出版社，1976年，第7页。

依史学通论、史学起源、史学思想、史官建置、史籍纂修、史体流别、史著导读等主题,略作区分,同类文献参照时间先后斟酌排列;(二)格式编排。原本竖排繁体者,调整为横排简体;双行夹注者,改为单行夹注,表格部分斟酌处理;(三)文字校勘。原文明显错讹处,径行订正,漫漶而无法辨识者,以"□"表示,每字一格。

近代以来,世运变动无机,学术思想多元竞存。故本书选录不拘作者的身份名望,不论观点的中西新旧,择选具有一定代表的作品。期冀本集的出版,能够扩充读者对于传统史学知识与思想的认知,在接续传统的基础上,进一步拓展文献资源,深化专题讨论,推进中国史学研究。

王应宪
2018 年秋于华东师大历史学系

目　录

丛刊缘起 / 1
前言 / 1

中国之旧史学　梁启超 / 1
论史学之变迁　陆绍明 / 6
史学之源流　曹佐熙 / 10
过去之中国史学界　梁启超 / 14
释史　王国维 / 31
中国史学之起源　朱希祖 / 37
中国史学的起源　周予同 / 53
中国史学之演变　周予同 / 65
中国过去史学界之审查　汪诒荪 / 73
中国史学演化之陈迹及吾人应抱之态度　何炳松 / 85
中国史学之阶段的发展　朱谦之 / 89
中国历史的历史　陈高傭 / 144
中国史学之进化　周谷城 / 165
中国历史学的演变　管听石 / 195
先秦历史哲学管窥　齐思和 / 204
战国诸子的历史哲学　吴　晗 / 222
秦汉历史哲学　冯友兰 / 248
中国古代的历史观　徐文珊 / 254

中国史学思想发达史略　萧　澄 / 263

中国史学思想史引端　黄庆华 / 269

中国史学中之史意与义例　茹春浦 / 278

论正统　梁启超 / 288

史权论　孙德谦 / 294

史权　柳诒徵 / 297

史官建置沿革考　张遼青 / 313

唐宋时代设馆修史制度考　金毓黻 / 320

中国历代修史制度考　傅振伦 / 332

二十四史成书经过考略　建　儒 / 352

中国史籍分类之沿革及其得失　傅振伦 / 403

史部流别论　张永康 / 418

史体论征　郭翠轩 / 430

中国历史体裁底演变　白寿彝 / 442

《史记》解题及其读法　梁启超 / 450

《文心雕龙·史传篇》疏证　金毓黻 / 468

《史通》评论　何炳松 / 516

《资治通鉴》纂修始末　张芝联 / 530

《文史通义》解题及其读法　钱基博 / 540

刘知幾与章实斋之史学　张其昀 / 575

中国之旧史学[①]

梁启超

于今日泰西通行诸学科中,为中国所固有者,惟史学。史学者,学问之最博大而最切要者也,国民之明镜也,爱国心之源泉也。今日欧洲民族主义所以发达,列国所以日进文明,史学之功居其半焉。然则但患其国之无兹学耳,苟其有之,则国民安有不团结,群治安有不进化者! 虽然,我国兹学之盛如彼,而其现象如此,则又何也?

今请举中国史学之派别,表示之而略论之:

史学
- 第一 正史
  - (甲)官书　所谓二十四史是也。
  - (乙)别史　如华峤《后汉书》、习凿齿《蜀汉春秋》、《十六国春秋》、《华阳国志》、《元秘史》等,其实皆正史体也。
- 第二 编年　《资治通鉴》等是也。
- 第三 纪事本末
  - (甲)通体　如《通鉴纪事本末》、《绎史》等是也。
  - (乙)别体　如平定某某方略、《三案始末》等是也。
- 第四 政书
  - (甲)通体　如《通典》、《文献通考》等是也。
  - (乙)别体　如《唐开元礼》、《大清会典》、《大清通礼》等是也。
  - (丙)小纪　如《汉官仪》等是也。
- 第五 杂史
  - (甲)综记　如《国语》、《战国策》等是也。
  - (乙)琐记　如《世说新语》、《唐代丛书》、《明季稗史》等是也。
  - (丙)诏令奏议　《四库》另列一门,其实杂史耳。
- 第六 传记
  - (甲)通体　如《满汉名臣传》、《国朝先正事略》等是也。
  - (乙)别体　如某帝实录、某人年谱等是也。
- 第七 地志
  - (甲)通体　如各省通志、《天下郡国利病书》等是也。
  - (乙)别体　如纪行等书是也。
- 第八 学史　如《明儒学案》、《国朝汉学师承记》等是也。
- 第九 史论
  - (甲)理论　如《史通》、《文史通义》等是也。
  - (乙)事论　如历代史论、《读通鉴论》等是也。
  - (丙)杂论　如《廿二史札记》、《十七史商榷》等是也。
- 第十 附庸
  - (甲)外史　如《西域图考》、《职方外纪》等是也。
  - (乙)考据　如《禹贡图考》等是也。
  - (丙)注释　如裴松之《三国志注》等是也。

都为十种二十二类

[①] 在《新民丛报》刊出时,题目前原有"第一章"字样。作者署"中国之新民"。

试一翻四库之书,其汗牛充栋、浩如烟海者,非史学书居十六七乎?上自太史公、班孟坚,下至毕秋帆、赵瓯北,以史家名者不下数百。兹学之发达,二千年于兹矣,然而陈陈相因,一邱之貉,未闻有能为史界辟一新天地,而令兹学之功德普及于国民者,何也?吾推其病源,有四端焉:

　　一曰知有朝廷而不知有国家。吾党常言,二十四史非史也,二十四姓之家谱而已。其言似稍过当,然按之作史者之精神,其实际固不诬也。吾国史家,以为天下者君主一人之天下,故其为史也,不过叙某朝以何而得之,以何而治之,以何而失之而已,舍此则非所闻也。昔人谓《左传》为相斫书,岂惟《左传》,若二十四史,真可谓地球上空前绝后之一大相斫书也。虽以司马温公之贤,其作《通鉴》,亦不过以备君王之浏览。其论语无一非忠告君主者。盖从来作史者,皆为朝廷上之君若臣而作,曾无有一书为国民而作者也。其大弊在不知朝廷与国家之分别,以为舍朝廷外无国家。于是乎有所谓正统闰统之争论,有所谓鼎革前后之笔法,如欧阳之《新五代史》、朱子之《通鉴纲目》等。今日盗贼,明日圣神,甲也天命,乙也僭逆。正如群蛆啄矢,争其甘苦,狙公饲狙,辨其四三,自欺欺人,莫此为甚。吾中国国家思想,至今不能兴起者,数千年之史家,岂能辞其咎耶?

　　二曰知有个人而不知有群体。历史者,英雄之舞台也,舍英雄几无历史。虽泰西良史,亦岂能不置重于人物哉?虽然,善为史者,以人物为历史之材料,不闻以历史为人物之画像;以人物为时代之代表,不闻以时代为人物之附属。中国之史,则本纪、列传,一篇一篇,如海岸之石,乱堆错落。质而言之,则合无数之墓志铭而成者耳。夫所贵乎史者,贵其能叙一群人相交涉相竞争相团结之道,能述一群人所以休养生息同体进化之状,使后之读者,爱其群善其群之心,油然生焉。今史家多于鲫鱼,而未闻有一人之眼光,能见及此者。此我国民之群力群智群德,所以永不发生,而群体终不成立也。

　　三曰知有陈迹而不知有今务。凡著书贵宗旨。作史者将为若干之陈死人作纪念碑耶?为若干之过去事歌舞剧耶?殆非也。将使今世之人,鉴之裁之,以为经世之用也。故泰西之史,愈近世则记载愈详。中国不然,非鼎革之后,则一朝之史不能出现。又不惟正史而已,即各体莫不皆然。故温公《通鉴》，亦起战国而终五代。果如是也，使其朝自今以往，永不易姓，则史不其中绝乎？使如日本之数千年一系，岂不并史之为物而无之乎？太史公作《史记》，直至《今上本纪》，且其记述，不少隐讳焉，史家之天职然也。后世专制政体，日以进步，民气学风，日以腐败，其末流遂极于今日。推病根所从起，实由认历史为朝廷所专有物，舍朝廷外无可记载故也。不然，则虽有忌讳于朝廷，而民间之事，其可纪者，不亦多多乎，何并此而无也？今日我辈欲研究二百六十八年以来之事实，竟无一书可凭藉，非官牍铺张循例之言，则口碑影响疑似之说耳。时或藉外国人之著述，窥其片鳞残甲。然甲国人论乙国之事，例固百不得一，况吾国之向闭关不与人通者耶！于是乎吾辈乃穷。语曰：知古而不知今，谓之陆沉。夫陆沉我国民之罪，史家实尸之矣。

　　四曰知有事实而不知有理想。人身者，合四十余种原质而成者也，合眼、耳、鼻、舌、手足、脏腑、皮毛、筋络、骨节、血轮、精管而成者也。然使采集四十余种原质，作为眼、耳、鼻、舌、手足、脏腑、皮毛、筋络、骨节、血轮、精管无一不备，若是者可谓之人乎？必不可。何则？无其精神也。史之精神维何？曰理想是已。大群之中有小群，大时代之中有小时代。而群与群之相际，时代与时代之相续，其间有消息焉，有原理焉。作史者苟能勘破之，知其以若彼之因，故生若此之果，鉴既往之大例，示将来之风潮，然后其书乃有益于世界。今中国之史，但呆然曰：某日有甲事，某日有乙事。至其事之何以生，其远因何在，近因何在，莫能言也。其事之影响于他事或他日者若何，当得善果，当得恶果，莫能言也。故汗牛充栋之史书，皆如蜡人院之偶像，毫无生气，读之徒费脑力。是中国之史，非益民智之具，而耗民智之具也。

　　以上四者，实数千年史家学识之程度也。缘此四蔽，复生二病：

　　其一能铺叙而不能别裁。英儒斯宾塞曰："或有告者曰：邻家之猫，昨日产一子。以云事实，诚事实也，然谁不知为无用之事实乎！何也？以其与他事毫无关涉，于吾人生活上之行为，毫无影响也。然历史上之事迹，其类是者正多。能推此例以读书观万物，则思过半矣。"此斯氏教人以作史读史之方也。泰西旧史家，固不免之，而中国殆更甚焉。某日日食也，某日地震也，某日册封皇子也，某日某大臣死也，某日有某诏书也,满纸填塞,皆此等邻猫生子之事实。往往有读尽一卷,而无一语有入脑之价值者。就中如《通鉴》一书,属稿十九年,别择称精善。然今日以读西史之眼读之,觉其有用者,亦不过十之二三耳,《通鉴》载奏议最多,盖此书专为格君而作也。吾辈今日读之,实嫌其冗。其他更何论焉。至如《新五代史》之类,以别裁自命,实则将大事皆删去,而惟存邻猫生子等语,其可厌不更甚耶? 故今日欲治中国史学,真有无从下手之慨。二十四史也,九通也,《通鉴》、《续通鉴》也,《大清会典》、《大清通礼》也,十朝实录、十朝圣训也,此等书皆万不可不读,不读其一则罣漏正多。然尽此数书而读之,日读十卷,已非三四十年不为功矣。况仅读此数书,而决不能足用,势不可不于前所列十种二十二类者一一涉猎之。杂史、传志、札记等所载,常有用过于正史者。何则? 彼等常载民间风俗,不似正史专为帝王作家谱也。人寿几何,何以堪此。故吾中国史学智识之不能普及,皆由无一善别裁之良史故也。

其二能因袭而不能创作。中国万事,皆取述而不作主义,而史学其一端也。细数二千年来史家,其稍有创作之才,惟六人:一曰太史公。诚史界之造物主也。其书亦常有国民思想,如项羽而列诸本纪,孔子、陈涉而列诸世家,儒林、游侠、刺客、货殖而为之列传,皆有深意存焉。其为立传者,大率皆于时代极有关系之人也。而后世之效颦者,则胡为也。二曰杜君卿。《通典》之作,不纪事而纪制度。制度于国民全体之关系,有重于事焉者也。前此所无而杜创之,虽其完备不及《通考》,然创作之功,马何敢望杜耶? 三曰郑渔仲。夹漈之史识,卓绝千古,而史才不足以称之。其《通志·二十略》,以论断为主,以记述为辅,实为中国史界放一光明也。惜其为太史公范围所困,以纪传十之七八,填塞全书,支床叠屋,为大体玷。四曰司马温公。《通鉴》亦天地一大文也,其结构之宏伟,其取材之丰赡,使后世有欲著通史者,势不能不据为蓝本,而至今卒未有能逾之者焉。温公亦伟人哉! 五曰袁枢。今日西史,大率皆纪事本末之体也,而此体在中国,实惟袁枢创之,其功在史界者亦不少。但其著《通鉴纪事本末》也,非有见于事与事之相联属,而欲求其原因结果也,不过为读《通鉴》之方便法门,著此以代抄录云尔。虽为创作,实则无意识之创作,故其书不过为《通鉴》之一附庸,不能使学者读之有特别之益也。六曰黄梨洲。黄梨洲著《明儒学案》,史家未曾有之盛业也。中国数千年惟有政治史，而其他一无所闻。梨洲乃创为学史之格，使后人能师其意，则中国文学史可作也，中国种族史可作也，中国财富史可作也，中国宗教史可作也。诸类此者，其数何限。梨洲既成《明儒学案》，复为《宋元学案》，未成而卒。使假以十年，或且有《汉唐学案》《周秦学案》之宏著，未可料也。梨洲诚我国思想界之雄也。若夫此六君子以外，袁枢实不能在此列。则皆所谓公等碌碌，因人成事。《史记》以后，而二十一部皆刻画《史记》，《通典》以后，而八部皆摹仿《通典》，何其奴隶性至于此甚耶！若琴瑟之专壹，谁能听之？以故每一读辄惟恐卧，而思想所以不进也。

合此六弊，其所贻读者之恶果，厥有三端：一曰难读。浩如烟海，穷年莫殚，前既言之矣。二曰难别择。即使有暇日，有耐性，遍读应读之书，而苟非有极敏之眼光，极高之学识，不能别择其某条有用某条无用，徒枉费时日脑力。三曰无感触。虽读全史，而曾无有足以激厉其爱国之心，团结其合群之力，以应今日之时势而立于万国者。然则吾中国史学，外貌虽极发达，而不能如欧美各国民之实受其益也，职此之由。

今日欲提倡民族主义，使我四万万同胞强立于此优胜劣败之世界乎，则本国史学一科，实为无老无幼、无男无女、无智无愚、无贤无不肖所皆当从事，视之如渴饮饥食一刻不容缓者也。然遍览乙库中数十万卷之著录，其资格可以养吾所欲给吾所求者，殆无一焉。呜呼！史界革命不起，则吾国遂不可救。悠悠万事，惟此为大！《新史学》之著，吾岂好异哉？吾不得已也。

（《新民丛报》1902年2月8日第1号）

论史学之变迁

陆绍明

溯自有文字即有史。伏羲氏作书契，而后又作甲历。甲历为史册之纲，亦可为史中之一志。黄帝命苍颉为左史，沮诵为右史。苍颉因改制六书，使天下义理，必归文字，天下文字，必归六书，以易于记录。左史记言，右史记动。迨后夏有太史终，殷有太史挚，周有太史佚、太史儋、太史叔服，史之事于是乎发达矣。至春秋而史学愈备，至战国而史学乃奇，合先王之政典而成六经，六经为周史之大宗，孔子定六经，注意于教化，由史政而入于史教，是为史之第一变迁。

窃六经之糟粕，而诸子争鸣，诸子为周史之小支。孟子辟诸子，归宗于器识，由史才而入于史识，是为史之第二变迁。《孟子》七篇，为议论之史。圣贤著作，无非史体，犹于古之不离史而别有所谓著作者也。

左氏《国语》《国语》作自何人，说者不一，然终以汉人所传左邱明作为有征。上包周穆王，下及鲁悼公，与春秋时代不相应，与经义亦不相关，文胜于理，别树一帜。左氏《春秋》此左氏为六国时人，作邱明者误。郑渔仲《六经奥论》言之甚详，确有见地。肆言妖鬼，光怪陆离，亦好言巫卜五行之事，与《公羊》好言五行相同。《战国策》长于议论，风发泉涌。《汉书·艺文志》归《战国策》与《史记》为一类。晁氏《读书志》改入子部纵横家，其实宜归史类。《国语》、《左传》、《国策》皆富议论，《公》、《榖》春秋文简义精，断制谨严，亦饶议论。议论之史，推是为胜。由议论而一变至于实录。

司马迁《史记》以实录称，扬子《法言》：或问《周官》，曰立事。《左氏》，曰品藻。《太史迁》曰实录。其叙事寓论断。班固作《汉书》断代为史，亦为实录之体，而远不及迁。《汉书》多因《史记》之旧，而篇章字句，时有窜改。

宋范晔撰《后汉书》，体亦近纂修实录，他及《三国志》《宋书》《南齐书》《梁书》《陈书》，亦皆近实录而不纯。唐李延寿撰《南史》，因四史旧文，稍为删润，补缺者少，削繁者多，较四史稍为简要。《北史》亦李延寿所撰，较《南史》用力独深，如周则补文苑传，齐则补列女传，不似《南史》之缺略，出郦道元于酷吏，附陆法和于艺术，亦不似《南史》之因仍，是虽未免撷录旧文，而别具识力，竟不囿于实录。实录之体，备于此矣。考其内为实录，观其外为传记，所谓实录者，即传记之史也。若夫《晋书》《新唐书》《新五代》亦为纪传之史。《晋书》不重于世，取讥于骈体，但其弊不止于此。观陆机、王羲之二传，太宗制赞，不得不叹。典午一代，不乏名臣，而太宗所赞者，仅一工文之士，一工书之士，夫亦可知其略实行而奖浮华，忽正典而取小说，有由来矣。《新唐书》，大旨以事增文省求胜《旧唐书》，而事多采掇小说，所以文多涩体，未能尽雅者也。至于诏令多用骈体长篇，亦非史之正法。《新五代》大旨以《春秋》书法为宗，褒贬有法。其他《魏书》《北齐书》《周书》皆为纪传之史，颇为残缺。又《隋书》出自众人手，驳杂不足观。《旧唐书》《旧五代史》自《新唐书》《新五代史》出，而几为世所弃。元托克托等撰《宋史》，大旨在表章道学，其余皆姑以备数，疏舛芜漫，更仆难穷。又撰《辽史》，仅据耶律俨、陈大任二家所纪，以成其书，故疏略错误。《金史》亦为其所撰，较《宋史》《辽史》为优，盖有元好问、刘祁诸人私相缀辑，纪传详赡，体例严整。明宋濂等撰《元史》，其书仓卒而成，碑志之语，案牍之文，往往不及修改。《明史》则品藻实录，两不擅长。传记之史，备于此矣。又由传记之史一变迁而为编年之史。

编年之史，始自《汉纪》，而古之《竹书纪年》实为伪书，不足为训。案荀悦《汉纪》，约班固《汉书》为编年之体，词约事详，论辨多美，脍炙人口，有取之也。顾宁人独轻诋之，何欤？晋袁宏撰《后汉纪》，其体例全仿《汉纪》，其取材则以张璠书为主，今以《三国志注》《后汉书注》所引璠书互校，其异同详略之处，惟推是书为长，知其剪裁点窜，具有史裁，非苟作者可比。王通《元经》、温大雅之《大唐创业起居》，皆为编年之史。司马光《资治通鉴》淹通贯串，为史家绝作。光作《通鉴》，所采书籍，自正史以外，杂史至三百三十二种，记录既繁，异同互出，因参校以作《通鉴考异》，又作《稽古录》，是编于《通鉴》之外，自为一书，所纪上起伏羲，下至英宗，其于治乱兴衰之故，剖析详明。《通鉴外纪》为刘恕所撰，上起伏羲，下至周威烈王二十三年，与《通鉴》相接，其目录亦全仿《通鉴》目录之例。《皇王大纪》用《皇极经世》编年，博采经传，附以论断。《中兴小纪》载南渡事迹，起建炎丁未，迄绍兴壬午，其为高宗一朝之史欤？《续资治通鉴长编》，宋李焘所撰，焘不敢居于《续通鉴》，故所采北宋一祖八宗事迹，编年条载，汇为是书，见誉当时，号为渊海。吕祖谦《大事记》，取司马迁年表，编年系月，以记《春秋》后事。《建炎以来系年要录》，宋李心传撰，其书述高宗一朝之事，与李焘《长编》相续。《九朝编年备要》，用《通鉴纲目》之例，以记北宋九朝事迹，苟非大事，略而不书。《续宋编年资治通鉴》，是书于张浚、李纲，功过直书，不使相掩，无宋末讲学家门户之见。《西汉年纪》，宋王益之撰，其书排比西汉事迹，多搜采于马班，而所附条考，洵属精密。《靖康要录》，叙事太略，载文太详，但所载一时朝政，具有端委，可补《宋史》之遗。《两朝纲目备要》，叙次简明，持论平允。《宋季三朝政要》，所载宋末轶事，多为正史所不载者，足备参考。《宋史全文》，编年排纂，叙述具有条理，所采宋人议论，尤为赅博。《通鉴前编》，宋金履祥撰，履祥以刘恕《通鉴外纪》失之好奇，作此以矫其失，援据富有，可谓有史学矣。而周昭王二十二年书释氏生之类，好奇亦不减于刘恕。《通鉴续编》，其大书分注，全如朱子《纲目》之体。《大事记续编》，续吕祖谦《大事记》而作，所以体例一仍其旧。《元史续编》，大书分注，仿《通鉴纲目》。《资治通鉴后编》，排比正史，参考诸书。编年之史，如是云尔。

编年分为二：有历代之编年，有一代之编年。由编年之史一变迁而为类史。《通鉴纪事本末》，分类排纂，以一事为一篇，各详其起讫，节目分明，经纬条贯。《春秋左氏传事类始末》，以《左传》所载事迹，排比年月，各以类从，纲目相承，首尾完具。《三朝北盟会编》，记宋金战和之始末，分上中下三帙，上帙二十五卷，记政和、宣和之事，中帙七十五卷，记靖康之事，下帙一百五十卷，记建炎、绍兴之事，皆采集诸书，编年条系，词有异同，不加论断，盖搜录以待考证之本也。郭允蹈《蜀鉴》，叙述蜀事，略如纪事本末之体，其述战守胜败之迹，与用兵故道，无不胪陈缕载。《炎徼纪闻》,纪平定西南苗瑶之事,每篇各系以论断,多深中明季之弊。《宋史纪事本末》,明陈邦瞻撰,其书虽不能胜《通鉴纪事本末》,其难则较枢十倍。盖诸史之中,《宋史》最为芜秽,端绪难寻,而邦瞻力治棼丝,俾就条理。《元史纪事本末》,亦陈邦瞻所撰,援引未备,漏略要义,不及《宋史纪事本末》之博。《明史纪事本末》每篇论断,皆仿《晋书》之例,行以骈偶,隶事亲切,然非正裁,不足取焉。《左传纪事本末》,分类集事,赡博可观。马氏《绎史》,标题集类,援引诸书,不加删改,自成一体,类史之学,亦云备矣。

呜呼！史学变迁,至于类史,斯为下矣。史之变迁,原于经学,重《诗》则为议论之史,重《书》则为传记之史,重《春秋》则为编年之史,重《易》则为类史。经之变迁,即史之变迁也。史之变迁,即世道人心之变迁也。

(《国粹学报》1905年第10号)

史学之源流

曹佐熙

天演之序,始于简而终于繁,始于疏而终于密。欲观其繁简疏密之故,则进化之次第不可不求。述史学之源流第一。

第一时代:自生人之朔至燧人氏;第二时代:自燧人氏至包羲氏;第三时代:自包羲氏至轩辕氏;第四时代:自轩辕氏至周公;第五时代:自周公至孔子;第六时代:自孔子至马班;第七时代:自马班至刘知幾;第八时代:自刘知幾至章学诚;第九时代:自章学诚至海通以前;第十时代:自海通以后至今。

欲知史学之盛衰,则其原流宜有述也。兹上溯太古传闻,下讫海通以后,区别时代,列于左方。

大地之始,生人之朔,一浑敦也。即有故事,口耳相传,后之所谓纪载,举未有也。自燧人氏立传教之台,作结绳之政,而草昧之世,渐启文明。是为史界第一时代。

结绳以后,生民之知识,已浸异于浑敦。然群演之治,进而益繁,匪结绳所能纪也。包羲氏俯察地理,仰观天文,近取诸身,远取诸物,遂作八卦,以通神明之德,以类万物之情。是为史界第二时代。

自包羲氏画卦而后,世之制作,咸取则焉,其寄意之闳奥可知已。然卦之数有限,即寄意有时而穷。黄帝变而通之,命左史侯冈氏作六书,而百官以治,万民以察,开物成务,功施至今。是为史界第三时代。

史之有文,自侯冈氏始。盖以包羲氏画卦为近因,以燧人氏结绳为远因。至于燧人氏复何所因,则杨子居云:太古之事灭矣,予无得而征也。

自黄帝立史官,而后世因之。唐虞夏商,其制浸广。逮乎周公作礼,而六史治书之法立焉。史政之修,于斯为备。是为史界第四时代。

自周公立六史治书之法,登进贤哲,以董其成,而尹佚、老聃之徒赓续,起而应之,相与览化研几,阐明道术。孔子谘于柱下之史,本之《礼》以致其精严,本之《易》以求其变化,故《春秋》之作,文成数万,其恉数千。盖史之义法,于是集大成矣。是为史界第五时代。

《春秋》之教,比事属词,以昭其义而已。义之所不寓,盖从略焉,未尝于事求详,于体求备。自司马迁作《史记》,上绍《春秋》,本纪表书,合世家列传为一。班固继起,遂有《汉书》。盖史之体制,于是集大成矣。是为史界第六时代。

后之史氏,言官政者,以周公为大宗;言义法者,以孔子为大宗;言体制者,以马班为大宗。阐绍至今,鲜能度越。究之周孔马班,未尝有所创也。博关前典,合而化之,恢而闳之,孟晋不群,遂成绝学,后之究心于史道者,可以兴也。

自马班有作,后史多规仿之,年月遐长,浸失其恉,世莫知正也。刘知幾作《史通》,以折衷二体,进退六家,闳辨精思,遂翘然自成一家之学,盖前此所未有也。是为史界第七时代。

自刘知幾有《史通》之作,学说所被,风靡一时,微独修史者多采之,即读史者亦时衍其绪,以审订异同,商榷得失。故义例之学,自唐以降,代有其人。若吴缜、吕夏卿、李心传、郑樵、倪思、朱明镐之所发明,多可存者。而郑氏之恉,尤为轶群。然诸家之书,皆非所以赓续《史通》,于《史通》之罅漏,亦未能补。章学诚起,作《文史通义》、《校雠通义》,本《周官》六史治书之法,而参以百家之恉,由法而进于道,由国史而旁暨夫方志,于是史家学说,益演而闳通矣。是为史界第八时代。

自章学诚有《文史通义》,海内之为方志者多取则焉。前明康海、韩邦靖之风恉,至是而一归于沙汰。闻其风而起者,抗心三古,发掘潭奥,龚自珍之徒殆其尤者。流风渐被,至于海通以前。是为史界第九时代。

自海西道通,舌人重译,欧墨格致之说,输入中原。博采新知,推求古义,折衷至当,以成良史。缀学之士,多有志焉。说虽未成,而后世溯史学之进,当于是乎始。是为史界第十时代。

右方所述,挈其荦荦大者言之。至析类以治其纤,盖非数十百番之纸,莫能具也。

自结绳至于马班,史学之进化也疾;自有《史通》至于今日,史学之进化也徐。疾徐之故,盖非一耑。政术之持,风教之扇,世运之回薄,物质之发皇,皆有翕张,人事之权而是亦无能遁。前史所载,其义跃如。学者游神元始,沿其流而讨之,无不得也。

日局演进而有地球,地球演进而有人类,人类演进而有图书。溯其初而言之,史之事,盖生于群也。乃自有图书而学以昌,化以进,前者未艾,来者方遒,旁魄泄宣,未知所极。则群之道,又生于史也。因果倚伏,始卒若环,何大造之神也。

《春秋元命苞》谓自开辟至于获麟,凡二百二十六万七千岁。分为十纪:一曰九头,二曰五龙,三曰摄提,四曰合雒,五曰连通,六曰叙命,七曰循蜚,八曰因提,九曰禅通,十曰疏仡。燧人氏结绳在因提纪,逆溯至于生人之始,取其少数言之,当在百余万年以外。纪事之法,曾无发明,何经始之难也。自有结绳,而包羲氏、轩辕氏、侯冈氏因之阐绎,至今遂有四部。盖历年不如前此之久,而为用之广,乃硕大无朋,又何因仍之易也。是故结绳者,人事晦明之界也。结绳以前,群演之进化徐;结绳以后,群演之进化疾。固昭然也。

历代史学盛衰表附

史学权舆时代	自燧人氏结绳,至于侯冈氏造书,为史学权舆时代。 史之有意,自燧人氏始。史之有画,自包羲氏始。史之有文,自侯冈氏始。故曰史学权舆时代。
史学全盛时代	自周公立六史治书之法,至于司马迁作《史记》,班固作《汉书》,为史学全盛时代。 后之史氏,言官政者以周公为大宗,言义法者以孔子为大宗,言体制者以马班为大宗。来轸方遒,鲜能度越。故曰史学全盛时代。
史学中衰时代	自班固成书后,至于唐初,为史学中衰时代。 东京以降,陈范代兴,方之马班,未能骖靳。嗣是厥后,史学益荒。作者多有纪传而无表书,体之不完,斯其征也。至于事之比也,广涉稗官。词之属也,博关骈丽。溺心灭质,荡无所归。故曰史学中衰时代。

续 表

史学复古时代	自刘知幾作《史通》后,至于海通以前,为史学复古时代。 刘知幾之《史通》,郑樵之《通志》校雠略、图谱略,章学诚之《文史通义》、《校雠通义》,龚自珍之《古史钩沉论》,精思独往,衡厉无前。溯厥渊源,胥折衷于三古。自此以外,精于词者,若唐之韩、宋之欧阳,则近规马班,远宗六艺。严于义者,若朱元晦《通鉴纲目》,则原本《春秋》。详于法制之沿革者,若杜佑《通典》、马端临《文献通考》,则胚胎于书志。详于行事之始末者,若袁枢《通鉴纪事本末》,则变化于《尚书》。详于学术之流别者,若黄宗羲《宋元儒学案》、《明儒学案》,则宪章于类传。若此之类,名重史林。试考其所自来,孰非马班以前,已引其绪者。故曰史学复古时代。
史学会通时代	自海通以后,至于今日,为史学会通时代。 自瀛海道通,东西史氏之学说,次弟输入。方闻之士,多讨论焉。驰域外之观,益以广古史之义。盖自结绳以来,世变之殷,未有如今日者。史界之闳,亦未有如今日者。牢笼百家,发擿至道,疏通知远,意在斯乎。故曰史学会通时代。

(《史学通论》第一篇"史学之源流",湖南中路师范学堂1909年)

过去之中国史学界

梁启超

梁任公先生在南开大学讲演"中国历史研究法",全书现已脱稿,约十余万言,一月之内可以出书。此篇即原书之第二章也。兹将其全目列举如下:第一章——史之意义及其范围;第二章——过去之中国史学界;第三章——史之改造;第四章——说史料;第五章——史料之搜集与鉴别;第六章——史迹之论次;第七章——治史杂感。编者附志。

人类曷为而有史耶?曷为惟人类为能有史耶?人类又曷为而贵有史耶?人类所以优胜于其他生物者,以其富于记忆力与模仿性,常能贮藏其先世所遗传之智识与情感,成为一种"业力",以作自己生活基础。而各人在世生活数十年中,一方面既承袭所遗传之智识情感,一方面又受同时之人之智识情感所熏染,一方面又自浚发其智识情感,于是复成为一种新业力以贻诸后来。如是展转递增,展转递蜕,而世运乃日进而无极。此中关键,则在先辈常以其所经验之事实及所推想之事理指导后辈,后辈则将其所受之指导应用于实际生活,而经验与推想皆次第扩充而增长。此种方法,在高等动物中,已解用之。如犬如猴……等等,常能以己之动作指导或暗示其幼儿,其幼儿亦不息于记忆与模仿,此固与人类非大有异也。而人类所以优胜者,乃在记忆模仿之能继续。他种动物之指导暗示,恒及身而止,第一代所指导暗示者,无术以传至第二第三代,故第二第三代之指导暗示,亦无以加乎其旧。人类不然,先代所指导所暗示,常能以记诵或记录的形式,传诸后代,历数百年数千年而不失坠。其所以能递增递蜕者皆恃此,此即史之所由起与史之所以为有用也。

最初之史乌乎起？当人类之渐进而形成一族属或一部落也，其族部之长老，每当游猎斗战之隙暇，或值佳辰令节，辄聚其子姓，三三五五，围炉藉草，纵谈己身或其先代所经之恐怖所演之武勇等等，听者则娓娓忘倦，兴会飙举。其间有格外奇特之情节可歌可泣者，则蟠镂于听众之脑中，湔拔不去，展转作谈料，历数代而未已，其事迹遂取得史的性质。所谓"十口相传为古"也。史迹之起原，罔不由是。今世北欧诸优秀民族如日耳曼人、荷兰人、英人等，每当基督诞节，犹有家族团聚彻夜谈故事之俗，其近代名著如熙礼尔之诗、华克拿之剧，多取材于此等传说，此即初民演史之遗影也。

最初之史用何种体裁以记述耶？据吾侪所臆推，盖以诗歌。古代文字传写甚不便，或且并文字亦未完具，故其对于过去影事之保存，不恃记录而恃记诵。而最便于记诵者，则韵语也。试观老聃之谈道，孔子之赞《易》，乃至秦汉间人所造之小学书，皆最喜用韵，彼其时文化程度已极高，犹且如此，古代抑可推矣。四《吠陀》中之一部分，印度最古之社会史宗教史也，皆用梵歌。希腊之荷罗多德、荷马尔，欧人推为史家鼻祖，其所流传之名著，则诗数篇而已。此盖由人类文化渐进之后，其所受之传说日丰日赜，势难悉记，思用简便易诵之法以永其传；一方面则爱美的观念，日益发达，自然有长于文学之人，将传说之深入人心者播诸诗歌，以应社会之需，于是乎有史诗。是故邃古传说，可谓为"不文的"之史，其"成文的"史则自史诗始。我国史之发展，殆亦不能外此公例。古诗或删或佚，不尽传于今日，但以今存之《诗经》三百篇论，其属于纯粹的史诗体裁者尚多篇。例如：

《玄鸟篇》——天命玄鸟，降而生商。宅殷土芒芒。古帝命武汤，正域彼四方。

《长发篇》——洪水芒芒，禹敷下土方。外大国是疆。……有娀方将，帝立子生商。……玄王桓拨……率履不越。……相土烈烈，海外有截。……武王载旆，有虔秉钺。……韦顾既伐，昆吾夏桀。

《殷武篇》——挞彼殷武，奋伐荆楚，深入其阻。……昔有成汤，自彼氐羌，莫敢不来享，莫敢不来王。

《生民篇》——厥初生民,时维姜嫄。……履帝武敏歆。……载震载夙,载生载育,时维后稷。

《公刘篇》——笃公刘,匪居匪康。……乃裹糇粮,于橐于囊,……干戈戚扬,爰方启行。……笃公刘,于豳斯馆,涉渭为乱。取厉取锻,止基乃理。

《六月篇》——六月栖栖,戎车既饬。……狎狁孔炽,我是用急。……狎狁匪茹,整居焦获。侵镐及方,至于泾阳。……薄伐狎狁,至于太原。文武吉甫,万邦为宪。

此等诗篇,殆可指为中国最初之史。《玄鸟》、《生民》等,述商周开国之迹,半杂神话;《殷武》、《六月》等,铺叙武功,人地粲然;观其诗之内容,而时代之先后,亦略可推也。此等史诗,所述之事既饶兴趣,文章复极优美。一般人民咸爱而诵之,则相与讴思其先烈而笃念其邦家,而所谓"民族心"者,遂于兹播殖焉。史之最大作用,盖已见端矣。

中国于各种学问中,惟史学为最发达;史学在世界各国中,惟中国为最发达(二百年前,可云如此)。其原因何在,吾未能断言。然史官建置之早与职责之崇,或亦其一因也。泰西史官之建置沿革,吾未深考;中国则起原确甚古,其在邃古如黄帝之史仓颉、沮诵等,虽不必深信,然最迟至殷时必已有史官,则吾侪从现存金文甲文诸遗迹中可以证明。吾侪又据《尚书》、《国语》、《左传》诸书所称述,确知周代史职已有分科,有大史、小史、内史、外史、左史、右史等名目。又知不惟王朝有史官,乃至诸侯之国及卿大夫之家,莫不皆有①。又知古代史官实为一社会之最高学府,其职不徒在作史而已,乃兼为王侯公卿之高等顾问,每遇疑难,

---

① 殷周史官人名见于古书者,如夏太史终古、殷内史向挚,见《吕览·先识》。周史佚,见《周书·世俘》、《左·僖十五》、《周语上》。史扁,见《文选注》引《六韬》。太史辛甲,见《左·襄四》、《晋语》、《韩非·说林》。太史周任,见《论语》、《左·隐六》。左史戎夫,见《周书》、《史记》。史角,见《吕览·当染》。史伯,见《郑语》。内史过,见《左·庄三十二》、《周语上》。内史叔兴,见《左·僖十六、二十八》、《周语上》。内史叔服,见《左·文元》。太史儋,见《史记·老子传》。史大骏,见《庄子·阳》。右吾象举所记忆者如此,尚未备也。

各国史官可考者,鲁有太史,见《左·昭二》。郑有太史,见《左·昭元》。齐有太史、南史,见《左·襄二十五》。楚有左史,见《左·昭十二》、《楚语上》。秦、赵皆有御史,见《史记·廉蔺传》。薛有传史,见《史记·孟尝传》。其人名可考者,如虢有史嚚,见《晋语二》。晋有史赵、董狐,见《左·襄三十》。楚有倚相,见《左·昭十二》。有史皇,见《左·定四》。赵有史墨,见《左·昭二十九》。右亦杂举所记,恐尚有遗漏。

咨以决焉①。所以者何？盖人类本有恋旧之通性，而中国人尤甚；故设专司以记录旧闻，认为国家重要政务之一。既职在记述，则凡有关于人事之簿籍，皆归其保存，故史官渐成为智识之中枢②。又古代官人以世，其累代袭此业者渐形成国中之学问阶级。例如周任、史佚之徒，几于吐辞为经；先秦第一哲学家老子，其职即周之守藏史也。汉魏以降，世官之制虽革，而史官之华贵不替。所谓"文学侍从之臣"历代皆妙选人才以充其职。每当易姓之后，修前代之史，则更网罗一时学者，不遗余力，故得人往往称盛焉。三千年来史乘，常以此等史官之著述为中心。虽不无流弊（说详下），然以专才任专职，习惯上法律上皆认为一种重要事业。故我国史形式上之完备，他国殆莫与京也。

古代史官所作史，盖为文句极简之编年体。晋代从汲冢所得之《竹书纪年》，经学者考定为战国时魏史官所记者，即其代表。惜原书今复散佚，不能全睹其真面目。惟孔子所修《春秋》，体裁似悉依鲁史官之旧。吾侪得藉此以窥见古代所谓正史者，其内容为何如。《春秋》第一年云：

> 元年，春，王正月。三月，公及邾仪父盟于蔑。夏，五月，郑伯克段于鄢。秋，七月，天王使宰咺来归惠公、仲子之赗。九月，及宋人盟于宿。冬，十有二月，祭伯来。公子益师卒。

吾侪以今代的史眼读之，不能不大诧异：第一，其文句简短，达于极点，每条最长者不过四十余字（如定四年云："三月，公会刘子、晋侯、宋公、蔡侯、卫侯、陈子、郑伯、许男、曹伯、莒子、邾子、顿子、胡子、滕子、薛伯、杞伯、小邾子、齐国夏于召陵，侵楚。"），最短者乃仅一字（如隐八年云："螟。"）。第二，一条纪一事，不相联属，绝类村店所用之流水帐簿。每年多则十数条，少则三四条（《竹书纪年》记夏殷事，有数十年乃得一条者）。又绝无组织，任意断自某年，皆成起讫。第三，所记仅各国宫廷事，或宫廷间相互之关系，而于社会情形一无所及。第四，天灾地变等现象，本非历史事项者，反一一注意详记。吾侪因此可推知当时之史的观念及史的范围，非惟与今日不同，即与秦汉后亦大有异。又可见当时之史，只能谓之簿录，不能谓之

---

① 右所举史官诸名，大半皆应当时公卿之顾问，而古书述其语者。
② 卫宏《汉仪注》云："汉法，天下计书，先上太史，副上丞相。"其言信否，虽未敢断，然古制恐是如此，盖史官为保管文籍一重要机关也。

著述。虽然，世界上正式的年代史，恐不能不推我国史官所记为最古①。《竹书纪年》起自夏禹，距今既四千年。即《春秋》为孔子断代之书，亦既当西纪前七二二至[前]四八一年；其时欧洲史迹有年可稽者尚绝稀也。此类之史，当春秋战国间，各国皆有。故孟子称"晋之《乘》，楚之《梼杌》，鲁之《春秋》"；墨子称"周之《春秋》，燕之《春秋》，宋之《春秋》"，又称"百国《春秋》"，则其时史书之多，略可概见。乃自秦火之后，荡然无存，司马迁著书时，已无由资其参验②。汲冢幸得硕果，旋又坏于宋后之窜乱③。而孔子所修，又藉以寄其微言大义，只能作经读，不能作史读④。于是二千年前烂若繁星之古史，竟无一完璧以传诸今日。吁！可伤也。

同时复有一种近于史类之书。其名曰"书"，或曰"志"，或曰"记"。今六经中之《尚书》，即属此类。《汉书·艺文志》谓："左史记言，右史记事；事为《春秋》，言为《尚书》。"此种严格的分类，是否古代所有，虽属疑问，要之，此类记载，必发源甚古。观春秋战国时人语常引《夏志》、《商志》、《周志》，或《周书》、《周记》等文，可知也。此等书盖录存古代策命告誓之原文，性质颇似档案，又似文选。但使非出杜撰，自应认为最可宝之史料。盖不惟篇中所记事实，直接有关于史迹，即单词片语之格言，亦有时代思想之背景在其后也。此类书现存者有《尚书》二十八篇⑤，其

---

① 埃及及米梭必达迷亚诸国古史迹，多由后人从各种遗物及杂记录中推寻而得，并非有正式一史书也。
② 《史记·秦始皇本纪》云："臣请史官非秦记皆烧之。"《六国表》云："秦焚书，诸侯史记尤甚。"可知当时各国之史，受祸最烈。故汉兴后《诗》、《书》、百家语多存，而诸史则无一也。
③ 《竹书纪年》来历，别见第三章注十八。但今所传者非原书，盖出宋以后人杂糅窜补。清朱右曾别辑《汲冢纪年存真》二卷，今人王国维因之，更成《古本竹书纪年辑校》一卷，稍复本来面目。然所辑仅得四百二十八条，以较《晋书·束晳传》所云十三篇，《隋书·经籍志》所云十二卷，知其所散佚者多矣。
④ 看今人康有为《孔子改制考》、《春秋笔削大义微言考》。
⑤ 据汉人所传说谓古代《书》有三千二百四十篇，孔子删纂之为百篇，遭秦而亡焉。汉兴，由伏生传出二十八篇，共三十三卷，即所谓《今文尚书》也。其后孔安国所传，复多十六篇，即所谓《古文尚书》也。《古文尚书》，出而复佚焉。此事为二千年学界一大公案。是否百篇外尚有书？孔子所删定是否确为百篇？孔安国之《古文尚书》为真为伪？皆属未决之问题。惟有一事则已决定者，今四库所收之《尚书》五十八卷，其中有二十五卷为东晋人所伪造，并非孔安国原本，此则经清儒阎若璩、惠栋辈所考证，久成定谳者也。今将真二十八篇篇目列举如下，其在此目以外诸篇，万不容误认为史料而征引之也：尧典第一（今本舜典乃割原本尧典下半而成），皋陶谟第二（今本益稷乃割原本皋陶谟下半而成），禹贡第三，甘誓第四，汤誓第五，盘庚第六，高宗肜日第七，西伯戡黎第八，微子第九，牧誓第十，洪范第十一，金縢第十二，大诰第十三，康诰第十四，酒诰第十五，梓材第十六，召诰第十七，洛诰第十八，多士第十九，毋逸第二十，君奭第二十一，多方第二十二，立政第二十三，顾命第二十四（今本康王之诰乃割原本顾命下半而成），费誓第二十五，吕刑第二十六，文侯之命第二十七，秦誓第二十八。

年代上起尧舜，下讫春秋之秦穆。然应否全部认为正当史料，尚属疑问。此外尚有《逸周书》若干篇，真赝参半①，然其真之部分，吾侪应认为与《尚书》有同等之价值也。

《春秋》、《尚书》二体，皆可称为古代正史，然此外尚非无史籍焉。盖文字之用既日广，畴昔十口相传者，渐皆著诸竹帛，其种类非一。例如《左传》所称三坟、五典、八索、九丘，《庄子》所称《金版》、《六弢》，《孟子》所云"于《传》有之"，其书今虽皆不传，然可悬想其中所记，皆前言往行之属也。汲冢所得古书，有《璅语》，有《杂书》，有《穆天子传》；其《杂书》中，有《周食田法》，有《美人盛姬死事》(《穆天子传》及《美人盛姬死事》今存，《璅语》亦有辑佚本)。凡此皆正史以外之记录，即后世别史、杂史之滥觞。计先秦以前，此类书当不少，大抵皆经秦火而亡。《汉书·艺文志》中各书目，或有一部分属此类，惜今并此不得见矣。

右三类者，或为形式的官书，或为备忘的随笔，皆未足以言著述。史学界最初有组织之名著，则春秋战国间得二书焉，一曰左丘之《国语》，二曰不知撰人之《世本》。左丘或称左丘明，今本《左传》，共称为彼所撰。然据《史记》所称述，则彼固名丘不名丘明，仅撰《国语》而未撰《左传》；或谓今本《左传》乃汉人割裂《国语》以伪撰，其说当否且勿深论。但《国语》若既经割裂，则亦必须与《左传》合读，然后左氏之面目得具见也。左氏书之特色：第一，不以一国为中心点，而将当时数个主要的文化国，平均叙述。盖自春秋以降，我族已渐为地方的发展，非从各方面综合研究，不能得其全相。当时史官之作大抵皆偏重王室，或偏重于其本国(例如《春秋》以鲁为中心；《竹书纪年》自周东迁后，以晋为中心；三家分晋后，以魏为中心)。左氏反是，能平均注意于全部。其《国语》将周、鲁、齐、晋、郑、楚、吴、越诸国分篇叙述，无所偏畸。《左传》是否原文，虽未敢断，即以今本论之，其溥遍的精神，固可见也。第二，其叙述不局于政治，常涉及全社会之各方面。左氏对于一时之典章与大事，固多详叙；而所谓"璅语"之一类，亦采择不遗。故能写出当时社会之活态，予吾侪

---

① 《汉书·艺文志》载《周书》七十一篇，原注云："周史记。"颜师古注云："今之存者四十五篇矣。"今四库所收有《逸周书》，七十一篇之目具在，文则佚其十篇，现存者为六十一篇，反多于唐时颜氏所见本矣。以吾度之，今最少应有十一篇为伪造者，其余诸篇，亦多窜乱，但某篇为真某篇为伪，未能确指，俟他日当为考证。然此书中一大部分为古代极有价值之史料，则可断言也。

以颇明了之印象。第三,其叙事有系统,有别裁,确成为一种"组织体的"著述。彼"帐簿式"之《春秋》,"文选式"之《尚书》,虽极庄严典重,而读者寡味矣。左氏之书,其断片的叙事,虽亦不少,然对于重大问题,时复溯原竟委,前后照应,能使读者相悦以解。此三特色者,皆以前史家所无。刘知幾云:"左氏为书,不遵古法。……然而言事相兼,烦省合理。"(《史通·载言篇》)诚哉然也。故左丘可谓商周以来史界之革命者,又秦汉以降史界不祧之大宗也。左丘旧云孔子弟子,但细读其书,颇有似三家分晋、田氏篡齐以后所追述者。苟非经后人窜乱,则此公著书,应在战国初年,恐不逮事孔子矣。希腊之(荷马尔)[荷罗多德]生于纪前四八四年,即孔子卒前六年,恰与左氏并世。不朽大业,东西同揆,亦人类史中一佳话也。

《世本》一书,宋时已佚,然其书为《史记》之蓝本,则司马迁尝自言之。今据诸书所征引,知其内容篇目有《帝系》,有《世家》,有《传》,有《谱》,有《氏姓篇》,有《居篇》,有《作篇》。《帝系》、《世家》及《氏姓篇》,叙王侯及各贵族之系牒也;《传》者,记名人事状也;《谱》者,年表之属,史注所谓旁行斜上之《周谱》也;《居篇》则汇纪王侯国邑之宅都焉;《作篇》则纪各事物之起原焉①。吾侪但观其篇目,即可知其书与前史大异者两点:其一,开后此分析的综合的研究之端绪。彼能将史料纵切横断,分别部居,俾读者得所比较以资推论也。其二,特注重于社会的事项。前史纯以政治为中心,彼乃详及氏姓、居、作等事,已颇具文化史的性质也。惜著述者不得其名,原书且久随灰烬,而不然者,当与左氏同受吾侪尸祝也。

史界太祖,端推司马迁。迁之年代,后左丘约四百年。此四百年间之中国社会,譬之于水,其犹经百川竞流波澜壮阔以后,乃汇为湖泊,恬波不扬。民族则由分展而趋统一,政治则革阀族而归独裁,学术则倦贡新而思竺旧。而迁之《史记》,则作于其间。迁之先,既世为周史官,迁袭父谈业,为汉太史,其学盖有所受。迁之自言曰:"余所谓述故事,整

---

① 《汉书·艺文志》著录《世本》十五篇。原注云:"古史官记黄帝以来迄春秋时诸侯大夫。"《汉书·司马迁传》、《后汉书·班彪传》皆言:"司马迁删据《世本》等书作《史记》。"今据《世本》篇目以校迁书,可以知其渊源所自矣。原书宋郑樵、王应麟尚及见,其佚当在宋元之交。清钱大昭、孙冯翼、洪饴孙、秦嘉谟、茆泮林、张澍各有辑本,茆、张二家较精审。

齐其世传,非所谓作也。"(《太史公自序》)然而又曰:"考之行事,稽其成败兴坏之理……欲以究天人之际,通古今之变,成一家之言。"(《报任安书》)盖迁实欲建设一历史哲学,而借事实以为发明。故又引孔子之言以自况,谓:"载之空言,不如见之行事之深切著明。"(《自序》)旧史官纪事实而无目的,孔子作《春秋》,时或为目的而牺牲事实。其怀抱深远之目的,而又忠勤于事实者,惟迁为兼之。迁书取材于《国语》、《世本》、《战国策》、《楚汉春秋》等,以十二本纪、十表、八书、三十世家、七十列传组织而成。其本纪以事系年,取则于《春秋》;其八书详纪政制,蜕形于《尚书》;其十表稽牒作谱,印范于《世本》;其世家列传,既宗雅记,亦采琐语,则《国语》之遗规也。诸体虽非皆迁所自创,而迁实集其大成,兼综诸体而调和之,使互相补而各尽其用,此足征迁组织力之强,而文章技术之妙也。班固述刘向、扬雄之言,谓"迁有良史之材,善序事理"(《汉书》本传赞)。郑樵谓"自《春秋》后,惟《史记》擅制作之规模"(《通志·总序》),谅矣。其最异于前史者一事,曰以人物为本位。故其书厕诸世界著作之林,其价值乃颇类布尔达克之《英雄传》,其年代略相先后(布尔达克后司马迁约二百年),其文章之佳妙同,其影响所被之广且远,亦略同也。后人或能讥弹迁书,然迁书固已皋牢百代,二千年来所谓正史者,莫能越其范围。岂后人创作力不逮古耶?抑迁自有其不朽者存也。

司马迁以前,无所谓史学也。《汉书·艺文志》以史书附于六艺略之"春秋家",著录者仅四百二十五篇(其在迁前者,仅百九十一篇)。及《隋书·经籍志》史部著录,乃骤至一万六千五百八十五卷,数百年间,加增四十倍。此迁以后史学开放之明效也。古者惟史官为能作史。私人作史,自孔子始,然孔子非史家,吾既言之矣。司马迁虽身为史官,而其书实为私撰。观其传授渊源,出自其外孙杨恽,斯可证也(看《汉书·恽传》)。迁书出后,续者蜂起:见于本书者有褚少孙;见于《七略》者有冯商;见于《后汉书·班彪传注》及《史通》者,有刘向等十六人;见于《通志》者有贾逵。其人大率皆非史官也。班固虽尝为兰台令史,然其著《汉书》,实非以史官资格,故当时犹以私改史记构罪系狱焉(看《后汉书》本传)。至如鱼豢、孙盛、王铨、王隐、习凿齿、华峤、陈寿、袁宏、范晔、何法盛、臧荣绪辈,则皆非史官(看《史通·正史篇》)。曷为古代必史官乃能作史，而汉以后则否耶？世官之制，至汉已革，前此史官专有之智识，今已渐为社会所公有，此其一也。文化工具日新，著写、传钞、收藏之法皆加便，史料容易搜集，此其二也。迁书既美善，引起学者研究兴味，社会靡然向风，此其三也。自兹以还，蔚为大国。两晋六朝，百学芜秽，而治史者独盛，在晋尤著。读《隋书·经籍志》及清丁国钧之《补晋书艺文志》可见也。故吾常谓，晋代玄学之外，惟有史学，而我国史学界亦以晋为全盛时代。

断代为史，始于班固。刘知幾极推尊此体，谓其"包举一代，撰成一书，学者寻讨，易为其功"（《史通·六家篇》）。郑樵则极诋之，谓"善学司马迁者，莫如班彪。彪续迁书，自孝武至于后汉。欲令后人之续己，如己之续迁，既无衍文，又无绝绪。……固为彪之子，不能传其业。……断代为史，无复相因之义。……会通之道，自此失矣。"（《通志·总序》）此两种反对之批评，吾侪盖祖郑樵。樵从编纂义例上论断代之失，其言既已博深切明（看原文）。然迁、固两体之区别，在历史观念上尤有绝大之意义焉：《史记》以社会全体为史的中枢，故不失为国民的历史；《汉书》以下则以帝室为史的中枢，自是而史乃变为帝王家谱矣。夫史之为状，如流水然，抽刀断之，不可得断。今之治史者，强分为古代、中世、近世，犹苦不能得正当标准，而况可以一朝代之兴亡为之划分耶？史名而冠以朝代，是明告人以我之此书为某朝代之主人而作也。是故南朝不得不谓北为"索虏"，北朝不得不谓南为"岛夷"，王凌、诸葛诞、毋丘俭之徒，著晋史者势不能不称为贼，而虽以私淑孔子自命维持名教之欧阳修，其《新五代史》开宗明义第一句，亦不能不对于积年剧盗朱温其人者，大书特书称为"太祖神武元圣孝皇帝"也。断代史之根本谬误在此，而今者官书二十四部，咸率循而莫敢立异，则班固作俑之力，其亦伟矣。

章学诚曰："迁书一变而为班氏之断代，迁书通变化，而班氏守绳墨，以示包括也。后世失班史之意，而以纪表志传，同于科举之程式，官府之簿书，则于记注、撰述，两无所取。"又曰："纪传行之千有余年，学者相承，殆如夏葛冬裘，渴饮饥食，无更易矣。然无别识心裁可以传世行远之具。"（《文史通义·书教篇》）。此言班书以下，作者皆陈陈相因，无复创作精神。其论至痛切矣。然今所谓二十四史者，其品之良秽亦至不齐。同在一体裁中,而价值自固有高下。前人比较评骘之论既甚多,所评当否,当由读者自悬一标准以衡审之,故今不具论。惟有一明显之分野最当注意者,则唐以前书皆私撰而成于一人之手,唐以后书皆官撰而成于多人之手也。最有名之马班范陈四史,皆出私撰,前已具陈。即沈约、萧子显、魏收之流,虽身为史官,奉敕编述,然其书什九,独力所成。自唐太宗以后,而此风一变。太宗既以雄才大略,削平天下,又以"右文"自命,思与学者争席。因欲自作陆机、王羲之两传赞,乃命史臣别修《晋书》,书成而旧著十八家俱废(看《史通·正史篇》)。同时又敕撰梁、陈、齐、周、隋五书,皆大开史局,置员猥多,而以贵官领其事。自兹以往,习为成例。于是著作之业,等于奉公;编述之人,名实乖迕。例如房乔、魏徵、刘煦、托克托、宋濂、张廷玉等,尸名为某史撰人,而实则于其书无与也。盖自唐以后,除李延寿《南史》、《北史》,欧阳修《新五代史》之外,其余诸史,皆在此种条件之下而成立者也。此种官撰合撰之史,其最大流弊,则在著者无责任心。刘知幾伤之曰:"每欲记一事载一言,皆阁笔相视,含毫不断。故头白可期,汗青无日。"又曰:"史官注记,取禀监修。一国三公,适从何在?"(《史通·忤时篇》)既无从负责,则群相率于不负责,此自然之数矣。坐此之故,则著者之个性湮灭,而其书无复精神。司马迁忍辱发愤,其目的乃在"成一家之言"。班、范诸贤,亦同斯志,故读其书而著者之思想品格皆见焉。欧阳修《新五代史》,其价值如何,虽评者异辞,要之,固修之面目也。若隋、唐、宋、元、明诸史,则如聚群匠共画一壁,非复艺术,不过一绝无生命之粉本而已。坐此之故,并史家之技术,亦无所得施。史料之别裁,史笔之运用,虽有名手,亦往往被牵掣而不能行其志,故愈晚出之史,卷帙愈增,而芜累亦愈甚也(《明史》不在此例)。万斯同有言:"治史者,譬如入人之室,始而周其堂寝匽湢焉,继而知其蓄产礼俗焉,久之,其男女少长性质刚柔轻重无不习察,然后可制其家之事也。官修之史,仓卒而成于众人,不暇择其材之宜与事之习,是犹招市人而与谋室中之事耳。"(方苞撰《万季野墓表》)此言可谓博深切明。盖我国古代史学,因置史官而极发达,其近代史学,亦因置史官而渐衰敝,则史官之性质,今有以异于古所云也。

与纪传体并峙者为编年体。帐簿式之旧编年体,起原最古,既如前述。其内容丰富而有组织之新编年体,旧说以为起于《左传》。虽然,以近世学者所考订,则左氏书原来之组织,殆非如是。故论此体鼻祖,与其谓祖左氏,毋宁谓祖陆贾之《楚汉春秋》。惜贾书今佚,其真面目如何,不得确知也。汉献帝以《汉书》繁博难读,诏荀悦要删之,悦乃撰为《汉纪》三十卷,此现存新编年体之第一部书也。悦自述谓:"列其年月,比其时事。撮要举凡,存其大体,以副本书。"又谓:"省约易习,无妨本书。"语其著作动机,不过节钞旧书耳。然结构既新,遂成创作。盖纪传体之长处,在内容繁富,社会各部分情状,皆可以纳入;其短处在事迹分隶凌乱,其年代又重复,势不可避。刘知幾所谓:"同为一事,分为数篇,断续相离,前后屡出。……又编次同类,不求年月;……故贾谊与屈原同列,曹沫与荆轲并编。"(《史通·二体篇》)此皆其弊也。《汉纪》之作,以年系事,易人物本位为时际本位,学者便焉。悦之后,则有张璠、袁宏之《后汉纪》,孙盛之《魏春秋》,习凿齿之《汉晋春秋》,干宝、徐广之《晋纪》,裴子野之《宋略》,吴均之《齐春秋》,何之元之《梁典》等(现存者仅荀、袁二家)。盖自班固以后,纪传体既断代为书;故自荀悦以后,编年体亦循其则。每易一姓,纪传家既为作一书,编年家复为作一纪,而皆系以朝代之名,断代施诸纪传,识者犹讥之;编年效颦,其益可以已矣。宋司马光毅然矫之,作《资治通鉴》,以续《左传》。上纪战国,下终五代(西纪前四〇三至后九五九),千三百六十二年间大事,按年纪载,一气衔接。光本邃于掌故(观所著《涑水纪闻》可见),其别裁之力又甚强(观《通鉴考异》可见),其书断制有法度。胡三省注而序之曰:"温公遍阅旧史,旁采小说,抉摘幽隐,荟萃为书。而修书分属,汉则刘攽,三国讫于南北朝则刘恕,唐则范祖禹,皆天下选也,历十九年而成。"其所经纬规制,确为中古以降一大创作。故至今传习之盛,与《史》、《汉》埒。后此朱熹因其书稍加点窜,作《通鉴纲目》,窃比孔氏之《春秋》,然终莫能夺也。光书既讫五代,后人纷纷踵而续之,卒未有能及光者。故吾国史界,称前后两司马焉。

善钞书者可以成创作。荀悦《汉纪》而后,又见之于宋袁枢之《通鉴纪事本末》。编年体以年为经,以事为纬,使读者能了然于史迹之时际的关系,此其所长也。然史迹固有连续性,一事或亘数年或亘百数十年。编年体之纪述，无论若何巧妙，其本质总不能离帐簿式。读本年所纪之事，其原因在若干年前者，或已忘其来历；其结果在若干年后者，苦不能得其究竟。非直翻检为劳，抑亦寡味矣。枢钞《通鉴》，以事为起讫，千六百余年之书，约之为二百三十有九事。其始亦不过感翻检之苦痛，为自己研究此书谋一方便耳。及其既成，则于斯界别辟一蹊径焉。杨万里叙之曰："搴事之成，以后于其萌；提事之微，以先于其明。其情匿而泄，其故悉而约。"盖纪传体以人为主，编年体以年为主，而纪事本末体以事为主。夫欲求史迹之原因结果以为鉴往知来之用，非以事为主不可。故纪事本末体，于吾侪之理想的新史最为相近，抑亦旧史界进化之极轨也。章学诚曰："本末之为体，因事命篇，不为常格，非深知古今大体，天下经纶，不能网罗隐括，无遗无滥。文省于纪传，事豁于编年；决断去取，体圆用神。……在袁氏初无其意，且其学亦未足语此。……但即其成法，沉思冥索，加以神明变化，则古史之原，隐然可见。"（《文史通义·书教篇》）其论当矣。枢所述仅局于政治，其于社会他部分之事项多付阙如。其分目又仍涉琐碎，未极贯通之能事。然彼本以钞《通鉴》为职志，所述不容出《通鉴》外，则著书体例宜然。即提要钩玄之功，亦愈后起而愈易致力，未可以吾侪今日之眼光苛责古人也。枢书出后，明清两代踵作颇多。然谨严精粹，亦未有能及枢者。

纪传体中有书志一门，盖导源于《尚书》，而旨趣在专纪文物制度，此又与吾侪所要求之新史较为接近者也。然兹事所贵，在会通古今，观其沿革。各史既断代为书，乃发生两种困难：苟不追叙前代，则源委不明；追叙太多，则繁复取厌。况各史非皆有志，有志之史，其篇目亦互相出入。遇所阙遗，见斯滞矣。于是乎有统括史志之必要。其卓然成一创作以应此要求者，则唐杜佑之《通典》也。其书"采五经群史，上自黄帝，至于有唐天宝之末。每事以类相从，举其始终历代沿革废置，及当时群士论议得失，靡不条载，附之于事。如人支脉，散缀于体。"（李翰序文）此实史志著作之一进化也。其后元马端临仿之作《文献通考》，虽篇目较繁备，征引较杂博，然无别识无通裁（章学诚《文史通义》评彼书语），仅便翻检而已。

有《通鉴》而政事通，有《通典》而政制通，正史断代之不便，矫正过半矣,然犹未尽也。梁武帝敕吴均等作《通史》,上自汉之太初,下终齐室,意欲破除朝代界限,直接迁书,厥意甚盛。但其书久佚,无从批评。刘知幾讥其芜累,谓"使学者宁习本书,怠窥新录"(《史通·六家篇》),想或然也。宋郑樵生左、马千岁之后,奋高掌,迈远蹠,以作《通志》,可谓豪杰之士也,其《自序》抨击班固以下断代之弊,语语皆中窾要。清章学诚益助樵张目,尝曰:"通史之修,其便有六:一曰免重复,二曰均类例,三曰便铨配,四曰评是非,五曰去抵牾,六曰详邻事。其长有二:一曰具剪裁,二曰立家法。"又曰:"郑氏《通志》,卓识名理,独见别裁。古人不能任其先声,后代不能出其规范。虽事实无殊旧录,而诸子之意,寓于史裁。"(《文史通义·释通篇》)其所以推奖者至矣。吾侪固深赞郑、章之论,认《通史》之修为不可以已;其于樵之别裁精鉴,亦所心折。虽然,吾侪读《通志》一书,除《二十略》外,竟不能发见其有何等价值。意者仍所谓"宁习本书,怠窥新录"者耶?樵虽抱宏愿,然终是向司马迁圈中讨生活。松柏之下,其草不植,樵之失败,宜也。然仅《二十略》,固自足以不朽。史界之有樵,若光芒竟天之一彗星焉。

右所述为旧目录家所指纪传、编年、纪事本末、政书之四体,皆于创作之人加以评骘,而踵效者略焉。二千年来斯学进化轨迹,略可见矣。其余史部之书,《隋书·经籍志》分为杂史、霸史、起居注、故事、职官、杂传、仪注、刑法、目录、谱牒、地理,凡十一门。《史通·杂述篇》胪举偏记、小录、逸事、琐言、郡书、家史、别传、杂记、地理书、都邑簿,凡十种。此后累代著录,门类皆小异而大同。以吾观之,可中分为二大类:一曰供后人著史之原料者,二曰制成局部的史籍者。第一类,并未尝经锤炼组织,不过为照例的或一时的之记录,备后世作者之搜采。其在官书,则如起居注、实录、谕旨、方略之类,如仪注、通礼、律例、会典之类。其在私著,则或专纪一地方,如赵岐《三辅决录》、潘岳《关中记》等;或在一地方中复专纪一事类,如陆机《建康宫殿记》、杨衒之《洛阳伽蓝记》、杨孚《交州异物志》等;或专纪一时代,如陆贾《楚汉春秋》、王度《二石伪治时事》等;或在一时代中专纪一事,如《晋修复山陵故事》、《晋八王故事》等;有专纪一类人物者,如刘向《列女传》、皇甫谧《高士传》等;有纪人物复限于一地方或一年代者,如陈寿《益都耆旧传》、谢承《会稽先贤传》、袁敬仲《正始名士传》等；有专为一家或一人作传者，如江统之《江氏家传》、范汪之《范氏家传》、慧立之《慈恩法师传》等；或记载游历见闻，如郭象《述征记》、法显《佛国记》等；或采录异闻，作半小说体，如《山海经》、《穆天子传》、《飞燕外传》等；或拾遗识小，聊供谈噱，如刘义庆《世说》、裴荣期《语林》等。凡此皆未尝以述作自居，惟取供述作者之资料而已（右所举例，皆取诸隋唐两志。其书今存者希）。

其第二类，则搜集许多资料，经一番组织之后，确成一著述之体裁。但所叙者专属于某种事状，其性质为局部的，而与正史编年等含有普遍性质者殊科焉。此类之书，发达最早者为地方史，常璩之《华阳国志》，其标本也，其流衍为各省府州县之方志。次则法制史，如《历代职官表》、《历代盐法志》等类。次则宗教或学术史，如《佛祖历代通载》、《明儒学案》等类。其余专明一义，如律历、金石、目录等等，所在多有，然蔚然可观者实稀。盖我国此类著述，发达尚幼稚也。

史籍既多，则注释考证，自然踵起。注释有二：一曰注训诂，如裴骃、徐野民等之于《史记》，应劭、如淳等之于《汉书》；二曰注事实，如裴松之之于《三国志》。前者于史迹无甚关系，后者则与本书相辅矣。考证者，所以审定史料之是否正确，实为史家求征信之要具。《隋书·经籍志》有刘宝之《汉书驳议》，姚察之《定汉书疑》，盖此类书之最古者。司马光既写定《通鉴》，即自为《考异》三十卷，亦著述家之好模范也。大抵考证之业，宋儒始引其绪，刘攽、洪迈辈之书，稍有可观。至清而大盛，其最著者如钱大昕之《廿二史考异》，王鸣盛之《十七史商榷》，赵翼之《廿二史札记》。其他关于一书一篇一事之考证，往往析入毫芒，其作者不可偻指焉。

近代著录家，多别立史评一门。史评有二：一，批评史迹者；二，批评史书者。批评史迹者，对于历史上所发生之事项而加以评论。盖《左传》、《史记》已发其端，后此各正史及《通鉴》皆因之。亦有泐为专篇者，如贾谊《过秦论》、陆机《辨亡论》之类是也。宋明以后，益尚浮议，于是有史论专书，如吕祖谦之《东莱博议》、张溥之《历代史论》等。其末流只以供帖括剿说之资，于史学无与焉。其较有价值者，为王夫之之《读通鉴论》、《宋论》。虽然，此类书无论若何警拔，总易导读者入于奋臆空谈一路,故善学者弗尚焉。

批评史书者,质言之,则所评即为历史研究法之一部分,而史学所赖以建设也。自有史学以来二千年间,得三人焉:在唐则刘知幾,其学说在《史通》;在宋则郑樵,其学说在《通志·总序》及《艺文略》、《校雠略》、《图谱略》;在清则章学诚,其学说在《文史通义》。知幾之自述曰:"《史通》之为书也,盖伤当时载笔之士,其义不纯;思欲辨其指归,殚其体统。其书虽以史为主,而余波所及,上穷王道,下掞人伦。……盖谈经者恶闻服杜之嗤,论史者憎言班马之失,而此书多讥往哲,喜述前非,获罪于时,固其宜矣。"(《史通·自叙》)樵之自述曰:"凡著书者虽采前人之书,必自成一家之言。……臣今总天下之大学术而条其纲目,名之曰略,凡二十略。百代之宪章,学者之能事,尽于此矣。其五略,汉唐诸儒所得而闻;其十五略,汉唐之儒所不得而闻也。"又曰:"夫学术超诣,本乎心识,如人入海,一入一深。臣之《二十略》,皆臣自有所得,不用旧史之文。"(《通志·总序》)学诚自述曰:"郑樵有史识而未有史学,曾巩具史学而不具史法,刘知幾得史法而不得史意,此予《文史通义》所为作也。"(《志隅·自序》)又曰:"拙撰《文史通义》,中间议论开辟,实有不得已而发挥,为千古史学辟其榛芜。然恐惊世骇俗,为不知己者诟厉。"(《与汪辉祖书》)又曰:"吾于史学,自信发凡起例,多为后世开山,而人乃拟吾于刘知幾。不知刘言史法,吾言史意;刘议馆局纂修,吾议一家著述。"(《家书二》)读此诸文,可以知三子者之所以自信为何如,又可知彼辈卓识,不见容于并时之流俗也。窃常论之,刘氏事理缜密,识力锐敏;其勇于怀疑,勤于综核,王充以来,一人而已。其书中《疑古》、《惑经》诸篇,虽于孔子亦不曲徇,可谓最严正的批评态度也。章氏谓其所议仅及馆局纂修,斯固然也。然鉴别史料之法,刘氏言之最精,非郑、章所能逮也。郑氏之学,前段已略致评。章氏评之谓:"其精要在乎义例,盖一家之言,诸子之学识,而寓于诸史之规矩。"(《文史通义·释通篇》)又谓:"《通志》例有余而质不足以副。"(《与邵二云书》)皆可谓知言。然刘、章惟有论史学之书,而未尝自著成一史;郑氏则既出所学以与吾人共见,而确信彼自有其不朽者存矣。章氏生刘、郑之后,较其短长以自出机杼,自更易为功。而彼于学术大原,实自有一种融会贯通之特别见地。故所论与近代西方之史家言多有冥契。惜其躬自撰述者,仅限于方志数种,未能为史界辟一新天地耳。

要之,自有左丘、司马迁、班固、荀悦、杜佑、司马光、袁枢诸人,然后中国始有史。自有刘知幾、郑樵、章学诚,然后中国始有史学矣。至其持论多有为吾侪所不敢苟同者,则时代使然,环境使然,未可以居今日而轻谤前辈也。

吾草此章将竟,对于与吾侪最接近之清代史学界,更当置数言。前清为一切学术复兴之时代,独于史界之著作,最为寂寥。唐宋去今如彼其远,其文集、杂著中所遗史迹,尚累累盈望。清则舍官书及谀墓文外,殆无余物可以相饷,史料之涸乏,未有如清者也。此其故不难察焉,试一检康雍乾三朝诸文字之狱,则知其所以钳吾先民之口而夺之气者,其凶悍为何如。其敢于有所论列而幸免于文网者,吾见全祖望一人而已(看《鲒埼亭集》)。窃位者一意摧残文献以谋自固,今位则成闰矣,而已湮已乱之文献终不可复,哀哉耗矣。虽然,士大夫之聪明才力,终不能无所用,故压于此者伸于彼,史学之在清代,亦非无成绩之可言。章学诚之卓荦千古,前既论之矣。此外关于史界,尚有数种部分的创作:其一,如顾祖禹之《读史方舆纪要》,其书有组织,有断制,全书百三十卷,一气呵成为一篇文字,以地理形势为经,而纬之以史迹。其善于驾驭史料,盖前人所莫能逮,故魏禧称为"数千百年绝无仅有之书"也。其二,如顾栋高之《春秋大事表》,将全部《左传》拆碎,而自立门类以排比之。善用其法,则于一时代之史迹能深入而显出矣。其三,如黄宗羲之《明儒学案》,实为中国有学史之始。其书有宗旨,有条贯,异乎钞撮驳杂者。其四,如赵翼之《廿二史札记》,此书虽与钱大昕、王鸣盛之作齐名(见前),然性质有绝异处。钱、王皆为狭义的考证,赵则教吾侪以搜求抽象的史料之法。昔人言"属辞比事,《春秋》之教",赵书盖最善于比事也。此法自宋洪迈《容斋随笔》渐解应用,至赵而其技益进焉。此四家者,皆卓然有所建树,足以自附于述作之林者也。其他又尚有数类书,在清代极为发达:(一)表志之补续。自万斯同著《历代史表》后,继者接踵,各史表志之缺,殆已补缀无遗,且所补常有突过前作者。(二)史文之考证。考证本为清代朴学家专门之业,初则仅用以治经,继乃并用以治史。此类之书有价值者毋虑百数十种。对于古籍，订讹纠谬，经此一番整理，为吾侪省无限精力。（三）方志之重修。各省府州县志，什九皆有新修本，董其事者皆一时名士，乃至如章学诚辈之所怀抱，皆借此小试焉。故地方史蔚然可观，为前代所无。（四）年谱之流行。清儒为古代名人作年谱者甚多，大率皆精诣之作。章学诚所谓"一人之史而可以与家史国史一代之史相取证"者也。（五）外史之研究。自魏源、徐松等喜谈边徼形事，渐引起研究蒙古史迹之兴味。洪钧之《元史译文证补》知取材于域外，自此史家范围益扩大，渐含有世界性矣。凡此皆清代史学之成绩也。虽然，清儒所得自效于史学界者而仅如是，固已为史学界之不幸矣。

我国史学根柢之深厚既如彼，故史部书之多亦实可惊。今刺取累代所著录之部数卷数如下：

《汉书·艺文志》　　　　一一部　　　　四二五篇
《隋书·经籍志》　　　　八一七部　　　一三二六四卷
《旧唐书·经籍志》　　　八八四部　　　一七九四六卷
《宋史·艺文志》　　　　二一四七部　　四三一〇九卷
《通志·艺文略》　　　　二三〇一部　　三七六一三卷（图谱在外）
《文献通考·经籍考》　　一〇三六部　　二四〇九六卷
《明史·艺文志》　　　　一三一六部　　三〇〇五一卷（限于明代人著作）
清《四库书目》　　　　　二一七四部　　三七〇四九卷（存目合计）

右所著录者代代散佚。例如《隋志》之万三千余卷，今存者不过十之一二；《明志》之三万余卷，采入四库者亦不过十之一二；而现存之四库未收书及四库编定后续出之书，尚无虑数万卷。要而言之，自左丘、司马迁以后，史部书曾著竹帛者最少亦应在十万卷以外。其质之良否如何，暂且勿问，至于其量之丰富，实足令吾侪挢舌矣。此二千年来史学经过之大凡也。

（《改造》1921 年第 4 卷第 4 期）

释 史

王国维

《说文解字》：“史，记事者也，从又持中。中，正也。”其字古文、篆文并作㕜，从中。秦泰山刻石"御史大夫"之"史"，《说文》大、小徐二本皆如此作。案：古文"中正"之字作㕜、𠂹、𠂹、𠂹、𠂹、𠂹诸形，而"伯仲"之"仲"作中，无作中者，唯篆文始作中。且"中正"，无形之物德，非可手持。然则"史"所从之"中"，果何物乎？吴氏大澂曰：“史象手执简形。”然中与简形殊不类。江氏永《周礼疑义举要》云：“凡官府簿书谓之'中'，故诸官言'治中'、'受中'，小司寇'断庶民狱讼之中'，皆谓簿书，犹今之案卷也。此'中'字之本义，故掌文书者谓之'史'，其字从又从中。'又'者，右手，以手持簿书也。'吏'字、'事'字皆有'中'字。天有'司中星'，后世有'治中'之官，皆取此义。”江氏以"中"为簿书，较吴氏以"中"为简者得之。简为一简，簿书则需众简。顾簿书何以云"中"，亦不能得其说。案：《周礼》大史职：“凡射事，饰中，舍筭。”《大射仪》：司射"命释获者设中"，"大史释获。小臣师执中，先首，坐设之；东面，退。大史实八筭于中，横委其余于中西。"又：“释获者坐，取中之八筭，改实八筭，兴，执而俟。乃射，若中，则释获者每一个释一筭，上射于右，下射于左。若有余筭，则反委之。又取中之八筭，改实八筭于中，兴，执而俟”云云。此即大史职所云"饰中，舍筭"之事。是"中"者，盛筭之器也。中之制度，《乡射·记》云：“鹿中：髤，前足跪，凿背容八筭。释获者奉之，先首。”又云：“君，国中射，则皮树中；于郊，则闾中；于竟，则虎中。大夫，兕中；士，鹿中。”是周时中制皆作兽形，有首有足，凿背容八筭，亦与中字形不类。余疑中作兽形者,乃周末弥文之制,其初当如中形,而于中之上横凿空以立筭,达于下横,其中央一直,乃所以持之,且可建之于他器者也。考古者简与筭为一物。古之简策,最长者二尺四寸,其次二分取一为一尺二寸,其次三分取一为八寸,其次四分取一为六寸。详见余《简牍检署考》。筭之制,亦有一尺二寸与六寸二种。射时所释之筭长尺二寸,投壶筭长尺有二寸。《乡射·记》:"箭筹八十。长尺有握,握素。"注:"箭,筹也。筹,筭也。握,本所持处也。素,谓刊之也。刊本一肤。"贾疏:"云'长尺',复云'有握',则'握'在一尺之外,则此筹尺四寸矣。云'刊本一肤'者,《公羊传》僖三十一年:'肤寸而合。'何休云:'侧手为肤。'又《投壶》:'室中五扶。'注云:'铺四指曰扶。'案:《文选·应休琏与从弟君苗君冑书》注引《尚书大传》曰:"扶寸而合,不崇朝而雨天下。"郑玄云:"四指为扶。"是"扶"、"肤"一字。一指案寸。'皆谓布四指,一指一寸,四指则四寸。引之者证'握'、'肤'为一,谓刊四寸也。"所纪筭之长短,与《投壶》不同。疑《乡射·记》以周八寸尺言,故为尺四寸;《投壶》以周十寸尺言,故为尺有二寸。犹《盐铁论》言"二尺四寸之律",而《史记·酷吏传》言"三尺法",《汉书·朱博传》言"三尺律令",皆由于八寸尺与十寸尺之不同,其实一也。计历数之算,则长六寸。《汉书·律历志》:"筭法用竹,径一分,长六寸。"《说文解字》:"筭,长六寸,计历数者。"尺二寸与六寸,皆与简策同制。故古"筭"、"筴"二字往往互相。《既夕礼》:"主人之史请读赗,执筭,从柩东。"注:"古文'筭'皆作'筴'。"《老子》:"善计者不用筹策。"意谓不用筹筭也。《史记·五帝本纪》:"迎日推筴。"《集解》引晋灼曰:"筴,数也。迎,数之也。"案:"筴"无"数"义,惟《说文解字》云:"算,数也。"则晋灼时本当作"迎日推筭",又假"筴"为"算"也。汉荡阴令张迁碑:"八月,筴民。"案:《后汉书·皇后纪》:"汉法,常以八月算人。"是"八月筴民"即"八月算民",亦以"筴"为"算",是古筭、筴同物之证也。射时舍筭,既为史事,而他事用筭者,亦史之所掌。《周礼》冯相氏、保章氏皆大史属官。《月令》:"乃命大史守典奉法,司天、日、月、星辰之行。"是计历数者,史之事也。又古者筮多用筴以代蓍。《易·系辞传》言"乾之策,坤之策",《士冠礼》:"筮人执筴。"又周秦诸书多言"龟策",罕言"蓍龟","筴"、"筭"实一字。而古者卜筮亦史掌之。《少牢馈食礼》:"筮者为史",《左氏传》亦有"筮史",是筮亦史事。筭与简策本是一物,又皆为史之所执,则盛筭之中,盖亦用以盛简。简之多者,自当编之为篇。若数在十简左右者,盛之于中,其用较便。《逸周书·尝麦解》:"宰乃承王中,升自客阶,作策,执策,从中。宰坐,尊中于大正之前。"是中、策二物相将,其为盛策之器无疑。故当时簿书亦谓之"中"。《周礼·天府》:"凡官府、乡、州及都鄙之治中,受而藏之。"《小司寇》:"以三刺断庶民狱讼之中",又:"登中于天府。"《乡士》、《遂士》、《方士》:"狱讼成,士师受中。"《楚语》:"左执鬼中。"盖均谓此物也。然则"史"字"从又持中",义为持书之人,与"尹"之从又持丨象笔形。者同意矣。

然则,谓中为盛策之器,"史"之义不取诸持算而取诸持策,亦有说乎?曰:有。持算为史事者,正由持策为史事故也。古者,书、策皆史掌之。《书·金縢》:"史乃册祝。"《洛诰》:"王命作册逸祝册。"又:"作册逸诰。"《顾命》:"大史秉书,由宾阶阼,御王册命。"《周礼·大史》:"掌建邦之六典,掌法,掌则,凡邦国都鄙及万民之有约剂者,藏之,以贰六官,六官之所登。大祭祀,戒及宿之日,与群执事读礼书而协事。祭之日,执书以次位常。大会同、朝觐,以书协礼事。及将币之日,执书以诏王。大师,抱天时,与大师同车。大迁国,抱法以前。大丧,执法以莅劝防。遣之日,读诔。"《小史》:"掌邦国之志,奠系世,辨昭穆。若有事,则诏王之忌讳。大祭,读礼法,史以书辨昭穆之俎簋。卿大夫之丧,赐谥,读诔。"《内史》:"掌王之八枋之法,以诏王治。执国法及国令之贰,以考政事,以逆会计。凡命诸侯及孤卿大夫,则册命之。凡四方之事书,内史读之。王制禄,则赞为之,以方出之。内史掌书王命,遂贰之。"《外史》:"掌书外令,掌四方之志,掌三皇五帝之书,掌达书名于四方。若以书使于四方,则书其令。"《御史》:"掌赞书。"《女史》:"掌书内令。"《聘礼》:"夕币,史读书展币。"又:"誓于其竟,史读书。"《觐礼》:"诸公奉箧服,加命书于其上,升自西阶,东面。大史是右,侯氏升,西面立,大史述命。"注:"读王命书也。"《既夕礼》:"主人之史请读赗。"又:"公史自西方东面,读遣卒命。"《曲礼》:"史载笔。"《王制》:"大史典礼,执简记,奉讳恶。"《玉藻》:"动则左史书之,言则右史书之。"《祭统》:"史由君右执策命之。"《毛诗·静女》传:"古者,后、夫人必有女史彤管之法。史不记过,其罪杀之。"又周六官之属,掌文书者,亦皆谓之史。则史之职,专以藏书、读书、作书为事。其字所从之"中",自当为盛筴之器。此得由其职掌证之也。

　　史为掌书之官,自古为要职。殷商以前,其官之尊卑虽不可知,然大小官名及职事之名,多由史出,则史之位尊地要可知矣。《说文解字》:"事,职也。从史,屮省声。"又:"吏,治人者也。从一、从史,史亦声。"然殷人卜辞皆以"史"为"事",是尚无"事"字。周初之器,如毛公鼎、番生敦二器,"卿事"作"事","大史"作"史",始别为二字。然毛公鼎之"事"作 ✦,小子师敦之"卿事"作 ✦,师袁敦之"啬事"作 ✦,从 中,上有斿,又持之,亦"史"之繁文,或省作 ✦,皆所以微与"史"之本字相别,其实犹是一字也。古之官名,多由史出,殷周间王室执政之官,经传作"卿士",《书·牧誓》:"是以为大夫卿士。"《洪范》:"谋及卿士。"又:"卿士惟月。"《顾命》:"卿士邦君。"《诗·商颂》:"降予卿士。"是殷周间已有"卿士"之称。而毛公鼎、小子师敦、番生敦作"卿事",殷虚卜辞作"卿史",《殷虚书契前编》卷二第二十三叶,又卷四第二十一叶。是卿士本名"史"也。又:天子、诸侯之执政通称"御事",《书·牧誓》:"我友邦冢君御事。"《大诰》:"大诰猷尔多邦,越尔御事。"又:"肆予告我友邦君、越尹氏、庶士、御事。"《酒诰》:"厥诰毖庶邦庶士、越少正、御事。"又:"我西土棐徂邦君、御事、小子。"《梓材》:"王其效邦君越御事。"《召诰》:"诰告庶殷越自乃御事。"又:"王先服殷御事,比介于我有周御事。"《洛诰》:"予旦以多子越御事。"《文侯之命》:"即我御事,罔或耆寿,俊在厥服。"多以邦君、御事并称,盖谓诸侯之执政者也。而殷虚卜辞则称"御史",《殷虚书契前编》卷四第二十八叶。是"御事"亦名"史"也。又古之六卿,《书·甘誓》谓之"六事"。司徒、司马、司空,《诗·小雅》谓之"三事",又谓之"三有事",《春秋左氏传》谓之"三吏"。此皆大官之称"事",若"吏"即称"史"者也。《书·酒诰》:"有正、有事",又:"兹乃允惟王正事之臣。"《立政》:"立政、立事。""正"与"事"对文。长官谓之"正",若"政",庶官谓之"事"。此庶官之称"事",即称"史"者也。"史"之本义为持书之人,引申而为大官及庶官之称,又引申而为职事之称。其后,三者各需专字,于是"史"、"吏"、"事"三字于小篆中截然有别:持书者谓之"史",治人者谓之"吏",职事谓之"事"。此盖出于秦汉之际,而《诗》、《书》之文尚不甚区别,由上文所征引者知之矣。

　　殷以前,史之尊卑虽不可考,然卿事、御事均以"史"名,则史官之秩亦略可知。《曲礼》:"天子建天官,先六大,曰大宰、大宗、大史、大祝、大士、大卜,典司六典。"注:"此盖殷时制。"大史与大宰同掌天官,固当在卿位矣。《左传》桓十七年:"天子有日官,诸侯有日御,日官居卿以底日。"以日官为卿,或亦殷制。周则据《春官》序官:"大史,下大夫二人,上士四人。小史,中士八人,下士十有六人。内史,中大夫一人,下大夫二人,上士四人,中士八人,下士十有六人。外史,上士四人,中士八人,下士十有六人。御史,中士八人,下士十有六人。"其中,官以大史为长,郑注:"大史,史官之长。"或疑《书·酒诰》称"大史友"、"内史友",《大戴礼记·盛德篇》云:"大史、内史,左右手也。"似大史、内史各自为寮,不相统属;且内史官在大史上,尤不得为大史之属。然毛公鼎云"御事寮、大史寮",番生敦云"御事、大史寮",不言内史。盖析言之,则大史、内史为二寮;合言之,则为大史一寮。又周官长,贰不问官之尊卑,如乡老以公、乡大夫以卿而为大司徒之属,世妇以卿而为大宗伯之属,皆是。则内史为大史之属亦不嫌也。秩以内史为尊。内史之官虽在卿下,然其职之机要,除冢宰外,实为他卿所不及。自《诗》、《书》、彝器观之,内史实执政之一人。其职与后汉以后之尚书令,唐宋之中书舍人、翰林学士,明之大学士相当,盖枢要之任也。此官,周初谓之"作册",其长谓之"尹氏"。"尹"字从又持丨,象笔形。《说文》所载"尹"之古文作秦,虽传写讹舛,未可尽信,然其下犹为"聿"形,可互证也。持中为"史",持笔为"尹",作册之名亦与此意相会,试详证之。《书·洛诰》:"王命作册逸祝册。"又:"作册逸告。""作册"二字,伪《孔传》以"王为册书"释之。《顾命》:"命作册度。"传亦以"命史为册书法度"释之。孙氏诒让《周官正义》始云:"尹逸,盖为内史。以其所掌职事言之,谓之'作册'。"《古籀拾遗·宂敦跋》略同。始以"作册"为内史之异名。余以古书及古器证之,孙说是也。案:《书·毕命序》:"康王命作册毕,分居里,成周郊,作《毕命》。"《史记·周本纪》作"康王命作册毕公"。盖不知"作册"为官名,"毕"为人名,而以毕公当之。为伪古文《毕命》之所本。《汉书·律历志》引逸《毕命丰刑》曰:"王命作册丰刑。"《逸周书·尝麦解》亦有"作筴"。此皆"作册"一官之见于古书者。其见于古器者,则癸亥父己鼎云:"王赏作册丰贝。"睘卣云:"王姜命作册睘安夷。"伯吴尊盖云:"宰朏右作册吴入门。"皆以"作册"二字冠于人名上,与《书》同例。而吴尊盖之"作册吴",虎敦、牧敦皆作"内史吴",是"作册"即内史之明证也。亦称"作册内史",师艅敦:"王呼作册内史册命师艅。"尢盂:"王在周,命作册内史锡尤卤□□。"亦称"作命内史",剌鼎:"王呼作命内史册命剌。"是也。内史之长曰"内史尹",亦曰"作册尹",师兑敦:"王呼内史尹册命师兑。"师晨鼎:"王呼作册尹册命师晨。"尤敦:"王受作册尹者,假为诸字。俾册命尤。"是也。亦单称"尹氏",《诗·大雅》:"王谓尹氏,命程伯休父。"颂鼎、寰盘:"尹氏受王命书。"克鼎:"王呼尹氏册命克。"师𣪘敦:"王呼尹氏册命师𣪘。"是也。或称"命尹",古"命"、"令"同字,"命尹"即"令尹"。楚正卿"令尹"之名盖出于此。伊敦:"王呼命尹𠱾册命伊。"是也。作册、尹氏皆《周礼》内史之职,而尹氏为其长。其职在书王命与制禄命官,与大师同秉国政。故《诗·小雅》曰:"赫赫师、尹,民具尔瞻。"又曰:"赫赫师、尹,不平谓何。"又曰:"尹氏、大师,维周之氐,秉国之钧。"诗人不欲斥王,故呼二执政者而告之。师与尹乃二官,与《洪范》之"师尹惟日"、《鲁语》"百官之政事师尹"同,非谓一人而"师"其官、"尹"其氏也。《书·大诰》:"肆予告我友邦君、越尹氏、庶士御事。"《多方》:"诰尔四国、多方越尔殷侯、尹民。""民"当为"氏"字之误也。尹氏在邦君、殷侯之次,乃侯国之正卿。殷周之间已有此语。说《诗》者乃以《诗》之"尹氏"为大师之氏,以《春秋》之"尹氏"当之,不亦过乎!且《春秋》之"尹氏"亦世掌其官,因以为氏耳。然则"尹氏"之号,本于内史,《书》之"庶尹"、"百尹",盖推内史之名以名之,与"卿事"、"御事"之推史之名以名之者同。然则前古官名多从史出,可以觇古时史之地位矣。

(《观堂集林》卷六,《海宁王静安先生遗书》,商务印书馆 1940 年)

中国史学之起源

朱希祖

一 史字之本谊

欲明中国史学之起源，须先明史字之本谊。《说文解字》云："史，记事者也。从又持中，中，正也。"其字古文篆文并作🖹。案记事者，即后世之书记官，此为本谊；历史官之史，乃引申谊。盖又，为古右字，篆文作🖹，象右手形。中，为册字。右手持册，正为书记官之职。盖古文册作🖹，篆文作🖹，省作🖹，后世误认为中正之中，其实中正为无形之物德，非可手持，许君之说非是。中为简册，戴侗《六书故》、吴大澂《说文古籀补》已有此说，然其说尚未密。江永《周礼疑义举要》，吾师章太炎先生《文始》，引证始更确实。江氏云："凡官府簿书谓之中，故诸官言治中受中，小司寇断庶民狱讼之中，皆谓簿书，犹今之案卷也。此中字之本义，故掌文书者谓之史。其字从又从中，又者，右手以持簿书也。吏字事字，皆有中字。天有司中星，后世有治中官，皆取此义。"章先生云："🖹从卜中，中字作🖹，乃纯象🖹形。古文🖹作🖹，则中可作🖹，🖹二编，此三编也。其作中者，非初文，而为后出之字。中本册之类，故《春官·天府》：'凡官府乡州及都鄙之治中，受而藏之。'郑司农云：'治中，谓其治职簿书之要。'《秋官·小司寇》：'以三刺断庶民狱讼之中，岁终则令群士计狱弊讼，登中于天府。'《记·礼器》曰：'因名山升中于天。'升中，即登中，谓献民数政要之籍也。《尧曰》：'咨，尔舜，天之历数在尔躬，允执其中。'谓握图籍也。《春秋国语》曰：'余右执殇宫，左执鬼中。'韦解以中为录籍。汉官亦有治中，犹主簿耳。史字从中，谓记簿书也；自大史、内史以至府史，皆史也。"

观上列诸证，则以右手持册之记事者，即为记事之书记官更明矣。（海宁王国维作《释史》一篇，取日本饭岛忠夫说，以中为《周官》大史职所云"饰中舍筭"之中，为盛筭之器。案此为周制，初制字时，或未有此器，故不从其说。史之本职，仅为记事，历数属史，皆为后起，此从其朔。）

二　有文字而后有史

《说文序》云："黄帝之史仓颉，初造书契。"寻许君此说，出于《世本》。《世本》今亡，《广韵·九鱼》"沮"下引《世本》云："沮诵、仓颉作书，并黄帝时史官。"仓颉作书，古书传述者多，可无疑义。如《荀子·解蔽篇》云："好书者众矣，而仓颉独传者，壹也。"《韩非子·五蠹篇》云："古者仓颉之作书也，自环者谓之私，背私谓之公。公私之相背也，乃仓颉固以知之矣。"（私当作厶，私为假字。）《吕氏春秋·君守篇》云"仓颉造书"，惟称仓颉为黄帝史官，异说纷歧，足滋疑难。兹博采众说，折中一是，亦研究史学发生之一要义也。

仓颉时代，说者不同。《尚书序》孔颖达《正义》曰："《世本》云'仓颉作书'，司马迁、班固、韦诞、宋忠、傅玄皆云'仓颉，黄帝之史官也'一。崔瑗、曹植、蔡邕、索靖皆直云'古之王也'二。徐整云'在神农、黄帝之间'三。谯周云'在炎帝之世'四。卫氏云'当在庖牺、苍帝之世'五。慎到云'在庖牺之前'六。张揖云'仓颉为帝王，生于禅通之纪'七。"案张揖之说，出于《广雅》。《广雅》云："自开辟至获麟，二百七十六万岁。分为十纪，则大率一纪二十七万六千年。十纪者，九头一，五龙二，摄提三，合雒四，连通五，序命六，循飞七，因提八，禅通九，流讫十。"据《广雅》所说，则仓颉之生，在获麟前二十七万六千余年。其说怪诞，出于《纬书》，不足措信。崔瑗等说，但云古之王而不言时代，亦不足辨。卫氏言在庖牺、苍帝之世，则在庖牺后；慎到著《慎子》，云在庖牺前。他若徐整、谯周之说，与司马迁等说，不相舛牾，盖一则言其生在黄帝以前，一则言其官在黄帝之世也。综上七说，惟慎到、司马迁等说，有辨论之价值。司马迁等说与许慎说同出于《世本》。《世本》与《慎子》皆出于战国时,其说均古。二说孰是,则又须考定造字之年代以断定之矣。

《易·系辞》云:"上古结绳而治,后世圣人易之以书契。"《说文序》云:"古者庖牺氏之王天下也,仰则观象于天,俯则观法于地,视鸟兽之文与地之宜,近取诸身,远取诸物。于是始作《易》八卦,以垂宪象。及神农氏结绳为治而统其事,庶业其繁,饰伪萌生。黄帝之史仓颉,见鸟兽蹄迒之迹,知分理之可相别异也,初造书契,百工以乂,万品以察。"许君断定庖牺至神农时,皆为结绳而治。庖牺作八卦,垂宪象,始刻画卦文,为造字之先导;至黄帝时,乃造书契,尽刻画之能事,次序井然,合乎进化之理。司马迁作《史记》,本纪起于黄帝。而其《货殖传》又云:"夫神农以前,吾不知已。"盖亦以有文字而后有史,故起黄帝。神农以前为结绳之世,故谓不可知。寻司马迁、许慎之说,皆本于《庄子》。《庄子·胠箧篇》云:"昔者容成氏、大庭氏、伯皇氏、中央氏、栗陆氏、骊畜氏、轩辕氏(案黄帝亦称轩辕氏,此轩辕氏在黄帝前)、赫胥氏、祝融氏、伏牺氏、神农氏,当是时也,民结绳而用之。"结绳为记事之发端,亦为史之权舆,惜其法式今已不传。然观外国记载,谓:"中国以外诸民族,亦往往行之。往昔西藏及贵州之苗族,亦有结绳之事。而琉球近时,尚存其制。海南土人,犹有用之者。当西班牙之侵入秘鲁也,其国有通行之克泼斯 Quippus 者,为一种最发达之结绳法。"德国人对于结绳一事,考察详明,著有专书,结绳法式,皆有图说。吾国古法,亦可由此推测。此法行于简单社会,固可济用。至于庶业繁盛,则饰伪萌生,非有文字,固不足以济其穷。神农以前,既为结绳之世,则始造文字,必在黄帝时无疑。若在黄帝之时,则仓颉为帝王说,不攻自破。(仓颉为帝王,盖由史皇而附会。《淮南子·本经训》云:"仓颉作书。"《修务训》云:"史皇产而能书。"高诱注云:"史皇,仓颉,生而见鸟迹,知著书,故曰史皇,或曰颉皇。")慎到谓"仓颉在庖牺前",《伪古文尚书序》谓"伏牺造书契,以代结绳之政",其说皆非。《尚书正义》所引七说,惟第一说为足存矣。

三　再论书记官之史

上言文字起于黄帝,则黄帝以前既为结绳之世,文字未生,仓颉何由得为黄帝史官？曰：结绳以记事，则结绳之记事者，亦得追称为史官。惟此史官，为书记官，非历史官，必须严为分别，不可混淆。或谓《说文序》云："仓颉之初作书，盖依类象形，故谓之文，其后形声相益，即谓之字。"其后云者，似指仓颉之后，史字从又从中，为相益之字，仓颉时似未有史字，何得称为史官？曰：伏牺既能画卦，即能重卦（王弼说），仓颉既能造文，即能重文。韩非子云："仓颉造字，背厶为公。"公从八（八有背谊）从厶（私之本字），安见仓颉时无史字乎？假使未造史字，后世亦得追称。

书记官称史，不尽上古如此。《周官·大宰》："府，六人；史，十有二人；胥，十有二人；徒，百有十二人。"注曰："史，掌书者。"其他各职，皆有府史胥徒。《大宰》又有："女史八人。"注曰："女史，女奴晓书者。"《宰夫》："史，掌官书以赞治。"注曰："赞治，若今起文书草也。"《周官》之五史（大史、小史、内史、外史、御史），大氐皆为掌管册籍起文书草之人，无为历史官者。惟五史如后世之秘书及秘书长，为高等之书记（说详后）。府史之史，则为下级书记耳。《说文序》云："汉兴，《尉律》：学僮十七以上，讽籀书九千字，乃得为史，郡移太史并课，最者以为尚书史。书或不正，辄举劾之，今虽有《尉律》不课。"《汉书·百官公卿表》：县令长有佐史，丞相、太尉、御史大夫等官，皆有长史。《续汉书·百官志》：自三公以下，至郡国县道，各有掾史（分掾属与令史。令史各典曹文书。郡国县道，又有书佐）。三公亦有长吏，又有记室令史。案佐史、掾史之史，皆书记官，即尉律所课者；长史即后世之秘书长。记室令史，则秘书也。

历史之作，必起于图书荟萃之地。古者图书荟萃之区，首推太史。《吕氏春秋·先识篇》云："夏太史终古载其图法奔商，商内史（案疑太史之误）向挚载其图法奔周，晋太史屠黍亦以其图法归周。"《周官·太史》掌建邦之六典，其属小史掌邦国之志。《左传》昭二年，晋韩宣子来聘，观书于太史氏，见《易象》与《鲁春秋》。司马迁自叙："汉兴，百年之间，天下遗文古事，靡不毕集太史公。"故历史之记载，必萌芽于太史。然其初之所作，仅记述一时一代之政典礼仪，与夫辨世系及昭穆而已。如《尚书》、《仪礼》、《周官》、谱牒等皆是。凡此记载，正名定分，仅足称为史料，未足僭名历史；盖因果之关系，时间之观念，为历史最粗浅之条件，且尚未明也。

历史之法，必为治历明时者所创。《周官》："太史，正岁以年序事，颁之于官府及都鄙。"《续汉书·百官志》："太史令掌天时星历。凡岁将终，奏新年历。"西周以前，未有编年之史，至西周之末，始有《春秋》（说详后）。《春秋》之作，必起于太史，观鲁之《春秋》藏在太史，即可知之。盖惟太史能以时间之观念，发明事实之因果，于是乎有编年之史，足以副历史之名。至孔子修《春秋》，鲁太史左邱明即为《春秋传》，厥后司马迁为汉太史，亦成《史记》。然历史之作，尚为太史者私人所发明，未必为太史之专职。观夫汉之太史，至后汉时尚专掌星历，奏时节禁忌，记瑞应灾异而已。（《史通·史官篇》云："司马迁既殁，后之续《史记》者，若褚先生、刘向、冯商、扬雄之徒，并以别职来知史务，于是太史之署，非复记言之司，故张衡、单飏、王立、高堂隆等，其当官见称，唯知占候而已。"）而著作历史者，反在兰台东观，班固为兰台令史，撰《汉书》；李尤召诣东观，拜兰台令史，撰《汉记》。夫兰台东观，为图籍秘书之所，令史掌奏及印工文书。盖后汉之时，尚无历史官专职也。至魏太和中，始置著作郎，隶中书。晋元康初，改隶秘书，专掌史任。梁陈二代，又置撰史学士。历史官之专职，盖始乎此。由此观之，西周以前，无成家之历史；魏晋以前，无历史之专官；可断言也。（《史通·史官篇》云："史官之作，肇自黄帝，备于周室。"此误书记官为历史官矣。《汉书·艺文志》云："道家者流，出于史官，历记成败存亡祸福古今之道，然后知秉要执本。"案道家伊尹、太公、管仲，皆非史官。惟老子为柱下史，或云为守藏室史，柱下为藏书之地，老子实犹今图书馆长，或图书馆书记耳，未尝作历史官也。后世误以道家者流，出于历史官，于是学术源流，因而滑乱。此余所以斤斤致辨于书记官与历史官之分别也。）

四　未有文字以前之记载

或谓仓颉造字，在庖牺前，慎到之说，未可厚非。盖《周官》外史掌三皇五帝之书，三皇中有庖牺，庖牺既有书，则造字者必在庖牺前可知。况庖牺有《驾辨》之《曲》（《楚辞·大招篇》及王逸注），有《网罟》之《歌》（《隋书·乐志》，又见夏侯玄《辨乐论》），而十言之教，至今尚存（《左》定四年传《正义》引《易》)。他若葛天之歌八阕(《吕氏春秋·古乐篇》引)，神农之书数十篇,(《汉书·艺文志》农家,有《神农》二十篇,兵阴阳家,有《神农兵法》一篇,五行家,有《神农大幽五行》二十七卷,杂占家,有《神农教田相土耕种》十四卷,经方家,有《神农黄帝食禁》七卷,神仙家,有《神农杂子技道》二十三卷。《本草》一经,虽不见于艺文,而《汉书》平帝纪、楼护传,亦尝称道。)事证如此,何以言黄帝以前无文字乎？

曰黄帝以前书籍,或出追记,或出伪托。贾公彦《周官外史》疏引《孝经纬》云"三皇无书",申之云："此云三皇之书者,以有文字之后,仰录三皇时事。"此所谓追记也。汉魏以后,追记邃古之事,其书弥多(如徐整《三五历》言盘古之事,项峻《始学篇》言天皇、地皇、人皇等事,皆汉以前书所未道),皆属此类。《汉书·艺文志》农家《神农》二十篇,原注云："六国时诸子疾时怠于农事,托之神农。"《艺文志》所载黄帝时书,且多依托,何论邃古？《淮南子》云："世俗尊古而贱今,特托黄、农以为重。"此皆所谓伪托也。黄帝以前之书,皆可以此二例观之(严格言之,尧舜以前之书,皆可以此二例观之。盖初造书契,施于实用,未必即有著作记载等事,足资流传也)。

或又谓《管子·封禅篇》云："管仲曰：古者封泰山禅梁父者,七十二家,而夷吾所记者,十有二焉。"所谓十二家者,无怀、虙羲、神农、炎帝、黄帝、颛顼、帝喾、尧、舜、禹、汤、周成王。而许慎《说文序》云："黄帝之史仓颉,始造书契,以迄五帝三皇之世,改易殊体,封于泰山者七十有二代,靡有同焉。"由此观之,七十二代之中,已有无怀、虙羲(即庖牺,虙或作宓作伏,皆声转)。许君云："七十二代之字体,靡有同焉。"则慎到谓仓颉造字在庖牺前,更信而有征矣。《左》昭十二年《传》云："楚左史倚相能读三坟、五典、八索、九邱。"章太炎先生谓："封于泰山者,无怀、虙羲、神农,谓之三坟；炎帝、黄帝、颛顼、帝喾、尧、舜、禹、汤、周成王,谓之九邱。盖刻石记功,托体泰岳,故名坟邱也。五典为五帝之典,八索为三皇五帝之书。典书体例,盖不相同。然同为简编,故名典索也。"然则刻石有三坟之文,简编有三皇之书,贞信可稽,何云黄帝以前之书皆出追记伪托乎？曰《管子·封禅篇》,其书早亡。今本《管子》有《封禅篇》,乃唐房玄龄注《管子》时,采司马迁《封禅书》所载管子之言以补之者。观篇中所云,盖秦始汉武时假托管子之言以谏行封禅者所为,未必出于《管子》。即使出于《管子》,《管子》一书,亦系后人伪托。即非伪托,《封禅篇》言"管仲睹桓公不可穷以辞,因设之以事,曰古之封禅"云云。则前说之七十二家十二家,后说之五物十五物,皆系假设之辞以欺抵桓公者。《封禅篇》之不足信,一矣。(《梁书·许懋传》懋建议驳行封禅,以封禅为纬书之曲说。与此篇相发明,可参考焉。)《封禅篇》言:"封禅者七十二家,夷吾所记十有二。"此盖假设之辞,或系传闻之语,未尝见七十二代之字迹,详其异同也。许君《说文序》所言,全与《管子》不相合(《管子》仅言自己所记,未尝言及刻石字体,《管子》所云七十二家,上起无怀,许君所云七十二代,上起黄帝。此或许君一时误记,或别有所据),不得并为一谈,二矣。《尚书·孔序正义》引《韩诗外传》云:"古者封泰山禅梁父者,万余人,仲尼观焉,不能尽识。"《史记·封禅书正义》引《韩诗外传》云:"孔子升泰山,观易姓而王,可得而数者七十余人,不得而数者万余人。"(今本《韩诗外传》已逸此文)此盖传闻之语,韩婴为《外传》则系之孔子,司马迁作《封禅书》则系之管仲。此皆古有其语,后人追记,而传闻异辞,真相尽失,三矣。三说既明,则三坟、五典、八索、九邱诸解,如《尚书·伪孔序》及贾逵(见《左》昭十二年传《正义》)、郑玄(见《周官外史》注),下至章先生之所主张,其是非皆不足辨矣。(《周官》都宗人《注》云:"九皇六十四民。"《疏》云:"按《史记》伏牺以前,九皇六十四民,并是上古无名号之君。"小宗伯《疏》,又引《史记》云:"九皇氏没,六十四民兴;六十四民没,三皇兴。"《通鉴外记》引《史记》作"六十四氏"。案司马迁《史记》起黄帝,此所引《史记》,不知何据?司马迁谓"神农以前,吾不知已"。此等洪荒传说,必不信据。或者不察,竟谓六十四氏合之三皇五帝,正合《管子》七十二家之数。管子自言夷吾所记十有二,或者之言,竟可以补管子之遗忘乎?如此附会,世界史事,正不难牵连饰说矣。)

五 再论追记伪托之作

《尚书纬》云:"孔子得黄帝玄孙帝魁之书,迄于秦穆公,凡三千二百四十篇。断远取近,定可以为世法者,百二十篇。以百二篇为《尚书》,十八篇为《中候》。"(《尚书序正义》引郑氏《书论》所引。)准此,则孔子所见帝魁以来之书,尚有三千一百二十篇,此孔子删《书》之说所由来也。自来言孔子删《诗》、《书》者,其说皆不足信(删《诗》之说,出司马迁《史记》,驳语见下)。《大戴记》宰予问五帝德,孔子曰:"黄帝尚矣,先生难言。"故孔子辑《书》,肇自尧舜,黄帝、颛顼、帝喾之书,孔子时已不得见,非删之也。(孔子不见黄帝、颛顼、帝喾之书,而《五帝德篇》述其德,犹孟子不见周初典籍,而述周班爵禄之制,盖皆得之传闻耳。)杨朱曰:"太古之事灭矣,孰志之哉。三皇之事,若存若亡;五帝之事,若觉若梦。"(《列子·杨朱篇》)盖言无书足征也。孔子辑《书》百篇,而《尚书纬》言《尚书》百二篇。寻《尚书》百两篇,系汉张霸所伪造。(见《汉书·儒林传》)此《尚书纬》盖出于汉代,可断言也。

纬候图谶之书,多托之孔子。其中叙述古事,神奇怪诞,颇动听闻。诂经述史之士,或多采撷,以乱其真,故其源流不可不辨也。《隋书·经籍志》云:"说者又云,孔子既叙六经,以明天人之道,知后世不能稽同其意,故别立纬及谶,以遗来世,其书出于前汉,有《河图》九篇,《洛书》六篇,云自黄帝至周文王所受本文;又别有三十篇,云自初起至于孔子,九圣之所增演,以广其意;又有《七经纬》三十六篇,并云孔子所作;并前合为八十一篇。"《文心雕龙·正纬篇》云:"八十一篇,皆托之孔子,通儒讨核,谓起哀平。"(案汉张衡上疏云:"成哀之后,乃始闻之。"荀悦《申鉴》谓"起于中兴之前"。)徐养源著《纬候不起于哀平辨》,则谓"纬书当起于西京之季,而图谶则自古有之"。《史记·赵世家》:"扁鹊言秦穆公寤而述上帝之言,公孙支书而藏之,秦谶于是出矣。"《秦本纪》:"燕人卢生,使入海还,以鬼神事,因奏录图书。"盖图谶之名,实昉于此。"要之,图谶乃术士之言,与经义初不相涉;至后造作纬书,则因图谶而牵合于经义。"刘、徐二说,后出较是。盖图谶纬候,其体迥殊,约而言之,惟谶纬二类而已。谶自别行,如《孔老谶》、《老子河洛谶》、《尹公谶》、《刘向谶》、《杂谶》(见《隋书·经籍志》)等皆是,信者较寡。纬者,所以配经,故自六经《论语》、《孝经》而外,无复别出;《河图》、《洛书》等纬,皆属于《易》。《汉书·李寻传》已有五经六纬之文;说者又以《庄子》所说十二经以当六经六纬。(《庄子·天道篇》云:"孔子西藏书于周室,翻十二经以说老聃。"案此十二经,殆指《春秋》十二公之经耳。)故儒者多信之。自宋大明中,始禁图谶;梁天监中,又重其制;隋高祖受禅,禁之愈切;炀帝即位,乃发使四出,搜天下书籍与谶纬相涉者,皆焚之。自是谶多亡,而纬则以儒者传述,不能尽灭。《隋书·经籍志》成于唐,所载仅有纬书,而谶则仅云梁有而已。今世所传《古微书》及《七纬》等书,皆纬书之仅存者。盖自后汉以来,沛献集纬以通经,曹褒撰谶以定礼;魏晋儒者,又据以撰史。于是司马贞之补《三皇本纪》,马骕之撰《绎史》,皆纷纷据纬以相传述;延及海外,则又据《春秋纬》十纪之说,以附会巴比伦历史,谓为汉种西来之证。谬种流传,盖非一日。夫此伪托之书,神话之籍,其不足以当信史,稍有识者,当能辨之矣。

六　论历史之萌芽上

上数章论书记官之史,与历史官之史,性质不同,与夫一事之记述,一时之典章,皆为史材,而非历史;且辨明未有文字以前及既有文字以后一切追记伪托之作,以清史学之源,言之既颇详尽。惟言成家之史,起于《春秋》,历史之官,起于魏晋,此盖犹有疑义。《周官》:"小史,掌邦国之志。"郑司农云:"志,记也。《春秋》传所谓《周志》,《国语》所谓《郑书》之属。""外史,掌四方之志。"郑玄云:"志,记也。谓若鲁之《春秋》,晋之《乘》,楚之《梼杌》。"《鲁春秋》、《晋乘》、《楚梼杌》、《周志》、《郑书》,既已可称为历史,则小史、外史,得非为历史官乎?曰周官五史,皆为后世秘书及秘书长之属,非为历史官,前既言之矣。二郑之注《周官》,皆以春秋战国时之史乘,解释西周初年之制度,所谓以后证前,不足为训。且所谓掌者,职司收藏,非著作之谓。寻《周官》原文:"小史掌邦国之志,奠系世,辨昭穆。"所谓邦国之志,即志所奠之系世,所辨之昭穆,即邦国之谱谍类也。若依先郑所注,指为《周志》、《郑书》之属,则与外史所掌四方之志,注释为《鲁春秋》、《晋乘》、《楚梼杌》,有何区别?又,"外史,掌书外令,掌四方之志,掌三皇五帝之书。"此所谓志与书,皆记也,即记所书之号令。《汉书·艺文志》云:"书者,古之号令。"三皇五帝之书,如伏羲之教(见《左定四年传正义》),神农之教(见《汉书·食货志》),神农之禁(见《群书治要·六韬·虎韬篇》),黄帝、颛顼、帝喾、尧、舜之政语(见贾谊《新书·修政语》),庶几近之。四方之志,即班于四方之政令。若方志之书,在《周官》为诵训(掌道方志)、训方(掌四方之传道)所掌,《汉书·艺文志》入于小说家者是也。后郑所释皆非。总之,小史、外史所掌,皆系谱牒政令之属,可称史材,未成历史,断非《鲁春秋》等所可比拟也。

德国历史家郎泊雷希脱 Lamprecht 著《近代历史学》,以为:"历史之发端,为两元之倾向,皆由个人之记忆,而对于祖先尤为关切。两元者何?即所谓自然主义与理想主义是也。取自然主义形式者,最初为谱系;取理想主义形式者,最初为英雄诗。"推究吾国历史之发端,亦不外此例。然则小史所掌奠系世、辨昭穆之谱牒,及春秋以前颂美祖先之诗,皆吾国历史之萌芽也。

《史记·三代世表》:"太史公曰:五帝三代之记,尚矣。自殷以前诸侯,不可得而谱;周以来乃颇可著。"又曰:"余读牒,记黄帝以来皆有年数,稽其《历谱牒》终始五德之传,古文咸不同,乖异。"《十二诸侯年表》:"太史公读《春秋历谱牒》。"又曰:"谱牒独记世谥,其辞略,欲一观诸要难。"由此观之,谱牒文体,略而不详。司马迁之所见,今虽不传,然桓谭、刘杳均云:"《史记·三代世表》,旁行邪上,并放《周谱》。"《大戴记》所载之《帝系》,《汉书·艺文志》所称之《世本》,皆谱牒之遗式也。司马迁云:"历人取其年月,谱牒独记世谥。"(见《十二诸侯年表序》)然则谱牒所重,在记世系名谥,《三代世表》即其例也;年月异同之争,独在于历人,观《汉书·律历志》可知。《汉书·艺文志》,有《黄帝五家历》三十三卷,《颛顼历》二十一卷,《颛顼五星历》十四卷,《夏殷周鲁历》十四卷,此所谓历也;《汉元殷周牒历》十七卷,此所谓牒也;《帝王诸侯世谱》二卷,《古来帝王年谱》五卷,此所谓谱也。此等书籍,未必即为司马迁所读之《历谱牒》,然其性质,亦不外是。盖古人记载,所重世谥,而因果之关系未明,时间之观念亦浅,记载年月之法,独疏略而不详;故春秋以前,年代不明,虽历人亦多争执异同,此谱系之所以未能称为历史也。

孟子曰:"王者之迹息而诗亡,诗亡然后《春秋》作。"明诗所以载王者之迹也。春秋以前，英武之事，大氐皆播之歌诗。虞夏之诗，尚矣，不可得而见，《诗》之《雅》、《颂》，独载商周。如《商颂》之《长发》（有伐韦伐顾伐昆夷伐桀之事），《殷武》（有伐荆楚，即《易》所谓高宗伐鬼方），《大雅》之《生民》（述后稷家有邰），《公刘》（述自邰迁豳事），《绵》（述自豳迁歧事，且载混夷骁喙，虞芮质成事），《皇矣》（述太伯王季事，中有伐密伐崇及侵阮徂共事），《大明》（述大任大姒事，且载尚父助武王伐纣战牧野事），《文王有声》（述文王迁丰，武王迁镐事），《小雅》之《采薇》、《出车》、《杕杜》（述文王北伐猃狁，《采薇》以遣将帅，《出车》以劳还，《杕杜》以勤归），《六月》（宣王北伐，述吉甫伐猃狁），《采芑》（宣王南征，述方叔伐蛮荆），《大雅》之《崧高》（述申伯式南邦），《烝民》（述仲山甫式百辟），《韩奕》（述韩侯伯北国），《江汉》（述召虎平淮夷），《常武》（述南仲整六师；惠南国。程伯休父陈师旅，省徐土）。此皆欧人所谓英雄诗，本于个人记忆，而于祖先尤为关切者也。

七　历史之萌芽下

郎泊雷希脱又云："谱系进而为年代记（吾国称为编年史），英雄诗进而为纪传。"此两元之进化，其说固是；然以吾国史迹观之，则四者发生之次叙，诗最先，纪传次之，谱系又次之，年代纪最后。兹分述之。（吾国谱系，虽至周代始发达，然周以前粗疏脱略之谱系式记载，亦必有之，故与两元进化说仍不相戾。）

《虞书》曰："诗言志，歌永言，声依永，律和声。"故有言志之诗，而后有永言之歌（歌者，歌其诗也，此为徒歌）。有永言之歌，而后有依永之声；有依永之声，而后有和声之律；有和声之律，而后有乐器之作，以与徒歌相和。自伏羲作瑟，女娲作笙簧，已有乐歌，所歌者即谓之诗。其诗如后世之歌谣，播于口耳，不著篇章，故易湮灭失传。然则诗歌先文字而有，郑玄谓："诗之兴焉，谅不于上皇之世。"（见《诗谱序》）其说非矣。诗虽起于皇古，然商周以前，其诗已不传，而司马迁谓："古者诗三千余篇，及至孔子，去其重，取可施于礼义，上采契、后稷，中述殷周之盛，至幽厉之缺，三百五篇。"（见《孔子世家》）此孔子删《诗》之说所由本也。然观《左氏春秋传》鲁襄公二十九年，吴公子季札聘鲁，请观周乐，所歌之诗，不越十五国风二雅三颂。孔子之生，在襄公二十二年，当季札观乐，才七八岁耳。哀公十一年，孔子自卫返鲁，然后乐正，雅颂各得其所。明周乐在鲁，只有此数，非为孔子所删定。所谓得所者，盖定其篇第，传述其事义云耳。其时古代之乐，及夏之《九歌》《九辨》，盖已亡佚，即商之名《颂》十二，犹亡其七，他可知也。然则扬武功，述祖德，若雅颂之诗，必起自古初（《吕氏春秋·古乐篇》，所引古歌之名，虽系传述，亦足为征）。特至孔子时已湮灭不传耳。

纪传之名，始于《禹本纪》（见《史记·大宛列传》），及《伯夷叔齐传》（见《史记·伯夷列传》，或谓《世本》有魏文侯斯传，亦在《史记》前，《尚书传》、《春秋传》，不在此列）。推而上之，《尧典》、《皋陶谟》，虽无纪传之名，已有纪传之实。《尧典》一篇，首尾百五十载（尧在位七十载，舜征用三十载，在位五十载），与纪载一时之事迥殊，实为本纪之权舆；若以司马迁之本纪相较，则《尧典》所缺，惟年月之不明耳。此史学上时间之观念尚未明也。《皋陶谟》但以"粤若稽古皋陶"发端，中间杂载皋陶、禹在帝舜前相陈之昌言，而又叙述帝舜与禹、皋陶、夔之语，而殿以帝与皋陶相和之歌，盖重在皋陶，故曰《皋陶谟》，纯为叙纪之体，与《尚书》中诰誓命之文迥别，实为列传之权舆，与《史记》屈原、贾谊、司马相如等列传不载事功，惟载言语文章者相契，所不同者，惟不书皋陶为何地人耳。此史学上空间之观念尚未明也。司马迁之纪传，在年代记发生之后，史学已达进步之时，《尧典》与《皋陶谟》乃继英雄诗而起，史学尚属幼稚，故仅述局部，不能睹其全体，与诗之叙述相似，试观《尧典》自"钦明文思安安"，至"黎民于变时雍"，以四十八字，概括尧之生平，似商周之雅颂，似后世之铭赞，《皋陶谟》篇末，竟以歌诗作结，盖未脱英雄诗之习也。《尧典》、《皋陶谟》等书，今文家谓为孔子所作。此盖臆说之辞，不足措信。《左文十八年传》，季文子已引《虞书》"慎微五典"等文（今见《尧典》），《左僖二十七年传》，晋赵衰称郤縠说礼乐而敦诗书，又引《夏书》"赋纳以言"等文（今见《皋陶谟》，他若《左文七年传》郤缺引《夏书》，《左庄八年传》庄公引《夏书》，《左昭十四年传》叔向引《夏书》，《周语》内史过引《夏书》，《周语》单穆公引《夏书》，诸如此类，或见今书，或为逸文，不胜枚举)。则孔子以前,已有人引《夏书》矣。谓为孔子作,夫岂其然。然如段玉裁说,以《尧典》为夏史所作,据《尧典》"舜陟方乃死"为证;孙星衍说,以《皋陶谟》为虞史伯夷所述,据司马迁说《皋陶谟》,及《大戴记·诰志篇》虞史伯夷释"幽明"为证;则又不明虞夏之时,无历史官,且虞夏史去舜、皋陶尚近,何以篇首皆云"粤若稽古"?以意揆之,则典谟之作,殆出于夏商之际乎?(英雄诗进而为纪传,《尧典》、《皋陶谟》前,英雄诗必已发达无疑。然纪传既兴,而英雄诗仍未绝,如汉以后郊庙歌诗是也。此犹年代记既兴,而谱系仍未绝,如汉以后所出谱谍是也。)

谱系起于何代,不可得而考,迹其初起,不过如小史所掌奠系世、辨昭穆而已,年代事迹,必不详也。司马迁谓:"谱谍独记世谥,其辞略。"又谓:"自殷以前诸侯,不可得而谱,周以来乃颇可著。"则谱系殆兴于周?唐虞传贤,夏初传子,其时谱系有无,盖不可考;有殷一代,兄终弟及者多;至于周代,主于立嫡,始严大宗小宗之辨,故奠世系、辨昭穆,其要事也。此一证也。《史记·三代世表》,出于《世本》,法效《周谱》,然云从黄帝至夏桀二十世,从禹至桀十七世。从黄帝至殷汤十七世,从黄帝至纣四十六世,从汤至纣二十九世。从黄帝至周武王十九世。寻《世表》云:"黄帝生昌意,昌意生颛顼,颛顼生鲧。"《汉书·律历志》则云:"颛顼五代而生鲧。"《世表》从夏禹至桀十七王,中有传弟者四,至桀实十二世。(依《世表》例,末王不数,下仿此。)则黄帝至桀实十六世;若依《汉志》,须加三世,则十九世也,一疑矣。《世表》云:"帝小甲太庚弟。"《殷本纪》则云:"小甲,太庚子。"《索隐》引《世本》同。《世表》从黄帝至殷汤十七世,从汤至纣二十九王,中有传弟者十四,至纣实十五世,则黄帝至纣实为三十二世;若依《世本》及《殷本纪》,须加一世,则三十三世也,二疑矣。据《世表》黄帝至汤十七世,黄帝至纣三十二世,而黄帝至周武王仅十九世;武王与纣并世,何殷周世系相差如是其远乎?三疑矣。由此观之,周以前谱系,皆由周人追录,知则录之,不知则阙;自周以下,不特王室世系,井然不紊,即诸侯之谱,亦详载而靡遗。此二证也。周代掌谱系之官,在王室则有小史,在诸侯则如楚之三闾大夫;周以前未闻有此官制。此三证也。《史通·表历篇》云:"谱之建名,起于周代。"盖亦同斯意也。(梁玉绳《史记志疑》据《礼·祭法》疏引《春秋命历序》云：黄帝传十世，少昊传八世，颛顼传二十世，帝喾传十世。以疑《史记·三代世表》。纬书之不足信，已如上论。然汉王符《潜夫论·五德志》谓"喾为伏羲后，尧为神农后，舜为黄帝后，禹为少昊后，汤为颛顼后，皆不同祖。"而蜀秦宓亦辨五帝非一族。亦足见周以前谱系皆系追述，不足信据。）

《春秋》以前，无编年之史。观乎《尚书》之文，年月阔略，称王称公，非序莫辨；《甘誓》一篇，禹启太康，说者非一，莫能证明。《太誓》上系纪元于文王，《金縢》直书克商二年，随文泛说，不以一王践祚为统，此年不系于时王也。《康诰》首书"惟三月哉生魄"，《召诰》首书"惟二月既望"，知有月日，而不知事在何年，此月不系于年也。《召诰》："予惟乙卯，朝至于洛，戊辰，王在新邑。"知有日时，而不知事在何月，此日不系于月也。史法草昧，明成周故无《春秋》以日系月，以月系时，以时系年之术也（周初不特系年于事，即记日亦系于事。如《召诰》"惟太保先周公相宅，越若来，三月，惟丙午朏，越三日戊申，太保朝至于洛，卜宅。"以下"越三日"、"越五日"、"若翼日"、"越三日"、"越翼日"、"越七日"等句，皆不以日系月而系于事。《顾命》："惟四月哉生魄，王不怿，甲子，王乃洮颒水，越翼日乙丑，王崩。"四月不载月朔之日子。则甲子乙丑，亦不知在四月何日，则亦以日系事而已。）或谓《春秋》以前，既无编年之史，何以司马迁谓"余读牒，记黄帝以来，皆有年数"乎？曰：黄帝至周世数，且传闻互异，遑论年数？《汉书·律历志》云："太史令张寿王，及待诏李信，治黄帝《调历》，言黄帝至元凤三年，六千余岁。丞相属宝长安单安国、安陵桮育，治《终始》，言黄帝以来，三千六百二十九岁。"李轨注《法言》云："世有黄帝之书，论终始之运，当孝文之时，三千五百岁，天地一周也。"（见《重黎篇》）司马迁所以谓"稽其历谱牒，终始五德之传，古文咸不同，乖异"也。《史记》自共和以前立世表，共和以后始立年表；盖亦以共和之后乃始有编年之史也。或谓晋代汲县发魏襄王家，得《纪年》，托始黄帝，（《史记·魏世家集解》引荀勖曰："和峤云《纪年》起自黄帝。"而杜预《春秋经传集解后序》云："《纪年》篇起自夏殷周。"《晋书·束晳传》云"《纪年》十三篇，纪夏以来"云云。希祖案：《山海经注》、《北堂书钞》、《隋书·律历志》、《通鉴外纪》、《路史》、《太平御览》引《竹书纪年》

有黄帝、昌意、颛顼、帝尧等事,则起于黄帝之说近是。)至《春秋》以前,皆有年数可稽。此书前人定为战国时魏人所记。而《汉书·律历志》载刘歆《三统历》唐虞夏商,皆有总年,自周初至共和,乃用《鲁历》(时《周历》已亡)。则共和以前,自有年代可稽,何以谓编年史始于《春秋》乎?曰:《竹书纪年》盖晋人束皙等所伪造,本不足信;今本《竹书纪年》,又系宋以后人所伪造,伪中之伪,更不足信。刘歆《三统历》,由于推测,与张寿王、单安国等,盖无以异,亦不能据为确证。《纪年》云:"夏总年四百七十一年。"《三统历》则云:"四百三十二岁。"《纪年》云:"商总年四百九十六年。"《三统历》则云:"六百二十九岁。"《纪年》云:"自武王灭殷至幽王,二百八十一年。"(《史记·周本纪集解》引《汲冢纪年》云:"自武王灭殷,以至幽王,凡二百五十七年。"此足证今本《竹书纪年》,非晋时原本明甚。)《三统历》则云:"伯禽至春秋三百八十六年。"二家之说,相歧既如彼。刘歆据《鲁历》,春秋以前至伯禽初封,三百八十六年,而《史记·鲁世家》,自伯禽初封至惠公末,得三百二十一年。(《史记·封禅书》云:"武王克殷二年,天下未宁而崩。"《三统历》:"成王元年,命伯禽侯于鲁。"《鲁世家》:"孝公二十五年,犬戎杀幽王。"据此,以《鲁世家》推算,武王灭殷,至幽王末,凡二百七十五年。《三统历》云:"武王克商后七岁而崩。"据《三统历》推算,武王灭殷至孝公二十五年,幽王被杀,凡三百四十五年。与《纪年》说均异。)《鲁历》与《鲁世家》,相异又如此。足见《春秋》以前无编年之史,各家所记之年,皆由推算而得,非真出于信史也。然则编年之史,始于《春秋》,有说乎?曰:《春秋》之作,盖在共和、宣王之世,故司马迁《年表》始共和,墨子引诸国《春秋》,亦上逮宣王而止。(《墨子·明鬼篇》引《周春秋》言宣王、杜伯事,又引《燕春秋》、《宋春秋》、《齐春秋》皆言春秋时事。《左昭二年传》有《鲁春秋》,其后孔子修《春秋》,盖即据此。《晋语》羊舌肸习于《春秋》,《楚语》庄王使士亹傅太子,申叔时告之曰:"教之《春秋》。"孟子谓:"晋之《乘》,楚之《梼杌》,鲁之《春秋》,一也。"盖当时编年记事之书,别言之,则曰《乘》、曰《梼杌》,统言之,则皆名曰《春秋》。《史通·六家篇》、《隋书·李德林传》,并引墨子云"吾见百国《春秋》",盖当时各国,皆有编年之记载,故自共和以后,各国诸侯始有年数可稽也。总之,"春秋"之名,共和以前,未闻有此,而《史通》云:"《汲冢璅语》记太丁时事,目为《夏殷春秋》。"此又足征其伪矣。)孔子修《春秋》,托始鲁隐,以事系日,以日系月,以月系时,(时者,春夏秋冬也。当时有周正夏正之不同,故时颇重。"春秋"之名,盖即约举四时之春秋也。)以时系年。自是厥后,时间之观念明,因果之关系著,历史最重要之条件,于是乎始立矣。

(《国立北京大学社会科学季刊》1922年第1卷第1期)

中国史学的起源

周予同

《中学生》杂志发刊沪版以后,曾数度向我征稿,苦于身体和杂务的关系,始终未能应命,心中非常不安。现在就旧稿中比较可以发表的,抽出这篇,略加修改,匆匆付排。在少数青年学生们正奉命罢课的时期,发表这篇古色古香的文章,或不免有"不识时务"之嫌。但一想到我们的民族文化这样地悠久,青年们看了这篇文章,换换口味,或者会发生些"思古之幽情",知道如何发扬光大这悠久的民族文化,不致被顽固分子们所阻滞或消毁,那也不无用处吧。

关于中国史学的起源,有许多问题值得提出讨论研究的,现在为篇幅关系,只提出两个:一,中国史学起源的时期问题,换句话说,就是中国最初的记载的历史起于什么时候?二,中国最初史学的文体问题,换句话说,就是中国最初的记载的历史究竟用哪一种文体书写?现在先谈前者。

一

关于中国史学起源的时期,古今学人的意见大概可分为旧说(或传统的)与新说(或研讨的)两类。

旧说或传统的说法,就普通所知道的,约有三说,而以第三说为较有力。

第一说,以为伏牺时代已有史籍。后汉经学家贾逵、郑玄和东晋时出现的伪孔安国《尚书传》都主这一说,而唐史学家刘知幾《史通》也以为可信。《左传》昭公十二年传楚灵王称:"左史倚相……能读三坟、五典、八索、九丘。"唐孔颖达《左传正义》引贾逵注说:"三坟,三皇(原作王,据清阮元《十三经校勘记》,宋本作皇)之书;五典,五帝之典。"《周礼·春官》:"外史……掌三皇五帝之书。"郑玄注:"楚灵王所谓三坟五典。"伪孔安国《尚书传序》根据贾、郑的经说加以演绎,说:"古者伏牺氏之王天下也,始画八卦,造书契,以代结绳之政,由是文籍生焉。伏牺、神农、黄帝之书,谓之三坟,言大道也。少昊、颛顼、高辛、唐虞之书,谓之五典,言常道也。"刘知幾依据这些文献,在《古今正史篇》以为:"由斯而言,则坟典文义,三五史策,至于春秋之时,犹大行于世;爰及后古,其书不传。"在《二体》、《题目》、《杂述》等篇也有说到,只不过说三坟失传而已。

按此说的不足信,非常明显。因为根据古代文献上的传说,也只说伏牺画八卦,而没有说造书契。《周易·系辞下》:"古者包牺氏(即伏牺,阮元《十三经校勘记》云孟京作伏)之王天下也,仰则观象于天,俯则观法于地,观鸟兽之文与地之宜,近取诸身,远取诸物,于是始作八卦,以通神明之德,以类万物之情。作结绳而为网罟,以佃以渔,盖取诸离。"以下接着说,"包牺氏没,神农氏作","神农氏没,黄帝、尧舜氏作",最后总说:"上古结绳而治,后世圣人易之以书契,百官以治,万民以察,盖取诸夬。"根据这段文献,画卦、结绳、书契,是中国初期社会演化的三个阶段,将画卦和书契全堆在伏牺身上,实在不无牵强附会之嫌。所以汉代经学家,如张衡,便训"坟"为"防",以为礼是大防,因说"三坟"就是三礼;而马融也说"三坟"是三气,指阴阳始生天地人之气,(都见孔颖达《左传正义》"三坟五典"句引)大概也以为伏牺时已有书契、文籍或史籍的说法不能强通的缘故吧。而且,据近代开明的史学家的意见,伏牺是中国史上的神话传说的人物,客观方面有否存在,还是疑问呢。

第二说,以为黄帝时代已有文字,因之也可以说已有史官与史籍。此说的文献以后汉文字学家许慎的《说文解字序》为最权威,而刘知幾《史通·史官建置篇》也因之追溯到黄帝。《说文序》:"古者庖牺氏之王天下也,……始作《易》八卦,以垂宪象。及神农氏,结绳为治,而统其事。庶业其繁,饰伪萌生,黄帝之史仓颉,见鸟兽蹄迒之迹,知分理之可相别异也,初造书契,百工以乂,万品以察。……仓颉之初作书,盖依类象形,故谓之文;其后形声相益,即谓之字。"刘知幾依据这些文献,而加以演绎,以为:"史之建官,其来尚矣。昔轩辕氏受命,仓颉、沮诵实居其职。"又说:"史官之作,肇自黄帝,备于周室。"又说:"史载笔,大事书之于策,小事简牍而已。"大致以为黄帝的史官仓颉制造文字,因之史籍的萌芽也可以说始于这时期。

按此说的不足征信,因现代新文字学家、新史学家的研究结果,也非常明显。根据古代可信的文献,只说仓颉作书,而并没指明仓颉是黄帝时人。《荀子·解蔽篇》:"好书者众矣,而仓颉独传者,壹也。"《韩非子·五蠹篇》:"古者仓颉之作书也,自环者谓之私,背私谓之公。"《吕氏春秋·君守篇》:"仓颉作书。"在战国嬴秦时期的学者,虽已提出了仓颉,却并没有将仓颉和黄帝安排着君臣的关系。到了汉代,社会需要"大一统"的政治,于是经生学人就主观的见地,改造出,或者可以说伪造出一段"大一统"的古史,将一切文物制度全堆在黄帝身上。所以王充《论衡·骨相篇》说"仓颉四目为黄帝史",而许慎《说文》也说"黄帝之史仓颉"。但民间的传说仍不是这种假造的古史所能淹没,所以当时流行的纬谶里都保留着不同的记载。如《春秋纬元命苞》说:"仓帝,史皇氏,名颉,姓侯冈。"《河图玉版》说"仓颉为帝",而出于众手的《淮南子》也只说"史皇产而能书",则仓颉和黄帝的关系也成为疑问了。

更进一步,就"仓"、"颉"两字加以研究,则可疑更甚。《说文》卷五仓部:"仓,谷藏也。仓黄取而藏之,故谓之仓。以食省,囗象仓形。"卷九页部:"颉,直项也。从页,吉声。"据许说,"仓"是会意兼象形字,"颉"为形声字,都是"孳乳寖多"的后起"字",而不是"依类象形"的初"文"。或者依据金文,以为古仓字作⊟,从⌂象有重垣,从⊟象其中有列室形,不是从食省。就是承认仓字是象形的初文,但仍无法否认"颉"字是后起的形声字。以初造书契的仓颉,而便能以后起的形声字作为自己的名号,这在文字演进的理论上是不可通的。近人王国维以为《说文序》"周宣王太史籀著《大篆》十五篇"的太史籀不是人名,而是古字书首句"大史籀书"的简文。古"籀"、"读"二字同声同义,"大史籀书"就是大史读书的意义。"史籀之为人名既可疑,则其时代亦愈可疑。"(详见《史籀篇叙录》,收入《王静安先生遗书》第十七册)以彼例此,那末,较周宣王更古的仓颉也更可疑了。

如更进一步,就文字演进的原则加以研究,则中国文字是否有一创始者如仓颉其人,也属可疑。据许慎以来的文字学家的意见:中国文字始于仓颉,有周宣王时的太史籀而后有大篆,也就是籀文;有秦始皇时的李斯、赵高、胡毋敬,而后有小篆,也称为秦篆;有秦始皇时的程邈,而后有"施之于徒隶"的隶书,因为流行于汉代,也称为汉隶。但就近代新文字学家的研究:文字是社会的产物,而不是圣人或英雄的创作;它的演化是自然的渐变,而不是人为的顿变。近人康有为说:"文字之流变,皆因自然,非有人造之也。南北地隔则音殊,古今时隔则音亦殊,盖无时不变,此天理也。然当其时地相接,则转变之渐可考焉。文字亦然。"又说:"今人日作真书,兴于魏晋之世,无一人能指为谁作者。然则,风气所渐移,非关人为之改作矣。"(见《新学伪经考》卷三《汉书艺文志辨伪》)如果这些近代学者的意见是被采纳的话,那么,中国文字是否为仓颉所独创也大成问题了。

如果中国文字不是创始于仓颉,仓颉并非确有其人,或仓颉并非黄帝的史官,则贸然直信中国史学萌芽于黄帝,不免非诬即妄了。

或者以为黄帝的史官仓颉创造文字这一传说即使不足信,但黄帝时代已有史籍的萌芽仍然可以成立,因为汉司马迁《史记》的首篇《五帝本纪》就是开始于黄帝。如果黄帝时代没有流传留下的史籍,司马迁究竟何所依据呢? 其实这也只是对于《史记》原书未加细究的话。《史记·五帝本纪赞》说:"学者多称五帝,尚矣,然《尚书》独载尧以来。而百家言黄帝,其文不雅驯,荐绅先生难言之。"又说:"书缺有间矣,其轶乃时时见于他说。非好学深思,心知其意,固难为浅见寡闻道也。余并论次,择其言尤雅者,著为本纪书首。"这里所谓"百家言",所谓"他说",都是后人追记黄帝的传说,并非黄帝时代已有史籍可征。如果依据近人经今文学家崔适《史记探源》的意见,《五帝本纪》这一名称也是后人所窜改,而当称"陶唐本纪",那末,《史记》与《尚书》相同,都是肇始于唐尧,而黄帝只是传说的人物了。(崔适说:"案《太史公自序》曰:'述陶唐以来,至于麟止。'然则,此纪之录本当为'陶唐本纪',与夏殷周秦本纪一例。而上系黄帝,下兼虞舜,犹'周本纪'上系后稷下统武王之比。且世家始太伯,列传始伯夷,表让德也。是则本纪始陶唐,又可比例而得者。后人改为《五帝本纪》……显与述'陶唐以来,至于麟止'之言相牴牾。"见《史记探源》卷二)又,如果承认现代疑古派史学家顾颉刚《三皇考》研究的结论,黄帝是传说的帝王,更非常明显。那末,以为黄帝时代已有萌芽的史学的话更其是无征不足凭信了。

第三说,以为中国的记载的历史到唐虞或虞夏时代才可征信,而中国的史学也起源于这时期。这一说根据于《尚书》,《尚书》首篇的《尧典》记载尧舜的史迹,所以这样的主张。《尚书》向被认为儒教的具有最高权威的经典,所以从汉初到清末,甚至于到现在,当史学观点被支配或被隶属于经学观点的时代,一般的史学家很少能超越或怀疑这一学说。汉初司马迁的父亲谈训谕迁说:"尧舜之盛,《尚书》载之。"(见太史公《史记自序》)唐刘知幾亦说:"惟唐虞已降,可得言者。"又说:"尧舜相承,又见坟典。……至孔子讨论其义,删为《尚书》。"(都见《史通·古今正史篇》)近人柳诒徵也说:"孔子删《书》,断自唐虞。盖自洪水既平,历史始渐详备可考。"(见《中国文化史》上册页四五)清章学诚虽曾经说过"世儒不达,以谓史家之初祖实在《尚书》"的话,但他亦只是因为"《书》无定体,托之者众",反对后人"妄拟《书》以定体",而并非根本怀疑或否认《尚书·尧典》篇为史家之初祖。(引文都见《文史通义》卷一《书教》上中篇)

但是说《尧典》出于"舜史所录"仍只是传统的说法,并没有什么确切的证据。《尧典》说尧在位七十年,但全篇除举舜而让位外,实际的政绩只有定历授时一事,其余都是些"光被四表"等空洞的歌颂功德的话。说这是当时的实录,实在是可疑的。因此清崔述在《唐虞考信录》提出修正的意见,以为《尧典》出于夏世。他说:"唐虞时,人情淳朴,虽有简策,尚未有史籍;二帝既崩,夔龙之徒以为尧舜功德隆盛,……不可不著之策以传于后,故撰《尧典》一篇,于是始有史耳。而时已当夏世,……尧七十载前,多得之传闻,难可依据;而古人又慎重,不肯传疑,故但述其功德之大概。"(卷一,顾颉刚编印《崔东壁遗书》第四册页一五——一六）据崔氏说：《尧典》仍是中国史的初祖，不过它的时间由唐、虞稍稍下移到虞夏之世而已。

然而，《尧典》固出于夏世夔龙之徒的手笔吗？清末经今文学家康有为却又提出一种不同的大胆的意见。康氏说："《尧典》一字皆孔子作，凡有四证。王充《论衡》：'《尚书》自"钦明文思"以下，何人所作也？曰：篇家也。篇家者谁也？鸿笔之人也。鸿笔之人何人也？曰：孔子也。'则仲任尚知此说。其证一。《尧典》制度与《王制》全同。巡狩一章，文亦全同。《王制》为素王之制，其证二。文辞若'光被四表，格于上下。克明峻德，以亲九族'等，调谐词整，与《乾卦》、《彖辞》、《爻辞》'云行雨施，品物流形，大明终始，六位时乘'，同并为孔子文笔。其证三。夏为禹年号，尧舜时，禹未改号，安有夏？而不云蛮夷猾唐、猾虞，而云猾夏，盖夏为大朝，……故周时人动称夷夏、华夏，如近代称汉唐。故虽以孔子之圣，便文称之，亦曰猾夏也。证四。……《尧典》特发民主义，……为孔子之微言、素王之巨制。"（见《孔子改制考》卷十二《孔子改制法尧舜文王考》）康氏以为孔子主张禅让的政治制度，所以造作《尧典》以为宣传的手段。如果康氏的意见一部分的被采纳，则《尧典》一篇不是"史学的初祖"，而只是儒家的政治宣传品了。

《尚书》是否如司马迁、郑玄、伪孔安国等所说，由于孔子的编订，实是疑问。（理由暂从略）《尧典》是否如崔述、康有为所说，出于夔龙之徒或孔子的手笔，也还待讨究；但是《尧典》只是后儒的追记，而非当时的实录，无论就经义，就文辞，或就史迹加以考察，都是无疑的。我们如果将《尧典》首句"稽古帝尧"，依宋蔡沈《书传》及清俞樾《达斋丛说》的解释，训为"考古之帝尧"，那末《尧典》一篇只是后儒的追记，而中国史学萌芽于唐虞之际的话也没有立论的根据了。

以上三说，说中国史学萌芽于伏牺、黄帝或唐尧时代，既然没有立论的根据，于是现代的学人各就其研究的结果，另提出新的意见。关于这种新见，就我所知，凡有二说：第一说，以为起源于商周之世，《诗经》中的《玄鸟》等篇便是文献的证据。这一说，近人梁启超主之。第二说，以为起源于商代，甲骨文中的记事文便是实物的证据。这一说，近人董作宾倡之。依前一说，则中国"成文的"历史始于用诗歌体裁书写的"史诗";依后一说,则中国最初的记载始于史官简短的记事。这问题已同时触及本文的第二个问题,便是"中国最初史学的文体问题",故移到下段说明它。但我在本段可先提结论,就是,就我的愚见,依中国目前考古学或考证学发展的情形而论,后说实较前说为合理,就是中国史学的萌芽暂可上溯到商代。

二

中国最初的历史究竟用哪一种体裁书写呢？关于这一问题,以往的学者依据传统的见解,会不加思索的举出《尚书》所载的典、谟、训、诰、誓、命之文。但据近代学人的研究,《尚书》各篇材料的来源须分别审查,而首篇《尧典》更显然出于后人的追记(已详前段),那末,这话已不能令我们满意而默认为合理了。

关于这一问题,现代学者首先提出新见的,是梁启超。梁氏在他所著《中国历史研究法》说:"最初之史用何种体裁以记述耶？据吾侪所臆推,盖以诗歌。……是故遂古传说可谓为'不文的'之史,其'成文的'史则自史诗始。"因之他以为:"以今存之《诗经》三百篇论,其属于纯粹的史诗体裁者尚多篇,例如:《玄鸟》、《长发》、《殷武》、《生民》、《公刘》、《六月》等诗篇,殆可指为中国最初之史。《玄鸟》、《生民》等述商周开国之迹,半杂神话;《殷武》、《六月》等铺叙武功,人地粲然。观其诗之内容,而时代之先后亦略可推。"(见第二章《过去之中国史学界》,全书收入《饮冰室合集》专集第十六册)按梁氏所举的《六月》篇,见于《诗经·小雅》,记周宣王讨伐猃狁的史事;《生民》、《公刘》两篇,见于《诗经·大雅》,系周人追记他们的先祖后稷和公刘的故事;这三篇都可说是周代的作品。至于《玄鸟》、《长发》、《殷武》三篇,见于《诗经·商颂》,记述商的先祖契和成汤的故事。关于《商颂》产生的时代,经今古文学家说各不同。据经古文学说:宋戴公时,"有正考甫者,得《商颂》十二篇于周之大师。"(《毛诗·商颂序》)《国语》亦说:"正考父校商之名颂十二篇于周大师。"据此说,《商颂》是商代的作品,经周而传到宋国。据经今文学说:"(宋)襄公之时,修行仁义,欲为盟主,其大夫正考父美之,故追道契、汤、高宗,殷所以兴,作《商颂》。"(见《史记·宋世家》)那末,《商颂》是春秋初期宋国的作品。梁氏原文于《商颂》产生的时代,并没有确定的主张,所以我在上段说梁氏大概主张中国史学萌芽于商周之世。(考梁氏于其所撰《要籍解题及其读法》一书中,谓:"《诗经》各篇年代最古而有征者,为《商颂》五篇。……后世说诗者,或以《商颂》为考父作,此误读《国语》耳。此五篇乃至十二篇者,殆商代郊祀乐章,春秋时宋国沿用之,故得传于后。"——见《饮冰室合集》专集第十五册页六——据此,梁氏实主毛说。但梁氏行文,每每彼此互异,先后矛盾,为慎重计,仍不能据此定彼。)

梁氏为什么主张"成文的"史始于史诗呢?关于这,他的理由,以为一因于韵语便于记诵,一因于本于人类爱美观念。他说:"古代文字传写不便,或且并文字亦未完具,故对于过去影事之保存,不恃记录而恃记诵;而最便于记诵者,则韵语也。……一方面则爱美观念日益发达,自然有长于文学之人,将传说之深入人心者,播诸诗歌,以应社会之需,于是有史诗。"他认为这是社会发展的公例,因举中国的《易》、《老》与印度的梵歌为证。他说:"试观老聃之谈道,孔子之赞《易》,乃至秦汉间人所造之小学书,皆最喜用韵。彼其时,文化程度已极高,犹且如此,古代抑可推矣。《四吠陀》中之一部分,印度最古之社会史、宗教史也,皆用梵歌。"(见同上节)

考梁氏所以有这样的主张,大概受当时学术界的影响或启示。在梁氏以前,学者一谈及中国初期的史学,总推举《尚书》一书,以为早于孔子所修或所作的《春秋》。但到了梁氏的师康有为,他撰著《孔子改制考》,依据汉王充《论衡》中断片的话而加以发挥,大胆的断定《尚书》与《春秋》同出于孔子的手笔,使《尚书》写作的时代下降而与《春秋》同时,给传统的史学起源论以一消极的打击。(已见上段)后来新进的疑古派的史学家胡适继起,撰著《中国哲学史大纲》上卷,又依据康氏的"尚书论"而进一步的否认《尚书》之史的价值,并同时采取《诗经》中的诗歌作为研究先秦诸子产生之初期的史料。胡氏的行辈虽晚于梁氏,但这新颖的见解不无给梁氏以相当的影响。况且民国初年前后,西洋史学发展过程的常识也多少输入,国人也多少知道:希腊在希罗多德

(Herodotus，484—425 B.C.)、修昔的底斯(Thucydides，471—400 B.C.)、波里比阿(Polybius，205—123 B.C.)三大史学家之前，还流行有荷马(Homer，约西元前九世纪顷)的《伊里亚特》(Iliad)和《奥德赛》(Odyssey)的史诗(Epic)。于是梁氏综合诸说，而提出这"史诗为中国最初的史体"说。——又按《孟子·离娄篇下》也曾说过"王者之迹息而诗亡，诗亡而后《春秋》作"的话，将诗歌体的"诗"和史体的《春秋》联系着；但梁氏原文并没有提及这一句话，大概并没有受他的启示。

从梁氏提出这史诗说之后，行辈稍晚的学人大都袭用它，虽然有些并没有说明是在重述梁说。

我们在说明梁氏史诗说的渊源与其影响之后，现在可进一步的讨论，在中国学术发展的现阶段上，史诗说是否是最后的定论呢？那却不然。梁说的缺点，第一，不免失于比附。社会民族演化的阶段虽说"不能外此公例"(用梁氏语)，但各社会民族的演化亦自有其特点或异点。这便是社会学与历史学研究对象的差别。中国史学的起源与发展，与西洋及印度并不相同。印度富于哲学宗教而缺乏史学，西洋中世纪的神权主义的史观也不是中国史学家所固有，则关于史学的起源，以西洋的史诗、印度的梵歌与中国《诗经》中的"雅"、"颂"相比附，仍不无牵强附会之嫌。第二，不免失于笼统。史与史料不同：史料是社会演化过程中所遗留下来的文字的与文字以外的材料，史则是史家对于社会演化过程中的事迹加以记录或根据史料加以编订。《诗经》中的篇章只是足以征信的史料，而不是含有任何历史意识或历史观念之史；因为它们都是为诗而作诗，而不是为史而作诗。换句话说，并不是目的在记录一件史迹，而仅仅以诗歌的形式来表达他们的情感。例如《玄鸟》、《生民》等篇，与其说是历史，不如说是宗教的更为妥切，因为它们只是宗庙乐歌中的赞颂而已。关于《诗经》之史料的观察，梁氏在他所撰著的《要籍解题及其读法》一书中，反而有明确的见地。他说：《诗经》"于文学价值外，尚有一重要价值焉。曰：可以为古代史料或史料尺度。"又说："其文虽非为记事而作，而偶有所记，吾辈良可据为准鹄。"(页六九——七○)《诗经》如果如本文所说，只是史料或史料的尺度，则梁氏在《中国历史研究法》一书中贸然称《诗经》中的诸篇为"最初之史"，真可说"以子之矛陷子之盾"了。

中国史学萌芽于商周之世的史诗说既不足成为定论,那末,中国史学究竟起源于什么时代,而用哪一种文体来书写呢?从近年来中国考古学的发展,更其是殷商"小屯文化"发现以后,我们却于此暂时得一结论。换句话说,根据考古学者所发现的遗物,我们可以说:中国史学萌芽于商代,而其体裁与《春秋》相似,便是以简短的无韵文的文句来记录的。

"小屯文化"的发现与研究,是中国现代治考古学及古史学者所绝不能忽视的。它的发现经过与成绩研究,不在本文叙说范围之内,略而不谈。小屯所发现的龟甲与兽骨的上面刻有贞卜的文字,这是历来研究的学者所知道的,所以罗振玉著《殷商贞卜文字考》,将甲骨文字概称为贞卜文字。但这些出土的甲骨文字,除了大部分是卜辞外,还有少数是记事的。这些记事的甲骨文字大多刻在牛肩胛骨的骨臼里。所记的事情大多是记载赠送颁发当时所特有的犀利的青铜器的铜矛于各国、各地、各人或守卫者。这些记载的文句,每每于记日的甲子之下说"归某置若干矛",而末署记录的史官的人名;它的形式颇近似于现代新闻的提要,好像说:"某年某月某日,中央政府赠送飞机若干架于某国,或中央政府设置飞机若干架于某省。"这些文句的形式,也颇有异同,但矛的数量、受矛者和记录这事的史官人名是一定备具的。例如:"甲午,帚(归)井示(置)三矛,岳。"(摹文暂从略)"井"是国名,"岳"是史官的签名,译以现代语,就是说:"甲子这天,送去井国应分置的三个矛。记录者,岳。"这些文句,和《春秋》:"夏,四月,取郜大鼎于宋;戊申,纳于大庙。"(桓公二年)及:"夏,四月……得宝玉、大弓。"(定公九年),非常相近。可见《春秋》依据鲁史旧文也不是无根之谈,因为鲁史记载的格式恐也是由于古代史官的记录而演变来的。

根据这些骨臼的刻辞而加以综合的研究的,是董作宾。董氏于民国二十二年(一九三三)发表《帚矛说》(别题《骨臼刻辞的研究》)一文于国立中央研究院历史语言研究所出版的《安阳发掘报告》第四期。他说:"殷虚出土的甲骨文字,除了大多数是卜辞以外,还有一部分是记事的。就记事的文字论,在我们发掘殷虚以来,已得到不少的材料。如第三次所得的兽头刻辞两具,第四次所得的一只鹿头刻辞,都记载着田猎获兽的故事,同时又得到骨器上仿佛人名的款识。这些新材料,很可以打破历来认为殷虚出土的文字只有卜辞的记录了。其实,专门记事的文字,并不始于新发现的兽头刻辞,在骨版中也是常见的。这种记事文字,以见于牛肩胛骨骨臼中者为多,这是一个时期的特别风气。"他根据九十一件遗物,发现记录文句的体式凡有十种,而可归纳为"常式"与"变式"两类。但"它们有必具的三个条件:一、受矛者,二、矛的数量,三、记载此事的史官。"除了以上所得的结论外,他更证明1.尋矛刻辞的时代当在殷武丁之世;2.颁发的铜矛有数可计的,已达四百零五支,可见武丁时代武备充实的一斑;3.贞人就是史官,可以贞人为断定卜辞的标准;4.史官记事,系轮流值班时所为,与贞人的轮值略同。

对于董氏的《尋矛说》提出异议的是唐兰,唐氏撰《卜辞时代的文学和卜辞文学》一文(见《清华学报》第十一卷第三期),不承认骨臼刻辞是记事文而仍是卜辞。他以为"贞卜"二字在甲骨文中每每省略,字只是形的倒写,只是豕形而无足,旧释为茅、为矛、为包,都是错误的。唐文偏于殷代文学的研究,对于《尋矛说》的辩驳尚嫌过于简略;在甲骨文研究专家未有一致定论之前,董说似仍有采用的价值。况且就一般的卜辞而论,其性质亦近于记事,不过偏于宗教性的而已;至于文句的简短,也仍和《春秋》相近似。总之,依据古器物的刻辞和遗留的文献,我们说商代是中国史学的起源期,其记载的文体是简短的散文文句,大致不会有什么错误的。

写完这篇文章以后,最近看到朱希祖先生的《中国史学通论》(二十三年独立出版社的土纸本)一书。他采用德国历史家郎泊雷希脱(Lamprecht)的意见,以为"'历史之发端,有两元之倾向,皆由个人之记忆,而对于祖先尤为关切。两元者何?即所谓自然主义与理想主义是也。取自然主义形式者,最初为谱系;取理想主义形式者,最初为英雄诗。'推究吾国历史之发端,亦不外此例。然则小史所掌奠系世、辨昭穆之谱牒,及春秋以前颂美祖先之诗,皆吾国历史之萌芽也。"(页一八——一九)据朱先生的意见,中国历史的起源是两元的,那便是"谱系"与"史诗"。由这意见加以推论,或者可以说甲骨文字上的记载和《诗经》上的诗歌都是中国最初的历史了。但是一切二元论的倾向每每为我们所不能满意,而臼骨刻辞的记载似乎较谱系和史诗为更古。那末,中国历史起源一元论或不致于便被否定吧。

(《中学生》1946 年第 173 期)

中国史学之演变

周予同*

个人对学术之研究是致力于史学及经学方面的,今天就同诸位谈谈史学上的问题。史学的范围广、书籍多,常使我们在研究时有不知从何处着手之苦。其实就史学本身概括说来,不外是横的与纵的两方面。研究横的方面的,我们叫做目录学,纵的方面就是史学了。目录学的内容比较庞杂,不是短时间中所能尽言。现在我们姑就史学史方面来谈谈,如果需要定一个题目的话,就名之为"中国史学之演变"吧。

关于我国史学演变的著作,市上很多销行,但都未能充分满足我们的欲求。商务印书馆出版金毓黻先生所著的《中国史学史》,是比较完善的一部,材料很丰富,见地也比较确切,但个人的主张并不和金先生尽同,这里把我对中国史学史的看法,概略的讲述一下,贡献给诸位在研究我国史学史的时候做一个参考。

我国史学之发展可分四期,第一期:自殷商至《春秋》之前,为史学之萌芽期。第二期:自《春秋》至《史记》以前,为史学之产生期。第三期:自《史记》至清末《新元史》完成时,为史学之发展期,中国史学在此时期中已具定型。第四期:清末民初梁(启超)、胡(适)以后以迄今日,为史学之转变期,我们就生长在这转变期中,现在把史学演变的这四个阶段分述如后。

(一)萌芽期。我国史学萌芽期,本人把它断自商代开始。诸位都知道我国最古的史书是《尚书》,《尚书》的第一章是《尧典》,照理我们应

---

* 原署"周予同讲述　于廉笔录"以及"本文未经周先生过目,如有错误,当由记者负责"。

把史学的萌芽期断自尧的时代，为什么我现在却把它拖后到商代呢？这就是新旧史家见地的不同了。旧说以为《尚书》是绝对可靠的，《尧典》和《舜典》都是尧和舜当时的作品，足以做为当时的史料。新说则以为《尚书》是儒家政治思想的寄托，根本是一种假想。此外还有伪托于黄帝或伏羲时的记载，更是荒谬不可信。为什么新旧史家的见地会如此不同呢？这除了思想的拘放不同之外，另一个主要的原因，是在于所根据的资料之不同。旧说是完全根据文献的资料而立言的，新说则除了文献的资料外，更应用了考古学上所发现的实物资料。这种实物资料大都是从地下发掘出来的，所以一般学者都称它为"地下文化"。它在史料上的价值比文献资料更可贵，那是因为它的可信程度远远超出于文献资料之上。我国近年来地质学家和考古家们所发现的地下文化很不少，如小屯文化、白陶文化等都是。就在小屯文化里边，有许多甲骨发掘出来，那些甲骨上有许多刻有文字的，经考古学家证明为商代遗物，同时小屯是河南安阳附近的一个村落，也就是所谓殷墟的所在地，而我们利用这些地下资料去与有关商代的记载相参证，也多能切合，这样我们便可确定商代有史料遗留下来。史料是史学形成的基本条件，就好像工业原料之于工业品一样，所以我把中国史学的萌芽期断自商代开始。

在萌芽期中除了时代的断限问题，另一个为史家所争持的是古史记载的文体问题。在甲骨文字未发现之前，很有人主张史事记载最初的文体起于韵文，和西洋古代的史诗一样，梁任公便是其中主要的一个。但自甲骨文字发现以后，使我们知道古史实可能起源于散文体而不起源于韵文体，因为我们所见到的甲骨文字都是很简单的散文记载，其形式和现在的新闻纸上的提要相仿，假如我们承认我国历史记载是启蒙于商代的话（至少我们目前只能如此承认），那么我们便应说历史记载最初是用散文体写的。此外也有执二元说者，以为最初的史体散文、韵文都有，散文是用来记帝王世系的，韵文是用来歌颂功德的，前者如古代的谱牒，后者如《诗经》，这是朱希祖先生的说法（见所著《中国史学通论》）。我个人是赞同起源于散文的说法的，诸位不妨看看甲骨文字的记载，便能知道我这种主张是有相当根据的。中央研究院月刊历史语言研究所第四期,董作宾先生有《寻矛说》和《骨臼刻辞研究》二文,引录甲骨文字颇多,虽然他的说法后来被唐兰、胡厚宣诸先生反驳掉,但我们从他所引录的甲骨原文的全体看来,是足以证明都是散文体的,而这种文体又必为我国历史记载之最初体裁。

文献上的资料,《尚书》是史学萌芽期中主要代表书籍之一。《尚书》的研究,向来问题繁多,如真伪问题、今古文问题等等,聚讼纷纭,真是不胜其烦。现在已进入逐篇研究阶段,最进步的方法,是用地下文化如甲骨及钟鼎文字和书中的记载比较而研究之,这样不但容易有成就,而且不致陷于谬误。近人作此工作而有成绩者很多,如唐兰先生的否定《尧典》,顾颉刚先生的否定《禹贡》,对学术界——尤其是史学界——实有极大贡献。

(二)产生期。这一期我把它定为从《春秋》开始到《史记》以前,在这一阶段中,有三部主要代表作品,它们代表了三种不同的修史体裁。第一部代表作品是《春秋》。《春秋》与《尚书》一般人以为同系经典,因为它们同是构成所谓六经的一份子。但六经都与历史有关,所以章学诚说"六经皆史也",他这话是极有见地的,不过还不算十二分确当,严格说来六经只是古代的史料而已,所以我主张把章氏的话改作"六经皆史料"。史料为社会进化历程中所遗留下来的记载及非记载之资料,是一种客观性的东西,不能称之为正式的史学著作。史学著作为具体的撰述,是客观资料与主观意识的混合物。今日的学者常说治史须有科学的方法与客观的态度,这种说法自然没有错,但这所谓客观并不是绝对的,因为绝对客观实不可能,乃必有主观的成分在内,那就是我们的"史观"了。不过有一点须要注意,我们的史观虽为主观的东西,但正确的史观却又必然是从研究客观资料中所得的结果。如果我们承认史学著作是客观资料和主观意识的混合物,那么《春秋》实在有称作史学著作的资格,因为《春秋》所记载的有时有地有人,这是他客观资料的收入,同时更参加了作者的主观意识,那就是孔子(假定《春秋》为孔子所作)的正名思想和伦理观念的表现,这两种主张是孔子维持社会秩序的主要根据,在史著中也就成了他褒贬的标准,这我们从他所说的"觚不觚,觚哉!?觚哉!?"和那"君君臣臣、父父子子"的理论上可以得到明证。孔子以这样的观念去写述历史，所以孟子说"其事则齐桓、晋文之事，其文则史，[孔子曰]其义则丘窃取之矣"了。这种综合主客观的史籍，在当时真是一部非常的作品，所以我把《春秋》在史学上的地位看得很高。

孔子与《春秋》的关系，向来说者不一，大别言之有三种：古文学家以为孔子修《春秋》，今文学家以为孔子作《春秋》，考古学家则以为《春秋》与孔子无关，我本人是赞同今文学家的说法的。其实古文学家的所谓"修"与今文学家的所谓"作"只是程度上的差别而已，他们是全都承认《春秋》与孔子有密切关系的。《春秋》的编述已有了具体的条例，或以为凡例是周公所定的，并非孔子所创造，故章学诚的《文史通义》说古代集大成的是周公，即使如此，《春秋》的著作也足称伟大了。大概《春秋》本是鲁国的史记，孔子更兼采了当时各国史籍作为材料，乃撰述成《春秋》，但《春秋》所取于各国的只是死的躯壳——材料，《春秋》的精神则是属于孔子的。钱玄同等因孔子成《春秋》的记载，战国以前的作品只见于《孟子》，如言"孔子惧，作《春秋》。《春秋》，天子之事也。是故孔子曰：'知我者其惟《春秋》乎？罪我者其惟《春秋》乎？'"（《滕文公下》）"孔子成《春秋》，而乱臣贼子惧。"（同上）等是，而成于孔氏弟子之手的《论语》却毫未言及，于是以为《春秋》与孔子无关，不然则何以这样伟大的一部著作，竟在门弟子的著作中找不出一些记载的迹象？其实这种见解未必正确，因为《春秋》在孔子当时有一部份是记载现代史的，即不记载现代史的部份，也都是记载当代王侯权贵的先世的，《春秋》之义既以褒贬为主，自不能见容于当世，所以不能公开宣布，只可以微言大义隐授弟子，到后来诸侯相继并灭，乃敢公然称其作者，这是受环境限制所致的自然现象，那么钱氏所说的不但不能否定《春秋》与孔子的关系，相反的却成了孔子当时这种不得已景况的旁证了。

产生期中另一部重要著作为《国语》。《春秋》为编年体之鼻祖，其记载以年为经，以事为纬；《国语》则为国别史的创作，其记载以地为经，以事为纬。《国语》有些人以为是《春秋》的外传，而其内传则为《左传》，这是古文家的说法。今文家则以为《左传》与《国语》本为一书，《左传》是从《国语》中割裂出来的。我个人同意今文家的说法，不过这主要的是经学上的问题,这里我们不必多赘。《国语》的作者为左邱或左丘明,《史记·太史公自叙》的"左丘失明,厥有《国语》"和《儒林传》的"鲁君子左丘明"是我们最好的根据。国别史后世无继续,因为我国人的民性一向主张统一而痛恨分裂的,不但人与人之间主张如此,就是对自然界也有同样倾向,故哲学上有"天人合一"的思想发生,比如在国画中的山水里,常不能缺少人物,那也就是作者将人视为自然界之一部的意念的表现。所以我国的分裂时代,国人总以为是堕落时代,统一时代则是前进时代,这样思想反映在学术方面,乃使我国的国别史不能发达了。

在产生期中,还有一部需要提起的作品是《世本》。《世本》是我国古代文化史的专籍,专史在今天看起来,是前途比较远大的一个部门,像现在我们所见到的哲学史、美术史、戏剧史……都是。人类文化愈发达,专史的著作愈需要,因为文化愈发达,资料愈丰富,原来的范围势必不能尽包所有的史实,所以就必需使之各个独立而成立专史。在古代社会里最重要的是政治和军事,历史的记载也就偏重于这两方面的演变,其在文化方面是很不容易被人顾到的。《世本》却在二千多年以前就开始记载了我国文化的演变,这充分的证明了我国文化发展的快速和久远。《世本》的作者已不可考,它的产生年代是在秦汉之间的,可惜后来竟亡逸了。清时张澍等有辑本,在辑本中我们看到这书里面有《居篇》和《作篇》,记载着我国古代弓矢车室等文物的发明演进之经过和地理状况等。就因为没有个具体形式的原故,所以《世本》在清以前是不很被人注意的,近来经章太炎和梁任公等之提倡,它的身价是一天天的高起来了。

《春秋》、《国语》和《世本》这三部书开始奠定了我国史学的基础,以后就逐渐的发展起来。因此,我们可以说我国真正的史学是产生于春秋战国的时期中的。

(三)发展期。这一期的历程比较长,我国史学在这一期中,虽在不断的发展,但总不超乎几种固定的形态,这几种固定的形态象征着中国史学的统一具体化,却也限制了中国史学更进步的发展。这里我首先要提起的代表著作就是史家们所认为辉皇巨著的《史记》。《史记》是纪传体的始创,纪传体的记载是以人为主的,所以《史记》中的本纪、世家、列传等都以人为本位,它在中国的史学界奠定了不灭的地位。纪传的体裁更成了修史体例的正宗,所以后来的正史——所谓廿五史,就全都承继着这个体裁。不过《史记》中除了纪传体的撰述之外,还有表和书,表是年代史,书是文化史,都是极有价值的著作,而后来的廿四史却常书表不全,那是因为后来史家太偏重了政治和人事的转变,所以便把精力全都用到纪传上去了。另外一种几可和纪传体同被重视的体例是编年体。编年体是上承《春秋》的余绪而来的,不过著作并不多,宋司马光的《资治通鉴》和清毕沅的《续资治通鉴》是这一体裁的主要代表作品。前人很多把编年体和纪传体看得重要的,刘知幾在《史通·二体篇》里就专论过这两种体裁,以为"欲废其一,固亦难矣"。但大体说来,纪传体似乎比编年体更伟大些,因纪传体有时可以包括编年体,而编年体则不能包括纪传体。另一种修史的重要体裁是纪事本末体。纪事本末体以事为主,是一个后起的体裁,肇始于宋袁枢的《通鉴纪事本末》,为一种提纲挈领的著作,如袁氏的著作就是从《通鉴》里边提挈出来的,这一体例后来继续的有九种。此外还有政治史和学术史二种体例,前者的代表作品就是所谓十通,后者如《四朝学案》、《明儒学案》、《清儒学案》等都是。这二种体例的产生,都有着它的客观原因的。我国的政治制度从汉以后直到清朝,大体说来是一种三层状态的社会,上层的是统治者——帝室,中层的是官僚和士大夫阶层,下层是广大的农民和少数的工商从业者,他们的关系是中层阶级帮助上层阶级剥削下层的平民。那些中层的士人夫阶级是一群知识份子,惯会舞文弄墨,他们学而优则仕,退一步则风雅自名的搞搞学术,这样造成了政治和学术发达的现象,记载客观事实的历史,在这方面也就因之蓬勃起来。而文艺史则不见发达,那也就是因为文艺是平民性的东西,所以不被那些士大夫们所重视。这是在当时的那种社会里的必然结果。不过今天我们这些士大夫阶层的余裔,是开始在没落了,其原因也就在政治制度是转变了,这也是历史发展的必然结果。所以我们今后应赶快设法改造自己,不然便无法顺应时代,将不免被社会所淘汰。

(四)转变期。这一期我把它断自民国初年到今日为止,但它的远源实肇始于鸦片战争以后我国的大门被外人的大炮给打开的时候。那时我国震于外人的船坚炮利,乃开始接受外国的物质文明,所以当时的士大夫如曾、李辈,都务求仿制西洋的枪械,以图自强。但在甲午之战后,一般人以为仅模仿西洋的物质文明还不够,必需更接受其典章制度,这时候产生了两种新的主张:一个是以康有为、梁启超为首的"君主立宪"派,一个是以中山先生为首的"民主共和"派。后来民主共和派的主张实现了,创造了中华民国。但名为民主实则仍未脱去封建的枷锁,所以在民国成立之初,竟发生了大规模的贿选舞弊,议员名为猪仔,议会成了鱼肆。于是又有人主张全部接受西洋文化,不管是物质文明、典章制度、思想艺术……一齐搬到中国来,这时的主张又形成了两个不同的阵容:一派主张全部接受西洋文化,而把本国文化投弃不顾;一派则主张中学为体,以西学为用。前者视西洋文化如救主,以为西洋文化无一不佳;后者等于穿长衫学赛跑,转成不伦不类。而西洋文化却在这时候滔滔滚滚的被绍介进来,一时寒暑兼至,杂谬并行,使当时的政治文化都成了混乱状态。学术界也因而开始转变,史学亦形成新旧两途径。旧派以经史混合而研究,常以经学支配史学;新派则专治史学,视六经为史料之一部份。自五四以后,文化界起了一个划时代的大波动,史学日益被人重视,开始脱离经学的约束而独立,这时其他学术如文学、文字学、小说、戏曲等也都逐渐脱离经学而独立,这实是中国文化的一个大解放的时期。从这时以后,史学的研究开始走上了新的——科学的途径。

新史学的研究也可以大别为三派:(甲)疑古派:钱玄同、胡适、顾颉刚等是这派的主要代表人,他们治史惯用怀疑的精神,常以许多有关的文献资料对比而研究之,他们主要的著作,辑集成书名《古史辨》,所以也称古史辨派。(乙)考古派:以王国维、罗振玉等为主要代表人物,他们治学的方法是以地下文化和文献资料相参证,因而断定旧文献的正确性,并为之找出较可靠的结论,《古史新证》和《观堂集林》是这一派成绩的表现。还有李济也是这一派的一个主要人物,他曾经用考古资料考订殷商文化的来源,在蔡孑民先生六十五岁寿辰纪念文集里边,就收有他一篇考订古史的文章,其说法很是新颖。(三)释古派:郭沫若、翦伯赞、侯外庐等是这一派的主要代表人,他们的方法是以经济史观(唯物史观)来解释古史的,他们以为一切社会的演变都以经济为基础,是现代一个势力很雄厚的流派。这三派各立门户,常互相非难,其实这三派只是治史的三种方法,或者说他们是治史的三个阶段。比如我们研究一个历史问题,首先用疑古的精神去找出他的症结,然后用有关的资料去考证,考证既确,再用客观的史观给他下一个解释,这样问题便能得到一个具体的结果。所以三派实应相互利用,相互发明,而不应谬执己见,门户自封。讲到这里,各位也许要问我是一个什么派的人,那么我是一个综合派,就是把上三派综合而用的。上面三派,前二者是属于专门的、断限的,后者则是贯通的。我们研究史学至少要做到能通古今之变,因此单靠一种方法来研究历史是不够的,我们应把各种有价值的方法合而用之才好。

卅五年十二月十九日于国专

(《东南日报》1947年1月16日,第3版)

中国过去史学界之审查

汪诒荪

本篇的职务,乃在打破中国过去一切历史的阶级,和过去历史家一向的传统思想与史法,而重新建设今后的新历史观,将来本着这新历史观,去编成一部全社会的生活史。这是篇中所以要特别说明过去史学界"古古相因"的恶习和"乌烟瘴气"的现象之一个原因。譬如诊病,只能算作病原的报告书,不能算作除病的医药书。这一点要首先说明。

一个时代学术的发生,决没有骤然的变化,而成为一个独立的学术;所以欲明现代史学界的趋势,更不能不回溯已往史学界的现象。"温故知新"是史学上绝大的功能!中国过去史学界的功和罪,也很鲜明。功的方面:不过出了几个特殊的史学家——从司马迁、郑樵一直到章学诚、崔述——使学界也不时的放点异彩。这些特殊的史学家之表彰,今人论得很多,也有相当的表显于世了,用不着重述。兹篇专就过去史学界所演成的几个罪状或错误,分作五项论列:

一、妄定古史时代,其结果传说过于事实。

二、误认古代为黄金时代,其结果构成退化的历史观。

三、误以史学为达某种目的之手段(辅经垂训),其结果偏重于道德史观。

四、误以人物为中心,其结果二十四史名为"正史",实仅同史料。

五、文史不分,其流弊往往徒矜于文采,失却真象。

请就这五端逐次论来。

一

在今日想确定历史时代,实不可能。梁任公说:"中国何时有史?有史以前文化状况如何?非待采掘金石之学大兴,不能得正当之解答。"(《东方杂志》"清代学者整理旧学之总成绩")最近顾颉刚氏辨证古史,尚在进行努力中。历史时代的问题,当然也有相当的说明,容后再说。试先看古代史学界里他们所规定的历史时代如何?是否有无错误而应当审查?那我就要预先来下结论:就是中国古书的记载是多半靠不住的!如果拿这些假古董作我们考古的信条,正如拿杨慎所造的《峋嵝碑》,薛尚功《钟鼎彝器款识》所著录的琱带、钩带、《淳化阁帖》所刻的禹篆,而指为夏代故物一样。所以古书虽不少提及历史时代问题,也不过给我们一些辨伪的资料而已。前代故籍说及历史时代的问题有两种:A.据上古的神话;B.据"六艺"的记载。

A.据上古神话,又有两种说法:1.邃古;2.黄帝之世。

1."三坟五典"的名目,始见于《左传》,"三皇五帝之书"和"伏羲十言之教",始发现于《周礼》、《周易》。它如神农、黄帝、风后、力牧……的作品,居然也曾发现。后来学者虽知其荒渺难稽,但故意将这些伪作累积起来,使这神话化的人物在人的历史界上张目,真是好古之过。所以如蜀汉谯周《古史考》、晋皇甫谧《帝王纪》、宋胡宏《皇王大纪》、吕祖谦《人事记》、罗泌《路史》、金履祥《通鉴前编》、清马骕《绎史》、李锴《尚史》等等一类的上古史,真是不可缕举!叩其所据,不过杂引汉代谶纬、神话传说,泛滥及魏晋以后附会之辞而已。

2.以黄帝时代已建置史官,诸家所说,颇振振有词。请析其说:(1)《说文序》:"黄帝之史仓颉,初造书契。"(2)《世本》:"沮诵、仓颉作书,并黄帝时史官。"(案:《世本》已亡,据《广韵·九鱼》"沮"下引文)(3)《论衡》:"仓颉四目,为黄帝史。"(4)《史通》:"黄帝之世,始立史官,仓颉、沮诵居其职。"它如《春秋元命苞》、《淮南子》,都说"史皇生而能书"。综上各说,一无究稽,即仓颉身世,也是"言人人殊",显然露出马脚。如《尚书序》孔颖达《正义》说:"《世本》曰:'仓颉作书',司马迁、班固、韦诞、宋忠、傅玄皆云'仓颉,黄帝之史官也'。崔瑗、曹植、蔡邕、索靖皆直云'古之王也'。徐整云:'在神农、黄帝之间。'卫氏云:'当在庖牺、苍帝之世。'慎到云:'在庖牺之前。'张揖云:'仓颉为黄帝,生于禅通之纪。'"这是何种怪诞!所以最近顾颉刚和疑古玄同诸人,要进一步辨证古史。至于如以上一些问题,不但是现在人不应当说些辨证的废话,就是作《史记》始于黄帝的司马迁也说是:"百家言黄帝,其文不雅驯,缙绅先生难言之。"而那"仓颉为黄帝史"的史实,自然是更难究稽了。容庚《金文编序》说:"考'仓颉'二字,《说文》:'苍,从食省,□象苍形。󰀀奇字仓。颉,从页,吉声。'一为会意兼象形字,一为形声字,皆非初文所宜有,则仓颉有无其人,未可知。"从文字学上指出他们作伪的痕迹,真是有力的铁证。所以我敢说,在今日——除地下发掘证明外——而还拿这些神话化的记载来说明中国的历史时代,真成词费。

B. 据"六艺"的记载而定历史时代,这个观念,是以后发生的比较演进的学说。以前的史家,虽也曾说过"考信于六艺"的话,却更要进一步研求那芒昧的上古史。到了清代嘉庆间,有一个历史大家崔东壁著一部《考信录》,就是本着太史公所说的"载籍极博犹考信于六艺"的宗旨,他依照这种方法,把中国如《广雅》上所说的"自开辟至获麟二百七十六万岁"的上古史,几乎一笔勾销了!(还留着"经"上所载的帝王)胡适之说他在中国古史学上第一次革命,确不是溢誉。但前此史家,据"经"考究古史,也多异说。譬如,曾巩《南齐书序》以《尧典》为唐时旧闻。孔颖达《尚书正义》以《尧典》为虞史所修。到了赵翼《陔余丛考》便又说:"《尧典》篇春秋时谓之《夏书》者,以其书本夏时所作也。"刘逢禄《尚书今古文集解》也说:"《尧典》以'曰若稽古'先之者,夏时所作,故曰稽古也。"这些论说的纠纷,在今人的眼光里,也无须辨答。司马迁说得好:"自殷以前,诸侯不可得而谱,周以来乃颇可著。"

那末,在周时才有那历史的萌芽"谱系",我决不相信在唐虞夏的时代,而有那比较完全的历史《尧典》发现。《尧典》本身的动摇,在近来才有人发觉,下章再论,暂不羼入。总括一句话,他们那盲目的推究上古史,和绝对的拿"考信于六艺"的眼光来观察古史,是同样的犯了"以耳代目"的毛病!同样的产生了一些超过于事实的传说!

二

"崇古贱今"是中国一向的儒术家思想,这个拜古观念,的确要支配二千年来的史学界,就是到清代以治史自命的钱大昕,他居然生出这样奇怪的结论来:"舍经则无以为学,学道要于好古,蔑古则无以见道。"(《经籍纂诂序》)"好古道"的确可以代表中国人一向的恶习。试翻开几千年来的古籍,如道家的《道德经》、《淮南鸿烈解》……,儒家的《大学》、《中庸》《孝经》……,都可以十足表现他们热烈的拜古观念。在过去的史学界,虽然出了不少的超人手眼者,也想到世事进化的真相。如墨翟、荀卿、商鞅、韩非、王充、刘知幾、郑樵、李觏、王夫之、叶燮诸人,但究是少数不能征服多数,或是片面的领悟,而不能彻底的了解,终于使这史学上唯一的法宝"进化论",不能在过去的史学界里发明,实在是中国史学界的大不幸!孔子岂不曾说过带有进化论口气的话?如"周监二代,郁郁乎文哉,吾从周。"(《论语》)"生生之谓易。"(《大传》)但同时他又要标准人物,"言必称先王"。老子根本上要复古返朴,所以他要说:"执古之道,以驭今之有,能知古始,是为道纪。""古之为治者,非以明民,将以愚之。"毕竟他俩要完成各自的系统哲学,也就不惜托古改制,破坏史学上的元则了!

康南海的《孔子改制考》可以说明这个理由,但是间接也可以证明古籍上史实作伪的地方。可是这个传统思想遗留下来,不特是史学上的劲敌,简直是社会进化最大的障碍物。于是将一切社会生活的动因,都支配在如"经"中所说"参天地化育"的君子,和那"赫赫""皇矣""天亶""天纵"的圣哲身上。还有什么世事进化可说呢?《孝经》上说得好:"服非先王之法服不敢服,言非先王之言不敢言,行非先王之行不敢行。"简直把古人当作偶像崇拜了!它如道家托风太古,亦何尝不然。但是这些杜造的史实和荒谬的思想,都构成后来所梦想不到的黄金时代。所以我只承认"温故知新"是史学上第一要义,我不承认如前人那样蒙混不清的"准古鉴今"的说法。就是一切过去的历史,做我们现在的资鉴是可以的,如果做我们将来的绝对的标准,是今日史学上所否认的。"差之毫厘,失以千里",所以在这一点要特别认识。我试举李守常《史学要论》末了一段说明这个理由:"过去一段的历史,恰如'时'在人生世界上建筑起来的一座高楼,里边一层一层的陈设着我们人类累代相传下来的家珍国宝。这一座高楼,只有生长成熟踏践实地的健足,才能拾级而升,把凡所经过的层楼所陈的珍宝,一览无余。然后上临绝顶,登楼四望,无限的将来的远景,不尽的人生大观,才能比较的眺望清楚。无限未来世界,只有在过去的崇楼顶上,才能看得清楚;无限的过去崇楼,只有老成练达的健足,才能登得上去。一切过去,都是供我们利用的材料。我们的将来,是我们凭借我们过去的材料、现在的劳作创造出来的。这是现代的史学给我们的科学态度。"我更加以解释:"我们在这无数的'时'的层楼中,要超过一切的无数层楼,在这最后的最高的崇楼顶上,放开眼界,认识人生,万不可在这层楼的半途上'固步自封',更不能自崇楼顶上'循阶下降'。在进化路线上开倒车,都是时代的落伍者。"

三

中国最古具有历史性的著作,不能不推到《尚书》、《春秋》。《尚书》是纪传体的雏形,《春秋》是编年体的创作。但实际的考察,《尚书》还不能算作具有历史重要的条件作品。如《尧典》所载的岁月不清楚,《皋陶谟》不载皋陶为何地人,都可以考见那时史学上时间和空间的观念缺乏。所以我不承认《尚书》是具有历史的条件的作品。就是绝对主张"六经皆史"的章太炎也曾说过:"《尚书》史体未备,如《尧典》首章不详实事,有如碑颂;《甘誓》发端不记主客之类。"(《史地学报》一卷四期"通讯")至于《春秋》,是比较具有历史条件的产物,虽然王安石说它是"断烂朝报",梁任公说它是"流水账簿",总不能不算作汉以前最有价值的历史了。朱希祖《中国史学起源》上说:"孔子修《春秋》,始托鲁隐,以事系日,以日系月,以月系时,以时系年。自是厥后,时间之观念明,因果之关系著,历史最重要之条件,于是乎立矣。"(《社会科学季刊》)所以一部《春秋》,在中国史学界上占了一个重要的位置和绝大的势力。几乎以后的史家，都在它的支配之下，所以我不嫌重复说明它的性质和关系。如果我们从《公羊传》、《春秋繁露》、《公羊解诂》等书来看这第一部史书《春秋》，真是笼罩着许多神秘性，绝对的失却了历史性，那有纯粹的历史，中间还隐藏着许多"微言大义"和"非常异义可怪之论"？但是后代史家，崇拜它，称范它，正是注目在这一点，真很奇怪！孟子是古代第一个以"道统"自任的人，所以也是第一个表彰《春秋》的人，他对于孔子作《春秋》的目的——有所为的有主义的——有很详细的说明："世衰道微，邪说暴行有作，臣弑其君者有之，子弑其父者有之，孔子惧，作《春秋》。""孔子成《春秋》而乱臣贼子惧。""王者之迹息而诗亡，诗亡而后《春秋》作。""其事齐桓、晋文，其文则史，孔子曰：'其义丘窃取之矣'。"《庄子》上也说过："《春秋》经世先王之志"（《齐物篇》），到了董仲舒便说出它是"正名垂训"，《史记·太史公自序》引："夫《春秋》上明先王之道，下辨人事之纪，别嫌疑，明是非，定犹豫，善善，恶恶，贤贤，贱不肖，存亡国，继绝世，补敝取废，王道之大者也。"所以以后的史家，就领有如郑渔仲所说"皆准《春秋》专事褒贬"的特权。它如荀悦所说的"五志"，刘知幾所说的"三务"，都是如出一辙。就是到清代号称具有"史识"的章实斋，也要本乎"《春秋》之义"和"辅经垂训"的宗旨（《重刻二十一史序》"史者，辅经以垂训也"）。所以前代如唐人刘知幾曾说过这话："世以《春秋》，善无不备，审形者多，随声者多，相与雷同，莫之指实。"后代的确把它当作偶像崇拜。可以说在过去的史家，没有人能认清这一点。但历史客观性的真实，就因为"褒贬夺与、隐恶扬善"破坏无遗了！——作史不必故加褒贬，前人郑樵在《通志总序》上论之已详——也就是演成二千年来史学界作伪的一个原因！

自然，"隐恶扬善"和"虚美隐恶"，在史学上是一样的不真实，梁任公要拿《春秋》比魏收的"秽史"也不为过（参看《中国历史研究法》页五十七）。但是后代有为而作的——有目的有主义的——史著，自欧阳永叔的《新五代史》，朱晦庵的《通鉴纲目》，一直到王船山的《读通鉴论》，都是为了"《春秋》笔法"，去斤斤的那样"褒贬夺与及于一字"。他们的著作，仅管在它方面有多大的"正名垂训"、"攘夷排满"的价值。正如《春秋》在经学上有"拨乱反正"的价值一样。可是历史上记载，是不是要纯粹客观的忠实和深彻猛烈的求真？王沈《魏录》中之"贬甄"和陆机《晋史》中之"拒葛"，他们不合理的史家态度，为古今史学界所公认的了。但是在史学上所产生坏的(失信的)结果，和古今奉为圭臬的《春秋》、《新五代史》、《紫阳纲目》有什么分别？宽于此而苛于彼，实在不很公平。又次，如司马光《通鉴》首先要拿"资治"做他编史的目的，结果也不过如梁任公所说的："供少数特别阶级之读，助成国民性畸形的发达而已。"(《中国历史研究法》页五十——五一)什么是道德史观——除非在特别条件之下，总不免与这"求真"的一点至少要发生相当的冲突。朱希祖氏曾说过："讲历史者，不宜有国见，有种见，有教见(男女并重，女子方面历史亦不可忽)。至敷陈复仇之义，挑拨杀敌之心，斯为政治家之奴隶，历史家之蟊贼已！"(《北大史学系编辑中国史条例》)再则如朱经《世界史大纲》介绍上所说的："向来历史家描写本国的光荣，总不免有些言过其实的地方。譬如关于滑铁卢的战事，英国史家大概都把战胜的功劳完全归给英将威灵敦，德国史家又把战胜的功劳轻轻的移归普将勃吕休，法国史家还把拿破仑写得轰轰烈烈、虽败犹胜的样子。同一件事体，各国历史上记载得不同，各国人民对于这件事体的感想也就彼此不一样，这就是发生误会、发生争端的根源。"(《新潮》三卷二号)以上所说，真是痛绝之言！也是难免除的事实。所以要认定历史是目的不是手段。

四

中国的历史的组织分三大类：1. 纪传体——如二十四史，以人为主。2. 编年体——如《资治通鉴》，以年为主。3. 纪事本末体——如《通鉴纪事本末》，以事为主。

《尚书》是纪传体的雏形，上已说过；但仅管它的史法幼稚，试把它翻开一看，如《尧典》一篇首尾一百五十载，尧在位七十载，舜□用三十载，在位五十载，与记载一时的事迥然不同，所以要说它是纪传体的雏形。纪传体的组织，就是以人物——个人的非社会群体的——为单位，这种创作，始自司马迁的《史记》。《史记》这部书，就是以十二本纪、十表、八书、三十世家、七十列传组织而成的。换言之，就是除十表、八书外，其余都是个人的传记而已。所以这部书要算作以人物为中心的第一部史著。下至二十四史都是依照这个规律，便成为后代"正史"不祧的大宗。

司马迁这种伟大的创造力，是我们所不能否认的，但试问这部书影响于后代史学界的结果怎么？摹仿这个成例所做成的史著又怎样？是不是能继续司马迁不断的创造，而在这局狭的纪传体内发明人类心力发展的一切功能，而足为我们现在新的历史初范？问到这里，我只能回答："历史的构成问题——人物构成和环境构成——现在虽还在史学界里累世聚讼，但是两方面的势力，都不可消灭，中国史家向来以人物为中心，实自太史公发之。可惜的是这方面的——纪传体的以人物为中心的——史学之发展，仅及于司马迁的己身而止。"

论到这里，演成后代历史退化的现象，我又不能不归罪于创作的历史大家司马迁了。这些话好像有点矛盾，请为仔细的解剖。

历史的职务，固然是要说真话，记实事，进一步再问历史的功能怎样？换一句话说，就是我们为什么要研究历史？这便是历史理论问题，也就是现在史学界的新曙光要建立历史科学的问题。精密一点说，就如梁任公所说的："合无量数互相矛盾的个性，互相分歧或反对的愿望与努力，而在若有意若无意之间，乃各率其职以共赴一鹄，以组成此极广大极复杂极致密之'史网'。"（《中国历史研究法·史迹之论次》）简单一点说，就如李守常所说的："史学家固不仅以精查特殊史实而确定之，整理之，即为毕乃能事，须进一步而于史实间探求其理法。"（《史学要论》）

这大问题，在中国古代固然也有一些人要拿"准古鉴今"说明历史学的为用。最显明的如管子说："疑之古者察之今，不知来者视之往。"（《形势篇》）再则如程伊川所说："读史者不徒要记事迹，须要识其治乱安危、兴废存亡之理。"（《遗书》）但究不能认识到把人事看作整个的、互为因果的东西去考察，于全般的历史事实中间，寻求一个普通的理法，以明人事间相互的影响与感应。这种严正历史科学，在过去的史学界不能成立，并且现在想建设这种历史科学，在旧的史籍中很少可以拿来应用，正是因为他们编历史——二十四史——的时候，都拿人物做中心,把这整个的、连锁的、会通的、感应的人事,尽划为零零碎碎的事实,分配在个人的传记里,所以一直到现在的史学界,还只能达到就各个事实而为解释说明的地步,而不能概括的、推论的构成一般关于研究的历史理论来。有人说:"人类的历史,是包括团体的生活和个体的生活,团体是多数个人所组成的记述。个人——个体——生存的经历是纪传,所以历史的研究,有纪传体——以人物为中心——研究的必要。"这话自然有它相当的理由与价值,前略曾说过。但团体的——全社会的全人类的——生活在今日史学上的意义,渐次加重了不少。然而我这篇文字,不是就一般的历史讨论,特就中国二千年来没有认清正确的史学观念的史学界,予以相当的箴砭。所以要特别的指出他们错误的原因。

试看中国自纪传体流行以后,今所存在的二十四史——加之唐以后书皆官撰,成于多人之手,真是"陈陈相因,良莠互见"——充其量,不过供我们过去的一些史料,不配称什么"正史"。所以章实斋在《文史通义》上批评纪传体的流弊,不遗余力,今揭要抄下:"左氏一变而为史迁之纪传,左氏依年月,而迁书分类例,以搜逸也。迁书一变而为班氏之断代,迁书通变化,而班氏守绳墨,以示包括也。……迁《史》不可为定法,固《书》因迁之体,而为一成之义例,遂为后世不祧之宗焉。……后世失班史之意,而以纪表志传,同于科举之程式,官府之簿书,则于记注撰述,两无所似。""纪传行之千余年,学者相承,殆如夏葛冬裘,渴饮饥食,无更易矣。然无别识心裁,可以传世行远之具,而斤斤如守科举之程式,不敢稍变;如治胥史之簿书,繁不可删。以云方智,则冗复疏舛,难为典据;以云神圆,则芜滥浩瀚,不可诵识。曷可不思所以变通之道乎?"(《书教》)唐刘知幾早已见到此处,他说:"同为一事,分为数篇,断续相离,前后屡出。又编次同类,不求年月。故贾谊与屈原同列,曹沫与荆轲并编。"(《史通·二体》)梁任公对于纪传体的利害,说得更为清楚,他说:"纪传之长处,在内容繁富,社会各部分情状皆可纳入;其短处在事迹分隶凌乱,其年代又重复,势不可避。"(《中国历史研究法·过去之中国史学界》)

可惜在过去的"正史"——二十四史——正是要做皇帝的"起居注",和王公贵族的"题名录"或"承家谱",再不会梦想得到那"社会各部分的情状"！一直到现在还有人迷信那"英雄"、"伟人"、"圣贤"、"王者"，我不能不说是由于一向的史学界偏重个人不重全社会的结果。进而如何炳松氏所说的："且自史重人物，作史者有曲直褒贬之空谈，史学界有焚稿杀身之惨祸。"（《民铎杂志》"《史通》评论"）这也是流毒的一种。所以宋代袁机仲的《通鉴纪事本末》，在中国已往的史学界，可谓唯一的创作了。虽然不如章实斋那样称赞它"决断去取，体圆用神"，我们不能不承认如梁任公所说的："夫欲求史之原因结果，以为鉴往知来之用，非以事为主不可。故纪事本末体，于吾侪理想的新史最为相近，抑亦旧史界进化之极轨也。"（《中国历史研究法·过去之中国史学界》）我承认这部书在今日新史界固然建立了一个基础，就是在旧史界也予以不少的相当的救药。

五

　　文学和史学，在最初的时候，是不能分开的。因为古代的传说，多是文学，同时亦含有史料，如一时的典章制度和社会的生活环境，其情况往往杂出于文学的作品上，如诗文、小说、戏剧等。在中国除《诗经》中含有无数的史料外，它如历代的歌谣、名人诗文集、名臣奏议以及稗史笔记小说，在在可以看出当时社会的背景，而成为历史上的好材料。再则如一个时代的精神，往往寄托于一个时代的文学上。所以文史的关系，较为密切。

　　中国古代也无所谓史学，学校所教的诗书礼乐，都是包括历史。（"六经皆史"，自章学诚、龚定庵到章太炎，皆笃信此说）到汉以后，《隋书·经籍志》经史始正式分部。（《汉书·艺文志》附史家于《春秋》，更无所谓史部。）以后如石勒有史祭酒、刘宋有史学，唐有三史之科。盖自晋以后，治史的人才逐渐增多，但是懂得历史的严正观念的人仍是很少。就是如刘勰《文心雕龙》中的《史传》，也不过把它拿来作为文章中一个体式而已。他们拿文学的眼光来研究历史，同时又要拿历史的事实来解释文学，如《诗经》义法，所以弄成两败俱伤。

　　纯粹拿文学的眼光来看历史，自然不过拿它来作为作文时的动思润笔、敷张扬厉而已,所以他要拿司马迁比司马相如,说是"文章西汉两司马"了。至于拿历史的掌故,来卖弄学识,冒充风雅,更不值得一笑。如梁任公所说:"罗泌之徒之述古,李焘之徒之说今,惟侈浩博,不复审择史实。"(《东方杂志》"清代学者整理旧学之总成绩")

史学界里这种奇异的现象,确曾在中国流行过,就是到清代马宛斯、吴志伊、毛西河、朱竹垞诸人,还有这种风气。自文学的技俩侵入严正的历史领域内以后,也可以说是文史不分的结果,那些历史以外的副产物,简直可以说是赘物,论、赞、序、铨、评等,到宋以后更变本加厉了。如吕东莱《东莱博议》、张天如《历代史论》的一类的专门史评之书,真是"汗牛充栋"。沿及明清以八股取士,于是人皆剿袭一二史迹,反复推论,专作油腔滑调的批评,以为射科之具,如侯朝宗、魏叔子、方望溪、归有光皆扇其焰而推其流,以后所谓"古文家"、"理学家",皆从而和之。所以现在坊间还陈设着《班马文钞》、《一百名家评点史记》一类的东西,这阵风气之开,确自苏氏父子作俑。王船山说:"论史者奖权谋,堕信义,自苏洵氏而淫辞逞。"(《读通鉴论》卷七)梁任公说:"其一派如苏洵父子之徒,效纵横家之言,任意雌黄史迹,以为帖括之用,……分史学界七百余年。"(《东方杂志》二十七,十七)这种归纳,也不为过。还有一种支词失实,拟非其伦(如"汉兵败绩,睢水为之不流;赤眉纳降,积甲高于熊耳"一类形容太过的话),结果都是为着虚饰文采的弘丽,不惜来牺牲事实。于是将历史本身的作用,完全失掉了。无怪乎朱晦庵说:"昔时读史者不过记事实,摭其辞,以供文字之用而已。"(《全书》)

章实斋对于"文"与"史"的观念,见解很精到。他说:"立言之要,在于有物,古人著为文章,皆本于中之所见,初非好为炳炳烺烺,如锦工绣女之矜夸采色已也。"(《文史通义·文理》)这的确能把当时好为"史论"、"史评"的先生们下一箴砭。他更要提倡文史分科,也有见解。他说:"仆论史事详矣。至于文辞,不甚措议。盖论史至于文辞,末也。然就文论文,则一切文士见解,不可与论史文。文士撰文,惟恐不自己出;史家之文,惟恐出之于己,其大本先不同矣。史体述而不作,史文而出于己,是为言之无征。无征则不信于后也。""史笔与文士异趋,文士务去陈言,而史笔点窜涂改,全贵陶铸群言,不可私矜一家机巧也。"(《外编》)文学贵乎创造和想像,史学贵乎写实和追述,在它们自身的性质上的确不是一样。有人说,以科学家严谨的态度,固然足以整理史料,进一步那史实叙述与解释的体认,尤赖文学家深入的情感和活泼的想像力。这话自然也有他相当的理由。所以史家也不可无一种历史的文学观,也就是历史学具有相当的艺术性,但这不过是历史的"外道",不能算作"正行"。文辞不过借以表达,不与修辞原理违背而已。

以上的五端,是参照中国过去的史学界一向的几个传统思想和乖异的"史法"说来。所以要严肃的审定,来决我们今后治史的新方向。如果我们将这些谬点查出以后,一来,可以不至于为他们势力所笼罩,而绕乱我们的去取。因为他们的势力,的确能淹没一千多年的史学界,关系不浅。二来,可以因此决定我们的态度,去尽量的吸收新的思想和方法。至于说:"在过去的史学界那种思想和行为,也有多少好处包藏在里面,不过中国事都是似是而非罢了。"那不是我所愿说的,也不是本文所应当论到的范围。

十四,二,五。初稿于安庆一师。

(《晨报副刊》1927 年 3 月 30 日第 1544 号、3 月 31 日第 1545 号、4 月 2 日第 1546 号)

中国史学演化之陈迹及吾人应抱之态度

何炳松*

中国史学演化之陈迹,说起来就是中国的史学史。我们说起中国史学史,便不得不追溯到孔子。为什么？我并不是拿他做我们史学的领袖,我也不是借此拥护国学,我对于国学不但是不拥护它,并且要打倒它,我个人觉得国学应该打倒的有七大理由,这里暂且不说。我之所以追溯到孔子的原因,就是因为他曾经做过一部《春秋》——编年体的历史。这部《春秋》,就是中国开创编年体的一部最早的历史。但是我并不称它是个史学家,我以为可以配称为史学家的还当推到孔子死后过三百年的司马迁,因为他做了一部《史记》——纪传体的历史。这种纪传体的体裁,是他所首先开创的,也可算是司马氏对于史学上的一个大贡献。自从司马氏创了纪传体以后,到现在,四库书中的十五家历史都脱胎于他。所以他才可配称史学家的第一个伟人。继司马氏而起的就是班固,他将《史记》的体裁变通一下,加了一种限制,做成一部断代的纪传体的历史——《汉书》。这是中国历史开创断代体的第一部书,也算是班氏对于史学上的一个贡献。班氏以后,那班史家都是陈陈相因,没有甚么创作。等到班氏以后百年间,有一个荀悦,他摹仿《春秋》的体裁,做了一部《汉纪》,这部书是将班固的《汉书》由纪传体而改成编年体的一部历史,这也是他对于史学上的一个新贡献。自从《春秋》数到《汉纪》,这八百年间(纪元前六世纪至纪元后二世纪),中国史学的演化就是如此,以后史学便衰了。

---

* 原署"何炳松先生讲,胡传楷笔记"。

在这很长的时期中,约过了五百年的光景,到了第七第八世纪的中间,才有了一个大史学家出来,这个人就是做《史通》的刘知幾。刘知幾之所以值得我们提出,就是因为他曾把孔子和司马迁以后一千多年的两种历史体裁——编年体和纪传体,作一总括的批评,这也是刘氏对于史学上的一个贡献。再过了三四百年,约当纪元后第十一世纪的时候,又有了一位司马光,他编了一部《资治通鉴》,这部历史实际说起来并没有特别,他的编法也不过是用了荀悦的老方法,但是他的做历史的精神,实在使我们佩服的,因为他曾费了十九年的工夫,得许多历史专家的帮助,才做成这样一部伟大的历史。再到了北宋末年,那时候正是由北宋到南宋的一个转机,又为我国各家学说融会的一个时期,当时所谓儒释道三派,渐渐混合成一团,这时就产生了两个史学家。一个就是郑樵,郑樵这个人,本来是很可以做个大史学家的,可是他的志向太小,他平生只愿学个司马迁就为满足,其实在我们看起来,何尝不能再有更大的希望。所以他结果只能做了一部《通志》,这部书并不算有贡献。能够算有贡献的还当推到和他同时的袁枢,袁枢在史学上的地位所以能驾于郑樵之上的,就是因为他能用注题法去研究历史,所以他的《纪事本末》,实为史学上的一个新的贡献。

自从孔子以来,到了这个时候,史学上的演化差不多有一千八百年。论起历史,不为不长,可是对于史学上能有特别创作特别贡献的,只不过孔子、司马迁和袁枢三个而已。

到了南宋,史学上的演化就起了一个转变。这个时候的史学家才成了派别。史学家有派别,在世界只有德国和中国。中国的派别到了南宋才有,南宋时候最著名而最大的一派就是浙东史学派。

浙东史学派的开山祖,首推程颐。程氏并非浙江人,但是他的学说盛传于浙江,所以我称他是浙东史学派的开山祖,本来他是生在郑、袁以前,然而他们并没有受他的影响,这是因为他在浙东的缘故。他的史学传在浙东分成两派:(一)为金华的吕东莱学派,(二)为温州的永嘉学派。而金华的一派又分为两条支线:一支再传到宁波,到元代的王应麟而成一结束;一支是传到宋濂,再传到台州而成为方孝孺的史学。但是方氏因为永乐之变被害，所以这派就消灭了。至于永嘉一派，到了元明交际的时候，也就绝止了。这是浙东史学派的一个中断。

继程氏后而为第二个浙东史学开山的，就是明代的刘宗周。刘氏的史学后来传给他的大弟子黄梨洲，而黄氏又分出两枝：一枝在绍兴，一枝在宁波。在绍兴的就是章学诚，在宁波的就是全祖望。全氏是学术史的开山，章氏是新通史的始祖，这两个人可算是刘氏中兴以后的两朵花。

刘氏以后，又有孙诒让的永嘉史学派。此时宁绍及永嘉等处都有浙东史学派的留迹，而金华一派就绝止了。

南宋以后的史学演化，可说只到章学诚的新通史和全祖望的学术史。如果要拿西洋的史学来比较，那末两氏的史学何尝不能和西洋的史学并驾齐趋。

总括一下，中国史学的演化可分作两段：

一、自北宋以前为旧史学演化时代——以刘知幾、郑樵及袁枢为代表。

二、自南宋以后为新史学演化时代——以刘宗周、章学诚及全祖望为代表。

我们既然知道中国史学演化的陈迹如此，那末我们对于史学应负的责任又当如何？我以为对于北宋以前的所谓旧史学，应该保存它，尊重它，因为它可作我们的参考。至于南宋以后的新史学，它虽开了花，但是并没有结果。所以他们的理想当实现的责任，就是我们的责任。我们应该把这个担子挑起来，并且应该将西洋的新方法——科学的方法——介绍进来，帮助我们去实现学术史和新通史的理想。在这中间，我们要去掉一个缺点，就是打倒南宋门户之见，尤其是不该回到西汉去闹今古文之争。我们最要紧的就是在承先与启后。这就是我们的责任，这就是我们应抱的态度。

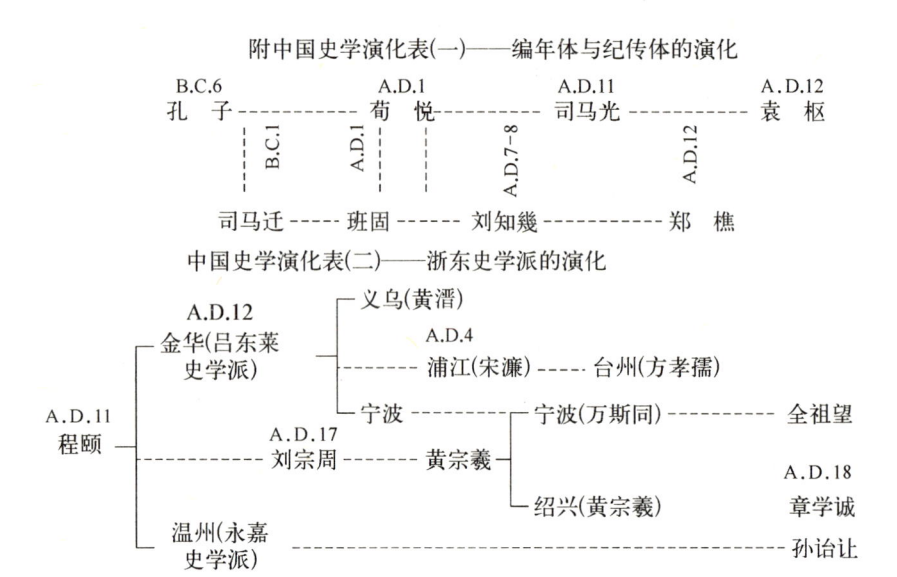

附中国史学演化表(一)——编年体与纪传体的演化

```
      B.C.6              A.D.1              A.D.11             A.D.12
      孔 子 ------------ 荀 悦 ------------ 司马光 ----------- 袁 枢
       |          |         |                   |
       |         B.C.1     A.D.1               A.D.12
       |                      A.D.7-8
      司马迁 ----- 班固 ------ 刘知幾 ---------- 郑 樵
```

中国史学演化表(二)——浙东史学派的演化

```
                      A.D.12        ┌── 义乌(黄溍)
                  ┌── 金华(吕东莱    │         A.D.4
                  │    史学派)      ├── 浦江(宋濂) ----- 台州(方孝孺)
       A.D.11     │                └── 宁波 -------- 宁波(万斯同) --------- 全祖望
        程颐 ─────┤         A.D.17          ┌─                             A.D.18
                  ├──────── 刘宗周 ── 黄宗羲 ┤                              章学诚
                  │                        └── 绍兴(黄宗羲)
                  │  温州(永嘉
                  └── 史学派) ─────────────────────────────────────── 孙诒让
```

中国史学之阶段的发展

朱谦之

绪　言

史学的历史,是当科学方法的历史考订学与历史哲学兴起而后发达的,所以为期很浅,尤其是中国的史学史,关于这方面的研究成绩,本就不多。我这篇论文,却要别开生面,将中国史学的发展,当作一种人类文化的进化现象看,换言之,即将关于人类文化发达的阶段法则,完全应用来研究中国史学的历史。即将中国史学的演进,当做一个发展一个极有规律极有条理的阶段进程,而且这个阶段进程,是和西洋史学的发展相一致的。西洋史学依在前期《经济史研究序说》中所述,可分为三个主要阶段,兹列表如下,以资比较:

史学分类			举　例
(1) 故事的历史			史诗与神话,埃及史学(巴勒摩碑),巴比伦史学(创世及洪水故事),亚述史学,圣经史学(宇宙开辟的历史,犹太法制,希伯来民族及犹太王国的历史),Homer 史诗,说书家时代(Cadmus of miletus 等)Hecataeus, Herodotus.
(2) 教训的历史			Thucydides, Xenophon, Polybius, Posidonius, Strabo, 罗马史学 Cicero, Cato, Asellio, Caesar, Sallust, Livy, Tacitus, Plutarch, Suetonius.
(3) 发展的历史	第一期	宗教式文化史	Origen 的象征主义, Julius Africanus, Eusebius, Augustine, Orosius, Gregory of Tours, Bede, Adam of Bremen, Otto of Freising, Lambert, Illyrius, Baronius.

续　表

史学分类			举　　例
（3）发展的历史	第二期	哲学式文化史	（1）唯理主义	Machiavelli, Guicciardini, Pufendorf, Grotius, Clarendon, Mariana, Thuanus, Gibbon, Voltaire, Hume, Robertson.
			（2）浪漫主义	Thierry, Barante, Michelet, Leo, Carlyle, Froude, Motley, Macaulay.
			（3）国家主义	Maurer, Waitz, Freytag, Droysen, Treitschke, Sybel（德）, Fustel de Coulanges, Michaud, Lamartine, La Gorce（法）, Freeman, Stubbs, Froude, Seeley, J. R. Green（英）, Burgess, Lodge, Mahan, Van Hoist（美）
	第三期	科学式文化史	（1）考证派	Ranke, Mommsen, Waitz, Eduard Meyer, Ritter, Oncken（德）, Guizot, Maspero, Dich, Monod, Seignobos, Sorel, Langlois（法）, Creighton, Oman, Rose, Fisher, Bury, Pollard, Gooch（英）, A. D. White, H. C. Lea, Osgood, Fling, Hasking, A. Johnson（美）
			（2）综合史学派	Lamprecht, Weber（德）, Henri Berr（法）, Marvin, Zimmern（英）, Robinson, Shotwell, Teggart, Barnes.（美）
			（3）社会史经济史及科学史派	

中国史学的发展，由我细心研究的结果，也是和上面西洋史学的发展表一样，可把他分做几个阶段的。这就是：一、故事的历史；二、教训的历史；三、发展的历史。请以次略述之。

一

新中国古代史虽以十余年来考古学家对于中国石器、陶器时代的史实的发现,已渐渐建筑起来,又如周口店猿人化石的发现,更给中国古代史以最早的一簇新的史料,不过依据这些地下证据与传统的中国史实的联合,似应以殷商时代为最早。殷商以前古民族的神话传说,既无从征实,殷商以后则因甲骨文字的发见,许多学者从贞卜文字的记事中,已发见了许多古史之绝好的直接史料,以与《尚书》中七篇及《史记·殷本纪》、《三代世表》及诸子中所记的殷商的故事互相印证,因而证实了所谓殷商文化。但是这种从甲骨文考见殷商文化的,据实来讲,这只是现代考古学家的工作,而所发现的片段的纪录,也只是史料,不是史;固然这可以算得中国史学史的新开拓,然而不是中国史学史的开端。

中国虽然没有如荷马(Homer)Iliad 一类伟大的史诗,但在六经中,却有一部有韵的哲学诗——《周易》,和一部和《荷马史诗》性质相同而体裁不同的《诗经》。《周易》虽然不是真正的史书,却保存一些很丰富的史料,近人考证此书,谓其含有积极、消极两方面的故事。(顾颉刚:《周易卦爻辞中的故事》一文,见《古史辨》第三册上编)就积极方面说,有如下面的几段故事:(一)王亥丧牛羊于有易的故事;(二)高宗伐鬼方的故事;(三)帝乙归妹的故事;(四)箕子明夷的故事;(五)康侯用锡马蕃庶的故事。

这些都是由古代卜筮官所记下来的故事式历史。再说《诗经》,原来只是古代乐歌的总集,而那些类乎史诗的"雅颂",也只是乐调不同,从音调节奏上才分别出来的。但就内容而论,却含着很多绝妙的史料,而且有些是属于纯粹史诗体的。这些史诗,几乎尽是神话。《玄鸟篇》"天命玄鸟,降而生商。宅殷土芒芒。古帝命成汤,正域彼四方"和《生民篇》"厥初生民,时维姜嫄。……履帝武敏歆。……载震载夙,载生载育,时维后稷",均带有极浓厚之神话色彩。《殷武》、《六月》、《大明》、《文王》、《有声》等篇,则宣扬祖宗功业伟绩,有声有色。这一类史诗,篇幅虽少,实在可算中国史学史第一期所谓"故事式历史"的典型了。

但故事的历史,在中国也和西洋古代史学一样,一方面有韵文的史诗,一方面又有散文的编年史,或君主之勒碑刻铭,将功名传给后代的记载,这在中国就成为那残篇断简的《尚书》了。《尚书》原来就是中国最古时候的朝章政令,刘知幾所谓"所以宣王道之正义,发话言于臣下,故其所载,皆典谟训诰誓命之文"(《六家篇》),自可算得古代历史之最可宝贵的史料。不过这种史料,因只是档案的性质,且真伪相混,还不能称为真正的古史。

最重要的,还是在这种档案文件以外,更有"春秋"一体,可算最古的一部历史。无论说它是"断烂朝报",说它是"流水帐簿",总之这一部史书,却正是古代编年史的开山祖,而为故事式历史别创一新体裁的。这种体裁,在春秋战国时几于各国皆有,孟子所称"晋之《乘》,楚之《梼杌》,鲁之《春秋》,一也。"《墨子·明鬼篇》称"周之《春秋》,燕之《春秋》,宋之《春秋》,齐之《春秋》";又称"百国《春秋》"。可见这记事简单的编年史,在当时是流行很广的了。《史通·六家篇》曾列举"春秋"古名见于诸书者如下:

> 按《汲冢璅语》记太丁时事,目为《夏殷春秋》。孔子曰:疏通知远,《书》教也,属辞比事,《春秋》之教也,知《春秋》始作与《尚书》同时。《璅语》又有《晋春秋》,记献公十七年事,《国语》云:晋羊舌肸习于《春秋》,悼公使傅其大子。《左传·昭二年》,晋韩献子来聘,见《鲁春秋》,曰周礼尽在鲁矣。斯则《春秋》之目,事匪一家。至于隐没无闻者,不可胜载。又按《竹书纪年》其所记事皆与《鲁春秋》同。孟子曰:晋谓之《乘》,楚谓之《梼杌》,而鲁谓之《春秋》,其实一也。然则《乘》与《纪年》、《梼杌》其皆《春秋》之别名者乎。故墨子曰:吾见百国《春秋》,盖皆指此也。

由这一段话,第一证明了古代各国史记都叫做《春秋》。《公羊传疏》"昔孔子受端门之命,制《春秋》之义,使子夏等,求周史记百二十国宝书",说者谓即墨子所谓百国《春秋》,这话未必可靠,不过藉此又可见在孔子前确有许多同样的编年史书,是无可疑的了。第二证明了孔子时代的《春秋》,乃"属辞比事"的历史文学,孟子所谓"王者之迹息而诗亡,诗亡然后《春秋》作"。从史诗时代一转而入于百国《春秋》时代,再转而入于孔子《春秋》时代,这好比西洋史学从 Homer 史诗一转而入于说书家时代,再转而入于 Herodotus 时代一样。孔子时代的《春秋》已不是百国《春秋》那样简单的编年史了,在简短的文句中,却带着很浓厚的文学色彩,孟子所谓"孔子作《春秋》而乱臣贼子惧",其实这不过证明这时代的《春秋》,已经从故事的历史走向教训的历史之一转机罢了。

孔子在史学史上的位置，和 Herodotus 一样，Herodotus 为西洋史学的始祖，孔子则为中国史学的始祖。Herodotus 和孔子都是从故事的历史转到教训的历史之一过渡人物。司马迁说过："《春秋》文成数万，其指数千"。《春秋》既成为微言大义之学，于是历史已不单记载事实，而且更具有更深一层之教训的意义了。

编年的历史在《春秋》以外，尚有晋时汲冢发现的《竹书纪年》，以与鲁之史书《春秋》比较，则记载的形式相同。杜预《春秋经传集解后序》谓"足见古者国史策书之常"，其中所记，如"益干启位，启杀之，太甲杀伊尹，文丁杀季历"等，可见很有些故事的性质。虽然此书久佚，今本乃非古本，但就其体裁来说，却是最古纯粹的编年史。次之就是《左氏》、《国语》、《世本》、《战国策》等，为后来司马迁《史记》所本，也都是属于故事式历史的范围。关于《左氏传》的考证，前如刘逢禄、康有为，不要说了，近如钱玄同、高本汉（Karlgren）则均认《左氏传》虽为一部"伪"的《春秋》传，却是一部"真"的晚周人做的历史，这部书里所述很丰富的故事，与分国叙述的《国语》二书，确均不失为一种组织体的故事式历史。次之《世本》一书，内有《帝系》、《世家》及《氏姓篇》等，偏重王侯及各贵族之谱系的叙述，照历史发达的顺序，则这种粗疏脱略的谱系的雏形，也应该和编年史一样，放在故事式历史中讲的。还有就是《战国策》了，这书多记战国游士的故事，所含史料很多，也可算故事式历史之一种表现。此外就是《穆天子传》和《山海经》了。前书旧入史部起居注类，后书旧列形法家之首，但《四库总目》，则均改入小说家类。其实《穆天子传》记述穆王游行故事，当是那时流行最广的传说，所以口碑流传，由春秋战国初人把他追记下来。《山海经》依近人研究的结果，知其各部分著作时代不同。最早的《五藏山经》，作于东周时，《海内外经》春秋战国时作，《荒经》及《海内经》作于秦统一以前，这三个时期的无名作者，大概都是依据了当时九鼎图象及庙堂绘画而作说明，采用了当时民间传的神话，再经汉人陆续增加，乃成为现在的样子（本玄珠说，见《中国神话研究》一书）。这么一来，可见即在中国古代故事式历史之中，也确实保存了很伟大美丽的神话的故事，过此就入于所谓第二时期"教训式历史"的时代了。

二

教训的历史就是中国史学上所谓纪传体,是以人物为中心的。这种新体裁,实从司马迁之作《史记》开始,《史记》自序云:"先人有言:'自周公卒五百岁而有孔子,孔子卒后至于今五百岁,有能绍明世,正《易传》,继《春秋》,本《诗》、《书》、《礼》、《乐》之际?'意在斯乎!意在斯乎!小子何敢让焉。"实际孔子在史学史的位置,也是一方面结束了故事式历史的体裁,一方面却已以历史为教训。如《左传·宣公二年》所记一段故事:

> 晋赵穿攻灵公于桃园,宣子未出山而复。太史书曰:赵盾弑其君,以示于朝。宣子曰:呜呼!我之怀矣,自贻伊戚,其我之谓矣。孔子曰:董狐,古之良史也,书法不隐;赵宣子,古之良大夫也,为法受恶。惜乎!越境乃免。

可见孔子也是教训式历史的老祖宗了。所以司马迁自序中即表明他是继承孔子之教训底态度的。引《春秋纬》云:"我欲载之空言,不如见之于行事之深切著明也。"

> (注)司马贞《索隐》云:案孔子之言见《春秋纬》,太史公引之以成说也。空言谓褒贬是非也,空立此文,而乱臣贼子惧也。孔子言我徒欲空言设褒贬,则不如附见于当时所因之事。人臣有僭侈篡逆,因就此笔削以褒贬,深切著明而书之,以为将来诫也。

又说:"夫《春秋》,上明三王之道,下辨人事之纪,别嫌疑,明是非,定犹豫,善善恶恶,贤贤贱不肖,存亡国,继绝世,补敝起废,王道之大者也。……拨乱世,反之正,莫近于《春秋》。《春秋》文成数万,其指数千,万物之散聚皆在《春秋》。《春秋》之中,杀君三十六,亡国五十二,诸侯奔走不得保其社稷者不可胜数。察其所以,皆失其本已。故《易》曰'失之毫厘,差之千里'。故曰'臣弑君,子弑父,非一旦一夕之故也,其渐久矣'。故有国者不可以不知《春秋》,前有谗而弗见,后有贼而不知。为人臣者不可以不知《春秋》,守经事而不知其宜,遭变事而不知其权。为人君父而不通《春秋》之义者，必蒙首恶之名。为人臣子而不通于《春秋》之义者，必陷篡弑之诛，死罪之名。其实皆以为善，为之不知其义，被之空言而不敢辞。……故《春秋》者礼义之大宗也。夫礼禁未然之前，法施已然之后，法之所为用者易见，而礼之所为禁者难知。"原来司马迁之作《史记》，在历史的事实以外，还有一个根本意思，就是利用历史的事实拿来作教训用的。故《报任安书》说："欲以究天人之际，通古今之变，成一家之言。"这就是他著史的本旨了。他这部大书的组织，本纪以序帝系，世家以叙公侯，列传以志士庶，虽有八书很近文化史的体裁，实际并不能占最重要的地位，所以归根及底，还只算得纪传史的体裁。而纪传史的体裁，也就成了他所著《史记》在中国史学史上不朽的贡献。廿四史陈陈相因，均不曾脱却《史记》的范围，即以人物为本位的教训式历史的范围。司马贞《补史记自序》，也说"太史公叙劝褒贬，颇称折衷，……福善祸淫，用垂炯诫"，知道"福善祸淫，用垂炯诫"八个大字，而后才能了解《史记》的真价值，而后才能了解中国正史之真价值。

自司马迁发凡起例，创为纪传史以后，班固继之，更为教训式历史奠定宏基，而后历史作者，遂不能出其范围。《汉书》的最大特色，使它和《史记》别异的，在其"断代史"的体裁。赞美它的，可以说："包举一代，撰成一书，学者寻讨，易为其功。"（刘知幾《史通》）反对它的又可说它："以断代为史，无复相因之义，前王不列于后王，后事不接于前事，……会通之道，自此失矣。"（郑樵《通志总序》）总之，这种以一代兴亡为标准的纪传史，实在就是以帝室为中心之教训的历史，于是历史变成了帝王家谱，而为帝王贵族们所重视了。《汉书·叙传》中很明白地说，著述的本旨，乃在"述汉功德"。因为看重教训，所以要"旁贯五经，上下洽通"，这也可以说是比《史记》为更富于教训的意义了。赵翼《廿二史札记》卷二批评得好：

> 晋阳辅论《史》、《汉》优劣，谓司马迁叙三千年，惟五十余万言，班固叙二百年事，乃八十余万言，以此分两人之高下。然有不可以是为定评者。盖迁喜叙事，至于经术之文，干济之策，多不收入，故其文简。固则于文字之有关于学问，有系于政务者，必一一载之，此其所以卷帙多也。今以《汉书》各传与《史记》对比，多有《史记》

所无,而《汉书》增载者,皆系经世有用之文,则不得以繁冗议之也。

自班固变《史记》通史的纪传体为断代史,其后后汉荀悦,也变通史的编年体为断代史,而且也是看重"教训"主义的。他自述所著《汉纪》的见解,是:"中兴以前明主贤臣规模法则,得失之轨,亦足以监矣。"(卷三十)又《申鉴·时事篇》论史学之功用谓:"臧否成败无不存焉。……得失一朝而荣辱千载,善人劝焉,淫人惧焉,故先王重之。"可见编年史之第二时期,也是要拿来备教训用的,因而成功了所谓"教训的编年史"。宋王铚作《两汉纪后序》,谓其"于朝廷纪纲,礼乐刑政,治乱成败,忠邪是非之际,指陈论著,每致意焉,反复辨达,明白条畅,启告当代,而垂训无穷",这可见又是教训的历史发展之另一方面了。

然而编年史之第二时期,虽也走上"教训式历史"的路上,而真正"教训式历史"则仍应以纪传史为正宗体裁。纪传史自班固断代为史以后,在所谓"正史"中(今所谓廿四史),都是陈陈相因,而以作帝王的家谱为目的。章学诚《文史通义·书教篇》很叹息及此:"纪传行之千有余年,学者相承,殆如夏葛冬裘,渴饮饥食,无更易矣。然无别识心裁,可以传世行远之具。"

现在把最有名的范晔《后汉书》、陈寿《三国志》来看,此二书一向与《史》、《汉》并称,号为马班陈范四史,其实陈寿《三国志》,只有纪传而无书志,范晔《后汉书》有十志而未成(后人补入司马彪《续汉书》的八志不算),可见是更倾向于人物为本位的历史,即以教训为本位的历史了。《晋书·陈寿传》引范頵等表曰"陈寿作《三国志》,辞多劝诫,明乎得失,有益风化",做历史而以有益风化为目的,怪不得对于无益风化的事实,要摈斥不录;而无益风化的事,莫大于书君父之过,因此便提倡"回护之法"。赵翼《廿二史札记》卷六有"三国志多回护"一条,他说:

> 《春秋》书天王狩于河阳,不言晋侯所召,而以为天子巡狩,既已开掩护之法,然此特为尊者讳也。至于弑君弑父之事,则大书以正之。如许止、赵盾之类,皆一字不肯假借,所以垂诫,义至严也。自陈寿作《魏本纪》,多所回护,凡两朝革易之际,进爵[封]国,赐剑履,加九锡,以及禅位,有诏有策,竟成一定书法。以后宋齐梁陈诸书,悉奉为定式,直以为作史之法,固应如是。

为什么要这样回护呢？《廿二史札记》"三国志书法"一条说：

> 盖寿修书在晋时，故于魏晋革易之处，不得不多所回护，而魏之承汉，与晋之承魏，一也。既欲为晋回护，不得不先为魏回护。

它的影响是怎样呢？"后汉书三国志书法不同"一条中说：

> 自《三国志·魏纪》创为回护之法，历代本纪遂皆奉以为式，延及《旧唐志》、《旧五代史》，犹皆遵之，其间虽有习凿齿欲黜魏正统，萧颖士欲改书司马昭弑君，而迄莫能更正。直至欧阳公作《五代史》及修《新唐书》，始改从《春秋》书法，以寓褒贬。

自"教训"一变而为"回护"，历史还有什么真正的事实可言呢？《后汉书》应该可以据事直书的了。然而对于史学仍不过以剽窃成名，其所作论赞，也实本于华峤《后汉书》，不过他也有一个贡献，就是在《史》、《汉》所有的列传外，更创立了许多新的列传。邵晋涵《南江书余》所称："东汉尚气节，此书创为独行、党锢、逸民三传，表彰幽隐，搜罗殆尽。"赵翼《陔余丛考》卷五亦称其"增文苑、方术、列女、宦者诸传，皆前史所未及，而实史家不可少者也"。可见"教训式历史"到了《后汉书》时代，也有很大的发展，这也许就是《后汉书》所以能存在的理由罢！复次把《后汉书》和《三国志》比较一下，则《后汉书》的书法，也更近于"教训式历史"的正宗，所以赵翼《廿二史札记》（卷六）以为"观《献帝纪》，犹有《春秋》遗法"。所谓《春秋》遗法，即是在据事直书之中，而寓褒贬之意，试举"后汉书三国志书法不同处"为例：

> 《魏纪》（《三国志》）：天子以公领冀州牧；汉罢三公官，置丞相，以公为丞相；天子使郗虑，策命公为魏公，加九锡。

> 《献帝纪》（《后汉书》）：曹操自领冀州牧；曹操自为丞相；曹操自立为魏公，加九锡。（余仿此）

由上范史和《三国志》书法的不同，可见前者更近于"教训式历史"，而后者回护之法，从其特殊的立场上看，也未始不是教训历史之必然的结果呢！四史以后所谓"正史"，都是陈陈相因，不是以历史为积极的教训（如《后汉书》），就是以历史为消极的教训（如《三国志》），而就其篇卷的数字来看，也都是以纪传为中心的。试列表如下：

史目	著者	篇数或卷数	本纪或帝纪	列传	纪传不分	世家	表	书或志	其他	备考
史记	司马迁	130	12	70		30	10	8		
汉书	班固	100	12	70			8	10		
后汉书	范晔	90	10	80						十志未成
三国志	陈寿	65			魏志30 蜀志15 吴志20					
晋书	房玄龄 褚遂良等	130	10	70				20	载记30	
宋书	沈约	100	10	60				30		
南齐书	萧子显	59	8	40				11		
梁书	姚思廉 魏徵等	56	6	50						
陈书	姚思廉	36	6	30						
魏书	魏收	130	14	96				20		
北齐书	李百药	50	8	42						
周书	令狐德棻	50	8	42						
隋书	魏徵 长孙无忌等	85	5	50				30		
南史	李延寿	80	10	70						
北史	李延寿	100	12	88						
旧唐书	刘昫等	200	20	150				30		
新唐书	欧阳修 宋祁	225	10	150			15	50		
旧五代史	薛居正等	150	61	77				12		
新五代史	欧阳修	74	12	45		16		3考	十国世家年谱一卷,四夷附录三卷	

续 表

史目	著者	篇数或卷数	本纪或帝纪	列传	纪传不分	世家	表	书或志	其他	备考
宋 史	脱脱等	496	47	255			32	162		
辽 史	脱脱等	116	30	45			8	32	国语解一卷	
金 史	脱脱等	135	19	73			4	39		
元 史	宋濂等	210	47	97			8	58		
明 史	张廷玉等	332	24	220			13	75		

以上二十四史即所称"正史",正史中如《梁书》、《陈书》、《北齐书》、《周书》、《南史》、《北史》,均有纪传而无书志,不消说完全是以人物为中心的"教训式历史"了。即在有书志的正史中,也不以书志为主,而以纪传为主,《隋书》的天文、律历、五行三志,为李淳风做的(见《十七史商榷》);《新唐书》的天文、历志,《新五代史》的司天考,却是刘羲叟做的(《廿二史考异》)。举此一例,即可见在教训的历史时代,书志体并不是他们的拿手好戏。他们的贡献乃在于这些书志之外的"纪传",本纪帝纪《史通》所谓"系日月以成岁时,书君上以显国体",其专为帝王家谱不消说了,即专就列传来论,其所标题,也都是以特殊的人物为中心。试列举如下:

(1) 后妃传(皇后传)

(2) 宗室传(家人传,诸王传)

(3) 公主传

(4) 外戚传(世戚传)

(5) 宦官传(阉官传,宦者传)(案《史目考》云:《后汉书》痛东京宦官之祸而作此传。)

(6) 阉党传(案《史目考》云:明世宦官之祸最甚,趋附者多,故别立此传,戒阉势之燻灼也。)

(7) 恩幸传(佞幸传)

(8) 伶官传(按《史目考》云:五季伶官祸亟,史臣鉴此作传。)

(9) 义儿传(按《史目考》云:五代之季,养子渐乱宗法,史臣鉴之而作此传,盖深戒于魏武唐明之祸也。)

（10）贼臣传（叛臣传）（按《史目考》云：《汉书》有王莽传,此传列外国、外戚之次,所以抑篡逆也,后之奸臣、叛臣传仿此。）

（11）逆臣传（流贼传）

（12）奸臣传（按《史目考》云：奸臣迹虽减于叛逆,罪实深于误国,故作史者,亦抑置外国传后,以戒人臣,《唐书》始创此例。）

（13）藩镇传（按《史目考》云：史臣鉴唐世藩镇连兵之祸,而作此传。）

（14）杂传（按《史目考》云：《五代史》于梁诸臣传之后,别立此传。盖五代倏更,诸人朝秦暮楚,臣节不坚,难于限断,故创此例。）

（15）党锢传（按《史目考》云：蔚宗痛东汉君子朋党之祸,而作此传。）

(以上为一类)

（16）循吏传（良吏传,能吏传）（按《史目考》云：太史公奖曹沫、豫让之信义而作刺客列传,美奉法循理之吏而作循吏列传,皆以讽厉末俗,语见《自序》第五十九。又按《东观汉记》有名臣传,即诸史列传之不加名目者也。）

（17）酷吏传

（18）刺客传

（19）游侠传

（20）滑稽传

（21）独行传（卓行传,一行传）

（22）逸民传（隐逸传,高逸传,处士传,逸士传）

（23）列女传

（24）孝友传（孝义传,孝行传,孝感传）

（25）忠义传（节义传,诚节传,死节传）

（26）死事传

（27）止足传

(以上为一类)

（28）仲尼弟子列传　道学传

（29）儒林传（儒学传）

（30）方伎传（方术传，艺术传，术艺传，《史记》有扁鹊仓公列传，日者列传，龟策列传）

（31）货殖传

（32）文苑传（文学传，文艺传）

（33）释老传

（以上为一类）

（34）四夷传：如匈奴列传，南越列传，东越列传，闽粤列传，朝鲜列传，西南夷列传，西域传，西戎传等。

（35）世袭传，僭伪传。

（以上为一类）

由上所列，可见廿四史是以纪传为中心，而纪传又以"教训"为中心，是毫无疑义的了。这些教训的历史中，也有特长于文化方面的，如《宋书》的八志，然而作志在当时史家是认为很困难的一回事，（郑樵《通志》序云：江淹有言，修史之难，无出于志。）就一般来说，则诸史均以纪传擅长，即以教训擅长。魏收的《魏书》，因为他"褒贬肆情，号称秽史"，即在教训的历史中，也没有什么价值。不过《北齐书》称其"提奖后辈，以名行为先"，可见仍不失其教训的家法。而且就廿四史来看，马班陈范四史乃至沈约、萧子显、魏收之流，大概都是出于一人之手，或成一家之言。自隋文帝禁私撰国史以后，（《隋书·文帝纪》开皇十三年五月诏云："人间有撰集国史，臧否人物者，皆令禁绝。"）再经唐太宗提倡设局修史，于是而教训的历史，也变成"奉行故事"，而全失却教训的真精神了。所以唐代以后，官修的史书虽不少，然而教训的历史实已告一段落，而走上另一个"发展的历史"的路径。在前列正史之中，如《晋书》、《梁书》、《唐书》、《北齐书》、《周书》、《隋书》均为唐代官修合撰的著作，宋辽金三史，均编成于一介武夫之手，官撰的《元史》，前后不过十三月而告成二百十卷，这种不负责任的官修的正史，真如郑樵在《通志》所谓"众手修书，道傍筑室"，当然不会有什么很大的贡献了。刘知幾《史通·忤时篇》批评道："每欲记一事，载一言，皆搁笔相视，含毫不断，故头白可期，汗青无日。"又说："史记记注，取禀监修，杨令公则云必须直词,宗尚书则云宜多隐恶,十羊九牧,其令难行,一国三公,适从何在?"

官修的史不是太慢,就是太快了,如万斯同所批评"官修之史,仓卒而成于众人,不暇择其材之宜与事之习,是犹招市人而与谋室中之事耳。"而其最大的流弊,即如范淳夫所说:"人君观史,宰相监修,欲其直笔,不亦难乎?"因而失了教训史的真精神。如以《宋史》为例,共四百九十六卷,而修成仓卒,以致记事错误,编次不伦(详见《二十二史考异》),甚至有一人两传,一事重见或数见者,真是胡涂极了。《元史》自亦不出此例。在官修正史之中,我们只见得把教训的历史走到极端,而把教训更变成"公式化"了。《四库提要》称《金史》各书"切中事机,意存殷鉴",是一种教训的历史了,而《纂修元史凡例》,亦自称"兼有《书》、《春秋》之义"。不过真正说到教训历史的正宗,则仍不能不舍却这些陈陈相因的官修正史,而来观察一下欧阳修与宋祁合撰的《新唐书》,和一人私撰的《新五代史》。从史学史的眼光来看,可说教训的历史到了欧阳修才走到尽头处了。《新唐书》由欧阳修、宋祁合撰,批评家以为他们两位"其始也,修纪志者,则专以褒贬笔削自任,修传者则独以文辞笔采为先,不相通知,各从所好;其终也,遂合为一书上之"(吴缜《新唐书纠谬》自序)。因此而彼此往往牴牾,以致纪有失而传不知,传有误而纪不见。不过单就欧阳修的纪志表来看,因他"学《春秋》每务褒贬",可说是深得第二期史学的精神的了。然而使欧阳修在教训式历史上有很大贡献的,尤在于《新五代史》一书,他自称此书"得《春秋》遗意",陈师锡序亦云:

> 五代距今百有余年,故老遗俗,往往垂绝,无能道说者。史官秉笔之士,或文采不足以耀无穷,道学不足以继述作,使五十有余年间废兴存亡之迹,奸臣贼子之罪,忠臣义士之节,不传于后世,来者无所考焉。惟庐陵欧阳公慨然以自任,盖潜心累年,而后成书。其事迹实录详于旧记,而褒贬义例,仰师《春秋》,由迁、固以来,未之有也。至于论朋党宦女,忠孝两全,义子降服,岂小补哉!岂小补哉!

赵翼《廿二史札记》卷二十一有"欧史书法谨严"一条,以为:"欧史不惟文笔洁净,直追《史记》,而以《春秋》书法,寓褒贬于纪传之中,则虽

《史记》亦不及,如以用兵之名为例:两相攻曰攻,如《梁纪》孙儒攻杨行密于扬州;以大加小曰伐,如《梁纪》遣刘知俊伐岐;有罪曰讨,如《唐纪》命李嗣源讨赵在礼;天子自往曰征,如《周纪》东征慕容彦超。凡此都是先立一例,而各以事从之,一字不苟而褒贬自见。"这实在又算得教训式历史的最大功用了。教训式历史自唐太宗设局修史以后,已算告一结束,而其余风犹有欧阳修的《新五代史》来撑持门面,过此便只可数到官修的《明史》了。《明史》虽属官修,然探本穷源半为万季野的功绩,而且成书期间,自西历一六七九年至一七三九年,凡经六十四年的参考订正,在教训的历史中,实不可多得。他的贡献,则在于列传之中,特创新的体裁。《四库提要》云:"列传创新例者三:曰阉党,曰流贼,曰土司。盖貂珰之祸虽汉唐以下皆有,而士大夫趋势附羶,则以明人为最夥,其流毒天下亦至酷,别为一传,所以著乱亡之源,不但示斧钺之诛也。闯献二寇,至于亡明,剿抚之失,足为炯鉴,非小丑之比,亦非割据群雄之比,故别立之。至于土司,古谓羁縻州也,不外不内,衅隙易萌,大抵多建置于元,而滋蔓于明,控驭之道与牧民殊,与御敌国又殊,均自为一类焉。"这三列传的创立,就可见《明史》之为教训的历史之真价值了。

总而言之,统而言之,二十四史从司马迁首创纪传体,一变而有班固纪传体的断代史。自后史家相承,有陈寿、范晔、沈约、萧子显、魏收、姚思廉、李百药、李延寿,乃至欧阳修,他们或出一人之手,或成一家之学,究之皆不脱于教训式历史的范围。而另一方面,则又有如房乔、魏徵、刘昫、脱脱、宋濂、张廷玉等,和著史原无何等关系,而因领导史局,居然也被称为某史撰人,这种"奉公式"的历史著作,也仍然不失其为教训的历史,这是应该注意的。不过在教训的历史之中,我们千万不要忘却了有一位享大名的教训的历史批评家——刘知幾(子玄)。刘氏在史馆近二十年之久,因为满腹牢骚,无处发泄,便不得不另辟领域来留给我们以一种精心结撰的"史学",即《史通》一书。《史通》不是"史",而是史学理论,全书五十二篇,除体统、纰缪、弛张三篇已亡外,尚存四十九篇,内有关于史学史、史学方法论、历史编纂法者,各若干篇。

(A) 关于史学史者三篇:六家,史官建置,古今正史。

(B) 关于史学方法论者共十五篇:采撰,因习,邑里,鉴识,探赜,疑古,惑经,申左,点烦,杂说上中下三篇,汉书五行志错误,五行志杂驳,暗惑。

(C) 关于历史编纂法者二十九篇:

(一)论历史体例十三篇:二体,载言,本纪,世家,列传,表历,书志,论赞,序例,题目,断限,编次,称谓,载文,补注,序传,杂述。

(二)论历史文学十二篇:言语,浮词,叙事,直书,曲笔,模拟,书事,人物,核才,辨职,品藻,烦省。

(D) 关于自叙者二篇:自叙,忤时。

在《自叙》中述他作《史通》的本旨:"盖伤当时载笔之士,其义不纯,思欲辨其指归,殚其体统。夫其书虽以史为主,而余波所及,上穷王道,下掞人伦,总括万殊,包吞千有。……夫其为义也,有与夺焉,有褒贬焉,有鉴诫焉,有讽刺焉,其为贯穿者深矣,其为网罗者密矣,其所商略者远矣,其所发明者多矣。"因为他对于史学抱着"与夺"、"鉴诫"、"褒贬"、"讽刺"的大决心,所以历史的目的,也只在乎教训就完了。

《直书篇》说:"史之为务,申以劝诫,树之风声,其有贼臣逆子,淫君乱主,苟直书其事,不掩其瑕,则秽迹彰于一朝,恶名被于千载,言之若是,吁可畏乎!"

又《辨职篇》说:"史之为务,厥途有三焉。何则?彰善贬恶,不畏强御;……此上也。编次勒成,郁为不朽;……此其次也。高才博学,名重一时;……此其下也。"

《品藻篇》说:"夫能申藻镜,别流品,使小人君子,臭味得朋,上智中庸,等差有叙,则惩恶劝善,永肃将来,激浊扬清,郁为不朽者矣。"

《人物篇》说:"夫人之生也,有贤不肖焉,若乃其恶可以诫世,其善可以示后,而死之日,名无得而闻焉,是谁之过欤?盖史官之责也。……故贤良可记,而简牍无闻,斯乃察所不该,理无足咎。至若愚智毕载,妍媸靡择,此则燕石妄珍,齐竽混吹者矣。夫名刊史册,自古攸难;事列《春秋》,哲人所重。笔削之士,其慎之哉!"

由刘知幾看来,历史是以"劝善惩恶,永肃将来"为目的的。所以作史当以"五志"、"三科"为依据,何谓五志?三科?

《书事篇》云:"昔荀悦有云:立典有五志焉,一曰达道义,二曰彰法式,三曰通古今,四曰著功勋,五曰表贤能。……今广以三科,用增前目,一曰叙沿革,二曰明罪恶,三曰旌怪异。"

荀悦为"教训的编年史家",前面已经说过,刘知幾更增以三科,乃至注意及于"幽明感应,祸福萌兆"的事情,可见是将教训的意味推到极端,而流于俗化了。不过《史通》也有一个好处,这一个好处可说是教训式历史的普遍特点,Thucydides 如此,Polybius 如此,刘知幾也如此。这就是教训式历史,因要借往事以应付现在的原故,所以特别注重历史的真实性,而完全抛弃修辞学的倾向,历史不是以娱乐读者为目的,而是以教训为目的的,所以在积极方面便是一种求真的态度。《采撰篇》:"若《语林》、《世说》、《幽明录》、《搜神记》之徒,其所载或诙谐小辩,或神怪鬼物。……虽取说于小人,终见嗤于君子矣。""故作者恶道听途说之违理,街谈巷议之损实。"而在消极方面,则有不重文辞的倾向。《论赞篇》说:"其有本无其事,辄设论以裁之。此皆私徇笔端,苟炫文彩,嘉辞美句,寄诸简册,岂知史书之大体,载削之指归哉?"又曰:"且欲观人之善恶,史之褒贬,盖无假于此。"其结果遂至主张作史应该用当代的语言,而讥一般史家为"作者怯书今语,勇效昔言,不其惑乎"!(《语言篇》)这一点我们可以称为"古人中之具有新脑筋者",实非过誉。但他也不是没有缺点可批评的,因为他太看重教训的历史了,所以对于表志在历史上的贡献,竟不容易认识。他简直主张表除年表以外都可以不要,志如天文、艺文二志,简直可以取消。这个缺点,除说他是受史学史上时代的限制以外,别的也无可解释的了。

三

由上所述纪传史和纪传史的史论家,都是以历史为教训用的,然而同在教训历史之中,尚有更进一步,以历史为政治的教训之一派,这就是司马光等所编的《资治通鉴》了。这部书上起晚周,下迄五代,凡千三百六十二年间事,按年纪载,共二百九十四卷,合《目录》、《考异》等书,共三百五十四卷,编纂年月,经十九年之久,撰人则司马光以外,有刘攽、刘恕、范祖禹等。而依司马光《进资治通鉴表》,则编纂这一部书的

初旨,原来也不外乎认历史为政治教训的最好实例。所以说:

> 每患迁、固以来,文字繁多,自布衣之士,读之不遍,况于人主,日有万机,何暇周览?臣尝不自揆,欲删削冗长,举撮机要,取关国家兴衰,系生民休戚,善可为法,恶可为戒者,为编年一书。

因为这一部编年史,是拿来献给帝王作为政治的教训用的,所以神宗才赐名之曰《资治通鉴》。《金史·世宗本纪》:

> 大定二十年十月壬寅,上谓宰臣曰:"近览《资治通鉴》,编次累代废兴,甚有鉴戒。司马光用心如此,古之良史,无以加也。"

《元史·世祖本纪》至元十九年竟刊行一种蒙古畏吾儿字《通鉴》,明代也有进讲《通鉴》的一种事实,可见影响于历代帝王很大,可算得真正道地的帝王教科书了。《资治通鉴》二百九十四卷以外,还有几部有关系的著作:(1)《资治通鉴目录》三十卷;(2)《资治通鉴考异》三十卷;(3)《通鉴举要历》八十卷;(4)《通鉴释例》一卷;(5)《稽古录》二十卷。

陈振孙《书录解题》有云:"今观其诸论,于历代兴衰治乱之故,反复开陈,靡不洞中得失,洵有国有家之炯鉴,有裨于治道者甚深。"可见《资治通鉴》可算史学史第二期之一大创作了。梁启超(《中国历史研究法补编》页228)曾称"司马光在史学的地位,和司马迁差不多相等"。在教训的历史之中,前后两司马,一个首创了教训的纪传史,一个转变方向而创始了教训的编年史,可谓无独有偶,而为史学史上之千古佳话了。

司马光以后,更有根据《资治通鉴》而集教训式历史之大成者,就是朱熹。朱子就《资治通鉴》编成《通鉴纲目》,由现代史家眼光看来,应该是第二流史家了,但从教训式的历史看来,他实为代表中国史家传统精神之最伟大的继承者,这一部书曾称为"帝王龟鉴",可谓教训式历史之趋于极端的。据朱子自序此书根据的书籍,为温公《通鉴》、《目录》、《举要历》及胡文定《举要历补遗》四书,而别为义例,用纲目体做史的。纲目体的特色:是(一)高一格为纲,低一格为目;(二)大书者为纲,分注者为目;(三)纲如经,目如传;故其注重点在纲。如梁启超所说:"借纲的书法来发挥他的政治理想,寓褒贬之意。"(《中国历史研究法补编》页228—229)所以在纲目之外,别其纲为《提要》五十九卷,又《纲目凡例》一卷,以发凡释例,以明劝惩之旨。纲下之目,是朱子的门人做的(王柏《通鉴纲目凡例》云:一日观讷斋赵公文集,间有考亭往来书问,乃知纲下之目,盖属笔于讷斋)。而褒贬去取之例,"使读者一看纲就明白一个史事的大概",这不能不说在教训的历史中,是有很大的贡献了。李方子亲受业朱门,在《通鉴纲目后序》,将朱子著书的本旨,说得最为详尽。他说:

> 司马公处史法废坠之余,超然远览,推本荀悦《汉纪》,以为《资治通鉴》一书,凡一千三百六十二年之事,珠贯绳联,粲然可考,而《春秋》编年之法始复,其功可谓伟矣。……至于帝曹魏而寇蜀汉,帝朱梁而寇河东,系武后之年,黜中宗之号,与夫屈原、四皓之见削,扬雄、荀彧之见取,若此类,其于《春秋》惩劝之法,又若有未尽同者,此朱子《纲目》之所为作也。……简而周,详而整。纲仿《春秋》,而参取群史之良;目仿《左氏》,而稽合诸儒之粹。至于大经大法,则一本于圣人之述作,使明君贤辅有以昭其功,乱臣贼子无所逃其罪。而凡古今难制之变、难断之疑,皆得参验稽决,以合于天理之正,人心之安。而后世权谋术数、利害苟且之私,一毫无得参焉。则是继《春秋》而作,未有若此书之盛者也。……为人君而通此书,足以明德威之柄,烛治乱之原;为人臣而通此书,足以守经事之正,达变事之权。盖穷理致用之总会,而万世史笔之准绳规矩也。

最重要的还是《通鉴纲目凡例》一书,是经朱子亲手定的。王柏和朱子时代相近,曾为作序,说道:

> 列十有九门,总一百三十有七条,凡下有目,目下有类,正统无统之分甚严,有罪无罪之别亦著。或君其王,或主其帝,或以盛书,或以僭书,或以得失书,或以更革建立书。有以自为自称书者,有以贤否用舍书者,有以可戒可法书者,有以示疑著伪书者。或著刑臣有功之始,或著刑臣与政之始,或著外家与政之始。征寇诛杀之

不同，蓰殂卒死之有异，条分缕析，该核谨严，治乱跃如也。昔夫子作《春秋》，因鲁史之旧文，不见其笔削之迹，以无凡例之可证。朱子曰：《春秋传》例多不可信，非夫子之为也。今《纲目》之凡例，乃朱子之所自定，其大义之炳如者，固一本于夫子。至如曲笔乱纪，隐匿匿情，有先儒之所未尽者，悉举而大正之，盖深以邪说横流诚有甚于洚水猛兽之害，有不可辞其责。朱子亦谓《纲目》义例益精密，乱臣贼子真无所匿其形矣。开历古之群蒙，极经世之大用，谓之续《春秋》亦何愧焉。

把历史的事实来拥护"名教"，以为"一字之贬，严于斧钺；一字之褒，荣于华衮"。这就是名教，就是教训的历史之最大功用，也就是教训的历史，所谓"正史"，至今尚为传统之一大势力的原因了。

四

教训的历史以后，接着就是"发展的历史"了。发展的历史又可分为三大时期：（第一期）宋代至明，以政制史为中心。如宋袁枢《通鉴纪事本末》、郑樵《通志》、元马端临《文献通考》、明王圻《续文献通考》等。（第二期）明代至清，以学术史为中心，浙东学派属之。如黄梨洲《明儒学案》、万季野《儒林宗派》、全谢山之续成《宋元学案》、章学诚《文史通义》等。北方则有崔东壁的《考信录》。（第三期）清至现代，以治史方法为中心，又可分为三阶段：（一）考证学派，细分为三：（A）如王国维、罗振玉等倾向于甲骨文字学之研究；（B）如梁启超、胡适之、顾颉刚等注重"写的古史"之真伪问题；（C）如李济之、傅斯年等，注重"科学发掘的方法"。（二）马克思派，如郭沫若、陶希圣、李季等，此派特点在于中国社会史的分析，唯理论多而事实少，应加以批评，于是遂有第（三）阶段"现代史学"之产生。

现在请先述发展史之第一时期，在这时期如袁枢之《通鉴纪事本末》，虽创立了"纪事本末体"，但其价值不过为《通鉴》之一附庸，且偏于政治，而不及文化史之其他方面。郑樵的《通志》便不然了，拿来和旧史比较，如他所自称"凡例殊途，经纬异制，自有成法，不蹈前修"（《上宰相书》),可算发展式历史之开山祖师。不过为方便起见,先从袁枢前书说起。按《纪事本末》一书,去取剪裁,本不出《通鉴》原文之外,不过《通鉴》以编年为宗,《本末》以比事为体,《通鉴》因年,《本末》因事,有这些不同而已。但可注意者,即本末一体,实由袁枢所自创。《四库总目》卷四十九云:

> 古之史策,编年而已,周以前无异轨也。司马迁作《史记》,遂有纪传一体,唐以前亦无异轨也。至宋袁枢,以《通鉴》旧文,每事为篇,各排比其次第,而详叙其始终,命曰《纪事本末》,遂又有此一体。

又说:

> 唐刘知幾作《史通》,叙述史例,首列六家,总归二体。自汉以来,不过纪传、编年两法,乘除互用。然纪传之法,或一事而复见数篇,宾主莫辨;编年之法,或一事而隔数卷,首尾难稽。枢乃自出新意,因司马光《资治通鉴》,区别门目,以类排纂。每事各详起讫,自为标题;每篇各编年月,自为首尾。始于三家之分晋,终于周世宗之征淮南,包括数千年事迹,经纬明晰,节目详具,前后始末,一览了然。遂使纪传、编年通为一贯,前古之所未见也。

把上面一段的话,以我所用之术语释之,就是故事的历史——编年体——盛行于周代以前,教训的历史——纪传体——盛行于唐宋以前,发展的历史——纪事本末体——则实自宋代(西元一一七三)袁枢撰著《通鉴纪事本末》开始。这就可见他的真意义和真价值了。本书共四十二卷,分二百三十九篇,每篇各标一题,均以事的集团为本位,试举卷一至卷二为例:卷一,(一)三家分晋,(二)秦并六国,(三)豪杰亡秦;卷二,(四)高帝灭楚,(五)诸将之叛,(六)匈奴和亲,(七)诸吕之变,(八)南粤称藩,(九)七国之叛,(十)梁孝王骄恣。

因为《纪事本末》原不过从《通鉴》原文脱胎出来的,《通鉴》以政治为主,有"资治"之名,《纪事本末》当然不出此例。杨万里为《通鉴本末叙》,说得最好:

> 予每读《通鉴》之书,见其事之肇于斯,则惜其事之不竟于斯。

盖事以年隔,年以事析,遭其初莫绎其终,揽其终莫志其初。如山之峨,如海之茫。盖编年系日,其体然也。今读子袁子此书。如生于其时,亲见乎其事,使人喜,使人悲,使人鼓舞。未既,而继之以叹且泣也。嗟呼!自周秦以来,曰诸侯,曰大盗,曰女主,曰外戚,曰宦官,曰权臣,曰夷狄,曰藩镇,亦不一矣,而其源亦不一哉?盖安史之乱,则林甫之为也;藩镇之祸,则令孜之为也。其源不一哉?得其病之源,则得其医之方矣,此书是也。有国者不可以无此书,前有奸而不察,后有邪而不悟,学者不可以无此书,进有行而无征,退有蓄而无宗。此书也,其入《通鉴》之户欤!

《纪事本末》最初不过为避免翻阅《通鉴》的困难,自谋便利,而其结果,却别创了一种"文省于纪传,事豁于编年"(章学诚语)的新史体。这新史体从好的方面来看,则一个事的集团,前后始末,一览了然,从坏的方面来看,未免太偏于政治方面了。如杨万里所述,好似除却诸侯、大盗、女主、外戚、宦官、权臣、夷狄、藩镇,这些政治的事迹以外,便无所谓事的集团,这可说是这一部书的最大缺点,而能够摆脱这些缺点,而以文物制度为主,别开新史的门径的,就不能不数到郑樵《通志》的"总序"及"二十略"了。

本来在郑樵(渔仲)《通志》以前,唐代已有杜佑《通典》之作,这一部书"采五经群史,上自黄帝,至于唐天宝之末,每事以类相从,举其始终历代沿革废置;及当时群士论议得失,靡不条载,附之于事,如人支脉,散缀于体",(李翰序文)这已经很近于文化史的体裁了。但就此书所分八门:(1)食货,(2)选举,(3)职官,(4)礼,(5)乐,(6)兵刑,(7)州郡,(8)边防。所注重仍在于政制史之一方面,所以自序说"所纂《通典》,实采群言,征诸人事,将施有政",甚至于篇次也是依政制之先后轻重分的。因此历来目录家把他看作政书之一,又与《通志》、《文献通考》等合称三通。其实《通志》和《通典》实不相同,章学诚看得最清楚,《文史通义·释通篇》说:"总古今之学术,而纪传一规乎史迁,郑樵《通志》作焉。统前史之书志,而撰述取法乎官礼,杜佑《通典》作焉。"可见《通典》不过打破朝代界限,来谈政制的历史;《通志》则侧重古今学术的历史。他对《二十略》非常自负,所谓"总天下之大学术,而条其纲目,名之曰略。……百代之宪章,学者之能事,全于此矣",可见是以文化史为目的了。固然在郑樵《通志》二百卷之中,分为四大部份,即帝后纪传、年谱、二十略、列传,可是这些本纪和列传,都不是他自己做的,而是把各史的原有材料抄录成的。《四库全书总目》卷五十称:"其纪传删录诸史,稍有移缀,大抵因仍旧目,为例不纯。……年谱仿《史记》诸表之例,惟间以大封拜、大政事错书其中,或繁或漏,亦复多歧,均非其注意所在。其平生之精力,全帙之精华,惟在《二十略》而已。"所以纪传年谱绝不足以表现他的价值,纪传可以全数焚毁,而《二十略》中却有不少为他最成功的著作。因有此一书,使他在史学史上占着第三期发展史之第一把交椅的地位。《二十略》是一些什么呢?《通志·总序》发凡起例,有很简单的叙述,兹条举其目如下:(1)氏族略,(2)六书略,(3)七音略,(4)天文略,(5)地理略,(6)都邑略,(7)谥略,(8)器服略,(9)乐略,(10)艺文略,(11)校雠略,(12)图谱略,(13)金石略,(14)灾祥略,(15)昆虫草木略,(16)礼略,(17)职官略,(18)选举略,(19)刑法略,(20)食货略。

就中礼略以下自称"凡兹五略,虽本之前典,亦非诸史之文"(《通志·总序》)。但《文献通考·经籍考》卷二十八则指出《通志》此五略,天宝以前尽抄杜佑《通典》,天宝以后则连下文也没有,可见是无大发明的了。只有昆虫草木略以上凡十五略,则大抵"出之胸臆,不涉汉唐诸儒议论"(同上),把从来未收入史部的,如氏族、六书、七音、都邑、器服、校雠、图谱、金石等,都包括于史学的范围以内,这一点文化史体裁的新贡献,不能不说就是郑氏的最大贡献了。而且再就他著此书时的方法来说,也可以看出第三期发展史之科学的精神,他不但注重分析,而且更能于每一略中包括全体作综合的工夫。还有一点最和现代西洋学者主张相近的,就在于他反对断代的史,而主张做通史,断代的史是以一代君主一姓兴亡为史的中枢,通史则旨在贯通古今,把历史看做一个河流,整个的分不开的。固然在他以前,也有梁武帝敕吴均等作的通史,但其书久佚,刘知幾批评他"使学者宁习本书,怠窥新录"(《史通·六家篇》),可见是很杂的书了。只有郑樵,才真个认识了通史的真价值,他推翻班固的断代史,以为"断代为史,无复相因之义,会通之道,自此失矣",又说:"自司马以来,凡作史者皆是书,不是史。又诸史家各成一代之书而无通体,樵欲自今天子中兴,上达秦汉之前,著为一书曰通史,寻纪法制。"(《寄方礼部书》)虽然通史后来变成了《通志》,乃至《通志》也不曾实行他预定的计划,而只写到隋为止,如《通志》纪传所云"《唐书》、《五代史》皆本朝大官所修,微臣所不敢议,故纪传迄隋,若礼乐政刑,务存因革,故引而至唐云"。他想把从古代直到当世的通史的计划完全打消,可见是大失败了。但是平心而论,他虽不能给我们实际上的成绩,却已给我们以理论上的影响。这个理论上的影响,直到发展式历史之第二时期,即至章学诚时代,格外为人尊崇。《文史通义·释通篇》把通史分为四种,而认《通志》为一部独具别识心裁的通史,有六个便利处:

> 郑氏《通志》,卓识名理,独见别裁。古人不能任其先声,后代不能出其规范。虽事实无殊旧录,而诸子之意,寓于史裁。

所以刘知幾《史通》还只算得教训式历史的理论家,而郑樵则可称之为发展式历史的理论家,《文史通义·内篇五·申郑篇》云:

> 郑樵生千载以后,慨然有见于古人著述之源,而知作者之旨,不徒以词采为文,考据为学也。于是遂欲匡正史迁,益以博雅,贬损班固,讥其因袭。而独取三千年来遗文故册,运以别识心裁,盖承通史家风,而自为经纬,成一家言者也。学者少见多怪,不究其发凡起例,绝识旷论,所以斟酌群言,为史学要删,而徒摘其援据之疏略,裁剪之未定者,纷纷攻击,势若不共戴天。古人复起,奚足当吹剑之一咉乎!
>
> 孔子作《春秋》,盖曰:其事则齐桓、晋文,其文则史,其义则孔子自谓有取乎尔。夫事即后世考据家之所尚也,文即后世词章家之所重也,然夫子所取不在彼而在此,则史家著述之道,岂可不求义意所归乎?自迁、固而后,史家既无别识心裁,所求者徒在其事其文,惟郑樵稍有志乎义,而缀学之徒,嚣然起而争之,然则充其所论,即一切科举之文词,胥吏之簿籍。其明白无疵,确实有据,转觉贤于迁、固远矣。

须知郑樵的最大贡献,在于"发凡起例,绝识旷论",换言之,即在于史学理论,而不在于考据与辞章之学。所谓"义",即"历史哲学",即是发展史之理论的方面。他不但会通历代变化,从事发展式文化史的叙述,而且更能运用其别识心裁,而从事于发展式文化史的理论。且即就考证的学问来说,据他《上宰相书》自述"樵三十年著书,十年搜访图书"。在宋代看重义理不很看重考证的时候,他还能这样"恃其博洽,睥睨一世"(《四库全书总目》卷五十语),总算是很难能可贵的了。

由上杜佑《通典》、郑樵《通志》与元马端临《文献通考》,并称"三通",所以接着我们要研究一下《通考》。《通考·经籍考》卷二十八赞称《通典》,而对于《通志》则讥其"专事剽窃,无所发明","不堪检点如此"。章学诚《文史通义·申郑篇》曾极力为郑樵辩护,也不得不说:"郑君区区一身,僻处寒陋,……又不幸而与马端临之《文献通考》并称于时,而《通考》之疏陋转不如是之甚。"那末可见《通考》一书,必定也有他的特点所在了。今按《通考》,本依仿杜佑《通典》而作,其述典章制度则推本于《史记》之八书,依他意思,则"通史"与"断代史"两种体裁,不是互相冲突的,是可以并存不废的。"断代史"便于研究"理乱兴衰"的政治史,而"通史"则便于研究"典章制度"等文化史。他说得好:

> 太史公号称良史,作为纪传书表,纪传以述理乱兴衰,八书以述典章经制,后之执笔操简牍者,卒不易其体。然自班孟坚而后,断代为史,无会通因仍之道,读者病之。……窃尝以为理乱兴衰不相因者也,晋之得国异于汉,隋之丧邦殊乎唐,代各有史,自足以该一代之始终,无以参稽互察为也。典章经制实相因者也,殷因夏,周因殷,继周者之损益,百世可知,圣人盖已预言之矣。爰自秦汉以至唐宋,礼乐兵刑之制,赋敛选举之规,以至官名之更张,地理之沿革,虽其终不能以尽同,而其初亦不能以遽异。如汉之朝仪官制,本秦规也;唐之府卫租庸,本周制也。其变通张弛之故,非融会错综、原始要终而推寻之,固未易言也。

因为通史一体,很适宜于典章经制的叙述,所以才以《通典》为蓝本,不过《通典》也有颇欠精审的地方,如对于"天文、五行、艺文,历代史各有志,而《通典》无述"(《通考·总序》),所以内容上有大加扩充的必要。在《通典》已有之外,他更加上了经籍、帝系、封建、象纬、物异五个节目,引古经史,参以唐宋以来诸臣的奏疏、诸儒的议论,遂成为《文献通考》一书。共分二十四门:(一)田赋考,(二)钱币考,(三)户口考,(四)职役考,(五)征榷考,(六)市籴考,(七)土贡考,(八)国用考,(九)选举考,(十)学校考,(十一)职官考,(十二)郊社考,(十三)宗庙考,(十四)王礼考,(十五)乐考,(十六)兵考,(十七)刑考,(十八)经籍考,(十九)帝系考,(二十)封建考,(二一)象纬考,(二二)物异考,(二三)舆地考,(二四)四裔考。

《四库全书总目》卷八十一批评此书,谓:"条分缕析,使稽古者可以案类而考。又其所载宋制最详,多《宋史》各志所未备,案语亦多能贯穿古今,折衷至当,虽稍逊《通典》之简严,而详赡实为过之,非郑樵《通志》所及也。"可见是后来居上的了。自《通考》以后,直至明代才有王圻(洪川)辑金辽元及明典故以为《续文献通考》一书,共二百五十四卷,《四库总目》批评此书,谓其"体例糅杂,颠舛丛生","横生枝节,多出赘疣"(《总目》卷八十一有《通典》、《通考》等书,而于王氏此书则未列入,此处批评乃在《钦定续文献通考》一条下)。但亦谓其"间有一长可取",乃至《钦定续文献通考》一书,亦保存王本至十分之一,可见不是全无价值的了。现在我们试把王圻《续文献通考·引》拿来一读,他说:

> 文与献皆历朝典章所寄。……贵与之作《通考》,穷搜典籍,以言乎文则备矣,而上下数千年,忠臣、孝子、节义之流及理学名儒,类皆不载,则详于文,而献则略。后之说礼者,能无杞宋之悲哉?余既辑金辽元暨明典故以续其后,而又增节义、书院、氏族、六书、谥法、道统、方外诸考以补其遗,俾往昔贤哲,举得因事以见姓名,而援古据今之士,不至溟涬无稽,故总名之曰《续文献通考》。

这里分别"文"、"献",而特注意于"献"的方面,未始不算得一种贡献,而且此书实为清乾隆二十年奉敕撰《钦定续文献通考》(252卷)所本。《钦定续文献通考》又与《皇朝文献通考》、《续通典》、《皇朝通典》、《续通志》、《皇朝通志》等合《通志》、《通典》、《通考》世称九通。在现在要研究文化史、社会史的,九通是最重要、最方便的史料,不过可注意的,就是三通和王圻《续通考》,原来皆为私人撰述,而清朝奉敕所撰的续通,则皆为"钦定"的著作。虽然《钦定四库全书总目》(卷八十一)认其为"一代巨观",而究之也不过如官撰的"正史"似的,不过"奉行故事"而已。晓得九通也有私撰与官撰之不同,而后才能够明了,郑樵、马端临、王圻等著作的真价值,而不至为《四库全书总目》的评语吓坏了。

总而言之,发展史的第一期实以袁枢《通鉴纪事本末》、郑樵《通志》、马端临《文献通考》、王圻《续文献通考》等书为代表。钦定的政书所谓《续通典》、《续通考》与《清通典》、《清通志》、《清通考》等则不过其模仿的作品,聊充一格而已。发展史的第一时期实从宋代开始,讫于明代,明代依梁任公批评,则"简直没有史家","虽有许多野史,却没有一个真的著作家"(《中国历史研究法补编》页230)。事实也是如此,明代虽无真正的史家,而如唐荆川的《稗编》,章潢的《图书编》,这些类书的编述,反而都带着很浓厚之发展史的色彩,过此就是发展史的第二时期,这就是那以"浙东学派"为中心的史学时代了。

五

浙东史学依近人主张,谓其从程颐一派传下来的(何炳松《通史新义》第十一章页140)。这话不见得靠得住,固然浙东之学,如永嘉、金华两派,兼取朱陆而辅之以文献之学,由经入史,但我们不能因此便谓浙东史学就是小程子的嫡传。而且刚刚相反,浙东史学和程朱的关系较浅,而与陆王的关系却深。这一点已有章实斋在《文史通义·内篇五·浙东学术》说得最为明白,大概是没有疑义的了。

> 浙东之学,虽出婺源,然自三袁之流,多宗江西陆氏,而通经服古,绝不空言德性,故不悖于朱子之教。至阳明王子揭孟子之良知,复与朱子牴牾。蕺山刘子本良知而发明慎独,与朱子不合,亦不相诋也。梨洲黄氏出蕺山刘氏之门,而开万氏弟兄经史之学,以至全氏祖望辈尚存其意,宗陆而不悖于朱者也。……世称顾亭林氏为开国儒宗,然自是浙西之学,不知同时有黄梨洲氏出于浙东,虽与顾氏并峙,而上宗王刘,下开二万,较之顾氏,源远而流长矣。顾氏宗朱而黄氏宗陆,……浙东贵专家,浙西尚博雅,各因其习而习也。

因为"浙东之学言性命者必究于史",所以所成就的不是历史哲学,就是哲学的历史。这一派实首创以治史的方法治经,且有"五经皆史"的主张。最早如王阳明,《传习录》中有一段说:"以事言谓之史,以道言谓之经,事即道,道即事,《春秋》亦经,五经亦史。"又说:"《易》是庖牺氏之史,《书》是尧舜以下之史,《礼》、《乐》是三代之史"。

这种以经学为史学的治学精神,实为后来章实斋"六经皆史"说之所本,这也可见浙东学派的渊源了。从阳明一传而为刘蕺山,虽不是史学家,而所著《人谱》以史实证明理学,实为浙东史学之过渡人物。再传而为黄梨洲(宗羲),则尤以史学著名。《清史·黄宗羲传》依他自述,谓"学者必先穷经,然拘执经术,不适于用,欲免迂儒,必兼读史"。全谢山《甬上证人书院记》云:

> 自明中叶以后,讲学之风,已为极敝,高谈性命,束书不观。其稍平者,则为学究,皆无根之徒耳。先生始谓学必源本于经术,而后不为蹈虚,必证明于史籍,而后可以应务,元元本本,可据可依,前此讲堂锢疾,为之一变。

又《南雷余集》中,曾很概乎其言地说:

> 自科举之学兴,史学遂废。昔蔡京、蔡卞当国,欲绝灭史学,至欲废《资治通鉴》之版,然卒不能。今未有史学之禁,而读史顾无其人,此人才所以有日下之叹也。

这就可见黄梨洲是怎样提倡史学,而不愧称为清代史学之开山祖了。不过就著史的成绩来说,则其生平所成就的,不在于教训的正史,而在于学术的历史。他尝有志辑《宋史》未成,存《丛目补遗》二卷,又辑《明史案》二百四十四卷,未成,只流传《行朝录》九种,及《赐姓本末》等,可见在这方面的贡献,尚不算大,而使他在发展的历史时期占得重要位置的,却在于他关于学术史的创作。他不但熟悉有明一代的历史,而且更注意及有明一代学术的历史。所著《明儒学案》六十二卷,将明代二百余年学术的源流,说得元元本本,比较同时所著《圣学宗传》等书,又不知进步许多了。而且他在著《明儒学案》之后,还要上述宋元学术沿革,而著《宋元学案》,虽有志未成,只成十七卷就死了。可是如他自己所说(见《南雷文定·前乡进士泽望黄君圹志》),则"自濂洛以至今日,儒者百十家,余与泽望能知其宗旨离合是非之故",可见全书如成,一定是很可观的了。在学术史中他还有一个提议,就是关于废去道学传的主张,以后竟影响及于《明史》。他在道学正在很时髦的时候,而能从学术史上着眼,提出抗议,主张只有儒林而无道学,这不能不算也是史学史上之新的贡献,和"六经皆史"的说法,可谓是无独有偶了。而且梨洲在史学的著作以外,又有《易学象数论》,专门攻击象数之学,为胡渭《易图明辨》所引,而为辨伪之学开了一条路径。可见他虽为发展史第二期的开山祖师,同时也可算得第三期怀疑学派的先导者了。

自梨洲开创了浙东学派,继之便有高足弟子万斯大(充宗)、万斯同(季野)和私淑他们的全谢山。充宗以经学名家,尤精于《春秋》、三礼,所著《万氏经学五书》,其治经方法,实大有功于史学。梨洲(《南雷文定·万充宗墓志铭》)称之曰:"充宗湛思诸经,以为非通诸经,不能通一经;非悟传注之失,则不能通经;非以经释经,则亦无由悟传注之失。"何谓以经释经?如他《学礼质疑·自序》中说:"首取《戴记》诸篇相对,次取《仪礼》与《戴记》对,次取《易》、《书》、《诗》、《春秋》及《左》、《国》、《公》、《穀》与二礼对,见其血脉贯通,帝王制度约略可考。"

对于文物制度——所谓"礼"——之精密的考证方法,全谢山称其:"和齐斟酌,审异致同,极之于茧丝牛毛之细。"(全祖望《礼记辑注序》)这就是他的价值所在了。然而在清初以史学名家,则尤不能不推其弟万季野为最著。季野尝痛论官家设局分修史书之弊,谓其"犹招市人而与谋室中之事",而他自己竟以布衣之士,隐然领明史馆总裁,不署衔,不受俸,自谓:"吾所以辞史局而就馆总裁所者,唯恐众人分操割裂,使一代治乱贤奸之迹,暗昧而不明耳。"(钱大昕《潜研堂集·万季野先生传》)梨洲称之云:"明亡,朝廷之任史事者甚众,顾独藉一草野之万季野以成之,不亦可慨也夫!"(《南雷文定·补历代史表序》)知道《明史》虽属官修,而强半为季野毕生精力所在,就知道《明史》为什么比较他史为更有价值了。不过季野原书,已不复见,坊间《明史稿》,乃为王氏的改本,不足为凭,现在只能就其治史的方法,加以论究。

(一)考订之学。他知道著一部信史是很难的,"史之难言久矣,非事信而言文,其传不显。……而在今则事之信尤难,……好恶因心,而毁誉随之。一家之事,言者三人,则其传各异矣,况数百年之久乎?言语可曲附而成,事迹可凿空而构,其传而播之者,未必皆直道之行也;其闻而书之者,未必有裁别之识也。非论其世,知其人,则吾以为信,而人受其枉者多矣。……而要以实录为指归,盖实录直载其事与言,而无所增饰者也。因其世以考其事,核其言,而平心察之,则其人之本末,十得八九矣。然言之所发或有所由,事之端或有所起,而其流或有所激,则非他书不能具也。凡实录之难详者,吾以他书证之,他书之诬且滥者,吾以所得于实录者裁之,虽不敢谓具可信,而是非之枉于人者鲜矣。"(钱大昕《万季野先生传》)在这里所取史料,以实录为指归,他书辅之,史料的价值,则又以史料撰人性格及著作时地为标准,所谓"论世知人"。这种对于史料批判学之重要见解,可说和 Langlois, Seignobos 等之治史方法很接近了。

(二)图表之学。图表的史学上的功用,在使学者对其史迹一目了然,省去无限的精力。然而教训式的史家,除《史记》、《汉书》志外有表,《后汉书》、《三国志》以下史书,便皆忽略过去,这不能不说是一大缺憾。然而教训史的理论家刘知幾,在《史通·表历篇》竟大放厥辞,他说:

> 夫以表为文,用述时事,施诸谱牒,容或可取,载诸史传,未见其宜。……观司马迁《史记》则不然矣。天子有本纪,诸侯有世家,公卿以下有列传,至于祖孙昭穆,年月职官,各在其篇,具有其说,用相考核,居然可知。而重列之以表,成其烦费,岂非谬乎?且表次在篇第,编诸卷轴,得之不为益,失之不为损。用使读者莫不先看本纪,越至世家,表在其间,缄而不视,语其无用,可胜道哉。既而班、《东》二史(原注《东》谓《东观汉记》),各相祖述,迷而不悟,无异逐狂。必曲为铨择,强加引进,则列国年表,或可存焉。

由这一大段话,可见教训史家对于图表之一种无理解的态度,可是到了发展史的时代便不然了。最初郑樵,他著作中即有许多画图,二十略中有图谱略,万季野更明白地说:"史之有表,所以通纪传之穷。有其人已入纪传而表之者,有未入纪传而牵连以表之者,表立而后纪传之文可省,故表不可废。读史而不读表,非深于史者也。"(钱大昕《万季野先生传》)而且自己著了六十卷的《历代史表》,稽考历朝掌故,秩序整然,影响到章实斋也主张:"图象为无言之史,谱牒为无文之书,相辅而行,虽欲阙一而不可。"(《和州志》《永清县志》"舆地图序列")这种图表之学的重视,可说就是发展史时期之一大特色。

然而我们不应忘却的,就是浙东学派的最大贡献,在于提出新的治史方法以外,更有关于学术史之重要著作。万季野《儒林宗派》虽不如黄梨洲之《明儒学案》《宋元学案》等,给我们以更深刻的印象,但他这部书也有一个长处,就是脱却有明以来门户之见。如《四库全书提要》所批评似的,"于汉于唐前传经之儒,一一具列,持论独为平允"。以一纯粹史学家而注意于学术史之一方面,这不能不说也是浙东学派的新倾向了。

浙东学派以学术史擅长,全谢山也不算例外。谢山生前不及见黄、万,而他的文献之学则实私淑两公,对于明清间学者的流别及人格,则尤有所表彰。《鲒埼亭集》今本已非完璧,但在三十八卷之中,如《梨洲先生神道碑文》《亭林先生神道表》《二曲先生窆石文》《万贞文先生传》等,这些零篇小简,竟包含不少学术史的重要史料。而他所传文献,范围也极广大,有:(一)关于先烈者,(二)关于乡贤者,(三)关于儒林者,最大的贡献还在于第三项中《宋元学案》的编纂。本来《宋元学案》梨洲已成其十七卷,然而由全氏看来,梨洲"党人之习气未尽,盖少年即入社会,门户之见深入而不可拔"。所以他自己更穷十年之力,以不断的努力奋斗,卒成书百卷,自谓"旁搜不遗余力,盖有六百年来儒林所不及知而予表出之者"。可见是以客观叙述的学术史自命了,所以在宋儒理学之正统派以外,更注意及于理学以外的派别,此书虽缺点很多,却是在乾嘉时代的史学界中,已经是得未曾有了。

浙东学派虽开始于黄梨洲、万季野,继承于全谢山,而实集其大成于章实斋。史学史之第三时期,他实在算得最杰出的奇才。他自信"发凡起例,多为后世开山"(《家书》中语),其所作《文史通义》《校雠通义》,及《湖北通志》《永清志》《亳州志》《和州志》各序例,完全为史学辟出一个新的境界、新的主张。把他和刘知幾比较,刘知幾是一教训史的理论家,而他则为发展史的理论家,所以说:"人乃拟吾于刘知幾,不知刘言史法,吾言史意;刘议馆局纂修,吾议一家著述,截然分途,不相入也。"(《家书二》)他很推崇郑樵,既如《申郑篇》为他的通史辩护,又作《释通篇》指出通史的见解。然而又说,《通志》是"实不副名",郑樵是"有史识而无史学"。可见同在第三期发展史的史论家中,即同在"通史家"中,章学诚和郑樵也是很有分别的了。然则章氏在史学上最大的贡献,究竟是什么呢?依我意思,可把他分作几节来讲。

(一)史学的意义。什么是史学?他很明白地指出两点:第一,史学不是考证学,因为"整辑排比,谓之史纂;参互搜讨,谓之史考;皆非史学。"(《文史通义·内篇五》注)所以那些埋头于训诂考订的学者们,都不算得史学之止境。他说得好:"王伯厚氏搜罗摘抉,穷幽极微,其于经传子史,名物度数,贯串旁骛,实能讨先儒所未备,其纂辑诸书,至今学者资衣被焉。……然王氏诸书,谓之纂辑可也,谓之著述不可也;谓之学者求知之功力可也,谓之成家之学术则未可也。……学与功力,实相似而不同。学不可以骤几,人当致力乎功力则可耳,指功力以为学,是犹指秫黍以为酒也。"(《博约中》)第二,史学不是文学,所以说:"期明事实,非尚文辞。苟于事实有关,则胥吏文移,亦所采录;苟于事实无关,虽扬、班述作,亦所不取。"(《修志十议》)又说:"仆论史事详矣。大约古今学术源流,诸家体裁义例,多所发明。至于文辞,不甚措议,盖论史而至于文辞,末也。然就文论文,则一切文士见解,不可与论史文。譬之品泉鉴石,非不精妙,然不可与测海岳也。即如文士撰文,惟恐不自己出;史家之文,惟恐出之于己,其大本先不同矣。史体述而不作,史文而出于己,是谓言之无征,无征,且不信于后也。……是故文献未集,则搜罗资访,不易为功。……及其纷然杂陈,则贵决择去取。"这就是说,史学的要点乃在于文学与考证学之外,而有其"决择去取",将纷乱的历史事实,整理成一个头绪,这样才算得历史学的著作,才可以自成一家之言。

(二)史学的范围。历史是由史料构成的,没有史料,简直说就没有历史。在章氏以前,史料的范围很窄,不但以"实物"为史的见解不会发生,即同在著作之中,也要分别什么是经?什么是史?章实斋是主张凡记载的文字都是历史的,所以说:"愚之所见,以为盈天地间,凡涉著作之林,皆是史学。六经特圣人取此六种之史,以垂训耳。子集诸家,其源皆出于史。"(《报孙渊如书》)又说:"六经皆史也"(《易教上》),"古人不著书,古人未尝离事而言理,六经皆先王之政典也"(《易教上》)。由章氏的眼光看来,凡文字纪录的史料,都是历史,而六经尤为先王典章制度之所在,所以六经皆史,甚至于"户版之籍,市井泉货之簿"(《亳州志·掌故例议》)亦莫非史料。这种对于史学范围之扩充,现在几已成为过去思想,而在当时,则足以"骇俗下耳目",使知历史决不以乙部自限,乃至于子集等部都是所谓历史了。

(三)史学的种类。章氏对史学之一个大贡献,在其分别"记注"与"撰述"二科。"记注"是关于史料的整理考订,是偏于史学方法论的;"撰述"是关于专门的著作,是偏于历史哲学的。按《书教篇》说:"《易》曰筮之德圆而神,卦之德方以智。间尝窃取其义,以概古今之载籍。撰述欲其圆而神,记注欲其方以智也。……记注欲往事之不忘,撰述欲来者之兴起,故记注藏往似智,而撰述知来拟神也。藏往欲其赅备无遗,故体有一定而其德为方;知来欲其决择去取,故例不拘束而其德为圆。"(《书教下》)"三代以上,记注有成法而撰述无定名;三代以下,撰述有定名而记注无成法。夫记注无成法则取材也难,撰述有定名则成书也易。成书易则文胜质矣,取材难则伪乱真矣。伪乱真而文胜质,文学不亡而亡矣。"(《书教上》)可见史学中原包括记注与撰述二家,而尤以撰述之能决择去取为最重要。然则什么才是真正的撰述,即真正专门的著作呢?他的答案,却指出了纪事本末体——发展的历史。本来史学中原分纪传、编年与纪事本末三体,然而"纪传行之千有余年,学者相承,殆如夏葛冬裘,渴饮饥食,无更易矣。然无别识心裁,可以传世行久之具,而斤斤如守科举之程式,不敢稍变;如治胥吏之簿书,繁不可删。以云方智,则冗复疏舛,难为典据;以云圆神,则芜滥浩瀚,不可诵识"(《书教下》)。因为纪传"于记注、撰述,两无所似"(《书教下》),所以算不得真历史,真历史只有纪事本末一体。"因事命篇,不为常格。……文省于纪传,事豁于编年,决断去取,体圆用神"。这样推重发展式的历史,不能不说就是他史识过人的地方了。

(四)史学的方法。依上说"记注有成法,撰述无定名",有成法所以关于史料,应有搜辑及考证整理的方法,无定名所以著史不应为义例所拘。所谓"经为解晦,当求无解之初;史为例拘,当求无例之始"。然而这种"当求无例之始"的创作底精神,是专指撰述说的,不是对于记注说的。若单就现在之所谓史料而言,则史料最重要的,即是征实,"无征且不信于后也。……是故文献未集则搜罗资访,不易为功"(《与陈观民论湖北通志书》),在这里正有史学方法大大发展的余地。近人李思纯译朗格诺瓦、瑟诺博司等(Ch. V. Langlois and Ch. Seignobos)所著《历史研究法课本》为《史学原论》,在"弁言"中,曾将章氏《文史通义》、《校雠通义》和该书作者比较,以为东西名哲,无有二致。不过在史料搜集中,Seignobos 等注重于实物史料之鉴定,如建筑、雕刻及其他军器、衣服、用具、钱币、奖章、甲胄之类,和章氏所谓"户版之籍,市井泉货之簿",只指文字著录而为言者,实不相同,不可不加纠正。但无论如何章氏虽不认史料学即为史学,而其驾驭史料的方法,却足与 Seignobos 史法论家相发明,这不能不说是他最大的贡献了。而且他这种搜罗资访及至校雠考证的功夫,本不过为其"决择去取"之第一步,所以说:"校雠之义,自刘向父子部次条别,将以辨章学术,考镜源流,非深明道术精微、群言得失之故者,不足与此。"(《校雠通义一》)这又可见他的抱负原不在于"史纂"、"史考",而确在乎"史学"了。

（五）史学的哲理。梁任公在《中国历史研究法补编》(第四章页235—236)很称道实斋对于历史哲学的贡献,以为:"他主张史家的著作,应令自成一家之言,什么学问都要纳到历史方面去;做史家的人,要在历史上有特别见解,有他自己的道术,拿来表现到历史上,必如此,才可称为史家,所作的史才有永久的价值。所以关于史学意义及范围的见解,都和前人没有相同的地方。他做史也不单叙事,而须表现他的道术。我们看《文史通义》有四分之一或三分之一是讲哲学的,此则所谓历史哲学,为刘知幾、郑樵所无,章学诚所独有。即以世界眼光去看,也有价值。最近德国才有几个人讲历史哲学,若问世界上谁最先讲历史哲学,恐怕要算章学诚了。"这种过分地赞扬,和何炳松在《章实斋年谱序》所谓章氏对于史学之大贡献,就是他所说的"天人之际",即现在所说的历史上的客观主义和主观主义——历史的哲学(见《年谱》订补本何序页 17—22)。我以为都未免太过附会了。实际章氏确然有他在历史上的特别见解,即所谓"别识心裁",所谓"史学著述之道,岂可不求义意所归"。(《文史通义·申郑篇》)然而他所谓"义意",却不一定就是何炳松先生所谓纯用客观主义,在陆王影响之下的浙东学派,也很少能纯用客观主义的。而且由章实斋看来,史学的系统上,是有历史哲学、历史文学与历史科学三者。"主义理者拙于辞章,能文辞者疏于征实,……义理存乎识,辞章存乎才,征实存乎学,刘子玄所以有三长难兼之论也"。(《文史通义·内篇四·说林》)义理即现在所谓哲学,辞章即现在所谓文学,征实即现在所谓科学,由章氏的立场,自以史识即历史哲学为主。所以尝以文比肤,以事比骨,以义比精神;又在《说林篇》中以文辞与志识对比,以文辞比羽翼,志识比身,又以文辞比三军舟车、品物、金石,以志识比将帅乘者、工师、炉锤,可见三者之中,仍以史识为主。只有史识才能看出历史事实之所以然,只有史识才算得史学的真核心,所以不讲史学则已,要讲史学,则应以历史哲学占最重要的位置。不过就史学的全系统来说,则"史所贵者义也,而所具者事也,所凭者文也。孟子曰:其事则齐桓、晋文,其文则史,义则夫子自谓窃取之矣。非识无以断其义,非才无以善其文,非学无以练其事,三者固各有所近也。其中固有似之而非者也。记诵以为学也,辞采以为文也,击断以为识也,非良史之才学识也。……盖欲为良史者,当慎辨于天人之际,尽其天而不益以人也。尽其天而不益以人,虽未能至,苟允知之,亦足以称著述者之心术矣"。(《文史通义·史德篇》)天是什么呢?《说林篇》:"天者何?中正平直,本于自然之公者也,故曰道公而学私。"讲史学而归结于著述者的心术,这不能不说章氏在历史哲学上是倾向于主观主义的了。

(六)史学的目的。章氏在《答客问中》说及史学的宗旨,在于"纲纪天人,推明大道"八个大字。却是这个"道",是和人事不相冲突的,所谓"性命",也不是可以空言得的。所以说:"善言天人性命,未有不切于人事者。三代学术,知有史而不知有经,切人事也。后人贵经术,以其即三代之史耳。近儒谈经,似于人事之外别有所谓义理矣。浙东之学,言性命者必究于史,此其所以卓也。"因为依他意思,舍人事便无所谓义理,舍天下事物人伦日用,便无所谓六经,所以归根及底,以为"史学所以经世,固非空言著述"。(《文史通义·内篇·浙东学术》)这种实用主义的历史观,实为第三期的史学界奠定了一个新的基础。

由上所述,浙东学派自黄梨洲以下,如万季野、全谢山,以至章实斋,可谓登峰造极。在章氏同时可举者,有邵二云氏之整理宋史,虽没有成功,但他自述作书的宗旨,不过因为宋人"立身制行,出于伦常日用,何可废耶"?(章学诚《邵与桐别传》)在乾嘉汉学风靡的时代,一般学者,攻击宋学,而邵氏独于训诂名物之外(如《尔雅正义》一书),有意于宋史的撰述,可见是和章实斋也是一样地倾向了。二云以后,有定海黄氏父子,因受考证学派的影响,均以博雅见长,而稍变浙东传统的学风,过此就是发展史之第三时期即考证派的时代了。

然而在发展史之第二时期,也有和章氏齐名为后来第三时期辨伪学派所本者,这就是当时最有识的北方史家崔述(东壁)了。崔述和章氏比较,虽然生地不同,遭遇不同,而对于史学的见解,则相同之点很多。不过就"考信"的精神来说,则章氏似不及崔氏造就之大。固然章氏与崔氏都是受宋明学者的影响,和当时汉学运动之否认宋明儒者不同,然而浙东学派实宗陆王,而不悖于朱,崔氏则简直不信任汉儒,而愿意为宋儒后起的援助。(参看胡适《科学的古史家崔述》,见《国学季刊》第一卷第二号页288)所以同在理学的影响中,陆王可以造成实斋之史学见解,而宋儒疑古的精神,却特别造成崔氏一派辨伪的学风,使其结论不得不和汉学运动有些相同,而给第三期考证学派以重大的影响了。不过他虽为第三期辨伪学派的祖师,而他所用的根本方法与态度,仍不出于理学的态度,而非真正科学的古史家的态度。如他说:"故居今日而欲知唐虞三代之事,是非必折衷于孔孟,而真伪必取信于《诗》、《书》,然后圣人之真可见,而圣人之道可明也。"(《考信录·自序》)这种"以史明道"的精神,使我们现在读《考信录》的人,到处发现他拿着最反动的逻辑——圣言量——来作疑古辨伪的大前提,而这也就是为什么把他归入发展史之第二时期来讲的原因了。

但话虽如此,《考信录》三十卷当中,固然有他主观谬误的地方,同时也有他极合于科学家之客观态度的地方。他的根本主张,还在于征实一点。因为征实才注重于古书古事真伪的考订,他说得好:"凡人之言,课虚则可欺,征实则难伪。"(《正朔通考》)所以自述作《考信录》的宗旨,也不过是:

> 大抵文人学士,多好议论古人得失,而不考其事之虚实。余独谓虚实明而后得失或不爽。故今为《考信录》,专以辨其虚实为先务,而论得失者次之。

然则怎样来做征实的工夫呢?欲征实必先"辨伪",对于古书的附会,不得不根本推翻它。

> 大抵战国秦汉之书,皆难征信,而其所记上古之事尤多荒谬。然世之士以其流传日久,往往信以为实。其中岂无一二之实?然要不可信者居多。乃遂信其千百之必非诬,其亦惑矣!(《考信录·提要》上)

> 今《考信录》中,凡其说出于战国以后者,必详为之考其所本,而不敢以见于汉人之书者,遂真以为三代之事也。(同上)

> 今为《考信录》,不敢以载于战国秦汉之书者,悉信以为实事;不敢以东汉魏晋诸儒之所注释者,悉信以为实言。务皆究其本末,辨其同异,分别其事之虚实而去取之。虽不为古人之书讳其误,亦不足为古人之书增其误也。(同上)

然而很可惜的这一位疑古大师,对于战国秦汉古书的怀疑,而在积极方面,却跳不出理学家卫道的圈套。"唐虞三代之事,见于经者皆醇粹无可议,至于战国秦汉以后所述,则多杂以权术诈谋之习,与圣人不相类。……故《考信录》但取信于经,而不敢以战国魏晋以来度圣人者遂据之为实也。"(《考信录·释例》)我不是有意鄙薄崔氏,实在他的卫道之心太切了,由怀疑古书古史,而归结以六经为考信的根据。这不能不说他失却史家之正当精神,也就算不得"科学的古史家"了。却是发展史之第三期,近今科学的古史家,如胡适、顾颉刚等,则实受他很深刻的影响,他们以《考信录》"为清代之一大奇书,……古今来没有第二个人能比他的大胆和辣手"(胡适之语,见《古史辨》页22)。这就可见他们史学的渊源了。

六

我们再平心静气的观察一下发展史之第三时期,可称为中国史学成为科学研究的时代。这个时代一方面随着西方文化输入的影响,一方面由于汉学对于校勘、训诂与真伪的考订,均有相当的成绩,使史学方面,也不得不跟着转向一个新时代。而尤其重要的,就是近二三十年中中国新发见之学问,给史学界以很大影响。关于西方科学文化的输入可分为前后三时期,前三期为自然科学,依一般说法以明末徐光启与西洋教士译述天算、水利诸书为第一期;康熙时用利玛窦、汤若望等编《历象考成》、《仪象考成》诸书为第二期;同治时曾国藩办江南制造厂,翻译制造、测量、格致、兵书等为第三期。却是这三个时期,所注意的都是偏重物质科学的贡献,和社会科学是无关的。后三期才开始注重社会科学,以严复译《天演论》、《群学肆言》、《群己权界论》、《穆勒名学》、孟德斯鸠《法意》诸书为第一期;胡适之(《中国哲学史大纲》页三十三),何炳松(《通史新义》)介绍 Langlois、Seignobos 等治史方法为第二期;马克思派提倡辩证法唯物论为第三期。但以上都只是就外来西方科学思想之"分播"上说的,实际则中国学术界自浙西学派顾亭林出来,已开有清一代考证的学风。此派自阎若璩、胡渭继起以后,至乾隆时,惠栋、戴震更将考证学发展至于极点,特尊称之为汉学,又称朴学。其实这种"朴学运动",原来只是一种史学方法论的运动。朴学的元祖顾亭林教人为学方法,从文字声音下手,他说:"读九经自考文始,考文自知音始,以至诸子百家之书,亦莫不然。"(《答李子德书》)前者为校勘之学,后者便是音韵、训诂之学;前者为书本之整理,后者为声音、字义之整理贯通,其实都是史学方法之一部分而已。在这一点,胡适之最看得清楚,所以他说(《胡适文存三集》卷一页133—134):

"朴学"是做"实事求是"的工夫,用证据作基础,考订一切古文化。其实这是一个史学的运动,是中国古文化的新研究,可算是中国的"文艺复兴"(Renaissance)时代。这个时代的细目有下列各方面:

(1) 语言学　包括古音的研究,文字的假借变迁等等。

（2）训诂学　用科学的方法，客观的证据，考定古书文字的意义。

（3）校勘学　搜求古本，比较异同，校正古书文字的错误。

（4）考订学　考定古书的真伪，著者的事迹等等。

（5）古物学　搜求古物，供历史的考证。

我们再观察一下，在这史学方法论的运动之下，一时大师如惠栋、江声、余萧客、王鸣盛、钱大昕、戴震、段玉裁、王念孙、阮元、王引之、焦循、孙星衍、凌廷堪、俞樾、孙诒让等，无论经史子集，都有相当的成绩。他们虽不一定以史学名家，而就其整理古书的成绩来说，他们对于本文的校勘，文字的训诂，乃至于真伪的考订，几乎处处都是应用了史学的方法，处处都是含着归纳的科学的新精神，而其影响于发展史之第三时期，更不消说了。但话虽如此，科学的历史时代，固由于研究学问的新方法的养成，却是更重要地给新史学界以最有力的刺戟者，则不能不数到近二三十年新史料的发见了。因新史料的新发见，而后中国史学才走上新的路径，如果拿中国的旧史学，认为写的历史，则在新史料如甲骨文发见以后，中国才有所谓文字以外的现代化的发掘的历史。从前史家因无新史料为根据，所以不必注意于文化人类学、古器物学等专门学问，却是现在讲中国古史而不注意到中国的史前期，不注意到化石人类，如一九○三年发现的北京齿，一九二九年发现的北京猿人，或不注意到外蒙、宁夏河套及河南、甘肃、山西等处之旧石器、新石器时代的发现，当然算不得一个新中国的文化史家，这就可见新史料对于新史家的影响了。王国维先生最先认识这个真理，所以在他《最近二三十年中中国新发见之学问》一篇中，告诉我们：

> 古来新学问题，大都由于新发现。有孔子壁中书出，而后有汉以来古文家之学；有赵宋古器出，而后有宋以来古器物、古文字之学。惟晋时汲冢竹简出土后，即继以永嘉之乱，故其结果不甚著。……自汉以来，中国学问上之最大发见有三：一为孔子壁中书；二为汲冢书；三则今之殷虚甲骨文字，敦煌塞上及西域各处之汉晋木简，敦煌千佛洞之六朝及唐人写本书卷，内阁大库之元明以来书籍档案，此四者之一，已足当孔壁汲冢所出，而各地零星发见

之金石书籍，于学术有大关系者，尚不与焉。故今日时代，可谓之发见时代。

由上所述，则此发见时代所发现的新史料，已有四项，就是：（一）殷虚甲骨；（二）汉晋木简；（三）敦煌写本；（四）内阁档案。此外尚有下列两项：（五）古外族遗文；（六）北京猿人。

详见王氏《最近二三十年中国新发见之学问》，容庚《甲骨文字之发见及其考释》（《北大国学季刊》）、《安阳发掘报告》，樊抗夫《最近二十年间中国旧学之进步》，王国维《观堂集林》第十四《流沙坠简序》，胡适之《海外读书杂记》（见《文存三集》卷二），陈万里《西行日记》中《敦煌千佛洞三日间所得之印象》，卫聚贤《中国考古小史》，裴文中《中国猿人化石之发现》，杨钟健《中国猿人与人类进化问题》（《科学》十四卷八期、十五卷九期）等，此不具述。而且最近考古的工作，均由学术团体合作，以科学方法从事发掘，所以成绩也很可观，尤其是外国学者如法之伯希和 Paul Pelliot，沙畹 E. Chavannes，德之格路维德 Albert Grünwedel，勒可克 Albert Von Le Coq，俄之柯智录夫大佐 Captain P. K. Kozloff，鄂登堡 S. Oidenburg，瑞典之斯文赫定 Sven Hedin，英之匈牙利人斯坦因 M. Aural Stein，日之大谷光瑞、鸟居龙藏等，当他们从事调查发掘，把可贵的考古资料捆载而去的时候，就是直接间接促成中国学者从事考古工作的时候。而且在这个大发见的时代中，科学渐成为史学家的普遍知识，地质学、人类学这些对于考古方面前人所未曾用的方法，一时均为新史家所引用，因此遂有以"科学发掘的方法"为史学基础之考古学派的新诞生。

但是事实是不会这样简单的，发展史之第三时期有考证及考古学派的产生，一方面又有在马克思主义旗帜下之中国社会史派的产生。前者以为史学只是史料学，而后者则将历史变成唯物主义的历史哲学；前者有史实而无理论，后者有理论而缺乏史实，两者都不免一偏之见，于是有第三派之产生，即所谓"现代史学"。所以要讲发展史之第三期，应该把他分为三个阶段，依辨证法的法则，考证及考古学派为"正"，社会史及经济史派为"反"，而现代史学则为"合"，以下试分节说明之。

七

先说发展史第三期之第一时期,即为考证及考古学派,又细分为如下之三阶段:(一)王国维、罗振玉等甲骨文字学之研究;(二)梁启超、胡适之、顾颉刚等"写的古史"之真伪问题;(三)傅斯年、李济之等"科学发掘的方法"。

王静安氏在《最近二三十年中中国新发见之学问》中,曾提及孙诒让和罗振玉对于殷虚甲骨文字的贡献。孙诒让于民元前八年(一九〇四年,光绪三十年)撰《契文举例》,他本治古文大篆之学,对于彝器款识研究很深,至是始依据《铁云藏龟》,考证文字,成书十篇:一、月日,二、贞卜,三、卜事,四、鬼神,五、卜人,六、官氏,七、方国,八、典例,九、文字,十、杂例。

《契文举例·自序》云:

> 顷始得此册,不意衰年,睹兹奇迹,爱玩不已。辄穷两月力校读之,以前后复重者,互相采绎,乃略通其文字,大致与金文相近,篆画尤简省,形声多不具。又象形字颇多,不能尽识。所称人名号,未有谥法,而多以甲乙为记,皆在周以前之证。

他已认得甲骨文字"所称人名号,……多以甲乙为记,皆在周以前之证",这不能不算很大的发见了。然而给中国文字学界、史学界以一大革命者,尤不能不推罗振玉(叔言)氏。王国维称:"孙氏之《名原》亦颇审释甲骨文字,然与其《契文举例》皆仅据《铁云藏龟》为之,故其说不无武断。审释文字,自以罗氏为第一,其考定小屯之为故殷虚,及审释殷帝王名号,皆由罗氏发之。"案董作宾《甲骨年表》(《中央研究院历史语言研究所集刊》第二本第二分),孙诒让《契文举例》作于民元前八年,罗振玉《铁云藏龟》序文,则在民元前九年即光绪二十九年八月。序文中考正经史四事:(一)故龟与钻龟,(二)钻灼之处,(三)卜之日,(四)骨卜之原始。可见殷虚文字的考释,不能不说以罗氏为最先贡献了。罗氏除拓印成《殷虚书契前编》、《殷虚书契后编》、《殷虚书契菁华》、《铁云藏龟之余》外,复著有《殷商贞卜文字考》、《殷虚书契考释》、

《殷虚书契待问编》等书。他所作《殷商贞卜文字考》,要"正史家之违失,考小学之源流,求古代之卜法",因刻辞中有殷帝王名谥,便定为"殷室王朝之遗物"。此书共四篇:考史第一:一、殷之都城,二、殷帝王之名谥;正名第二:一、籀文即古文,二、古象形字因形示意,不拘笔画,三、与金文相发明,四、纠正许书之违失;卜法第三:一曰贞,二曰契,三曰灼,四曰致墨,五曰非坼,六曰卜辞,七曰埋藏,八曰骨卜;余说第四。

民国二年复著《殷虚书契考释》,六万余言,王国维跋文叹为"三代以后言古文者未尝有"之书,共分八篇:都邑第一,帝王第二,人名第三,地名第四,文字第五,卜辞第六,礼制第七,卜法第八。

又编甲骨文中不易认识的字,为《殷虚书契待问编》,很可看出他科学的研究态度。于是而殷商的历史,如都邑、帝王以及制度典礼等,都可依据卜辞而被证实了。同时海宁王国维氏,初治西洋哲学(介绍叔本华与尼采),继治宋元词典(著《戏曲考源》、《宋元戏曲史》等),及殷虚甲骨文出土,也转向于古文字学的研究。依他自述:"审释文字自以罗氏为第一,……余复据此种材料,作《殷卜辞中所见先公先王考》,以证《世本》、《史记》之为实录(且可辨其舛误),作《殷周制度论》以比较二代之文化"(《最近二三十年中中国新发见之学问》中语)。以上二书作于民国六年,八年又著《戬寿堂所藏殷虚文字考释》一卷,九年作《随庵所藏殷虚文字跋》,十二年序商承祚《殷虚文字类编》,因为他考证金甲文字,能够"考之史事与制度文物,以知其时代之情状"(《毛公鼎考释序》),故其目的有时虽不在古史,而其结果却给古史的研究辟出一条新路。不过他也有好些缺憾,闻宥君曾指出他两点:"第一,从学力言,他并没有懂得基础的科学,所以应识实物的知识还不够。第二,从方法言,他曾说'不绌新以从旧',但还处处以地下的史料,去迁就纸上的史料,所以他的结论,往往不过是在旧史料的骨子上,加以一些新史料的点缀。而且纸上的旧史料不够时,他还时时助之以个人的幻想。"(《从章太炎到王静安从王静安到科学的国故学》一文)但话虽如此,王氏的《殷周制度论》实开卜辞综合比较的研究之始。而自他以后,古文字学才渐渐成为殷商史研究的一个重要工作,言古史而不知甲骨文字,言甲骨文字而不注意于罗王二氏的考释,那只算第二流的史家。而且王氏以后,研究殷商文化史的,几乎都是以甲骨文为骨干,近人如容庚作《甲骨文之发现及其考释》(民国十二年《北京大学国学季刊》一卷四号),陆懋德作《由甲骨文考见商代之文化》(民国十六年《清华学报》四卷二期),徐中舒《殷周文化之蠡测》(民国二十年《历史语言研究所集刊》第二本第三分),沈西林《殷代国际地位蠡测》(民国十九年《史学》第一期),这些从甲骨文中研究殷商文化的倾向,已成为学术界之一种定论。就中如郭沫若《中国古代社会研究》中《卜辞中之古代社会》,与《甲骨文字研究》等书,"要从甲骨文中去观察古代的真实的情形,以破除后人的虚伪的粉饰——阶级的粉饰"(参看《中国古代社会研究》页227),尤不能不算是一大特色。不过这种新兴科学的观点,和古文字学派的观点不同,最好是让在后面来说。

考证及考古学派之第二阶段,即继之以梁启超、胡适之、顾颉刚等"写的历史"之真伪问题。就中尤以胡适之功劳最大,他的学问完全在史学的方法论上,一方面秉承了清代朴学的家风,一方面运用欧美学者治学的方法。他的《中国哲学史大纲》与三集的文存,事实上都只是代表他治学的方法的文字。所以曾自己说:"我这几年做的讲学的文章,范围好像很杂乱,目的却很简单。我的唯一的目的,是注重学问思想的方法,故这些文章,无论是讲实验主义,是考证小说,是研究一个字的文法,都可说是方法论的文章"(《文存》第一集与第三集自序)。

他的治学方法是一些什么呢? 简单来说,就是"尊重事实,尊重证据";(《治学的方法与材料》,见《文存》三集卷一页188)他以为:

> 在历史上,西洋这三百年的自然科学,都是这种方法的成绩,中国三百年的朴学,也都是这种方法的结果。顾炎武、阎若璩的方法,同葛利略(Galileo)、牛顿(Newton)的方法是一样的,他们都能把他们的学说建筑在证据之上;戴震、钱大昕的方法同达尔文(Darwin)、柏司德(Pasteur)的方法,也是一样的。他们都能大胆地假设,小心的求证。(同上页188)

他的史学方法虽很受 Seignobos 等影响,同时却带着清代朴学家的科学精神。他以为王念孙《读淮南子杂志》的后序,可算是校勘学的科学方法论(《文存》卷二页575)。又极推尊《崔东壁遗书》,认为"古今来没有第二个人能比他的大胆和辣手"的疑古大家(《古史辨》页二十二)。在他所做《中国哲学史大纲》,告诉我们以辨伪书的五种方法:"凡审定真伪,须要有证据,方能使人心服,这种证据,大概可分五种:(一)史事;(二)文字;(三)文体;(四)思想;(五)旁证。"却是他也有个偏处,就是"疑古大过",所以梁任公批评此书,以为"疑古原不失为治学的一种方法,但太过也很出生毛病。诸君细读此书,可以看出他一种自定的规律,凡是他所怀疑的书都不征引,所以不惟排斥《左传》、《周礼》,连《尚书》也一字不提。殊不知古代史,若连《尚书》、《左传》都一笔勾消,简直是把祖宗遗产荡去一大半,我以为总不是学者应采的态度"(梁任公《学术演讲集》第一辑八页)。胡先生在读《楚辞》(《文存》二集卷一页139—143)中怀疑到"屈原这个人究竟有没有"?这种疑古的精神是可贵的,然而算不得现代史学之合理的批判的态度。我们知道西洋在十七世纪末,也有耶稣会教徒 Harduin 因惊于当时伪物之多,遂至根本否认历史的知识,甚至以为如 Pindar, Dionysios, Diodorus, Strabon, Josephus, Varro, Livius, Terence, Vergilius, Horatius, Eusebius, Cassiodorus 等,及其他多数史籍,都认为伪作而加以极端排斥,然而这种极端的怀疑论,是不能建立科学的史料批判学的。适之先生以后整理古史的愈弄愈离奇,遂有顾颉刚氏"禹是动物,出于九鼎",与钱玄同氏"尧舜二人是"无是公"、"乌有先生"之说。民国十二年《努力》的《读书杂志》发表给钱玄同的一封信和按语,在这信里,推翻了相传的古史系统,而提出很有名的主张,即根据传说的演进与发展,说明"层累地造成的中国古史"(《古史辨》第一册页 66),他说:

> 我很想做一篇层累地造成的中国古史。把传说中的古史的经历详细一说。这有三个意思:第一,可以说明"时代愈后,传说的古史期愈长",如这封信里说的,周代人心目中最古的是禹,到孔子时有尧舜,到战国时有黄帝、神农,到秦有三皇,到汉以后有盘古等。第二,可以说明"时代愈后,传说中的中心人物愈放愈大",如舜在孔子时只是一个"无为而治"的圣君,到《尧典》就成一个"家齐而后国治"的圣人,到孟子时,就成了一个孝子的模范了。第三,我们在这上,即不能知道某一件事的真确的状况,但可以知道某一件

事在传说中的最早的状况。我们即不能知道东周时的东周史,也至少能知道战国时的东周史,我们即不能知道夏商时的夏商史,也至少能知道东周时的夏商史(同上页60)。

这种"层累地造成的古史"的见解,当然是今日史学界的一大贡献,然而并不是顾氏开始发明的。崔述《考信录·释例》中有一段说:

> 战国之时,说客辩士,尤好借物以喻其意,……乃汉晋著述者,往往误以为实事,而采之入书,学者不复考其所本,遂信以为真有,而不误者多矣。其中亦有原有是事而衍之者。公父文伯之卒也,见于《国语》者,不过其母恶其以好内闻,而戒其妾无瘠容,无洵涕,无掐膺而已,《戴记》述之,遂谓其母据床大哭,而内人皆行哭失声。楼缓又衍之,遂谓妇人自杀于房中者二八矣。又有无是事有是语,而递衍之为实事者。《春秋传》子太叔云"婺不恤其纬,而忧宗周之陨,为将及焉",此不过设言耳,其后衍之,遂谓漆室之女,不绩其麻,而忧鲁国。其后又衍之,遂谓鲁监门之女婴,忧卫世子之不肖,而有"终岁不食葵,终身无兄"之言,若真有其人其事者矣。由是韩婴竟采之以入《诗外传》,刘向采之以入《列女传》。传之益久,信者愈多,遂至虚言竟成实事。……乃世之士但见汉人之书有之,遂信之而不疑,抑亦过矣。

这里"衍"字,即是"层累地造成"的意思。时代愈后而传说中的中心人物,愈放愈大,遂至无中生有,推到极端,遂至以为尧舜禹这些人,也是很可疑的了。但话虽如此,这仍不能不算做顾颉刚对于史学界的一大贡献。马克思派柯祖基(Kautsky)在《基督教之基础》(页159—161)中也曾同样指示我们:"爱好奇迹的心理,是伴着轻信性一并增加的,一切惊人事情如果见得太过,便变没有足以动人的效力了,为使人有一种印象起见,刺戟的药剂是要渐渐加强的。……我们在各福音切实看见……奇迹之随着福音书的著作时期之较迟,而变为较复杂的。"福音书如此,中国古史也自不出此例。

上面曾举梁任公氏对于胡适之氏《中国哲学史大纲》提出抗议,可是任公本身也是属于辨伪学派的。他很有志于中国文化史与中国通史的著述,而使他不朽的史学贡献,却只有《中国历史研究法》和《古书之真伪及其年代》、《近三百年学术史》、《先秦政治思想史》、《清代学术概论》各书。《中国历史研究法补编》则为门人笔记,和《中国文化史·社会组织篇》同为未完成的著作。现在且就《中国历史研究法》来看,所注重的也不过史料的搜辑和别择,这分明是受欧西史学方法与沿袭刘知幾《史通》、章实斋《文史通义》等影响。这部书论中国史料史迹的大部分,有其相当的贡献,可批评之点也很多。最重要的,是在考订学方面,提出鉴别伪书的方法,共十二条(第五章页 153—158),自序中说"吾治史所持之器,大略在是",可见他也是跟着适之先生走的了。不过梁氏一生矛盾,所谓"不惜以今日之我,难昔日之我",所以在《历史研究法补编》(页 241—242)有下面一段说明:

> 我们不能不从千真万确的方面发展,去整理史事,自成一家之言,给我们自己和社会为人处世作资治的通鉴。……不过这种大规模做史的工作很难,因为尽管史料现存而且正确,要拉拢组织并不容易。一般作小的考证和钩沉、辑佚、考古,就是避难趋易,想侥幸成名,我认为病的形态。真想治中国史,应该大刀阔斧,跟着从前大史家的作法,用心做出大部的整个的历史来,才可使中国史学有光明发展的希望。我从前著《中国历史研究法》,不免看重了史料的搜辑和别择,以致有许多人跟着往捷径去,我很忏悔。现在讲《广中国历史研究法》,特别注重大规模的做史,就是想挽救已弊的风气之意。

然而很可惜这一位史学大师,竟不能完成其大规模的做史,而照上面一段来看,梁氏的一家之言,乃不过以历史为"为人处世作资治的通鉴",只注重政治,而不注重文化,在讲文物专史中也是将经济专史放在文化专史之外(《中国历史研究法补编》分论三)。这不能不说他对于历史哲学之无理解,而要让给发展史第三期之第三时期了。和胡、梁二氏站在一条路线上的,还有金华何炳松氏,以译西洋史学名著得名。他的《通史新义》虽许多本于 Seignobos《应用于社会科学上之历史研究法》一书,但其所自著《历史研究法》(百科小丛书第一百二十二种)小册子,却含有很新颖的见解。他颇有志于介绍德国 Ernst Bernheim,法国

Langlois，Seignobos 等三人的著作，以与我国司马光、李焘、刘知幾、章学诚、崔述、姚际恒、王念孙、王鸣盛、钱大昕、赵翼等史学名著综合为一。他以为我国也有很不少关于史法的著作，即如：

  表示疑古态度，足为史家之模楷者，莫过于王充之《论衡》及崔述之《考信录提要》。辨别古书真伪，足明论世知人之道者，莫过于《四库全书总目提要》及姚际恒之《古今伪书考》。考订古书文字，示人以读书明义之法者，莫过于王念孙之《读书杂志》、王鸣盛之《十七史商榷》及钱大昕之《廿二史考异》。断定史事，审慎周详，示人以笔削谨严之道者，莫过于司马光之《资治通鉴考异》、李焘之《续通鉴长编》及李心传之《建炎以来系年要录》。讨论文史异同并批评吾国史法者，莫过于刘知幾之《史通》、章学诚之《章氏遗书》及顾炎武之《救文格论》。综合史事示人以比事属辞之法者，莫过于顾炎武之《日知录》及赵翼之《陔余丛考》与《廿二史札记》。此外如二十二史之考证，诸史籍中之序文及凡例，以及历代名家之文集，东鳞西爪，尤为不胜枚举。世之有志于史学者，果能将上述诸书，一一加以悉心之研究，即类起例，蔚成名著，则其承先启后之功，当不在朋汉姆、郎格罗亚与塞诺波之下（《历史研究法·序》）。

虽然他并没有从事这大规模的史法著作，却是一小册子的《历史研究法》，已给辨伪学者开了无数法门，过此就是所谓社会史经济史派的时代了。关于社会史经济史派即发展史第三期之第二期，与第一时期所用史学方法的不同，请看刘静白氏《何炳松历史学批判》，用不着我详说了。

但在这里，我们不要忘却发展史第一时期之第三小阶段。即现在中央研究院历史语言研究所之傅斯年、李济之一派。这派和第一时期之第二阶段，显然不同，即在胡适之、梁启超等，他们所审定及整理的史料，还不过文字史料，即所谓"写的历史"。因而他们的历史方法，也就不外乎校勘、考订、分类、训诂、批判，决定特殊事实，这些文献考订学的方法就完了。但是史料的范围是不应该这样狭窄的，史料不止是文字记录的史料，而且更重要的还在文字记录以外，这就是从地下发掘所得的人体、实物与遗迹了。所以同在主张"近代的历史学只是史料学"的发展史第三时期之第一时期中(原文见《历史语言研究所工作之旨趣》一篇,见《集刊》第一本第一分页三。又刘静白《何炳松历史学批判》页八十一也说"何炳松底历史学只是史料学"),而对于史料底意义与范围,所见便大大不同,因而才分出两个小阶段。即前一阶段注意传承(口传笔传),后一阶段注意遗物;前一阶段注重文献考订学的方法,所以大谈其"辨伪"、"考证"与"知人论世"之学,后一阶段注重考古学的方法,所以提倡发掘,而以为:"现代的历史学研究,已经成了一个各种科学的方法之汇集。地质、地理、考古、生物、气象、天文等学,无一不供给研究历史问题者之工具。"(见《历史语言研究所集刊》第一本第一分页六)傅斯年氏讲演《考古学的新方法》(见《史学》第一期页195—206)中要我们注意下列两点:

(一)历史这个东西,不是抽象,不是空谈,古来思想家无一定的目的,任凭他的理想成为一种思想的历史——历史哲学。历史哲学可以当作很有趣的作品看待,因为没有事实做根据,所以与史学是不同的,历史的对象是史料,离开史料,也许成为很好的哲学和文学,究其实与历史无关。

(二)古代历史多靠古物去研究,因为除古物外,没有其他的东西作为可靠的史料。我国自宋以来,就有考古学的事情发生,但是没有应用到历史上去。盖去古愈近,愈与自然界接近,故不得不靠古物去证明。

他们眼见得周朝钟鼎文和商代彝器上所刻的文字,可以纠正古史的错误。殷墟所发见的甲骨文,对于古史有不少的贡献;而瑞典人安特生Andersson完全用近代西洋考古的方法去考察,在各处出现了不少的古物;因此他们便主张"研究古代史除从考古学入手外,没有其他方法"。(同上页197)可是这种方法,仍和旧的考古方法有很大的分别:

中国人考古的旧方法,都是用文字做基本,就一物一物的研究,文字以外,所得的非常之少。外国人以世界文化眼光去观察,以人类文化为标准,故能得整个的文化意义。(页199)

又因考古学与人类学有关,所以于古器之外,更特别注意人骨之测量,再根据比较法来推测当时人类之形状与其变化。(页 201)他们以为:"研究古史,完全怀疑,固然是不对的;完全相信,亦是不对的。我们只要怀疑的有理,怀疑的有据,尽可以怀疑;相信的有理有据,也尽可以相信的。要是这样就不能不借重考古学了。"由上所述,已可见这第一时期之第三阶段,显然和第二阶段辨伪派之纯粹疑古态度,显然不同。此派如李济之、董作宾等之安阳发掘报告,考定殷商古器物而最先要解决小屯地层一问题,以为解决其他一切问题的张本,以充分考古学的知识,来从事实际发掘的工作,可说是比辨伪派的历史方法完满多了。但话虽如此,他们有长处也有它的短处,就是偏于史料方面,而将理论完全忽略了,走到极端,甚至以为"历史本是一个破罐子,缺边,掉底,折把,残嘴,果真由我们一整齐了,便有我们主观的分数加进了。"(《古史辨》第二册,一〇七,傅斯年《谈两件〈努力周报〉上的物事》页 243—294)。所以极力反对历史哲学,却不知即在这个地方,却给马克思派乘虚而入,以大大发展的余地。马克思派也是很看重"考古学的方法"的,所以《资本论》第一卷中说:"遗骨构造底理解,可以帮助我们认识已经灭亡的动物底种属。劳动工具之遗物底理解,对于判断古代社会底经济形态,也有同样的重要。"以马克思派自命的郭沫若,即在这个地方接受了考古学的方法,站在龟甲兽骨的遗骸上,来建设他的新兴科学的"历史哲学"。

八

原来在史学上本有"记述主义"与"推理主义"之两大派别的。本系教授朱希祖先生在《中国史学之派别》一文中说:

> 记述主义所凭藉,于史料精确别择之外,有言语学、古文书学、年代学、历史地理学、谱系学、考古学等为之补助,而又有政治学术之常识,即足以胜任。推理主义,则于记述主义所凭藉,固须全具,又必有哲学社会学等为之基础,于物心两界及宇宙全体之透彻了悟,乃能成立而发展。吾国既无有系统之哲学,又无求实证之社会学,故推理主义不能发达,而记述主义则累世扩张,颇有进步之可言。

前节所述发展史第三期之第一时期，无论其为古文字学之研究，写的古史之真伪问题，科学发掘的方法，要之，皆属于所谓"记述主义"。但记述主义走到极端，便不能不引起一种反动，加以中国哲学、社会学之研究渐已发达，又适从十四至十六年(1925—1927)中国大革命势力分化的时候，派别的纷纠，理论的分歧，使许多青年学者不得不从新检讨中国究竟是一个什么社会？因而开始中国社会史的论战。参加这庞大的论战的，有新思潮派（共产党干部派）、动力派、改组派、新生命派等，他们各自代表他们的政治关系和阶级立场，以成立他们对于中国社会的理论认识。但也有一个共通之点，就是他们都是站在"推理主义"之上，以正号的"马克思派"自命。而即在这个时候，那些世界历史学者用唯物史观的眼光来分析中国社会史的名著，如马札尔亚的《中国农村经济研究》，拉狄克的《中国革命运动史》，沙发诺夫的《中国社会发展史》等，均已次第译成中文，给我国青年学者，以很大的刺戟，因此便开始了发展史第三期之第二时期，即中国社会史论战的时期。

我们知道马克思在一八五九年《政治经济学批判》序文中，即所称为"唯物史观公式"的文句之中，说：

> 从大体说起来，我们可以把亚细亚的、古代（希腊、罗马）的、封建的，及近代资产阶级的生产方法，看做经济的、社会组织的、进步的阶段。

中国究竟是一个什么社会？是走到"唯物史观公式"中那一个阶段？这就是这个时期所要热烈争论的问题了。有的以为"亚细亚的生产方法"是指整个的东方社会史；有的把秦代至清鸦片战争以前的一段历史，认为是封建制度；有的以为这是商业资本主义；有的以为"此二千五百年的中国，由封建制度言，是后封建社会，由资本主义言，是前资本主义社会"。（陶希圣之《中国社会与中国革命》页一九五）有的则主张"封建制度是起于五胡十六国"（王宜昌）。真是五花十门，没有一个能够给中国社会形态发展史以正确的科学的解释，然而没有一个参战的人不是征引 Marx, Engels, Lenin 书本上的文句，来替自己的理论辩护。还有一个特长，就是他们几乎同声一致地对于他们所认为代表资产阶级的学者，加以痛驳，他们名之曰"胡适批判"。最初清算中国社会

史的,是郭沫若的《中国古代社会研究》,开宗明义即对于这一位资产阶级的学者,提出抗议:

> 胡适的《中国哲学史大纲》,在中国的新学界上也支配了几年,但那对于中国古代的实际情形,几曾摩着一些儿边际?社会的来源既未认清,思想的发生自无从说起。所以我们对于他所"整理"过的一些过程,全部都有从新"批判"的必要。
>
> 我们的"批判",有异于他们的"整理"。
>
> "整理"的究极目标是在"实事求是",我们的"批判"精神,是要在"实事之中,求其所以是"。
>
> "整理"的方法所能做到的是"知其然",我们的"批判"精神,是要"知其所以然"。
>
> "整理"自是"批判"过程所必经的一步,然而他不能成为我们所应该局限的一步。

这么一来,中国社会史论战的序幕便揭开了。郭沫若氏很知道古代社会的研究,只应用记载材料如《易经》、《诗经》是不够的,更重要的还在利用着发掘材料。如卜辞周金等。所以他以后对于考古学的一方面,特别有发展,而著有《甲骨文字研究》及《殷周青铜器铭文研究》等书。即就《中国古代社会研究》来说,除导论《中国社会的历史的阶段》以外,分为四大篇,第一、第二两篇之《诗》、《书》、《易》研究,自认为未十分研究甲骨文字及金文以前的作品;只有第三篇之《卜辞中的古代社会》,第四篇《周金中的社会史观》,乃为新近之作(原文解题),可见他注意点所在了。在序言中,自称本书的性质,可以说就是 Engels 的《家族私产国家的起源》的续篇页六。很大胆地标出中国社会的历史的发展阶段如下页 23:

(时代)	(社会形态)	(组织成分)	(阶级性)
(1) 西周以前	原始共产制	氏族社会	无阶级
(2) 西周时代	奴隶制	王侯百姓(贵族) 庶民(臣仆)(奴隶)	
(3) 春秋以后	封建制	官僚—人民 地主—农夫 师傅—徒弟	身分的阶级

（4）最近百年　资本制 $\begin{Bmatrix}帝国主义—弱小民族\\=资本家—无产者\end{Bmatrix}$ 最后形态的阶级对立

因此推出一个结论，以为"中国的社会，也算经过了三次的社会革命，和这三次的社会革命相应的，也就有三次的文化革命的时期。"如下表（同上页 23）：

	（性质）	（时期）	（文化的反映）
第一次	奴隶制的革命	殷周之际	诗书易诸书
第二次	封建制的革命	周秦之际	儒道墨诸家
第三次	资产制的革命	满清末年	科学的输入

李季批评他，以为："这种时代划分的根据，不是中国社会发展的实在情形，而是一种先入的先见，即马克思的公式。"（《对于中国社会史论战的贡献与批评》页 87，《读书杂志》"中国社会史论战"第二辑）其实何止郭沫若如此，发展史第三期之第二时期，所有参加论战的人，几乎没有一个例外。郭氏不知道"马克思于读过摩尔根（Morgan）《古代社会》的著作之后，改变了他对于古代生产方法，对亚细亚生产方法关系的意见。"（Plechanow《马克思主义的根本问题》）竟至应用了被废弃的马克思的公式，批判者应该受批判了。然而深切了解马克思主义的李季，何尝不也是"先入的先见，即马克思的公式"。他在《对于中国社会史论战的贡献与批评》（页 14—15）一文，按照中国全部经济发展的情形，以生产方法为标准，将各个时代划分如下：（一）自商以前至商末，为原始共产主义的生产方法时代（至纪元前一四〇二年止）；（二）自殷至殷末，为亚细亚的生产方法时代（纪元前一四〇一年起至一一三五年止）；（三）自周至周末，为封建的生产方法时代（纪元前一一三四年起至二四七年止）；（四）自秦至清鸦片战争前，为前资本主义的生产的方法时代（纪元前二四六年起至纪元后一八三九年止）；（五）自鸦片战争至现在，为资本主义的生产方法时代。（一八四〇年起）

在这里仍只见得"玄学死公式的理论形式"。李季是很看重"辩证法"的，曾著《辩证法还是实验主义》，以为："辩证法是要从实质中去观察对象，找出其中个别的差异，而不为一个笼统的名词所蒙蔽。"页 44

然而很可惜的,他竟不能自完其说,而竟流于马克思主义的公式化了。而且即专就唯物史观的公式来说,原文在述"亚细亚的、古代(希腊、罗马)的、封建的、近代资产阶级的生产方法"之后,即接着说:"这资产阶级的生产关系,在社会在生产里面,算是最后取敌对形式的。"可见所注意者,乃在这个"敌对形式"之发展,换言之即辩证法矛盾的发展。所以一个真正的辩证法唯物论者,从来只注意于社会敌对形式的发展,而将伸缩自如的主观主义的历史的阶段公式,让给经验批判论者,而这也就是李季所以只成为理论家的原因了。而且即在他关于各个时代的划分中,所谓"前资本主义"这个名词,也和他的论敌陶希圣氏相一致,不过规定稍为严密一些罢了。陶希圣在《中国社会之史的分析》(页七)中曾说:"秦汉以后的中国,还是在前资本主义时期。"他将社会形式分做宗法社会、封建社会、资本主义社会,以为中国的社会,宗法制度与封建制度均不存在,而宗法势力和封建势力还存在着。"此千五百年的中国,由封建制度言,是后封建社会;由资本主义言,是前资本主义社会。"(《中国社会与中国革命》页195)但他终竟是以历史的事实为转移的,所以近著"中国社会形式发达过程的新估定"(《读书杂志》"中国社会史的论战"第三辑)已改变了向来的论断,而主张"逐朝逐代的观察史实",以弃掉"用公式来收捡材料"的危险。他现在已是一个时代细分论者了,他要重新估定中国社会之史的时代如下(同上页16):"西周时代我们认为氏族社会末期";"战国到后汉是奴隶经济占主要地位的社会";"三国到唐末五代是一个发达的封建庄园时期";"宋以后确可以说是先资本主义的时期"。

这种重视材料而反对公式的倾向,虽然在马克思主义为叛徒,却正是现代史学之良友。"历史上两个不同的社会形式,供给我们不同的材料,但因公式主义不许我们指出两者的异点,我们是弃材料而留公式呢? 还是弃公式而取材料,重新估定社会进化的途径?"这一个问题的解决,陶希圣差不多走上了经济学上最新的历史学派的路径,不过他特别标明他在观察中国社会时代是取历史的、社会的和唯物的观点罢了。

九

现在已描写到"现代史学"产生的一章了。现代史学是本校一群青年学者,应用新的历史精神和方法,来治史的一个新运动,最初提出者就是我,所以我有充分加以说明的权利。《现代史学》月刊是在民国二十二年一月出版的,宣言书中标出三个注意点:(一)历史之现代性;(二)现代治史方法之应用;(三)注重文化史,尤其是社会史、经济史。

但是这种现代史学运动,实为发展史第三期中之必然的产物,如以第三期之第一时期即考证及考古学派为"正",则第三期之第二时期即唯物史观派为"反",那么"现代史学"就是"合"了。所以现代史学的产生,实有很深切之历史的使命,试为列表明之。

	(一)考证考古派	(二)唯物史观派	(三)现代史学
史之基础	事实	理论	事实与理论
史之认识	以历史补助科学为史学	以唯物史观或经济学为史学	历史科学为文化科学之一
研究法	过小	过大	小大兼容
着重点	古代史	现代史	过去即存于现代中之全史
优　点	史料的搜集和整理	历史进化的方法	均有
劣　点	无中生有,侥幸成名	公式主义	均无
论理的次序	正	反	合

在这考古派与唯物史观之尖锐对立中,我们很明白考证考古学派的背景,是由于国际帝国主义对付殖民地之文化征略的策略而起。Le Bon 所著《政治心理》中有"殖民心理"一节,述及宗主国对待被压迫的民族,不应提倡什么新的东西,而应该保存其旧的文物、旧的思想。Le Bon 是曾从事东方考古的工作的,其言很有深意,所以最近考古派的发展,已无疑乎是另有作用的。而且考古及考证派,他们不谈思想,不顾将来,其心理特性完全表见着对于眼前社会剧变之无关心,而只把眼光放在过去的圈套里面,此其一。还有他们主张历史为破罐子,不认有历史进化法则之存在。这样以历史事实为特殊的孤立东西,正是他们个人主义特性之充分的表现,此其二。还有考证及考古派,对于史料依于贪得务多的心理,在行为上,也是所以形成资产社会之御用的史家的原

因,此其三。由上三点可见站在时代的观点,这发展史第三时期之第一时期,确然已成为过去的产物了。所以第三时期之第二时期即唯物史观派对于他们之无情的批判,也是对的。不过唯物史观派其自身的缺点,也决不在考证考古派之下。详细的批评,当然不是这里的事,但一句话来说尽,这种学说如孙中山先生所说就是:"只见得社会进化的毛病,没有见到社会进化的原理。"而且唯物史观论者的论潮,都是理论多而事实少,他们很少对于中国历史有很深的素养的。当他们拿着马克思的公式,来解决中国社会上之复杂问题,而且要"见之行事",这自然是太危险了。而这也就是"现代史学"所以应运而生的大原因了。

现代史学是新兴的史学运动,是历史上记述主义与推理主义之大综合。只要我们能以历史进化的观念来考察中国史学之史的发展,我们便很容易看出了这新兴史学运动之历史的使命。朋友们努力罢!我愿以大锦裸来欢祝"现代史学"之新诞生!

民国廿三年四月十五日广州
(《现代史学》1934年第2卷第1、2期)

中国历史的历史

陈高傭

一

先秦时代,没有以史名的书籍,史亦没有成为一种专门特殊的学问。然我们若把古代学术一加研究,则可看出:古代各种学术皆出于史,而史为一切学术的总汇。何以知之?试为证明如下:

第一,古人不知离事而言理,故文献为学术之根据。——先秦显学莫过儒墨两家,儒墨两派的学术思想是以哲理为主,但是他们所谈的哲理绝不是由于冥思空想而来,而是根据过去文献而得。所以儒家领袖孔子说:"夏礼吾能言之,杞不足征也。殷礼吾能言之,宋不足征也。文献不足故也,足则吾能征之矣。"(《论语·八佾篇》)墨家的祖师墨翟亦说:"言必有三表。……有本之者,有原之者,有用之者。于何本之?上本之于古者圣王之事。于何原之?下原察百姓耳目之实。于何用之?发以为刑政,观其中国家百姓人民之利。"(《墨子·非命上》)孔子言礼而深叹文献的不足,固为史家的态度;墨子三表而首重有本之者,亦是史家的方法。总之,我们由此可以看出古人的思想言论都是有所根据的,绝不是离开事实而空想出来的。盖"无征不信,不信民弗从",在古人朴素的意识中,固不知离开事实而专拿抽象名词来弄把戏。所以孔子说:"我欲托之空言,不如见诸行事之深切著明。"(《史记·太史公自叙》)子贡亦说:"夫子之文章可得而闻也,夫子之言性与天道,不可得而闻也。"(《论语·公冶长篇》)章学诚解释子贡这段话说:"盖夫子所言,无非性与天道,而未尝著之曰此性与天道也,故不曰性与天道不可得闻,而曰言性与天道不可得闻也。所言无非性与天道,而不明著此性与天道者,恐人舍器而求道也。夏礼能言,殷礼能言,皆曰无征不信,则夫子所言必取征于事物,而非徒托空言以明道也。"(《文史通义·原道下》)

第二,史为古代执掌文献之人,故史为最早的知识分子。史字原义,据许慎《说文解字》说:"🗏,记事者也,从又持中,中,正也。"此种说法完全出于臆断,已经被人驳倒。"案古文中正之字作 史 𠂭 𠭯 𠭯 𠭯 诸形,而伯仲之中作中,无作中者,唯篆文始作中,且中正无形之物,德非可手持。"(《王忠悫公遗书》内编《观堂集林》卷第六《释史》)许氏错处完全是由于对中字未得其解,于是清代学者对于史字的解释乃完全注重在中字上边了。吴大澂《说文古籀补》说:"史象手执简形。"江永《周礼疑义举要》说:"凡官府簿书谓之中,皆谓簿书,犹今之案卷也。此中字之本义。故掌文书者谓之史,其字从又持中,又者,右手以手持簿书也。吏字事字皆有中字,天有司中星,后世有治中之官,皆取此义。"王国维《释史》说:"中者盛算之器也。……考古者简与算为一物。……算与简册本是一物,又皆为史之所执,则盛算之中盖亦用盛简。简之多者自当编之为篇,若数在十简左右者,盛之于中其用较便。……然则史字从又持中义为持书之人,与尹之从又持丨(象笔形)者同矣。"这样看来,吴、江、王三家对史字的解释虽然因为对于"中"之象形,看法不同,然大体都可说是把史看为古代执掌文献之人了。所以章学诚亦说:"或问《周官》府史之史,与内史、外史、太史、小史、御史之史有异义乎?曰:无异义也。府史之史,庶人在官供书役者,今之所谓书吏是也。五史则卿、大夫、士为之,所掌图书、纪载、命令、法式之事,今之所谓内阁六科、翰林中书之属是也。官役之分,高下之隔,流别之判,如霄壤矣。然而无异义者,则皆守掌故而以法存先王之道也。……五史之于文字,犹太宰司会之于财货也。典谟训诰,曾氏以为唐虞三代之盛,载笔而纪,亦皆圣人之徒,其见可谓卓矣。五史以卿、士、大夫之选,推论精微,史则守其文诰、图籍、章程、故事而不敢自专,然而问掌故之委折必曰史也。"(《文史通义·史释》)

史既为古代执笔文献之人,而古人知识大半又皆从文献中得来,因之王侯公卿每有疑难亦惟请教于史。是所谓史者不惟成为统治者的高等顾问,亦且成为社会上知识分子的代表了。因此我们可以说,如果要研究后世知识阶级之起源，无论如何不能不从古代的史官讲起。

第三，史官为古代最高学府，故学者皆从学于史。古代史官不惟执掌文献，而且创作文献，亦不惟创作文献，而且诵读文献。所以《礼记·玉藻》说："动则左史书之，言则右史书之。"《汉书·艺文志》说："古之王者，世有史官，君举必书，所以慎言行，昭法式也。左史记言，右史记事，事为《春秋》，言为《尚书》，帝王靡不同之。"由此可知，文献之来即由史官的纪述而来。《周礼》说："大史：大祭祀，与执事卜日。戒及宿之日，与群执事读礼书而协事。祭之日，执书以次位常。……大会同、朝觐，以书协礼事。及将币之日，执书以诏王。……大丧，执法以莅劝防；遣之日，读诔。小史：大祭祀，读礼法，史以叙昭穆之俎簋。内史：凡四方之事书，内史读之。"由此可知，史官为古代惟一能诵读文献之人。所以王国维说："史之职专以藏书、读书、作书为事。"（《释史》）梁启超说："古代史官实为一社会之最高学府"（《中国历史研究法》第二章）史官既为古代最高学府，故古代学者欲有所学，惟有从学于史。孔子问礼于老聃，墨子从学于史佚，儒墨两派显学犹皆系由史官而来，则其他各派学者当可以推知了。

第四，古人所读之书惟史，所著之书亦惟是史。《诗》、《书》、《易》、《礼》是史，此为已经证明之事。此外如墨子所谓"燕之《春秋》、宋之《春秋》、齐之《春秋》、周之《春秋》"与"百国《春秋》"，孟子所谓"晋之《乘》，楚之《梼杌》，鲁之《春秋》"亦都是史。所以申叔时教太子以《春秋》（《楚语》），司马侯言叔向习于《春秋》（《晋语》），可知古人所读之书都是史。且不惟所读之书是史，即最早的私人著述亦是史。所以孟子说："诗亡然后《春秋》作，……其事则齐桓、晋文，其文则史。"《史记·十二诸侯年表序》说："孔子明王道，干七十余君莫能用，故西观周室，论史记旧闻，兴于鲁，而次《春秋》，上记隐，下至哀之获麟，约其辞文，去其烦重，以制义法。王道备，人事浃，七十子之徒，口授其传指，为有所刺讥、褒讳、挹损之文辞，不可以书见也。鲁君子左丘明惧弟子人人异端，各安其意，失其真，故因孔子史记，具论其语，成《左氏春秋》。铎椒为楚威王傅，为王不能尽观《春秋》，采取成败，卒四十章，为《铎氏微》。赵孝成王时，其于虞卿，上采《春秋》，下观近世，亦著八篇，为《虞氏春秋》。吕不韦者，秦庄襄王相，亦上观尚古，删拾《春秋》，集六国事以为八览、六论、十二纪，为《吕氏春秋》。及至荀卿、孟子、公孙固、韩非之徒，各往往捃摭《春秋》之文以著书，不可胜纪。"由此可知，不只是孔子所作的《春秋》是史，即《左氏春秋》、《虞氏春秋》、《吕氏春秋》、《铎氏微》亦是史，甚至荀卿、孟子、公孙固、韩非等人的著作，亦是根据史籍的著作。所以我们可说：古人所读之书惟史，所著之书亦惟是史。

刘歆《七略》以为古代学术皆出于王官：儒家者流盖出于司徒之官，道家者流盖出于史官，阴阳家者流盖出于羲和之官，法家者流盖出于理官，名家者流盖出于礼官，墨家者流盖出于清庙之守，纵横家者流盖出于行人之官，杂家者流盖出于议官，农家者流盖出于农稷之官，小说家者流盖出于稗官。这种说法虽然在今日讲古代学术源渊者有许多人不以为然（如胡适就有《诸子不出于王官论》），然我们就事实来看，刘歆之说亦自有相当真理。盖古代文献都藏于官府，古代教育亦惟施于贵族，下层人民则"只可使由之，不可使知之"。因此，我们虽不敢说所谓王官都是专门学者，而学术之保存与流传要惟官府是赖。至春秋时代，王室政治衰微，私家学者兴起，于是学术由王官而流于私家，社会上才有诸子百家的产生。此吾人所以说刘歆诸子出于王官之说固有相当真理，而非绝对附会揣测之辞。但是我们觉着刘歆之说犹非十分彻底之论。因为如果诸子出于王官之说可以成立，则我们更可推致其极而说一切学术皆出于史。本来，古代一切官名都是由史而来，关于此事王国维已有详细证明如左：

> 史为掌书之官，自古为要职。殷商以前，其官之尊卑虽不可知，然大小官名及职事之名，多由史出，则史之位尊地要可知矣。《说文解字》："事，职也。从史，𡴋省声。"又："吏，治人者也。从一从史，史亦声。"然殷人卜辞皆以"史"为"事"，是尚无"事"字。周初之器，如毛公鼎、番生敦二器，"卿事"作"事"，"大史"作"史"，始别为二字。然毛公鼎之"事"作𤇍，小子师敦之"卿事"作𡲶，师寰敦之"嗇事"作𡲶，从中，上有斿，又持之，亦"史"之繁文，或省作𤇍，皆所以微与"史"之本字相别，其实犹是一字也。古之官名多由史出，殷周间王室执政之官，经传作"卿士"，而毛公鼎、小子师敦、番

生敦作"卿事",殷虚卜辞作"卿史",是卿士本名"史"也。又天子、诸侯之执政通称"御事",而殷虚卜辞则称"御史",是"御事"亦名"史"也。又古之六卿,《书·甘誓》谓之"六事"。司徒、司马、司空,《诗·小雅》谓之"三事",又谓之"三有事",《春秋左氏传》谓之"三吏",此皆大官之称"事",若"吏"即称"史"者也。《书·酒诰》:"有正、有事",又:"兹乃允惟王正事之臣。"《立政》:"立政、立事。""正"与"事"对文。长官谓之"正",若"政",庶官谓之"事",此庶官之称"事",即称史者也。"史"之本义为持书之人,引申而为大官及庶官之称,又引申而为职事之称。其后,三者各需专字,于是"史"、"吏"、"事"三字于小篆中截然有别,持书者谓之"史",治人者谓之"吏",职事谓之"事"。此盖出于秦汉之际,而《诗》、《书》之文尚不甚区别。(《释史》)

史之本义既为持书之人,而一切大官、庶官之称又皆为由史引申而来。因此,我们可以说,如果刘歆诸子出于王官之说会有当真理,则由刘歆之说推致其极,我们当然可以一切学术皆出于史。

西洋"历史"一词,在纪元前六世纪时代,爱奥尼亚人(Ionians)当作全体知识之研究而看,并不是限于知识的一部分;不是仅指故事之讲述而言,而是当作全部真理之探求而用。所谓史家乃寻求真理之人。所以当时"历史"一词,其意义之广泛,正如后来雅典人所用的"哲学"一词,亦好像我们今日所说的"科学"一样。质言之,即一切学术都是历史。此种情形正与我国相似。盖古人意识近于朴素唯物的形态,一切学术思想皆以过去经验为主,于是一切学术都出于历史,而历史亦即成为一切学术的总汇了。

二

秦代统一,在中国的社会发展阶段上是一个划时期的现象,但是对于史籍文献,则不惟无丰富的创作,而且将先秦所有的亦多所毁灭。所以《史记·秦始皇本纪》说:"臣请史官非秦纪皆烧之。"《六国表》说:"秦既得意,烧天下《诗》、《书》,诸侯史记尤甚,为其有所刺讥也。《诗》、

《书》所以复见者,多藏人家。而史记独藏周室,以故火,惜哉! 惜哉! 独有秦纪,又不载日月,其文略不具。"秦代烧书本为中国历史上很难解决的一桩公案,我们今日看来,所谓秦始皇烧书之事当然不能说是绝对没有,但绝不至如后人传说之甚。而推究其所以烧书的原因,亦许是迫不得已而出此策。盖自春秋战国以来,诸子百家兴起,虽然主张有所不同,而皆假托古代圣王以立言,则几如出一辙。秦之统一政策,与其统一以后的各种设施,皆为新创而非因袭,在当时的士大夫分子看来,当然不免惊怪刺讥,而当时从事统一的新人物为了贯彻他们的政策,亦当然不能接受所谓士大夫分子的意见,于是迫不得已乃将士大夫分子所依据的典籍文献,不惜加以焚烧。所以李斯请烧书的理由是:

> 五帝不相复,三代不相袭,各以其治,非其时反,时变异也。今诸生不师今而学古,以非当世,惑乱黔首。……古者天下散乱,莫之能一,是以诸侯并作,语皆道古以害今,饰虚言以乱实,人善其所私学,以非上之所建立。今皇帝并有天下,别黑白而定一尊。私学而相与非法教,人闻令下,则各以其学议之。入则心非,出则巷议,夸主以为名,异取以为高,率群下以造谤。如此弗禁,则主势降乎上,党与成乎下,禁之便。臣请史官非《秦记》皆烧之。非博士官所职,天下敢有藏《诗》、《书》、百家语者,悉诣守尉杂烧之。有敢偶语《诗》、《书》者弃市;以古非今者族;吏见之不举者与同罪;令下三十日不烧,黥为城旦。所不去者,医药、卜筮、种树之书。若欲有学法令,以吏为师。

而太史公亦加以评论说:

> 秦取天下多暴,然世异变,成功大。传曰"法后王",何也? 以其近己而俗变相类,议卑而易行也。学者牵于所闻,见秦在地位日浅,不察其终始,因举而笑之,不敢道,此与以耳食无异,悲乎!(《六国表》)

这样看来,"秦焚书,诸侯史记尤甚"者,固有其不得已之苦衷。然无论如何,文献史籍总算是遭了一大灾厄,所以汉朝兴起之后,《诗》、《书》、百家语渐渐出现,而诸侯史记则不可再见了。

汉代继秦而起,统一天下,政治上虽然大体都沿袭秦代的君主专制主义,但是政权是建立于地主阶级之上,于是思想学术又趋于保守的形态,因要保守于是对古代文献典籍便不能不多所注重。所以汉高祖虽然起初自以"马上得天下,安事《诗》、《书》",但是一经陆贾说破马上得天下,不能治天下的道理,亦就很想知道一下"秦所以失天下,吾所以得之者何?及古今成败之国。"(《史记·陆贾列传》)而班固亦说:"汉兴,改秦之败,大收篇籍,广开献书之路。迄孝武世,……于是建藏书之策,置守书之官,下及诸子传说,皆充秘府。……至成帝时,以书颇散亡,使谒者陈农求遗书于天下。"(《汉书·艺文志》)因为汉代对过去的文献典籍竭力搜集,尽量保存,于是司马迁乃能缀集"石室金匮之书"而成《史记》,班固乃能"探撰前记,缀集所闻"而作《汉书》。《史记》、《汉书》二书出世,中国史学界乃放一光辉灿烂的异彩。

《史记》一书,取材于《诗》、《书》、《国语》、《世本》、《战国策》、《楚汉春秋》等书,通黄帝尧舜至于秦汉之世,勒成一书,内包十二本纪,十表,八书,三十世家,七十列传。其材料丰富与体例之完备,实可说集过去史籍之大成,而开后来二千余年间所谓正史之模范。所以郑樵称赞说:"本纪纪年,世家传代,表以正历,书以类事,传以著人,使百代而下,史官不能易其法,学者不能舍其书。六经之后,惟有此作。"而章学诚亦说:"夫史迁绝学,《春秋》之后一人而已,其范围千古,牢笼百家者,惟创例发凡,卓见绝识,有以追古作者之原,自具《春秋》家学耳。"(《文史通义·申郑》)

班固《汉书》,大体模仿司马迁《史记》,但《史记》为通史,《汉书》为断代史,此乃一大区别。《史记》上起黄帝尧舜,下至汉代孝武,太初以下乃阙而不录。班彪初意本想继司马迁,将太初以下之事,演成后纪,以续前篇,并没有作断代史的心思。后来他的儿子班固继承父业,乃断自高祖,尽于王莽,成为一部断代历史的首创体例。内包十二纪,十志,八表,七十列传,勒成一书,名为《汉书》。关于《汉书》的价值,历来有极相反的两种看法。赞称者如刘知幾所说:"历观自古,史之所载也:《尚书》纪周事,终秦穆;《春秋》述鲁文,止哀公;《纪年》不逮于魏亡,《史记》惟论于汉始。如《汉书》者,究西都之首末,穷刘氏之废兴,包举一代,撰成一书,言皆精练,事甚该密,故学者寻讨,易为其功,自尔迄今,无改斯道。"(《史通·六家篇》)反对者则如郑樵所说:"善学司马迁者莫如班彪,彪续前书,自孝武至于后汉,欲令后人之续己,如己之续迁,既无衍文,不无绝绪。世世相承,如出一手。……固为彪之子……不能传其业……断代为史,无复相因之义,虽有仲尼之圣,亦莫知其损益,会通之道,自此失矣。"(《通志·总序》)梁启超亦为对于《汉书》不满之人,所以他说:"《史记》以社会全体为史的中枢,故不失为国民的历史。《汉书》以下,则以帝室为史的中枢,自是而史乃变为帝王家谱矣。夫史之为状如流水然,抽刀断之,不可得断。今之治史者,强分为古代、中世、近世,犹苦不得正当标准;而况可以一朝代之兴亡为之划分耶?史名而冠以朝代,是明告人以我之此书为某朝代之主人而作也。……断代史之根本谬误在此,而今者官书二十四部,咸率循而莫敢立异,则班固作俑之力,其亦伟矣。"(《中国历史研究法》第二章页二六)

我们今日看来,《史记》、《汉书》各有其长。《史记》"范围千古",固可使人认识整个历史的发展;《汉书》"包举一代",亦可使人对于一代事实容易寻讨。郑樵责班固不能传父之业续迁书,致失相因之义与会通之道,实非至当之论。盖历史的发展永远无穷,史家的才识亦各不相同,若如郑樵所言:"彪续迁书……欲令后人之续己,如己之续迁。"势必至于成为一部杂凑之书,不惟不能"世世相承,如出一手",而且要把已经成为系统的著作,亦因此而搅成一塌糊涂,失其本来面目。试想果如班彪之意,把《史记》的本纪中再加一些武帝以后帝王,列传中再加一些武帝以后人物,以后各代修史者都如此相续,至于今日,则将见一部《史记》在形式上固可成为一部卷帙浩繁之书,而内容则必至流为一锅杂会汤。不信,试看《红楼梦》以后之《续红楼梦》,《水浒传》以外之《后水浒传》,岂复有何价值?所以我们看来,《史记》、《汉书》各有其长,亦各有其短,固不可妄加轩轾也。

《史记》、《汉书》出世,中国历史的历史走入一个新的阶段。刘知幾所谓六家二体至此完成,从事史的著述者,亦似乎成为一种专门学问了。但是历史在各种学术之中,犹未完全成为一种独立专门之部。司马迁《史记》虽然在后人看来是一部专门记述事实的书籍,而在司马迁自己则以为是各种学术的综合纪述。所以他虽然说:"余所谓述故事,整齐其世传,非所谓作也。"(《太史公自序》)然而又说:"考之行事,稽其成败兴坏之理,……欲以究天人之际,通古今之变,成一家之言也。"(《报任安书》)又说:"厥协六经异传,整齐百家杂语,……俟后世圣人君子。"(《太史公自序》)由此可知,在司马迁当日还没有把史看为别于其他各种学术的一种特殊专门之学。因此章学诚称《史记》为:"司马迁本董氏天人性命之说而为经世之书。"(《文史通义·浙东学术》)班固著《汉书》亦如此,所以他说:"凡《汉书》,叙皇帝,列官司,建侯王。准天地,统阴阳,阐元极,步三光。分州域,物土疆,穷人理,该万方。纬六经,缀道纲,总百氏,赞篇章。函雅故,通古今,正文字,惟学林。"(《汉书·叙传》)因此我们可以说在汉朝一代,史的范围虽不如先秦时代广大,然犹未成为学问中的一小支流,后世所谓经史之分,此时亦未见也。所以章太炎说:"《七略》、《太史公书》在《春秋》家,其后东观、仁寿诸校书者,若班固、傅毅之伦,未有变革,讫汉世依以第录,虽今文诸大师,未有经史异部之录也。"(《国故论衡·原经》)

三

魏晋以后,史的著作日见增多,而史的地位则日见下降。史的著作之所以能日见增多者,第一是由于文化工具的进步,著写、传钞、收藏之法便利,过去之史料容易搜集,新著之史籍容易流布。第二是因为史官世袭之制,到了汉代以后已经革除,社会上的知识分子亦日渐发达,所以古代是学皆在官,而汉代以后则是官由学来,古代作史惟有史官能行,到了此时则任何私人都可为之。因此《汉书·艺文志》的史书仅四百二十五篇(附于《六艺略》之《春秋》家,在史迁以前之著录仅一百九十一篇),而《隋书·经籍志》史部著录乃增至一万六千五百八十五卷,数量之多,较前多至四十倍,这不能不说是中国史学发展上的一个突飞猛晋现象!

在这史的著作日见增多之时,而史的地位反而日见下降者,其原因亦有三点:

第一是由于经史的分部。古代学术无部类之分,而尤无特称为史之学,所以一切学术皆出于史,而史为一切学术之总汇。汉代学者趋尚治经,然亦无经史异部之录。所以刘歆校理秘文,分群书为六略,亦仅为六艺、诸子、诗赋、兵书、术数、方技等名,固无所谓经部、史部之名,而且他把史类著作如《世本》、《战国策》、《楚汉春秋》、《太史公书》、《汉著记》等书入于《春秋》类,古封禅群祀、封禅议对、汉封禅群祀入于礼类,更可证明汉代学者毫无一点经史不同之见。可见时至汉代仍无史部之名,而史家亦未别为一类也。经史之分,始自晋荀勖之《中经新簿》,然在《新簿》亦仅以甲乙丙丁分四部,而史部之专名,犹未提出。至《隋书·经籍志》始分明界限,订定条例,改称经史子集之目,首为经部,次为史部,三为子部,四为集部。自此以后,经史之界乃分,而经史子集的次序亦定。这样,史固成为一种专门之学,而学者乃对于经史生出一种轩轾之见,初则重经轻史,继则舍史谈经,终则束书不观而惟冥思空想而已。所以唐穆宗时代有一位谏议大夫殷侑言:"司马迁、班固、范晔三史,为书劝善惩恶,亚于六经。比来史学废绝,至有身处班列,而朝廷旧章,莫能知者。"(《日知录》卷六《史学》条。)宋孝宗时代,太常博士倪思言:"举人轻视史学。今之论史者,独取汉唐混一之事,三国六朝五代以为非盛世而耻谈之。……请谕春官,凡课试命题,杂出诸史,无所拘忌。"(同上)至王安石诋《春秋》为断烂朝报之后,他的党徒乃附和其辞,对于一切史籍都加轻蔑,所以史言薛昂为大司成时,士子有用《史记》西汉语者辄黜之,在哲宗时甚至请罢史学。而李彦章亦言:"习秦汉隋唐之史者,流俗之学也。"①

不惟王安石一班人对于史学极端反对,而所谓与王安石作敌的理学家对于史学亦多轻蔑之辞,所以钱大昕说:

> 自王安石以猖狂诡诞之学,要君窃位,自造《三经新义》,驱海

---

① 钱大昕《十驾斋养新录》卷七载《能改斋漫录》:"政和之初,蔡嶷、慕容彦逢、宇文粹、张琮等列奏:'欲望今后时务策,并酌事参以汉唐历代事实为问。'奉御笔:'经以载道,史以纪事。本末该贯,乃称通儒。可依所奏,今后时务策问,并参以历代事实。庶得博习之士,不负宾兴之选。'未几,监察御史兼权殿中侍御史李彦章言:'夫《诗》《书》《周礼》,三代之故,而史载秦汉隋唐之事。学乎《书》、《礼》者,先王之学也;习秦汉隋唐之史者,流俗之学也。今近臣进思之论,不陈尧舜之道,而建汉唐之陋;不使士专经,而使习流俗之学,可乎? 伏望罢前日之诏,使士一意于先王之学,而不流于世俗之习,天下幸甚。'奉御笔:'经以载道,史以纪事,本末该贯,乃为通儒。今再思之,纪事之史,士所当学,非上之所以教也。况诗赋之家,皆在乎史。今罢黜诗赋,而使士兼习,则士不得专心先王之学,流于俗好,恐非先帝以经术造士之意。可依前奏。前降指挥,更不施行。'"

内而诵习之,甚至诋《春秋》为断烂朝报。章、蔡用事,祖述荆舒,屏弃《通鉴》为元祐学术,而十七史皆束之高阁矣。嗣是道学诸儒,讲求心性,惧门弟子之泛滥无所归也,则有诃读史为玩物丧志者,又有谓读史令人心粗者。此特有为言之,而空疏浅薄者托以藉口,由是说经者日多,治史者日少。彼之言曰:"经精而史粗"也,"经正而史杂"也。(赵翼《廿二史札记·序》)

在这举世重经轻史甚至舍史说经的时候,当然也不能说就没有研究历史的人,但是寡不敌众,难以占到优势。所以虽有"谈论古今"、"理会制度"、"言性命必究于史"的浙东诸儒,而道学家乃骂为近功利,崇霸术,知有史迁而不知有孔子,甚至压迫至死还不肯放松。所以"浙东学派中金华三巨头的身世都极可悲叹,吕祖谦死得很早,陈亮郁郁以终,而唐仲友的生前死后,尤其被朱熹和朱熹的门人压迫得无地可容"(何炳松《浙东学派溯源》第六章,页二百一〇)。但是人类是社会的动物,要经营社会生活,就不能依赖历史的经验,所以"唐说斋(仲友)创为经制之学,茧纱牛毛,举三代已委之刍狗,以求文武周公成康之心,而欲推行之于当世。……故虽以朱子之力,而不能使其学不传"(黄宗羲语,见《南雷文集》卷二《学礼质疑序》)。

第二是由于文史之混。孟子论《春秋》说:"其事则齐桓、晋文,其文则史。"所谓事即实在的历史,所谓文即写成的历史。所以文与史的关系本来是很密切的。但是严切说来,史与文又不可混为一谈。盖文学作品不妨虚构事实而以文章藻饰之,历史著作则必以文如其事然后可说合格。当然写成的历史要与实在的历史完全一样,这是自古有所不能,所以当在春秋时代,孔子已有"文胜质则史"之语,而后人对于《左传》一书亦有浮夸之讥。但是在先秦时代,究竟还不至把历史完全当作文学来看,即至汉代司马迁著《史记》时亦仅是要"述故事,整齐其世传",并非创作文学。然自从经史分部之后,学者随重经轻史的观念,乃把历史著作当作文学看待了。如所谓唐宋八大家者,他们把《史记》、《汉书》即当作文章模范读本来看,所以文起八代之衰的韩愈说:"汉朝人莫不能为文,独司马相如、太史公、刘向、扬雄为之最。"(《韩昌黎集·答刘正夫书》)把司马迁与司马相如并列,同样看为能文之人,则可知他把

《史记》是当作一种甚么书看了。又如苏辙说："太史公行天下，周览名山大川，与燕赵间豪俊交游，故其文疏荡，颇有奇气。"(《栾城集上枢密韩大尉书》)我们所见"太史公行天下，周览名山大川，与燕赵间豪俊交游"，只能使他多见史料，多得传闻，对于《史记》中的各种纪载更为丰富确实，并不能使其文章疏荡而有奇气。《史记》之文章固然是疏荡而有奇气，但亦并不是仅由于司马迁之文笔疏荡而有奇气，而是实在的事实疏荡而有奇气。若事实平庸无奇，则虽良史之材亦难作出疏荡奇气的纪述。若把平庸无奇之事写得疏荡而有奇气，则势必失去历史的真实性，而成为华丽之文学作品。所以刘知幾说："人之著述，虽同自一手，其间则有善恶不均，精粗非类。若《史记》之苏、张、蔡泽等传，是其美者。至于三五本纪、日者、太仓公、龟筴传，固无取焉。又《汉书》之帝纪陈、项诸篇是其最也。至于淮南王、司马相如、东方朔传，又安足道哉？岂绘事以丹素成妍，帝京以山水为助？故言媸者其史亦拙，事美者其书亦工。必时乏异闻，世无奇事，英雄不作，贤俊不生，区区碌碌，抑惟恒理而责史臣，显其良直之体，申其委婉之才，盖亦难矣。……观丘明之记事也，当桓、文作霸，晋、楚更盟，则能饰彼词句，成其文雅。及至王室大坏，事益纵横，则《春秋》美辞，几乎翳矣。观子长之叙事也。自周已往，言所不该，其文阔略，无复体统。自秦汉已下，条贯有伦，则焕炳可观，有足称者。至于荀悦《汉纪》，其才尽于十帝；陈寿《魏书》，其美穷于三祖，触类而长，他皆若是。"(《史通·叙事》)但是文史相混之后，把《史》、《汉》两书当作文章模范而读的人那能知道此理。

文史相混之后，不惟一班从事古文辞者把《史》、《汉》等书看作文章模范读本，即修史者亦把作史看成如同作文。故刘知幾说："论逆臣则呼为问鼎，称巨寇则目以长鲸。邦国初基，皆云草昧；帝王兆迹，必号龙飞。……魏收《代史》，称刘氏纳贡则曰来献百牢；吴均《齐录》，叙元日临轩必云朝会万国。夫以吴征鲁赋，禹计涂山，持彼往事，用为今说，置于文章则可，施于简策则否矣。"又说："昔夫子有云：'文胜质则史。'故知史之为务，必藉于文。自五经已降，三史而往，以文叙事，可得言焉。而今之所作，而异于是。其立言也，或虚加练饰，轻事雕彩；或体兼赋颂，词类俳优；文非文，史非史，譬夫乌孙造室，杂以汉仪，而刻鹄不成，

反类于鹜者也。"(《史通·叙事》)

　　文史的相混不只是中国如此,西洋亦然,所以鲁滨孙(J. H. Robinson)说:"最初发明历史的,一定是说书的人,他们的目的往往在于讲述故事,不一定供献一种有系统的科学知识。所以假使我们以为自古以来的历史是文学的一部分,他的目的无非用美术的方法去表现过去的事实,将古代伟人的事业同境遇,国家的兴衰,天灾人祸的交乘,来满足我们的好奇心。……就是到了现在还是如此。"(何译《新史学·历史的历史》)因此到了一八〇二年的时候,有一位法国有名的史学家Daunou还说:"要做一个历史家,应该先读乐府的名著。"可见文史的关系在西洋的史学家亦看为是不可分离的。但是历史与文学无论如何是不应当混而为一的,所以在纪元前二世纪时候大史家波里比亚(Polybius)就特别提出说:"一个历史家的目的,不应该用许多的奇异的轶事去惊动读者,……也不应该同编戏曲的人一样去分配史实。……历史家最重要的职务,在于记载实在的事体,不问他怎样平常。"(见上引书)这种见解,正与上边所引刘知幾的话相同。

　　第三由于史书官修。古代之史本为官职,史之所记当然亦是官书,但是古代史官"专以藏书、读书、作书为事",对于他的职责所在自能尽心为之。所以"孔甲、尹逸,名重夏殷;史佚、倚相,誉高周楚,晋则伯黡司籍,鲁则丘明受经"。(《史通·史官建置》)斯皆名实相符,能尽其职之人。西汉之太史公,东汉之兰台令,其地位虽与古代史官稍有不同,然典其事者,学问才识仍为一代之选,所以前有《史记》,后有《汉书》,两部巨著,成为后世正史之模范。且隋唐以前之史,无论修史者在官居家,皆为一手所作,故能成为一家之言。孔子《春秋》固为孔子私人所作,即诸侯各国史记,亦为各国史官亲身所作。马班陈范四史固出于自撰,即沈约、萧子显、魏收等人之书,虽为奉敕编述,然书中什九为其独力所成。但是自晋康帝开大臣领史局之制,唐太宗命史臣修《晋书》以后,则所谓正史之作大半成为多数人之凑集,而非一人之独创,而参与其职者皆为位高禄重、不学无术之人。所以刘知幾又说:"凡居斯职者(指史职),皆恩幸贵臣,凡庸贱品,饱食安步,坐啸画诺,若是而已矣。夫人既不知善之为善,则亦不知恶之为恶,故凡所引进,皆非其才,或以势利见升,或以干祈取擢。遂使当官效用,江左以不乐为谣;推职辨名,洛中以不闲为说。……或当官卒岁,竟无刊述,而人莫之省也;或辄不自揆,轻弄笔端,而人莫之见也。由是而言,彼史曹者,崇扃峻宇,深附九重,虽地处禁中,而人同方外,可以养拙,可以藏愚,绣衣直指所不能绳,强项申威所不能及,斯固素餐之窟宅,尸禄之渊薮也,凡有国有家者,何事于斯职哉?"(《史通·辨职》)这样情形之下,如何能作出好的史书,因之非"阁笔相视,含毫不断",即"聊尔命笔,草率荒谬",因循苟且,即便有成,亦于"记注、撰述,两无所取"。而于史的体例,则墨守班氏之法,陈陈相因,毫无一点创作精神。

综观以上三点来看,经史之分,史的地位本已降落,文史之混,史的本质又为消失,而史书官修,则系统精采的著作更难得产生,于是马班陈范四书之后,除李延寿的《南北史》、欧阳修的《新五代史》外,余皆一堆杂乱无章之史料堆集而已。此吾人所以言魏晋以后虽因文化工具的便利,史书的著作在量上比以前增多,而在质上则比以前降低。推其所以如此者,社会之停滞不进,亦为一大原因。因为秦代统一是中国历史上的一个划期现象,在这种历史突变之后,当然容易引起人们对于历史的研究兴趣,所以史家容易养成,而精采的历史著作亦容易产生,此东西两汉之所以有司马迁《史记》与班固《汉书》之不朽二名著也。从此以后,社会虽不是毫无变化,然而改朝换帝亦不过一治一乱的循环现象,既没有新的突变现象,便不能引起人们新的历史观念。所以好尚空谈者重经而轻史,尚文辞者视史与文混,而国家史臣亦即大半成为不学无术之官僚了。因此陈寿《三国志》、范晔《后汉书》虽皆可媲美《史》、《汉》,而编制体例已不能有所新创。李延寿《南北史》、欧阳修《新五代史》虽皆为精心之作,然亦不过比之其他官修之书文笔洁净而已。所以章学诚说:"子长、孟坚不作,而专门之史学衰,陈、范而下,或得或失,粗足名家。至唐人开局设监,整齐晋隋故事,亦名其书为一史,而学者误承流别,不复辨正其体,于是古人著书之旨晦而不明。至于辞章家舒其文辞,记诵家精其考核,其于史学,似乎小有所补,而循流忘源,不知大体,用功愈勤,而识解所至,亦去古愈远,而愈无所适。"(《文史通义·申郑》)

然在此时期亦有几个史家与其著作足以使人称赞者,如杜佑《通典》、郑樵《通志》、马端临《文献通考》、司马光《资治通鉴》与袁枢《通鉴纪事本末》是。《通典》、《通志》与《文献通考》普通称为三通,我们今日看来实可说都是一种历史大辞典。杜佑《通典》,"博取五经群史及汉魏六朝人文集奏疏之所裨得失者,每事以类相从,凡历代沿革,悉为记载,详而不烦,简而有要,元元本本,皆为有用之实学"。(《四库全书总目提要》语)全书凡分八门:曰食货、曰选举、曰职官、曰礼、曰乐、曰兵刑、曰州郡、曰边防,每门又各分子目。虽其所取材料间有疏忽,各门子目稍涉繁冗,所加评断亦或失过当,然其价值所在,绝不因此少损。郑樵《通志》网罗旧籍,参以新意,综括千古,归一家言。凡帝纪十八卷,皇后列传二卷,年谱四卷,略五十一卷,列传一百二十五卷。前人评《通志》,以为除《二十略》外,余皆无足观。甚且以为《二十略》中氏族、六书、七音、都邑、草木昆虫五略为旧史所无,乃讥为"矜奇炫博,泛滥及之"。(《四库全书总目提要》)但是章学诚则对郑氏《通志》竭力称赞说:"郑樵生千载而后,慨然见有于古人著述之源,而知作者之旨,不徒以词采为文,考据为学也。于是遂欲匡正史迁,益以博雅,贬损班固,讥其因袭,而独取三千年来遗文故册,运以别识心裁,盖承通史家风,而自为经纬,成一家言者也。……若夫《二十略》中六书、七音与昆虫草木三略,所谓以史翼经,本非断代为书,可以断续不穷者,此诚所谓专门绝笔,汉唐诸儒不可得而闻者也。"(《文史通义·申郑》)我们今日看来,郑氏之书固不免泛滥不精之弊,当时修史之人皆陈陈相因,毫无别识心裁,而郑氏以区区一身,僻处寒陋,独能创例发凡,于马班以来所不敢为者而为之,其精神与识见亦可佩矣。马端临《文献通考》自序谓:"引古经史谓之文,参以唐宋以来诸臣之参疏、诸儒之议论谓之献,故名曰《文献通考》。"其书之成以杜佑《通典》为蓝本,凡《田赋考》七卷,《钱币考》二卷,《户口考》二卷,《职役考》二卷,《征榷考》六卷,《市籴考》二卷,《土贡考》一卷,《国用考》五卷,《选举考》十二卷,《学校考》七卷,《职官考》二十一卷,《郊社考》二十三卷,《宗庙考》十五卷,《王礼考》二十二卷,《乐考》二十一卷,《兵考》十三卷,《刑考》十二卷,《经籍考》七十六卷,《帝系考》十卷,《封建考》十八卷,《象纬考》十七卷,《物异考》二十卷,《舆地考》九卷,《四裔考》二十五卷。章学诚虽然说:"马贵与无独断之学,而《通考》不足以成比次之功。……不敢抒一独得之见,标一法外之意,而奄然媚世为乡愿,至于古人著书之义旨,不可得闻也。"(《文史通义·答客问中》)但是在我们今日看来,此书本是一种文献集成,著者能贯穿古今,搜罗详赡,使吾人今日当作一部历史百科全书来用,其价值亦颇不小。司马光《资治通鉴》为编年通史,其书凡越十九年而成,所取材料,除正史外,旁及杂史至三百二十二种,而助其事者又皆为通儒硕学,非空谈性命之流,故《四库总目提要》称:"其书网罗丰富,体大思精,为前古之所未有,而名物训诂,浩博奥衍,亦非浅学所能通。"我们今日看来,《资治通鉴》之作原本为皇帝阅读,故其书十之八九为有关皇帝之事,对于社会民生不免未能顾及,然其上纪战国,下迄五代,把一千三百六十二年间大事,按年纪载,首尾一贯,以成一家之言,固不能不说是一部名贵之作。袁枢《通鉴纪事本末》本系一种钞书工作,故其书中各篇,皆取《通鉴》原文缀集而成,并无自己撰著之语。但其去取剪裁,义例极为精密,故其"区别门目,以类排纂。每事各详起讫,自为标题;每篇各编年月,自为首尾。始于三家之分晋,终于周世宗之征淮南,包括数千年事迹,经纬明晰,节目详具,前后始末,一览了然。遂使纪传、编年贯通为一,实万古之所未见也"。(《四库总目提要》)章学诚亦对此书极为推重说:"本末之为体,因事命篇,不为常格,非深得古今大体,天下经纶,不能网罗隐括,无遗无滥,文省于纪传,事豁于编年;决断去取,体圆用神。……在袁氏初无其意,且其学亦未足语此。……但即其成法,沉思冥索,加以神明变化,则古史之原隐然可见。"(《文史通义·书教篇》)我们今日看来,倘能"即其成法……加以神明变化",不仅古史之原隐然可见,就是通史之作亦将多所凭藉。

这样看来,在重经轻史,文史相混,与国家开局设监,官僚主持修史之时,而犹有这些特出的史家与私人的系统巨著。可见中国史学之发达,实已根深蒂固,不至因一时的风尚所背而即趋于衰微不振之境。但是重经轻史的观念不能根本推翻,则虽有少数特出的史家埋头从事史的系统著作,而史的范围总是限于学问中的一部门,而史的地位亦终是屈于经之下。所以郑樵《通志》"二十略"中,六书、七音与昆虫草木三略,识者固知是"以史翼经",而学者少见多怪,乃纷纷攻击,势若不共戴天矣。

四

明代以后，中国社会经济上的商业资本已经是占了极大优势。因商业资本的发展，于是把人的观念亦影响得活泼自由了。人的观念既活泼自由，乃对于历史的发展变化亦感觉锐敏，于是对于旧日的历史观念感觉不满而重新产生一种新的历史观念了。首先提出这个新的历史观念者是王阳明。王阳明本是一个理学家，正是所谓空谈性命者。但是我们若把理学中程朱一派看为代表保守派的思想家，则无疑的王阳明是代表急进派的自由主义者了。因为他的思想中富有急进的自由主义，所以他能把晋隋以来的经史界限打破，而提出"五经亦史"的道理。我们看《传习录》上的一段记载：

> 爱曰："先儒论六经，以《春秋》为史，史专记事，恐与五经事体终或稍异。"先生曰："以事言，谓之史；以道言，谓之经。事即道，道即事。《春秋》亦经，五经亦史。《易》是庖牺氏之史，《书》是尧舜以下史，《礼》、《乐》是三代史。其事同，其道同，安有所谓异？"又曰："五经亦只是史。史以明善恶，示训诫。善可为训者，存其迹以示法；恶可为戒者，存其戒而削其事以杜奸。"

自从经史分部以来，虽史学大家刘知幾，犹言："经犹日也，史犹星也。"（《史通·叙事》）王阳明原不是一个史家，而独能有见于"五经亦史"，这不能不说是中国近代史学史上的一位革命先导，所以这种思想经过二百四十余年的发展，到了清朝中叶以后，章学诚便把这种见解作为他的史学根本理论了。他在《文史通义》开头就说：

> 六经皆史也。古人不著书，古人未尝离事而言理，六经皆先王之政典也。或曰：《诗》、《书》、《礼》、《乐》、《春秋》，则既闻命矣。《易》以道阴阳，愿闻所以为政典而与史同科之义焉。曰：闻诸夫子之言矣："夫《易》开物成务，冒天下之道。""知来藏往，吉凶与民同患。"其道盖包政教典章之所不及矣。象天法地，"是兴神物，以前民用。"其教盖出政教典章之先矣。《周官》太卜掌三易之法，夏

曰《连山》,殷曰《归藏》,周曰《周易》,各有其象与数,各殊其变与占,不相袭也。然三易各有所本,《大传》所谓庖羲、神农与黄帝、尧、舜,是也。(《归藏》本庖羲,《连山》本神农,《周易》本黄帝)由所本而观之,不特三王不相袭,三皇五帝亦不相沿矣。……夫子曰:"我观夏道,杞不足征,吾得夏时焉;我观殷道,宋不足征,吾得坤乾焉。"夫夏时,夏正书也;坤乾,《易》类也。夫子憾夏商之文献无所征矣,而坤乾乃与夏正之书同为观于夏商之所得,则其所以厚民生与利民用者,盖与治宪明时同为一代之法宪,而非圣人一己之心思,离事物而特著一书,以谓明道也。(《易教上》)

章学诚觉着要把"六经皆史"的道理立得稳定,必须先把《易经》这部书证明为史,因为《易》在六经中是富有玄理的一部书,普通看来是与史最无关系的,而能证明其为一代法宪而与史同科,则"六经皆史"之话岂非颠扑不破之理? 这样一来,史的范围扩大,史的地位增高,而晋隋以来重经轻史之习自可攻破了。

明代以后,史学上既有新的理论出现,于是关于史的著述亦就有一种新的气象。举其著者,有以下数事可称:

一、修史的精审。设局置监,诸臣分纂,此为自唐以来历代无易之事,清代亦然。但是清修《明史》,其功力之持久,态度之审慎,成绩之完善,则为以前官修正史所不及,所以赵翼说:"近代诸史,自欧阳公《五代史》外,《辽史》简略,《宋史》繁芜,《元史》草率,惟《金史》行文雅洁,叙事简括,稍为可观,然未有如《明史》之完善者。盖自康熙十七年,用博学宏词诸臣,分纂《明史》。叶方蔼、张玉书总裁其事,继又以汤斌、徐乾学、王鸿绪、陈廷敬、张英先后为总裁官,而诸纂修,皆博学能文,论古有识。后玉书任志书,廷敬任本纪,鸿绪任列传,……选词臣再加订正。乾隆初始进呈,盖阅六十年而后讫事。古来修史未有如此之日久而功深者也。惟其修于康熙时,去前朝未远,见闻尚接,故事迹原委,多得其真,非同《后汉》之修于宋,《晋书》之修于唐,徒据旧人记载而整齐其文也。又经数十年参考订正,或增或删,或离或合,故事益详而文益简。且是非久而后定,执笔者无所徇隐于其间,益可征信。非如元末之修《宋》、《辽》、《金》三史,明初之修《元史》,时日迫促,不暇致详,而潦草完事也。……此《明史》一书，实为近代诸史所不及，非细心默观，不知其精审也。"(《廿二史札记》卷三十一《明史》)我们今日看来，清代修《明史》之所以需时长久用力精审者，当然于清初之文字狱不无关，此为赵翼所不敢言者。然就著成之书来看，无论如何，不能不说是近代各史中的一部完善之作。因此修史诸人虽因文字狱的影响不无过于审慎之处，然究非刘知几所谓"每欲记一事载一言，皆系阁笔相视，含毫不断，头白可期，汗青无日《史通·忤时篇》》"者可比也。

二、学术史的产生。中国学术发达最早，然关于学术史的著作则出现甚晚。最早如庄子《天下篇》、荀子《非十二子》、韩非《显学篇》、司马谈《论六家要旨》、淮南子《要略》，都有似乎学术史的论著，但材料简单，语焉不详，主观评断多，而客观叙述少，仅可说都是一种短篇学术史论，而不足以言系统的学术史著作。此外，如《汉书·艺文志》、《隋书·经籍志》乃至各史中的《艺文志》，亦好像是学术史的性质，但是各史《艺文志》所载，除《汉志》采用刘歆《七略》而对九流来源稍有说明，与《隋志》采取荀勖、李充四分法而把过去典籍，分明界限，订定条例，改称经史子集之目，在学术史上稍有一点功绩外，其余各史之《艺文志》皆陈陈相因，实为一种图书目录，绝无一点学术史的价值。且自宋代理学诸子空谈性命，轻视史学，而倡言"天不变道亦不变"以后，不惟无人从事学术史的著作，而亦无人注意学术的变迁历史。故数千年间，学术变迁发展之事实固不能否认，而欲求一部叙述学术变迁发展之书籍则卒不可得。因之黄宗羲的《明儒学案》与《宋元学案》乃成为中国学术史的创作了。《明儒学案》则为黄氏一手完成者，其书"言行并载，支派各分，择精语详，钩玄提要，一代学术源流，了如指掌"(《明儒学案》莫序)，所以梁启超称为"中国有学史之始，其书有宗旨，有条理，异乎钞撮驳杂者"。(《中国历史研究法》第二章，页三九)而黄氏自己亦言："是编皆从全集纂要钩玄，未尝袭前人之旧本。"由此可知《明儒学案》一书之价值是如何伟大了。《宋元学案》为黄氏继《明儒学案》的著作，黄氏自己未及成编，后由其子耒史及全祖望，后先修补乃成今本。所以论内容之精审当然不如《明儒学案》之一气呵成，然其创例发凡，固仍为黄氏一人之力。《明儒学案》与《宋元学案》出世，可说是为中国学术史建立下一个很好模范,于是接踵而起者,有江藩之《汉学师承记》、唐鉴之《清儒学案》。黄宗羲之学术史是由明儒以及宋元,倘有后继者能由宋元上溯汉唐,再由汉唐上溯先秦,则一部完全的中国学术史早已完成矣。

三、外国史的研究。明代中叶以后,中西交通复兴,西洋各国人士陆续来华,中国人的世界观念由此扩大,又加以清代武力强盛,开拓边疆极远,引动人对于边疆历史的研究兴趣,所以当时虽然说不上对东西各国的历史研究有甚么成绩,而对于蒙古史及元史之研究则可说是空前未有。如魏源之《元史新编》、钱大昕之《元史稿》、洪钧之《元史译文证补》、万光泰之《元秘史略》、屠寄之《蒙兀儿史记》,都非前人所能为者,而柯绍忞之《新元史》更为不朽之作,至丁谦之《廿二史外国传考证》则涉及范围更为广大,几成为今日研究中西交通史者不可缺少之参考书了。

四、对于各史志表的补续。《史记》一书,功在十表,作史之难,惟志最难,故志表二物是为各史书中最有价值的东西,亦为史家最难从事的工作。过去各史虽皆以《史记》、《汉书》为模范,然对于表志二类则或不完备,或完全缺少,使后来治史者不能不生极大的缺憾之感。清朝学者见此缺憾,乃努力从事补续。自万斯同《历代史表》出后,继起而从事此种工作者很多,几成为一时治史者的风尚,结果将过去各史之缺乏表志,或不完备者,差不多都已补足。今开明所印《二十五史补》,其中大半为清人之作,这不能不说是清代史家的一大事业。

五、对于史书的考订。清代学者特长考证,将此方法用于史学亦有极大成绩。于是对于过去各种史书,都有考证质疑的著作。举其著者,如王鸣盛《十七史商榷》、钱大昕《二十二史考异》、李贻德《十七史考疑》,皆为精心治史之成绩。此外如顾炎武《日知录》、阎若璩《潜邱札记》、钱大昕《十驾斋养新录》、赵翼《陔馀丛考》,虽非完全考订史书的著作,然其中涉及史书之考订甚多,而且都有极大价值。而尤可称者则为赵翼之《二十二史札记》,其书不惟对于各史的纪述有所考订,而对于各史的义例亦多所发明,而且能于"古今风会之递变,政事之屡更,有关于治乱兴衰之故者"(《二十二史札记小引》),亦多特殊的见解,故虽名札记,实可说是一部最有价值之史评。

但是在此史的观念扩大，史的地位提高，与学者对于史的兴味浓厚之时，不幸有一件足以摧残史的发展之事不断发生，即满清入主中原之后所兴之文字狱是也。清朝以异族入主中国，对于汉人之种族思想竭力压迫取缔，于是不惜用极残酷之手段大兴文字之狱。文字狱当然不是全因史书而起，而著史之容易有所触忌，则为难以避免之事，故庄廷鑨之《明史》狱，戴名世之《南山集》狱，一为刊史而生，一为论史而起，而清廷之处置亦极其残忍刻毒。因此后之有志于史者亦皆趑趄逡巡而不敢大有作为。又加以藉求遗书之名，而行摧残文献之实，使许多宝贵的典籍，永绝宇内，是不仅对于当时治史者之大打击，亦为对于将来永远史学发展上的一大损失。以此原因，故清代学者虽有新的史学观念与浓厚的历史趣味，而惟有从事考订前史之正讹，补续前史之不足，编撰个人之年谱，修理地方之志书，零星琐碎，局促小隅，而不能有伟大系统的成绩，这不能不说是一个极大的憾事！

鸦片战争以后，海禁大开，西洋学术输入，中国的各种学术都起了一个极大变化，历史一门学问亦即生出一种革命的现象。故近数十年来，历史在各种学问中的位置，历史编著的体例，人对于历史的观念，以及学者对于历史研究的方法与路向，皆与以前截然不同，容当为文另述之。

（《文化建设月刊》，1937年第3卷第10期）

中国史学之进化

周谷城

壹　历史与史学之别

一、历史为人类过去之活动，属于生活之范围；史学为研究此种活动之结果，属于知识之范围。且取其他社会科学以为譬：如经济生活，属于生活范围者，而研究经济生活的经济学，则属知识范围；社会生活，属于生活范围者，而研究社会生活之社会学，则属知识范围；政治生活，属于生活范围者，而研究政治生活之政治学，则属知识范围。生活为独立自存者，知识则依循生活而起。历史既属生活范围，故系独立自存；史学既属知识范围，则依循历史而起。有历史而无史学，事属寻常；正如有植物而无植物学，有动物而无动物学，有矿物而无矿物学等等，同属寻常之事。但谓有史学而无历史，或史学非系依循历史而兴起，则为自相矛盾而不可思议之奇谈。虽然历史与史学之别，固截然不可混同者；但往日治史者或完全不知有此等区别，或知有此等区别而不十分措意，或十分措意而无适当之词以表示此两个截然不同之范围。最后一点，尤为普通。例如培根氏（Bacon）分知识之类，尝以历史与哲学科学等并列；是则历史一词，当然代表知识范围内之事情，而非代表生活范围内之事情者。又如叔本华氏（Schopenhauer）之论历史（详见其所著 *The World as Will and Idea* 页二二〇至二三〇），尝以历史与艺术生活相提并论，其所论者，十九属于生活范围，而非知识范围，然彼仍只以历史一词表示之。生活与知识，显然为两事；然表示之词，则一而已。最近，克罗采氏（Croce）之论历史（详见其所著《精神哲学》第四卷 The

Theory and History of History），更完全偏重直觉生活一边，然用以作表达之具者，仍为普通常用之历史一名词。吾人今日治史，对于历史与史学所涉两个不同之范围，务必分划清楚，否则治史之目标最易流于歧误或暧昧不明。盖历史为我们所已有者，其实在情形如何，亟待阐明或解释；而史学则尚在创造之中，今所能见之成绩，仅有若干未具系统之史书。治史之唯一目标，在阐明历史，或阐明人类过去之活动，断不能固步自封于未具系统之史书。往日治史之人，忽视此点，常以熟读史书或考证史书，为等于阐明历史。其实不然，阐明历史，固不能不熟读史书或考证史书；而熟读史书或考证史书，则未必等于阐明历史。此中关系，可以一二实例明之。如未有记录之前，固无史书可读者，然其时之历史，仍有方法为之阐明；今日石器时代历史之渐明，其实例也。又如已有记录之后，可读之史书固已极多；然其时之历史，亦未必皆已大白于今日；清代考证史书之工夫，颇著成效；但考证史书者，对于吾人所已有之历史，究已阐明至如何程度，虽在今日，亦未易言；此又是一实例也。凭此等等实例，可知阐明历史为一事，考证史书或熟读史书，为又一事；阐明历史，目的也；考证史书或熟读史书，手段也。在史学尚未臻于完全成熟之今日，倘历史与史学之界划不清，最易误认手段为目的，而以熟读若干史书或考证若干史书为等于阐明历史，此治史目标之歧误也。

贰　起于实用之记录

二、介于历史与史学之间者为记录，记录之后面为历史，记录之前面为史学；史学之发生成长，记录实为其第一步工夫。中国古代记录之产生，完全由于实用上之需要，此与其他自然科学发展之途径正相同者。未有几何学之先，已有测地术；未有天文学之先，已有观星术；未有物理学之先，已有建筑术；未有化学之先，已有冶金术；未有医学之先，已有诊断术。史学亦然，当其未及成科而具系统之先，记录之术，则早已出现。史之一字，其根本意义，即为记录。史字之形，在甲骨文中，有 ᕳ ᕺ ᕻ ᕼ 等，王国维《观堂集林・释史篇》释作手持盛筭之器，筭与简策相同，手持盛筭之器，无异于手持简策；手持简策，正象征记录。但最近又有别解，朱希祖在其所著《中国史学通论》中，谓王说源出日人，未为的当；史字之形，实等于𣜩、𠕁即册字，即为书册，故史非手持盛筭之器，实乃以手持书也。此其为说，于义颇谐；但甲骨文中之史字，未有从𠕁者，则于形为不合。此外更有谓史为倒持笔形者：以手持笔，其形为聿，即是聿字，亦即笔字，倒持笔形，因得史字。此其为说，于形颇合；但笔而倒持，于义究何所取，尚待说明。因此之故，吾人无妨仍采王氏之说，认史字为手持盛筭之器，为记录之象征。

三、今人记录，几乎全在纸上；但古人无纸，用作记录之物，种类颇多：印度人于贝叶上写经，巴比伦人于泥砖上契字，埃及人则用帕皮拉斯（Papyrus）为记录之物，帕皮拉斯，乃一种可供书写之植物皮也。中国古代之记录，若就可供记录之物而言，种类亦不一而足。最令人注意者曰结绳，此当在文字出现之先。《易·系辞》云："上古结绳而治，后世圣人易之以书契。"《周易正义》引郑康成注云："事大，大结其绳，事小，小结其绳。"此以结绳为记录也。曰画图，即画图形于器物上之谓，安徒生氏（Andersson）考古于甘肃，得绘陶颇多，其上所绘之图，或为人形，或为兽形，或为鸟形，或为器物之形，凡此皆文字也。文字之进化，常由画图进到象形，由象形进到拼音。中国文字，今正介于画图与拼音之间。未有象形字之先，古人殆以画图为记录。曰勒石，《后汉书·祭祀志》注引《庄子》云："封禅七十二代，有形兆垠鄂勒石，凡千八百余处。"章太炎《检论·尚书故言》云："古者封泰山，禅梁父者七十二家，而夷吾所记，十有二焉。……楚灵王所谓三坟、五典、八索、九丘者，坟丘十二，宜即夷吾所记泰山刻石十有二家也。"曰契甲刻骨，即于龟甲上或兽骨上刻字以作记录之谓，今日学者盛称之甲骨卜辞是也。河南安阳殷墟所藏甲骨，自清光绪二十五年（公元一八九九年）出土以来，直至现在，研究者极多，盖殷商时代最正确之记录也。曰镂金，即金属器物上刻字以为记录之谓，古代钟鼎彝器，多著铭文，如颂鼎上有"王呼史虢生册命颂"之文，师奎父鼎上有"王呼史驹册命师奎父"之文，师毛父敦上有"大史册命锡赤市"之文等等，是其例也。此等铭文，在今人视之，实为最可靠之史料。曰刻竹，即削竹为简，以作记录之谓。叶德辉《书林清话》

"书之称册"有云:"古书止有竹简,曰汗简,曰杀青;汗者去其竹汁,杀青者去其青皮。……新竹有汁,善朽蠹;凡作简者皆于火上炙干之,陈楚间谓之汗,汗者去其汁也。而其用有二:一为刀刻,《说文解字》云,八体之刻符是也。一为漆书,《后汉书·杜林传》于西州得漆书《古文尚书》一卷,《晋书·束晳传》太康二年,汲郡人发冢,得竹书数十车,皆简编科斗文字,杂写经史。……竹书之用甚广,《说文解字》篆籀等字即其明证。如篆曰引书,籀曰读书,籍曰簿书,笺曰识书,皆从竹而各谐其声。《汉志》称书曰多少篇,篇亦以竹,《说文》:篇,书也。"又同书"刀刻源于金石"云:"刻竹削牍,镂金勒石,皆以刀作字之先河。然纪事多用竹木,纪功专用金石。古鼎彝金器,字有范铸者,有刀刻者,划然二途,各有体也。"总上数者观之,结绳与画图,极为幼稚拙笨,当是最早之记录方法。契甲刻骨,多用以记占卜之结果,占卜之结果皆指导日常生活者。镂金勒石,用以纪功;刻竹削牍,用以纪事;要皆起于实用之记录方法也。

四、记录必有专司其职之人。史之义为手持盛算之器,然则持此器者果为何等人物?曰:史官是也。殷商时代甲骨卜辞上所见主持贞卜之人,如毂、亘、永、宾、韦、簸、史、大、旅、即、行、口、兄、出、逆、宁、彭、尤、黄、泳等,皆史官也。周代史官之见于载籍者,种类极多,任务亦广,《礼·玉藻》云:"动则左史书之,言则右史书之。"《周礼·春官》有太史,掌建邦之六典;有小史,掌邦国之志;有内史,掌王之八枋之法;有外史,掌书外令,掌四方之志,掌三皇五帝之书,掌达书名于四方;有御史,掌邦国都鄙及万民之治令。至于各国史官,则周有内史过、内史叔兴、内史叔服;鲁有太史克;虢有史嚚;晋有史苏、董狐、屠黍;卫有史华、龙滑、礼孔;齐有南史;楚有倚相。各国有史官与周天子似有从属关系者,大概各国史官最初多系由周天子派充,而非各国所自设。迨周室衰微,情形乃变。章太炎《检论·春秋故言》论此有曰:"史官皆自周出,而诸侯史记,当藏王官,不可私窆,故曰天子之记。案《春秋传》祝佗言成王赐鲁祝宗卜史;而楚有周大史官;晋之董史,则辛有二子自周而出,辛有先世自辛甲,本周大史也,及晋已乱,大史屠黍以图法归周;卫大史柳庄死,献公告尸曰:柳庄非寡人之臣,社稷之臣也。柏常骞去周之齐,见晏子曰：骞，周室之贱史也。由是言之，列国大史，皆出五史陪属，隶于王官，而非其邦臣。……王室衰，则为列侯侮弄，虽命卿亦时陵轹焉。侯国既以僭礼自尊，史氏虽王官，寄寓其土，势不得抗，则或屈为其臣。"

史官之职掌，归纳言之，最重要者，约可举下之数项以为例。一曰担任记录。甲骨卜辞，概为主持贞卜之史官所记，担任记录，实为史官之主要任务。刘知幾《史通·史官建置》云："田文，齐之一公子尔，每坐对宾客，侍史记于屏风；赵鞅，晋之一大夫尔，有直臣书过，操简笔于门下；至若秦赵二主渑池交会，各命其御史书某年某月，鼓瑟鼓缶，此则《春秋》'君举必书'之义也。"二曰保管文书。记录固由史官担任，记录后所成之文书，亦由史官保管。"夏太史令终古见桀惑乱，载其图法出奔商；商太史向挚见纣迷乱，载其图法出奔周；晋太史屠黍见晋之乱，亦以其图法归周。"（同上）此虽未明言图法即为文书或典籍，然吾人若以之与《左传》昭公十五年所引周王告籍谈之言相较，则可信文书实为史官保管者；周王告籍谈之家世曰："昔而高祖孙伯黡司晋之典籍，以为大政，故曰籍氏。及辛有之二子董之，晋于是乎有董史。女司典之后也，何故忘之？籍谈不能对。"三曰整理文字。中国字书之最早而可考者，当推《史籀篇》。关于《史籀篇》之著作，有两相反对之说：或谓此非周宣王时太史籀所作，康有为谓古无籀名，王国维以为昔人作字书者，其首句盖云："太史籀书，以目下文；后人因取句中'史籀'二字以名其篇；太史籀书，犹言太史读书。汉人不审，乃以史籀为著此书者之人。"说见《观堂集林·史籀篇叙录》。钱玄同氏于《重印新学伪经考序》中力赞其说，以为"足以摧破二千年来某人作某书种种不根之谈"。然持论与此完全相反者亦大有人，吕思勉于所著《史通评·外篇第一》则曰："中国字书可考最早者，为周时之《籀篇》，实成于宣王太史籀之手。（原注云：王静安疑之非也。）改革文字，事在秦时，其时之字书《博学篇》，亦成于大史令胡毋敬，则无可疑也。"吾意文字由一人独创，未必可信，某人作某书云云，诚为不根之谈；但社会共同创造之字，在进化长途之中，由一二人加以整理，未必为不可能者。整理文字之人，当为史官；史官识字，必较常人为多，用字必较常人为熟；改变字体，使趋约易，在史官为必要；增造新字，以供实用，在史官亦为必要；盖史官所司为记录与保管文书等,与文字之关系,较任何人为密切也。且史籀或亦确有其人;籀字之义,固为读书;借以名人,亦非不可;如晋之籍谈,以典籍而得名;晋之董史,以董理而得名;则史籀以籀书而得名,亦与此相类之例也。四曰职司神事。即司天道、鬼神、灾祥、卜筮、梦等。汪中云:"天道、鬼神、灾祥、卜筮、梦之备书于策者,何也？曰:此史之职也。……周之东迁,官失其守,而列国又不备官,则史皆得而治之。其见于典籍者曰瞽史,曰祝史,曰史巫,曰宗祝巫史,曰宗祝卜史,明乎其为联事也。"联事云云,谓即与史官职掌相联之事也。其说见所著《述学·内篇·左氏春秋释疑》。史司天事之例,如吴始用师于越,史墨以为越得岁而吴伐之,必受其凶,即其例也;史司鬼神之例,如有神降于莘,惠王问诸内史过,请以其物享焉,即其例也;史司灾祥之例,如陨石于宋五,六鹢退飞过宋都,襄公问吉凶于周内史叔兴,即其例也;史司卜筮之例,如陈敬仲之生,周大史有以《周易》见陈侯者,陈侯使筮之,即其例也;史司梦之例,如赵简子梦童子赢,而转以歌,占诸史墨,即其例也。西洋古代之学术记录等等,大多出自祭司;中国之史官,则亦直接或间接与学术记录等有关系者。上述诸例而由史官解释,则史官也者,几乎可以视为学术之远源。史官之职,以古代文字之教育未能普及,非人人所得而司之,因之其官亦为世守之官,称曰畴人,或世官,或畴官。

　　五、史官所记,既成文书,则书册之出现,为时当不甚晚。事实亦诚如此:册之一字,在甲骨卜辞中,屡见而不一见,其形作𤿌,作𠕁,等等,殆联编龟板之象,而与后世书册相当之物乎。果如是者,则殷商时代,即有书矣。虽然,此固不可不存疑者:古人之记录,既已不易;则成书之困难,可以想像及之;纵有龟板之联编,当无与今相似之书册。大概书之盛行,在周末及战国时代。在书未出现,或已出现而为用不广之时,口耳相传,则所以代书册者。章实斋谓古人无专门之著述,至战国始以竹帛代口耳。张采田《史微·口说篇》详述口耳相传之重要曰:"官司之职掌,……非书契所能具,则治其学者,相与口耳讲习,而世守之;此天下所以无私家著述,而学者非从师不能传道解惑也。"据张所云:道家出于史官,而托始黄帝,即黄帝以来口耳相传之说也;墨家出于清庙之守,而托始夏禹,即夏禹以来口耳相传之说也;儒家出于司徒之官,而托始尧舜，即尧舜以来口耳相传之说也；法家出于理官，名家出于礼官，杂家出于议官，纵横家出于行人之官，农家出于农稷之官，亦皆始为其官者口耳相传之说也。此所谓口耳相传者，多系指学术而言，当与无关学术之史事稍有不同；不过学术既可藉口耳相传，则史事当更易藉口耳相传者。因此之故，吾人又可视口耳相传为介于简略之记录与复杂之书册中间之过渡方法。

叁 道德文学与史书

六、迨文化日益进步，成书稍易，诸书乃逐渐出现，诸书既出，史书随之。自孔子作《春秋》之时代，至司马迁作《史记》之时代，历春秋、战国、秦、西汉，吾人且统称为周汉之间；此一时期，约八百年，史书陆续出现，而《春秋》与《史记》实为重要之代表焉。《春秋》为后世所谓编年体史书之祖，《史记》为后世所谓纪传体史书之祖。但此等代表之著作，亦非单纯之史书：《春秋》，系与道德教训，或政治主张相混同者；《史记》，则俨然与传记文学结有不解之缘。兹且先言《春秋》。

《春秋》之名，杜预谓系错举四时中之两季，以名所记之事情者，其《春秋经传集解序》曰："《春秋》者，鲁史记之名也。记事者以事系日，以日系月，以月系时，以时系年；所以记远近，别同异也。故史之所记，必表年以首事；年有四时，故错举以为所记之名也。"徐彦《公羊传疏》则云："春为生物之始，而秋为成物之终；故云始于春，终于秋；故曰《春秋》。"《春秋》本为史书之通称，用此名以冠史书，并不止孔子著之一种；古有许多史书，都名《春秋》。例如《夏殷春秋》，系《汲冢璅语》记太丁时事之名；《晋春秋》，系《璅语》中记献公十七年事之名；《鲁春秋》，《左传》昭公二年云："韩献子来聘，见《鲁春秋》。"《孟子》亦云："晋之《乘》，楚之《梼杌》，鲁之《春秋》，其实一也。"《墨子·明鬼篇下》所引，更有《周春秋》、《燕春秋》、《宋春秋》、《齐春秋》等。《春秋》一类之著作，大概始于周宣王之时代。章太炎《检论·春秋故言》云："成周故无《春秋》，……《春秋》始作，则当宣王之年，故太史年表始共和，先共和即无历谱可次。《墨子》引诸国《春秋》，亦上逮宣王而止。始作《春秋》凡例者，必宣王时代大史官也。"至于孔子所作之《春秋》，实为鲁国一国之史书，其编次方法，系依鲁国最高统治者在位之年相续编次，计自鲁隐公元年（周平王四十九年，即公元前七二二年），至哀公十四年（周敬王三十九年，即公元前四八一年），共十二公，凡二百四十二年之事。孔子之《春秋》既出，解释《春秋》经文之传亦随之而起：《公羊传》、《穀梁传》、《左氏传》，其最著者。例如"隐公元年，夏五月，郑伯克段于鄢"，此《春秋》之经文，纯为记史事者。《公羊传》于此一条经文之下则曰："克之者何？杀之也。"《穀梁传》于此一条经文之下则曰："克之者何？能也；何能也？能杀也。"《左氏传》于此一条经文之下则有"初，郑武公娶于申，曰武姜，生庄公"云云，一段长篇记事之文。《公》、《穀》、《左》三传，在今文家视之，《左传》为刘歆破散《国语》，并加以己见，而编入《春秋》逐年之下者；《穀梁传》亦系歆所伪造。崔适《春秋复始·序证》云："此传宗旨，与《七略》同，亦刘歆所作也；歆造《左氏传》，以篡《春秋》之统，又造《穀梁传》为《左氏》驱除。"唯有《公羊传》，则被认为自始即与《春秋》合一者，故曰："西汉之初，所谓《春秋》者，合经与传而名焉者也；……其始不但无《公羊传》之名，亦无传之名。……公羊子特先师之一，……古文家始以《公羊》名传；抑之与穀梁、邹、夹同等，而夺其《春秋》之名，以予《左氏》者也。"（同上）吾人于此等问题，不拟详论；但有一事必须认明者：即《公》、《穀》偏重《春秋》之义理，《左氏》偏重《春秋》之史事是也。叶梦得《春秋传序》云："《左氏》传事不传经，《公羊》、《穀梁》传义不传事。"《朱子语类》八十三亦云："《左氏》是史学，《公》、《穀》是经学。"事或史，属于史书之范围；义或经，则属道德教训，或政治主张之范围者也。因此之故，我们自始即认《春秋》非单纯之史书，而系与道德教训等相混同者。

七、《左氏》既传事而不传经，故其叙事，具体详明；附在《春秋》经文之下，颇得纲举目张之妙。刘知幾《史通·六家》云："言见经文，而事详传内；……其言简而要，其事详而博。"言相当于大纲，纲举要略；事相当于细目，目述详情；章太炎《检论·春秋故言》云："经与传，犹最目与委曲细书。"正谓此也。至于《公羊》、《穀梁》，既传义而不传事，故其所说，全系道德教训或政治主张等；附在《春秋》经文之下，则《春秋》几乎变成道德伦理或政治哲学之书，例如前举"隐公元年，夏五月，郑伯克段于鄢"一条经文,就文字形式言,无论如何,只可视为记录史事者;然《公羊传》于此,则有一长篇议论曰:"克之者何?杀之也。杀之则曷为谓之克?大郑伯之恶也。曷为大郑伯之恶?母欲立之,己杀之,如勿与而已矣。段者何?郑伯之弟也。何以不称弟?当国也。其地何?当国也。齐人杀无知,何以不地?在内也;在内,虽当国,不地也。不当国,虽在外,亦不地也。"一条极简之经文,传中竟有如此复杂之奥义;除非认定经与传自始即合而不分,如崔适所云,则颇令人难于置信。否则经传既出自两人,立经者心中怀想之义,与作传者文中表现之义,为何符合无间,实为不易解答之问题。虽然,此在吾人视之,固似为一问题;但孔子之作《春秋》,怀有道德教训,或政治主张,则又吾人所断不能否认者。《孟子·离娄下》云:"王者之迹熄而诗亡,诗亡然后《春秋》作。"又《滕文公下》云:"世衰道微,邪说暴行又作;臣弑其君者有之,子弑其父者有之;孔子惧,作《春秋》;《春秋》天子之事也。"又云:"孔子成《春秋》,而乱臣贼子惧。"《庄子·天下篇》亦云:"《春秋》以道名分。"据此等等,吾人实不能谓孔子所作之《春秋》,不含道德教训,或政治主张。

八、上所论者为与道德混一之《春秋》,兹且继言与文学混一之《史记》。《史记》为司马迁所作,其所依据之书,有《国语》、《世本》、《国策》、《楚汉春秋》等。班固《汉书·司马迁传》云:"司马迁据《左氏》、《国语》,采《世本》、《战国策》,述《楚汉春秋》,接其后事,迄于天汉,斯以勤矣。"司马迁所依据之书,当然不止此数,此特其重要者。《左氏》、《国语》,历来被认为系左邱明所作。王充《论衡》云:"《国语》,《左氏》之外传也;《左氏》传经,词语尚略,故复选录《国语》之训以实之。"韦昭《国语注序》云:"左邱明采录前世穆王以来,下迄鲁悼、智伯之诛,……以为《国语》;其文不止于经,故号曰外传。"凡此两说,皆认左氏先作《左传》,然后作《国语》。今文家辈则认《国语》为左氏之原书,《左传》则为刘歆自《国语》中割裂而出,编入《春秋》逐年之下者。崔适《史记探源·春秋古文》云:"刘歆破散《国语》,并自造妄诞之辞,与释经之语,编入《春秋》逐年之下,托之出自中秘书。命曰《春秋古文》,亦曰《春秋左氏传》。"《国语》所记,为周、鲁、齐、晋、郑、楚、吴、越等八国之事,颇似国别史书。然史事之下,常附长篇演说辩论之文,如穆王将征犬戎一事,当然纯为史事,其下即附有祭公谋父之长篇谏词;故此书而为史书,则系与文学相混者。其次《世本》,似为单纯之史书,作者为谁,不得而知,大概为古史官之所记。《史记序·索引》刘向曰:"《世本》,古史官明于古事者之所记也;录黄帝以来帝王诸侯及卿大夫系谥名号,五十五篇。"全书所记,门类众多,颇似专科史之总汇。章宗源《隋书经籍志考证》,考得其篇名曰:"愚按其篇名可见者有《帝系篇》,有《氏姓篇》,有《作篇》,有《居篇》,有《谥法篇》。"《作篇》所记,包括占验、饮食、礼乐、兵农、车服、图书、器用、艺术等等的起源,俨若今之文化史;故章太炎于《检论·尊史篇》慨然曰:"苟史官之无《作篇》,而孰以知群用所自始乎?"司马迁《史记》之分门别类,多少系依《世本》之成规。又其次《战国策》,几乎全为战国时代游谈之士之演说辩论文章,性质偏于文学;但演说辩论之题材,仍为当时各国之史事,故仍可目之为国别史书。其书在刘向《集录》以前,名称极为不一,至刘向始定其名为《战国策》。向之言曰:"《战国策》……或曰《国策》,或曰《国事》,或曰《短长》,或曰《事语》,或曰《长书》,或曰《修书》;臣向以为战国时游士辅所用之国,为之策谋,宜为《战国策》。"(语见刘向《序录》)《国策》、《国事》、《事语》云云,均有意义;唯《长书》、《修书》、《短长》云云,则不类书名。叶德辉《书林清话·书之称本》有曰:"意其时以一国为一策,随其策之长短而名之。"此种解释,似颇近真。内容所涉,横则涉及各国,纵则涉及春秋以后至于秦之二百余年。王觉题《战国策》云:"自春秋以后迄于秦,二百余年兴亡成败之迹,粗见于是矣。"又其次《楚汉春秋》,为陆贾所撰。《后汉书·班彪传》云:"汉兴,太中大夫陆贾记录时功,作《楚汉春秋》。"《文心雕龙·史传篇》云:"汉灭嬴项,武功积年;陆贾稽古,作《楚汉春秋》。"《史记》述楚汉之事,专依于此,故《史通·外篇》云:"刘氏初兴,书惟陆贾而已;子长述楚汉之事,专据此书。"

九、司马迁之《史记》,被视为纪传体史书之祖。迁之先为周室之太史,父谈为汉太史令。父死后三年,迁亦为太史令。其所著《史记》,自称"太史公书"(《史记·自序》)。至《隋书·经籍志》以后,《史记》之名乃定。《史记》全书,上起黄帝,下迄汉武,共一百三十篇,分为五类,计本纪十二,世家三十,列传七十,年表十,书八;为中国规模宏大的诸史书中之首先出现者。所分之五个类目，郑樵于《通志·总序》中曾为之解释曰："本纪纪年，世家传代，表以正历，书以类事，传以著人。"著人之传，完全为纪传文学之文。一百三十篇中，列传占篇七十，超出百分之五十以上，故《史记》实为文学与史书混一之作。况本纪与世家，亦以人物为中心，与列传相去并不甚远者。诸家评论，亦不忽视其文学方面之优点，裴骃《史记集解序》云："刘向、扬雄，博极群书，皆称迁有良史之才，服其善序事理，辨而不华，质而不俚，其文直，其事核，不虚美，不隐恶。"辨而不华，质而不俚云云，尚只是就文学之形式方面言；若各传之描写人物，生动具体，实传纪文学之最优美者。

肆　由史书进到史学

十、《史记》以后，东汉明帝之时，有班固为兰台令史，著作《汉书》。其著作体裁，仿司马氏。《史通·六家》云："寻其创造，皆准子长；但不为世家，改书曰志而已。""其书穷刘氏之废兴，包举一代，勒成一书；言皆精练，事甚该密。"（同上）唯郑樵则力辟其断汉为书，失去司马氏会通古今之旨。其《通志·总序》曰："司马氏……通黄帝尧舜至于秦汉，勒成一书……百代而下，史官不能易其法，学者不能舍其书。……不幸班固非其人，遂失会通之旨；由其断汉为书，遂至周秦不相因，古今成间隔。"此种批评，偏重朝代之通与断，在吾人视之，并不甚关重要。朝代既多，用一书总括之，若《史记》之所为，固甚经济；新朝既起，断代为书以续之，若《汉书》之所为，又有何妨？《史》、《汉》以后，纪传体之史书，已成典型，常为著史书者所模仿。章实斋《文史通义·书教下》云："迁史不可为定法，固书因迁之体，而为一成之义例，遂为后世不祧之宗焉。"刘知幾亦早于《史通·六家篇》云："《汉书》家者，……寻其创造，皆准子长。……自东汉以后，作者相仍，皆袭其名号，无所变革。唯东观曰记、三国曰志；然称谓虽别，而体制皆同。……自尔迄今，无改斯道。"自东汉至于唐末，为时约一千年，其间重要史书，多为纪传体：如宋范晔之《后汉书》，晋陈寿之《三国志》，唐房玄龄等之《晋书》，梁沈约之《宋书》，梁萧子显之《南齐书》，唐姚思廉等之《梁书》及《陈书》，唐李延寿之

《南史》，唐李百药之《北齐书》，唐令狐德棻之《周书》，唐李延寿之《北史》，唐魏徵之《隋书》等等，皆纪传体史书也。依《史》、《汉》为标准之纪传体史书既已盛行，于是依《春秋》为标准之编年体史书几乎被其压倒，《文史通义·书教下》云："班马之史，以支子而嗣《春秋》；荀悦、袁宏，且以《左氏》大宗，而降为旁庶矣。"

不过主动之下，常有反动；当纪传体盛行之日，亦即编年体活跃之时。盖纪传体史书与传纪文学混而不分，描写人物，过于烦琐；史书之效用，几乎为文学之效用所遮，所谓于文为烦，颇难周览是也。故东汉末年以后，编年体史书，复盛行于一时。《史通·六家》云："汉代史书，以迁、固为主；而纪传互出，表志相重，于文为烦，颇难周览。至孝献帝，始命荀悦摄其书为编年体。……自是每代国史，皆有斯作；起后汉至于高齐，如张璠、孙盛、干宝、徐贾、裴子野、吴均、何之元、王劭等，其所著书，或谓之春秋，或谓之纪，或谓之略，或谓之典，或谓之志，虽名各异，大抵皆依《左传》以为的准焉。"荀悦，献帝时官秘书监侍中，受献帝之命而著《汉纪》。《后汉书》云："献帝好典籍，常以班固《汉书》文繁难省，乃令荀悦依《左氏传》体，为《汉纪》三十篇。词约事详，论辩多美。"（《荀淑传》附）《汉纪》之价值，推尊者谓系《左氏》以后唯一优良之编年体史书，可与班固《汉书》相伯仲。《史通·二体》云："荀悦……依《左氏》成书，剪截班史；篇才三十，历代褒之，有逾本传。然则班、荀二体，角力争先；欲废其一，固亦难矣。"鄙视者则谓不如班书远甚。顾炎武《日知录·史法》云："荀悦《汉纪》，改纪表志传为编年；其叙事处，索然无复意味，间或首尾不备。其小有不同，皆以班书为长。"谓《汉纪》叙事索然无味，正以其书非纪传体，与传纪文学脱离关系也。张璠，晋之令史，撰《后汉纪》。《隋志》云："《后汉纪》三十卷，张璠撰。"晁公武《郡斋读书志》云："东京史籍，惟璠纪差详。"孙盛，晋人，撰有《魏氏春秋》三十卷，《晋阳秋》三十卷，详见《晋书·孙盛传》。其书贬之者颇多。或谓其模拟《春秋》而未似，《史通·模拟篇》云："孙盛魏晋二《阳秋》，每书年首，必云某年春帝正月。夫年既编帝纪，而月又编帝名；以此拟《春秋》，所谓貌同而心异也。"或谓其纪言辞胜而违实，《三国志·魏志·陈泰传》注云："凡纪言之体，当使若出其口；辞胜而违实，固君子所不取。况复不胜，而徒长虚妄哉?"唯干宝之《晋纪》,在此一类编年体史书之中,颇有特点。干宝,晋人,以才器被召为著作郎,领国史,著《晋纪》凡二十卷;其书价值,评者多推尊之辞。《晋书·干宝传》云:"其书简略,直而能婉,咸称良史。"《文心雕龙·史传篇》云:"干宝述纪,以审正得序。"《晋纪》之内容,颇重风俗道德,其《总论》云:"朝寡纯德之人,乡乏不二之老。"又云:"妇女庄栉织纴,皆取成于婢仆,未尝知女工丝枲之业,中馈酒食之事也。"故章太炎《文录·五朝学》曰:"言魏晋俗敝者,始干宝《晋纪》。"《晋纪》以下其他编年体史书,或拟《左氏》,或拟《公羊》,如裴子野之《宋略》,王劭之《齐志》,均拟《左氏》而成功者;若吴均之《齐春秋》,则拟《公羊》而失败者。

一一、当纪传、编年两体史书发展之日,亦即史学渐趋独立之时。吾人所谓由史书进到史学,正此时之特征。其表现也,有两事最足以引起吾人之注意:一则刘歆对于史事之假托,二则王充对于史事之批评。假托史事者,欲利用往事,以贯彻自己之主张;批评史事者,则欲肃清虚说,以明历史之进化。两种精神之相反,正学术上之一转机。兹且略举事实以为例。刘歆在汉哀帝时,乃奉命校理群书者,《汉书·艺文志》云:"成帝时,诏刘向校经传、诸子、诗赋。……向卒,哀帝复使歆卒父业,歆于是总群书而奏其《七略》。"歆有如此地位,遂能将古籍传于后世,其功自不可磨;但正因其负责校书,乃有假托史事机会。古有周公相成王之故事,刘歆为欲助王莽篡汉,苦无前例,乃将周公相成王之事改易为周公摄行天子之事,践天子之位;以便王莽于辅幼主之时,一变而为真皇帝。但此例一开,援者继起:王莽篡汉以后,曹丕曾篡东汉,司马炎曾篡魏,隋文帝曾篡北周;于是历史先例,几成政治典型。学者忧之,又常伪造与上例相反之史事,以作制裁;例如东晋伪《古文尚书》,殆即由此而出者。焦循《尚书补疏自序》云:"东晋晚出《尚书孔传》,至今日,稍能读书者皆知其伪。……为此传者,盖见当时曹、马所为,……上下倒置,君臣易位,邪说乱经,故不惮改《益稷》,造《伊训》、《太甲》诸篇,……以明君臣上下之义,屏僭越抗害之谈。"假托史事者,固可以作伪;制裁作伪者,亦仍以伪为法门。刘歆之恶劣影响,盖亦大矣。与此完全相反者,则为王充对史事之批评。充于消极方面,驳斥虚说之空生,故其《论衡·正说篇》有云:"前儒不见本末,空生虚说;后儒信前师之言,随旧述故。……故虚说传而不绝,实事没而不见。"于积极方面,则倡历史进化论。当时学者谓古胜于今,充则谓古不必胜于今。《论衡·齐世篇》云:"夫上世治者圣人也,下世治者亦圣人也。……上世之民,下世之民也。……古有无义之人,今有建节之士。善恶杂厕,何世无有?述事者好高古而下今,贵所闻而贱所见;辩士则谈其久者,文人则著其远者。"不唯古不必胜于今,反之,今且胜于古。《宣汉篇》云:"夫实德化,则周不能过汉;……度土境,则周狭于汉。……独谓周多圣人,……使太平绝而无续也。"

十二、史学之进步,固有赖于批评;但汉唐间史学进步之表征,首在史料分类法之演进。史料最初系与其他书籍混同者,刘歆分群书为六略之时,即以史书入于《六艺略》中之《春秋》类,固无独立地位也。钱大昕《补元史艺文志序》云:"自刘子骏校理秘文,分群书为六略(本为七略,但集略一门,乃其余六略之总括,实只六略而已),曰:六艺者,经部也;诗赋者,集部也;诸子、兵书、术数、方技,皆子部也;《世本》、《战国策》、《楚汉春秋》、《太史公书》、《汉著记》则入之《春秋》类。……是时固无四部之名,而史家亦未别为一类也。"迨晋荀勖分群书为甲乙丙丁四部,始以史书为独立之一部门。钱云:"晋荀勖撰《中经簿》,始分甲乙丙丁四部,而子犹先于史。至李充为著作郎,重分四部:五经为甲部,史记为乙部,诸子为丙部,诗赋为丁部,而经史子集之次始定。"(同上)唐魏徵撰《隋书》,复分史部之书为十三类,曰:正史类、古史类、杂史类、霸史类、起居注类、旧事类、职官类、仪注类、刑法类、杂传类、地理类、谱系类、簿录类。此种分类,虽不精当,且亦不知其标准之所在;然较之全不分类者,则胜过多矣。至唐杜佑作《通典》,其分史料之类,则较为合理,且有理论以为根据。陈振孙《书录解题》云:"《通典》二百卷,唐宰相京兆杜佑君卿撰,采五经群史,历代沿革废置,群士议论,迄于天宝,凡为八门。曰食货、选举、职官、礼乐、兵刑、法、州郡、边防。贞元中,表上之,李翰为之序。"李翰序文谓其书"采五经群史,上自黄帝,至于有唐天宝之末,每事以类相从,举其始终,历代沿革废置,及当时群士论议得失,靡不条载,附之于事。"《通典》对于史料之分类,颇采管仲仓廪实知礼节,衣食足知荣辱,暨孔子富而教之旨,以为原则,俨若今之唯物史观然,其自序曰:"所纂《通典》,实采群言;征诸人事,将施有政。夫理财之先,在乎行教化;教化之本,在乎足衣食。《易》称聚人曰财。《洪范》八政,一曰食,二曰货。管子曰:仓廪实知礼节,衣食足知荣辱。夫子曰:既富而教。斯之谓矣。夫行教化在乎设职官,设职官在乎审官才,审官才在乎精选举;制礼以端其序,立乐以和其心,此先哲王致治之大方也。故职官设然后兴礼乐焉,教化隳然后用刑罚焉,列州郡俾分领焉,置边防遏戎狄焉。是以食货为之首,选举次之,职官又次之,礼又次之,刑又次之,州郡又次之,边防末之,或览之者庶知节第之旨也。"

十三、杜佑之书,虽有较为合理的处置史料之方法,然非完全脱离史事,专言方法者。若刘知幾之《史通》,则专言处置史料之方法,与史事完全分离,殆纯粹之史学方法论也。刘知幾为唐初彭城人,中宗时,为著作郎,兼修国史。其所著《史通》,盖欲将自己之心得,昭示后人;对过去之史书,加以指正。全书内容,凡分内外二篇,内篇三十九,外篇一十三:或明自己之历史,如《自叙篇》是也;或明史料之研究法,如《疑古》《惑经》等篇是也;或明史书之编著方法,如《叙事》《直书》《曲笔》等篇是也;或批评过去之史书,如《六家》《古今正史》《二体》等篇是也。其所主张,有关于史书之体裁者,一曰兼重纪传与编年二体,对于《春秋》与《史记》,均有褒词;盖二体既已通行,另创新体,颇为不易也。二曰表志之外,主张更立"书"之一门,以收古人之言论,不使言论杂于史事之中,如《贾谊传》中之《过秦论》然。中国史书,本可分为记言记事两类;《汉书·艺文志》云:"左史记言,右史记事,言为《尚书》,事为《春秋》。"实则《尚书》以下,记言之书,不一而足,如《国语》《国策》,即其例也。《国语》《国策》中之言,颇与希腊德莫氏(Demosthenes)之演说词相似,亦冶政治、历史、文学及雄辩术等于一炉者也。刘氏主张史书须有"书"之一门,以收古人之言论,其意盖欲使史学脱离文学等等之拘束,而独立成为一科乎?三曰表志本身亦主变更旧制。表之一门,除年表外,其他皆不必保存;志之一门,主张增设都邑、氏族、方物三志,废去天文二志。关于史书之编著,亦有其具体之意见。一曰史贵直书,《史通·直书篇》云:"正直者人之所贵,而君子之德也。"《惑经篇》云:"良史以实录直书为贵。"二曰不必有论赞。论赞本属作史者之个人意见，编著史书，旨在阐明历史，殊无所取乎论赞。故中国往日史论之多，虽足以明著作者意见，但与史学无关。刘氏主废论赞，亦卓见也。三曰文章之烦省不拘，一以叙明史事为主。四曰著作史书，应用当代语言。凡此正纯粹史学所不可忽视者。至若关于著作史书之目的，则为时代所限，未能跳出道德教训之固有范围；故其主张，仍为"申劝戒"一类之陈说。《直书篇》云："史之为务，申以劝戒，树之风声。"其《书事篇》中所述荀悦之五志，及自己新增之三科，亦仍多属于"申劝戒"之一义。故其言曰："昔荀悦有云，立典有五志焉：一曰达道义，二曰彰法式，三曰通古今，四曰著功勋，五曰表贤能；今更广以三科，用增前目，一曰叙沿革，二曰明罪恶，三曰旌怪异。"此中除通古今、叙沿革、旌怪异而外，其余五项，则皆申劝戒者。

伍　史学之独立发展

十四、上来所述，乃汉唐间史书演进为史学之大概情形。至若宋元明清时代，亦即北宋初至清乾嘉时，约八百年间，则史学之独立发展，更为显然而无可致疑之事实也。此时代中，纪传体一类之史书，愈演愈趋于庸俗；且书皆官撰，著作等于奉公，更不足以言进步。《文史通义·书教下》云："纪传体行之千有余年，学者相承，殆如夏葛冬裘，渴饮饥食，……无别识心裁，可以传世行远之具。"梁任公先生《中国历史研究法·过去之史学界》亦云："唐以前书皆私撰，而成于一人之手；唐以后书皆官撰，而成于多人之手。……于是著作之业，等于奉公，编述之人，名实乖迕。例如房玄龄、魏徵、刘昫、托克托、宋濂、张廷玉尸名为某史撰人，而实则于其书无与也。"唯宋欧阳修之《新唐书》及《新五代史》，稍具创作意味。原来五代时刘昫曾奉敕撰修《唐书》，宋薛居正曾奉敕撰修《五代史》，然多疏舛谬误。欧阳氏之《新唐书》二百五十五卷，则补刘书之舛漏者。故彼自谓"事增于前，文省于旧"。其书上起高祖，下迄哀帝，分为四类，计本纪十、志五十、表十五、列传一百五十，亦一巨著也。《新五代史》七十五卷，初名《五代史记》，以非官修，未上于朝，欧阳氏死后,乃始付印,后遂列为正史。《四库总目》云:"唐以后所修诸史,惟是书为私撰,故当时未上于朝。"其与薛居正之《五代史》相异处,《四库总目》有简括之言曰:"薛史如《左传》之纪事,本末赅具,而断制多疏;欧史如《公》、《穀》之发例,褒贬分明,而传闻多谬。两家之并立,当如三传之俱存。"其独到之处,则"褒贬祖《春秋》,故义例谨严;叙事祖《史记》,故文章高简"。(同上)欧阳氏《新唐书》、《新五代史》之外,其他照例修成之纪传体史书,则有元托克托之《宋史》及《元史》,元阿鲁图等之《金史》,明宋濂之《元史》,清张廷玉等之《明史》等,然皆陈陈相因者也。

唯编年体史书,在此时代中,有一空前巨著,曰司马光之《资治通鉴》是也。司马光,宋仁宗宝元初中进士,神宗熙宁时为旧党之健者。《宋史》本传云:"熙宁新法病民,海内骚动。……光一旦起而为政,凡新法之为民害者,次第取而更张之,不数月之间,划革略尽。"其著《通鉴》,正新党得势之时,历时凡十九年;所采参考资料,正史之外,杂史至三百二十二种。其书既成,"神宗皇帝以鉴于往事,有资于治道,赐名曰《资治通鉴》"。(胡三省《音注资治通鉴序》)全书"上起战国,下终五代,凡一千三百六十二年,修成二百九十四卷;又略举事目,年经国纬,以备检寻,为《目录》三十卷;又参考群书,评其同异,俾归一涂,为《考异》三十卷,合三百五十四卷"。(司马光《进资治通鉴表》)范围所涉,有政治、社会、教育、文化、礼乐、律数、天文、地理等等方面。本书《唐纪》开元十二年胡三省注有云:"温公作《通鉴》,不特纪治乱之迹而已;至于礼乐、律数、天文、地理,尤致其详。"对于《通鉴》之批评,凡有种种:关于其述事者,一曰渊博。《四库简明目录》谓其"淹通贯串,为史家绝作;朱子欲修《纲目》以掩之,迄不能掩"。治平《资治通鉴事略》云:"前代未尝有此书,过荀悦《汉纪》远矣。"二曰质实。凡稍涉奇异之事,概弃不录,如"屈原怀沙自沉,四皓羽翼储君,严光加足帝腹,姚崇十事开说之类,皆削去不录,然后知公忠有余,盖陋子长之爱奇也"。(马端临《文献通考·经籍考二十》)至其著作宗旨,则完全以历史书为实践之政治学,或实践之伦理学;竭力阐明纲纪名分等义,以为天子统治天下之具,盖权威时代(Age of Authority)之代表作也。彼于《进资治通鉴表》中自谓其书足以"监前世之兴衰,考当今之得失,嘉善矜恶,取是舍非,足以懋稽古之盛德,跻无前之至治"。王磐《兴文署新刊资治通鉴序》亦云:"贤君令主,忠臣义士,志士仁人,兴邦之远略,善俗之良规,匡君之格言,立朝之大节,叩函发帖,靡不具焉。"兴邦、善俗、匡君、立朝诸项,固全属政治学、道德学范围内之事也。《通鉴》以后,有宋刘恕之《通鉴外纪》,宋李焘之《续资治通鉴长编》,宋金履祥之《通鉴前编》,元陈桱之《通鉴续编》,清徐乾学之《资治通鉴后编》等等,皆依司马氏之著作为中心,而为增补接续之工作,无一能出司马氏之右者。故《通鉴》一书之出现,一方面固足以表示编年体史书之最高发展,另一方面则又表示此类史书濒于没落之一关头。总括言之,在前一时代,即汉唐时代,纪传、编年两体,尚能"角力争先"(《史通·二体篇》);在此一时代,即宋元明清时代,则情形大异。纪传体固陈陈相因,无复"传世行远之具",(《文史通义·书教下》)而编年体之发展,亦仅为绝后之空前。此所象征者果为何物?曰史学独立发展之时代,旧形式不足以应新要求之一事实是也。

十五、故司马光《资治通鉴》以后,袁枢之《通鉴纪事本末》乃继之而兴。枢生于南宋高宗时,至孝宗时,初试礼部词赋第一,历官工部侍郎,曾知江陵府;其著书之动机,在病纪传与编年两体之失。纪传体之失,刘知幾于《史通·六家》曾有言曰:"凡此诸作(《史记》以下诸种纪传体史书)皆《史记》之流也。寻《史记》疆宇辽阔,年月遐长,而分以纪传,散以书表。每论国家一政,而胡越相悬;叙君臣一时,而参商是隔。此为体之失者也。"编年体之失,杨万里于袁枢《通鉴纪事本末》旧序曾有言曰:"予每读《通鉴》之书,见事之肇于斯,则惜其事之不竟于斯;盖事以年隔,年以事析,遭其初莫绎其终,揽其终莫志其初。……盖编年系日,其体然也。"《四库总目》则更综论两者之失曰:"自汉以来,不过纪传、编年两法,乘除互用。然纪传之法,或一事而复见数篇,宾主莫辨;编年之法,或一事而隔越数卷,首尾难稽。"袁枢欲纠此等之失,乃创《通鉴纪事本末》体。其书以事为叙述之中心,"每事各详起讫,自为标题;每篇各编年月,自为首尾"。(《四库总目》)与一事复见于数篇之纪传体异,与一事分记于数卷之编年体亦异。章实斋《文史通义·书教下》力言其优点曰:"司马《通鉴》病纪传之分,而合之以编年;袁枢《纪事本末》又病《通鉴》之合,而分以事类。按本末之为体也,因事命篇,不为常格。

非深知古今大体,天下经纶,不能网罗隐括,无遗无滥。文省于纪传,事豁于编年;决断去取,体圆用神,斯真《尚书》之遗也。……夫史为记事之书,事万变而不齐,史文屈曲,而适如其事。则必因事命篇,不为常例所拘,而后能起讫自如,无一言之或遗而或溢也。"《通鉴纪事本末》一书,一方面固足以纠纪传、编年两体之失,而愈近于有科学意义之著作;另一方面则创立前此所无之新体,而为后世著者之楷模。因此之故,依本末体而兴之其他著作,乃陆续出现:如明陈邦瞻之《宋史纪事本末》、《元史纪事本末》,清李有棠之《辽史纪事本末》、《金史纪事本末》,谷应泰之《明史纪事本末》,杨采南之《三藩纪事本末》,高士奇之《左传纪事本末》,张春治之《西夏纪事本末》,其最著者。合袁枢之书,统称九种纪事本末,共六百五十八卷,诚大观也。

十六、与袁枢《通鉴纪事本末》同时代者,又有郑樵之《通志》。樵为南宋高宗时人,所修《通志》凡二百卷,可分为三类:一曰通史之部分,彼以为"自班固以断代为史,无复相因之义。……会通之道,自此失矣。……前王不列于后王,后事不接于前事"(《通志·总序》)。乃发奋著通史,成《通志》中之《帝纪》十八卷,《皇后列传》二卷,年谱四卷,列传一百二十五卷。二曰专史之部分,《通志》中有略五十卷,除校雠、图谱两略外,余四十八略,如天文、地理、礼、乐、职官、食货、艺文等概为专科史。三曰纯粹史学之部分,校雠略、图谱略均属于此一部分者。校雠略中所涉极广,如论编次,则有《编次不明论七篇》、《编次必谨类例论六篇》、《编书不明分类论三篇》;论搜集材料,则有《求书遣使校书久任论一篇》、《求书之道有八论九篇》;论解释,则有《泛释无义论一篇》、《书有不应释论三篇》、《书有应释论一篇》。章实斋对郑氏极为推尊,《文史通义·申郑篇》云:"郑氏所振在鸿纲,……创例发凡,卓见绝识,有以追古作者之原,自具《春秋》家学耳。"通史、专史与纯粹史学三者,郑氏之书兼而有之;此在中国史学发展之过程中,为少见者。郑氏以前,有关于通史之书,如孔子之《春秋》、荀悦之《汉纪》、司马光之《通鉴》等是也;有关于专史之书,如杜佑之《通典》,门类虽多,然皆各科之专史也;有关于纯粹史学之书,如刘知幾之《史通》是也;有兼及通史与专史之书,如各种纪传体史书中之纪传等属通史,书志等属专史,故纪传体史书多为兼及通史与专史之书也。唯通史、专史与纯粹史学三者汇于一书之作,则未之见。郑氏以后,亦有关于通史之书,如元陈桱之《通鉴续编》是也;亦有关于专史之书,如元马端临之《文献通考》是也;亦有关于纯粹史学之书,清章实斋之《文史通义》是也;亦有兼及通史与专史之书,各种纪传体史书是也;亦唯通史、专史与纯粹史学三者汇于一书之作,则未之见。郑氏之伟大,或亦由于其著作所涉范围较其他各家为广乎?

十七、郑氏以后,各科专史汇于一书之作,以元马端临之《文献通考》为最著名。其书系有鉴于杜佑《通典》之缺而作。天宝以前,因杜书而加以补正,天宝以后至宋嘉定时事,则完全由自己续成。全书三百四十八卷,凡分二十四类;其中田赋、钱币、户口、征榷、市籴、土贡、国用各类,属于经济史之范围者;职役、选举、职官、王礼、帝系、封建各类,属于政治史之范围者;郊社、宗庙各类,属于宗教史之范围者;至若学校,则属教育史之范围;经籍,则属学术史之范围;乐则相当于音乐史,兵则相当于军事史,刑则相当于法律史,舆图则相当于沿革地理,四裔则相当于民族分志,象纬相当于天文史者,异物相当于博物史者。吾人今日而欲研究旧制,此书亦为最精详而可用者。其述事则利用经史;事实之意义,则取历代奏疏评议等以明之;其有不明者,则更附自己之意见,以为论断。清乾隆时,刊行杜佑之《通典》,郑樵之《通志》,马氏之《通考》,号曰三通。同时又敕修《续通典》一百五十卷,《续通志》六百四十卷,《续通考》二百五十卷,合以上得六通矣。唯所述仅止于明末,于是又敕修《清朝通典》一百卷,《清朝通志》一百二十六卷,《清朝通考》三百卷;合以上六通,号曰九通。唯所述亦止于乾隆时代。最后有刘锦藻《清朝续文献通考》四百卷之作,遂合成今日商务印书馆所印行之十通。吾述马端临之《文献通考》,而牵涉至此,盖欲以类相从,便读者览观也。

马书而后,专门学术史之作,则以黄宗羲之《明儒学案》为开山之祖宗。《明儒学案》,凡六十二卷,其著作方法:每述一派学说,先作一简短之导言,即篇首之案语,以指出一派传授之大势;次录该派宗主之传略;再次录其重要著作之原文;然后述该派直接或间接之弟子,其叙述法亦如述其宗主之学说然。《明儒学案》之后,黄氏之弟子全祖望氏又续成《宋元学案》。《宋元学案》之著作方法,与《明儒学案》几乎完全相同。两书之长处，均在选录原文，极为精审，读者可藉此以窥见各家学说之真精神。此外江藩之《汉学师承记》、《宋学渊源记》，亦皆专门学术史也。

十八、专门学术之外，则以章实斋之《文史通义》等为纯粹史学之巨擘焉。章实斋为清乾隆时人，为中国三大史学家之一。梁任公先生谓："自有史学以来，得三人焉：在唐则刘知幾，其学说在《史通》；在宋则郑樵，其学说在《通志·总序》及艺文略、校雠略、图谱略；在清则章学诚（实斋），其学在《文史通义》。"（《中国历史研究法·过去之史学界》）章氏之学说，博大精深，吾人且择其重要之点约略言之：一曰扩大史料之范围。自经史子集分为甲乙丙丁四部之后，学者只知史与史学有关，为必须研究之书籍；若经子集三者，则多认为与史学无关。章氏之见，与此不同，认经子集皆为史，意即皆为史料也。《文史通义·易教上》云："六经皆史也，……皆先王之政典也。"《报孙渊如书》云："承询《史籍考》事，取多用宏，包经而兼采子集；……愚之所见，以为盈天地间，凡涉著作之林，皆是史学。六经特圣人取此六种之史以垂训者耳。子集诸家，其源皆出于史。末流忘所自出，自生分别，故于天地之间，别为一种不可收拾，不可部次之物，不得不分四种门户矣。此种议论，知骇俗下耳目，故不敢多言。"章氏所谓"凡涉著作之林，皆是史学"，意即一切著作之中，皆有史料；经子集中，史料尤多。近人于此，有辩正之者，其言曰："先生的本意只是说'一切著作，都是史料'；如此说法，便不难懂得了。先生的主张，以为六经皆先王的政典；因为是政典，故皆有史料的价值。故他《报孙渊如书》说'六经特圣人取此六种之史以垂训者耳'。《史考释例》论六经的流别为史部所不得不收；其论《易》，只说'盖史有律宪志，而卦气通于律宪，则《易》之支流通于史矣'；次论子部通于史者什有八九；又次论集部诸书与史家互相出入。说什有八九，说互相出入，都可见先生并不真说'一切子集皆史也'，只是要说子部、集部中有许多史料。此种区别似甚微细，而实甚重要，故我不得不为辩正。"（胡适著《章实斋年谱》页一百三十七至一百三十八）二曰说明史书之进化。自《尚书》以下，至《通鉴纪事本末》，其间各体史书演变之迹，一一指明，并显示其进化之趋势，而极力推尊《通鉴纪事本末》一书。《文史通义·

书教下》云:"《尚书》一变而为左氏之《春秋》,《尚书》无成法,而左氏有定例,以纬经也。左氏一变而为史迁之纪传,左氏依年月,而迁书分类例,以搜逸也。迁书一变而为班氏之断代;迁书通变化,而班氏守绳墨,以示包括也。……迁史不可为定法,固书因迁之体,而为一成之义例,遂为后世不祧之宗焉。……自《隋·经籍志》著录,以纪传为正史,以编年为古史,历代依之,遂分正附,莫不甲纪传而乙编年。……《通鉴》病纪传之分,而合之以编年。袁枢《纪事本末》又病《通鉴》之合,而分之以事类。按本末之为体也,因事命篇,不为常格,非深知古今大体,天下经纶,不能网罗隐括,无遗无滥。"三曰分别著作之性质。历来著作,有仅将材料编次成书者,有对材料加以考索者,有能发表独立之判断者,然三者实相伴而不可分。《答客问》云:"天下有比次之书,有独断之学,有考索之功,三者各有所主,而不能相通。……自汉以来,学者以其所得托之撰述以自表现者,盖不少矣。高朋者多独断之学,沉潜者尚考索之功;天下之学术,不能不具此二途。譬犹日昼而月夜,暑夏而寒冬,以之推代而成岁功,则有相需之益;以之自封而立畛域,则有两伤之弊。……若夫比次之书,则掌故令史之孔目,簿书记注之成格,其原虽本柱下之所藏,其用则备稽检而供采择,初无他奇也。然而独断之学,非是不为取裁;考索之功,非是不为按据。如旨酒之不离乎糟粕,嘉禾之不离乎粪土。是以职官故事、案牍图牒之书不可轻议也。"上述三者,与吾人今日之意见,几乎全同:吾人今日亦欲扩大史料范围,认一切著作或一切典籍,皆有史料价值;吾人今日亦于比较各体史书之后,发见纪事本末为近乎科学之史书;吾人今日亦认独断之学与考索之功彼此相需,且皆依比次之书以为原料。

兴言至此,最宜将浙东学派略为一谈。浙东学派之中,黄宗羲、章实斋等实为重要人物。今述黄章学说既竟,其他可略及之。章太炎《检论·清儒篇》对此一派有扼要之言曰:"自明末有浙东之学。万斯大、斯同兄弟皆鄞人,师事余姚黄宗羲,称说《礼经》,杂陈汉宋;而斯同独尊史法。其后余姚邵晋涵、鄞县全祖望继之,尤善言明末遗事。会稽章学诚为《文史》、《校雠》诸通义,以复歆、固之学,其卓约近《史通》。"单就史学而论,黄宗羲、章实斋固浙东学派中之健者:黄首创学术史,章之《文史通义》，则纯粹史学或史学方法论也。

十九、纯粹史学或史学方法论，所以处理史事或史料者；至若见于记载的史料之或真或伪，或显或隐，则有赖乎考证焉。当章实斋纯粹史学出现之日，亦正考证风气甚盛之时；而经与史之考证，尤著成功。其在初期，以顾炎武、阎若璩、张尔岐、胡渭等为最著。章太炎《检论·清儒篇》云："昆山顾炎武为《唐韵正》、《易诗本音》，古韵始明，其后言声音训诂者禀焉。太原阎若璩撰《古文尚书疏证》，定东晋晚书为伪作，学者宗之。济阳张尔岐始明《仪礼》；而德清胡渭审察地望，系之《禹贡》，皆为硕儒。然草创未精博，时杂糅元明言。"乾嘉以后，分两派发展：一曰吴派，以吴之惠栋为首脑；栋承其父士奇之学，专治经术，撰《九经古义》、《周易述》、《明堂大道录》、《古文尚书考》、《左传补注》等。其弟子江声、余萧客，声有《尚书集注音疏》，萧客有《古经解钩沉》。他如王鸣盛、钱大昕、汪中、刘台拱、李惇、贾田祖、江藩等都属此派。二曰皖派，以皖之戴震为首脑；震受学于婺源江永，治小学、《礼经》、算学、舆地等。震又常教于京师，任大椿、卢文弨、孔广森等皆问业。其弟子最知名者有金坛段玉裁、高邮王念孙。玉裁著《六书音韵表》，念孙著《广雅疏证》。念孙之子引之，著《经传释词》。德清俞樾、瑞安孙诒让，皆承念孙之学。最近过去之章太炎，为俞樾弟子，更为此派之集大成者。此两派之大别，可得而言者，吴派主博闻，皖派主精当。章太炎云："成学著系统者自乾隆朝始：一自吴，一自皖南。吴始惠栋，其学好博而尊闻；皖南始江永、戴震，综形名，任裁断，此其所异也。……凡戴学数家，分析条理，皆参密严瑮，上溯古义，而断以己之律令，与苏州诸家殊矣。"（同上）前言六经皆史，则考证经典，即无异于考证史料。

经典中固多史料，而史书中则史料尤多；故考证经典之风既开，影响乃及于史。梁任公先生《清代学术概论》有云："乾嘉以还，考证学风统一学界；其洪波自不得不及于史。"史书之考证，凡可分为数项：泛考各史者，有王鸣盛之《十七史商榷》，钱大昕之《二十一史考异》，洪颐煊之《诸史考异》等。专考一史者，有惠栋之《后汉书补注》，梁玉绳之《史记志疑》、《汉书人表考》，钱大昕之《汉书辨疑》、《后汉书辨疑》、《续汉书辨疑》，梁章钜之《三国志考证》，周寿昌之《汉书注校补》、《后汉书注补正》，杭世骏之《三国志旁证》等。补作表者，有顾栋高之《春秋大事表》，钱大昭之《后汉书补表》，周嘉猷之《南北史表》、《三国纪年表》、《五代纪年表》，洪饴孙之《三国职官表》，钱大昕之《元史氏族表》，齐召南之《历代帝王年表》，林春溥之《竹柏山房十五种》等。补作志者，有洪亮吉之《三国疆域志》、《东晋疆域志》、《十六国疆域志》，洪龆孙之《补梁疆域志》，钱仪吉之《补晋兵志》，侯康之《补三国艺文志》，倪灿之《宋史艺文志补》、《补辽金元三史艺文志》，顾怀三之《补五代史艺文志》，钱大昕之《补元史艺文志》，郝懿行之《补宋书刑法志食货志》等。考证古史者，有陈逢衡之《逸周书补注》，朱右曾之《周书集训校释》，丁宗洛之《逸周书管笺》，洪亮吉之《国语注疏》，顾广圻之《国语札记》、《战国策札记》，程恩泽之《国策地名考》，郝懿行之《山海经笺疏》，陈逢衡之《竹书纪年集证》等。凡此皆以考证经典之方法考证史书，从而整理史料者也。整理史料，为史学独立发展时期之特征，乃前此各期所无者。

陆　创造中之新史学

二十、整理史料，乃创造新史学所不可忽视之基本功夫。直至最近，又有疑古辨伪之风，此殆可视为乾嘉以来考证风气之继续。疑古辨伪，旨在辨认伪书。伪书之始果在何时？胡应麟《四部正讹》有曰："赝书之昉，昉于西京乎！六经既焚，众言淆乱，悬疣附赘，假托实繁。……唐宋以还，赝书代作。"伪书既出，辨者随之。宋明以来，即已有辨伪工作：宋朱熹之《朱子语类》卷七十八至八十，即辨《书序》非孔子所作；明胡应麟之《诸子辨》，即专辨诸子中之伪书者；清姚际恒之《古今伪书考》，即辨经史子三类中之伪书者；崔述之《崔东壁遗书》，旨在考信，亦非与辨伪无关；康有为之《新学伪经考》，则于辨古文经，尤为独创；钱玄同《新学伪经考序》推尊作者之功绩，"惟宋之郑樵、朱熹，清之姚际恒、崔述，堪与抗衡耳"。现在顾颉刚等之《古史辨》，仍疑古辨伪之作也。

疑古辨伪之工作虽极重要，然偏于消极破坏者为多；若积极求真，则有赖于考古之工作。最近考古风气，亦已渐开：凡龟甲兽骨之研究，钟鼎彝器之研究，竹简木牍之研究等等相继发动；其成绩虽只限于若干文字之认明,然认文字而能明,斯可进而求得史料之真矣。最近过去,中央研究院历史语言研究所在河南安阳发掘古物,所得陶器、骨器、石器及金属器物等最多。陶器中凡分鬲、甗、皿、盘、尊、爵、洗、壶、甑、釜、盆、碗、杯、罐、缸等;骨器中凡分武器如矛,用具如柏,饰器如笄等三类。石器中凡分用器如刀、斧、臼、磨石等,礼器如琮、璧等,武器如矛、镞等,乐器如磬等。金属器物中亦有用器如刀、斧、锛等,武器如矛、镞、戈等。其发表发掘之成绩者,则有《安阳发掘报告》。当国人进行考古之时,外人在华从事考古者,亦大有人在:如法人李桑、伯希和、沙畹、色伽兰等,德人格路维德、勒可克等;俄人鄂本笃、柯智录夫、鄂登堡等,日人大谷光瑞、鸟居龙藏、滨田耕作、八木奖三郎、原田淑人等,瑞典人安徒生、斯文赫定等,及美人毕士博与匈牙利人斯坦因等,皆其最著者。

二一、在疑古辨伪与考古求真之过程中,纯粹史学或史学方法论,亦有作者,如梁任公先生之《中国历史研究法》及《中国历史研究法补编》等是也。先生之著作,有其重要之意义焉。一曰尊重历史自身之一切联系。彼于《中国历史研究法·史迹之论次》有曰:"史之为态,若激水然,一波才动万波随;旧金山金门之午潮,与上海吴淞口之夜汐,鳞鳞相衔,如环无端也。其发动力有大小之分,则其荡激亦有远近之异。一个人方寸之动,而影响及于一国;一民族之举足左右,而影响及于世界者,比比然也。……人类动作,息息相通,如牵一发而动全身,如铜山西崩而洛钟东应。以我中国与彼西方文化中枢地相隔如彼其远,而彼我相互之影响犹且如此其巨(指汉永元二年连破北匈奴言);则国内所起之事件,其首尾连属因果复杂之情形,益可推矣。又可见不独一国之历史为整个的,即全人类之历史亦为整个的。吾中国人前此认禹域为天下,固属偏陋;欧洲人认环地中海而居之诸国为世界,其偏陋亦正与我同。实则世界历史者,合各部分文化国之人类所积共业而成也。"二曰主张史学著作之有机组织。历史自身既为"整个的",则处置历史自身之史学著作,便不能将此整个的自身,寸寸断之,使各自成体,如是则有机组织尚焉。先生之言曰:"古代著述,大率短句单辞,不相联属;恰如下等动物,寸寸断之,各自成体。此固由当时文字传写困难,不得不然;

抑亦思想简单，未加组织之明证也。此例求诸古籍中，如《老子》，如《论语》，如《易传》，如《墨经》，莫不皆然。其在史部，则《春秋》、《世本》、《竹书纪年》，皆其类也。厥后《左传》、《史记》等书，常有长篇记载，篇中首尾完具，视昔大进矣。然而以全书论，仍不过百数十篇之文章汇成一帙而已。《汉书》以下各史，踵效《史记》；《汉纪》、《通鉴》等踵效《左传》，或以一人为起讫，或以一事为起讫，要之，不免将史迹纵切横断。纪事本末体稍矫此弊，然亦仅以一事为起讫，事与事之间不生联络。且社会活动状态，原不仅在区区数件大事，纪事纵极精善，犹是得肉遗血，得骨遗髓也。……人类活动状态，其性质为整个的，为成套的，为有生命的，为有机能的，为有方向的，故事实之叙录与考证，不过以树史之躯干，而非能尽史之神理。故为史者之驭事实也，横的方面最注意于背景与其交光，然后甲事实与乙事实之关系明，而整个的不至变为碎件。纵的方面最注意于其来因与其去果，然后前事实与后事实之关系明，而成套的不至变为断幅。"（同上《史之改造》）三曰反对专为权力阶级而作之史书。故曰："凡作一书，必先问吾书将以供何等人之读，然后其书乃如隰之有畔，不致泛滥失归，且能针对读者以发生相当之效果。例如《资治通鉴》，其著书本意，专以供帝王之读，故凡帝王应有之史的智识无不备，非彼所需，则从摈阙。此诚绝好之皇帝教科书，而亦士大夫之怀才竭忠以事其上者所宜必读也。今日之史，其读者为何许人耶？既以民治主义立国，人人皆以国民一分子之资格立于国中，又以人类一分子之资格立于世界；共感于过去智识之万不可缺，然后史之需求生焉。质言之，今日所需之史，则国民资治通鉴，或人类资治通鉴而已。史家目的，在使国人察知现代之生活与过去、未来之生活息息相关，而因以增加生活之兴味。……夫如此，然后能将历史纳入现在生活界，使生密切之联锁；夫如此，则史之目的，乃为社会一般人而作，非为某权力阶级或某智识阶级而作，昭昭然也。"（同上《史之意义及范围》）凡此三端，虽具卓见，然先生之史学，仍未足以当纯粹科学之称，盖纯粹科学所持之律令，彼为时代所限，均未能深信而不疑也。

二二、今日正在创造中之新史学，果将如何，始可成为纯粹科学？欲答此问，莫如依科学方法，先为著一史书，以觇其科学精神之或多或少;倘科学精神贯于全书,则其书之著成,便无异于纯粹科学之完全实现。虽然,史学方法论,或纯粹史学,固亦可以独立成科者。因此之故,吾人不妨于创造新史学之过程中,略抒所见。窃以为新史学如欲成为纯粹科学,如其他之纯粹科学然,则下举数端为不可忽视者。

一曰确认史学之对象。凡科学各有其一定之对象,生物学之对象曰生物,矿物学之对象曰矿物;史学亦然,其一定之对象曰历史。历史为人类过去之活动,其里面则为生存竞争,亦即国父中山先生所谓人与天争、人与人争之"争"也。春搜夏苗,秋狝冬狩,人与天争之表象也;布帛菽粟,农矿工商,则为人与天争之收成;古今之变,或理乱兴衰,人与人争之表象也;天下之文,或典章经制,则为人与人争之收成。(郑樵《通志·总序》云:总《诗》、《书》、礼乐,而会于一手,然后能同天下之文;贯二帝三王,而通为一家,然后能极古今之变;马端临《文献通考·总序》云:理乱兴衰,不相因者也;典章经制,实相因者也。)任公先生善言"整个的","整个的"者,人与人之争也;彼所举汉永元二年连破北匈奴之事实,即其一例。唯先生仅能触及此点,而未能确认此点;故于专史之对象,能明言之,而于通史的对象,则未能以一语道出。因此之故,乃不能抛弃习俗之见,仍不能不以通史为等于专史之和。彼欲指出中国通史之对象,曾于其《中国历史研究法》第一章,列举项目二十二,提出问题四十三。实则包括四十三问题之二十二项目,概属专史范围:自第一项至第五项,属于民族史之范围者;自第六项至第十一项,属于政治史之范围者;自第十二项至第十六项,属于经济史之范围者;自第十七项至第二十二项,属于文化史之范围者。积专史之和以为通史,无异于认通史之对象为不能独立自存。实则通史并非专史之和,其对象乃有客观独立之存在者。往日学者,不以客观独立存在之"历史"为"史学"之对象,常不惜寸寸断之,使各自成体;复于一切断体之中,摘取若干零件,嵌入自己之文章,以炫学问之博,以增文章之美;或又摘取若干零件,灌入他人之脑海,以博他人之信任,以坚自己之主张。凡此等等,皆与史学无关。史学非不重视功用者,特其重视之道,与此截然不同:首在阐明历史之自身,或历史发展之必然趋势。整个的历史发展之必然趋势,如果得到阐明,则其为用将较摘取零件之用高出万万。史学成立之经过,当在求真;其存在之理由,则为致用。求真以致用可,若欲致用而首先毁灭其真则大不可。

二曰稳定史学之地位。史学与其他科学相较,虽有不同,然非对立。不同者,谓史学与其他科学各有个性,未可强之使同;非对立云云,则谓史学与其他科学,同属科学范围,并非完全相反。任公先生之见,与此截然不同,认史学与自然科学相反者。彼于《中国历史研究法·史迹之论次》有曰:"自然科学的事项,常为反复的,完成的;历史事项反是,常为一度的,不完成的。……故自然科学可以有万人公认之纯客观的因果律,而历史盖难言之矣。……自然科学的事项,常为普遍的;历史事项反是,常为个性的。……自然科学的事项,为超时空的;历史事项反是,恒以时间、空间关系为主要基件。"吾人于此,不敢苟同。一则自然科学云云,名称即已不妥。自然科学乃与精神科学对立之称,为立言遣词之方便计,偶尔用之,未为不可;然欲严格分划,几乎为不可能。例如心理学一科,往日为属于精神科学之范围者,今则公认为属于自然科学之范围矣;又如数学一科,往日为属于自然科学之范围者,今则虽以罗素氏(Russell)之高明,亦不能强将数学纳入精神科学或自然科学范围之内。故自然科学之名,纯依方便而设,非绝对正确而无误者。二则纵令其名可立,然科学的事项又非与任公先生所说完全相符。例如地质学之事项、地理学之事项、气象学之事项等,果皆为反复的乎?普遍的乎?超时空的乎?正未易言者。反之,历史学所处理之事项,如封建制度,如专制制度等,东方有,西方亦有;中国有,外国亦有;似又未可完全视为一度的、个性的,或恒以时间、空间关系为主要基件的。退一步言,历史学所处理之事项,固绝对不能超越时空;但其他所谓自然科学之事项,亦均不能逃到时间、空间关系之外者。爱恩斯坦氏(Einstein)之四度空间论,其明证也。准此而谈,史学固与其他各学有别,但不能谓与其他科学性质相反而不相侔;且其他科学之进步,亦正史学本身所依以为进者。

三曰改进史学之方法。往日学者认史学与其他科学为相反,故其他科学所创之方法,史学不能利用之。实则其他科学之新方法,无论为经济学或政治学所创获,抑物理学或化学所创获,皆直接或间接,部分或全体,可为史学用。任何科学方法之用,在分解该科对象之诸种因素,求出其间不可移易之关系,或因果定律。史学方法之用,亦复如此,亦在于分解其对象之诸种因素,求出其间不可移易之关系,或因果定律。此理,任公先生亦不以为然。故曰:"说明事实之原因结果,为史家诸种责任中之最重要者。近世治斯学之人,多能言之;虽然,兹事未易言也。宇宙之因果律,往往为复的而非单的,为曲的而非直的,为隔的伏的而非连的显的,故得其真也甚难。自然界之现象且有然,而历史现象其尤甚也。严格论之,若欲以因果律绝对的适用于历史,或竟为不可能的而且有害的亦未可知。何则?历史为人类心力所造成,而人类心力之动,乃极自由而不可方物。心力既非物学的或数理的因果律所能支配,则其所产生之历史,自亦与之同一性质。今必强悬此律以驭历史,其道将有时而穷,故曰不可能;不可能而强应用之,将反失历史之真相,故曰有害也。"(同上)此其为说,几视历史为神秘而不可方物。吾人于此,亦不敢苟同。因果定律,固不易求,但非不能求者。今之新物理学,对于此点,亦屡屡言之,自量子说(Quantum Theory)行,海森堡氏(Heisenberg)发表其"测不准原理"(Principle of Uncertainty)以后,因果定律即为统计定律所代。但统计之事项愈多,因果之关系便愈确;终能使统计定律接近因果定律,或竟完全与因果定律相符。故布兰克氏(Planck)之言曰:"在原子活动之研究中,其最重要之进步,厥为于任何统计定律之下,觅出真正之因果定律焉。倘因果定律所摄诸事,未能分析至与因果定律完全相合,则研究之任务,为未完成。统计定律,固极切实用者,凡物理学、气象学、地理学及社会科学等,皆不得不以此为达到因果定律之先行定律焉。凡此云云,亦适用于人类心理活动之研究。研究人类心理活动者,亦必以发现真正之因果关系为目标。反对此种见解者,恒以自由意志之存在为挡箭牌;实则人类之自由意志,固完全与真正之因果关系相符合者。人类心理之活动,尤其任何个人之意志活动,无时无刻不受其先存之心理状态,或外来之任何影响所决定者。此其为说之逼真,固无可以致疑之余地。故问题之焦点,不在有无此种决定之关系,而在有无其人,寻出此种决定之关系焉。"(大意,非直译原文;说见 *The Universe in the Light of Modern Physics*,页七九至九二)准此而谈,谓心力为不可方物云云,谓因果定律为有害于历史云云,非定论也。因此之故,吾人所谓新史学,须首先确认史学之对象为客观独立之存在。此存在之体,虽与自然科学所处理之对象有别,然非完全相反而不相侔。历史上,或人类过去活动之诸因素间,有因果定律可寻,盖以此也。

(《复旦学报》1944年第1期)

中国历史学的演变

管听石

一 中国历史学的发轫

历史决不是超现实的而仅属纸面上所记录着供人欣赏考据，或是在文辞上作点缀的典故而已，它必然要与现实的社会胶结着。所以在中国过去的一段漫长的封建社会时期，被一般封建主所雕塑而成的历史学，都是封建的历史学。更可以肯定的说一句，所有中国过去封建时期的历史书籍，都是替封建主说话的历史书籍。固然虞夏以前的氏族社会的传说，与殷商奴隶社会的贞卜文字，也不能不算它是历史。但前者只不过待考证研究的一部分的历史参证资料，后者虽确为真实的历史，但仍属零碎的幼稚的古典的历史产物，没有成为有意义的有宗旨的史籍。到了封建社会开始，历史的质量也随着改变。所谓右史记言、左史记事，以及内史、太史、守藏室的史官等等，都足以证明统治者已懂得历史的作用，而专门为了它设立许多官职来管理，来记载，但还没有理由可以说明它是成为有作用的封建性的历史学。这种封建历史学的草创的作品，就是《春秋》。它的作者，就是为封建时代的统治者所尊崇的孔子。在孔子作《春秋》以前，我们固然不能说没有这样类似的史乘。但现在所仅存的，却只能说《春秋》是第一部了。《春秋》的宗旨是正君臣夷夏之分。《春秋》的作用，是使乱臣贼子惧。因此，它就成为二千年来封建历史家们所奉为圭臬，甚至且尊为神圣不可侵犯的经典。虽然也有几个大胆的学者，对它疑惑，或是讥为断烂朝报，但决没有减损它底分毫的威风。

于此,应该郑重说明的:《春秋》与它底产生时期的现实社会是适应的吻合的。当时的社会现实情形是生产力逐渐长大,如农业器具的进步,工业生产的由大地主私家经营而转入各工人自由工业,都市商业的兴起与人口的集中,行商的规模益形扩大,以及自由置产的风习逐渐兴起。但另一方面,却暴露了封建主的骄奢及连年用兵而使统治者的国库濒于枯竭,又因封建主对农奴的加重剥削而使农奴无以为生。再看当时的政治情形,是掌握最高权力的周王已陵夷到不能与诸侯的卿大夫争衡,诸侯大地主已渐失了他的统治权威而为他底陪臣次大地主所袭取。过去所谓戎狄荆蛮为诸夏所膺惩的国家,却突起而凭陵诸夏。但另一方面,封建集权的趋势已成了雏形,都邑的离心组织已渐变为郡县的向心组织,这一切互相联系互相制约着的而又随时随地发现矛盾的经济政治形态,都说明了周代初期的封建社会已临转变时期。生在这时期的孔子,以安定社会为职责的孔子,以尊王攘夷正名定分为号召的孔子,以周公为模范的孔子,自然也跟着惶惶而不安起来。所以他在无法施行他的保守政策的时候,只有用口诛笔伐的方法,在《春秋》著作时,施展他的伎俩。"志在《春秋》"、"行在《春秋》"不是充分地表明了他的意识吗?

二 封建历史学的变形

随着时代的进步,封建性的历史学也起了进步的变化。周朝分权封建的形式转进而为秦汉集权封建的形式,这是由于生产力已有了质量的变化。那表现于历史学一方面的,是《春秋》的历史方式变化而为《史记》的历史方式。这在量的方面,是由简略的条记式的仅只几万字的编年历史,进步而为详述始末洋洋数十万言的纪传历史。在质的方面,则以周王的岁月作为提纲挈领而表示尊王的大一统的名义,进步而以本纪为纲,世家、列传为辅的君权集中的实质;仅以一字作为褒贬而极其零碎散漫的《春秋》,进步而以论赞为殿有整个系统的《史记》。这都可以看出作史者的意识也随社会而进步而转变了。所以孔子的意识是初期封建社会转变期一般较进步的封建地主的意识,《春秋》适足以代表它。《史记》的作者司马迁的意识是封建社会王权集中初期士大夫阶层的意识,《史记》适足以代表它。

但我们不能因《史记》已较《春秋》有了相对性的进步,而错认《史记》为合理的非封建的作品。要知《史记》与《春秋》是同样的以尊君抑臣为主旨,同样的为封建主子辩护,同样的不许小民有犯上作乱的行为。虽然司马迁曾经遭受了腐刑,在文字上不无怨怼之语,但他确自认是孔子的继承者,且默许《史记》是上承《春秋》。所以自整个性质上言,《史记》与《春秋》仍是一样的封建性的不合理的历史。

三 封建历史学的继续递变

从秦汉之间起到了东汉中叶,社会基础有了相当的变化,如农业、牲畜、工业、矿冶等等的进步,边疆及荒芜土地的开辟,队商道路远达欧洲,货币的使用已益普遍。这种种事实,都证明了历史已转变不少,因此适应政治的是王权集中力量的伟大,离心的封国制度逐渐消灭,以及反映出一般士大夫阶级的意识形态,是谶纬说之盛行与古文经学之兴起。至于史籍方面的代表作品是《史记》转变而为《汉书》。过去一般人都以为《汉书》是模效《史记》,而且一部二十四史,都是同型的史书,现在要将它别而为二,似乎要使人怀疑。诚然,一部二十四史确是同型的,同具封建性的,而又都是御修的史书。原来中国自西汉以及清初,社会的进步性很濡缓;所以表现于史籍一方面的,也没有多大的进步。但决不能说它完全没有转变。试拿《史记》与《汉书》的形式来比较:前者是较简约的通史,后者是较详备的断代史;前者是"本纪"、"世家"、"列传"三级递降的叙述方式,后者则只有"本纪"、"列传"二种;前者述及制度文物的是富有批评性的"书",后者是多属纪录式的"志";前者是依据社会进展的史实而平射的多方面的写作,后者则以汉代皇帝为核心而成拱卫式的书法。再从形式而说明其内含的性质:则可自通史与断代史之分,看出分权的封国制度已逐渐消灭而转变为王权独尊的封建制度的含义;又自"本纪"、"世家"、"列传"三级的递降与"本纪"、"列传"二者的分列,看出《汉书》是映露出社会上已经消失了小封主经济的力量与作用。又自批评变为纪录,多面的平射方式变为核心的拱护方式,更可看出王权力量的伟大与巩固及大汉一统思想的形式。这种种显然的转变的迹象,是无可辩讳的。

从汉末以迄隋初,经过了无数次间歇性的变乱。中原一带,被低度文化的五胡所割据,汉民族仅保有江南一隅。这时生产力已经被破坏了不少,虽然在局部上也有不少的进步,但从整个社会的进展情形看来,却缓慢得像蜗牛的蠕动一般。尤其是偏安王权之不克稳定,大地主经济之时遭摧残。这表现于史籍一方面的,是官修史乘,如《宋书》、《齐书》、《魏书》等之浅陋不足道,其他还有半官修性质的,如陈寿《三国志》、袁宏《后汉纪》、范晔《后汉书》、习凿齿《汉晋阳秋》,以及裴松之《三国志注》、裴骃《史记集解》等等,不过在形式上有编年、纪传及史注的分别。若就内容言,却没有一部可以说是比《汉书》更进步的代表作品。只有到了唐代,才发现显然进步的史书。

唐初因政局的暂时稳定,生产力也跟着向前进展,农业工业的生产技术以及美术工艺都有了进步,这样使得唐代统治者初期所定的租庸调剥削制度,不得不改为两税制。因此反映于历史学一方面的,除了官修史籍如《隋书》等较前略为详实外,还有私人著述的前所未有的史评《史通》,及分类史《通典》。前者是以犀利的目光,大胆地批评已往史籍;即经圣人删订过的《尚书》和圣人手作的《春秋》,也发生疑惑。后者是以幼稚的逻辑分法,把过去的史实归纳成七类。这种客观的批评,与近科学的治史方法,实足证明作者的意识是基于社会质量的推进,已达到自由商业资本大量兴起及手工行会发生时期。

唐代封建性的统治力量,只能有暂时的稳定,决不能永远地镇压下去。卒因矛盾发展达到了高度饱和点而倾覆了唐代。接着是半世纪的混乱,人民生活不克安定,生产力亦跟着被局部的破坏,以至历史的进步性转成濡缓的形态。一直到宋祖平定江南,重建宋室的统治政权,社会始又暂时安定下去,生产力又呈突飞猛晋之象:大规模工场的成立,工业行会的组成,商业资本的膨大,贵族商人地主的土地兼并,使得封建保守势力与新兴工商业资本势力的矛盾冲突,日益尖锐起来。这表现于政治一方面的,有倾向保守的司马光一派的旧党人物,有代表自由商业资本的小市民的王安石和他部下章、杨一派的新党人物。再表现于历史学一方面的，有保守派的著作，如范祖禹《唐鉴》、司马光《资治通鉴》，及专以模仿《春秋》为能事而毫无历史价值的朱熹《通鉴纲目》，这些史书，无疑的都是以稳定封建秩序为目的，而《纲目》表现得尤为露骨。至于新派的历史著作，则有黄震的《古今纪要》、郑樵的《通志》、马端临的《通考》、袁枢的《纪事本末》，这些都是以初步科学的方法研究出来。又如倪思的《班马异同》、吴缜的《新唐书纠谬》、孙甫的《唐史论断》、刘羲仲的《通鉴问疑》，这些又都略具批评的端倪。所以新派的著作，显然是一般新兴小市民意态的结晶。

宋代的末造，经过了一次大变乱，低度文化的蒙古民族入主中原，摧残了生产手段，破坏了生产力量，社会的进步性因此遇到极大的阻碍。这表现在历史学方面的，如官修史籍——宋、辽、金、元史——之退化，及私人著作之消沉。但自明中叶以后，社会经济状态又显著地向前开展，手工业的大规模工场及垄断性的商行组织，在江、浙、粤南一带已渐渐地相继成立。这表现于历史学一方面的，有王夫之《读通鉴论》，充分地露出小市民意识的自由研究及怀疑的精神。继之又有黄宗羲《明儒学案》、邵泰衢《史记疑问》、杨陆荣《五代史志疑》，尤以黄宗羲的《明儒学案》开中国学术史研究的端绪。这种历史学的进步，正足以说明当时的社会已向前进步，就是以保守封建势力为宗旨的敕修史书，如《明史》、《续通典》、《通志》、《通考》及《清通典》、《通志》、《通考》等，也较前代的官修史籍为详密。及至乾嘉之间，中国的封建社会已临最高点，转变的迹象已很明显。在这一时期的封建性的历史学，也达最后关头。考证学派的著作，就是代表当时士大夫阶层的意识，他们的历史作品，如全祖望《读史质疑》、钱大昕《二十二史考异》、《通鉴注辩正》、赵翼《二十二史札记》、王鸣盛《十七史商榷》、章实斋《文史通义》等等，都是中国封建性的历史学最后期的产物。至于清季柯劭忞的《新元史》，可说是他们的余波了。

前面历述中国封建时期历史学的演变，与中国社会辩证的进展，是互相适应，互相映射，但因现在所存的史籍，只有代表大封建主及士大夫阶层以至小市民阶层的意识与作用，而代表被压迫阶层农奴的意识与作用的史籍,可说完全没有。所以前面所说的,也不过从上层史籍偏面的观察,再加以合理的剖解而已。

四　半封建半殖民地性的历史学的纷纭

在中国封建社会行将转变的时候,欧美资本主义列强的势力,突然闯进国门。自鸦片战争起一直到了清末,经过了几次被侵略的战争与不平等条约的强迫签订,使得中国的社会,日渐陷于半封建半殖民地的状态。在这一变化时期中,表现于历史学一方面也异常纷纭。有代表新兴民族资本阶级的公羊学派,他们的历史著作,大都是零星的,只有康有为的《新学伪经考》,总算与史学有关的有系统的产物,到后来有夏曾佑所著的《中国古代史》是这一派的最后殿军了。

五四时代的疑古运动曾风靡一时,这与公羊学派是同质的。原因在五四前后,欧美资本主义国家,因矛盾冲突而发生的第一次大战,使得资本主义的经济力量无暇向远东扩展,因而中国衰弱的民族资本,一时乘机抬头。这表现于历史学一方面的,就是继公羊学派之后的疑古学派。他们的作品,大多汇集于《古史辨》里。

当时更有代表买办资本阶级的学者,他们的研究历史方法,是以机械的考证法为骨干,以西洋实验主义为依归,这充分表现出欧美资本主义的从属者的有买办阶级的习性。他们的代表作品,有胡适的《中国哲学史大纲》、冯友兰的《中国哲学史》、陈恭禄的《中国近代史》、萧一山的《清代通史》等;而最反复最无耻的是前为《古史辨》的主角,证明夏禹为爬虫;后为御聘史官,证明夏禹的生日是六月初六的顾颉刚。再如傅斯年一流,可怜他们没有大部著作,不过在这一派中,已经滚得发臭了。

再有代表封建残余的学者,他们以保守旧封建道德为自高,像柳诒徵、王国维一流人物。王氏的《观堂集林》,确于历史学上有相当功绩;柳氏的《中国文化史》,则没有可取的地方。

还有本来是封建的余孽,依附到买办资本主义学者的门下,装得不像牛头,不成马面,只看见他的依违时好、奔走权贵、以取禄位而已。这一派的最著名者,就是反动统治者所称许的历史家钱穆,他的代表作品

《中国史纲》,正暴露出这种卑鄙的意识。

还有用假辩证的科学方法来装饰门面,以欺蒙世人,实则仍是买办资本阶级的走狗。这种著作发现得最反复最徜徉而且毫无定见的,是陶希圣的《中国政治思想史》、《中国封建社会史》等等。

还有以学者自居,不关世事而闭户著作的,像邓之诚一流,其志堪哀,其愚不可及也。

总之,在这一时期中,基于社会变动的剧烈,所以表现于历史学一方面也异常纷纭。其中代表新兴民族资本一派的今文学家与专以反封建为事的疑古派的史学者,因为中国社会发展之特性,一方面受列强资本主义竞争的压迫,一方面受资本主义的走狗买办阶级的倾轧,与残余的封建势力的排挤,以至未臻饱满而中途被扼杀,所以这一派的历史学仅有一时期的孱弱的光芒而旋即黯然无声。至于代表封建残余的历史学家,也因时代的进步,封建残余势力决不能抵抗外来资本主义与内在的买办阶级的表里竞争,所以他们也趋于衰没的境界,仅有少数大地主与买办阶级勾结起来,希图镇压新兴的民主力量以保持残喘。这一派的历史家们,大多数仍不免怀着悲哀与末路之感,自然也有几个会吹附的,与买办阶级的历史家们合流而一时喧赫起来。但无情的时光,决不纵容它,眼见得将来与买办阶级性的历史家必然同归于尽。再说到这批做帝国主义的走狗出卖中国群众的买办资本阶级,暂时藉欺骗的言论与武力的压迫,如火如荼地登上了统治者从属的地位,使得一部份的柔弱者为之吓昏了。但不久的将来,灭亡之神即严厉地降到他的头上,他必然地为愤怒的群众所打倒。所以这一派无耻的历史家们,目前正做着帝皇太史迷梦,而想法用新理学新考据学来为统治者掩饰争气;但真的历史学的开展,怎肯容许你这样地卑鄙地干下去呢。

于此应该补述的,代表中国民族资本阶级的今文学家与疑古学者,近来虽然黯然无声,但与他站在同样立场的历史家,仍在荧荧地闪烁着。中国是需要发展民族资本,中国是应该走着新民主的统一路线,所以代表这般民族资产阶级的历史家,也因反帝反封建的同情,与新兴的以唯物辩证的方法从事研究的历史家们,暂时取得统一的阵线。你看研究《庄子》的马叙伦先生不是以矍铄高年还与帝国主义的走狗们誓死抗争吗?

五　辩证的唯物历史学的突起与扩大

五四以半殖民地的民族资本阶层为本质，展开反帝反封建运动，提出"德谟克拉西"与"赛因斯"的口号。在这一时期的辩证的进展中，使得过去为人所不经意的农工阶级中的优秀份子，觉悟到自身的重要，而起来作合理的要求。更有一般知识阶级中的前进份子，因受国外国内情势的刺激，而注意于社会主义学说的探讨，也有进而求实践的工作者。这样一来，反映于历史学方面的，自然也有崭新的姿势，开始出现在社会上的第一部而合乎辩证方法的史籍，就是郭沫若先生所作的《中国古代社会研究》。虽然在这一部书里，还有些地方值得重行研究，但郭先生草创之功，是任何研究历史者（只有统治者的御用学者和走狗除外）所承认的。

继郭氏《中国古代社会研究》之后，有许多文章讨论中国社会的进展与中国史上许多重大问题，这可说是中国社会史论战时期，其中对于中国社会的进化的各阶段，如奴隶时期、封建时期、资本主义时期等等，都有过热烈的争辩。但参加的战士们，虽都以马列的理论为依据，而且博引马列辞句，以辩护己说；惟因史料搜采欠博，立论欠精，故流为经院派之诡辩习气，对于真正历史学的开辟，成功尚少。

接着，我中国民族来了一次很惨巨的解放战争，在这战争的经过中，把社会上邪正是非的阵营，严正地明显地对立起来。于是历史家们也跟着裂开了邪正的两面：站在正一方面的，自始至终，坚决抗敌，拥护民主，抱不屈不挠的精神，与妥协者、投降者、伪民主者作无情的争辩。像华岗、翦伯赞、何幹之、郭沫若、邓初民、吕振羽诸先生所发表的著作，虽然还有可以讨论的地方，但均以正确的实践的科学方法去从事研究，却是一致的。尤其是翦伯赞先生的《历史哲学教程》，指出历史的正确的理论，批判了许多似是而非的见解，最足为学习历史者的指针。其余如吕振羽的《史前期中国社会研究》、《殷周时代的中国社会》、《中国政治思想史》等，何幹之的《中国社会史论战》、《中国启蒙运动史》等，或阐明中国历史的发展，或讨论中国历史上未解决的问题，对于中国的史学,均有相当的功绩。

　　反之,那些邪伪的投机性的或是认识欠精确的自命为新科学的历史家们,自从抗战以后,经不起洪炉的煅炼,有的已现出狐尾,跪到南京,跟着一批民族的叛贼,唱大亚洲主义去了。后来虽然回转重庆,仍然在中央做御聘史官,仍然唱反民主的论调,与全国人民大众为敌。有些则暗然无声,有些则自以为学者,飘飘然像煞一代之帝师也。

　　但青年的眼睛是雪亮的,邪伪的和不正确的著作,决不能与真正的历史学为敌。他们这一批人的历史著作,不是可以说几乎没有一个青年前去睬它吗? 反而为反动政府所明令严禁的,或是暗中禁人阅读的,倒反而风行全国,一般研究历史的,个个都有无法买到好书的感想。

　　翦伯赞的《中国史纲》已经出版了二卷,范文澜等合著的《中国通史简编》,亦于最近出版,此外零星的科学历史著作及论文,更接踵而起。中国新历史的境界将更扩大。但我们决不能以此为满足,更不能以此而听任客观事实的发展,而忽略了主观自动的努力,况且中国历史科学的研究领域内,还存在着无尽的未经采掘的宝藏和未垦的荒原。这些责任,都落在后起的青年的历史家的肩上,大家一致努力吧! 争取新历史的光明与民众解放的胜利。

(《中国史读法》,中华书局 1949 年)

先秦历史哲学管窥

齐思和

历史哲学一辞,创自西儒,我国无征。英国史学名家傅邻悌(Robert Flint)尝释其义曰:

"assign ... to the philosophy of history the task of tracing the relations of causation and affinity which connect history with other departments of existence and knowledge." (*Philosophy of History*, p.21)

盖通常史家,多集其精力于事实之考核、专门之研究,而于社会演化之规律、因果之关系,以及史学在学术上之地位、人类社会与宇宙事物之关系,固未暇一一深究也。于是有若而人焉,就人类社会之历史为一整个的研究,推测其规律,追寻其因果,易支节之探讨,为全体之考察,以期发现人类社会演化之法则,是为历史哲学。历史哲学,为研究史学之最高目的。吾人研究史学,其目的即在求得此种抽象观念以了解现在而控制未来,不然杂记陈迹,除资谈助外,有何益者?其免于扁轮之窃笑也鲜矣。虽然,历史哲学非易事也。人类社会演变之原因,复杂纷纠,远非自然界者可比。偶举其一,则不免忽略其余;稍试解释,鲜不流于偏宕武断。大之如经济、政治、地理、心理,小之至人之性欲,皆可于社会之演变生莫大之影响,而其彼此相互之关系,影响之轻重,尤不易殚术。故以西洋史学家凭藉之厚,方法之密,而结果不能成功者此也。至今治史学者,率皆斥之为空想,屏而不谈。法国史学家朗葛路氏(Ch. V. Langlois)讥之曰:

"Thinkers, for the most part not professed historians, have

made history the subject of their meditations; they have sought for its 'analogies' and its 'laws'. Some have supposed themselves to have discovered "the laws & which have governed the development of humanity," and thus to have "raised history to the rank of a positive science". These vast abstract constructions inspire with an invincible a priori mistrust, not the general public only, but superior minds as well. Fustel de Coulanges, as his latest biographer tells us, was severe on the Philosophy of History; these systems were as repugnant to him as metaphysics to the positivists. Rightly or wrongly (without doubt wrongly), the Philosophy of History, not having been cultivated exclusively by well-informed, cautious men of vigorous and sound judgement, has fallen into disrepute. (Langlois & Seignobes, *Introduction to the Study History*, pp.1-2)

英史学家斯葛得(Ernest Scott)斥之益烈,曰：Nothing can be misleading than an attempt to interpret history by formulae. (*History and Historical Problem*, p.172)

夫以近代西哲凭藉之厚,方法之精,犹不免有妄作之讥,今乃欲远征先秦之历史哲学,宁非荒唐,斯犹不然。傅邻悌曰:"历史哲学之起源,并不始于其成为独立学问之时。历史哲学之脱离混合之学问而独立,在诸学科中,为时较晚。仅就不朽之文学作品而论,历史哲学几与历史有同样悠远之历史。夫人类之第一问题,依米灵吞托之亚当之口者,非'我何自来,我何在此'乎?"是故历史哲学几与历史同时发生。盖人类最富于综合力,一事当前,辄能得一抽象观念。如中国最古之哲学为《易》,而《易》实由历史中、经验中得若干之抽象定理用以推测未来者也。虽方法有精疏,凭藉有深浅,其为历史哲学则一也。或曰以西洋方法之精密,其结果犹不免偏宕武断,为识者所讥。今乃欲求先秦诸哲之历史哲学,毋乃惠施之瓠,大而无用乎？应之曰:"求学当为学术而研究学术,不可有求用之目的存乎其间,中国之所以事事落人之后者,即自古求用之心太切也。且夫古人之历史观念固非无研究之价值也,其影响后世,指导来修者至巨。"此可分三方面言之：

（一）指示吾等研究之途径。古人思想对于后人之最大贡献，即为指示吾人以研究之途径。如其失败也，则吾人应及早另寻途径，以免重蹈其覆辙而空费大好之光阴。如其途径有可取也，则可继之研究，如是则数千百人之经验，皆为吾所有，何适何从，在吾自择，其为用不亦巨乎？

（二）可供给吾人无数之意见。夫以往历史哲学家之所以不能见信于人者，往往以其太偏宕，非以其无丝毫真理之发见也。大抵苟有所立，必有所偏；苟得其一，不免忽略其余。英史学家 Ernest Scott 曰"惟事事否认者无偏见"，明夫苟有所偏见，不足为学者之累也。今夫荀子言性恶，当然不免忽略善之一面；孟子言性善，当然不免忽略恶之一面。然因此吾人可知人性有善恶之可能焉。今若善亦否认之，恶亦否认之，善恶混亦否认之，一视同仁，可谓最不偏宕矣，然其对于吾人之供献何在耶？大抵人之精力有限，专门研究之范围极窄，而入之愈深，嗜之愈甚，于其学之价值，不免言过其实。吾人正可以旁观之态度，估定其价值。苟因其偏而摈弃不谈焉，则真理永无求得之日矣。

（三）对于后世之影响。社会科学与自然科学不同，自然科学须以事实证理想，而社会科学则理想往往能影响事实。中国之儒家、道家、法家，对于后世之思想、政治之影响，有识者类能言之。其在西洋，革命也，共和政体也，三权鼎立也。革命也，其初或者莫非由于一二人之创导而浸假成为事实也？黑哥儿（Hegel）以为历史为一种意志之表现，此意志即为普鲁士之称霸与统一德意志。及至欧战爆发，人多归咎于黑氏之哲学焉。马克斯以阶级争斗解释历史，及其终也，而阶级对立之势益炽，谋国者咸引为殷忧焉。是二学说学虽其是非不可知，而其影响之巨，盖可睹矣。

以上仅就一时想像所及，粗举数端，虽不足以尽历史哲学之重要，所举之例，犹偏于西洋，至于中国先秦历史哲学之重要，恐更有甚于此者。盖我国思想，大半形成于先秦，后儒之贡献，除介绍外国思想外，大抵在其推阐之功。故先秦思想，为中国思想之根本，此其一。昔康长素撰《孔子改制考》，以为诸子皆托古改制，然安知诸子非先有其历史观念，遂生其政治思想耶？其后法家之学行于秦，道家之学行于初汉，汉武之后,儒学变为国学,其影响政治,深入人心者为尤巨。明乎此则先秦之历史哲学,可得而言矣。

先已言之,历史哲学与历史同时发生。中国《易》、《诗》、《书》中,只辞片语之中,颇有可藉以考见先民之历史观念者,然皆吉光片羽,不成系统。故今所论者限于周秦诸子。昔司马谈论诸子,析为六家;班固志艺文,区为九流。其实其确能成一家之学,而有具体的历史哲学者,亦惟儒、墨、道、法四家而已。此四家皆承认社会演变之理,而于其演化之方向,则家有其说,人异其辞,兹分述之如下。

一 儒家之历史哲学

(甲) 孔子

述先秦之历史哲学而始于孔子者,非尊崇孔子也;亦惟顺其年代之先后(老子年代在孔子后,自崔东壁、汪容甫而下主张者不乏其人,余自种种方面考察,知作《道德经》之老子,其年代万不能在孔子之先,且亦不能与孔子同时,余别有《道家流传考》,兹不赘。)与夫其地位之重要耳。古者学在王官,孔子乃取之而授之于平民,庶人人知学,此其始也。故孔子以前之学,集大成于孔子,孔子以后之学,皆因孔子之影响而发生。

今所欲研究者,即孔子对于社会之演变,持何种态度乎?《记》曰:

仲尼祖述尧舜,宪章文武。《中庸》

尧舜固仲尼之理想人物也,故孔子常道及之。如:

子路问君子……子曰:"修己以安百姓。修己以安百姓,尧舜其犹病诸。"《论语·宪问》

子曰:"无为而治者,其舜也欤?夫何为哉?恭己正南面而已。"《卫灵》

大哉!尧之为君也。惟天为大,惟尧则之。荡荡乎,民无能名焉。《泰伯》

"舜其大知也欤?舜好察迩言,隐恶而扬善,执其两端,用其中于民,其斯以为舜乎?"

孔子之称之者至矣。后之学者以为孔子之所悦服者惟尧舜之道。如:

> 韩非子曰:"孔子、墨子俱道尧舜,而取舍不同。"《显学》
>
> 《盐铁论》曰:"孔子生于乱世,思尧舜之道,东西南北,灼头濡足,庶几帝王之悟。"

于是后儒更阐之为一理想之境界。如:

> 何休曰:"尧舜当古,历象日月星辰,百兽率舞,凤皇来仪。"《公羊·哀十四年》何注
>
> 陆贾曰:"尧舜之民,可比屋而封。"《新语》

实则孔子之于尧舜,不过祖述之。其赞誉之点,仅为人格之高尚,非悦其当时之典章制度,更无论乎其时之社会。如:孔子曰:

> 夏礼吾能言之,杞不足征也。殷礼吾能言之,宋不足征也。文献不足故也,足则吾能征之矣。《论语·八佾》

《中庸》亦称:

> 子曰:"吾说夏礼,杞不足征也,吾学殷礼,有宋存焉。吾学周礼,今用之,吾从周。"

《礼运》亦记曰:

> 子曰:"我欲观夏道,是故之杞,而不足征也,吾得夏时焉。我欲观殷道,是故之宋,而不足征也,吾得坤乾焉。"

夫夏殷之礼,尚不能征,更何论尧舜之道?荀子曰:

> 五帝之外无传人,非无贤人也,久故也。五帝之中无传政,非无善政也,久故也。《非相》

五帝既无传政,既欲法之,亦事实所不可能也。故颜渊问为邦,孔子对之以:

> 行夏之时,乘殷之辂,服周之冕,乐则《韶》、《舞》。

乐舞而外,孔子未采二帝之制者,此也。至孙星衍以为:

> 孔子生于周,故遵周礼而不用夏制。孟子亦周人而宗孔,故于墨非之,势则然也。《墨子序》

龚定庵亦谓:

> 孔子曰:"郁郁乎文哉,吾从周。"又曰:"吾不复梦见周公。至于夏礼商礼,取识遗忘而已。"以孔子之为儒而不高语前哲,恐蔑本朝以干戾也。

治学皆不免曲说,考孔子之所以法文武、周公者,盖有二因:一则以尧舜之制,已不可考;二则孔子深信社会演变之理,制度须依社会为转宜,适于古者未必适于今。非如后世学究开口二帝,闭口三王也。故曰:

> 殷因于夏礼,所损益可知也。周因于殷礼,所损益可知也。其或继周者,虽百世可知也。

斯则以为文物制度,须因时损益,非如后儒以为古代尽美尽善,无可复加。上古风俗淳朴,制作简陋,孔子以为由此进化,乃近于道。故曰:

> 齐一变而至于鲁,鲁一变而至于道。

孔子以为社会进化至周,文物制度,已臻美满之境。曰:

> 周监于二代,郁郁乎其文哉!吾从周。

故孔子处变乱之世,日夜所欲恢复者,为周初之制度,故曰:

> 甚矣!吾之衰也。不复梦见周公。

夫思周公之制,至于梦寐,其所崇之者深矣。孔子又以绍述文王之道为己任。如:

> 文王既没,文不在兹乎?

《中庸》亦记其言曰:

> 文武之道,布在方策,其人存,则其政举。

子贡亦称:

> 文武之道未坠于地,在人,贤者识其大者,不贤者识其小者,莫

> 不有文武之道存焉。夫子焉不学？夫亦何常师之有？《子张》

斯则仲尼之之私淑文武，犹孟轲之于仲尼矣。故孔子所师法者为文、武、周公，所欲采取者为西周之制度，后儒不解其义，以为孔子所欲效法者唯有尧舜，亦所谓失之毫厘，差之千里者也。孔子深信社会进化之理，前已言之。其时距文武之世，已数百年，而孔子乃欲必恢复数百年前之制度者，则仲尼以为周东而后，诸侯力政，社会日在退化之中也。孔子于霸皆不满。子曰：

> 晋文公谲而不正，齐桓公正而不谲。

又曰：

> 管仲，小人哉！

于当时之从政者益不满，如："'今之从政者何如？'子曰：'噫！斗筲之人，何足算也！'"于其时之世，尤所愤激，曰："郑声淫。"又曰："古者民有三疾，今也或是之亡也。古之狂也肆，今之狂也荡。古之矜也廉，今之矜也忿。古之愚也直，今之愚也诈。"

儒家之政治思想为感化主义，以为风俗之窳，其罪在上而不在下。而政治之所以腐败，孔子以为由于名分之不正，上下之失序，故以为：

> 天下有道，则礼乐征伐自天子出；天下无道，则礼乐征伐自诸侯出。

故孔子以正定名分为为政之根本，视之最重，如：

> 子路曰："卫君待子为政，子将奚先？"子曰："必也正名乎。……名不正则言不顺，言不顺则事不成。"《子路》
>
> 季康子问政于孔子，孔子对曰："政者，正也。子率以正，孰敢不正？"《颜渊》
>
> 齐景公问政于孔子，孔子对曰："君君，臣臣，父父，子子。"《颜渊》
>
> 陈成之弑简公，孔子沐浴而朝，告于哀公曰："陈恒弑其君，请讨之。"《宪问》

以齐鲁强弱之悬殊，而孔子不惮冒请以讨之，则孔子于名分之重视可知。《春秋》之作,即为正定名分。盖孔子以为上下失序,非惟阻止社会进化,且种族将无以自存,其所以欲复西周之制者以此,初非以为西周之文化无可复加。故颜渊问政,子告之以行夏之时,用殷之辂;于周之过文则以为文胜质则史,如用礼乐则从后进,礼之损益则百世可睹。然则仲尼之微言,不固显然乎?

(乙) 孟子

孔子之后,能发挥光大其学者,首推孟子。孟子之学,本未得孔子之全,其历史哲学亦与孔子不同。孔子于尧舜,不过祖述,其所欲师法者,实为文王、周公。孟子则"言必称尧舜",以为尧舜造人道之极,后则一代不如一代。如曰:

> 尧舜,性之也;汤武,身之也;五霸,假之也。《尽心》
> 尧舜,性之也;汤武,反之也。《尽心》
> 五霸者,三王之罪人也。今之诸侯,王霸之罪人也。今之大夫,今之诸侯之罪人也。《告子》
> 王者之迹熄而诗亡,诗亡而后《春秋》作。《离娄》

尧舜之道即超乎后世,故孟子以为后之王者当法先王:

> 遵先王之法而过者,未之有也。《离娄》

"先王"者谁?则《离娄篇》所谓:

> 欲为君尽君道,欲为臣尽臣道,二者皆法尧舜而已。《离娄》

其于孔子所效法之文王,虽亦称道,然殊不如孔子之切,且亦无"吾从周"之意,不过以为小国应行之道而已。如:

> 诸侯有行文王之政者,七年之内,必为政于天下矣。《离娄》
> 今也,小国师大国而耻受命焉,是犹弟子而耻受命于先师也。如耻之,莫若师文王。《离娄》

且其举文王,往往与禹汤并举,并无特别重视之意。此则孟子与孔子不同处,而为荀子所訾者也。

考孟子之所以与孔子意见歧异者,亦有其原因。孔子之时,天下尚不若孟子时之乱，人心尚思周，望其复兴。故孔子常抱正名分，尊王攘夷之思。孟子之时则周室益衰，天下益乱，上下交征，已无人思及周室。故孟子直劝诸侯效文王之王天下，又以为五百年必有王者兴，大有周德已衰，他姓当立之意。其心目中已早无周室，因之对于周之制度，当然不若孔子之崇拜，此其一。孟子之时，西周之典章制度，已多不可考，所谓"诸侯恶其害己也，皆去其籍，其详不可得而闻也"。而孟子长于《诗》、《书》，不长于《礼》。故其答诸侯之问，亦不过五亩之宅、树之以桑等等陋言。典章制度，了无所陈。此其二。

不过孟子以为社会不能永远退化，变乱之极，必又趋于治；而治之极，必又趋于乱，治乱相继，始卒若圜。故其以为社会之为曲折的，循环的，而非直线的。故曰：

> 五百年必有王者兴，其间必有名世者。

《尽心篇》更申之曰：

> 由尧舜至于汤，五百有余岁，若禹、皋陶则见而知之，若汤则闻而知之。由汤至于文王，五百有余岁，若伊尹、莱朱则见而知之，若文王则闻而知之。由文王至于孔子，五百有余岁，若太公望、散宜生则见而知之，若孔子则闻而知之。由孔子而来至于今，百有余岁，去圣人之世，若此其未远也，近圣人之居，若此其甚也。然而无有乎尔？则亦无有乎尔？

孟子既以循远之理，推测世运之隆替。故欲舍周室而寻新王，略文王而崇尧舜。当然不能不引起后儒之反对，荀子其一也。

（丙）荀子

世之论孟荀者，皆知孟子道性善，荀子言性恶；孟子法先王，荀子法后王矣。性善、性恶之辨，人尽知之。至于先王、后王，究指何人而言，则知者颇鲜。所谓先王，余既于上节发其覆，今请再释后王。

荀子所以法后王者，盖有二因。一则以上古典制荡然无存，莫能取法。

> 五帝之外无传人，非无贤人也，久故也。五帝之中无传政，非

无善政也,久故也。传者久则论略,近则论详;略则举大,详则举小。愚者闻其略而不知其详,闻其详而不知其大也,是以文久而灭,节族久而绝。《非相》

二则以古今异情,不能相法。

夫妄人曰:"古今情形不同,以其治乱者异道。"而众人惑焉。《非相》

以此二故,荀子乃斥孟子之法先王为"略法先王而不知其统"。《儒效篇》更痛訾之曰:

逢衣浅带,解果其冠,略法先王而足乱世术。缪学杂举,不知法后王而一制度,不知隆礼义而杀《诗》、《书》,……呼先王以欺愚者而求衣食焉。

其所称是否指孟子不可知,然其恶人之法先王,亦可见矣。于是荀子所提出其法后王之主张曰:

故曰:"欲观圣王之迹,则于粲然者矣,后王是也。"《非相》
道过三代谓之荡,法贰后王谓之不雅。《儒效》
王者之制,道不过三代,法不贰后王。道过三代谓之荡,法贰后王谓之不雅。《王制》
百家之学,不及后王,则不听也。

其所称后王,究谁之指乎?杨倞释之曰:

"后王",近时之王也。"粲然",明白之貌。言近世明王之法,则是后王之迹也。夫礼法所兴,以救当世之急,故随时设教,不必拘于旧闻。而时人以为君必用尧舜之道,臣必行禹稷之术然后可,斯惑也。孔子曰:"殷因于夏礼,所损益可知也。"故荀卿深陈以后王为法,审其所贵君子焉。司马迁曰:"法后王者,以其近己而俗相类,议卑而易行也。"《非相篇》注

又于《王制篇》注中言之曰:

法不贰后王,言以当世之王为法,不离贰而远取之。

斯则杨倞以为后王,乃指时君而言矣。然其言不能使人无疑,夫当时周室已奄奄一息,有等于无,而其政令昏庸,恐较诸侯为尤甚。荀子有"天下不一,诸侯失序,天王非其人也"之语,斯则所谓"后王"非指当时周天子而言,明矣。当时诸侯,久已僭称王,荀子所谓后王,其此辈乎?然荀子于五伯已羞称之:

> 然而仲尼之门,五尺之竖子,言羞称乎五伯,是何也?曰:"然,彼非本政教也。……小人之杰也,彼固曷足称乎大君子之门哉?"《仲尼》

于诸侯之政,皆谓其不合王道。

> 成侯嗣公,聚敛计数之君也。子产,取民者也,未及为政者也。管仲,为政者也,未及修礼者也。故修礼者王,为政者强,取民者安,聚敛者亡。故王者富民,霸者富士。《王制》

而其所主张之:

> 关市几而不征,质律禁止而不偏。《王霸》
> 王者之等赋,政事,财(杨注:同裁)万物,所以养万民也。田野什一,关市几而不征,山林泽梁以时禁发而不税。《王制》

早不见于当时,聚敛之风日甚。荀子所谓:

> 今之世则不然,厚刀布之敛以夺之财,重田野之税以夺之食,苛关市之征以难其事。《富国》

荀子之痛之者深矣,而谓其法之乎?所谓后王,既非"当时之王",究何所指乎?斯则不可先观。

荀子自己对后王所下之定义:

> 彼后王者,天下之君也。舍后王而道上古,譬之是犹舍己之君而事人之君也。故曰:"欲观千岁,则数今日;欲知亿万,则审一二;欲知上世,则审周道;欲知周道,则审其人,所贵君子。"

斯则所谓后王者,一须为天下之君,二须不在上古,而在近世,三须行周道,非文武其谁乎?故荀子常称文王者此也。刘台拱曰:

> 后王谓文武也。杨注非。

王念孙曰：

> "后王"二字，本篇一见，《不苟篇》一见，……皆指文武而言。杨注皆误。

可谓卓识。而俞曲园以为：

> 刘、汪、王三君之说，皆有意为《荀子》补弊扶偏，而实非其雅意也。据下文云："彼后王者，天下之君也。舍后王而道上古，譬之犹舍己之君而事人之君也。"然则荀子生于周末，以文武为后王可也。若汉人则必以汉高祖为后王，唐人则必以唐高祖、唐太宗为后王，设于汉唐之世而言三代之制，是所谓"舍己之君而事人之君"也。岂其必以文武为后王乎？盖孟子言法先王，而荀子言法后王，亦犹孟子言性善，荀子言性恶，各成其是，初不相谋，比而同之，斯惑矣。

斯则于先王后王之义，亦未之知。静安先生曰："俞氏之于学问，固非有所心得。"信哉。

荀子既法文武，然亦称先王者，何也？盖荀子法后王，法其典章制度，至其道则古今如一。故曰：

> 夫尚贤使能，赏有功，罚有罪，非独一人为之也。彼先王之道也。……治必由之，古今一也。《强国》

其他称先王之处，其意大都类此。盖荀子以为道古今不变，法则须随损益。所以然者，以荀子以为人之所以能胜物者，以其能群，所以能群者，以其有别，此则千古所同也。故曰：

> 人……力不若牛，走不若马，而牛马为用，何也？曰："人能群，彼不能群也。"人何以能群？曰："分。"分何以能行？曰："以义。"故义以分则和，和则一，一则多力，多力则强，强则胜物。《王制》

又曰：

> 人之生，不能无群，群而无分则争，争则乱，乱则穷矣。故无分者，人之大害也。有分者，天下之本利也。而人君者，所以管分之

枢要也。

人君即为监视此分之枢要,故治乱之源,皆系之于君。故曰:

> 君者民之原也。源清则流清,源浊则流浊。《君道》

而于人民无关。

> 有乱君,无乱国;有治人,无治法。羿之法非亡也,而羿不世中。禹之法犹存,而夏不世王。

此则儒家之传统思想,而不限荀子者矣。

综之,荀子之历史观念,以为自邃古即有阶级制度。不过荀子所谓之阶级,与平常所谓阶级不同。寻常所指之阶级,多由血统、财产而起,而荀子则以为贤者须居上位而优崇,不肖者须居下位而劳苦。并以为此非但为理之当然,且非此不足以维系社会之秩序。所谓分,所谓礼,皆异名一实。此为社会演变之要素,治乱盛衰系焉,此所谓不变之道。至于法律典章,则应法其详明者,即文武之法也。故于此点,荀子最得孔子之传,而其所以斥孟子者,盖有故矣。

二 墨家之历史哲学

墨子以为上古之世,社会混乱无序,有贤者出,然后乃治。曰:

> 古者民始生,未有刑政之时,盖其语,人异义。是以一人则一义,二人则二义,十人则十义。其人兹众,其所谓义亦兹众。是以人是其义,以非人之义,故交相非也。是以内者父子兄弟作怨恶离散,不能相和合,天下之百姓,皆以水火毒药相害。至于有余力不能以相劳,腐朽余财不能相分,隐匿良道,不以相教,天下之乱,若禽兽然。夫明乎天下之所以乱者,生于无政长,是故选择天下之贤,立以为天子。……是以天下治也。《上同上》

选君之后,社会之隆替,皆视其君与其民之能否兼爱、上同、节用、尊天、尚贤而定。顺此则治,违此则乱。尧舜、禹汤、文武,墨子以为能尽此道者也,故墨子祖述之。故祖述之人物,历史之观念,初与儒家无别,特其视察之点异耳。韩非曰：

> 孔子、墨子俱道尧舜，而取舍不同，皆自谓真尧舜。尧舜不复生，谁定儒墨之诚乎。《显学》

此则二家所不能答者也。

三　道家之历史哲学

儒家、墨家俱不满意于当代，而欲复尧舜、文武之治。或主法尧舜，或倡法文武，然无论如何，尧舜而上之一段历史，固皆承认其为进化的也。道家则以为自有史以来，社会即愈进愈窳。尧舜之世，社会已远不如上古，故直欲复邃古之初，世风淳朴，民无知识之时。故其对于历史之观念为退化的。考其所以如此主张者，亦有三因：

（一）夫世之所谓人类进步者，何也？亦无非谓物质之享受加丰，人类之知识提高，昔人不能享受者吾能享受之，昔人不能思维者吾能洞悉之，如是而已。老子则以为世之所以多乱者，类皆由人之不满足之心而起，而物质之享受愈增，人之欲望亦愈增，结果则愈不能满足；加以贫富之差，强弱之分，此能享受者，彼不能享受，其不争者鲜矣。故曰：

> 罪莫大于可欲，祸莫大于不知足，咎莫大于欲得。
>
> 天下多忌讳，而民弥贫；民多利器，国家滋昏；人多技巧，奇物滋起；法令滋章，盗贼多有。
>
> 绝巧弃利，盗贼无有。

且也，人之知识愈高，则其思想愈复杂，结果则愈感觉不满足。今夫农夫，胼手胝足，终日不得一饱，而常有怡然自得之色。至知识较高之人，虽养尊处优，而咸苦不足，斯则知识之害也。故知识愈高，则愈不安分，而争端愈多。故曰：

> 古之善为道者，非以明民，将以愚之。民之难治，以其智多。

（二）儒家倡仁义，墨家尚贤，老子以为此乃舍本趋末之策，非惟不足弭乱，乱恐且因是而益甚。结果真仁义不可得，而伪君子必日出，是无异奖励作伪也。故曰：

> 大道废有仁义,智慧出有大伪,六亲不和有孝慈,国家昏乱有忠臣。绝圣弃智,民利百倍;绝仁弃义,民复孝慈;绝巧弃利,盗贼无有。此三者以为文不足,故令有所属。见素抱朴,少私寡欲。
>
> 不尚贤,使民不争;不贵难得之货,使民不为盗。

庄子亦曰:

> 故纯朴不残,孰为牺尊?白玉不毁,孰为珪璋?道德不废,安取仁义?性情不离,安用礼乐?五色不乱,孰为文采?五声不乱,孰应六律?夫残朴以为器,工匠之罪也;毁道德以为仁义,圣人之过也。《马蹄》

又曰:

> 彼窃钩者诛,窃国者为诸侯,诸侯之门,而仁义存焉,则是非窃仁义圣智耶?

(三) 大凡文明愈进步,则政府与人民之关系愈密切。反言之,即政府之干涉人民愈力。当老子之世,时君皆横征暴敛,百般骚扰,人民只蒙其害,不得其利;干涉愈多,则人民愈不堪命,反不若任民自谋之为愈也。故老子直诏之曰:

> 民之饥,以其上食税之多也,是以饥。民之难治,以其上之有为也,是以难治。民之轻死,以其求生之厚也,是以轻死。

且也,法令愈严,则人民廉耻之心愈失,廉耻之心愈失,则愈喜犯法,故禁之实所以启之也。故曰:

> 法令滋章,盗贼多有。

庄子亦曰:

> 为之斗斛以量之,则并与斗斛而窃之;为之权衡以称之,则并与权衡而窃之;为之符玺以信之,则并与符玺而窃之;为之仁义以矫之,则并与仁义而窃之。

道家既以世乱之起,由于人之知识,政府之干涉,故其理想国远在儒墨二家之前,为邃古民智未启之世。

> 小国寡民,使有什伯之器而不用;使民重死不远徙,虽有舟车,无所乘之,虽有甲兵,无所阵之;使民复结绳而用之。甘其食,美其服,安其居,乐其俗,邻国相望,鸡犬之音相闻,民至老死,不相往来。

庄子亦描写此理想国曰:

> 故至德之世,其行填填,其视颠颠。当是时也,山无蹊隧,泽无舟梁,万物群生,连属其乡。禽兽成群,草木遂长。是故禽兽可系羁而游,鸟鹊之巢可攀援而窥。《马蹄》

其理想国既为此初民草昧之世,故对于后来文化之演进,认为退步之现象。故曰:

> 有虞氏不及泰氏。有虞氏其犹藏仁以要人,亦得人矣,而未始出于非人。泰氏其卧徐徐,其觉于于,一以己为马,一以己为牛。《庄子·应帝王》
>
> 夫尧既已黥汝以仁义,而劓汝以是非矣,汝将何以游夫遥荡恣睢转徙之涂乎?《庄子·大宗师》

于是儒墨二家所崇拜之尧舜,道家已以为祸首矣。非但尧舜也,黄帝之世,已非道家理想之国。自是而后,文化愈启,淳朴之风愈失,故道家以为愈演则愈退焉。

四 法家之历史哲学

以上三家,咸以为今不如古,故其理想国皆在上古,而时代愈后者,则其理想国亦愈古。孔子法文武,孟子则道尧舜,老子称黄帝,而庄子则以黄帝尚不古,而远征乎赫胥氏、大庭氏,皆远征上古,无当于当世之急,于是法家之学兴焉。法家自管子而后,商鞅、吴起言法,申子言术,慎子言势,以及尹文子之属,人异其言,家异其说,盖已多矣。然而能兼综群言,折中尽当,集其大成者,厥惟韩非。今以韩子(韩非,唐以前皆称韩子,后以人皆称韩愈为韩子,乃改称韩非为韩非子,殊非是,今仍称韩非为韩子)之说为中心,以观法家之历史哲学。

韩子之历史哲学,有唯物之倾向,以为古今情形之不同,非由于人心之变,乃由于物质环境之不同。此物质环境变易之原因,一则由于人口之增加,财产不敷分配:

> 古者丈夫不耕,草木之实足食也。妇人不织,禽兽之皮足衣也。不事力而养足,人民少而财有余,是以民不争。是以厚赏不行,重罚不用,而民自治。今人有五子不为多,子又五子,大父未死,而有二十五孙。是以人民众而货财寡,事力劳而供养薄,故民争。虽倍刑罚而不免于乱。《五蠹》

二则由于生活程度之不同:

> 尧之王天下也,茅茨不剪,采椽不斫,粝粢之食,藜藿之羹,冬日麑裘,夏日葛衣,虽监门之服养,不亏于此矣。禹之王天下也,身执耒臿,以为民先,股无胈,胫不生毛,虽臣虏之劳,不苦于此矣。以是言之,夫古之让天下者,是去监门之养,而离臣虏之劳也,故传天下而不足多也。今之县令,一日身死,子孙累世絜驾,故人重之。是人之于让也,轻辞古之天子,难去今之县令者,薄厚之实异也。《五蠹》

韩子之以经济变迁解释历史,不惟中国为创举,即在西洋,三千年前,恐亦无梦见此思想者。前者乃马尔萨斯之《人口论》,后者乃马克斯之唯物史观也。虽其立论,不若后人之精确,不免有自相矛盾之处(余别有《韩非子政治思想》详论此点,兹不赘)。此则以学愈究而愈精,后来者居上,固不足为韩子责也。仅就其所见,亦足以揭破人生之黑幕,而与诵仰先王者一莫大之打击。

> 夫山居而谷汲者,媵腊而相遗以水;泽居苦水者,买庸而决窦。故饥岁之春,幼弟不让,穰岁之秋,疏客必食,非疏骨肉,爱过客也,多少之心异也。《五蠹》

斯则人之性情,本古今如一,特以环境不同,而其应付之者,亦随之而异,初非古人之道德,必高尚于今人也。古今之环境不同,于是情形乃大异:

故曰："事异则备变。"上古竞于道德,中世逐于智谋,当今争于气力。《五蠹》

古人亟于道德,中世逐智,当今争于力,古者寡事而备简,朴陋而不尽,故有挑铫而推车者。古者寡而相亲,物多而轻利,故有揖让而传天下者。《奸劫》

古今之情形,既以人口之多寡、经济之变迁而移异,自非人力所能挽回,除"论世之需,因为之备"外,吾人无所施其力。是则韩子之见解突过儒、墨、道三家处,以其知"历史决不重演"之理也。儒、墨、道三家皆迷信复古之古,以为仅使法令复古,则社会既可回复古之状态。岂知世态万殊,宁若是简单?社会能影响政治,政治岂能使社会复古?故其主张为:

故明主之国,无书简之文,以法为教;无先王之语,以吏为师;无私剑之捍,以斩首为勇,——超五帝,侔三王,必此法也。

其注意之点,只在当今,不在往古,其理想国亦在当今,不妄信复古之效。而其历史哲学亦以人之心理,及经济之变迁为根据,尚观察而不凭臆说,最近于科学。其后韩子虽见戮于秦,而学大行,举秦之焚《诗》、《书》,杀儒生,严刑罚,禁偶语,废封建,立郡县,以及秦政之自以为德兼三皇,功高五帝,皆直接间接受韩子学说之影响,世人每归咎于始皇、李斯,不知其实得自韩子也。及至二世之时,犹执韩子之说,以难李斯(《史记·李斯列传》),韩子之影响于秦者,深矣。先秦之历史哲学,至韩子入于正当轨道,亦至韩子施之行政,获其实效,可谓集先秦诸哲之大成。此固由韩子见解之卓,而后来居上,亦理之当然者也。先秦之历史哲学既结束于韩子,而吾文至是,亦告一结束焉。

(《史学年报》1929 年第 1 卷第 1 期)

战国诸子的历史哲学

吴 晗[*]

一、庄子 庄子事迹——自化一元论——道与自然——齐物史观。

二、孟子 孟子事迹——性与心——命定说与治乱循环论——上古史的三个时代与人治主义。

三、荀子 荀子事迹——性恶说与胜天论——反进化论与法后王——礼与国家社会之起源。

四、墨子 墨子事迹——非命与天志——兼爱与尚同——文化之创造。

五、驺衍 驺衍事迹——超时代的世界地理观——五行说与宇宙论——五德转移说(机械史观)。

六、韩非 韩非事迹——性恶与法治——进化的历史观——上古史的三个时代与其经济条件。

一 庄　　子

(一) **庄子事迹**。《史记》记庄子事迹仅云：

> 庄子者,蒙人也,名周。周尝为蒙漆园吏,与梁惠王、齐宣王同时。其学无所不窥,其著书十余万言,大抵率寓言也。……善属书离辞,指事类情,用剽剥儒墨,虽当世宿学,不能自解免也。其言洸洋自恣以适己,故自王公大人不能器之。楚威王闻庄周贤,使使厚币迎之,许以为相。庄周笑谓楚使者曰:"千金重利,卿相尊位也。子独不见郊祭之牺牛乎?养食之数岁,衣以文绣,以入太

---

[*] 作者原署"梧轩"。

庙,当是之时,虽欲为孤豚,岂可得乎？子亟去,无污我。我宁游戏污渎之中自快,无为有国者所羁。终身不仕,以快吾志焉。"（《老庄列传》）

事迹不详。据《庄子》书,我们知道他和惠施往来最密,其死在惠施后,死时约当西历纪元前二七五年左右。其所著书超旷恍惚。蒙为宋地,似庄子受楚人影响甚深。

（二）自化一元论。《天下篇》评庄子哲学云：

> 芴漠无形,变化无常,死与生与？天地并与？神明往与？芒乎何之？忽乎何适？万物毕罗,莫足以归。古之道术有在于是者,庄周闻其风而悦之。以谬悠之说,荒唐之言,无端崖之辞,时恣纵而不傥。不以觭见之也。以天下为沉浊,不可与庄语,以卮言为曼衍,以重言为真,以寓言为广,独与天地精神往来,而不敖倪于万物。不谴是非,以与世俗处。……上与造物者游,而下与外死生无终始者为友。其于本也,宏大而辟,深闳而肆。其于宗也,可谓稠适而上遂矣。虽然,其应于化而解于物也,其理不竭,其来不蜕,芒乎昧乎,未之尽者。

庄子哲学的起点只是："芴漠无形,变化无常,死与生与？天地并与？神明往与？芒乎何之？忽乎何适？万物毕罗,莫足以归。"对于宇宙变化,生死问题,企图求出其"归",从万物变迁的视角衍绎出生物进化论。他对于生物变迁的奥秘,解释为自化,《秋水篇》说：

> 物之生也,若骤若驰,无动而不变,无时而不移。何为乎？何不为乎？夫固将自化。

他以为万物本来同是一类,后来才渐渐变成各种"不同形"的物类。但又不是一起首就同时变成了各种物类。这些物类都是一代一代地进化出来的。所以《寓言篇》又说：

> 万物皆种也,以不同形相禅。始卒若环,莫得其伦,是谓天均。

如从相禅成不同形的万物看,则万物皆异,如从"种"看,则万物又未始非一：

> 自其异者视之，肝胆楚越也；自其同者视之，万物皆一也。（《德充符》）

(三) 道与自然。"道"为天地万物所以生之原理，有物即有道，道无乎不在，而原于一。《大宗师》云：

> 夫道，有情有信，无为无形；可传而不可受，可得而不可见。自本自根，未有天地，自古以固存；神鬼神帝，生天生地。在太极之先而不为高，在六极之下而不为深，先天地生而不为久，长于上古而不为老。

《天下篇》云：

> 道无乎不在……圣有所生，王有所成，皆原于一。

道之作用为自然，天地万物人卒虽大虽多虽众，而均可以"道"御之。《天地篇》云：

> 天地虽大，其化均也；万物虽多，其治一也；人卒虽众，其主君也。君原于德而成于天，故曰玄古之君天下无为也，天德而已矣。以道观言而天下之君正，以道观分而君臣之义明，以道观能而天下之官治，以道泛观而万物之应备。故通于天地者德也，行于万物者道也，上治人者事也，能有所艺者技也。技兼于事，事兼于义，义兼于德，德兼于道，道兼于天。

以此，凡适应自然者谓之"天"，违反自然者谓之"人"。《秋水篇》云：

> 牛马四足是谓天，落马首，穿牛鼻，是谓人。

戕贼自然者，其结果必至于"灭命"。《应帝王篇》有一故事为此说之佐证：

> 南海之帝为儵，北海之帝为忽，中央之帝为浑沌。儵与忽时相与遇于浑沌之地，浑沌待之甚善。儵与忽谋报浑沌之德曰："人皆有七窍以视听食息，此独无有。"尝试凿之，日凿一窍，七日而浑沌死。

（四）齐物史观。 万物皆由自化，其上并无主宰。宇宙中无所谓命定的事物，因此亦无绝对的是非。世上无不变的事物，因之亦无不变的是非。

> 是亦彼也，彼亦是也，彼亦一是非，此亦一是非。（《齐物论》）

欲见事理之全，"欲是其所非而非其所是，则莫若以明"。所谓"明"，即以彼明此，以此明彼。

> 彼是莫得其偶，谓之道枢。枢始得其环中，以应无穷。是亦一无穷，非亦一无穷也，故曰莫若以明。（《齐物论》）

圣人对于物之互相是非，听其自尔，《齐物论》：

> 是以圣人和之以是非，而休于钧。

"休于钧"即听万物之自然也。以此，庄子对于社会与历史的解释，亦以为由"天"而降于"人"。由自然的无为而进于唯心的有为。《缮性篇》云：

> 古之人在混芒之中，与一世而得澹漠焉。当是时也，阴阳和静，鬼神不扰，四时得节，万物不伤，群生不夭，人虽有知，无所用之，此之谓至一。当是时也，莫之为而常自然。逮德下衰，及燧人、伏羲始为天下，是故顺而不一。德又下衰，及神农、黄帝始为天下，是故安而不顺。德又下衰，及唐虞始为天下，兴治化之流，浇淳散朴，离道以善，险德以行，然后去性而从于心。心与心识知，而不足以定天下，然后附之以文，益之以博。文灭质，博溺心，然后民始惑乱，无以反其性情而复其初。

"去性而从于心"，是从原始民族进到有史时期的一个划时代的衍进，和"莫之为而常自然"的时代衔接。

社会时时在变动，天下的是非也随时势为是非，也有进化，也有退化。凡事无"常"，要在能适应自然，方能生存。《秋水篇》用禅让征诛的传说来解释这一新观点说：

> 昔者尧舜让而帝，之哙让而绝，汤武争而王，白公争而灭。由

此观之,争让之礼,尧桀之行,贵贱有时,未可以为常也。……故曰:"盖师是而无非,师治而无乱乎?"是未明天地之理、万物之情者也。……帝王殊禅,三代殊继。差其时逆其俗者,谓之篡夫,当其时顺其俗者,谓之义之徒。

二 孟 子

(一) 孟子事迹。《史记》:

> 孟轲,邹人也。受业于子思之门人。道既通,游事齐宣王,宣王不能用。适梁,梁惠王不果所言,则见以为迂远而阔于事情。当世之时,秦用商君,富国强兵;楚、魏用吴起,战胜弱敌;齐威王、宣王用孙子、田忌之徒,而诸侯东面朝齐。天下方务于合纵连衡,以攻伐为贤,而孟轲乃述唐虞三代之德,是以所如者不合。退而与万章之徒,序《诗》、《书》,述仲尼之意,作《孟子》七篇。(《孟子荀卿列传》)

孟子的生卒年不很清楚,大概生在周烈王四年,卒于赧王二十六年左右,年约八十四岁。(372—289B.C.)

(二) 性与心。孟子道性善,言必称尧舜。《滕文公上》以为:"道一而已矣。"人之本质含有"善",因人同具官能,同具恻隐、羞恶、辞让、是非之心,同具良知良能。其所以不善者,正如水之遭阻障而搏跃,人性之善与水之就下无殊。

> 人性之善也,犹水之就下也。人无有不善,水无有不下。今夫水搏而跃之,可使过颡,激而行之,可使在山。是岂水之性也? 其势则然也。人之可使为不善,其性亦犹是也。(《告子上》)

因此善端而培养之,发扬之,可以做成就为一种理想人物,为国家、社会、百姓谋福利。可以成为仁人,成为大丈夫,或则竟到了"万物皆备于我"的地步,与宇宙合一,走入一个神秘的境界。在孟子的心眼中,这种理想人物的典型是传说中的尧舜,因此他每每把尧舜的行事来教人。

但是人性固善,人心却不能一致。

> 民之为道也:有恒产者有恒心,无恒产者无恒心。(《滕文

公上》)

人之行事由心指使,而心则又须受经济环境之支配。因此社会上不能不分成治者与被治者两个阶级,前者是劳心者,是君子,是统治者;后者是劳力者,是野人,是被治者。这两阶级的关系便是:

> 无君子莫治野人,无野人莫养君子。

> 或劳心,或劳力,劳心者治人,劳力者治于人。治于人者食人,治人者食于人。(《滕文公上》)

为要使得民有恒心,就必须要施一种王政,这意思在《梁惠王上》说得极明白:

> 无恒产而有恒心者,惟士为能。若民则无恒产,因无恒心,苟无恒心,放僻邪侈,无不为己。及陷于罪,然后从而刑之,是罔民也。焉有仁人在位,罔民而可为也。

> 是故明君制民之产,必使仰足以事父母,俯足以畜妻子,乐岁终身饱,凶年免于死亡。然后驱而之善,故民之从之也轻。

百姓生活无问题,再施以相当的教育,然后有文化可言,有历史可言。社会的重心和国家的命脉全在民众,所以他又说:

> 民为贵,社稷次之,君为轻。

(三) **命定说与治乱循环论**。世间万事,皆由命定。天为最高之主宰,凡事皆由其主持。性之所以善,正因性乃"天之所与我者",人之所得于天者,人之一生,吉凶祸福,皆已命定。天与命之别在:

> 莫之为而为者天也,莫之致而致者命也。(《万章上》)

人惟顺受之而已:

> 莫非命也,顺受其正。(《尽心上》)

顺受命定事物之来,其道在立命:

> 尽其心者知其性也,知其性则知天矣。存其心,养其性,所以事天也;殀寿不贰,修身以俟之,所以立命也。(《尽心上》)

不但人生是命定的,即历史和社会的进展,也有一定的法则。这公式是一治后必有一乱,互为循环。他以为:

> 天下之生久矣,一治一乱。当尧之时,水逆行,泛滥于中国,蛇龙居之。民无所定,下者为巢,上者为营窟。使禹治之。禹掘地而注之海,驱蛇龙而放之菹,水由地中行,江淮河汉是也。险阻既远,鸟兽之害者消,然后人得平土而居之。

这是一治。

> 尧舜既没,圣人之道衰。暴君代作,坏宫室以为污池,民无所安息。弃田以为园囿,使民不得衣食。邪说暴行又作。园囿、污池、沛泽多而禽兽至。及纣之身,天下大乱。

这是一乱。

> 周公相武王诛纣伐奄,三年讨其君,驱飞廉于海隅而戮之,灭国者五十,驱虎豹犀象而远之,天下大悦。

这又是一治。

> 世衰道微,邪说暴行有作,臣弑其君者有之,子弑其父者有之。(《滕文公下》)

这又是一乱。这样,治乱循环,就造成所谓历史。

(四)上古史的三个时代与人治主义。 孟子把上古史分成三个时代,每个时代都有它的特色。他说:

> 五霸者,三王之罪人也;今之诸侯,五霸之罪人也;今之大夫,诸侯之罪人也。(《告子下》)

最初有文化时,并且文化达到顶点时是三王时代,次之是五霸时代,再次就是孟子所处的现代——诸侯时代。这几个时代之所以区分是因为:

> 尧舜,性之也;汤武,身之也;五霸,假之也。久假而不归,恶知其非有也。(《尽心上》)

所以一代不如一代的缘故,是因为后人不法尧舜:

> 尧舜之道，不以仁政，不能平治天下。……徒善不足以为政，徒法不能以自行。《诗》云："不愆不忘，率由旧章。"遵先王之法而过者，未之有也。……为高必因丘陵，为下必因川泽，为政不因先王之道，可谓智乎？（《离娄上》）

所谓尧舜或先王之道在修身：

> 天下国家，天下之本在国，国之本在家，家之本在身。（《离娄上》）

以个人作单位，推而至家，至国：

> 老吾老以及人之老，幼吾幼以及人之幼，天下可运于掌。《诗》云："刑于寡妻，以御于家邦。"言举斯心加诸彼而已。故推恩足以保四海，不推恩无以保妻子。古之所以大过人者无他焉，善推其所为而已矣。（《梁惠王上》）

不但"推"的人治主义是社会国家和历史的继续和进展的因素，并且压根儿连一切的文化和国家也是由几个理想的人物所造成的。

> 当尧之时，天下犹未平。洪水横流，泛滥于天下，草木畅茂，禽兽繁殖，五谷不登，禽兽逼人，兽蹄鸟迹之道交于中国。

这是一个未曾开化的原始境界。于是：

> 尧独忧之。举舜而敷治焉。舜使益掌火，益烈山泽而焚之，禽兽逃匿。禹疏九河，瀹济漯而注诸海，决汝汉排淮泗而注之江，然后中国可得而食也。

开山治水这两件工作凭两个人的力量便办成了。于是突然产生农业：

> 后稷教民稼穑，树艺五谷，五谷熟而民人育。

人口繁殖之后，必须施以心灵方面的训练，于是乎又突然产生了教育：

> 饱食暖衣，逸居而无教，则近于禽兽。圣人有忧之，使契为司徒，教以人伦。父子有亲，君臣有义，夫妇有别，长幼有序，朋友有信。（《滕文公上》）

就是这样,尧、舜、禹、稷、益、契几个人在短时期中便开辟了土地,排除了洪水,发明了农业,产生了教育,……建设起空前绝后成为中国史上黄金时代的文化和历史。

三 荀 子

(一) 荀子事迹。 荀子名况,字卿,《史记》曰:

> 荀卿,赵人。年五十始来游学于齐。邹衍、田骈之属皆已死齐襄王时,而荀卿最为老师。齐尚修列大夫之缺,而荀卿三为祭酒焉。齐人或谗荀卿,荀卿乃适楚,而春申君以为兰陵令。春申君死而荀卿废,因家兰陵。李斯尝为弟子,已而相秦。荀卿嫉浊世之政,亡国乱君相属,不遂大道而营于巫祝,信禨祥。鄙儒小拘,如庄周等又滑稽乱俗。于是推儒、墨、道、德之行事兴坏,序列著数万言而卒。因葬兰陵。(《孟子荀卿列传》)

其生卒年不甚详悉,据适之先生考证,荀卿约生于西元前三一五至三一〇左右(周慎靓王末周赧王初年),卒于西元前二三〇左右(秦始皇十七年),存年约八十余岁。

(二) 性恶说与胜天论。 荀子主性恶,他说:

> 人之性恶,其善者,伪也。(《性恶》)

人性本恶,而能成为善者则出于人为。他以为:

> 古者圣王以人之性恶,以为偏险而不正,悖乱而不治。是以为之起礼义,制法度,以矫饰人之情性而正之,以扰化人之情性而导之也。(同上)

礼义法度都是人为的善的工具。性伪之分在于:

> 不可学,不可事,而在人者谓之性;可学而能,可事而成之在人者,谓之伪。(同上)

又说:

> 生之所以然者谓之性。性之和所生，精合感应，不事而自然谓之性。性之好恶喜怒哀乐谓之情，情然而心为之择谓之虑，心虑而能为之动谓之伪。虑积焉、能习焉而后成谓之伪。(《正名》)

积虑习能为学，学之功用正等于：

> 木直中绳，𫐓以为轮，其曲中规，虽有槁暴，不复挺者，𫐓使之然也。故木受绳则直，金就砺则利。君子博学而日参省乎己，则知明而行无过。(《劝学》)

性受之于天，而约束以礼义法度，陶融以学问，则可自恶而善，故与其顺天不若制天，与其恃天不若用天：

> 大天而思之，孰与物畜而制之？从天而颂之，孰与制天命而用之？望时而待之，孰与应时而使之？因物而多之，孰与骋能而化之？思物而物之，孰与理物而勿失之也。愿与物之所以生，孰与有物之所以成。故错人而思天，则失万物之情。(《天论》)

天只是自然地在运行者，绝不能为人祸福，也绝非最高之主宰。人只须伪，便能不为所支配，且可进一步而支配之：

> 天行有常，不为尧存，不为桀亡。应之以治则吉，应之以乱则凶。强本而节用，则天不能贫；养备而动时，则天不能病；循道而不贰，则天不能祸。……不为而成，不求而得，是之谓天职。……天有其时，地有其财，人有其治，夫是之谓能参。(同上)

(三) 反进化论与法后王。 荀子以为古今一致，无所谓进化。

> 古今一度也，类不悖，虽久同理。(《非相》)

种类不乖悖，虽久而理同，今之牛马与古不殊，何至于人而独异。以此：

> 欲观千岁，则数今日；欲知亿万，则数一二；欲知上世，则审周道。(《非相》)

今不与古异，故古之法即可沿用于今，古之法为圣王所制而天下治，则用于今亦然：

> 千人万人之情，一人之情是也。天地始者，今日是也。百王之道，后王是也。君子审后王之道，而论于百王之前，若端拜而议。推礼义之统，分是非之分，总天下之要，治海内之众，若使一人。故操弥约而事弥大。五寸之矩，尽天下之方也。故君子不下室堂，而海内之情举积此者，则操术然也。(《不苟》)

是故沿三代之法，则三代虽亡而实存：

> 夫天生蒸民，有所以取之。志意致修，德行致厚，智虑致明，是天子之所以取天下也。政令法，举措时，听断公，上则能顺天子之命，下则能保百姓，是诸侯之所以取国家也。志行修，临官治，上则能顺上，下则能保其职，是士大夫之所以取田邑也。循法则、度量、刑辟、图籍，不知其义，谨守其数，慎不敢损益也，父子相传，以持王公，是故三代虽亡，治法犹存，是官人百吏之所以取禄秩也。孝弟原愨，軥录疾力，以敦比其事业而不敢怠傲，是庶人之所以取暖衣饱食、长生久视以免刑戮也。(《荣辱》)

以是荀子斥一班主历史进化论者为小人：

> 君子道其常，而小人道其怪。(同上)

为妄人：

> 夫妄人曰："古今异情，其所以治乱者异道。"而众人惑焉。彼众人者愚而无说，陋而无度者也。其所见焉，犹可欺也。而况于千世之传也？妄人者门庭之间犹可诬欺也，而况于千世之上乎？(《非相》)

无法度之害，荀子云：

> 上以无法使，下以无度行，知者不得虑，能者不得治，贤者不得使。若是则上失天性，下失地利，中失人和。故百事废，财物诎而祸乱起。(《正论》)

若有法度，则圣王虽殁，继者能守其法，则：

> 天下不离，朝不易位，国不改制，天下厌然，与乡无以异也。(同上)

而制此法度者必为圣王,天与地皆不能为力:

> 天地合而万物生,阴阳接而变化起,性伪合而天下治。天能生物,不能辨物,地能载人,不能治人也。宇中万物生人之属,待圣人然后分也。(《礼论》)

圣王之责职,在穷物理,制法度,而学者之责职与历史之所以能继续进展,则在于师圣王,法其制度:

> 圣也者尽伦者也,王也者尽制者也,两尽者足以为天下极矣。故学者以圣王为师,以圣王之制为法,法其法以求其统类,以务象效其人。向是而务,士也;类是而几,君子也;知之,圣人也。(《解蔽》)

(四) 礼与国家社会之起源。人之所以能超出万物者以其能群:

> 水火有气而无生,草木有生而无知,禽兽有知而无义,人有气有生有知亦且有义,故最为天下贵也。力不若牛,走不若马,而牛马为用,何也?曰:"人能群,彼不能群也。"(《王制》)

人何以能群?又何以能克服天然?

> 人何以能群?曰"分";分何以能行?曰"义"。故义以分则和,和则一,一则多力,多力则强,强则胜物,故宫室可得而居也。故序四时,裁万物,兼利天下,无它故焉,得之分义也。故人不能无群,群而无分则争,争则乱,乱则离,离则弱,弱则不能胜物。故宫室不可得而居也,不可少顷舍礼义之谓也。(同上)

人之所以为人者,以其有辨,以其有礼为之制裁:

> 人之所为人者,何也?曰:"以其有辨也。"饥而欲食,寒而欲暖,劳而欲息,好利而恶害,是人之所生而有也,是无待而然者也,是禹桀之所同也。然则人之所以为人者,非特以二足而无毛也,以其有辨也。今夫狌狌形笑,亦二足而无毛也,然君子啜其羹,食其胾。故人之所以为人者,非特以其二足而无毛也,以其有辨也。夫禽兽有父子而无父子之亲,有牝牡而无男女之别,故人道莫不有

辨。辨莫大于分,分莫大于礼,礼莫大于圣王。(《非相》)

明分制群,则不能不有君子以参理之:

> 天地生君子,君子理天地。君子者天地之参也,万物之总也,民之父母也。无君子则天地不理,礼义无统,上无君师,下无父子,夫是之谓至乱。君臣、父子、兄弟、夫妇,始则终,终则始,与天地同理,与万世同久,夫是之谓大本。(《王制》)

不能不有君臣上下之别以综理之:

> 万物同宇而异体,无宜而有用为人,数也。人伦并处,同求而异道,同欲而异知,生也。皆有可也,知愚同。所可异也,知愚分。势同而知异,行私而无祸,纵欲而不穷,则民心奋而不可说也。……无君以制臣,无上以制下,天下害生纵欲。欲恶同物,欲多而物寡,寡则必争矣。故百技所成,所以养一人也。而能不能兼技,人不能兼官。离居不相待则穷,群而无分则争。穷者患也,争者祸也。救患除祸,则莫若明分使群矣。强胁弱也,知惧愚也,民下违上,少陵长,不以德为政,如是,则老弱有失养之忧,而壮者有分争之祸矣。事业所恶也,功利所好也。职业无分,如是,则人有树事之患,而有争功之祸矣。男女之合,夫妇之分,婚姻聘内,送逆无礼,如是,则人有失合之忧,而有争色之祸矣。故知者为之分也。(《富国》)

人有辨,能群,而又被制以礼,因以序四时,裁万物,而成社会,成国家,始有历史。

四 墨　　子

(一) 墨子事迹。 墨子姓墨,名翟,鲁人。《史记》云:

> 盖墨翟,宋之大夫,善守御,为节用。或曰并孔子时,或曰在其后。(《孟子荀卿列传》)

其生年大约在周敬王二十年与三十年之间,死在威烈王元年与十年之间。(500;490—425;416B.C.)

《庄子·天下篇》评其学术云：

（后世之学者,不幸不见天地之纯,古人之大体,道术将为天下裂）不侈于后世,不靡于万物,不晖于数度,以绳墨自矫,而备世之急。古之道术,有在于是者,墨翟、禽滑釐闻其风而说之。为之大过,己之大循,作为非乐,命之曰节用,生不歌,死无服。墨子泛爱兼利而非斗,其道不怒,又好学而博不异。不与先王同,毁古之礼乐。……其生也勤,其死也薄,其道大觳。……墨子称道大禹……使后世之墨者,多以裘褐为衣,以跂蹻为服,日夜不休,以自苦为极。曰："不能如此,非禹之道也,不足谓墨。"相里勤之弟子,五侯之徒,南方之墨者苦获、已齿、邓陵子之属,俱诵《墨经》,而倍谲不同,相谓别墨。以坚白异同之辩相訾,以觭偶不仵之辞相应,以巨子为圣人,皆愿为之尸,冀得为其后世,至今不决。墨翟、禽滑釐之意则是,其行则非也。将使后世之墨者,必自苦以腓无胈、胫无毛,相进而已矣。乱之上也,治之下也。虽然,墨子真天下之好也,将求之不得也,虽枯槁,不舍也,才士也夫！

（二）非命与天志。墨子是一个社会改革者,一个救世主,同时是他自己的主义的实行者。

他以为要改革社会,必须先打倒这混浊社会之思想背景——定命主义,过去时代的人以为一切都由命定,人不过是被命定的一份子,虽然挣扎,也决不能改革。墨子看清了这个病根,首先就提倡非命论,他说：

执有命者不仁,故当执有命者之言,不可不明辨。言必有三表。本之于古者圣王之事。然而今天下之士君子,或以命为有,盖尝尚观于上古圣王之事？古者桀之所乱,汤受而治之。纣之所乱,武王受而治之。此世未易,民未渝,在于桀纣则天下乱,在于汤武则天下治,岂可谓有命哉？（《非命上》）

原察百姓耳目之实：

我所以知命之有与亡者,以众人耳目之情知有与亡。有闻之,

有见之,谓之有。莫之闻,莫之见,谓之亡。……自古以及今……亦尝有见命之物、闻命之声者乎? 则未尝有也。(《非命中》)

发以为刑政,观其中国家百姓人民之利:

> 执有命者之言曰:"上之所赏,命固且赏,非贤故赏也。上之所罚,命固且罚,非暴故罚也。"……是故治官府则盗窃,守城则崩叛,君有难则不死,出亡则不送。……昔上世之穷民,贪于饮食,惰于从事,是以衣食之财不足,而饥寒冻馁之忧至。不知曰"我罢不肖,从事不疾",必曰"我命固且贫"。昔上世暴王……亡失国家,倾覆社稷;不知曰"我罢不肖,为政不善",必曰"吾命固失之"。……今用执有命者之言,则上不听治,下不从事。上不听治,则政乱;下不从事,则财用不足。……此特凶言之所自生,而暴人之道也。(《非命上》)

所以:

> 是故教人学而执有命,是犹命人葆而去其冠也。(《公孟》)

定命说既被推翻,人就可凭自由的意志与能力去发展,但各个人的心性环境不同,其发展如顺其自然,必致有危害大众福利的趋向,不能不有一个主宰去评判它。这一主宰就是天。墨子深信天能赏善而罚暴,使人向善的方面去发展。他以为天有天志:

> 我有天志,譬若轮人之有规,匠人之有矩。轮匠执其规矩,以度天下之方圆,曰:"中者是也,不中者非也。"今天下之士君子之书,不可胜载,言语不可胜计,上说诸侯,下说列士,其于仁义,则大相远也。何以知之? 曰:我得天下之明法以度之。(《天志上》)

所谓天志:

> 天欲人之相爱相利,而不欲人之相恶相贼也。(《法仪》)

自由发展而合于天志者则天佑之,反之则天祸之。历史上的例证是:

> 昔之圣王禹汤文武,兼爱天下之百姓,率以尊天事鬼。其利人多,故天福之,使立为天子,天下诸侯皆宾事之。暴王桀纣幽厉,兼

恶天下之百姓,率以诟天侮鬼。其贼人多,故天祸之,遂失其国家,身死为僇于天下。后世子孙毁之,至今不息。(同上)

(三) **兼爱与尚同**。社会国家之所以不循正轨发展,是由不相爱:

> 凡天下祸篡怨恨,其所以起者,以不相爱生也,是以仁者非之。……以兼相爱、交相利之法易之。(《兼爱中》)

反之则天下治:

> 圣人以治天下为事者也。不可不察乱之所自起,当察乱何自起? 起不相爱。……盗爱其室,不爱其异室,故窃异室以利其室。贼爱其身,不爱人,故贼人以利其身。……大夫各爱其家,不爱异家,故乱异家以利其家。诸侯各爱其国,不爱异国,故攻异国以利其国。……察此何自起? 皆起不相爱。若使天下……视人之室若其室,谁窃? 视人之身若其身,谁贼? ……视人之家若其家,谁乱? 视人之国若其国,谁攻? ……故天下兼相爱则治,交相恶则乱。(《兼爱上》)

以兼相爱故,视人如己,一切盗贼、祸乱、征战……足以危害社会国家之发展者均归消灭。

兼爱主义只是消极地用以消弭一切纷乱,在积极的意义上,它只是把各个个人用爱来联系在一起,成为一集团。在建设方面,墨子又提出尚同主义,以历史的根据说明社会国家的起源:

> 古者民始生未有刑政之时,盖其语人异义。是以一人则一义,二人则二义,十人则十义,其人兹众,其所谓义者亦兹众。是以人是其义,以非人之义,故交相非是也。是以内者父子兄弟作怨恶,离散不能相和合。天下之百姓,皆以水火毒药相亏,至有余力,不能以相劳;腐朽余财,不以相分;隐匿良道,不以相教。天下之乱,如禽兽然。(《尚同上》)

这是原始时代的情况,在所谓"天然状态"之中,人人相仇,互相争夺,终日战争。积久此种情况不为人所满意,故不得已而设统治者以约束之,于是有所谓政府,有所谓国家:

> 夫明乎天下之所以乱者,生于无政长,是故选天下之贤者,立以为天子。天子立,以其力为未足,又选择天下之贤可,置之以为三公。……画分万国,立诸侯国君……立正长……上之所是,必皆是之,上之所非,必皆非之,上有过则规谏之,下有善则傍荐之,上同而不下比。(同上)

百姓上同里长,里长上同乡长,乡长上同国君,国君上同天子,皆以仁人任之。这样,天下一义,天下乃治。

(四) 文化之创造。墨家自承为学禹,在禹的时代未有繁文缛礼的文化,只是简简单单地在过着初民生活。因此墨子不但率自己的门徒菲衣恶食为天下倡,他并且极力反对儒家的一切:

> 儒者道足以丧天下者,四政焉。儒以天为不明,以鬼为不神,天鬼不悦,此足以丧天下;又厚葬久丧,重为棺椁,多为衣衾,送死若徙,三年哭泣,扶后起,杖后行,耳无闻,目无见,此足以丧天下;又弦歌鼓舞,习为声乐,此足以丧天下;又以命为有,贫富寿夭、治乱安危有极矣,不可损益也,为上者行之必不听治矣,为下者行之必不从事矣,此足以丧天下。(《公孟》)

以冀矫正当时君主贵族士夫之极度豪侈,耽于游乐。因此他注重功利观念,以为凡事物必中国家人民之利,方有价值,否者皆为无益或有害,均应废弃。以此他解释历史的进化制于节用,过此限度,则为浪费:

> 是故古者圣王制为节用之法,曰:凡天下群百工,轮车鞼匏,陶冶梓匠,使各从事其所能。曰:凡足以奉给民用则止,诸加费不加于民利者,圣王勿为。……古者圣王制为衣服之法,曰:冬服绀緅之衣轻且暖,夏服絺绤之衣轻且清,则止。诸加费不加于民利者,圣王勿为。古者圣人为猛禽狡兽,暴人害民,于是教民以兵行。日带剑,为刺则入,击则断,旁击而不折,此剑之利也。甲为衣则轻且利,动则兵且从,此甲之利也。车为服重致远,乘之则安,引之则利,安以不伤人,利以速至,此车之利也。古者圣王为大川广谷之不可济,于是利为舟楫,足以将之,则止。虽上者三公诸侯至,舟楫

不易,津人不饰,此舟之利也。古者圣王制为节葬之法,曰:衣三领足以朽肉,棺三寸足以朽骸,掘穴深不通于泉,流不发泄,则止。死者即葬,生者毋久丧用哀。古者人之始生,未有宫室之时,因陵丘掘穴而处焉。圣王虑之,以为掘穴,曰:冬可避风寒,逮夏,下润湿,上熏蒸,恐伤民之气。于是作为宫室而利。然则为宫室之法将奈何哉?子墨子言曰:其旁可以圉风寒,上可以圉雪霜雨露,其中蠲洁,可以祭祀,宫墙足以为男女之别,则止。诸加费不加民利者,圣王弗为。(《节用中》、《辞过篇》)

以此标准,墨子以后王之治为退化:

> 周成王之治天下也,不若武王;武王之治天下也,不若成汤;成汤之治天下也,不若尧舜。故其乐逾繁者其治逾寡。(《三辩》)

以其文化逾进步,超过实际所需要也。因此,墨子主张应法先王:

> 天下之所以生,以先王之道教也。(《耕柱》)

又云:

> 古之圣王欲传其道于后世,是故书之竹帛,镂之金石,传遗后世,欲后世子孙法之也。今闻先王之遗而不为,是废先王之传也。(《贵义》)

五 驺 衍

(一) 驺衍事迹。《史记·孟子荀卿列传》:

> 驺衍,后孟子。驺衍睹有国者益淫侈,不能尚德,若《大雅》整之于身,施及黎庶矣。乃深观阴阳消息而作怪迂之变,《终始》、《大圣》之篇,十余万言。……然要其归,必止乎仁义节俭,君臣上下六亲之施。始也滥耳。王公大人初见其术,惧然顾化,其后不能行之。是以驺子重于齐。适梁,梁惠王郊迎,执宾主之礼。适赵,平原君侧行撇席。如燕,燕昭王拥彗先驱,请列弟子之座而受业,筑碣石宫,身亲往师之。作《主运》。其游诸侯见尊礼如此。

《平原君虞卿列传》：

> 平原君厚待公孙龙。公孙龙善为坚白之辩，及驺衍过赵，言至道，乃绌公孙龙。

驺衍之时代，颇不清晰。据适之师考证，大约与公孙龙同时，当在西元前三二〇至二五〇左右。

（二）超过时代的世界地理观。 驺衍之学为齐学。齐地滨海，与国外交通独早，齐人较多新异见闻。稷下谈风独盛，展转传衍遂流于荒诞。驺衍承受此风气，益以自己之类推，由近及远，由已知推未知，对于世界的观念，超时代地将其扩大百倍，《史记》言其所用方法云：

> 其语闳大不经，必先验小物，推而大之，至于无垠。先序今以上至黄帝，学者所共术，大并世盛衰，因载其禨祥制度，推而远之，至天地未生，窈冥不可考而原也。（《孟子荀卿列传》）

由是以所知中国地理，推而及于世界，创大九洲说：

> 先列中国名山大川，通谷禽兽，水土所殖，物类所珍，因而推之，及海外人之所不能睹。

> 以为儒者所谓中国者，于天下乃八十一分居其一分耳。中国名曰赤县神州。赤县神州内自有九州，禹之序九州是也，不得为州数。中国外如赤县神州者九，乃所谓九州也。于是有裨海环之，人民禽兽莫能相通者，如一区中者，乃为一州。如此者九，乃有大瀛海环其外，天地之际焉。（同上）

极想像之能事，打破古代人——或至十九世纪——以中国为天下的隘狭自封的地理观念。

（三）五行说与宇宙论。 在同一出发点，驺衍企图求出历史进展的定律，对于宇宙系统下一新解释。

在驺衍以前，也曾有人用几个原素来肯定宇宙的组成。我们所知道的有秦国的白黄青赤四帝祠，《左传》所载水火金木土谷的六府，驺衍根据这些思想，综合成五行说。《荀子·非十二子篇》介绍五行说之由来云：

> 略法先王而不知其统，犹然而材剧志大，闻见杂博，案往旧造

说,谓之五行。

所谓五行,《洪范》曰:

> 一曰水,二曰火,三曰木,四曰金,五曰土。水曰润下,火曰炎上,木曰曲直,金曰从革,土爰稼穑。润下作咸,炎上作苦,曲直作酸,从革作辛,稼穑作甘。

由五行的五种物质原素,各有特殊的个性,生出五味,更由此而生五事,五官,五德:

> 一曰貌,二曰言,三曰视,四曰听,五曰思。貌曰恭,言曰从,视曰明,听曰聪,思曰睿。恭作肃,从作乂,明作哲,聪作谋,睿作圣。(同上)

五庶征,五休征,五咎征:

> 曰雨,曰旸,曰燠,曰寒,曰风,曰时五者来备,各以其叙,庶草繁庑。一极备,凶。一极无,凶。曰休征:曰肃,时雨若;曰乂,时旸若;曰哲,时燠若;曰谋,时寒若;曰圣,时风若。曰咎征:曰狂,恒雨若;曰僭,恒旸若;曰舒,恒燠若;曰急,恒寒若;曰蒙,恒风若。(同上)

《礼记·月令》更以五行分配于四季,在一年之四季中,各有其盛,以此规定每月天子所居定处,所衣定色,所食定味,所行政事,每月之帝,每月之神,……而宇宙以成,国家以立。

《洪范》、《月令》俱为战国时书,与驺衍多少有关系。前此人但用五行说以解释宇宙,解释自然界,到了驺衍则更进一步,用以解释历史的进展,这在阴阳家的系统上,不能不说是一个大进步。

(四)五德转移说——机械史观。 驺衍始创为五德转移说,《史记》云:

> 驺衍……称引天地剖判以来,五德转移,治各有宜,而符应若兹。……作《主运》。(《孟子荀卿列传》)

《主运》书之内容,《史记集解》引如淳注:

> 今其书有《主运》,五行相次转用事,随方面为服。

所著又有《五德终始》,《集解》又引如淳注:

> 今其书有《五德终始》,五德各以所胜为行。

又《文选·魏都赋》注引《七略》曰:

> 邹子终始五德,从所不胜;土德后木德继之,金德次之,火德次之,水德次之。

所谓五德转移的意义是五行以次循环,以次用事,终而复始,每一新朝必须据有一行之德,随五行循环,随其用事,随其服色,每易一行,必易一朝,每易一朝,必易一行,终而复始。其次序为土、木、金、火、水,相次转移。其相次的次序,以五行相胜的原理为定。因为木克土,故木继土后,金克木,故金继木后,火克金,故金继火后,水又克火,故水又继火后,土克水,于是又一循环,无有止息。因此,新朝之起必因前朝之德衰,新朝所据之德必为前朝所不胜之德。且新朝之兴,其先必有祥瑞为之预示,《吕氏春秋·应同篇》云:

> 凡帝王者之将兴也,天必先见祥于下民。黄帝之时,天先大螾大蝼。黄帝曰:"土气胜!"土气胜,故其色尚黄,其事则土。及禹之时,天先见草木秋冬不杀。禹曰:"木气胜!"木气胜,故其色尚青,其事则木。及汤之时,天先见金刃生于水。汤曰:"金气胜!"金气胜,故其色尚白,其事则金。及文王时,天先见火,赤乌衔丹书立于周社。文王曰:"火气胜!"火气胜,故其色尚赤,其事则火。

《文选》李善注引《邹子》云:

> 五德从所不胜,虞土,夏木,殷金,周火。(沈休文《故安陆昭王碑文》注引)

由此,我们知道邹衍所持的历史解释,第一种是从黄帝推上去的,推到"天地未至,窈冥不可考而原也"。第二种是从黄帝推下来的,据上引二种史料,第二种分代又有两种分法,第一种是:黄帝——夏——殷——周。第二种是:虞——夏——殷——周。他用五德转移之说,说明各代的符应及其为治之宜,他的目的是在用此说以警惧当世王公,不幸不

但没有效果,并且为后世种了恶因,他的影响可以说一直到现代。《史记·封禅书》云:

> 自齐威宣之时,驺子之徒论著终始五德之运。及秦帝而齐人奏之,故始皇采用之。……驺衍以阴阳主运显于诸侯,而燕齐海上之方士传其术不能通。然则怪迂阿谀苟合之徒自此兴,不可胜数也。

六 韩 非

(一) 韩非事迹。《史记》曰:

> 韩非者,韩之诸公子也。喜刑名法术之学,而其归本于黄老。非为人口吃,不能道说,而善著书。与李斯俱事荀卿,斯自以为不如非。非见韩之削弱,数以书谏韩王,韩王不能用。于是韩非疾治国不务修明其法制,执势以御其臣下,富国强兵,而以求人任贤。反举浮淫之蠹而加之于功实之上。……悲廉直不容于邪枉之臣,观往者得失之变,故作《孤愤》、《五蠹》、《内外储》、《说林》、《说难》十余万言。……人或传其书至秦,秦王见《孤愤》、《五蠹》之书曰:"嗟乎!寡人得见此人与之游,死不恨矣!"李斯曰:"此韩非之所著书也。"秦因急攻韩。韩王始不用非,及急,乃遣非使秦。秦王悦之,未信用。李斯、姚贾害之毁之曰:"韩非,韩之诸公子也。今王欲并诸侯,非终为韩不为秦,此人之情也。今王不用,久留而归之,此自遗患也!不如以过法诛之。"秦王以为然,下吏治非。李斯使人遗非药,使自杀。韩非欲自陈,不得见。秦王后悔之,使人赦之,非已死矣。(《老子韩非列传》)

韩非自杀在秦始皇帝十四年,为西历纪元前之二三三年。

(二) 性恶与法治。韩非为荀卿弟子,继承其性恶之说。以为天下之人,皆自私自利,即父子犹然:

> 且父母之于子也,产男则相贺,产女则杀之。此俱出于父母之怀衽,然男子受贺,女子杀之者,虑其后便,计之长利也。故父母之

于子也,犹用计算之心以相待也,而况无父子之泽乎?(《六反》)

人只有利害观念,故治国者即应以利害之心理治之。

> 凡治天下,必因人情。人情者有好恶,故赏罚可用。赏罚可用,则禁令可立,而治道具矣。(《八经》)

"一民之轨莫如法",社会进化,人口繁殖,以前的人治主义已不适用于现代:

> 古者世治之民,奉公法,废私术,专意一行,具以待任。夫为人主而身察百官,则日不足,力不给。且上用目则下饰观,上用耳则下饰声,上用虑则下繁辞。先王以三者为不足,故舍己能而因法数,审赏罚。先王之所守要,故法省而不侵。(《有度》)

法是行为的标准,治国的典要。使明主而用法自治,即庸主而能守法,亦治,反之,则虽尧舜亦不能为治:

> 释法术而任心治,尧不能正一国。去规矩而妄意度,奚仲不能成一轮。废尺寸而差短长,王尔不能半中。使中主守法术,拙匠执规矩尺寸,则万不失矣。君人者能去贤巧之所不能,守中拙之所万不失,则人力尽而功名立。(《用人》)

儒家所主张的礼义,只能行之于地广人稀的部族时代,不适用于生活繁复的进步社会;只能施行于少数的君子,不能遍行全国。儒家的要义是积极地要人为善,而法家则只是消极地不使人为非:

> 夫圣人之治国,不恃人之为吾善也,而用其不得为非也。恃人之为吾善也,境内不什数。用人不得(为)非,一国可使齐。为治者用众而舍寡,故不务德而务法。夫必恃自直之箭,百世无矢;恃自圜之木,千世无轮矣。自直之箭,自圜之木,百世无有一,然而世皆乘车射禽者,隐栝之道用也。虽有不恃隐栝,自直之箭,自圜之木,良工弗贵也。何则?乘者非一人,射者非一发也。不恃赏罚而自善之民,明主弗贵也。何则?国法不可失,而所治非一人也。(《显学》)

(三) 进化的历史观。韩非虽是荀卿的弟子,但他却主"无常",主"宜",却和荀卿相反。儒家以礼以义以仁为社会国家形成之要素,其倾向趋于复古,以为社会是永远如此,故古先王之行事仍可沿用于后日。韩非则以"法"为社会国家形成之要素,其倾向趋于合时,以为古代的社会非即今之社会,为治要在与时"转"与世"宜"。他说:

> 治民无常,唯治为法,法与时转则治,治与世宜则有功。故民朴而禁之以名则治,世知而维之以刑则从。时移而治不易者乱,能治众而禁不变者削。故圣人之治民也,法与时移,而禁与能变。(《心度》)

社会是活的,是变的,是继续地在进展着的,所谓法则是死的,不变的,停滞着的,法和社会取同一步骤跟着环境变迁而变迁,这法才有用,有力。如在今之社会,经济环境根本与古不同,而仍守古法,这正如守株待兔的故事:

> 宋人有耕田者,田中有株,兔走触株,折颈而死。因释其耒而守株,冀复得兔。……今欲以先王之政治当世之民,皆守株之类也。(《五蠹》)

世异则事异,事异则备变:

> 文王行仁义而王天下,偃王行仁义而丧其国,是仁义用于古而不用于今也。故曰世异则事异。
> 舜……执干戚舞,有苗乃服,共工之战,铁铦矩者及乎敌,铠甲不坚者伤乎体,是干戚用于古不用于今也。故曰事异则备变。(同上)

惟变古,惟易常,法与现代相适应,始足为治:

> 不知治者,必曰无变古,毋易常。变与不变,圣人不听,正治而已。然则古之无变,常之毋易,在常古之可与不可。伊尹毋变殷,太公毋变周,则汤武不王矣。管仲毋易齐,郭偃毋更晋,则桓文不霸矣。凡人难变者,惮易民之安也。夫不变古者袭乱之迹,适民心者恣奸之行也。民愚而不知乱,上懦而不能更,是治之失也。(《南面》)

世人多惑于命定与不变之说,以为历史之进展与环境不发生关系,以为

"今犹古也",故往往以现在所享受者以推度往古,以为现在如此,往古亦必如此。例如禅让的故事,儒家忽略了它的经济环境,从而颂扬之,其实在原始时代,生活极俭朴,即使作了天子,其享受亦不能超过现代的庶人,让作天子并无何等意义:

> 尧之王天下也,茅茨不翦,采椽不斵,粝粢之食,藜藿之羹,冬日麑裘,夏日葛衣,虽监门之服养,不亏于此矣。禹之王天下也,身执耒臿,以为民先,股无胈,胫不生毛,虽臣虏之劳,不苦于此矣。
>
> 以是言之,古传天下而不足多也。(《五蠹》)

到了后代,则:

> 今之县令,一日身死,子孙累世絜驾,故人重之。是以人之于让也,轻辞古之天子,难去今之县令者,薄厚之实异也。(同上)

一县令且不能轻让。环境不同,所以情势因之而异。

(四) 上古史的三个时代与其经济条件。 古今之所以不同,古法之所以不能沿用于今,是因为古今的经济条件不同。在古代:

> 古者丈夫不耕,草木之实足食也。妇人不织,禽兽之皮足衣也。不事力而养足,人民少而财有余,故民不争。是以厚赏不行,刑罚不用,而民自治。(《五蠹》)

自然富源充裕,人口稀少,养足财余,无所用赏罚。可是到了后世:

> 今人有五子不为多,子又有五子,大父未死而有二十五孙,是以人民众而财货寡,事力劳而供养薄,故民争,虽倍赏罚而不免于乱。(同上)

人口加殖而生产品则不因之加多,生存竞争一起,即使用了法律去制裁也还免不了紊乱。

以此条件,韩非区分古代为三世:上古,中古,近古。每一时期都有它的特色:

> 古人亟于德,中世逐于智,当今争于力。
>
> 古者寡事而备简,朴陋而不尽,故有珧铫而推车者。古者人寡而相亲,物多而轻利易让,故有揖让而传天下者。然则行揖让,高

慈惠而道仁厚者推政也。处多事之时，行寡事之器，非智者之备也。当大争之世，而循揖让之轨，非圣人之治也。故智者不乘推车，圣人不行推政也。法所以制事，事所以名功也。法立而有难，权其难而事成则立之。事成而有害，权其害而功多则为之。无难之法，无害之功，天下无有也。（《八说》）

每一时期都有它的需要：

上古之世，人民少而禽兽众，人民不胜禽兽虫蛇。有圣人作，构木为巢，以避群害，而民悦之，使主天下，号之曰有巢氏。民食果蓏蚌蛤，腥臊恶臭，而伤害腹胃，民多病疾。有圣人作，钻燧取火，以化腥臊，而民说之，使主天下，号之曰燧人氏。

中古之世，天下大水，而鲧禹决渎。

近古之世，桀纣暴乱，而汤武征伐。（《五蠹》）

古代所需要的因环境不同，决不能同样适用于现在。以是：

今有构木钻燧于夏后氏之世者，必为鲧禹笑矣。有决渎于殷周之世者，必为汤武笑矣。然则今有美尧舜汤武禹之道于当今之世者，必为新圣笑矣。

是以圣人不期修古，不法常可，论世之事，因为之备。（同上）

（《清华周刊》1933年第39卷第8期）

秦汉历史哲学

冯友兰

在中国哲学里,历史哲学在汉代可以说是最发达。为什么历史哲学在汉代最发达呢?我们知道在春秋战国的时候,中国在经济、社会、政治、思想各方面,都起了根本的变动。到了秦汉大一统,中国完全进了一个新局面。在这个新局面中,人有机会也有兴趣,把以前的旧局面,把以前的历史,重新研究估价。于此重新研究估价的时候,往往就可发现历史的演变,也是依着一定的公式。把这些公式讲出来,就成为历史哲学。我们可以说春秋战国是创作时期,秦汉是整理时期。中国的历史哲学就是汉人整理以前历史的产品。

汉人的历史哲学,约有三派。一派是五德说,此派始于战国末之邹衍。其说以五行为五种天然的势力,即所谓五德。每种势力,都有其盛衰之时。在其盛而当运之时,天道人事,皆受其支配;及其运尽而衰,则能胜而克之者继之盛而当运。木能胜土,金能胜木,火能胜金,水能胜火,土能胜水,如是循环不息,所谓"自天地剖判以来,五德转移,治各有宜"。历史上每一朝代皆代表一德,其服色制度皆受此德之支配而自成一套。

五德说之外,有三统说,此派可以董仲舒为代表。三统为黑统、白统、赤统。每一统各有其一套的服色制度。历史上的一个朝代,若是代表那一统,他就须用那一套的服色制度。此三统的次序也是一定的,黑统之后一定是白统,白统之后一定是赤统,赤统之后一定再是黑统。

五德说、三统说之外,有三世说,此派可以何休为代表。本来在《礼运》中,社会制度已有大同小康之分。何休《公羊注》更确定历史的进化,要有三个阶段,即所谓三世:据乱世,升平世,太平世。大概何休所谓太平世,与《礼运》所谓大同之治相当;所谓升平世,与《礼运》所谓小康之治相当。

我们现又处在一个非常的大转变时期,我们试看以上三种的历史观,其中是不是有些意思我们现在还可用。总括起来,以上三种的历史观,包涵有下列的几种意思。

一、历史是变的。各种社会政治制度,行之既久,则即"穷"而要变,没有永存不变的社会政治制度。《周易》所谓"穷则变,变则通"之言,很可以拿来说明这个意思。

二、历史演变乃依非精神的势力。上述之三世说中,不必有此意思;但在五德说及三统说中,此意思甚为明显。五德之转移及三统之循环,皆有一定的次序。火德之后,一定是水德;白统之后,一定是赤统。这一个朝代若是火德,他一定要行一种什么制度;若是水德,一定要换一种别样不同的制度。白统赤统,亦复如是。这都是一定的公式,不论人愿意不愿意,历史是要这样走的。这一点意思,我们现在还用得着。所谓唯物史观,就有这个意思。依照唯物史观的说法,一种社会的经济制度要一有变化,其他方面的制度也一定跟着要变。例如我们旧日的宗法制度,显然是跟着农业经济而有的。在农业经济中,人跟着地,宗族世居其地,世耕其田,其情谊自然亲了。及到工业经济的社会,人离地散而之四方,所谓宗族亲戚,有终身不见面的,其情谊自然疏了,大家庭自然不能维持了。由此例看来,我们就知唯物史观的看法,以为社会政治等制度,都是建筑在经济制度上的,实在是一点不错,而且说穿了,也是很平常的道理。说到这里,又有一个问题。社会政治等制度,固然是靠经济制度,人不能以意为之;但是经济制度,人是不是能以意为之呢?也不能。因为一种经济制度之成立,要靠一种生产工具之发明,例如若没有耕田的工具之发明,人即不能有农业经济;若没有机器之发明,人即不能有工业经济。而各种发明之有无,又需看各方面之环境机会,不是人想有就可以有的。有些人论历史离开了环境机会,专抽象的论某个人或某民族之努力不努力,聪明不聪明,以为人可以愿怎么样就怎么样。我们觉得这种看法,是不对的。话虽如此说,我们并不忽视人的努力及其智慧,以及领袖人物的重要。历史的大势所趋,这不是人力所能终究遏止或转移的,但是人力可以加快或延缓这种趋势。有人说美国如果没有华盛顿,也一定要有革命,革命也一定成功。究极言之,这话也未尝不可说。但是我们若看美国初革命时,所处境况之危险,应付偶有失宜,即有不测之变之情形,我们可以说,如果没有华盛顿,虽然可以说美国的革命终究必成功,但那一次未必成功。有了华盛顿,就加快了美国革命的成功;没有华盛顿或有一个反华盛顿的有力人物,就延缓了美国革命的成功。历史如一条大河一样,他流的方向是他源头的形势所决定的。人力所能作的,就是疏通他以加快他的流,或防范他以延缓他的流。所以我们不忽视人力及领袖,不过我们反对那专就人力及领袖的力量来看历史的说法。

　　三、历史中所表现之制度是一套一套的。这个意思,上述三派说法中均有。如五德说以为凡以某德王的,其服色制度皆受此德之支配。如《史记·秦始皇本纪》说,秦始皇以秦为得水德,"改年始,朝贺皆自十月朔。衣服、旄旌、节旗皆上黑。数以六为纪。……刚毅戾深,事决于法,刻削毋仁恩和义,然后合五德之数"。这是水德的一套。如换一德,则须另换一套。三统说亦主张每一统皆有其一套,正赤统有正赤统的一套,正白统有正白统的一套。三世说如《礼运》所说大同小康之治,亦各有其一套。现在唯物史观对于历史的见解,亦有这个意思。一切社会政治等制度,都是建筑在经济制度上。有某种经济制度,就要有某种社会政治制度。换句话说,有某种所谓物质文明,就要有某种所谓精神文明。这都一套一套的。比如下棋,你手下要只有象棋盘,象棋子,你就只得下象棋。你要下象棋,你就须得照着象棋的一套规矩。你手下要只有围棋盘,围棋子,你就只得下围棋。你要下围棋,你就须照着围棋的一套规矩。假若你不照他的规矩,你棋就下不成。关于这一点,我们只看上所说大家庭制度与农业经济制度之关系,即可概见。现在人已经离开地四方乱跑,大家庭制度一定须改,这是很清楚的。这一点,郭象在他的《庄子注》说的很好。他说:"夫礼义,当其时而用之,则西施;时过而不弃,则丑人也。"又说:"夫先王典礼,所以适时用也。时过而不弃,即为民妖。"现在我们也说,一种的社会政治制度,都是为适合一种的经济制度。在其与经济制度成一套的时候,即是好的。不然,就是坏的。就其本身是没有绝对的好坏。郭象也说:"揖让之于用师,直是时异耳,未有胜负于其间也。"

四、历史是不错的。这个意思,在五德说、三统说中,都很显著。每一德当运而实现其一套,另一德当运而实现其另一套。用另一套的人,不能说其前人用别一套者是错的。因为前人用别一套,也是由于客观的必要。三统说中,也有同样的主张。现在我们若用唯物史观看历史,我们也可以有同样的主张。关于这一点,我们可从两方面来说。第一,我们不能离开历史上的一件事情或制度的环境,而单抽象的批评其事情或制度之好坏。有许多事情或制度,若只就其本身看,似乎是不合理的。但若把他与他的环境连合起来看,则就知其所以如此,是不无理由的。例如大家庭制度,很有人说他是不合理,以为从前的人何以如此的愚。但我们若把大家庭制度与农业社会合起来看,就可以看出大家庭制度之所以成立,是不无理由的了。再就历史演变中之每一阶段之整个的一套说,每一套的经济社会政治制度,也各有其历史的使命。例如资本主义的社会的历史的使命,是把一切事业集中社会化,以为社会主义的社会的预备。在资本主义的社会完全成功的时候,也就是他应该而且必须让位的时候。正是从前持五德说者所谓"四时之运,成功者退"。他退并不是因为他错,是因为他已经尽了他的使命,已经成功。有些人好持一种见解,以为以前的人全是昏庸糊涂,其所作的事全是错的,只有我们才算对了。另外一种见解,以为现在及将来的人,都是"道德日下",其所作的事全是错的,只有古圣先贤才对。这两种见解,可以说一样的不对。

五、历史之演变是循环的或进步的。关于这一点,五德说及三统说与三世说的主张不同。五德说及三统说,以为历史之演变乃系循环的。此二说皆以为五德或三统之运行,"如顺连环,周而复始,穷则反本"。三世说则以为历史之演变,由据乱世、升平世而至太平世,乃系进步的。此二种说法,我们若把他连合起来,我们就可以说历史之演变是辩证的。我们把循环及进步两个观念合起来,我们就得辩证的观念。所谓辩证的意思,说穿了也很容易明白。比如我们写字,小孩子写字是没有规矩胡写,胡写不能成为书家,必须照着规矩写。但是仅照规矩写,也不能成为书家。大书家之写字,要超规矩。所谓超规矩,就是不照规矩,而又不离乎规矩,所谓"神而明之"。就其不照规矩说,似乎是小孩子的胡写;但他是用过守规矩的工夫的胡写,与原来小孩子的胡写大不同了。我们评诗论画,有所谓神品逸品者,就是指那些超规矩的作品。若不能超规矩的作品,顶好也只能算个能品。这些意思,在中国思想中很普通。所以康有为、谭嗣同虽没有看过海格尔及马克斯的书,而已经把这个意思来说历史的演变。他们都是讲《春秋》三世及《礼运》的,他们以为在原始的社会中,人是无父子、君臣、夫妇的。后进而有父子、君臣、夫妇。再进则至《礼运》大同之世,"人不独亲其亲,不独子其子",又是无父子、君臣、夫妇之世界。但这不是退步,而是进步之极。谭嗣同在他的《仁学》里说:有人拿《易》之乾卦来讲这个意思。乾初九为太平世,指太古人之初生,浑浑噩噩,不识不知之状况。九二为升平世,指人已有国家等组织时之状况。九三为据乱世,指各国相争,天下混乱之状况。此谓之逆三世。九四仍为据乱世。九五为升平世,指国界渐泯,世界渐归一统之状况。上九为太平世,指无国界,无家庭,人人平等自由之世界。此谓之顺三世。此顺三世中之太平世,"人不独亲其亲,不独子其子",是有点像原始的社会,在其时人不知亲其亲,不知子其子,大同社会,是有点像野蛮;但他实不是野蛮,实是大文明或超文明。我们现在的世界,就一方面说,实有"返朴还淳"的趋势。就西洋说,在政治方面,从前的民主政治,自由主义,现在不行了,替他的是共产党及法西斯党的专制。在经济方面,自由出产,自由竞争,也不行了,替他的是统制经济。在艺术方面,从前的华丽精工的建筑,逼真活现的图画雕刻,现在也不行了,替他的是直上直下四方块的建筑,用笔乱涂用刀乱砍的图画雕刻。从前西洋的画,是要越像真越好,现在是要越不像真越好。这些现像中,固有些是倒车,有些确不是倒车,而确是前进的。不过这前进中,兼有循环与进步。这就是说,这前进所遵之规律是辩证的。总之,在历史的演进中,我们不能恢复过去,也不能取消过去,我们只能继续过去。历史之现在,包含着历史的过去。这就是说,历史的演变,所遵循之规律是辩证的。

六、在历史之演变中，变之中有不变者存。这一点，在三统说中，最为明显。董仲舒虽主张三统"如顺连环，周而复始，穷则反本"，但又说"天不变道亦不变"。这话也不是没有道理的。人类的社会虽可有各种一套一套的制度，而人类社会之所以能成立的一些基本条件是不变的。有些基本条件，是凡在一个社会中的人所必须遵守的，这就是基本道德。这些道德，无所谓新旧，无所谓古今，是不随时变的。究竟我们所常行道德中，那些是跟着某一种社会而有，所以可变的；那些不是跟着某一种社会而有，而只是跟着社会而有，所以是不变的，是很难说。不过有些道德是只跟着社会而有，不是跟着某一种社会而有，所以是不变的，这一点似乎可确定的说。照我们现在想起来，例如"信"之道德，似乎即是一种基本道德。因为社会之组织，靠人之互助，而人之互助，靠一个人能凭别人之话，而依赖他。例如我在这里写字，而不忧虑我的午饭之是否有，因为我的厨子说与我做饭，所以我可以依赖他；我的厨子也因为我说与他工资，所以他可以依赖我。如果一个社会中，各个人皆说话不当话，那个社会就不能存在。人没了社会，就不能生存。越是进步的社会，其中的人越是须说话当话。人的生活越是进步，人越离不开社会。孔子说："自古皆有死，民无信不立。"初看这句话的人，说孔子多么残酷，多么不讲人道，叫人不吃饭也要有信，这真是吃人的话。实则人吃饭固是要紧，但是吃饭的条件如果不俱备，人是没饭可吃的，或是有饭不得吃的。

以上所讲的，并不是要恢复五德三统等说，不过说汉人的历史哲学中，有上述六点意思，这些意思到现在还可用。我们用一种历史哲学的时候，本来也不过只师其意，不能把他拿来机械的用。这一点是我们现在应当注意的。

（《哲学评论》1935年第6卷第2、3期）

中国古代的历史观

徐文珊

现在我们要把中国古代的史书,以及他种书籍附有历史材料的,翻开细细比较一下,便可以得着许多不同样的记载,五花八门,奇形怪状,几乎是一本书一个样子,让我们无所适从。所以然的原因,固然不只一端,但是我想最主要的一条,就是记载史事的人——或者就说古代一般人,因为当时作者与读者心理大都一样。——对于历史的观念不同;或者观念相同,而他们的用意、思想、立场、背景种种方面之不同,遂至把同一事,同一人,记出许多不同样的现象来。

一方面作者利用一般人对于历史的观念,而创造历史,附会史实,以为他的学说的佐证,与推行学说的工具(如儒家、道家之一部份);一方面作者领导一般人,对于旧的历史观念起革命,而他的目标也一样的是要作他学说的佐证,与推行学说的工具(如荀子、韩非子);一方面作者戴着有颜色的眼镜,把一切东西全看成眼镜的颜色,历史当然也不在例外(如道家、阴阳五行家的化身,《淮南子》、《春秋繁露》)。

现在从周朝起,看看各个时代的历史观念是什么样子。换句话说,就是看看当时人眼里的历史,是个什么东西,有什么用处。

西周末东周初的书籍,最可靠的只有《诗经》,我们看《诗经·大雅》。

《大雅·大明》:

> 有命自天,命此文王,于周于京。缵女维莘,长子维行,笃生武王,保右命尔,燮伐大商。

《大雅·文王》说:

> 命之不易,无遏尔躬。宜昭义问,有虞殷自天。上天之载,无声无臭;仪刑文王,万邦作孚。

《大雅·荡诗》说:

> 文王曰咨!咨女殷商,人亦有言,颠沛之揭,枝叶未有害,本实先拨,殷鉴不远,在夏后之世。

《大雅·假乐》说:

> 千禄百福,子孙千亿,穆穆皇皇,宜君宜王;不愆不忘,率由旧章。

从上面抄的几章诗看来,虽然没有对于历史的观念显然的表示,但是也可以知道下列四件事:

1. 文王之王周,武王之伐纣,皆是受命于天。
2. 后世子孙当取法于文王。
3. 后世子孙当以夏桀——以无道而亡国的——为戒。
4. 后世子孙当谨遵先王旧法,不可更张。

此外如《生民》诗说周始祖后稷之生,是姜嫄感天而生;《商颂》说商之始祖又是"天命玄鸟,降而生商"。可见当时人心目中的历史,只是天道运行的表现,所以应当分别善恶,而为立身行道的标准。当时的人既如此思想简单,淳朴的迷信上帝,所以极容易被人利用。现在我们且看儒家的态度。

孔子 关于孔子的书,比较可靠的只有《论语》。可是《论语》除了颂扬尧舜之外,《尧曰》篇也是同样的把历史放在天道运行里了。他说:

> 尧曰,咨尔舜!天之历数在尔躬,允执厥中,四海困穷,天禄永终。舜亦以命禹,曰,予小子履,敢用玄牡,敢昭告于皇皇后帝,有罪不敢赦,帝臣不蔽,简在帝心;朕躬有罪,无及万方;万方有罪,罪在朕躬。

看了这一段记载,直捷了当的说,就是当帝王,职责只是"替天行道"。

但是以上这些统统是对于史实的眼光,而不是对于史书的本身,与史料之去取的态度。关于这一点,在《论语》里看不出孔子的态度怎样,但是在《孟子》里却有替孔子发表的意见。至于孟子所说,是不是孔子的本意,是不是事实,是不是故意过甚其辞,而藉以发泄他的愤气,现在全不能知道,因为除此之外,没有更可靠的书作他的佐证。这一点虽然现在不能知道,但是至少也可以代表孟子的态度。现在连他自己的议论合抄几段在下面:

《孟子·梁惠王章》:

> 齐宣王问曰:"齐桓、晋文之事可得闻乎?"孟子对曰:"仲尼之徒,无道桓、文之事者,是以后世无传焉,臣未之闻也。"

《孟子·滕文公章》:

> 世衰道微,邪说暴行有作,臣弑其君者有之,子弑其父者有之,孔子惧,作《春秋》。《春秋》天子之事也。是故孔子曰:"知我者其惟《春秋》乎!罪我者其惟《春秋》乎!"……昔者禹抑洪水,而天下平;周公兼夷狄,驱猛兽,而百姓宁;孔子成《春秋》,而乱臣贼子惧。

《孟子·离娄章》:

> 孟子曰:"规矩,方员之至也;圣人,人伦之至也。欲为君,尽君道;欲为臣,尽臣道;二者皆法尧舜而已矣。不以舜之所以事尧事君,不敬其君者也;不以尧之所以治民治民,贼其民者也。……《诗》云殷鉴不远,在夏后之世,此之谓也。"

《孟子·万章章》:

> 万章曰:"尧以天下与舜,有诸?"孟子曰:"否,天子不能以天下与人。""然则舜之有天下,孰与之?"曰:"天与之。""天与之者,谆谆然命之乎?"曰:"否,天不言,以行与事示之而已矣。"

《孟子·离娄章》:

> 孟子曰:"王者之迹熄而诗亡,诗亡而后《春秋》作。晋之《乘》,楚之《梼杌》,鲁之《春秋》,一也。其事则齐桓、晋文,其文则史。孔子曰:'其义,则丘窃取之矣。'"

《孟子·尽心章》:

孟子曰："由尧舜至于汤，五百有余岁，若禹、皋陶则见而知之；若汤则闻而知之。由汤至于文王，五百有余岁，若伊尹、莱朱则见而知之；若文王则闻而知之。"

从他以上这许多话里看，关于孔子的有三段，他的意思是：

1. 关于史料：不合于圣道王功的史料一概不要。
2. 关于历史本身：是载道统，辟邪说，赏善罚恶，诛乱臣贼子，而致天下于太平的书。换言之，历史就是伦理学。
3. 关于内容：是含有微言大义的。

孟子口中的孔子，是这样态度。现在再看孟子本人发表的意见，可得下列三条：

1. 历史是立身行道的标准。
2. 历史是天道运行的表现。
3. 承认历史一大部份是由传说筑起来的。——虽然《尽心章》说的是道统，实际就说的是历史，因为他心目中的历史就是道统。

总起孟子所说的话来，他的态度（替孔子说的话也只好就作为他自己的意见）已经直捷了当的发表出来。齐桓、晋文之事，他真的未曾听说吗？仲尼之徒真的没有人说过吗？这一层我们且不必管他，只看他把这些事实认为不够充史料的资格，竟自一笔抹煞，并且连听他说他，都不屑于，何况要笔之于书呢？这不是看历史为伦理学的铁证吗？至于孔子作《春秋》的动机，则一方面说"世衰道微，邪说暴行有作，臣弑其君者有之，子弑其父者有之，孔子惧，作《春秋》"，一方面又说"王者之迹熄而诗亡，诗亡而后《春秋》作"。这是说《春秋》之作，一方面是肩道统，挽王道；一方面是恐吓乱臣贼子的。《春秋》是这样子，孟子还以为未足。于是又说："晋之《乘》，楚之《梼杌》，鲁之《春秋》，一也。"这简直的一切史书都包罗在内了。若论内容，则把大义包涵在极简单的文字里，要读者自去细心领会。至于孟子看历史是天道运行的表现，因此便为后人立身行道的标准，这一层与《诗经》所表现的，东周初一般人的观念相同。可是他明知道古史一大部份是由传说建筑起来的。

孔子、孟子的历史观是这样，再看道家怎样。

庄子 在《庄子》里所看见的史料与论调，是整个罩在道家学说的云雾里的。因为他好用寓言,所以没有很明显的表示。不像孟子痛痛快快的,把自己的意见发泄罄尽,令人一望而知。现在检几段比较可靠,并且明显一点的写在下面(因为《庄子》"外篇"、"杂篇",据古今学者考证,不是庄周的作品。本文所引,只限"内篇"。)

《大宗师》说:

> 与其誉尧而非桀也,不如两忘而化其道。

> 夫道,有情有信,无为无形。……豨韦氏得之,以挈天地;伏戏氏得之,以袭气母;维斗得之,终古不忒;日月得之,终古不息;堪坏得之,以袭昆仑;冯夷得之,以游大川;肩吾得之,以处大山;黄帝得之,以登云天;颛顼得之,以处玄宫;禺强得之,立乎北极;西王母得之,坐乎少广,莫知其始,莫知其终。彭祖得之,上及有虞,下及五伯;傅说得之,以相武丁,奄有天下,乘东维,骑箕尾,而比于列星。

《应帝王篇》说:

> 有虞氏不及泰氏。有虞氏其犹藏仁以要人,亦得人矣,而未始出于非人。泰氏其卧徐徐,其觉于于,一以己为马,一以己为牛;其知情信,其德甚真,而未始入于非人。

此外在"外篇"、"杂篇"里,还可以找到许多玄妙的记载,与他书所未曾见的许多古代帝王名字。无非是奇奇怪怪、与众不同的说法,和上面所举大同小异,所以不再抄他。

从上面几段话看来,知道他对于历史的态度,和当时一般人——特别是儒家——是决对不同的。儒家张口称尧,合口赞舜;把桀纣骂得入地三尺。庄子则以为尧虽贤亦不必誉,桀虽恶亦不必非,要人是非两忘而化其道。把伦理化的历史推翻,而又重新建筑起道家化的历史来了。我们看上面第二、第三两段,他把古代的帝王、人臣和许多神鬼混在一起,无非是要说他们全是得道的,所以各有各的成功;并且说时代越古,世界越好,人民也越快乐。他不但不称赞尧舜,反倒时常批评他们,讥诮他们,而另外在他们以前,提出新的帝王如泰氏、颛顼、黄帝、伏戏等等。这些人比尧舜更早,更不知要好了多少。究竟这些人有没有,以及是不是真个那样好,不但没有佐证,并且与他书相去甚远。实与不实,我们虽不能知道,但是以情理揣度,他的信实的程度,恐怕是很薄弱。要论他的动机,我想无非就是要证明他的学说,并且给他的学说立一个目标,要他的信徒照着目标走到太古的淳朴浑噩的状况。

把上面的话归纳起来,就是庄子——也可以广义的说是道家——拿历史作了发表学说的工具,那么他心目中的历史观念,当然可想而知了。

儒道两家,是这样子,再看其他。

阴阳家　　阴阳家最主要的分子是邹衍。可惜他的著作不传,只在《史记·孟子荀卿传》里存留一个大概。但是他给后世的影响是非常之大。——特别是历史——他的学说于历史有直接关系的,是"五德终始说"。他说自天地剖判以来,五德转移,治各有宜;历代帝王,受天命而王,各有其德。于是把好好一群古帝王,生放在五德转移的范围里。说是某帝秉某德,某德生谋德,彼此相生相克,运转无穷,丝毫不爽。从此以后,中国古史,便永远逃不出这个范围。可怜几个古帝王,今天姓张的说某帝得水德,某帝得火德。明天姓李的又有了心得,说某帝并不得水德,乃得木德。某帝也不得火德,乃得金德。并且想加就加进来,想踢就踢出去,教他们死在地下,也不得安宁。

要问阴阳家这又取其何意？直捷了当的说,也是一样的把历史当了发表他的学说的工具。

再看阴阳家改窜涂饰的战国末年的著作,——《吕氏春秋》——又把些古帝王分配在十二月里,与明堂的前后左右的位置里,教作帝王的,时间上也不得自由,居处上也不得自由。这不是戴了蓝色眼镜看什么全是蓝的了吗？(参看《吕氏春秋·十二纪》)

法家　　《韩非子·五蠹篇》说：

> 上古之世,人民少而禽兽众。人民不能胜禽兽虫蛇；有圣人作,构木为巢,以避群害,而民悦之,使王下,号之曰有巢氏。……有圣人作,钻燧取火,以化腥臊,而民悦之,使王天下,号之曰燧人氏。中古之世,天下大水,而鲧禹决。近古之世桀纣作乱,而汤武征伐。今有构木钻燧于夏后氏之世者,必为鲧禹笑矣；有决渎于殷周之世者,必为汤武笑矣。然则今有美尧、舜、鲧、禹、汤、武之道

于当今之世者,必为新圣笑矣。是以圣人不期修古,不法常可,论世之事,因为之备。

看了韩非这一段话,知道他的思想和他对于历史之观念,与以前一般人的思想,便大不相同了,在思想界算是一大革命。他心目中的历史,已经是人类进化的过程。并且本着"人类是进化的"这个原则,主张前进、反古,主张创作,不主张仿效古人,这是何等精神!何等眼光!他的先生荀卿,虽然也曾主张法后王不法先王。因为先王之制不可考,后王之制近而可征,并且怀疑尧舜的禅让,但是远不如韩非的主张,更彻底,更痛快。

一般人利用历史,必要创作伪古史,或者改事实,或者给他披上一层五花灿烂的花衣。惟有韩非虽然也拿来辩论、比喻,但是只于老老实实的引证,并不像一般人的改窜、涂附。这一点也是他的好处。

《楚辞》、《淮南子》　《楚辞》是战国末年南方的文学作品。《天问篇》中的史料,颇类《庄子》,作者虽未必是道家的信徒,但是至少也曾受他的影响。因为庄子本是南方人,道家的势力,也是南方最大,因此便也免不了戴上着色的眼镜了。

《淮南子》是道家的信徒,是无疑义的。所以虽然时代已经到了西汉,却仍免不了道家色彩。所以只要翻开一看,便是神仙鬼怪的触目皆是。因为太占篇幅,上列两书不去抄他了。

《史记》　古代史学界到了司马迁的《史记》,算是算了一笔总帐,成了一部空前的大著作。论他的动机,《太史公自序》里有一段话。他说:

太史公曰:先人有言,自周公卒五百岁而有孔子,孔子卒后至于今五百岁,有能绍明世,正《易传》,继《春秋》,本《诗》、《书》、《礼》、《乐》之际。意在斯乎!意在斯乎!小子何敢让焉。

看他这段议论,正是明说要继周公、孔子而肩道统,才作这部《史记》。那么换言之,他看历史,不就是载道统的东西吗?他的观念与动机是这样。现在再看他的取材与方法。

《五帝本纪》说:

> 太史公曰：学者多称五帝，尚矣。然《尚书》独载尧以来；而百家言黄帝，其文不雅驯，荐绅先生难言之。孔子所传《宰予问》《五帝德》及《帝系姓》，儒者或不传。余尝西至空峒，北过涿鹿，东渐于海，南浮江淮矣，至长老皆各往往称黄帝、尧舜之处，风教固殊焉，总之不离古文者近是。予观《春秋》、《国语》，其发明《五帝德》《帝系姓》章矣，顾弟弗深考，其所表见皆不虚，书缺有间矣，其轶乃时时见于他说。非好学深思，心知其意，固难为浅见寡闻道也。余并论次，择其言尤雅者，故著为本纪书首。

读了他这一段话，知道他曾亲到各处游历，采访史料。并且和各种史书比较，把荒诞不经，不雅驯，而荐绅先生难言之的材料，统统摈弃。择其近是，而比较雅驯的来用。不像孟子那样武断，不合王道的一概不要。处在司马迁的时代，所看见的史料，离奇古怪，几乎是一本书一个样子，真是没有办法的事。他能取这个态度，可以说是史学界的破天荒。而对于历史的本旨也比较近是了。

从此以后，到了西汉末年，史学界有一次大破产，就是刘歆因为要给王莽在历史上造出代汉的根据来，表明他不是篡夺，而是迫于天命，便大施手段，把古史像玩把戏一般的摆弄，大大的变了样子。并且造伪书，改古书，施尽百般伎俩。两千多年来，全受了他的欺骗。那么他心目中的历史，当然不用说，也是一样的，看成任人可用的工具。不过他的利用法更厉害，动机更卑鄙罢了。至于他所用的手段，则不外五德、三统。这就是邹衍一般阴阳五行家的影响，也就是以前对于历史的传统思想与惯用手段的流毒。

到了东汉，史学家班固受了刘歆的余毒，戴着古文家的眼镜，作出一部《汉书》，遂与《史记》弄出许多不同的事实来。他虽不是要利用历史，发表甚么学说，但是至少也要作了刘歆的功臣。

从此以后，中国史学界，便慢慢的入了轨道，态度则由盲从而渐变为怀疑，工作则由创造而渐变为整理了。魏文帝篡汉，初即帝位，则曰："舜禹之事，我知之矣！"这两句话，简直的把几千年的纸老虎给他一下打破了。可见他于古史的信任力是薄弱极了。

至于东汉王充与唐代的刘知幾，可以说是中国史学界两个革命分子。他们的思想彻底,胆量大,对于古史的记载大大的怀疑,开后世治史的道路。但是因为一般人习非成是,积重难反,很少有人注意。直到近代才顺着这条路向前走,省了具体的辨伪工夫。

把以上的话统统合起来作一个结论,就是古时一般平民,知识简单,迷信上帝,所以事事委之于天。儒家利用这一点,遂用历史作工具,把他的伦理、道统,尽量的装在历史里。所以才有孟子"仲尼之徒,无道桓、文之事者,是以后世无传焉"的这些话。道家与儒家的眼光,(对于历史)态度完全一样,不过说法不同,旨趣不同罢了。其余如以上所举的法家、阴阳家以及各家的信徒等等,争相仿效,把个无人过问的历史,毫不负责的想改就改,想造就造,事实对与不对谁去管他。久而久之,习为固然,遂把我们初民的状况、文化的来源以及民族进化的阶段,统统失了本来面目,令我们没处去找了。

(《史学年报》1930年第2期)

中国史学思想发达史略

萧 澄

序 言

宇宙现象,大别为二:一进化,一循环也,前者属于时间,后者属于空间。历史者,叙述时间进化之状态者也。虽然,于其间却有广狭之二义:广义云者,凡天体、地球、动植物等,无不各有其历史;狭义云者,则专指人类进化之状态,即通常所谓之历史。惟是人智学术,日进不已,现代史家之见解,已与古时大异,言其大体:中世纪以前之史家所记述,为人间有数权力者之盛衰兴亡之事迹,名虽为史,实则不过一人一家之纪传也。现代之史家,已注意于人间全体之活动,即国民全体之行动经历与其相互之关系。谓吾不信,请看中国史学研究法之发展如何,可以思过半矣。

一 孔子以前之史

由今四千余年前,有圣人者名黄帝,为中国开国始祖,初设左右二史官,左史记言,右史记事。自是以后,舜有伯夷,夏有史畴及终古,殷有向挚,皆古之良史官也。至周代更大备,有大史、小史、内史、外史、御史诸史官。当时历史主旨,在供御览,于直笔记事中,特寓讽谏规劝之意,使为君主者有所镜鉴,而史官则中正公平,不屈威权,其中最著者,莫若齐晋二国之史官。宋文天祥《正气歌》有云"在齐太史简,在晋董狐笔",即咏其事。至于二史官之中正无阿,想已为人所熟知,今不赘,但直笔正书,不偏不党之志,后之史官,已不甚重。盖古代史官,以历史为褒贬之具,所谓直臣在君侧,不仅直谏其过失,务必直书之于史籍,此古代史官之思想也。

二 孔子之历史观

孔子者,儒教之集大成者也。于其所删著之六经,即《易》、《诗》、《书》、《礼》、《乐》、《春秋》之六经中,《春秋》为历史之书,是最显,《书经》亦可看为史籍,清章学诚之《文史通义》所说:古时经史,本不分科。又云:六经皆史也。由此可知孔子及其他儒教家之尊重历史,若然。孔子尊六经,即重历史也,并非仅重六经,而不重历史。吾人于此点,最宜体贴先哲。至于孔子之历史观,《孟子·离娄章》有云:"晋之《乘》,楚之《梼杌》,鲁之《春秋》,一也。其事则齐桓、晋文,其文则史。"孔子曰:"其义则丘窃取之矣。"盖孔子虽称自修六经,其实《春秋》以外之五经,大体仅编辑整理之,其所自著者,在《春秋》一经。朱熹于上记《孟子》文注有云"孔子之事,无大于《春秋》"之语。孔子之著述历史也,于直书事实外,重正义的批评,其根据史料为鲁国记录,笔则笔,削则削,游、夏之徒,不能赞一辞。夫孔子笔削著述《春秋》之大精神,果如何成者也?盖当春秋之世,君臣上下之颠倒,大义名分之紊乱,已到极点。孔子见之,因明史官之法,本据鲁国之记录,慎加笔削,严行批评,正名显实,微词寓义,为不刊之论,著将来之法。《孟子·滕文公章》有曰:"世衰道微,邪说暴行有作,臣弑其君者有之,子弑其父者有之,孔子惧,作《春秋》。……《春秋》成,而乱臣贼子惧。……孔子曰:'知我者,其惟《春秋》乎?罪我者,其惟《春秋》乎?'"盖《春秋》之文,片言只字,皆寓褒贬之义,于兹可注意者,所谓劝善惩恶者,并非故弄夸张之笔,惟据事直书,毫不隐蔽,故善人因之而安心,恶人因之而恐怖也。要之,《春秋》为编年史,至其价值,宋朱熹之解释《春秋》,清钱大昕之《春秋论》,言之详矣。

三 《尚书》、《左传》及《国语》

唐刘知幾类别唐以前史籍为六家,其中四家,为周以前古史,即《尚书》、《春秋》、《左传》、《国语》是也。《尚书》主记言,《春秋》主记事,《左传》主编年,《国语》主国别。除《春秋》前已详论外,《尚书》是孔子将虞夏商周四代典章,删纂改定者也。孔安国曰:"以其上古之书,谓之《尚书》。"《尚书璇玑钤》曰:"尚者上也,上天垂文象,布节度,如天行也。"王肃曰:"上所言,下为史所书,故曰《尚书》也。"推此三说,其义不同,盖书之所主,本于号令,所以宣王道之正义,发话言于臣下,故其所载,皆典、谟、训、诰、誓、命之文。《左传》者,解释《春秋》经文者,与《公羊传》、《穀梁传》并称《春秋》三传,惟《公羊》、《穀梁》二传,甚简古,其义理即专解经文,于历史上终不及《左氏传》,言史籍者,必以《左传》为第一。但其缺点,有偏于文章之弊。唐韩愈评其文曰"浮夸"当甚。《国语》亦出于左丘明,盖左氏既为《春秋》内传,又稽其逸文,纂为别说,分周、鲁、齐、晋、郑、楚、吴、越八国事,起自周穆王,终于鲁悼公,合为二十一篇,其文以方内传,或重出而小异,抑亦六经之流,三传之亚也。

四　汉代二大史家

汉代四百年间历史之名著有二:一前汉司马迁之《史记》,一后汉班固之《汉书》是也。司马迁,西洋人称之为中国之赫罗德特(Herodotus),为太史官,继其父志,著述十二本纪、十表、八书、三十世家、七十列传,是为《史记》。本纪者,叙帝王之事迹;世家者,记诸侯之沿革;列传者,述人臣之行状;表之所作,因谱象形,传所不登,名未可没,胥以表括之;志之为篇,纪传之外,有所不尽,只字片文,于斯备录。此体为司马氏所独创,后之为正史者,无不标准焉。特称其为纪传体者,对编年体而言。及至宋代,始创纪事本末体(袁枢创作,详后),与上二体,并称为中国三大史体。

次则《汉书》。班固因乃父彪旧稿,复加润色,断自高祖,尽于王莽,为十二本纪、十志、八表、七十列传,勒成一史,目为《汉书》。盖仿《史记》体裁,而记前汉一代之事实者也。记载精确,文辞朴茂,可与司马并称。但《史记》为通史纪传体,《汉书》则为断代纪传体,此其大较也。(自是以后,晋、隋、唐、宋、元、明以及六朝、五代各史,总不出《史》、《汉》

二家范围,陈陈相因,无甚特色,故以下不复历举说明也。)

此二体与前记《春秋》、《尚书》、《左传》、《国语》四史,并成六家,所谓商榷千载,盖史之品流,亦穷于此。虽然,汉以后之史籍,为前人所未发而独创之者,亦属不少,顺次述之如左。

五　唐宋史学之进步

至唐刘知幾著《史通》,评论唐以前诸史,能立新说,发创见,卓有可观也。书分内外二篇:内篇十卷三十九篇,外篇十卷十三篇,内篇皆论史家体例,辨是非,其所驳诘,使班马复生,恐有不能解答也。盖子玄于史学最深,又领史职三十年,更历书局亦最久,其贯通古今,洞悉利病,固非后人所能及。礼部尚书郑惟忠尝问:"自古学士多而史才少,何也?"刘氏答曰:"史有三长:才、学、识是也。世罕兼之,故史才少。"可谓要言不繁矣。

次至宋世,史学之进步更著。如司马光之《资治通鉴》,朱熹之《通鉴纲目》,袁枢之《通鉴纪事本末》,王应麟之《玉海》,郑樵之《通志》(马端临之《文献通考》),皆于史学上开一新面目。《资治通鉴》者,论次历代君臣事迹,专取关国家盛衰,生民休戚,善可为法,恶可为戒者,以资人主之镜鉴,直可谓一部大政治史。《通鉴纲目》者,由君实之书而脱化者也。大书为纲,分注为目,纲则提要,目乃详其义。换言之,《纲目》一书,拟孔子《春秋》笔法而褒贬善恶者也,特于帝位正统诸论,追求最为严正,人物评论,亦极严刻。袁枢与朱子同时,其作《通鉴纪事本末》,以事类相比附,使读者审理乱之大趋,迹政治之得失,首尾毕具,分部就班,较之盲左之编年,则包举而该浃,比之班马之传志,则简练而隐括。盖史外之别例,而温公之素臣也。夫子玄著述《史通》时,无此体,或谓似本《左传》各篇别题叙述法,一应然也。《玉海》二百卷,附《词学指南》四卷,为词科应用而设,与他类书籍体例迥殊,所引经史子集、百家传记,无不赅具。至《通志》、《通考》(外加《通典》称三通)等书,采撷浩博,议论警辟,虽不能一一精密,亦足以资镜考也。

此外起居注,即周左右史之职,记天子言行。日历亦名时政记,即每日之记录。实录,专纪帝王一人之事迹。以及金石文之考古学者,亦发达于斯时,是亦有足称者焉。

六　前清与民国史学之趋势

史学原论之研究,起于前清。就其中最著者,为章学诚之《文史通义》,内篇五卷,外篇三卷,《校雠通义》三卷,倡言立议,多前人所未发。大抵推原官礼,而得向、歆父子之传,故于古今学术渊源,辄能条别,而得其宗旨。比之子玄《史通》,容或过之。尝论子玄史学三长之说曰:"虽刘氏之所谓才、学、识,犹未足以尽其理也。……能具史识者,必知史德。德者何,谓著书者之心术也。……而文史之儒,竞言才、学、识,而不知辨心术,以议史德,乌乎可哉?"是其于史学三长外,可尊者尤在史德,可谓知言矣。次之如近人梁启超所著《中国新史学》,谓中国旧史病源有四端:(一)知有朝廷而不知有国家;(二)知有个人而不知有群体;(三)知有陈迹而不知有今务;(四)知有事实而不知有理想。又旧史家缘上四端,复生二弊:(一)能铺张而不能别裁;(二)能因袭而不能创作。然则所谓新史学者果如何进行耶?梁氏所论:(一)历史者,叙述进化之现象也;(二)历史者,叙述人群进化之现象也;(三)历史者,叙述人群进化之现象而求得其公理公例者也。若夫上海发行之《教育杂志》十周纪念号,内有蒋梦麟之《历史教授革新之研究》一篇,其论历史教授法曰:(一)教授历史,当以学生之生活需要为主体也;(二)教授历史,当以平民生活为中心点也;(三)表扬伟人,政治家、科学家与发明家当并重也。此中国史学之新潮流,即示中国现代史风之一大倾向也。

结　　论

如上所述,中国史学,虽瑕瑜不掩,长短互见,要其在史学界之价值,可有下列诸美点:(一)评论人物之公平。例如《春秋》、《左氏传》对于人物之批评,或关于其人所为之事实,或褒或贬,毫无偏见;

(二) 对于人物及事实,为总括的论赞,冀启发后之读史家;(三) 司马迁之史识,较西洋近世史学无逊色。特如年表,于世界上以司马氏为创始祖,即编入历史,亦以《史记》为最古;(四) 中国史家,与其谓为著作,毋宁谓为编纂。换言之,主观的创作,文学也;所谓史学者,客观的编纂也。爰揭出之,以供研究史学者之参考焉。

参考书:

《史通》;《文史通义》;《饮冰室文集》;《教育杂志》十周纪念号;日文《教育论丛》。

(《史地丛刊》1921年第2期)

中国史学思想史引端*

黄庆华

  现在虽然有人研究天然现象、政治同宗教,但是总没有人能专心去描写历代以来一般学问的状况。世界史中没有这种东西,就同没有眼睛的 Polyphemus 像一样,那末,最足以表示人类精神同生活的那一部分就缺少了。我知道这现在各种科学里面,如法律、数学、修辞学、哲学等,常常提起了学派、著作家同书籍这类东西,而且也提到美术的发明同各种习惯的关系。但是一种平允的思想史——包括思想同思想派别的古风同来源,他们的发明,他们的习惯,他们的兴盛,他们的反对、衰替、消沉、埋没、转移,他们的起因同理由,同所有自古以来其他关于学问的事实,我可以说,到如今还是没有。

  ——培根(Bacon):《学问之进步》(*Advancement of Learning*)

  培根这段话,很可以看出思想史研究的切要和空气的沉寂,这不仅是过去的情形,直到三百年后的今日,也有这种感觉,原因是断代思想史与部门专史的写作还付缺如。那末,要写一部整个人类自古及今的思想活动成绩的记录,真是谈何容易!

  这个理由,更激起了我对于"史学思想史"研究的兴趣。不过,这个题目,不仅为中国史家所忽略,便在国外,近百年来,历史哲学史的著作,还是寥寥可数。著名的如 R. Flint 氏的著作,在一八七四年出版的《德国及法国的历史哲学》(*The Philosophy of History in France and*

---

 * 原题:"中国史学思想史"引端——摘自"中国史学思想史"导论的一节。

Germany）和一八九四年出版的《法国历史哲学史》（Historical Philosophy in France and French Belgium and Switzerland）二书。德国史学家 Bernheim 一九一〇年出版的《史学入门》（Einleitung in Die Geschichtswissenschaft）及 Otte Braun 一九二一年出版的《历史哲学概论》（Geschichtsphilosophie），J. B. Bury 一九二四年出版的《人类进步之史的考察》（The Idea of Progress: An Inguiry into Its Origin and Growth），法人 Henri. Sée 一九一八年出版的《历史的科学与哲学》（Science et Philosophie de L'histoire）等书。史学史方面的著作，有偏于古代的 J. T. Shotwell 一九二三年出版的《史学史导言》（An Introduction to the History of History）有对于史学进展中的几种重要现象底叙的 H. F. Barnes 一九二五年出版的《社会科学的历史与趋势》（The History and Prospects of the Social Sciences）及 J. H. Robinson 一九一二年出版的《新史学》（The New History）中"新史学"、"历史的历史"、"历史的新同盟"数章。关于近世史学的叙述，最重要的有如 G. P. Gooch 一九一三出版的《十九世纪的史学与史家》（History and Historians in the Nineteenth Century）一书等多种。但每局限于一时代或一国家为单位，或单就德、法、英、美数国言之，而史学史的研究成绩，又较历史哲学史为愈。至于我国，不独没人对中国史学思想史加以整理，便是史学史也还找不到一部差强人意的作品。于是，我敢毅然决然地做那筚路蓝缕以启山林的草创者，负起这繁重的工作，因为无人做，所以更大胆更小心的去做，因为绝无已成的著作可援，故发凡起例，多自我作古之虑，而于此种情况之下，以从事于本文的研究，其困难抑又可知。

思想的发生，实由于人类对现实的问题，要求合理的解决，而为一种本能的表现。由于时间的递演，各有对于现实问题，寻求解决的不同方式与所遭遇的不同环境，故所求得解决的方法也不一样。同时由于知识的继承，这种发展的趋势，一天比一天进化，而知识线上发展的痕迹纪录下来，便是思想史，人类文化进化的现象纪录下来，便是历史。思想史便是人类历史现象的一部份，而又为这现象中最重要的一部份。"在突破偏狭之政治史网罗，而于人类文明方面致力研究之各种史学中,在以思想史之努力为最早。盖研究皇古以来,人类智识阶级所有之观念、信仰及意见之因革。"①在人类文化底进程中,此种当时思想上流行的态度,实握有贯通组织及控制之权。因之,思想史可说是历史的灵魂,构成历史与推进历史发展的主要因素。可是到了现在,历史的演进已经过相当长远的时间,思想的发生以至于现在,更有着无限变迁的往迹。然而,研究的空气却又这般冷落,是何等可惜啊!本来,"组成历史的一切事实,都可以用历史的目光去解释他,正像自然界的一切事物,都可以用自然的目光去解释他。而全部的历史,正和自然一样,是一个极有规律、极有条理的整体"。② 同时,"思想家的思想议论,实在也是同样的历史上的事实。所以以往的人,对于历史所持的思想,实在他本身已经是一部历史"。③ 故将历史本身的发展过程做对象,便成了"史学史"的课题,而用以说明对历史的构成与进化的思想底发展过程为对象,便是"史学思想史"的学问。固然,这和思想史为构成历史之主要因素的关系一般,史学思想便是史学史的最重要部份。因为二者的目的,都在追溯人类对于文化进化现象,或历史观念如何变迁与发展的记载。这种记载,思想史与史学思想史无疑尽了主导的责任。思想史是历史的精髓,而史学思想史呢?也无疑地是史学的精髓。故研究历史,最中心的便是研究思想史。研究史学史,最中心的便是研究史学思想史。人类能否向新的程途发展,史学能否向更新的趋向迈进,全赖这种思想的力量推动。盖一般思想的态度,足以左右科学发达的状况,及其在复杂文化中所占的地位。故人类要了解过去,努力现在和控制将来,于是要认识历史;人类要把已往推动历史的思想事实体认出来,于是要研究思想史;人类要把记述过去的文化现象的历史底发展,以彻底的了解,去把握现在和控制将来,于是要认识史学史;人类要把已经推动史学史底发展的思想过程体认出来,于是更要研究史学思想史。因为只有从事这方面的研究,才能在历史事实中,寻出历史构成的方法,与一种渐趋于正确底根本发展之进化的原理原则。正如美国鲁滨孙教授(Prof. J. H. Robinson)所说的:"我们要懂得现在各种关于历史关系,同研究

---

① H. E. Barnes: *History*.(向达译《史学》页七四)
② R. Flint: *History of the Philosophy of History*.(P.28)
③ 同前书页四。

方法的观念,不能不将历史本身的境遇研究一下。"①因为要写作历史,"显然要知道历史",尤须了解人类对于历史思想的变迁,而后才能变更我们的眼光,去适合现在的环境。要知道我们对于历史的眼光同态度的谬误,能不研究我们过去对历史的眼光同态度的来源、兴衰、消沉、转移的过程么?

基于这种认识之下,我便写作了本书——《中国史学思想史》——以研究中国的史学思想,人化的史学思想底源泉、变迁及其发展。

但话虽如此,我们如何去整理史学思想发展的历史,成系统的著述呢? 这实非轻而易举的事情。单就中国而论,史籍之繁,至足惊骇,史部著作份量之可考见的:《隋书·经籍志》载有八一七部,一三二六卷;《宋史·艺文志》则载二一四七部,四一一〇九卷;《四库全书总目》则载有二一一四部,三七九一二卷;而《四库全书》辑集以后至于今日,著作益夥。单就二十四史、两《通鉴》、九通、五纪事本末,乃至其他别史,史籍已不下数万卷。史家之数,无累万千。其内容的复杂,如何判别去取,以为史学思想史的根据? 此难点一。

其次,中国思想的发展,可远溯自北京猿人时代以至今日,凡五十万余年。就算是从信史的殷周算起,也经过了数千年长久的历程。这其间正不乏真知灼见的伟大思想家,曾具体地认识历史发展的往迹,而探求历史发展的法则者。这么一来,史学思想的探讨,更应注意到思想家的史学见解这方面了。因为历史不过是具体的思想,而解释这具体思想发展的原理原则底思想的发展,自然也该属于史学思想史的范畴,以这么广阔的材料,何去何从? 此难点二。

同时,为什么要研究中国史学思想史? 中国史学思想在世界上究居何等地位? 这么一来,又非用比较的方法,以求与世界同期的史学思想作比较的观察不可。然而,这把中国史学思想史的题目扩得更大,愈不容易把握了。此难点三。

故中国史学思想史的研究,应先具有三种学问:(1) 文化史的认识;(2) 历史家与思想家之史学思想的认识;(3) 西洋史学思想的认识。

---

① J. H. Robinson: *New History*.(何炳松译《新史学》页六)

本文之作，也不过是一种尝试，把年来的所得表现出来，不自谅力地想替沉寂的中国史学界开辟一条新路。盖深感史学思想史研究的需要，和国人对于中国史学思想史研究的冷落，而不知"历史不仅人类外表之行为，且必及其思想与目的，及人类之精神与性格。"①今之治史学者，更应该认识过去人类对于历史发展之解释的思想为何如？历史本身心能的进步为何如？要认识中国文化的伟大，不能不认识中国最早成立的一种学问——史学发展的伟大，造成世界史学最早发展与最丰富内容的史学发展的伟大，造成史学发展得如此丰富的史学思想的伟大。英国史学家阿克吞（Acton）尝言之："历史的思虑（Historical Thinking）对于吾人之利益，较历史研究（Historical Learning）为善。"②这实在是很有见地的话。但是，如何从事于这问题的探讨呢？这首先应当了解中国史学思想发展的特殊性，有着长久的历史因缘。其本身发展的历程之长，自超出世界任何国家的历史之上，而史学思想的发展，亦较世界各国为早。中国的远古文化，都可从历史的记载中体认出来，自史学思想中发展出来。这个理由，即由于中国最先发迹的是史学，伟大思想的出现自史学。故无论思想家或史学家，均有所谓"史家精神"的表现。（中国史家精神，其详在本论第五节中）著名的经籍，都可说是史料书或史书。这辈思想家或史学家，一方面启示历史进化的规律性，一方面著明史家著述的新思想，前者是历史哲学的问题，后者是史学方法的思想。但是这二者，都应该包括于史学思想研究的范畴中，故均值得我们以深切的考虑与检讨。大抵后者为历史家的史学思想，为偏重于历史的思想，思想特为构成史学的精神而已；前者为思想家的史学思想，为偏重思想的史学，以史学为思想的说明而已。从方法论上观察，史学家的史学思想，类多从历史事实中归纳得来的结论，或为连贯历史事实的构成思想；而思想家的史学思想，则从历史事实中求得共通的发展法则，或从思想法则中寻求历史事实的依据。这其间，只有史学思想家能兼并二者的所长，作为亦史学亦思想的相互说明。偏于史学家的史学思想，可以拿《春秋左氏传》及其学派为例。其史学

---

① Langhlin: *The American Historical Review*. ⅩⅩ.(P.257)
② *Inaugural Lecture*. (P.20)

思想，在其体例和"君子曰"的文中以表其意，但大都为叙事的总评、史意的发挥、义例的表现，为历史事实本身的引申而已。偏于思想家的史学思想，可以拿《公羊传》及其学派做例。依据历史事实的共相，以求得发展的法则的便是。大抵前者多偏于人事的观念，后者多偏于天理的观念，拿现在的术语来说，前者近于历史考证与注重史料的搜集及考古的方向多，后者近于历史解释与注重历史的现代性方面多，但是真正的史学思想家，应该是不偏不倚的，天人并重的。换句话说，是并重史料的搜集、考证与解释的，以"考古"为方法，"考今"为目的的。这些史学思想家中，最早的可推源于孔子。孔子作《春秋》，删削《春秋》，和与《春秋》的关系等问题，容后再论。但在孔子的学说中，已可概见不偏于天或人底生命的历史观念，并重于历史的叙述和解释的方向已开始了，至于司马迁便更明显。这在西洋的史学思想史中，也可看到。就史学方法而论，史学家的史学方法如 Lamprecht, L. Rirss, Mayer, Droysen, Bernheim 等，而思想家的史学方法，则如 Windelband, Rickert, Dilthey, Simmel, Croce 等的不同，足见这种差异，不仅为中国所独有。正如 Acton 氏所说："史学家之所以为史学家，乃其方法耳，非其天才、雄辩或博学也。"①相反的，思想家之所以为思想家，正由于方法的偏重于思想罢了。故惟史学思想家能兼而有之，惟能将史学家的思想方法与思想家的史学方法合而为一的史学思想方法，能兼包并蓄地注意于史实整理的方法，史实反映的光耀，和事实于意识中的镕化的各方面。当本其天才，以发明史料整理的方法，和解释历史进化的法则，以完善的形式发表为极有价值的作品。因此，我以为史学思想的发展，其中都有由综合而分析、由分析而综合的事实。而最足以代表一时代之史学思想的，正是综合史学家的思想与思想家的史学底史学思想家的史学思想之观念，这是我对于这问题的第一个见解。

其次，是我们认为历史是依进化的法则发展，而非堆积的、滞止的、不相连续的。因此，我们对于中国史学思想发展的认识也是一样，亦由于次第的递演，以至今日。起初由不可知的渐进为科学的，由蒙昧变为明朗的、确实的，故其本身发展的过程，正可划分为若干阶段以便研究。

---

① Acton: *History of Freedom and Other Essays*. (P.235)

此种研究方法,以用于思想史为尤然。孔德(Comte)三阶段说的发明,着实给予知识线上发展的历史研究以很大的贡献。而历史分类学上,则黑格尔(Hegel)氏的见解最可宝贵,他在《历史哲学概论》(*Geschichtsphilosophie*)第二编《特殊绪论》中,有"种种不同之历史的考察方法"一章,他首先将历史分做三类为:(1)原始的历史(Die Ursprungliche Geschichet, Original History);(2)省察的历史(Die reflektierte Geschichte, Reflective History);(3)哲学的历史(Die philosophische Geschichte, Philosophical History)。而德国 E. Bernheim 所著的《史学入门》(*Einleitung in die geschichtswisensschaft*)第一章《历史是什么》中,依他的意思,历史可分做三类:(1)故事的历史;(2)教训的历史;(3)发展的历史。他说:"在历史的知识发展史中,可分做一个主要阶段。此等阶段如现在所指示,实相当于一切知识的发展阶段,即可分为故事的或列举的阶段、教训的或实用的阶段与发展的或发生的阶段三者。"把这阶段和 Hegel 的分类比较一下,所谓故事式的历史即原始的历史,教训的历史即省察的历史,发展式的历史即哲学的历史。Bernheim 本着眼于 Comte"人类知识发达阶段说"的,而其结果却恰好和 Hegel 的分类极相吻合,并且他从静学的历史分类,变为动学的历史分类,从空间的组织学的历史分类,变成时间的发生学的历史分类。① 这种说法,对于中西史学史与史学思想史的研究,贡献很大。尤可注意的,是中西史学的发展,都曾经过这几个阶段。故中国史学思想史的发展,亦可以分作下列的三个时期:第一期:故事式的史学思想;第二期:教训式的史学思想;第三期:发展式的史学思想。

这由历史本身的(形式及内容)分类,实可作史学史的时间的分类,更可作史学史底本质的、时间的、思想的发生分类——史学思想史的分类。因为它的本身实有一段进化的痕迹,故各时代有各时代所反映的思想型式,所以尤应注意"吾人遇过去人事时,无论其事是否合于吾人的心想,吾人决不宜以吾人之思想,或与吾人不同之思想,参入其中。吾人可以断言,彼等之观点与吾人完全不同也"。② 因为"最普遍的大

---

① 朱谦之师《历史哲学大纲》(页四三——四六)。
② E. Scott: *History and Historical Problems*,(余楠秋、谢德风译《史学概论》页五二)

错误,即为以现代之思想,评判古代之事实"。① 但这又局限于叙述本身的学说时言之,在叙述之后为明白进化究至何等阶段而加以合理的批判,未尝不可! 故更须进一步以了解史学思想家之思想发生与当时社会的环境及地理因素为何如? 以影响他们本人的动机,和他们所认为必要的情节为何如? 因为"历史上个人的作用是无可疑的,困难是在决定他们的作用怎样表现。个人本身可以是时代的产物,他们的知识和心理的发展,大部份定于所生所长的环境,并且各种现象是要分类的。在智识界及艺术界中,大人物的创造势力影响于进化最大"。② 固然,历史不是几个大人物炙手可热的东西,但是在思想史上这些先知先觉者的高瞻远瞩,着实是时代思潮的领导者。故须明白某一时期中史学思想的变迁因革,着实可以拿几个史学思想家做代表,和检讨他们当时的处境为何如? 后来的影响为何如? 明乎此,则这种以人物为中心的史学思想史的写法,已能像崇山浩海般——"不让土壤"、"不择细流"地兼包并举,而成为既深且远的史学思想的整体了。这是我对于问题的第二个见解。

但是,要真的了解中国史学思想在世界上的地位,当然不只是了解中国史学思想的发展过程为已足,更应从比较的方法中,以认识中国史学思想存在的意义与价值。惟有这种方法,才能够提高历史学超过国家的偏见,以解释人类进化的真义。虽然,历史的现象是何等复杂,但是以相同的空间底同时代作比较,或以不同的空间底同时代作比较,是曾为历史底科学方法所认可的。要知道"历史是个解释的科学,可是能给历史以解释的便是比较方法"。③ 故从中国史学思想与西洋史学思想作比较的观察后,更可获得深切的认识。因为比较史学思想史底目的,在研究史学思想之国际间的交流,研究史学类型的演变和伟大的历史家与历史哲学家的世界影响。现在,中外学者虽然热烈地研究比较语音学、比较教育、比较文学、比较法律等。可是从来便很少人注意到比较历史学这一个部门,以明白史学思想实为全人类所共有的产物,其

---

① P. S. Allen: *The Age of Erasmus*. (P.194)
② Henri. Sée: *Science et Philosophie de L'histoire*.(黎东方:《历史之科学与哲学》页八三)
③ 同前书(页一一三)。

发展的过程都有息息相关的地方。况且在西洋史学思想弥漫于中国史学界的今日，要知中国史学的伟大与不足的地方，尤非从这比较的观察中体认出来不可。像中国的孔子，在史学思想史的地位，正相当于希腊史家 Herodotus，二者各为东西史学的始祖，而二者都是从故事的历史转到教训的历史之一过渡人物。① 同时，中国"诗亡然后《春秋》作"的阶段，正如比西洋史学上从 Homer 史诗一转而入于说书家时代一般。假如我们不晓得希腊史的年代，到十九世纪后的西洋史家才条理清楚以前，那晓得在纪元前一〇四年（汉太初九年）司马迁作《史记》②，对于年代学贡献之早为可贵；不晓得十九世纪西洋史学史上始有大规模文化史的著作，那能认识《史记》八书记述文物制度的可珍。此外，如近人李思纯译法人 Ch. V. Langlois 及 Ch. Seignobos 二氏所《历史研究法课本》(Introduction aux Études Historiques) 为《史学原论》，在"弁言"中，曾将章学诚《文史通义》、《校雠通义》和该书作者比较，以为东西名哲，实无二致。③ 而梁任公则以章氏为世界最先讲历史哲学的。④ 何炳松则称他史学见解之卓绝精微，有时且远驾西洋名史之上。⑤ 凡此种种，皆从历史比较法中，所得来的认识。尤可注意的，是中西史学思潮现阶段的发展比较与合流的趋势为何如？这是我对于问题的第三个见解。

这些见解，便是我用以处理问题的方法，以为论述的根据，并作为本书的引端。

三十一年十月于坪石

（《现代史学》1943 年第 5 卷第 2 期）

---

① 朱谦之师《现代史学概论》讲义（页八六）。
② 王国维：《太史公行年考》（见《观堂集林》）文中述太史公著史年岁。
③ 见该书"译者弁言"页二一九。
④ 见氏著《中国历史研究法补篇》第四章（页二三五—二三六）。
⑤ 见氏著《通史新义》（页一）。

中国史学中之史意与义例

茹春浦

一 意识与史

意识存在于事实与作史者认识此事实之间。凡经记述之事实,皆非单纯之客观,必含有记述者之主观,主客观交互,意识生焉。在客观为事实,在主观为认识,意识乃所以联络此二者,而使其成为系统之观念也。人之意识,因受历史之熏习,同时人亦能以其意识,别裁史实,评断其价值。譬如民族国家之意识,因为为历史所产生,亦必有此意识,方能叙述民族国家之历史。不然,则彼国人述此国之历史,其为客观也固矣,然其为民族国家之意识何在乎,亦秦越人之相视而已。明乎此,则知作国史必先得其义,义生于意。(主观为意,客观为义,王充论衡云:"孔子意密,《春秋》义纤。"意为孔子主观之用意,义则为作成《春秋》之义例。)即由众人之意识,而发生对于民族国家之信念,此信念即国史所必具之义。孔子曰:"其义则丘窃取之矣。"言于属辞比事之中,寓有激发读者劝善惩恶、拨乱反正之意识。己所独者为意,众所共者为义。孔子之所谓义,即今日之所谓意识。《春秋》之义,即其所以引启读者对于历史之心理作用也。存之于心者为意为志,发之于事者为义,义必根于意与志。孟子曰:"善说诗者,不以文害辞,不以辞害意,以意逆志,是为得之。"于史亦然,得作史者之意与志,则其可知矣。《孝经钩命诀》曰:"孔子志在《春秋》。"然则欲知《春秋》之义者,必进而求得孔子之志矣。意志皆存于心,文辞不可以尽见,故《史公自序》曰:"夫《诗》、《书》隐约,欲遂其志之思也。"又曰:"好学深思,深知其意。"(《史通》谓《春秋》"志晦其文"，亦言其意志之隐约难见也。）由意志推至于义，由义形成为众人之意识，则史之功用著，而作史者之能事毕矣。

昔人谓宋曾巩所作之《南齐书目录序》，不止为《南齐》一书而作，可括十七史之统序，以其能揭发史之为史，与作史者之意志也。章学诚谓其窥于本源者深，故所发明，直见古人之大体。古人序论史事，无如其得要领者。章氏病其文稍冗，推论史家精义，亦有未尽，再删订之，兹又节章氏所删订者如下，亦可见章氏之所谓史意也。节文曰：

> 将以是非得失，兴坏理乱之故，著为法戒，则必得其所托而后传，此史之所为作也。所托不得其人，虽有殊功伟绩，亦暗然而不章，而奸回凶慝之行，可幸而掩也。古之所谓良史者，其明必足以周万物之理，其道必足以适天下之用，其智必足以通难知之意，其文必足以发难显之情，四者备具，然后其任可得而称也。昔者唐虞有神明之性，微妙之德，使由之者不能知，知之者不能名，以为治天下之本，号令之所布，法度之所设，其言至约，其体至备，以为治天下之具而为帝典者，撰而述之，岂独得其迹耶！并其深微之意而亦传之。小大精粗，本末先后，一以贯之，俾诵习者，如出乎其时，即乎其人，使于向之四者，有一不具，而能之乎。获麟绝笔以还，左氏不免诬夸，史迁是非不能无谬于圣人，盖理疏则气盛而见奇，质薄则文长而生色，其于四者，非竟无所得，得而不全，全而不能充其量之所极至也。是岂心思才力之有所限哉？盖圣贤之高致，左马有不能会心于微而显示于后者矣。后世之史，其视左马之见奇而生色，已如九天，况敢议其他乎。

曾氏之所谓，并其深微之意而亦传之者。又曰：会心于微者，即孔子之所窃取，史者之所谓欲遂者也。意也，志也，义也，皆隐于事与文之中也，荀子曰"《春秋》言是其微也"。微也者，意也，志也，义也，皆史者之所谓隐约也。

二 史之因与创

史以纪事，事必相因而生，求其所以每每然者与大抵如是之故，则因之义见矣。《论语》曰:"殷因于夏礼,所损益可知也。周因于殷礼,所损益可知也。其或继周者,虽百世可知也。"言得其相因之故,则如数之可以乘除计算也。《孟子》曰:"为高必因丘陵,为下必因川泽,为政必因先王之道。"《中庸》曰:"故天之生物,必因其才而笃之,故栽者培之,倾者覆之。"言一切事物,皆因时、因势、因地以成之也。治史必见其所,因老子守史见道,故深知因应之理,其贵因更重于孔子,其言无为,言不作,言不敢为天下先,皆因自然以成事也。其曰"有无相生,难易相成,长短相形,高下相倾,音声相和,前后相随","贵以贱为本,高以下为基","天下难事必作于易,天下大事必作于细",皆言因也,皆言事物形成之过程也,皆言史实也,而极言之曰:"善用人者为之下,是为不争之德,是谓因人之力。"历史之事,陈陈相因,而又新陈代谢,变动不居,而又若有恒性,此即《易》之所谓"通变之谓事"也。孔子于因之中见损益,于损益而知百世,即老子所谓"得其一,万事毕"。而老子此言又通于孔子"一以贯之"之旨,皆由史以见道之言也。(太史公深于道家言,故其《自序》曰"因者君之纲也",又于老子传曰"虚无因应,变化于无为",《自序》又曰"与时迁移,应物变化",皆言因也。变而有不变者在谓之因,即老子之所谓常也,老子之所谓"知常明,不知常,妄作,凶",常即今科学所研求之公式也,公式者于变中求其不变也,求其一贯也。)

　　史家之因,因其事物,非因其心。孔子所谓殷因夏,周因殷,乃因其名物度数之礼也,必有其名物度数,乃可损益,至于心,则空无可据,又何从因而损益之耶?故《管子·心术篇》曰:"因者,舍己而以物为法者也。"(舍己随物故曰因),此言因之为义,乃就事物自然演进之势而应付之,所谓因物付物,深有合于近代以客观研究历史之说,而非因心作则之观念论也。盖历史非全由心造,而就客观言,则为宙合开辟自至之趋势,事有必至,理有固然,又何能容心于其间。故《管子》又曰:"因者,无益无损也。"(古之所谓因,皆就物言。《淮南子·诠言训》曰:"三代之所道者,因也。故禹决江河,因水也;后稷播种树谷,因地也;汤武平暴乱,因时也。)或以因对创而言,似于因之外,有其对立之创,然因与创既对言,则有创必有因,无无因之创可知矣。所谓创者,乃因无为因,而自为其因耳,亦即因无可因之因以为创耳。(近世言法理者,有原则必有例外,例外为创,则原则为因,例外对原则而言,则原则又为例外之因矣。因与创,不能离,故例外之例外,复归于原则,则创之极又因矣。《春秋》有变例,即今之所谓例外,《穀梁传》之所谓变之正者,即今之所谓例外之例外,复归于原则也。)明乎事物相因之理,则知一切思想、学术、事物,皆有其演变之公例,而一切思想学术事物之历史研究,即以说明此公例为其内容者也。或有言新史学者,锐意创造,一若可以置旧史之公例于不问,而一切唯新是求,一若历史可以独辟鸿荒,自我作故者然。(虽云改造史观,非改造史实,然有相反之史观,则其认识史实亦相反,此今之心物两观,所以断断然也。)不知历史既非可由作史者以其心思理论为事实,又非可以个人之主观评论事实之价值,则其所谓新者、创者,亦不过等于法理学之所谓例外之例外,复归于原则而已。原则者何,历史相因而生者也。(历史之事出于人之意识,意识必连类而及,比量而观,皆因也,皆温故而知新也。)如其无因,则幻想耳,何得谓之史?历史之原则,求之于事事相因之理者也。言至此,则治史又乌可不求例耶?求例又乌可不知因耶?知其因,则知史之所谓新旧者,乃限于治史者意识中之比量,不得不谓若者新、若者旧、若者心、若者物耳。如就现量观之,得其穷变通久相因之理,则孔子之所谓百世可知,孟子之所谓千岁之日,至可坐而定者,又何新旧心物之有哉!(今之言创造新史者,至于物观史说极矣。充其说,物主人从,地上天下,古今倒置,宇宙改观,一者改变史观,则可以重造人之生命者。然自历史相因,无因无事之点观之,则亦不过就已有之史实加以物质演进之说明而已。惟其就物言史也,更是以见物之不能无因而生,则其所谓创者,亦因之而创耳。如其抹杀史实,而别有所谓物者,则因心作则,又何异于观念论耶?至于质量互变之辩证说,则亦互因而已,凡变者皆有其因子也。)

　　史之因,因于时与势。时者积渐而成,有因无创;势则时之所趋,虽创亦因。孟子有待时乘势之语,待与乘皆因也。如必欲言创,则因之以为创而已。今之言创造者不过倒果为因耳,又岂有无因之果哉?史之事系于岁时,不能离岁时而言事,离岁时之事如其有之,则幻想而已。知史之非幻想,则知史之所以为因也。《四库提要》史类于纪事本末类下曰:"夫事例相循,其后谓之因,其初皆出于创,其初有所创,其后即不能不因。故未有是体以前,微独编年相因,纪传相因,即纪事本未亦相因。因者既众,遂于二体之外,别立一家。"其所谓别立一家者,即今之法理学,所谓例外之例外,复归于原则,成为原则则又相因矣。其实事无绝对之创始,所谓创者,皆对原则之例外耳,皆因之极而以创为因耳。《易》之穷变通久,皆相因而生,无所谓终始也。如以书契为创,则其所因者结绳,以宫室者为创,则因于穴居野处。若以物史求其相因,则物交物引之而已,引之者因之也。由原子论可推至于相对论、万有引力论,以至于天体运行之诸种理论,其相因之迹盖厘至矣。)

三 史与义例

事与事间,皆有其因果关系,就客观分析此关系,而以主观因应之,使事各得其所宜,则义之谓也,故曰义者,事之宜也。人之于事,各有其所应为不应为,或以为德,或以为戒。皆所谓宜也,义也。《论语》曰:"无适也,无莫也,义之无比。"言义非可执一以求,乃无可无不可,惟求得其宜而已。(《管子·心术篇》曰:"义者,谓名处其宜也。"义在外为客观故曰名,《盐铁论》曰:"义者事之宜。"事对名言,名为客观,则事为主观。就义言,事为名之宜,就事言义,为事之宜,名与事皆有其宜,即皆有其义。宜者当然之理,犹今之所谓原则与公式也。《法言》曰:"事得其宜谓之义。"赵歧注《孟子·尽心章》旨曰"事得其宜故谓之义",皆指书至之理而言。事理曰义名辞也。处事能得其理亦曰义动辞也。《太玄·元摘》:"列敌度宜之谓义也。"《周礼注》:"义能断时宜也。"《礼记·表记》:"道者义也。"注:"断以事宜也。"皆谓以义制事,即由客观名辞之义,转为主观动辞之义,名义与事义,合则事无不宜,物无不轨,即如今之所谓以定理、公式解释个案问题者矣。又,皇侃疏《论语》"道不同不相为谋"章曰:"若道不同而与共谋,则方圆义凿枘,事不成也。"亦言义与事合乃为同道。子夏曰:"《书》之论事也,昭昭然若日月之代明。"扬雄曰:"说事者莫辨乎《书》,说理者莫辨《春秋》。"则分事与义而言之。)

就名义言,事比则名生;就事义言,义比则事决。由实而名,以名该实。史之义例不外名实,然而义固以实为主。孟子曰:"是集义所生也,非义袭而取之也。"言积事而生义,非虚拟其义而曲事以就义也,此由义之所以生例也。例者列举多事以见其义,义不空义,必举其例,例非举事,必有其义,此义例之所以全言,而用之于治史者也。(《说文》:"例,比也。"例与列通,言列而比之为例。同《礼·司隶》注:"厉,遮例也。"《释文》,"例,本作列。"例、列皆有分别之义,《说文》:"列,分解也。"《管子》"故下与官列法"注:"列,亦分也。"引伸之为有次第之义,《礼记·礼运》"故事可列也"注:"列,兴作有次第。"钟文烝《穀梁补注·论经》曰:"夫例者义而已矣,其字古只作列,见《礼记·服问》,训为等比,说礼服、说律,不能外是,而《春秋》家亦用之。"《服问》引《传》曰:"罪多而刑五,丧多而服五。上附下附,列也。"郑君曰:"列,等比也。"徐邈音例。)

例在名学为论断之前提,在心理为类推作用。即就某一事而推知其相同之事也。《墨子·小取篇》曰:"援也者,子然,我奚独不可以然也。"言我可援子之例。《荀子·非相篇》曰:"圣人何以不类。曰圣人以己度者也。故以人度人,以情度情,以类度类,以说度功,以道观尽,古今一也。类不悖,虽久同理,故向乎邪曲而不迷,观乎杂物而不惑,以此度之。"度者以此例彼,即比也。度类者,同类为例,类而度之,亦即比而同之。《诗》曰:"他人有心,予忖度之。"即以人度人,以情度情,言思理之类推,而可以交换观念,由观念之交换而推理而成为概念,更由概念进而至于归纳无演绎之间接推理,则可以发现客观之原理原则,在近代谓之公式,即古之所谓道也,以道观尽,即孔子之"吾道一以贯之",老子之"得其一,万事毕",古今一也,即孔子之所谓"虽百世可知也"。(近世相对论之时空合一即欲以物理说明得其一万事毕之理。)孔子之知百世,以损益异同,皆所谓类推也,皆出于义与例也,又岂以意为之耶?事物有名则有义,有义则生例,有例则可以推理,推理则能知其所不知。举一反三,闻一知十,告诸往而知来者,皆所谓度类不悖,虽久同理者也。《墨子·大取篇》曰:"夫辞以故生,以理长,以类行者也。三物必具,然后足以生。"又曰:"夫辞以类行者也,立辞不明其类,则必困矣。"其所谓类者,皆例也,例度而类之也。(今之归纳演绎之科学推理方法,皆不外《易》之所谓类聚群分之理,一致百虑,同归殊途,皆类之也。)

义例对文，义隐而例显，义主而例客。联文则义例互生，例之所以为例者，以其有义也，而义之所以为义者，举其例也。单言义，偏重主观，非人所共喻。《春秋》之微言大义，唯孔子自知之，游、夏尚不能赞一辞，故孔子曰窃取，以示不与人共也。而且空书其义，则人各一义，是欲得其宜者，或反乱之矣，故欲杜是非之争，必义与事比，不比义而比事，则其所谓宜者乃公而非私，共而非独，而义乃为该名实，而非空言虚位矣。（孟子、老子篇所谓"仁内义外"之辩，即名实之分，义兼名实，管子所谓"义者谓名，处其宜也"，名之义，即老子所谓义在外之义。）亦即义与事比，乃为集义所生之义，非义袭而取之义。（义袭而取，即以观念曲解事实。）集义而与事比而例起矣，乃以义为例矣。列举所以为义之例，则义虽名而亦实，而例虽实亦名矣。义例即名实之交互，实至名归，此史之所以为史也。（律书有名例，用以解释刑名与刑罚之适用，《晋书》载名法掾张斐《注律表》曰："律之名例，非正文而分明者也。随事轻重取法，以例求其名也。"言以名例冠于刑律之前，虽非正条，而其规定刑名与用刑之标准，则甚分明。随事实之轻重，依名例之所规定，而求得所应科之刑名与刑罚之适用也。即今刑法之总则，所以规定分则条文之原则与科刑之方式也。名例即管子所谓"义者谓名，处其宜也"之名义。范宁《穀梁传集解序》有"商略名例"之语，史之义例犹律之名例也。）名实又所以辨同异也。辨同异所以明指归，求其定于一是也。故例主于分而义主于合，合多例而归于一义，故曰其义一也。（唐刘贲《春秋释例序》曰："义之通明，概有宗本，举一则推万可知，讨源则众流毕会。是以《礼经》言凡者，谓其统之有宗也，志在可例者，谓其会之有元也。立经举元，后世非以义例求之，则莫能一而贯之也。"史之义例，律之名例，皆就事析理，以求事理无碍，而归于一义，此其所以异于名家之空执名理，缴绕其说，不能定于一也。）

义主于一，以明事之所宜，故《春秋》之义，所以定诸国史之异同、虚实、美恶，而求其义之一也。（郑樵曰："古者诸侯之国，各自有史，书成而献于王，王令内史掌之，以判其异同，考其虚实，而知其美恶。周自东迁以来，威令不振，诸侯无所禀畏，而史官有虚美隐恶者，百世之下，众史并作，予夺不同，善恶不定，不足以劝惩。圣人因鲁史记以闻见其事，笔而为经，二百四十二年之事，约于一万八千言之间，使后世因列国之史，断以圣人之经，则史之不实者，即经以得其实，经之所不载者，即史以知其详，此则圣人之意而左氏取之以为传也。")

义先于例，例因义起，然例又可以生义。(杜预《春秋释例》曰："仲尼因母弟之例，据例以兴义。"言据鲁史称母弟之例，而起书弟与去弟，以见兄杀弟罪之有无之义。《释例》又有"随例而为义"之语，又曰："邱明申寻二例互相起发之意。"言例比而见其义也。)盖常例起于义，而变例(胡安国曰："《春秋》之文，有事同而辞同者，后人谓之例。有事同而辞异者，则其例变矣。正例天地之常经，变例古今之通谊。")又所以生义矣。(犹之例外之例外复归于原则。)孟子引孔子曰："其事则齐桓、晋文，其文则史，其义则丘窃取之矣。"此为以义言史之所本。《左氏》之五十凡，《公羊》之三科九旨，(《公羊疏》谓："何休作《文谥例》曰，三科九旨者，新周，故宋，以《春秋》当新王，此一科三旨也。又云所见异辞，所闻异辞，所传闻异辞，此二科六旨也。又内其国而外诸夏，内诸夏而外夷狄，此三科九旨也。一说以张三世，存三统，异内外，为三科，一曰时，二曰月，三曰日，四曰王，五曰天王，六曰天子，七曰讥，八曰贬，九曰绝，谓之九旨。")皆由事与文以申明其义也。(太史公曰："《春秋》文成数万，其指数千。"又曰："《春秋》以道义。")至董仲舒又推广《公羊》之旨得二百二十二条，作《春秋决事》十二篇，则又由义而返之于事，所谓以义制事矣。(《汉书·五行志》：董仲舒曰："《春秋》之道，举往以明来。是故天下有物，视《春秋》所举与同比者，精微眇以存其意，通伦类以贯其理，天地之变，国家之事，粲然皆见，亡所疑矣。"此言由《春秋》比事取道之义，返之以范围万有之事，亦即以《春秋》之义治事也。故《五行志》又曰："上使仲舒弟子吕步舒，持斧钺治淮南狱，以《春秋》谊专断于外，不请。")或谓《左氏》事重于义，《公》、《榖》义深于事，其实二者不可分，史固无无义之事，亦无无事之义也。故太史公申明孔子作《春秋》之意曰："子曰吾欲载之空言，不如见之行事之深切著明也。"孔子重行轻言，《论语》曰"行有余力，则以学文"，曰"君子欲讷于言而敏于行"，曰"古者言之不出，耻躬之不逮也"，皆所以示不空言义，而寓义于事也。杜预《春秋序》曰"仲尼因鲁史成文，考其真伪，而志其典礼，上以遵周公之遗制，

（周公之遗制，即周公所制之礼之名物度数，亦即为《春秋》义例之所本。杜氏之意，盖据《春秋》昭二年《左氏传》"韩宣子来聘。观书于太史氏，见《鲁春秋》曰：'周礼书在鲁矣。'"之语，以《鲁春秋》原有之义例，至于周公所制之礼。刘知幾本之，乃于《史通·惑经篇》径谓："《春秋》之作，始于姬旦，成于仲尼。丘明之《传》，所有笔削及发凡例，皆得周典。"并自注曰："杜预《释例》云：《公羊》、《穀梁》之论《春秋》，皆因事以起问，因问以辨义，义之口者，曲以通口，无他凡例也。左邱明则口《周礼》以为本，诸称凡以发例者，皆周公之旧制也。"原缺二字，此虽无史文可证，然就孟子所引孔子自谓"其义则丘窃取之矣"之"窃取"二字观之，则似有述而不作之意，言窃取于周公者也，犹之"窃比于我老彭"之"窃比"。）下以明将来之法，其教之所存，文之所害，则刊而正之，以示劝戒。其余即用旧史，史有文质，辞有详略，不必改也。（旧史有异同无周义例者，亦不必尽刊也。杜氏于《氏族例》曰：推寻经文，自庄公以上谓弑君者，皆不书氏，闵公以下，皆书氏，亦足以明时史之异同，非仲尼所皆刊也。）故《传》曰'其善志'，又曰'非圣人孰能修之'。"考其真伪纪事也，穷将来之法，其刊正害教之文，以示劝戒，则申明其义也。其不必改者，则事义俱备者也。左氏深明经义，而尤详其事，故为之《传》，事义互相发明，事不离义，义必合事。即事即义，即义即事。故杜氏序又曰："丘明受经于仲尼，以为经者不刊之书也。故《传》或先经以始事，或后经以终义，或依经以辨理，或错经以合异，随义而发其例之所重，旧史遗文，略不尽举，非圣人所修之要故也。"事义互为终始，先经后经，依经错经者，皆言其所纪之事不离于经之义也。（叶梦得曰："三传释经各异，《穀梁》之言近实，惟其能察事之实，所以能尽经之义。"）事之所宜者则习而用之，习矣而不察焉，则成为例，故曰随义而发其例之所重，言《左氏》由经义而发凡为例也。史公自序曰："著十二本纪，既科条之矣。"科条犹言分类列举其事，不言例，例在其中矣。（何休《公羊序》曰："往者略依胡母生条例。"即科条。）《史》、《汉》不言义例，而义例即在其《自序》与《叙传》中。（《宋书·范晔传》载晔与其甥书曰："班氏最有高名，既任情无例，不可甲乙辨。"责之过矣，甲乙即科条。）

义例所以明示作史者，去取与运用史实之观念与标准。某事应比于某义某例,以某义某例隐括某事,犹之依法断案,适如其分。(就广义言,义例可该体裁与书法。大抵纪传史注重体裁,编年史注重书法。)《史通·序例篇》论义例曰:"夫史之有例,犹国之有法,国无法则上下靡定,史无例则是非莫准。昔夫子修经,始发凡例;左氏立《传》,显其区域。科条一辨,彪炳可观。降及战国,迄乎有晋,年逾五百,史不乏才,虽其体屡变,而斯文终绝。惟令升先觉,远述丘明,重立凡例,勒成《晋纪》。邓粲、孙盛已下,遂躔其踪,史例中兴,于斯为盛。必定其臧否,征其善恶,干宝、范晔,理切而多功,邓粲、道鸾,辞繁而寡要,子显虽文伤蹇踬,而义甚优长。斯一二家,皆序例之美者也。"刘氏所言晋隋史家之义例,今已不传。至宋欧阳修、司马光,尊《春秋》经传之法以修史,而史之义例乃复兴。其后由修史推至于纂辑类于史之书志,凡有体裁者,皆必求之于以前之例,有例者可之,无例者否之,一若刑名家之引例以定案者然,此固为薄今爱古、贵远贱近之一敝,然而其敝也亦未始无利焉。何则?依例则不敢无知而妄作,比之断案,不敢于法外有出入,不犹愈于任意而生死人者乎?而且求之于例,既无可比附援引,则必深思冥索,广为征验,以求其是,苟得一义焉,则又可以起例矣。例可因,亦可创,而创又必出于因,犹变之必出于正,有正例,有变例,有例外之例(即创例),义例互生,新旧递嬗,新必有因于旧,温故所以知新,历史之陈陈相因,正其所以生生不息。《易·系辞》曰:"生生之谓易。"求变易于不易之中,乃所以为生生也。然则思想学术以至历史之进化,又岂能外于一定之公例哉?欲研求一切事物存在与演变之所以然者,又岂能忽于历史之法则耶?于是乎因言史意而略及义例。

(《文化先锋》1948年第8卷第9期)

论正统*

梁启超

中国史家之谬,未有过于言正统者也。言正统者,以为天下不可一日无君也,于是乎有统;又以为天无二日、民无二王也,于是乎有正统。统之云者,殆谓天所立而民所宗也;正之云者,殆谓一为真而余为伪也。千余年来,陋儒龂龂于此事,攘臂张目,笔斗舌战,支离蔓衍,不可穷诘。一言蔽之曰:自为奴隶根性所束缚,而复以煽后人之奴隶根性而已。是不可以不辨。

"统"字之名词,何自起乎?殆滥觞于《春秋》。《春秋公羊传》曰:"何言乎王正月?大一统也。"此即后儒论正统者所援为依据也。庸讵知《春秋》所谓"大一统"者,对于三统而言。《春秋》之大义非一,而通三统实为其要端。通三统者,正以明天下为天下人之天下,而非一姓之所得私有,与后儒所谓统者,其本义既适相反对矣。故夫统之云者,始于霸者之私天下,而又惧民之不吾认也,乃为是说以箝制之,曰:此天之所以与我者,吾生而有特别之权利,非他人所能几也。因文其说曰:"亶聪明,作父母。"曰:"辨上下,定民志。"统之既立,然后任其作威作福,恣睢蛮野,而不得谓之不义。而人民之稍强立不挠者,乃得坐之以不忠不敬、大逆无道诸恶名,以锄之摧之。此统之名所由立也。《记》曰:"得乎丘民而为天子。"若是乎,无统则已;苟其有统,则创垂之而继续之者,舍斯民而奚属哉!故泰西之良史,皆以叙述一国国民系统之所由来,及其发达进步、盛衰兴亡之原因结果为主,诚以民有统而君无统也。藉曰君

---

* 原题《〈论正统〉(悬谈一)》,附注:"佛典之疏注家常于全书之首冠以悬谈,盖总提其贯于全书之诸大义者也。今用其名。"作者原署"中国之新民"。

而有统也,则不过一家之谱牒,一人之传记,而非可以冒全史之名,而安劳史家之哓哓争论也。然则以国之统而属诸君,则固已举全国之人民,视同无物。而国民之资格,所以永坠九渊而不克自拔,皆此一义之为误也。故不扫君统之谬见,而欲以作史,史虽充栋,徒为生民毒耳。

统之义已谬,而正与不正,更何足云？虽然,亦既有是说矣,其说且深中于人心矣,则辞而辟之,固非得已。正统之辨,昉于晋而盛于宋。朱子《通鉴纲目》所推定者,则秦也,汉也,东汉也,蜀汉也,晋也,东晋也,宋、齐、梁、陈也,隋也,唐也,后梁、后唐、后汉、后晋、后周也。本朝乾隆间御批《通鉴》从而续之,则宋也,南宋也,元也,明也,清也。所谓正统者,如是如是。而其所据为理论以衡量夫正不正者,约有六事：

一曰,以得地之多寡,而定其正不正也。凡混一宇内者,无论其为何等人,而皆奉之以正。如晋、元等是。

二曰,以据位之久暂,而定其正不正也。虽混一宇内,而享之不久者,皆谓之不正。如项羽、王莽等是。

三曰,以前代之血胤为正,而其余皆为伪也。如蜀汉、东晋、南宋等是。

四曰,以前代之旧都所在为正,而其余皆为伪也。如因汉而正魏,因唐而正后梁、后唐、后晋、后汉、后周等是。

五曰,以后代之所承者所自出者为正,而其余为伪也。如因唐而正隋,因宋而正周等是。

六曰,以中国种族为正,而其余为伪也。如宋、齐、梁、陈等是。

此六者互相矛盾,通于此则窒于彼,通于彼则窒于此。而据朱子《纲目》及《通鉴辑览》等所定,则前后互歧,进退失据,无一而可焉。请穷诘之。夫以得地之多寡而定,则混一者固莫与争矣,其不能混一者,自当以最多者为最正。则苻秦盛时,南至邛僰,东抵淮泗,西极西域,北尽大碛,视司马氏版图过之数倍；而宋金交争时代,金之幅员,亦有天下三分之二,而果谁为正而谁为伪也？如以据位之久暂而定,则如汉唐等之数百年,不必论矣。若夫拓跋氏之祚,迥轶于宋、齐、梁、陈；钱镠、刘隐之系,远过于梁、唐、晋、汉、周；而西夏李氏,乃始唐乾符,终宋宝庆,凡三百五十余年,几与汉唐埒,地亦广袤万里,又谁为正而谁为伪也？

如以前代之血胤而定,则杞宋当二日并出,而周不可不退处于篡僭;而明李槩以宇文氏所臣属之萧岿为篡贼,萧衍延苟全之性命而使之统陈,以沙陀夷族之朱邪存勖、不知所出之徐知诰冒李唐之宗,而使之统分据之天下者,将为特识矣。而顺治十八年间,故明弘光、隆武、永历,尚存正朔,而视同闰位,何也?而果谁为正而谁为伪也?如以前代旧都所在而定,则刘、石、慕容、苻、姚、赫连、拓跋所得之土,皆五帝三王之故宅也;女直所抚之众,皆汉唐之遗民也,而又谁为正谁为伪也?如以后代所承所自出者为正,则晋既正矣,而晋所自出之魏,何以不正?前既正蜀,而后复正晋,晋自篡魏,岂承汉而兴邪?唐既正矣,且因唐而正隋矣,而隋所自出之宇文,宇文所以自出之拓跋,何以不正?前正陈而后正隋,隋岂因灭陈而始有帝号邪?又乌知夫谁为正而谁为伪也?若夫以中国之种族而定,则诚爱国之公理、民族之精神,虽迷于统之义,而犹不悖于正之名也,而惜乎数千年未有持此以为鹄者也。李存勖、石敬瑭、刘智远,以沙陀三小族,窃一掌之地,而靦然奉为共主,自宋至明百年间,黄帝子孙,无尺寸土,而史家所谓正统者,仍不绝如故也,而果谁为正而谁为伪也?于是乎而持正统论者,果无说以自完矣。

大抵正统之说之所以起者,有二原因:其一,则当代君臣,自私本国也。温公所谓"宋魏以降,各有国史,互相排黜,南谓北为索虏,北谓南为岛夷。朱氏代唐,四方幅裂,朱邪入汴,比之穷新。原注:唐庄宗自以为继唐,比朱梁于有穷篡夏、新室篡汉。运历年纪,弃而不数。此皆私己之偏辞,非大公之通论也。"《资治通鉴》卷六十九。诚知言矣。自古正统之争,莫多于蜀魏问题。主都邑者以魏为真人,主血胤者以蜀为宗子,而其议论之变迁,恒缘当时之境遇。陈寿主魏,习凿齿主蜀,寿生西晋而凿齿东晋也。西晋踞旧都,而上有所受,苟不主都邑说,则晋为僭矣。故寿之正魏,凡以正晋也。凿齿时则晋既南渡,苟不主血胤说,而仍沿都邑,则刘、石、苻、姚正而晋为僭矣。凿齿之正蜀,凡亦以正晋也。其后温公主魏,而朱子主蜀,温公生北宋,而朱子南宋也。宋之篡周宅汴,与晋之篡魏宅许者同源,温公之主都邑说也,正魏也,凡以正宋也。南渡之宋与江东之晋同病,朱子之主血胤说也,正蜀也,凡亦以正宋也。盖未有非为时君计者也。至如五代之亦靦然目为正统也,更宋人之谰言也。彼五代抑何足以称代？朱温盗也，李存勖、石敬瑭、刘智远沙陀犬羊之长也。温可代唐，则侯景、李全可代宋也；沙陀三族可代中华之主，则刘聪、石虎可代晋也。郭威非夷非盗，差近正矣；而以黥卒乍起，功业无闻，乘人孤寡，夺其穴以篡立，以视陈霸先之能平寇乱，犹奴隶耳。而况彼五人者，所掠之地，不及禹域二十分之一，所享之祚，合计仅五十二年，而顾可以圣仁神武某祖某皇帝之名奉之乎？其奉之也，则自宋人始也。宋之得天下也不正，推柴氏以为所自受，因而溯之，许朱温以代唐，而五代之名立焉。以上采王船山说。其正五代也，凡亦以正宋也。至于本朝以异域龙兴，入主中夏，与辽金元前事相类。故顺治二年三月，议历代帝王祀典，礼部上言，谓辽则宋曾纳贡，金则宋尝称侄，帝王庙祀，似不得遗，骎骎乎欲伪宋而正辽金矣。后虽惮于清议，未敢悍然，然卒增祀辽太祖、太宗、景宗、圣宗、兴宗、道宗，金太祖、太宗、世宗、章宗、宣宗、哀宗，其后复增祀元魏道武帝、明帝、孝武帝、文成帝、献文帝、孝文帝、宣武帝、孝明帝，岂所谓兔死狐悲、恶伤其类者耶？由此言之，凡数千年来哓哓于正不正、伪不伪之辨者，皆当时之霸者与夫霸者之奴隶，缘饰附会，以为保其一姓私产之谋耳。而时过境迁之后，作史者犹慷他人之慨，断断焉辨得失于鸡虫，吾不知其何为也。

其二，由于陋儒误解经义，煽扬奴性也。陋儒之说，以为帝王者圣神也；陋儒之意，以为一国之大，不可以一时而无一圣神焉者，又不可以同时而有两圣神焉者。当其无圣神也，则无论为乱臣、为贼子、为大盗、为狗偷、为仇雠、为夷狄，而必取一人一姓焉，偶像而尸祝之曰：此圣神也，此圣神也。当其多圣神也，则于群圣群神之中，而探阄焉，而置棋焉，择取其一人一姓而膜拜之曰：此乃真圣神也，而其余皆乱臣、贼子、大盗、狗偷、仇雠、夷狄也。不宁惟是，同一人也，甲书称之为乱贼、偷盗、仇雠、夷狄，而乙书则称之为圣神焉；甚者同一人也，同一书也，而今日称之为乱贼、偷盗、仇雠、夷狄，明日则称之为圣神焉。夫圣神自圣神，乱贼自乱贼，偷盗自偷盗，夷狄自夷狄，其人格之相去，不可以道里计，一望而知，无能相混者也；亦断未有一人之身，而能兼两涂者也。异哉！此至显、至浅、至通行、至平正之方人术，而独不可以施诸帝王也。谚曰："成即为王，败即为寇。"此真持正统论之史家所奉为月旦法门者也。夫众所归往谓之王，窃夺殃民谓之寇。既王矣，无论如何变相，而必不能堕而为寇；既寇矣，无论如何变相，而必不能升而为王，未有能相即焉者也。如美人之抗英而独立也，王也，非寇也，此其成者也；即不成焉，如菲律宾之抗美，波亚之抗英，未闻有能目之为寇者也。元人之侵日本，寇也，非王也，此其败者也；即不败焉，如蒙古蹂躏俄罗斯，握其主权者数百年，未闻有肯认之为王者也。中国不然，兀术也，完颜亮也，在《宋史》则谓之为贼为虏为仇，在《金史》则某祖某皇帝矣，而两皆成于中国人之手，同列正史也；而诸葛亮入寇、丞相出师等之差异更无论也。朱温也，燕王棣也，始而曰叛曰盗，忽然而某祖某皇帝矣；而曹丕、司马炎之由名而公，由公而王，由王而帝，更无论也。准此以谈，吾不能不为匈奴冒顿、突厥颉利之徒悲也，吾不能不为汉吴楚七国、淮南王安、晋八王、明宸濠之徒悲也，吾不能不为上官桀、董卓、桓温、苏峻、侯景、安禄山、朱泚、吴三桂之徒悲也，吾不得不为陈涉、吴广、新市平林、铜马赤眉、黄巾、窦建德、王世充、黄巢、张士诚、陈友谅、张献忠、李自成、洪秀全之徒悲也，彼其与圣神相去不能以寸耳。使其稍有天幸，能于百尺竿头，进此一步，何患乎千百年后赡才博学，正言谠论，倡天经明地义之史家，不奉以"承天广运、圣德神功、肇纪立极、钦明文思、睿哲显武、端毅弘文、宽裕中和、大成定业、太祖高皇帝"之徽号，而有腹诽者则曰大不敬，有指斥者则曰逆不道也。此非吾过激之言也。试思朱元璋之德，何如窦建德？萧衍之才，何如王莽？赵匡胤之功，何如项羽？李存勖之强，何如冒顿？杨坚传国之久，何如李元昊？朱温略地之广，何如洪秀全？而皆于数千年历史上巍巍然圣矣神矣。吾无以名之，名之曰幸不幸而已。若是乎，史也者，赌博耳，儿戏耳，鬼蜮之府耳，势利之林耳。以是为史，安得不率天下而禽兽也！而陋儒犹嚣嚣然曰：此天之经也，地之义也，人之伦也，国之本也，民之坊也。吾不得不深恶痛绝夫陋儒之毒天下如是其甚也。

然则不论正统则亦已耳，苟论正统，吾敢翻数千年之案而昌言曰：自周秦以后，无一朝能当此名者也。第一，夷狄不可以为统，则胡元及沙陀三小族在所必摈，而后魏、北齐、北周、契丹、女直更无论矣。第二，篡夺不可以为统，则魏、晋、宋、齐、梁、陈、北齐、北周、隋、后周、宋在所必摈,而唐亦不能免矣。第三,盗贼不可以为统,则后梁与明在所必摈,而汉亦如唯之与阿矣。然则正统当于何求之?曰统也者,在国非在君也,在众人非在一人也。舍国而求诸君,舍众人而求诸一人,必无统之可言,更无正之可言。必不获已者,则如英、德、日本等立宪君主之国,以宪法而定君位继承之律;其即位也,以敬守宪法之语誓于大众,而民亦公认之。若是者,其犹不谬于得邱民为天子之义,而于正统庶乎近矣。虽然,吾中国数千年历史上,何处有此?然犹断断焉于百步五十步之间,而曰统不统、正不正,吾不得不怜其愚而恶其妄也。

后有良史乎,盍于我国民系统盛衰、强弱、主奴之间,三致意焉尔!

(《新民丛报》1902年第11期)

史权论

孙德谦

昔之论史者，莫详于刘知幾，驰骛古今，捔撠利病，《史通》一书，后世修史之儒，所由奉为规准者也。而其大要则归之于才识学，盖谓具此数者，始足与语乎史。其说亦悬之国门，莫得而增损矣。然第知史官任重，必且兼擅乎三长，而于史家秉笔，自有其特权，则犹未见及此也。近世章实斋先生，岂非深于史学者哉？《史释》、《史注》诸议，亦既戒空言而务实用，病篇策之繁多，而明乎得简之理矣。《史德》一篇，则曰著书之心术，不可不慎，此尤抉其隐微，欲使人粹于所养，而后是非得失，发为文辞，不致或失之偏耳。虽然，史以纪事为职，劝善惩恶，又有其权之所在，彼固未之知也。

吾观孔子之作《春秋》也，因兴以立功，就败以成罚，假日月以定历数，藉朝聘以正礼乐，所谓因其行事，加吾王心者。孔子笔削之权，足立一王之制，故其事则齐桓、晋文，其文则史，其义则自谓窃取之。窃取云者，孔子以一布衣而删修国史，独能伸我之权，上承周公之礼，下垂将来之法，宜其于事文而外，别有大义在也。孟子曰："《春秋》，天子之事。"又引孔子之言曰："知我者其惟《春秋》，罪我者其惟《春秋》。"诚以《春秋》一经，为世衰道微而作，其时上无天子，下无方伯，孔子不得居天子之位，身行其道。《春秋》者，天子事权所属，执而行之，以昭法戒，知我罪我，则一听诸人，而不暇计也。虽为尊者讳，为贤者讳，为亲者讳，于定哀之间多微辞，孔子未尝不隐避时难。然《春秋》之中，至于贬天子，退诸侯，讨大夫，以达于王事，孔子之史权，为何如哉？不然，《春秋》既作，乱臣贼子，何以为之惧？所以惧之者，惧我孔子之史权，不少宽贷耳。邱明有言:"非圣人孰能修之。"然则圣如孔子,刊修史籍,为能反经而合乎权,下此则不得轻言史事矣。何休《公羊传序》乃云:"本据乱而作,多非常异义可怪之论。"苟通乎史权之说,则固无所谓异,无足为怪者也。

后之能行史权者,吾得一人焉,曰司马迁。迁之撰《史记》也,项羽则列之本纪,陈涉则列之世家,识者多讥之。吾亦不解子长氏不虚美,不隐恶,号为实录者,何以为例不纯若是。及今思之,知其予夺进退,迁实通权达变,而非自乱其体也。观于《秦楚之际月表》曰:"初作难,发于陈涉,虐戾灭秦,自项氏。拨乱诛暴,平定海内,卒践帝阼,成于汉家。五年之间,号令三嬗。自生民以来,未有受命若斯之亟。"是陈、项之为王,虽未能久,亦一时受命之主也。陈、项为受命之主,入之本纪、世家,岂不宜哉?此正可见迁之史权,不以立乎人之本朝,为汉而故抑之也。且迁遭李陵之祸,而身受极刑,武帝特恶其权之过重耳。何以明其然哉?闻之汉兴之世,武帝置太史公,位在丞相上。汉法天下计书,先上太史,副上丞相,其尊崇史权,可谓至矣。不知迁之得罪,即在于此。《魏书·王肃传》云:"武帝闻其述《史记》,取孝景及己本纪览之,于是大怒,削而投之。"卫宏《汉书仪注》云:"太史公作《景帝本纪》,极言其短,及武帝过,武帝怒而削去。后坐举李陵,陵降匈奴,故下太史公蚕室。有怨言,下狱死。"由是论之,迁若仅仅为陵游说,未必遽置之法。以其述史而直言无隐,武帝遂借陵事以抒其愤,从而剥夺其权,不亦彰明较著哉。

自是以降,班固之佞,饰主阙而抑忠臣;陈寿之私,正魏统而闰蜀帝。彼二子者,非不欲传为信史也,顾束缚于君权之下,用其微文曲笔者,亦势之无可如何耳。语曰:大权旁落。若固与寿,其殆史权之旁落也哉。

今夫史创于黄帝,仓颉、沮诵,始掌其职是也。其在春秋时,楚左史倚相,能读三坟、五典、八索、九邱,是不过博闻多识者耳。赵穿之弑晋灵公也,"太史书曰:'赵盾弑其君。'以示于朝。宣子曰:'不然。'对曰:'子为正卿,亡不越竟,反不讨贼,非子而谁?'孔子曰:'董狐,古之良史也。书法不隐。赵宣子,古之良大夫也,为法受恶。'"夫弑君大逆也,董狐直书其事,不为蔽隐。宣子以身为正卿,未必亲与其谋,乃能屈法而有受之。甚矣!史权之可畏也。鲁襄公二十五年,齐崔杼弑其君光。"太史书曰:'崔杼弑其君。'崔子杀之,其弟嗣书,而死者二人,其弟又书,乃舍之。南史氏闻太史尽死,执简而往,闻既书矣,乃还。"斯又足征齐太史执正不挠,国有贼臣,能暴其弑君之罪,不以杀身之故,默然无一言,史权因而受其摧折也。若南史氏者,以为崔子既弑其君,又弑太史兄弟,其心险狠,诛之不胜诛,此而不书,何以儆后?使我惧死而不敢前,是先自失其权,彼益将悍然不知有所顾忌,故执简而勇往。闻既书而始还。在南史氏亦唯尽吾权之所能为,死生不足撄其虑。后人称其不避强御,真无愧矣。逮及战国,秦赵渑池之会,事又有可纪者焉。当是时,秦王酒酣,请赵王鼓瑟。秦御史前书曰:"某年月日,秦王令赵王鼓瑟。"蔺相如奉盆缶秦王。秦王不怿,为一击缶。赵御史书曰:"某年月日,秦王为赵王击缶。"夫以秦之威强,六国严惮,乃竟为赵击缶。御史详志其岁月,不能使之削而不载。吾知秦王惕于史权,不敢与之抗也。

  呜呼!史自隋唐而下,设为监修,文士奋笔其间,只规规于纪传、编年之体制,相与为子莫之执中无权,可无叹乎!唐韦安石曰:"史官权重宰相,宰相但能制生人,史官兼制生死。"其知言哉!其知言哉!

(《亚洲学术杂志》1921 年第 1 期)

史　权

柳诒徵

吾国史家,艳称南、董。秉笔直书,史之权威莫尚焉。

《左传》宣公二年:晋灵公不君。赵穿攻灵公于桃园,宣子(赵盾)未出山而复。太史书曰:赵盾弑其君,以示于朝。宣子曰:不然。对曰:子为正卿,亡不越竟,反不讨贼,非子而谁?宣子曰:乌乎!我之怀矣,自诒伊戚,其我之谓矣。孔子曰:董狐,古之良史也,书法不隐;赵宣子,古之良大夫也,为法受恶。

《公羊传》宣公六年:亲弑君者,赵穿也。亲弑君者赵穿,则曷为加之赵盾?不讨贼也。何以谓之不讨贼?晋史书贼曰:晋赵盾弑其君夷皋。赵盾曰:天乎!无辜。吾不弑君,谁谓吾弑君者乎?史曰:尔为仁为义,人弑尔君,而复国不讨贼,此非弑君而何?

《穀梁传》:宣公二年秋九月乙丑,晋赵盾弑其君夷皋。穿弑也,盾不弑,而曰盾弑,何也?以罪盾也。其以罪盾,何也?曰:灵公朝诸大夫而暴弹之,观其辟丸也。赵盾入谏,不听;出亡,至于郊。赵穿弑公,而后反赵盾。史狐书贼曰:赵盾弑公。盾曰:天乎天乎!予无罪,孰谓盾而忍弑其君者乎?史狐曰:子为正卿,入谏不听,出亡不远。君弑,反不讨贼,则志同。志同则书重,非子而谁?故书之曰:晋赵盾弑其君夷皋。

《左传》襄公二十五年:崔杼妻棠姜美,庄公通焉。夏五月乙亥,公问崔子,遂从姜氏。侍人贾举止众从者,而入闭门。甲兴,公登台而请,弗许;请盟,弗许;请自刃于庙,勿许。公逾墙,射之,中股;反队,遂弑之。太史书曰:崔杼弑其君。崔子杀之,其弟嗣书,而死者二人；其弟又书，乃舍之。南史氏闻太史尽死，执简而往，闻既书矣，乃还。

然赵盾、崔杼，当国重臣。史氏书事，公开不惧。崔杀三人，视赵盾之甘受恶名者，已大不同，而犹有踵而书者，杼亦无如何而听其书之。此事之大可疑者也。司马昭之弑逆，陈泰但敢曰：诛贾充以谢天下，而其进于此者乃不敢直言。

《魏志·陈泰传》注：干宝《晋纪》：高贵乡公之杀，司马文王会朝臣谋其故，太常陈泰不至。使其舅荀𫖮召之，子弟内外咸共逼之，垂涕而入。王待之曲室，谓曰：玄伯，卿何以处我？泰曰：诛贾充以谢天下。文王曰：为吾更思其次。泰曰：泰言惟有进于此，不知其次。文王乃不更言。《魏氏春秋》：帝之崩也，太傅司马孚、尚书右仆射陈泰枕帝尸于股，号哭尽哀。时大将军入于禁中，泰见之悲恸。大将军亦对之泣，谓曰：玄伯，其如我何？泰曰：独有斩贾充，少可以谢天下耳。大将军久之，曰：卿更思其他。泰曰：岂可使泰复发后言。遂欧血薨。

使晋齐诸国史官，无法守可据，纵一二人冒死为之，不能必四五人同执一辞，必书之而不顾一切。刘知幾但曰：为于可为之时则从，为于不可为之时则凶。又曰：烈士徇名，壮夫重气，宁为兰摧玉折，不作瓦砾长存。而董狐之时所以可为，顾未深考。盖时代悬隔，法制迥殊。止知重个人之气节，不知究古史之职权也。

《史通·直书》：夫为于可为之时则从，为于不可为之时则凶。如董狐之书法不隐，赵盾之为法受屈。彼我无忤，行之不疑，然后能成其良直，擅名古今。至若齐史之书崔弑，马迁之述汉非，韦昭仗正于吴朝，崔浩犯讳于魏国。或身膏斧钺，取笑当时；或书填坑窖，无闻后代。夫世事如此，而责史臣不能申其强项之风，励其匪躬之节，盖亦难矣。盖烈士殉名，壮夫重气；宁为兰摧玉折，不作瓦砾长存。若南、董之仗气直书，不避强御；韦、崔之肆情奋笔，无所阿容。虽周身之防，有所不足，而遗芳余烈，人到于今称之。

春秋之时，史官盖有共同必守之法，故曰君举必书。

《左传》庄公二十三年：夏，公如齐观社，非礼也。曹刿谏曰：不可。夫礼所以整民也，故会以训上下之则，制财用之节；朝以正班爵之义，帅长幼之序，征伐以讨其不然。诸侯有王，王有巡守，以大习之，非是，则君不举矣。君举必书，书而不法，后嗣何观。

又曰：德刑礼义，无国不记。

《左传》僖公七年：管仲曰：夫合诸侯以崇德也，会而列奸，何以示后嗣。夫诸侯之会，其德刑礼义，无国不记。记奸之位，君盟替矣。作而不记，非盛德也。

故一国君臣之大事，他国史策亦皆书之。如孙林父、宁殖出其君，名在诸侯之策。知一国之事，非仅本国记之，他国之史官有共同之书法以记之矣。

《左传》襄公二十年：卫宁惠子（宁殖）疾，召悼子（宁喜）曰：吾得罪于君，悔而无及也。名藏在诸侯之策，曰孙林父、宁殖出其君。君入则掩之。若能掩之，则吾子也；若不能，犹有鬼神，吾有馁而已，不来食矣。

世之考史者，徒知考辨古史记言记事孰左孰右，而不措意于春秋诸史无国不记之法，未为知要也。

《礼记·玉藻》：天子玄端而居，动则左史书之，言则右史书之。

《汉书·艺文志》：古之王者，世有史官，君举必书，所以慎言行，昭法式也。左史记言，右史记事。事为《春秋》，言为《尚书》。帝王靡不同之。

夫备物典策，祝宗卜史，惟伯禽始封为备。故曰周礼尽在鲁。他国史官，似不能尽秉周礼。

《左传》定公四年：分之土田陪敦，祝宗卜史，备物典策，官司彝器。因商奄之民，命以伯禽，而封于少皞之虚。分唐叔以大路、密须之鼓、阙巩、沽洗、怀姓九宗，职官五正。命以《唐诰》，而封于夏虚。

然观传文鲁举卜史典策，晋举职官五正，盖辞避重复，故官不列举。列国之有史官，遵用周制，当日始封已然。其史官出于王朝，守其世学者，殆尤笃于史德。董狐家世，董晋典籍，推其远源，盖出于辛甲。

《左传》昭公十五年：王（景王）语籍谈曰：昔而高祖孙伯黶，司晋之典籍，以为大政，故曰籍氏。及辛有之二子董之，晋于是乎有董史。杜注：辛有，周人也。其二子适晋为太史，籍黶与之共董督晋典，因为董氏。董狐其后。

《晋语》：文王访于辛尹。韦注：辛，辛甲。尹，尹佚。皆周太史。

《汉书·艺文志》：道家：《辛甲》二十九篇。注：纣臣，七十五谏而去，周封之。

《左传》襄公四年：昔周辛甲之为太史也，命百官，官箴王阙。

其治典籍以为大政，非有王章，何所依据？故于君臣变故，奋死不顾。而巨憝权臣，亦有所严惮而莫之敢夺。《左氏》凡例，弑君书法，有称君称臣之别。此凡例者，殆董史等所共知。

《左传》宣公四年：凡弑君，称君，君无道也；称臣，臣之罪也。

文公十六年：书曰：宋人弑其君杵臼，君无道也。

其究主名，申大义，或别有详于官制者。守道守官，甘以身殉，宜矣。

《左传》昭公二十年：仲尼曰：守道不如守官，君子韪之。

又定公四年：子鱼曰：社稷不动，祝不出竟，官之制也。（祝史同官。祝有官制，史亦有官制可见。）

公羊家之说，《春秋经》书弑君之贼不再见，而赵盾卫孙免侵陈，再见于宣公六年，以见盾不亲弑。谓史狐所书者为史例，孔子所书者为经例。

《春秋繁露·玉杯篇》：赵盾弑君四年之后，别牘复见，非《春秋》之常辞也。盾之复见，直以赴问而辨不亲弑，非不当诛也。

王闿运《公羊传笺》：晋史书贼曰：晋赵盾杀其君夷獆。此史例也。《春秋》经例，不可用史例。用史例，则盾反有词，故以经助史。据晋史之言，如《春秋》之例，则盾亦不当复见。今复见者，正所以治之也。

盖孔子修《春秋》，据旧史而益加精严。而旧史之书事，久有义例，故恒见经史之殊。宁殖出君，自知其名在诸侯之策，而今之《春秋》乃书曰：卫侯出奔齐（襄公十四年）。尤可见孔子之《春秋》异于旧史，而宁殖所言，必属实事。使诸侯之策固无其文，何为以此自诬乎？

春秋国君之于史，谓之社稷之臣。

《檀弓》：卫有太史曰柳庄，寝疾。公曰：若疾革，虽当祭必告。公再拜稽首，请于尸曰：有臣柳庄也者，非寡人之臣，社稷之臣也。

军不先史，不能得人之国。

《左传》闵公二年：狄人囚史华龙滑与礼孔，以逐卫人。二人曰：我太史也，实掌其祭，不先，国不可得也。乃先之，至则告守者曰：不可待也。夜与国人出。

将帅进退，有史参如。

《左传》襄公十四年：左史谓魏庄子曰：不待中行伯乎？庄子曰：夫子命从帅。

盟誓朝贡，史悉记载。

《左传》襄公二十三年：将盟臧氏，季孙召外史掌恶臣而问盟首焉。二十九年：鲁之于晋也，职贡不乏，玩好时至，公卿大夫相继于朝，史不绝书，府无虚月。

不第君臣命位，司其策授已也。

《左传》僖公二十八年：王命尹氏及王子虎、内史叔兴父策命晋侯为侯伯。襄公十年：偪阳，妘姓也。使周内史选其族嗣，纳诸霍人，礼也。哀公三十年：郑伯有既死，使太史命伯石为卿，辞。太史退，则请命焉，复命之，又辞。如是三，乃受策入拜。

至如鲁之史革，更书断罟。

《鲁语》：莒太子仆弑纪公，以其宝来奔。宣公使仆人以书命季文子曰：夫莒太子不惮以吾故杀其君，而以其宝来，其爱我甚矣。为我与之邑，今日必授，无逆命矣。里革（即《左传》之太史克）遇之，而更其书曰：莒太子杀其君而窃其宝来，不识穷固，又求自迹。为我流之于夷，今日必通，无逆命矣（按此即后世给事中、中书舍人封驳之权舆）。明日，有司复命，公诘之，仆人以里革对。公执之，曰：逆君命者，女亦闻之乎？对曰：臣以死奋笔（此与董狐、南史同一不畏死者），奚啻其闻之也。臣闻之曰：毁则者为贼，掩贼者为藏，窃宝者为宄，用宄之财者为奸。使君为藏奸者，不可不去也；臣违君命者，亦不可不杀也。公曰：寡人实贪，非子之罪。乃舍之。《左传》文公十八年载是事出于季文子，惟宣公问之，则使太史克对，其言述周礼誓命尤详。盖即季文子主动，亦必以史官格君之非也。

又宣公夏滥于泗渊，里革断其罟而弃之。公闻之曰：吾过而里革匡我，不亦善乎？是良罟也。为我得法，使有司藏之，使吾无忘谂。师存侍，曰：藏罟不如寘里革于侧之不忘也。（可见其史官当在君侧。）

晋史黯之箴赵鞅，楚倚相之谤申公，侃侃直言，廷争面折。

《晋语》：赵简子田于蝼，史黯闻之，以犬待于门。简子见之曰：何为？曰：有所得犬，欲试之兹囿。简子曰：何为不告？对曰：君行，臣不从，不顺。主将适蝼而麓不闻，臣敢烦当日。简子乃还。

《楚语》：左史倚相廷见申公子亹，子亹不出，左史谤之，举伯以告，子亹怒而出曰：女无亦谓我老耄而舍我，而又谤我。左史倚相曰：唯子老耄，故欲见以交儆子；若子方壮，能经营百事，倚相将奔走承序，于是不给，而何暇得见。

是当时各国史官职权之尊，实具有特殊地位，非后世史官仅掌撰述之比。近人论史者，比之司法独立，然亦未能推其比于司法独立之由来。盖非从五史职掌观之，无以知其系统矣。

周之太史所掌典则法制，既与冢宰相同，而王者驭臣出治之八枋，悉由内史所诏。国法国令之贰，咸在史官，以考政事，以逆会计。胪举其目，则治、教、礼、政、刑、事，总摄六官。官属、官职、官联、官常、官成、官法、官刑、官计，赅括百职。祭祀、法则、赋贡、礼俗、田役，既无不知，而所谓禄位刑赏废置，尤为有国大权，必操于元首及执政者。太史掌之，内史亦掌之。举凡爵禄废置、杀生予夺，或王所未察及其未当者，均得导之佐之。是史虽仅仅文官幕僚之长，而一切政令，皆其职权所司。由是可知周之设官，惟史权高于一切。诸侯之国，其有太史、内史诸职者，王朝当亦规定其职权，必非各国自为风气，或一二史官沽名市直也，审矣。（韩起曰：周礼尽在鲁。盖鲁特完备，他国非不知周之礼经，特不如周之详尽耳。）

且史之掌典法则也，与小宰司书司会虽同，而礼书礼法四方之志，三皇五帝之书，则小宰司书诸官所不备也。故周之史官，为最高之档案库（各官之档案，有各官之史掌之。其成为典则礼法者，计已刊修，如后世之会典），为实施之礼制馆，为美备之图书府，冢宰之僚属不之逮也。由是论之，后世史籍所以广志礼乐、兵刑、职官、选举、食货、艺文、河渠、地理，以及诸侯世家、列国载记、四裔藩封，非好为浩博无涯涘也。自古史职所统，不备不足以明吾史之体系也。而本纪所书，列传所载，世表所系，命某官，晋某爵，设某职，裁某员，变某法，诛某罪，录某后，祀某人，一一皆自来史职所掌，而后史踵其成规，当然记述者也。惟古之施行记述，同属史官，后世则施行记述，各不相谋。而史籍乃专属于执笔者之著述耳。他族立国，无此规模，文人学者，自为诗文，或述宗教，或颂英雄，或但矜武力而为相斫书，或杂记民俗而为社会志，其体系本与吾史异趣。或且病吾史之方板简略，不能如其活动周详。是则政宗史体，各有渊源，必知吾国政治之纲维，始能明吾史之系统也。

周官史职，不言谏争，惟曰赞、曰诏、曰考、曰逆，则施行之当否与随事之劝戒，已寓其中。且曰逆者，预事防维，夙申法守，则消弭于未然者多，而补救于事后者少矣。《王制》有天子受谏、百官受质之文，皆承太史典礼执简记之下，则谏及质者，史所有事也。

《王制》：太史典礼，执简记，奉讳恶。天子斋戒受谏，司会以岁之成，质于天子。冢宰斋戒受质，大乐正、大司寇、市三官，以其成从质于天子，大司徒、大司马、大司空斋戒受质。百官各以其成质于三官。大司徒、大司马、大司空以百官之成，质于天子。百官斋戒受质。

殷史辛甲执图法而谏至七十五次。及在周为太史，且命百官官箴王阙。则史之据法典以谏君，其来久矣。《大戴记》谓三代之礼，天子不得为非，失度则史书之，工诵之。

《大戴记·保傅篇》：三代之礼，天子春朝朝日，秋暮夕月。食以礼，彻以乐，失度则史书之，工诵之，三公进而读之，宰夫减其膳。是天子不得为非也。

召公所述瞽史献曲教诲，为天子听政旧制。

《周语》：天子听政，使公卿至于列士献诗，瞽献曲，史献书，师箴，瞍赋，蒙诵，百工谏，庶人传语，近臣尽规，亲戚补察，瞽史教诲，耆艾修之，而后王斟酌焉。是以事行而不悖。

师旷述史之为书，自《夏书》官师相规而来。

《左传》襄公十四年：师旷曰：夫君，神之主而民之望也。若困民之主，匮神乏祀，百姓绝望，社稷无主，将安用之？弗去何为。天生民而立之君，使司牧之，勿使失性；有君而为之贰，使师保之，勿使过度。自王以下，各有父兄子弟以补察其政，史为书，瞽为诗，工诵箴谏，大夫规诲，士传言，庶人谤，商旅于市，百工献艺。故《夏书》曰：遒人以木铎徇于路，官师相规，工执艺事以谏。正月孟春，于是乎有之，谏失常也。天之爱民甚矣，岂其使一人肆于民上，以从其淫，而弃天地之性？必不然矣。

则古史之职，以书谏王，其源甚古，不必始于周代。其原则实在天子不得为非一语。使一人肆于民上，以从其淫，其祸至烈。而吾族圣哲深虑预防之思想，乃以典礼史书，限制君权，其有失常，必补察之，勿使过度。虽其事不似他族之以宪法规定，而历代相传，以为故事，则自甚恶如桀、纣、厉、幽失其约束之效力者外，凡中材之主，皆可赖此制以维持于不敝。夫自天子失度，史可据法以相绳，则冢宰以降，孰敢纵恣。史权之高于一切，关键在此。后世台谏之有监察权，不仅监察官吏，实历代一贯相承之良法美意。苏轼所谓委任台谏一端，是圣人过防之至计。风采所系，不问尊卑。"言及乘舆，则天子改容；事关廊庙，则宰相待罪"者（苏轼上神宗书中语），非由自古虽天子不得为非之定义而来乎？

惟是吾国史权之尊，固仿佛有他国司法独立之制度。然其精义，又与他族之言权者有别。他族之言权者，每出于对待而相争；吾国之赋权者，乃出于尚德而互助。此言史权者最宜郑重辨析者也。历世贤哲，主持政权，上畏天命，下畏民嵒，惟虑言动之有愆，致贻国族以大患。乐得贤者，补阙拾遗于左右。爰有动则左史书之，言则右史书之之法，其初以备遗忘，其后以考得失，相勉于善，屈己从人。而史之监察权，由是树立。主持大政者，不惟不之防禁，且欣受而乐从。《皋陶谟》曰："臣哉邻哉！邻哉臣哉！"又曰："予违汝弼，汝无面从，退有后言，钦四邻。"古之君臣，犹之宾主，其谓之邻者，取其密迩而相辅助。故太史内史，皆若友朋，共为大政。又惧后世不知此义，定为四辅之制。《洛诰》曰：乱为四辅，所以诞保文武受民。其法固传自《虞书》，非周特创。《大戴记》述明堂之位史佚与周、召、太公同为四圣，即所谓乱为四辅也。

《大戴记·保傅篇》：明堂之位曰：笃仁而好学，多闻而道慎。天子疑则问，应而不穷者，谓之道。道者，导天子以道者也。常立于前，是周公也。诚立而敢断，辅善而相义者，谓之充。充者，充天子之志也。常立于左，是太公也。絜廉而切直，匡过而谏邪者，谓之弼。弼者，拂天子之过者也。常立于右，是召公也。博闻强记，接给而善对者，谓之承。承者，承天子之遗忘者也。常立于后，是史佚也。故成王中立而听朝，则四圣维之，是以虑无失计，而举无过事。殷周之所以长久者，其辅翼天子有此具也。

中央政府如此，诸侯之国亦然。观卫武公抑戒之自儆，可以知此种根本观念，非出于臣下要求权利，而为主持政务者要求互助。盖深知匡弼箴规，不惟有益于国事，实则有益于其身家。保世滋大，与覆宗陨命相较若何？故贤者乃勤求如恐不及。

《楚语》：左史倚相曰：昔卫武公年数九十有五矣，犹箴儆于国曰：自卿以下至于师长士，苟在朝者，无谓我老耄而舍我。必恭恪于朝，朝夕以交戒我。闻一二之言，必诵志而纳之，以训导我。在舆有旅贲之规，位宁有官师之典，倚几有诵训之谏，居寝有亵御之箴，临事有瞽史之导，宴居有师工之诵。史不失书，矇不失诵，以训御之，于是乎作《懿》戒以自儆也。及其没也，谓之睿圣武公。

后世古意寖湮，然如唐太宗之欲观国史，犹以知前日之恶为后来之戒为言。此中国之政术特异于他族者也。

《通鉴·唐纪》：太宗贞观十七年，上谓监修国史房玄龄曰：前世史官所记，皆不令人主见之，何也？对曰：史官不虚美隐恶，人主见之必怒，故不敢献。上曰：朕欲自观国史，知前日之恶，为后来之戒，公可撰次以闻。

复次，吾国史权，虽无明文规定，若他族之争立国宪以保障言论之自由，然亦未尝无明定之责任。《保傅篇》曰：太子有过，史必书之。史之义不得不书过，不书过则死。此即古史有明定责任之证。且非独太子之史如此，即宫中之女史亦然。

《大戴记·保傅篇》：太子既冠，成人，免于保傅之严，则有司过之史，有亏膳之宰。太子有过，史必书之，史之义不得不书过，不书过则死。过书而宰彻去膳，夫膳宰之义，不得不彻膳，不彻膳则死。

《诗·卫风·静女》毛传：古者后夫人必有女史彤管之法，史不记过，其罪杀之。后妃群妾以礼御于君所，女史书其日月，授之以环，以进退之。生子月辰则以金环退之，当御者以银环进之，著于右手。既御，著于左手。事无大小，记以成法。

《周官》誓太史曰杀，誓小史曰墨。说者疑"史"为"事"字之讹，或谓为后人所窜改。不知此乃使史官自勉于职，不避权势最要之条文，与《戴记》、《毛传》可以互证。

《周官·秋官》：条狼氏誓邦之太史曰杀，誓小史曰墨。

故蔡墨曰：一日失职，则死及之。

《左传》昭公二十九年：蔡墨曰（杜注：蔡墨，晋太史）：物有其官，官修其方，朝夕思之。一日失职，则死及之。

不然，齐史何以视死如归，里革何以以死奋笔，史鱼何以甘以尸谏哉。

《大戴记·保傅篇》：卫灵公之时，蘧伯玉贤而不用，弥子瑕不肖而任事。史䲡患之，数言蘧伯玉贤而不听，病且死，谓其子曰：我即死，治丧于北堂。吾生不能进蘧伯玉而退弥子瑕，是不能正君者，死不当成礼，而置尸于北堂，于我足矣。灵公往吊，问其故，其子以父言闻。灵公造然失容曰：吾失矣。立召蘧伯玉而贵之，召弥子瑕而退之。徙丧于堂，成礼而后去。卫国以治，史䲡力也。

《孟子》曰：《春秋》天子之事。赵注曰：孔子惧王道遂灭，故作《春秋》。因鲁史记，设素王之法，谓天子之事也。杜预《左传集解序》亦曰：说者以为仲尼自卫反鲁，修《春秋》，立素王，丘明为素臣。盖谓孔子以《春秋》为无冕之王也。素王之称，自伊尹时已有之。

《史记·殷本纪》：伊尹处士，汤使人聘迎之，五反然后肯往，从汤言素王及九主之事。《集解》引刘向《别录》曰：九主者，有法君、专君、授君、劳君、等君、寄君、破君、国君、三岁社君，凡九品，图画其形。

庄周亦言玄圣素王之道（《天道篇》）。素王疑即古史相传纪述天子得失之事。孔子修《春秋》，用古史之法，故曰设素王之法。然孔子以鲁臣何以得行天子之事？以《周官》证之，其义自明。古之史官，本以导相天子为职，其所诏告及所记录爵禄废置、杀生予夺，何一非天子之事？孔子修《春秋》，特遵史官之职而为之，非欲以私人僭行天子之事。其恐人之罪之者，以为虽遵史法，而身非史官耳。《穀梁传》谓《春秋》有临天下之言，说者亦以王者抚有天下解之。

《穀梁传》哀公七年：《春秋》有临天下之言焉，有临一国之言焉，有临一家之言焉。注：徐乾曰：临者，抚有之也。王者无外，以天下为家,尽其有也。

实则《春秋》所治,自天王始(如天王使家父求车,讥其非礼之类)。岂惟以天子之事治天下,第其治天子诸侯者,必本周之典礼,故虽严而非僭也。

后世史职,远逊于古矣。其踪迹迁流,犹断续可见。《史通》称赵鞅晋一大夫,犹有直臣书过。

《说苑》:昔周舍事赵简子,立于门三日。简子问之,舍曰:愿为谔谔之臣,墨笔操牍,司君之过而书之。日有记,月有效,岁有得也。简子说。

陈胜、萧何,犹蹈其法。

《史记·陈涉世家》:以朱防为中正,胡武为司过,主司群臣。

《后汉书·文苑传·崔琦传》:萧何佐汉,乃设书过之吏。刘攽曰:吏当作史。

而君举必书之语,亦几等于固定之宪章。汉唐学者,时时称述,以资谏戒。

《后汉书·荀悦传》:悦言:古者天子诸侯,有事必告于庙。朝有二史,左史记言,右史记事。事为《春秋》,言为《尚书》。君举必记,善恶成败,无不存焉。下及士庶,苟有茂异,咸在载籍。或欲显而不得,或欲隐而名章。得失一朝,而荣辱千载。善人劝焉,淫人惧焉。

又《酷吏传·阳球传》:奏罢鸿都文学曰:伏承有诏敕中尚方为鸿都文学乐松、江览等三十二人图象立赞,以劝学者。臣闻《传》曰:君举必书。书而不法,后嗣何观?案松、览等皆出于微蔑,斗筲小人。有识掩口,天下嗟叹。臣闻图象之设,以昭劝戒,欲令人君动鉴得失。未闻竖子小人,诈作文颂,而可妄窃天官,垂象图素者也。

《旧唐书·魏知古传》:知古累修国史。睿宗女金仙、玉真二公主入道,有制各造一观。季夏盛暑,营造不止。知古上疏谏曰:且国有简册,君举必记,动则左史书之,言则右史书之。是以非礼勿言,非礼勿动。夫如是,则君之所举,可不慎欤! 臣备位谏诤,兼秉史笔,书而不法,后嗣何观? 臣愚以为不可。

又《徐坚传》:监修唐史。神龙初,再迁给事中。时雍州人韦月将上书告武三思不臣之迹,反为三思所陷,中宗即令杀之。时方盛夏,坚上表曰:月将诬构良善,故违制命,准其情状,诚合严诛。但今朱夏在辰,天道生长,即从明戮,有乖时令。致伤和气。君举必书,将何以训? 伏愿详依国典,许至秋分,则知恤刑之规,冠于千载;哀矜之惠,洽乎四海。中宗纳其所奏,遂令决杖,配流岭表。(《册府元龟·国史部叙》亦曰:古之王者,世有史官。君举必书,书法不隐。所以慎言行,示劝戒也。)

柳虬当西魏时,犹以直笔于朝显言其状为请,史且称其事遂施行。是《春秋》故事,至北朝时犹若伏流之一现。纵当时法意,久异成周,史之职掌,亦已迥殊,而其遗风善制,流传之久,可以概见。

《北周书·柳虬传》:虬以史官密书善恶,未足惩劝,乃上疏曰:古者人君立史官,非但记事而已,盖所以为监诫也。动则左史书之,言则右史书之。彰善瘅恶,以树风声。故南史抗节,表崔杼之罪;董狐书法,明赵盾之愆。是知直笔于朝,其来久矣。而汉魏以还,密为记注,徒闻后世,无益当时。非所谓将顺其美,匡救其恶者也。且著述之人,密书其事,纵能直笔,人莫之知,何止物生横议,亦自异端互起。故班固致受金之名,陈寿有求米之论。著汉魏者非一氏,造晋史者至数家。后代纷纭,莫知准的。诸史官记事者,请皆当朝显言其状,然后付之史阁。庶令是非明著,得失无隐,使闻善者自修,有过者知惧。敢以愚管,轻冒上闻,乞以瞽言,访之众议。事遂施行。

观高澄及韦安石之言,都甚敬畏史权。

《北齐书·魏收传》:齐文襄谓司马子如曰:魏收为史官,书吾等善恶。闻北伐时,诸贵常饷史官饮食,司马仆射颇曾饷不? 因共大笑。仍谓收曰:卿勿见元康等在吾目下趋走,谓吾以为勤劳。我后世身名在卿手,勿谓我不知。

《新唐书·朱敬则传》：请高史官选，以求名才。侍中韦安石尝阅其稿史，叹曰：董狐何以加！世人不知史官权重宰相，宰相但能制生人，史官兼制生死。古之圣君贤臣所以畏惧者也。

惟韩愈猥以人祸天刑为虑，其识乃不逮柳宗元。合观其言，亦可知政宗隆替史职伸屈之因。

韩愈《答刘秀才论史书》：孔子圣人，作《春秋》，辱于鲁、卫、陈、宋、齐、楚，卒不遇而死；齐太史氏兄弟几尽；左邱明纪春秋时事以失明；司马迁作《史记》刑诛；班固瘐死；陈寿起又废，卒亦无所至；王隐谤退死家；习凿齿无一足；崔浩、范晔赤诛；魏收夭绝；宋孝王诛死。足下所称吴兢，亦不闻身贵而令其后有闻也。夫为史者，不有人祸，则有天刑，岂可不畏惧而轻为之哉！

柳宗元《与韩愈论史官书》：退之以为纪录者有刑祸，避不肯就，尤非也。又言不有人祸，必有天刑。若以罪夫前古之为史者，然亦甚惑。凡居其位，思直其道。道苟直，虽死不可回也；如回之，莫如亟去其位。孔子之困于鲁、卫、宋、蔡、齐、楚者，其时暗，诸侯不能以也。其不遇而死，不以作《春秋》故也。当其时，虽不作《春秋》，孔子犹不遇而死也。若周公、史佚，虽纪言书事，犹遇而显也。又不得以《春秋》为孔子累。范晔悖乱，虽不为史，其族亦赤。司马迁触天子喜怒，班固不检下，崔浩沽其直以斗暴虏，皆非中道。左邱明以疾盲，出于不幸。子夏不为史亦盲，不可以是为戒。其余皆不出此。是退之宜守中道，不忘其直，无以他事自恐。退之之恐，惟在不直、不得中道，刑祸非所恐也。

降至唐文宗时，郑朗犹能守职。

《新唐书·郑朗传》：开成中，擢起居郎。文宗与宰相议政，适见朗执笔螭头下，谓曰：向所论事，亦记之乎？朕将观之。朗曰：臣执笔所书者，史也。故事，天子不观史。昔太宗欲观之，朱子奢曰：史不隐善，不讳恶。自中主以下，或饰非护失。见之，则史官无以自免，且不敢直笔。褚遂良亦称：史记天子言动，虽非法必书，庶几自饬。帝悦，谓宰相曰：朗援故事，不异朕见起居注，可谓善守职者。然人君之为，善恶必记，朕恐平日言之不协治体，为将来羞，庶一见得以自改。朗遂上之。

苏轼之谏神宗，以国史记之为神宗惜。是皆踪迹迁流，断续可见者也。

> 苏轼《上神宗书》：青苗放钱，自昔有禁。今陛下始立成法，每岁常行。虽云不许抑配，而数世之后，暴君污吏，陛下能保之欤？异日天下恨之，国史记之曰：青苗钱自陛下始。岂不惜哉！

综观史迹，古史之权，由隆而替；古史之职，亦由总而分。夫古之五史，职业孔多，蔽以一语，则曰掌官书以赞治。由斯一义，而历代内外官制，虽名实贸迁，沿革繁夥，其由史职演变者乃特多。是亦研究史权所宜附论及之者也。吾国自《周官》以后，殆无一代能创立法制。设官分职，大抵因仍演变，取适一时。故虽封建、郡县，形式不同，地域广轮，日增于昔，而内外重要职务，恒出于周之史官。其由周代中士、下士之御史，演变为御史大夫、中丞，建立台察之制，为世所共知者，无论矣。秦汉京师地方长官，实曰内史。秦以御史监郡，汉由丞相、御史、刺州，嗣遂演为刺史、州牧之职（均见《汉书·百官公卿表》）。盖史本秘书幕职，近在中枢，熟谙政术，且为政治首长所亲信。故对于首善之区，及地方行政，典司督察，胜于外僚。后世如金元行省以中书省臣出领，清之督抚犹带尚书、侍郎职衔，均此意也。

《周官》之制，相权最尊，而太史内史执典礼以相匡弼。法意之精，后世莫及。秦汉不知礼意，而以丞相总大政，御史大夫贰之，犹存周制于什一。武、宣以降，丞相与御史大夫之权浸微，大权悉操于人主。此其与古制最相舛戾者也。（观《周官》国政咸总于冢宰，知其时王者实垂拱无为。）然人主以私意而忘礼意，而事实所需，仍不能出于古制。爰有中书、尚书，近在宫禁，典治官书，出纳诏奏，其职实周之内史。惟周之内史，为外廷之要职，而中书、尚书为天子之私人耳。司马迁以太史令为中书令，即以外廷之史变为内廷之史之证。成帝罢宦官，增置尚书，分曹治事。迄东汉而政归台阁，三公徒拥虚名，居相位者非领尚书录尚书事，不得与闻机要。盖以内史掌相权，而又惧内外之隔阂，复以宰相参加内史，与周制适成一反比例矣。知中书、尚书之为内史，则知魏晋以降演变至唐为中书、尚书、门下三省，至宋为中书、门下，至元及明初为中书省，明中叶至清初为殿阁大学士，清雍、乾以降为军机大臣者，皆内史也。（门下省由汉之仆射、侍中、给事中演变，亦即内史。故给事中掌封驳，以其职在内廷，得进言于人主，与闻用人行政也。）而尚书由汉之六曹，演变而为六部，则又以内史而变为行政长官，与内史之出为地方长官，同一性质。故吾谓历代内外重要官制，皆出于史也。唐宋时，内史变为相矣，史职仍不可阙，于是有翰林学士掌内制，中书舍人掌外制，即古史之掌策命者也。翰林学士号为内相，演变而为明之大学士，史又变为相矣。上下二千年，或以史制相，或以相领史，及史变为相，复别置史，而史又变为相。故二千年中之政治，史之政治也；二千年中之史，亦即政治之史也。子母相生，最可玩味。而其利弊得失，亦复循环相因。无论武人崛起，裔族勃兴，苟欲经世保邦，必倚史以成文治，此其利与得也。君主专制，不知任相，而所倚以为治者，因亦不能创制显庸，第以奉行故事、熟习例案、救弊补偏、适应环境为事，此其弊与失也。夫以进化公例言，万事演蜕，胥由混合而区分。吾国史权最隆之时，乃职权混合之时。至其区分，则行政、监察、著述，各席其权，而分途演进，不得谓史权之没落。惟不综观官制及著作之渊源，乃不能得其条理脉络之所在耳。章氏《史释篇》略论内阁六科、翰林中书之属比于古史，顾氏《日知录》极论唐宋及明代封驳之制之善，第都未能从源及流，为吾国史职作一整个有系统之叙述。清代所定《历代职官表》，以清为主，而上溯之，尤未明于官制递嬗之故。爰为纵论之。

史官建置沿革考

张遽青

唐刘知幾子玄《史通》，有《史官建置》之篇。近人张尔田孟劬据以为《史官沿革考》，附所著《史微·原史》后。许钟璐辛庵《史通赘议》，亦略为补缀。余意觉有未尽，更草是篇。

一 史官缘起

自有文字，记事乃便。《说文解字序》："皇帝之史仓颉，见鸟兽蹄迒之迹，知分理之可相别异也，初造书契。百工以乂，万品以察。"是造字者史官仓颉，造字殆以为记事之用耳。然许慎仅言仓颉，子玄兼称沮诵。卫恒《四体书势》："黄帝之史，仓颉、沮诵，眺彼鸟迹，始作书契。"书缺有间，莫能详也。《大戴礼》有虞史伯夷，《吕氏春秋》有夏太史终古，是虞夏史官之见于纪载者。子玄又云："孔甲、尹佚，名重夏殷。"尹佚，周人，说具下节。若孔甲，夏代虽有其人，未居史职。陈氏《归云集》："孔甲为黄帝史，执青纂记，言动惟实。"是孔甲亦黄帝史官。子玄是否别有所据，无从详考矣。

二 殷周史官

吾国信史，始于殷商，以有甲骨文、钟鼎文足据。若以载籍言之，商太史向挚亦见《吕览》。《礼·曲礼》："天子建六官，先六太，曰太宰、太宗、太史、太祝、太士、太卜，典司六典。"注："此盖殷时制。"《左传》桓十七:"天子有日官,诸侯有日御,日官居卿以底日。"以日官为卿,亦有疑为殷制者。周则《周礼·春官》:"大史,下大夫二人,上士四人。小史,中士八人,下士十有六人。内史,中大夫一人,下大夫二人,上士四人,中士八人,下士十有六人。外史,上士四人,中士八人,下士十有六人。御史,中士八人,下士十有六人。"五史官名各异,执掌亦不同。太史掌国之六典,小史掌邦国之志,内史掌书王命,外史掌书,使乎四方,御史掌治令,以赞冢宰。惟太史、内史,关系若何?王国维《释史》:"官以太史为长,秩以内史为尊。内史之官虽在卿下,其职之机要,除冢宰外,为他卿所不及。实执政之一人。"盖太史、内史,原为一寮,后以职务繁,始渐分离。有时两官并举,如《书·酒诰》太史友、内史友是。亦有仅言太史不言内史者,殆以太史原较内史为大,不列举亦不嫌耳。左史、右史见《礼·玉藻》:"动则左史书之,言则右史书之。"疏:"以太史为左史,内史为右史。"《酒诰》郑玄注亦云:"太史、内史,掌记言记行。"可证太史即左史,内史即右史。非太史、内史之外,别有所谓左右史者。《汉书·艺文志》及《六艺论》谓:"右史记事,左史记言。"左右互易,恐非。周又有柱下史。立殿柱之下以记事。李耳曾为柱下史,近人孙德谦以为即御史,主记言行及司收藏者。古史官均掌典籍,非独柱下也。

至周史官,以史佚为著,史佚即尹佚,一作尹逸。《史记·周本纪》:"武王立于社南。召公奭赞采,师尚父牵牲,尹佚策祝。"子长以史佚、尹佚为二人,非是。史,从又持中,中为简策之形;尹,从又持丨,象笔形。曰尹曰史,皆以职务言。亦有曰作册者,《书·洛诰》:"王命作册逸祝册。"《孔传》以"王为册书"释之。孙诒让《周官正义》:"尹逸,盖为内史,以其所掌职事言之,谓之作册。"作册特内史之异名。吴其昌《金文世族谱》分列作册、大史、内史、史四姓。"作册"二字,见于钟鼎文者甚夥。惟尹氏,吴氏漏列,如克鼎:"王呼尹氏册命克。"师嫠敦:"王呼尹氏册命师嫠。"不一而足,似应与作册一例也。辛甲亦周史官。殷墟卜辞有卿史、御史等称,而史官人名未见。或谓卜辞贞人即史官,亦出臆测。东周列国并立,周则有内史过、内史叔兴、内史叔服,晋有太史屠黍、董狐及史苏,卫有太史史鱼、华龙滑、礼孔,鲁有太史克及外史,虢有史嚚,楚有左史倚相,郑亦有太史。虽称号不同,要其执掌,以太史为最优。战国政出私门,晋赵鞅以一大夫,有直臣书过;齐田文以一公子,有侍史记言。至诸侯有史,秦赵渑池交会,曾各命御史书某年某月鼓瑟鼓缶,其他不多见。史职多而逾卑,略可以觇政权之移转焉。

三 秦汉史官

秦并六国,太史令胡毋敬作《博学篇》。太史令之名始秦,隶于奉常,御史之职权綦重。张苍为秦御史,主柱下方书。汉兴,子玄谓:"武帝置太史公,位丞相上,以司马谈为之。汉法,天下计书,先上太史,副上丞相。谈卒,子迁嗣。迁卒,宣帝以其官为令,行太史公文书而已。"子玄所云,本《史记·太史公自序》如淳注,如淳则采自卫宏《汉仪注》,臣瓒、晋灼均非之。按迁为太史令,见自序,易令为公,王国维《太史公行年考》以为或其外孙杨恽所加,较为近理。至太史公之职,本属太常(即秦奉常),与太乐、太祝、太宰、太卜、太医联事。《报任安书》:"仆之先人,非有剖符丹书之封,文史星历,近乎卜祝之间,固主上所戏弄,倡优蓄之,流俗之所轻也。"又云:"仆亦尝厕下大夫之列,陪外庭末议。"下大夫在汉为六百石,见《汉旧仪》及《续汉志》。其职比商周甚卑,且不掌记事,而掌天时星历。知太史令之职,与太史公悬殊矣。今考古代方技,本史官所兼掌,至汉代则几以为专职,故张衡、单飓、王立、高堂隆,当官见称,唯知占候。褚少孙、冯商等,又以别职,来知史务。方技类别,约有八项,一掌历法,二测气候,三记灾祥,四择日,五掌祭,六医,七卜,八筮。《汉官》:"太史待诏三十七人,分治历、龟、庐宅、日时、《易》筮、典禳、雨、医等事。"可见其概。又史迁叙史学源流曰:"司马氏世典周史。"盖古之学术,皆出官守,非世世师习,不能得其微言大义。迁时史职虽卑,固是世守之家法,迁后则不同。孟劬谓:"史学之亡,盖在斯时。"诚慨乎其言之。新莽改置柱下五史,秩如御史,东汉仍置太史令,而遇有撰录,别诏儒臣。班固以兰台令史,受诏修《光武本纪》及列传、载记。杨终以有史才,征诣兰台。考《汉书·百官表》:"御史中丞,在殿中兰台,掌图籍秘书。"《续汉志》:"兰台令史,六百石。"注:"掌奏及印工、文书。"皆非知史务,以撰述者多在其中,亦当时著作之所。章、和以后,图籍盛于东观,仆射刘珍、校书郎刘䮾䮾等著作东观,撰集《汉记》。其后卢植、蔡邕、马日磾等,复在东观补续。于是入东观者,皆为史官焉。

四 魏晋南北朝史官

魏明帝太和中,始置著作郎,职隶中书,即周左史之任。晋惠帝初,改隶秘书。著作郎一人,谓之大著作,又置佐著作郎八人。著作郎专掌史任,佐郎职知博采。陆机、束皙、干宝、王隐,皆以著作郎撰国史,史职之专,盖始于此。机有《晋三祖纪》,宝有《晋纪》,隐有《晋书》,均为世称。吴有左国史、右国史,薛莹为其左,华覈为其右,周处自左国史迁东观令,又丁孚为太史令,是其史官之可考者。陈寿云蜀无史官,子玄驳之,谓:"《蜀志》称王崇补东观,许盖掌礼仪,郤正为秘书郎,广求益部书籍。斯则典校无阙,属辞有所。"又曰:"黄气见于秭归,群鸟堕于江水;成都言有景星出,益州言无宰相气。若史官不置,此事从何而书?"梁章钜以"后主景耀元年,明载史官言景星见,于是大赦,改元,为蜀有史官之显证",其说允矣。典午之代,五胡称制,其史官亦有可述者,苻秦有太史令高鲁,著作郎车敬、赵泉;赫连夏有太史令张渊,著作郎赵逸;前赵公师彧以大中大夫领左国史,是皆仍前代史官之称。南凉秃发氏欲造国纪,以参军郭韶为国纪祭酒;前凉张氏时,刘庆以儒林郎、中常侍,在东苑撰其国书;蜀李与西凉二朝,又均以记事委之门下;北凉宗钦则以中书郎撰梁纪,意者中书即当时史官欤? 南北八朝,略同晋制,惟每以"佐"名施于"作"下,即改佐著作郎为著作佐郎是也。元魏有著作局及修史局之称,宇文师古,改著作之正郎为上士,佐郎为下士,惟名号虽易,班秩无殊。梁于著作之外,别置撰史学士,此其特异耳。子玄所称,如宋之徐爰、苏宝生,梁之沈约、裴子野,元魏之崔浩、高闾,以及齐魏收,周柳虬,隋王劭、魏澹之徒,皆一时史官之尤美,著作之妙选也。

五 唐宋辽金史官

唐变旧制,著作局专撰碑志祝告各文,别置史馆于门下省。修撰以他官兼领,位卑而有才者,以直馆称。玄宗开元中,又移于中书省。当晋时著作郎掌起居集注,元魏置起居令史,隋有起居舍人,至是又加置起居郎,职同舍人。每天子临轩,侍立于玉阶之下,郎居其左,舍人居其右,以所记录,编为起居注。有时亦称左史、右史,若令狐德棻、敬播、刘知幾、韩愈等皆以纂修者闻。愈之《顺宗实录》,尚有传本。又监修国史,始于东晋,至唐而宰相兼领,几成故事。子玄极非之,谓:"凡所引进,皆非其才。或当官卒岁,竟无刊述,而人莫之知;或辄不自撰,轻弄笔端,而人莫之见。"语虽近激,亦有见而云然。五代之史,欧阳氏职官无考,薛亦略于□职,故史官建置不详。惟梁、唐、汉、周各帝,多有实录,当系史官所修,张昭、贾纬,其最著者。世虽乱离,史职固未废也。宋亦置起居郎、起居舍,又设起居院,命三馆(昭文馆、史官、集贤院)校理以上,修起居注。天子御殿,则左右史侍立,一如唐制。南宋初,别置国史院,立提举、监修、修撰、编修等官。旋以修《徽宗实录》,改为实录院。其后两院之名,互相更易,亦或并置。著作局有正郎、佐郎,如唐旧。尝考宋代史事最详,书榻前议论之词,则有时政;记录柱下见闻之实,则有起居注;类而次之,谓之日历;修而成之,谓之实录。此皆史官所掌,亦即国史底本。仁宗而后,名家辈出。欧阳修、司马光世所共知,韩琦修《仁宗实录》,吕公著修《英宗实录》,吕大防、范祖禹《神宗实录》,亦为世称。至章惇、蔡卞重修《神宗实录》,颇多失实,范冲再加刊定,分别去取,较有可观。若南宋史官,逊于北宋远矣。《辽史》简略,官制弗详。然历朝皆有监修国史之官,如刘慎行、邢抱璞、室昉、萧韩家奴等,皆以此系衔。又程翥为舍人,则知起居亦□记注。在圣宗时曾诏日历官毋书细事,道宗并罢史官预朝议,俾问宰相书之,均不足为训。萧韩家奴修国史,直书圣宗猎秋山,熊鹿伤数十人,帝见而命去之,既出又书,以为史笔当如是,此固大佳。惟唐太宗纳朱子奢之谏,不观起居注,今辽主得观起居注,则史官之隐讳苟简,亦固其所。金太宗令完颜勖与耶律迪延掌国史,修始祖以来实录,史官殆始于此。其后有著作局掌修日历,有记注院修起居注,有国史院修国史,置监修国史、修国史、编修等官。章宗以有司言,登闻鼓院与记注院勿有所隶,其重视可知。惜乎史官之如董狐、南史者未之闻焉。

六 元明清史官

元设翰林兼国史院,不置日历及起居注。独于中书省下置时政科,遣一文学掾掌之。及易一朝,国史院即据以修实录。前代史局,至此一变。其实录详于记善,略于记恶,非为信史。然如姚燧、袁桷、苏天爵、欧阳元,皆与纂修之列,老于文学,熟于掌故,当有可观。明初曾设起居注,不久罢之,仍专置翰林院史官,有修撰、编修、检讨。洪武中,置修撰三人,编修、检讨各四人。其后由一甲进士除授及庶吉士留馆任职,往往溢额。世宗更定修撰三人,编修、检讨各六人,皆从吏部推补。此时史官,大抵如六部郎官,惟掌文书,若修日历、撰实录,则特颁明诏,纂前代国史,亦别开史局。明修《元史》,李善长监修,宋濂、王祎为总裁,征山林遗逸之士汪克宽等任纂修,而考证诸儒徐一夔等,并得参与。凡两经开局,书始克就。他如宋元《通鉴纲目》、《历代通鉴纂要》,均特敕儒臣撰定。清入关前,即有实录,榜什所撰。天聪朝杨方兴奏疏:"我金国有榜什。"榜什即博士,掌翰院事。《东华录》又载有内国史院,掌记注起居,并纂修实录。顺治初,以翰林官分隶内三院(内翰林院、内秘书院、内翰林宏文院)。康熙中,另设翰林院,如旧制。其修撰、编修、检讨无定员。乾隆末,以一甲一名进士为修撰,一甲三名及二甲进士为编修,三甲进士为检讨。史官名称,变为猎取功名者升进之阶。惟其时别有国史馆总裁,内廷特简,专掌史事。其属总裁、提调、总纂、纂修、协修、校对,分命满、汉、蒙人为之,而纂、协多由翰院编、检充任。光绪间,又增置笔削员。普通入翰院者,例可自称太史,实未必有记言记事之责也。起居注馆有起居注官,亦多失职。实录常由专馆纂修,前代史更不必论。《明史》特由博学鸿词科之获隽者,与修纂之役,汤斌、尤侗、朱彝尊、吴任臣其尤著者,然《明史》之成,首赖以布衣裁定史稿之万斯同,清廷□所选拔可知。至此而左右二史之迹,几乎熄矣。

大抵黄帝以来,史官建置沿革如此。约而言之,史官肇始于轩辕,史事稍详于唐虞。商周史职最崇,史事亦重。秦汉有太史令,职卑事轻,尤多以别职知史务。曹魏设著作郎,元魏有著作局。唐始别置史馆、起居郎、起居舍人,则略如古之左史右史。南宋置起居院、国史院或实录院。金著作局、记注院、国史院并设,分掌史事。元始以翰林院兼国史院。明清略沿其制,清别有国史馆总裁,以翰林院编、检各官,充纂修、协修之职。"翰林"二字,始见于杨子云之《长杨赋》,盖谓文学之林。修撰等称,唐有史馆修撰,宋有史馆编修,金已有翰林修撰、编修、检讨,而无史任。刘子玄云:"文之与史,较然异辙。"史自有其专门之学,非徒工文即尽能事。司马子长承其家学,所以克成伟著。后世只知尚文,弃史、班而宗徐、庾。宜乎史籍汗牛充栋,有通识别裁者甚寡。至官修与私撰之优劣,子玄深讥史馆,以为素餐窟宅,尸禄渊薮。历举邱明修传,子长立纪,班固成书,陈寿草志,谓:"古来贤俊,立言垂后,何必身居廨宇,迹参僚属,而后成事。"夫搜集材料,裁定义例,润色文字,出于一人,每多罅漏,假之众手,易见优异。君实《通鉴》,渔仲《通志》,并为世宗,而司马氏六任冗官,书局自随,又自辟官属,所讨论皆一时名贤,故能上媲子长。郑氏搜罗虽广,章实斋颇讥其考证不足。此亦官修、私撰优劣之明验矣。若夫"徒殚太官之膳,虚索长安之米",非敢云世无其人,然不得因噎而废食也。

(《国立河南大学学术丛刊》1943年第1期)

唐宋时代设馆修史制度考

金毓黻

引　言

设馆修史，炳于有唐，下迨宋兴，规模益备。所修之史，大别为三：其一为前代史，如唐兴而修《隋书》，宋兴而修《五代史》是也；其二为本朝实录，如唐宋诸帝实录，例崩后辑为编年之史是也；其三为本朝正史，如唐未亡而修《唐书》，宋未亡而修国史是也。三者之史，率皆设馆纂修，史官分任于下，宰臣裁成于上，语其制度，盖可考也。往在后汉，曾以兰台东观为史官著述之所，然于修史制度，未之有闻。魏晋南北朝之世，以修史之任属之著作郎，亦与设馆之制有别。唐代始开史馆，妙选通才，专任撰述，谓之史官，或名修撰。宋室沿袭，遂为定程。不特此也，史馆修史，取途至宏，或用左右史之起居注，或采宰执之时政记，或出自诸司之录报，率有定例可寻，颇存古法，史材之富，亦有由焉。凡此诸端，皆宜博考，爰分二章述之。一曰史馆与史官之制度，二曰史料之种类及其征集方法，皆以广征载籍可资师法者为依归。唐宋之间，厕以五季，而本篇不之及者，以其前仿于唐，后同于宋，无取复述故耳。窃谓史馆筹设之初，宜稽前代成典，用陈梗概，以谂方闻，其有不知，盖阙如也。

上　史馆与史官之制度

《史通·正史篇》云：后魏置修史局，北齐、周、隋率以大臣总领，谓之监修国史。是则设馆修史,并以宰臣监修,实为北朝所创。然而制度未立,作辍不常,有等于无,盖不足论。创规立制,垂为典常,实始于唐,可无述乎。《旧唐书·职官志》云:"历代史官,隶秘书省著作局,皆著作郎掌修国史。武德因隋旧制。贞观三年闰十二月,始移史馆于禁中,在门下省北。宰相监修国史,自是著作郎始罢史职。"此即唐代创规立制垂为典常之明证也。《新唐书·百官志》亦云:"贞观三年,初置史馆于门下省。开元二十年,李林甫以宰相监修国史,建议以为中书省切密之地,史官隶门下省,疏远。于是谏议大夫、史馆修撰尹愔奏徙于中书省。"是则唐代以史馆为常设之司,始隶门下,后徙中书,不惟与唐相终始,五代两宋亦循而不变矣。

唐代史馆,立制颇简,可分二期论之。其第一期以宰相监修于上,是为史馆之长官,其下执笔修史之士概称史官,例以他官兼典。自贞观以迄天宝,概用是制。如刘子玄尝云:"长安二年(武后),余以著作佐郎兼修国史,寻迁左史,于门下撰起居注,会转中书舍人,暂停史任,俄兼领其职。今上(中宗)即位,除著作郎太子中允率更令,修史皆如故。"(《史通·自序》)又云:"长安中,余与正谏大夫朱敬则、司封郎中徐坚、左拾遗吴兢,奉诏更撰《唐书》。"(《史通·正史》)所谓著作佐郎、著作郎、中书舍人、正谏大夫、司封郎中、左拾遗,皆为本官,而以修国史为兼职,修国史即当代所谓史官,此皆唐代史官以他官兼典之证也。其第二期亦以宰相监修,并加史官以修撰直馆之称,如前述之尹愔,即以谏议大夫兼任史馆修撰,是其证也。盖自天宝以后,以他官兼典史职者,谓之史馆修撰,初入者谓之直史馆。元和六年,又定以登朝官领史职者为修撰,未登朝官入馆者为直馆,并以修撰官高者一人判馆事,是则元和以后,又以判馆事者为史官之长,而监修之宰相不过虚存名号。此唐代史馆制度可考之大略也。

宋代以史馆与昭文馆、集贤院并称为三馆。至修国史之所,则初名编修院,继名国史院,及实录院。又有日历所,亦具史馆之一体,兹取《宋史·职官志》及《文献通考》所述,疏举如下。

宋初置编修院隶门下省,专掌国史实录,并修日历。置编修院于宣徽北院之东,以藏国史,俗呼史院。

神宗元丰四年,废编修院,归史馆。

元丰五年,官制行,以日历所属秘书省国史案。

每修前朝国史实录,则别置国史实录院。

哲宗元祐五年,移国史案置局,不隶秘书省,名国史院,隶门下省,专掌国史实录,兼修日历。

绍圣二年,以国史院隶秘书省,日历隶秘书省,仍为日历所。

高宗绍兴元年,置修日历所。

绍兴三年,复置国史院,掌国史实录。时修神哲实录,即秘书省建史馆。

同年,置修国史日历所。

绍兴四年,名国史日历所为史馆。

绍兴五年,移史馆于秘书省之侧。

绍兴九年,诏著作局惟修日历,遇修国史则开国史院,遇修实录则开实录院,皆隶秘书省。

同年,以国史日历所并归秘书省国史案,著作主之。寻复故名。

绍兴二十八年,复置国史院。徽宗实录成,实录院罢,改修神哲徽三朝国史。

孝宗乾道二年,复置实录院,修钦宗实录。

淳熙四年,罢实录院,专置国史院。钦宗实录成,增修钦宗正史。

淳熙十五年,罢国史院,复开实录院。神哲徽钦四朝国史成,改修高宗实录。

宁宗庆元元年,开实录院,修孝宗实录。

嘉泰元年,开实录院,修光宗实录。寻并开国史、实录两院。

综上所述,宋代史馆制度,可分三期。第一期,史馆与编修院并存,编修院隶门下省,掌管国史实录,兼修日历,自宋开国讫元丰,约百余年,为时颇久。史馆则为秘阁三馆之一,统于宰相,其下设修撰等官,专任修史,似与编修院有叠床架屋之嫌。实则不然,宋代以三馆为贮藏秘籍之所,名为史馆,而无与于修史。同时以编修院为史馆修撰著述之所,一如后汉之兰台东观,是则宋初之编修院,即唐代之史馆也。第二期,则以编修院改称国史院,元丰官制既行,以编修院之名与史馆重复,遂废编修院归史馆,盖厘正有名无实之弊也。同时并定遇修前朝正史实录,则置国史实录院,后遂以为成典。元祐五年,始开国史院隶门下省,专掌国史实录,兼修日历,一如从前之编修院。其不称国史实录院者,盖以国史之名可兼赅实录在内也。元祐以后,史馆之名仍与国史院并存,一如元丰以前。寻其初旨,盖以国史院为史官著述之所,等于史馆之一部,而以史馆仍列为秘阁三馆之一,与旧制无以异也。第三期,则国史、实录两院并设。高宗南渡,未遑修史,绍兴三年,始复置国史院,掌国史实录,隶秘书省,别置日历所,主修日历,盖用绍圣之故制也。九年,始定制,遇修国史则开国史馆,遇修实录则开实录馆,不必同时并设。自斯以来,或递开一馆,或两馆并设,一依事实而定,迄于宋亡不变。《宋史·职官志》以国史实录院为一名,属于秘书省,即用南宋制度,实即两院之省称也。考秘书省分案治事,见载《宋史》,国史案即其中之一也。元丰中以日历所属国史案,即为实行著作郎修纂日历之制。元祐五年,置国史院,并以国史案所主日历事划出属之。绍圣中,又以日历还秘书省。南渡后,于秘省亦见国史案之名,是则国史案即为著作郎修纂日历之所,一称著作局者是也。南宋之世,尝于日历所上冠"国史"二字,但始终属于秘省,而不再归国史院。盖是时之国史院专以修纂列朝正史为职志,不复兼及日历故耳。其可考者大略如此。

宋代史官之名称,颇为复杂,其可知者,考述如下。

宋初例以宰相一人监修国史,史馆置修撰、检讨、直馆,无常员。

仁宗天圣中,以宰相提举国史,参知政事、枢密副使为修史,殿阁学士为同修史,三馆秘阁校理以上及京官为编修。

神宗元丰四年,定每修前朝国史实录,以宰相提举,翰林学士以上为修国史,余侍从为同修国史,庶官为编修官,实录院提举官如国史,从官为修撰,余官为检讨。

哲宗元祐二年,置国史院修撰,兼知院事。

高宗绍兴三年,宰臣提举国史或监修国史,下置修撰,以侍从官为之。又有检讨、校勘等官,以秘省官兼任。

绍兴九年,以宰相提举实录院,下设修撰、同修撰,以从官任之,检讨以余官任之。

绍兴二十九年,以宰臣提举国史,增修国史、同修国史、编修等官。

孝宗隆兴元年,有权监修国史,以宰臣以下官为之。

乾道二年,有权监修国史。同上。

宋初于史馆置修撰直馆,为循唐制无疑。神宗以后,则分国史、实录为两系。其属于国史者,则有修国史、同修国史、编修等称。其属于实录者,则有修撰、检讨等称,其实皆史官也。无论属于何系,俱可分为三级。即第一级为总裁官,如监修、提举之宰臣是。第二级为纂修官,如修国史、同修国史、修撰是。第三级为协修官,如直馆、检讨、校勘是。此又为明清二代史官等级之所本也。

唐宋时代之起居郎舍人及著作郎,亦有史官之称,兹并附述,以供参稽。

唐因隋代之制,于门下省设起居郎,一称左史,以当古左史记言之任。于中书省设起居舍人,一称右史,以当古右史记事之任。其所修者谓之起居注。宋初置起居院,命三馆校理以上修起居注,或以谏官兼修注,而以起居郎舍人为寄禄官。元丰官制行,乃仿唐制以起居郎舍人当修注之任,以副名实。是唐宋之起居郎舍人,即史官之一种也。

自唐贞观中,专置史馆,而著作郎遂不复与修史,此亦史官制度一大变革也。宋初亦循唐制,元丰官制行,设日历所,隶秘书省,以著作郎及佐郎掌之,据起居注、时政记以撰日历。日历者,国史、实录之底本也。是则宋代之著作郎,亦为史官之一种。

以上二者之史官,皆不属于史馆,是为史馆以外之史官。然宋代之日历所曾隶秘书省之国史案,又称修国史日历所,且曾以日历属之国史院,是则谓日历所为史馆之一部,亦无不可。惟起居郎舍人所修之起居注,则与史馆无与耳。

下　史料之种类及其征集方法

唐代史馆修史,所依据之史料,凡有三种:一为起居郎舍人所修之起居注,二为宰执自撰之时政记,三为各官署录报之事件。

(一)起居注。《旧唐书·职官志》云:起居郎掌起居注,录天子之言动法度，以修记事之史。凡记事之制，以事系日，以日系月，以月系时，以时系年，必书朔日甲乙以纪历数，文物以考制度，迁拜旌赏以劝善，诛伐黜免以惩恶，季终则授之国史焉。又《新唐书·百官志》：起居郎二人，掌录天子起居法度。天子御正殿，则郎居左，舍人居右，有命俯陛以听，退而书之，季终以授史官。起居舍人二人，掌修记言之史，录制诰德音，如记事之制，季终以授国史。以上所述，即唐代起居郎舍人修注之法也，是为上述之第一种。

（二）时政记。《新唐书·百官志》云：长寿（武后）中，宰相姚璹建议，仗下后，宰相一人录军国政要为时政记，月送史馆，然率推美让善，事非其实，未几亦罢。（又见姚璹本传）此又纪宰相自撰时政记之来源也，是为上述之第二种。

（三）各官署录报之事件。《唐会要》曾纪唐代修史官署录报之法，孙承泽（明末清初人）《春明梦余录》更载《唐修史例》一文云：后唐同光二年四月，敕史馆司，本朝旧例，中书并起居院诸司及诸道州府合录事件报馆如左：时政记，中书门下录送。起居注，左右起居郎录送。两省转对入阁待制刑曹法官文武两班上封章者，各录一本送馆。天文祥变，占候征验，司天台逐月录报，并每月供送历日一本。瑞祥礼节，逐季录报，并诸道合画图申送。蕃客朝贡使至，鸿胪寺勘风俗衣服、贡献物色、道里远近，并具本国王名录送。四夷入寇来降表状，中书录报。露布，兵部录报。军还日，并主将姓名具攻陷虏杀级数，并所因由录报。变改音律及新造词曲，太常寺具录所因并乐词牒报。法令变革，断狱新议，赦书德音，刑部具有无牒报。详断刑狱，昭雪冤滥，大理寺逐季牒报。州县废置，及孝子顺孙、义夫节妇有旌表门闾者，户部录报。有水旱虫蝗，雷风霜雹，户部录报。封建天下祠庙，叙封追封邑号，祠封司录报。京百司长官刺史以上除授文官，吏部录报。公主百官定谥号，考功录行状并谥议，逐月具有无牒报。宗室任官课绩，并公主出降仪制，宗正寺录报。刺史县令有灼然政绩者，本州官录申奏，仍具牒报。武官，兵部录送报。诸色宣敕，门下中书两省逐月报。应硕德殊能，高人逸士，久在山野，著述文章者，本州县各以官秩勘问的实申奏，仍具录报。应中外官薨已请谥，许本家属各录行状一本申送。此唐故事也。后之史馆但取办于升遐之后,遗漏纰谬已多,此当修明典章,以补不逮。按此即后唐庄宗敕下史馆之文也。后唐尊唐代为本朝,所云本朝旧例,此唐故事,皆指唐代诸司录报史馆事件之条例而言,故孙氏以《唐修史例》名之。兹再分析文中事类,列为一表,以醒眉目。

唐中书起居院诸司及诸道州府录报史馆事件表

事　目	官　署	录报之法
一、时政记	中书门下两省	录送
二、起居注	左右起居	录送
三、封章	两省转对入阁待制刑曹法官文武两班	各录一本送馆
四、天文祥变占候征验	司天台	逐月录报并供历日一本
五、瑞祥礼节	司天台	逐季录报并诸道合画图申送
六、蕃客朝贡使至	鸿胪寺	勘风俗衣服、贡献物色、道里远近并具本国王名录送
七、四夷入寇来降表状	中书省	录报
八、露布	兵部	录报
九、军还日	兵部	主将姓名具攻陷虏杀级数并所因由录报
一〇、变改音律及新造词曲	太常寺	具录所因并乐词牒报
一一、法令变革断狱新议赦书德音	刑部	具有无牒报
一二、详断刑狱昭雪冤滥	大理寺	逐季牒报
一三、州县废置及孝子顺孙义夫节妇有旌表门闾者	户部	录报
一四、水旱虫蝗雷风霜雹	户部	录报

续　表

事　　目	官　署	录报之法
一五、封建天下祠庙叙封追封邑号	祠封司	录报
一六、京百司长官刺史以上除授(文官)	吏部	录报
一七、公主百官定谥	考功	录行状谥议逐月具有无牒报
一八、宗室任官课绩并公主出降仪制	宗正寺	录报
一九、刺史县令有灼然政绩者	本州官	录申奏仍具牒报
二〇、武官	兵部	录送
二一、诸色宣敕	门下中书两省	逐月录报
二二、硕德殊能高人逸士久在山野著述文章者	本州县	各以官秩勘问的实申奏仍具录报
二三、中外官薨已请谥	本家	各录行状一本申送

详绎右表所列，应知唐代修史，不仅以起居注、时政记为据，其他中央地方之官署，皆有录报事件于史馆之责。试就所订之二十三事目求之，又何其赅备而无遗也，是为上述之第三种。

宋代史馆修史所依据之史料，与唐代多有异同，就可考者述之如下。

（一）起居注。《宋史·职官志》云："起居郎一人，掌记天子言动，御殿则侍立，行幸则从，大朝会则与起居舍人对立于殿下螭首之侧。凡朝廷命令赦宥、礼乐法度增益因革、赏美劝惩、群臣进对、文武臣除授，及祭祀宴享、临幸引见之事，四时气候，四方符瑞，户口增减，州县废置，皆书以授著作官。国朝旧置起居院，命三馆校理以上修起居注。元丰官制行，改修注为郎舍人。六年，诏左右史分记言动。元祐元年，仍诏不分，起居舍人一人掌同起居郎，侍立修注。元丰前，以起居郎舍人寄禄，而更命他官领其事，谓之同修起居注官。官制行，以郎舍人为职任。"

《文献通考》五十《职官考·起居下》云："淳化五年，史馆修撰张佖上书，请依故事，复左右史之职，为起居注。乃诏从置院于禁中，命起居舍人史馆修撰梁周翰、秘书丞直昭文馆李宗谔，掌起居郎舍人事，通撰注记。凡宣徽客省四方馆阁门御前忠佐，引见司制置进贡辞谢，游幸宴会，赐赉恩泽之事，五日一报。翰林麻制德音，诏书敕榜，该沿革制置者，门下中书省封册告命，进奏院四方官吏风俗善恶之奏，礼宾院诸蕃职贡宴劳赐赉之事，并十日一报。吏部文官除拜，选调沿革，兵部武臣除授，司封封建考功，谥议行状，户部土贡旌表，州县废置，刑部法令沿革，礼部奏贺祥瑞，贡举品式，祠部祭祀画日，道释条制，太常雅乐沿革，礼院礼仪制撰，司天风云气候，祥异证验，宗正皇属封建出降，宗庙祭享制度，并月终而报。盐铁金谷增耗，度支经费出纳，户部版图升降，咸岁终而报。每季撰集，以送史馆。依上所记，可知宋代诸司录报于起居院者，实用唐代诸司报史馆之法。宋代之起居注，不仅记录天子之言动，凡中朝之大事无不书之，亦用以取系日，以日系月，以月系年之法，一如著作郎之撰日历焉。"

（二）时政记。《宋会要》六十三册载："太宗太平兴国八年八月，诏中书门下应有国家裁制之事及帝王宣谕之言，合书史册者，宜令参知政事李昉钞录，逐季送史馆，以凭修撰日历。枢密所行公事有合送史馆者，亦令副使一人准此。是月李昉上言，所修时政记，请每月先以奏御，后付有司。从之。"按此即《宋史·李昉传》所谓"昉为相监修国史，复时政记，先进御而后付有司"是也。《会要》又载："时虽有时政记之名，但题云送史馆事件，至景德元年，始题云时政记。"《春明梦余录》因谓五代未闻有时政记，宋初宰相李昉、宋琪建议恢复，自送史馆，且先进御而后付有司，论者谓其不敢有直笔。愚按《唐志》谓姚璹为时政记，未几亦罢，而《唐修史例》乃有中书门下录送时政记之语，则中间一度废罢，而实未废罢也。据《宋会要》所纪，五代时亦有时政记，中间罢废，至李昉为相始复之，其后亦沿以为例。

（三）日历。唐元和宰相掌执奏撰日历，日历者，以事系日，以日系月，以月系时，以时系年，盖取《春秋》遗法。愚考唐末五代之世，已有日历，相沿不废。故宋初之编修院，于掌国史实录之外，兼纂日历，是其上沿前朝故制,有明征矣。元丰官制行,以日历所隶秘书省,命著作郎掌之,以宰执时政记、左右史起居注所书会纂修撰,为一代之典。元符以后,渐至废坠。《宋史·汪藻传》载藻于绍兴二年上言:"古者国必有史,故书榻前议论之辞,则有时政记。录柱下见闻之实,则有起居注。类而次之,谓之日历。修而成之,谓之实录。今逾二十年,无复日历,何以示来世。乞许臣访寻故家文书,纂集元符庚辰以来诏旨,为日历之备。"此又为宋代重视日历之明征。

《明史·徐一夔传》云:"近世论史者,莫过于日历,日历者,史之根柢也。往宋极重史事,日历之修,诸司必关白。如诏诰则三省必书,兵机边务则枢司必报,百官之进退,刑赏之予夺,台谏之论列,给舍之缴驳,经筵之论答,臣僚之转对,侍从之直前启事,中外囊封匦奏,下至钱谷甲兵,狱讼造作,凡有关政体者,无不随日以录。犹患其出于吏牍,或有讹失,故欧阳修奏请宰相监修,于岁终检点修撰官日所录事,有失职者罚之。如此,则日历不至讹失。他时会要之修取于此,实录之修取于此,百年之后纪志列传取于此,此宋氏之史所以为精确也。"(《曝书亭集·徐一夔传》略同)

徐氏所述,不知何据,果如所述,则宋代之日历所亦如起居院,诸司之事例须录报,郑重其事为何如也。据起居注、时政记及诸司录报为史料,而制成之,是则日历即为初修之史稿。迨修国史实录,取材固有多途,然修实录必以日历为纲领,亦犹修国史者必以实录为依据,是又知实录为日历之再修史稿,而国史则易实录之编年而为纪传以成定本者也。

唐代所修之史,大别为二:其一为实录,其二为国史。唐代之制,例于每帝崩后,萃其一朝之事,用编年体勒成一书,谓之实录。自高祖至文宗之十六帝后(内有则天皇后)皆有之。武宗以下有六帝,遭唐末丧乱,或佚或阙,宋人宋敏求又为补足之,于是唐代二十帝后之实录,不缺一种。唐玄宗时,吴兢主修《唐书》,成百余卷,纪传表志具备,以成一代之典。其后柳芳等续之,略如刘珍等之修《东观汉记》,随撰随续,诚为善例。至后唐、后晋之世,刘昫领修之《唐书》,即用吴、柳二氏之旧作勒成,多仍原文,未为改订,痕迹宛然,随处可见。其纪唐末之事,阙而未备，铨配亦未尽当，则以国史未成，更无实录可据也。

宋代史料至为丰富，已如上述，实录、国史二者俱备，亦同唐制。此外之可见者，则有巨帙五种：其一为李焘之《续通鉴长编》，其二为李心传之《建炎以来系年要录》，其三为徐梦莘之《三朝北盟会编》，其四为官修之《宋会要》。《长编》、《要录》、《会编》三书，为宋代史料之所萃。《会编》先概举事类为纲，以所采诸书为目，聚众家之异同，供览者之采取，其法最善。《长编》、《要录》二书，正文之外，复有分注，每事必详出处，体似《通鉴考异》。至于《会要》一书，多出官府档案，是为原料，尤为可贵。其后马端临撰集《文献通考》，于宋代之典制多同《会要》，即由其家藏有《会要》全帙故也。《宋史》成于元末，所依据者，十九为《宋国史》原本，故时时可与《长编》、《要录》、《会编》三书互勘，而诸志之文多同《通考》，亦为《通考》袭用《宋国史》之证。宋代修史制度，视唐代为进步，亦为元明以下所不及，故史料之丰富冠绝古今，是则后世修国史者所宜仿效者也。

结　　论

以上二章所述，已将唐宋二代设馆修史之制度，叙述略竟。兹更综合所述，试为问答之语如下。

（一）问：唐代以史馆隶门下省，后改隶中书省。宋初隶门下省，后改秘书省，究以何者为是？

答：唐宋二代，皆以宰相监修国史，即为重视修史之征。门下、中书二省，为宰相治事之所，以宰相所领隶之，正以示重视史馆之旨。至秘书省为秘籍汇集之所，一如后汉之兰台东观，置史馆于其中，亦深合于古制。惟以宰相监治之，史馆下隶于秘书省，则与重视修史之旨未符。盖置史馆于秘书省附近，则可；以史馆隶于秘书省，则不可也。且唐宋之中书、门下如今之行政院，秘书省如今之国立中央图书馆，若以史馆隶于图书馆，可乎？不可乎！

（二）问：唐宋史官皆以他官兼典，而未有正名，如史馆修撰、编修以及修国史、同国史之称，亦为职事之名，此制似未有允，宜如何厘正之？

答：魏晋南北朝以著作郎当修史之任，颇为名符其实。唐代始命他官兼史职，盖由重视其事，故广其登进之途耳。且唐宋二代不以史馆为经制之司，故不设专官典之。惟宋代之起居郎舍人、著作郎佐，皆负创制史稿之责，亦皆为专任之官。独史馆之修撰、直馆，仍以他官兼典，此不得谓为善制也。愚谓应正史官之名，命以著作、修撰、编修等称，而不必以他官兼典，庶史官之名正，而无职责不专之患矣。

（三）问：唐宋时代史馆所修之史，一为实录，二为国史。二者可赅括修史之任否？今日设馆修史，可仿行否？

答：起居注、时政记、日历，为实录之所据，亦皆按日记载之史料也。实录为编年体，即按日记载史料之定本，亦系年长编之异名，若将各帝实录联为一编，即为编年体之国史。兹所谓国史者，一称正史，即以人为主之史，亦纪传体之史也。必俟实录成书，乃为着手纂集。以过去言，能备此二体之史，则修史之规模已具。今修民国史，先从长编入手，即为实录之异名。长编成书，再据以编纂国史，亦为一定不易之法。至国史之体裁应否用纪传体，本为待商之一事，然应与长编歧而二，则古今无异致也。

（四）问：唐宋时代征集史料之法，今日可仿行否？

答：《唐修史例》所纪录报史馆事件之法，最为美备，宋代诸司之于起居院日历所亦然。愚谓史馆纪事必以诸司录报之语为据，若仿唐史成法，或按月录报，或按季录报，或按年录报，由中枢明令规定，分行各官署遵办，则史料不期富而自富。否则诸司不肯录报，史馆无法征访，载笔之际，将何所取资乎？

以上四端，聊抒所怀，权当本篇之结语，幸大雅君子，有以匡正之。

（《说文月刊》1942年第3卷第8期）

中国历代修史制度考

傅振伦

断代史书之修纂，吾国每视为大政。易鼎之后，不仅广延鸿儒，搜集国史资料；且必礼聘通才，撰修胜国之书。中华民国肇创以来，史馆建置不恒，迄无所成，识者惑之。二十八年一月，吴稚晖先生与张溥泉先生等十三人建议于五中全会，请设国史馆，而国史馆筹备委员会，因得于二十九年正式设立。非吴先生等之远识灼见，无以成也。兹值吴先生八十大庆，因将吾国历代修史制度，综述于左，藉以申庆祝之忱焉。

古代之史，不皆记事，其后记事之官，不皆曰史。汉武帝置太史，主掌历象，而著述亦其所司之一。

（一）《汉书·司马迁传》载迁报益州刺史任安书曰："仆赖先人绪业，得待罪辇毂下，二十余年矣。……乡者，仆亦尝厕下大夫之列。（注：韦昭曰："官太史，位下大夫也。"臣瓒曰："汉太史令，千石，故比下大夫。"伦案：《太平御览·职官部》引应劭之说曰："太史令，秩六百石。……昔在颛顼，南正重司天，火正黎司地。唐虞之际，分命羲和，历象日月星辰，敬授民时。……汉兴，甘石、唐都、司马父子，抑亦次焉。"）陪外廷末议。"又曰："仆之先人，非有剖符丹书之功，文史星历，近乎卜祝之间，固主上所戏弄，倡优畜之，流俗之所轻也。"

（二）《太史公自序》曰："余死，汝必为太史，无忘吾所欲论著矣。……余为太史而弗论载，废天下之史文，余甚惧焉，汝其念哉！……且余尝掌其官，废明圣盛德不载，灭功臣、世家、贤大夫之业不述，堕先人所言，罪莫大焉。"又《集解》引如淳之说曰："《汉仪注》：太史公，武帝置，位在丞相上，天下计书，先上太史公，副上丞相，序事如古

《春秋》，司马迁死后，宣帝以其官为令，行太史文书而已。"

（三）清孙星衍校集汉卫宏《汉旧仪补遗》卷上曰："承周史官，至武帝置太史公，司马迁父谈为太史。迁年十三，乘传行至天下，求古诸侯之史记。"（见《太平御览·职官部》）

《辽史·历象志》曰："古者，太史掌正岁年以叙事，国史以事系日，以日月时系年，时月不正，则叙事不一，故二史合为一官。"惟迁撰《史记》，谓为分所当为，反不如谓为其私人著作，较为允当。

迁《报任安书》曰："且勇者不必死节，怯夫慕义，何处不勉焉？仆虽怯耎欲苟活，亦颇识去就之分矣！何至自湛溺缧绁之辱哉？且夫臧获婢妾，尤能引决，况若仆之不得已乎？所以隐忍苟活，函粪土之中而不辞者，恨私心有所不尽，鄙没世而文采不表于后也。……盖西伯拘而演《周易》；仲尼厄而作《春秋》；屈原放逐，乃赋《离骚》；左丘失明，厥有《国语》；孙子膑脚，《兵法》修列；不韦迁蜀，世传《吕览》；韩非囚秦，《说难》、《孤愤》；《诗》三百篇，大氐贤圣发愤之所为作也。此人皆意有所郁结，不得通其道，故述往事，思来者。乃如左丘无目，孙子断足，终不可用，退论书策，以舒其愤，思垂空文以自见。仆窃不逊，近自托于无能之辞，网罗天下放失旧闻，考之行事，稽其成败兴坏之理，凡百三十篇。亦欲以究天人之际，通古今之变，成一家之言。草创未就，适会此祸，惜其不成，是以就极刑而无愠色。仆诚已著此书，藏之名山，传之其人，通邑大都，则仆偿前辱之责，虽万被戮，岂有悔哉？然此可为智者道，难为俗人言也！"

故其后太史，专司占候，而史事以别职为之也。

（一）《史通·史官建置篇》曰："寻自古太史之职，虽以著述为宗，而兼掌历象、日月、阴阳、管数。司马迁既殁，后之续《史记》者，若褚先生、刘向、冯商、扬雄之徒，并以别职，来知史务。于是太史之署，非复记言之司。故张衡、单飏、王立、高堂隆等，其当官见称，唯知占候而已。"

（二）《汉旧仪补遗》卷上曰："太史令：凡岁将终，奏新年历。凡国祭祀、丧娶之事，掌奏良日，及时节禁忌。"（《北堂书钞·设官部》引）

新莽代汉，复古制，置柱下五史。

（一）《汉书·王莽传》曰："居摄元年正月，莽置柱下五史，秩如御史,听政事,侍旁记疏言行。"

(二)《史通·史官篇》亦曰:"当王莽代汉,改置柱下五史,秩如御史。听事,侍傍记迹言行。盖效古者动则左史书之,此其义也。"

后汉撰述,非由史官,而出于兰台东观。

(一)《史通·史官篇》曰:"汉氏中兴,明帝以班固为兰台令史,诏撰《光武本纪》及诸列传、载记。又杨子山为郡上计吏,献所作《哀牢传》,为帝所异,征诣兰台。斯则兰台之职,盖当时著述之所也。自章、和以后,图籍盛于东观。凡撰汉记,相继在乎其中,而都为著作,竟无它称。"

(二)《晋书·职官志》亦曰:"著作郎,周左史之任也。汉东京图籍在东观,故使名儒著作东观,有其名,尚未有官。"

(三)《史通·古今正史》曰:"在汉中兴,明帝始诏班固与睢阳令陈宗、长陵令尹敏、司隶从事孟异,作《世祖本纪》,并撰功臣及新市、平林、公孙述事,作列传、载记二十八篇。……又诏史官谒者仆射刘珍及谏议大夫李尤,杂作记表、名臣、节士、儒林、外戚诸传,起自建武,讫乎永初。事业垂竟,而珍、尤继卒。复命侍中伏无忌与谏议大夫黄景,作诸王、王子、功臣、恩泽侯表、南单于、西羌传、地理志。至元嘉元年,复令太中大夫边韶、大军营司马崔寔、议郎朱穆、曹寿,杂作《孝穆崇二皇》及《顺烈皇后传》,又增《外戚传》入安思等后,《儒林列传》入崔篆诸人。寔、寿又与议郎延笃杂作《百官表》,顺帝功臣孙程、郭愿及郑众、蔡伦等传。凡百十有四篇,号曰《汉纪》。熹平中,光禄大夫马日䃅、议郎蔡邕、杨彪、卢植,著作东观,接续纪传之可成者,而邕别作《朝会》、《车服》二志。后坐事徙朔方,上书求还,续成十志。……至于名贤君子,自永初已下,阙续。"

三国蜀汉亦有秘书著作。

《史通·史官篇》曰:"《蜀志》称:王崇补东观,许盖掌礼仪,又郤正为秘书郎,广求益部书籍。斯则典校无阙,属辞有所矣。而陈寿评云'蜀不置史官'者,得非厚诬诸葛乎?"

又《华阳国志·序志》所载晋世广汉九人中,有述作蜀郡太史王崇,字幼远。

吴则置左右国史、东观令、丞诸职。

（一）《史通·史官篇》曰："吴归命侯时，有左右二国史之职，薛莹为其左，华覈为其右。又周处自左国史迁东观令。以斯考察，则其班秩可知。"

（二）《三国志·吴书·薛综传》曰："薛综，字敬文，沛郡竹邑人也。……子珝，珝弟莹。……下莹狱，徙广州。右国史华覈上疏曰：'臣闻五帝三王，皆立史官，叙录功美，垂之无穷。……大吴受命，建国南土。大皇帝末年，命太史令丁孚、郎中项峻始撰《吴书》。孚、峻俱非史才，其所撰作，不足纪录。至少帝时，更差韦曜、周昭、薛莹、梁广及臣五人，访求往事，所共撰立，备有本末。昭、广先亡，曜负恩蹈罪，莹出为将，复以过徙，其书遂委滞，迄今未撰奏。臣愚浅才劣，适可为莹等记注而已。……莹涉学既博，文章尤妙，同寮之中，莹为冠首。今者，见吏虽多，经学记述之才如莹者少，是以楼楼为国惜之。实欲使卒垂成之功，编于前史之末。'皓遂召莹还，为左国史。"

（三）《吴书·华覈传》曰："覈，字永先，吴郡武进人也。……后迁东观令，领右国史。覈上疏辞让，皓答曰：'得表，以东观儒林之府，当讲校文艺，处定疑难，汉时皆名学硕儒，乃任其职，乞更选英贤。闻之，以卿研精坟典，博览多闻，可谓悦礼乐、敦《诗》、《书》者也。当飞翰骋藻，光赞时事。……宜勉修所职，以迈先贤，勿复纷纷。'"

（四）《晋书·周处传》曰："处，字子隐，义兴阳羡人也。……仕吴为东观左丞。……除楚内史，未之官，征拜散骑常侍。……著《默语》三十篇及《风土记》，并撰集《吴书》。"

曹魏以史事属之著作郎，隶中书省。

（一）《晋书·职官志》曰："著作郎，周左史之任也。汉……著作东观，有其名，尚未有官。魏明帝太和中，诏置著作郎，于此始有其官，隶中书省。"（《史通·史官篇》同）

（二）又《傅玄传》曰："玄……魏除郎中，与东海缪施，俱以时誉，选入著作，撰集《魏书》。"

（三）又《卫凯传》曰："凯字伯儒，拜侍中，与王粲并典制度，受诏典著作，又为《魏官仪》。"

（四）又《王粲传》注引《文章叙录》曰："应璩，字休琏，善书记。齐王即位，即典著作。"

晋以史事，属之著作郎。

（一）《史通·史官篇》曰："案《晋令》，著作郎掌起居集注，撰录诸言行、勋伐，旧载史籍者。"

（二）《晋书·职官志》曰："及晋受命，武帝以缪征为中书著作郎。元康二年，诏曰：'著作旧属中书，而秘书既典文籍，今改中书著作为秘书著作。'于是改隶秘书省。后别自置省而犹隶秘书。著作郎一人，谓之大著作郎，专掌史任，又置佐著作郎八人。著作郎始到职，必撰名臣传一人。"

五胡云扰，亦多有史官以记述。

（一）《史通·史官篇》曰："伪汉嘉平初，公师彧以太中大夫领左国史，撰其国君臣纪传。前凉张骏时，刘庆迁儒林郎中常侍，在东苑撰其国书。蜀李与西凉，二朝记事，委之门下。南凉主乌孤，在初定霸基，欲造国纪，以其参军郭韶为国纪祭酒，使撰录时事。自余伪主，多置著作官，若前赵之和苞、后燕之董统是也。"又《正史篇》又曰："前燕有起居注，杜辅全录以为《燕纪》。"又云："前秦著作郎董谊，追录旧语，十不一存。"

（二）《晋书·载记》曰："蜀李雄兴学校，置史官。"

南朝或以秘书监而领大著作。

（一）《史通·史官篇》曰："宋齐以来，以'佐'名施于'作'下。旧事，佐郎职知博采，正郎资以草传，如正佐有失，则秘监职思其忧。其有才堪撰述，学综文史，虽居他官，或兼领著作。亦有虽为秘书监，而仍领著作郎者。"

（二）《隋书·百官志》曰："秘书省置监、丞各一人，郎四人，掌国之典籍图书。著作郎一人，佐郎八人，掌国史，集注起居。著作郎，谓之大著作，梁初周舍、裴子野，皆以他官领之。又有撰史学士，亦知史书。佐郎为起家之选。"

（三）《陈书·文学传·许亨传》曰："亨，字亨道，高阳新城人。……高祖受禅，授中散大夫，领羽林监。迁太中大夫，领大著作，知梁史事。……太建二年卒,时年五十四。初撰《齐书》并《志》五十卷,遇乱失亡。又撰《梁史》,成者五十八卷。……子善心。"

后又置撰史学士。

(一)《史通·史官篇》曰:"齐梁二代,又置修史学士。陈氏因循,无所变革。"

(二)《史通·正史篇》曰:"陈史,初有吴郡顾野王、北地傅𬘩各为撰史学士,其武文二帝纪,即顾、傅所修。太建初,中书郎陆琼续撰诸篇,事伤烦杂,姚察就加删改,粗有条贯。"

(三)《北史·文苑传·许善心传》曰:"善心,字务本,高阳北新城人也。……太子詹事江总举秀才,对策高第,授度支郎中,补撰史学士。……初,善心父撰《梁史》,未就而殁。善心述成父志,修续家书。其《序传》末述制作之意,曰:'善心……至德之初,蒙授史任。……庸琐凉能,孤陋末学,参职郎署,兼撰《陈史》。'"

元魏初置著作局,后设修史局,为后世史馆之所自昉。

(一)《史通·史官篇》曰:"元魏初称制,即有史臣,杂取他官,不恒厥职。故如崔浩、高闾之徒,唯知著述,而未列名号。其后始于秘书置著作局,正郎二人,佐郎四人。其佐三史者,不过一二而已。普泰以来,三史稍替,别置修史局,其职有六人。当代都之时,史臣每上奉王言,下询国俗,兼取工于翻译者,来直史曹。及洛京之末,朝议又以为国史当专任代人,不宜归之汉士。于是以谷纂、山伟更主文籍。"

(二)《史通·正史篇》曰:"元魏史,道武时,始令邓渊著《国纪》。……暨乎明元,废而不述。神麕二年,又诏集诸文士浩、浩弟览、高谠、邓颖、晁继、范亨、黄辅等撰《国书》,为三十卷。又特命浩总监史任,务从实录。复以中书郎高允、散骑侍郎张伟并参著作,续成前史书。……而刊石写之,以示行路。浩坐此夷三族,同作死者百二十八人。自是遂废史官。至文成帝和平元年,始以高允典著作,修《国纪》。"又曰:"孝文太和十一年,诏秘书丞李彪、著作郎崔光,始分为纪传异科。"

(三)《魏书·山伟传》曰:"山伟,字仲才,河南洛阳人也。……又令仆射元钦引伟兼尚书二千石郎,后正名士郎,修起居注。……俄领著作郎,前废帝立,除安东将军、秘书监,仍著作。伟进侍中。孝静初,除卫大将军、中书令,监起居。后以本官复领著作,卒官。……国史自邓渊、崔琛、崔浩、高允、李彪、崔光以还,诸人相继撰录。綦俊及伟等诣说上党王天穆及尔朱世隆,以为国书正应代人修缉,不宜委之余人,是以俊、伟等更主大籍。守旧而已,初无述著。故自崔鸿死后,迄终伟身,二十许载,时事荡然,万不记一。后人执笔,无所凭据。"

（四）《北史·崔宏列传》曰:"宏子浩,浩字伯深。……弱冠为通直郎,稍迁著作郎。……神䴥二年,诏集诸文人撰录《国书》。浩及弟览、高谠、邓颖、晁继、范亨、黄辅等共参著作,叙成《国书》三十卷。著作令史太原闵堪、赵郡郗标素诣事浩,乃请立石,铭载国书,以彰直笔。并勒浩所注五经。浩赞成之。……北人咸悉忿毒,相与构浩于帝。帝大怒。……真君十一年六月,诛浩。清河崔氏无远近,及范阳卢氏、太原郭氏、河东柳氏,皆浩之姻亲,尽夷其族。其秘书郎史以下尽死。"

（五）又《谷浑传》曰:"谷浑,字元冲,昌黎人也。……子阐,子颖、长子纂。……迁著作郎。纂前为著作,又监国史,不能有所缉缀。"

（六）又《高允传》曰:"高允,字伯恭,勃海蓨人。……后奉诏领著作郎(案事在和平元年),与司徒崔浩述成《国记》。"

观乎《谷浑传》语,及刘子玄之文,则当时亦置监修矣。

北魏更有起居注之官。

《史通·史官篇》曰:"元魏置起居令史,每行幸宴会,则在御左右,记录帝言及宾客酬对。后别置修起居注二人,多以余官兼掌。"

北齐、北周秘书监丞,亦领著作。

（一）《史通·正史篇》曰:"齐天保二年,敕秘书监魏收博采旧闻,勒成一史。"

（二）《北史·魏季景传》曰:"季景,收族叔也。……子澹,澹仕齐,殿中御史,预修五礼,及撰《御览》。除殿中郎、中书舍人,与李德林修国史。入周,为纳言中士。隋初,……迁著作郎,仍为太子学士。帝以魏收所撰《后魏书》褒贬失实,平绘为《中兴书》事不伦序,诏澹别成《魏史》。"

（三）《周书·柳虬传》曰:"虬,字仲蟠。……(大统三年)虬以史官密书善恶,未足惩劝。乃上疏。……十四年,除秘书丞。秘书虽领著作,不参史事,自虬为丞,始令监掌焉。十六年,迁中书侍郎,修起居注,仍领丞事。"

隋代著作郎佐,官隶秘书省,见于《隋书·百官志》(又见本章所论南朝史官节)。

(一)《隋书·儒林传·刘炫传》曰:"炫,字光伯,河间景城人也。周武帝平齐。……奉敕与著作郎王劭同修国史。俄直门下省,以待顾问。又与诸术者修天文律历,兼于内史省考定群言。"

(二)《史通·史官篇》曰:"元魏后,别置修起居注二人。……至隋,以吏部散官及校书、正字闲于述注者修之,纳言监领其事。炀帝以为古有内史、外史,今既有著作,宜立起居。遂置起居舍人二员,职隶中书省,如庾自直、崔祖浚、虞世南、蔡允恭等,咸居其职,时谓得人。"

(三)《隋书·文学传·诸葛颖传》曰:"颖,字汉,丹阳建康人也。炀帝即位,迁著作郎,甚见亲幸。"

北齐、北周以迄于隋,皆有监修国史之官。

《史通·史官篇》曰:"高齐及周,迄于隋氏,其史官以大臣统领者,谓之监修。国史自领,则近循魏代,远效江南,参杂其间,变通而已。唯周建六官,改著作之正郎为上士,佐郎为下士,名谥虽易,而班秩不殊。"

唐初,因隋旧制,史官属秘书著作局。贞观三年,移史馆于门下省,由宰相监修。修撰史事,以他官兼领。

(一)《新唐书·百官志》曰:"史馆修撰四人,掌修国史。"注云:"贞观三年,置史馆于门下省,以他官兼领,或卑位有才者亦以直馆称,以宰相莅修撰。又于中书省置秘书内省,修五代史。开元二十年,李林甫以宰相监修国史,建议以为中书切密之地,史官记事隶门下省,疏远。于是谏议大夫、史馆修撰尹愔奏徙于中书省。天宝后,他官兼史职者曰史馆修撰,初入为直馆。元和六年,宰相裴垍建议:登朝官领史职者为修撰,以官高一人判馆事;未登朝官皆为直馆。大中八年,废史馆直馆二员,增修撰四人,分掌四季。"

(二)又曰:"门下省,……凡官爵废置、刑政损益,授之史官。既书,复莅其记注。"

史馆地处禁中,建筑极富丽堂皇之能事。居史职者,引为深幸。

《史通·史官篇》曰:"暨皇家之建国也,乃别置史馆,通籍禁门。西京则与鸾渚为邻,东都则与凤池相接。而馆宇华丽,酒馔丰厚,得厕其流者,实一时之美事。至咸亨年,以职司多滥,高宗喟然而称曰:'朕甚懵焉!'乃命所司曲加推择,如有居其职而阙其才者,皆不得预于修撰。由是史臣拜职,多取外司,著作一曹,殆成虚设。凡有笔削,毕归于余馆。"

起居记注,有郎及舍人,司其职。长寿中,宰相复撰《时政记》,不久即罢。

(一)《新唐书·百官志》:"门下省,起居郎二人,从六品上,掌录天子起居法度。天子御正殿,则郎居左,舍人居右。有命,俯陛以听,退而书之,季终以授史官。贞观初,以给事中、谏议大夫兼知起居注,或知起居事。每仗下,议政事,起居郎一人执笔记录于前,史官随之。其后,复置起居舍人,(又案中书省:起居舍人二人,从六品上。掌修记言之史,录制诰德音,如记事之制,季终以授国史)分侍左右,秉笔随宰相入殿;若仗在紫宸内阁,则夹香案分立殿下,直第二螭首,和墨濡笔,皆即坳处,时号螭头。高宗临朝不决事,有司所奏,唯辞见而已。许敬宗、李义府为相,奏请多畏人之知也,命起居郎、舍人对仗承旨,仗下,与百官皆出,不复闻机务矣。长寿中,宰相姚璹建议:仗下后,宰相一人,录军国政要,为《时政纪》,月送史馆。(又案《旧唐书·姚璹传》:长寿二年,迁文昌左丞、同凤阁鸾台平章事。自永徽以后,左右史虽得对仗承旨,仗下后谋议,皆不预闻。璹以为帝王谟训,不可暂无纪述,若不宣自宰相,史官无从得书。乃表请仗下所言军国政要,宰相一人专知撰录,号为《时政纪》,每月封送史馆。宰相之撰《时政纪》,自璹始也。又见宋李上交《近事会元》)然率推美让善,事非其实,未几亦罢。而起居郎犹因制敕,稍稍笔削,以广国史之阙。起居舍人本纪言之职,唯编诏书,不及他事。开元初,复诏修史官非供奉者,皆随仗而入,位于起居郎、舍人之次。及李林甫专权,又废。太和九年,诏入阁日,起居郎、舍人具纸笔立螭头下,复贞观故事。(注曰:贞观三年,置起居郎,废舍人。龙朔二年,曰左史。天授元年,亦如之。)"

(二)《史通·史官篇》亦曰:"隋置起居舍人二员。……唐氏因之。"

唐肇史馆之制,历代因之,遂成千古不变之局矣!唯官家设局修史,其弊多端,刘知幾尝痛切详言之。

(一)刘知幾《上萧至忠论史书》曰:"自策名仕伍,待罪朝列,三为史臣,再入东观,竟不能勒成国典,贻彼后来者,何哉?静言思之,其不可有五故也。何者?古之国史,皆出自一家,如鲁汉之丘明、子长,晋齐之董狐、南史,咸能立言不朽,藏诸名山。未闻藉以众功,方云绝笔。唯后汉东观,大集群儒,著述无主,条章靡立。……今者史司取士,有倍东京。人自以为荀、袁,家自称为政、骏。每欲记一事,载一言,皆阁笔相视,含毫不断。故头白可期,而汗青无日。其不可一也。前汉郡国计书,先上太史,副上丞相。后汉公卿所撰,始集公府,乃上兰台。……爰自近古,此道不行。史官编录,唯自询采,而左右二史,阙注起居,衣冠百家,罕通行状。求风俗于州郡,视听不该;讨沿革于台阁,簿籍难见。……其不可二也。……近代史局,皆通籍禁门,深居九重,欲人不见。寻其义者,盖由杜彼颜面,访诸请谒故也。然今馆中作者,多士如林,皆愿长喙,无闻齰舌。傥有五始初成,一字加贬,言未绝口,而朝野具知。……夫孙盛实录,取嫉权门;王劭直书,见仇贵族。人之情也,能无畏乎?其不可三也。古者刊定一史,纂成一家,体统各殊,指归咸别。……曩时得失之列,良史是非之准,作者言之详矣。顷史官注记,多取禀监修,杨令公则云'必须直词',宗尚书则云'宜多隐恶'。十羊九牧,其令难行;一国三公,适从何在?其不可四也。……夫言监者,盖总领之义耳。……今监之者既不指授,修之者又无遵奉,用使争学苟且,务相推避,坐变炎凉,徒延岁月。其不可五也。"

(二)《史通·辨职篇》亦曰:"昔鲁叟之修《春秋》也,不藉三桓之势;汉臣之著《史记》也,无假七贵之权。而近古每有撰述,必以大臣居首。案《晋起居注》载康帝诏,盛称著述任重,理藉亲贤,遂以武陵王领秘书监。……但今之从政则不然,凡居斯职者,必恩幸贵臣,凡庸贱品,饱食安步,坐啸画诺,若斯而已矣。……凡所引进,皆非其才,或以势利见升,或以干祈取擢。……唯夫修史者则不然。或当官卒岁,竟无刊述,而人莫之省也;或辄不自揆,轻弄笔端,而人莫之见也。由斯而言,彼史曹者,崇启峻宇,深附九重,虽地处禁中,而人同方外。可以养拙,可以藏愚,绣衣直指所不能绳,强项申威所不能及。斯固素餐之窟宅,尸禄之渊薮也。"

私史每优于官史,良有以焉。

拙著《中国方志学通论》第八篇第十七章,尝论:"古之史官,世守其职。周道浸毁,其制始坏。官学失,而私家之书盛。不朽之作,多出私门。南北朝虽以史事属之大著作、撰史学士,然尚未大开史馆。唐太宗以右文自命,始广延学人,编修前史。史局之制,历世不废矣。然众手为书,其失多端,《史通·忤时》、《辨职》诸篇,尝略论之。《新唐书》之作,欧阳疏于事而表志,子京僻于文而纪传,书成而《纠谬》作;预其事之吕夏卿且私撰《兵志》,宋祁亦独著"纪志",同局且私心不满矣。《晋书》众作,亦以烦芜为累。则私史似有优于官修者。……惟官修以公家之力,征集群书,敦聘专家,皆较私人为易奏功。太史公䌷石室金匮之书,既因世掌天官,《汉书》亦系受诏撰成,是皆借助朝廷,遂乃卓绝千古。后世编年之史,精审莫如《通鉴》,亦以神宗委任涑水甚笃,官罢犹听以书局自随,虽私撰犹官修也。"

宋于门下省置编修院(俗呼为史院),以掌国史、实录、日历。监修国史,以宰相为之。修撰以朝官充,直馆、检讨以京官以上充。元丰四年,废编修院,立史馆。(史馆、昭文馆、集贤院,谓之三馆)以日历隶秘书者国史案,别置史院,隶门下。绍圣时,复还秘书。若修实录,则别置实录院。修国史,则别置国史院。

(一)《宋史·职官志》:"秘书省秘阁:绍兴元年,始诏置秘书省,权以秘监或少监一员,丞、著作郎佐各一员。……即秘书省复建史馆,以修神宗、哲宗实录,选本省官兼检讨、校勘,以侍从官充修撰。五年,效唐人十八学士之制,监、少、丞外,置著作郎佐、秘书郎各二人。……又移史馆于省之侧,别为一所,以增重其事。九年,诏著作局惟修日历,遇修国史则开国史院,遇修实录则开实录院,以正名实。……绍熙二年,馆职阙人,上令召试二员,谨加审择,取学问议论平正之人。自是,监、少、丞外,多止除二员。"

（二）又国史实录院，提举国史、监修国史、提举实录院、修国史、史官修撰、同修撰、实录院修撰、同修撰、直史馆、编修官、检讨官、校勘、检阅、校正、编校官条曰："初，绍兴三年，诏置国史院，重修神宗、哲宗《实录》，以从官充修撰，续以左仆射吕颐浩提举国史，右仆射朱胜非监修国史。四年，置直史馆及检讨、校勘各一员。五年，置修撰官二员，校勘官无定员。是时，国史、实录皆寓史馆，未有置此废彼之分。九年，修《徽宗实录》，诏以实录院为名，仍以宰臣提举，以从官充修撰、同修撰，余官充检讨，无定员。明年，以未修正史，诏罢史馆，官吏并归实录院。二十八年，实录书成，诏修《三朝正史》，复置国史院，以宰臣监修，侍从官兼同修，余官充编修。明年，诏国史院以宰臣提举，置修国史、同修国史共二员，编修官二员，又置都大提举诸司官、承受官、诸司官各一员，以内侍省官充。隆兴元年，以编类圣政所并归国史院，命起居郎胡铨同修国史。二年，参政钱端礼权监修国史；乾道元年，参政虞允文权提举国史，皆前所未有。二年，诏置实录院，修《钦宗实录》，其修撰、检讨官以史院官兼领。四年，实录告成，诏修钦宗正史。以右仆射蒋芾提举《四朝国史》，诏增置编修官二员，续又增置三员。淳熙三年，特命李焘以秘书监权同修国史、权实录院同修撰。四年，罢实录院，专置史院。十五年，《四朝国史》成书，诏罢史院，复开实录院修《高宗实录》。庆元元年，开实录院，修纂《孝宗实录》。六年，诏实录院同修撰以四员、检讨官以六员为额。嘉泰元年，开实录院，修纂《光宗实录》。二年，复开国史院，自是国史与实录院并置矣。实录院吏兼行国史院事。"

（三）又秘书省："元丰四年十一月，废编修院归史馆。官制行，属秘书省国史案。……元祐五年，移国史案置局，专掌国史、实录，编修日历，以国史院为名，隶门下省，更不隶秘书省。绍圣二年，诏日历还秘书省。"

秘书省有日历所，著作郎佐掌之。合起居注及时政记，以撰日历。

《宋史·职官志》："秘书省：日历所隶秘书省，以著作郎、著作佐郎掌之。以宰执时政记，左右史起居注所书会集修撰，为一代之典。旧于门下省置编修院，专掌国史、实录，纂日历。元丰元年诏：宣徽院等供报修注事，自今更不供起居院，直供编修院日历所。四年十一月，废编修院,归史馆。官制行,属秘书省国史案。六年,诏秘书省长贰毋得预著作修纂日历事,进书即系衔,以防漏泄,如旧编修院法焉。八年,诏吏部郎中曾肇、礼部郎中林希兼著作,职事官兼职自此始。元祐五年,移国史案置局,专掌国史、实录,编修日历,以国史院为名,隶门下省,更不隶秘书省。绍圣二年,诏日历还秘书省。宣和二年,诏罢在京修书诸局,惟秘书省日历所系元丰国史案,除著作郎官专管修纂日历之事无定员外,其分案编修日历书库官吏,并依元丰法。绍兴元年,初修皇帝日历,诏以修日历所为名,本省长贰通行修纂。三年,诏宰臣提举,侍从官修撰,十一月,诏以修国史日历所为名。四年,诏以史馆为名。十年,诏依旧制并归秘书省国史案,以著作郎、佐修纂,旧史馆官罢归元官。寻复诏以国史日历所为名,续并修神宗、哲宗宝训。隆兴元年,诏编类圣政所并归日历所,依旧宰臣提领,仍令日历所吏充行遣。"

又有会要所,省官通任其事。

《宋史·职官志》:"秘书省,会要所以省官通任其事。绍兴九年。诏尚书右仆射陈俊卿兼提举编修《国朝会要》;每遇提举官开院过局,就本省道山堂聚呈文字,提举诸司官、承受官、主管诸司官,并令国史日历所官兼。五年,令本省再加删定,以续修《国朝会要》为名。九年,秘书少监陈骙言:'编类建炎以后会要成书,以《中兴会要》为名。'并从之。其后接续修纂,并隶秘书省。"

南渡后,仍沿其制。起居郎、舍人,宋初为实录官,别置起居院,命三馆校理以上,典其职,谓之同修起居注。官制行,罢之,还其职于郎、舍人。

(一)《宋史·职官志》:"门下省,重和元年,给事中张叔夜言:'凡命令之出,中书宣奉,门下审读,然后付尚书颁行,而密院被旨者,亦录付门下,此神宗官制也。今急速文字,不经三省。……乞立法禁。'从之。凡分案五。曰上案,……曰下案,……曰封驳案,……曰谏官案,……曰记注案。主录起居注。其杂务则所分案掌焉。绍兴以后,止除二人或一人。起居郎一人,掌记天子言动。御殿则侍立,行幸则从,大朝会则与起居舍人对立于殿下螭首之侧。凡朝廷命令赦宥、礼乐法度、损益因革、赏罚劝惩、群臣进对、文武臣除授及祭祀宴享、临幸引见之事,四时气候、四方符瑞、户口增减、州县废置,皆书以授著作官。国朝旧置起居院,命三馆校理以上修起居注。熙宁四年,诏谏官兼修注者,因后殿侍立,许奏事。元丰二年,兼修注王存乞复起居郎、舍人之职,使得尽闻明天子德音,退而书之。神宗亦谓:'人臣奏对有颇僻谀慝者,若左右有史官书之,则无所肆其奸矣。'然未果行。故事,左右史虽日侍立,而欲奏事,必禀中书俟旨。存因对及之。八月,乃诏虽不兼谏职,许直前奏事。盖存发之也。官制行,改修注为郎、舍人。六年,诏左右史分记言动;元祐元年,仍诏不分。七年,诏迩英阁讲读罢,有留身奏事者,许侍立。绍圣元年,中丞黄履言:'所奏或干机密,难令旁立,仍依先朝故事。'先是,御后殿则左右史分日侍立;崇宁三年,诏如前殿之仪,更不分日。大观元年,诏事有足以劝善惩恶者,虽秩卑亦书之。绍兴二十八年,用起居郎洪遵言,起居郎、舍人自今后许依讲读官奏事。隆兴元年,用起居郎兼侍讲胡铨言,前殿依后殿轮左右史侍立。"

(二)又中书省下曰:"起居舍人一人,掌同门下省起居郎。侍立修注官,元丰前,以起居郎、舍人寄禄,而更命他官领其事,谓之同修起居注。官制行,以郎、舍人为职任。淳熙十五年,罗点自户部员外郎为起居舍人,避其祖讳,乃以为太常少卿兼侍立修注官。其后两史或阙而用资浅者,则降旨以某人权侍立修注官。"

辽国史院属翰林院,起居舍人院属门下省,著作局隶秘书监。

《辽史·百官志》曰:"国史院有监修国史(宝昉),有史馆学士(景宗),有史馆修撰(刘辉),有修国史(耶律玦)。"

又曰:"起居舍人院,有起居舍人(程翥),有知起居注(耶律敌烈),有起居郎(杜防)。"

又曰:"秘书监著作局,有著作郎、著作佐郎(杨晢),有校书郎(杨佶),有正字(李万)。"

金亦有国史院。著作局亦隶秘书监,掌修日历。又立记注院。

《金史·百官志》曰:"国史院(注云:先尝以谏官兼其职。明昌元年,诏谏官不得兼,恐于其奏章私溢己美故也。)监修国史,掌监修国史事。修国史,掌修国史,判院事。同修国史二员。(注:女真人、汉人各一员。承安四年,更拟女真一员,罢契丹同修国史。)编修官,正八品,女真、汉人各四员。(注：明昌二年,罢契丹编修三员,添女真一员。大定十八年,用书写出职人。)检阅官,从九品。(注：书写,女真、汉人各五人。)修《辽史》,刊修官一员,编修官三员。"

又曰："秘书监著作局,著作郎一员,从六品。著作佐郎一员,正七品。掌修日历。(注：皇统六年,著作局设著作郎、佐郎各二员,编修日历,以学士院兼领之。)"

又曰："记注院。修起居注,掌记言动。明昌元年,诏毋令谏官兼,或以左右卫将军兼。贞祐三年,以左右司首领官兼,为定制。"

元起漠北,亦有国史院。翰林、国史合而为一,有修撰、编修之官。秘监仅掌图籍,著作郎、佐,徒有其名而已。

（一）《元史·耶律孟简传》曰："孟简以为本朝之兴,几二百年,宜有国史,乃编耶律曷鲁、屋质、休歌三人行事以进。兴宗命置局编修。"

（二）《元史·萧韩家奴传》曰："擢翰林,监修国史,乃录遥辇以来至重熙,共二十卷,上之。"

（三）《元史·百官志》曰："翰林兼国史院,秩正二品。中统初,以王鹗为翰林学士,未立官署。至元元年始置,秩正三品。……二十年,省并集贤院为翰林国史集贤院。……二十二年,复分立集贤院。……延祐五年,置承旨八员,后定置承旨六员。……修撰三员,从六品;应奉翰林文字五员,从七品;编修官十员,正八品。"

又有起居注、时政记修纂之职。

（一）《元史·百官志》曰："给事中,秩正四品。至元六年,始置起居注、左右补阙,掌随朝省、台、院、诸司。凡奏闻之事,悉纪录之,如古左右史。十五年,改升给事中兼修起居注,左右补阙改为左右侍仪奉御兼修起居注。皇庆元年,升正三品。延祐七年,仍正四品。后定置给事中兼修起居注二员,右侍仪奉御同修起居注一员,左侍仪奉御同修起居注一员。"

（二）又曰："中书：左司,郎中二员,正五品;员外郎二员,正六品;都事二员,正七品。……左司所掌：吏礼房之科有九,……六曰时政记。"

或谓元人不置起居注者,非也。

徐一夔致王祎书曰："元朝不置日历，不设起居注，独中书置时政科，遣一文学掌之，以事付史馆。易一朝，则国史院据以修实录而已。"

明亦以翰林兼史职，修撰、编修、检讨称为史官。实录、国史并其所掌。

（一）《明史·职官志》曰："翰林院，学士一人。……史官修撰，编修，检讨，庶吉士，无定员。学士掌制诰、史册、文翰之事，以考议制度，详正文书，备天子顾问。凡经筵日讲，纂修实录、玉牒、史志诸书，编纂六曹章奏，皆奉敕而统承之。……史官掌修国史。凡天文、地理、宗潢、礼乐、兵刑诸大政，及诏敕、书檄，批答王言，皆籍而记之，以备实录。国家有纂修著作之书，则分掌考辑撰述之事。……史官，自洪武十四年置修撰三人，编修、检讨各四人。其后由一甲进士除授及庶吉士留馆授职，往往溢额，无定员。嘉靖八年复定日讲、读、修撰各三人，编修、检讨各六人，皆从吏部推补，如诸司例。然未几，即以侍从人少，诏采方正有学术者以充其选，因改御史胡经、员外郎陈束、主事唐顺之等七人俱为编修。以后仍循旧例，由庶吉士除授，卒无定额。崇祯七年又考选推官、知县为编修、检讨，盖亦创举，非常制也。"

（二）又曰："内阁门中极殿大学士，建极殿大学士，文华殿大学士，武英殿大学士，文渊阁大学士，东阁大学士，……修实录、史志诸书，则充总裁官。"

太宗定官制，废起居注，以给事中司记录。其后职废不举，而张居正乃别以讲官代之也。

（一）《明史·职官志》曰："明初尝置弘文馆学士，起居注，寻皆废。"

（二）又曰："六科给事中，日轮一人，立殿右，珥笔记旨，实古左右史之职。"

（三）《神宗万历实录》载：万历三月二月丙申，大学士张居正申明史职议曰："国初设起居注官，日侍左右，纪录言动，实古者左史记事，右史记言之制。迨后定官制，乃设翰林院修撰、编修、检讨等官。盖以记载事重，故设官加详，原非有所罢废，但自职名更定之后，遂失朝夕记注之规，以致累朝以来，史文阙略。即如迩者纂修世宗及皇考实录，臣等只事总裁,凡所编辑,不过总集诸司章奏,稍加删润,隐括成编。至于仗前柱下之语,章疏所不及者,即有见闻,无凭增入。与夫稗官野史之书,海内所流传者,欲事采录,又恐失真。是以两朝之大经大法,虽罔敢或遗,而二圣之嘉谟嘉猷,实多所未备。凡此皆由史臣之职废而不讲之所致也。"《明史》卷二一三《张居正传》云:居正"又请立起居注,纪帝言动与朝内外事,日用翰林官四员入直,应制诗文及备顾问,帝皆优诏报许。"《春明梦余录》亦谓:"万历初曾以居正之请,讲官日轮一人记注。"

清初仅设文馆。天聪十年,改设内三院,则记注实录,皆内国史院所掌。其后史职亦属翰林,以殿阁学士、总裁、讲读、学士以下充满汉纂修官。修国史、实录、圣训,皆然。

(一)《清史稿·职官志》曰:"国史馆总裁,(特简,无定员)掌修国史。清文总校一人。(满洲侍郎内特简)提调,满洲、(内阁侍读学士或侍读派充)蒙古、(内阁蒙古堂或理藩院员司派充)汉(翰林院侍读学士以下官派充)各二人。总纂,满洲四人,蒙古二人,汉六人。纂修、协修,无定员。(蒙古由理藩院司官充。满、汉由编、检充)校对,满、蒙、汉俱各八人。(内阁中书充)光绪间,增置笔削员十人。"

(二)又曰:"内阁大学士,满、汉各二人(初制,满员一品,汉员二品。顺治十五年,改与汉同。雍正八年,并定正一品)。协办大学士,满、汉各一人。……大学士掌钧国政,赞诏命,厘宪典,议大礼、大政,裁酌可否入告。协办佐之(修实录、史志,充监修总裁官)。……满洲翰林官一人(请旨简派)。……初,天聪二年,建文馆,命儒臣分直。十年,更名内三院(曰国史,曰秘书,曰弘文)。始亦沿承政名,后各置大学士一人。顺治元年,置满、汉大学士,不备官,兼各部尚书衔。……十五年,更名内阁,别置翰林院官。……十八年,复三院旧制。康熙九年,仍别置翰林院,改三院为内阁,置满、汉大学士四人。"

(三)又曰:"翰林院掌院学士,(初制,正五品。顺治元年,升正三品。雍正八年,升从二品。大学士、尚书内特简),满、汉各一人。侍读学士(初制,从四品。光绪二十九年,升正四品)、侍讲学士(初制,从四品。宣统元年,升正四品),满洲各二人,汉各三人。侍读(初制,正六品。雍正三年,升从五品。光绪二十九年,升正五品。宣统元年,升从四品),侍讲(初制,正六品。雍正三年,升从五品。宣统元年,升从四品),满洲各三人,汉各四人。修撰(初制,从六品)、编修(初制,正七品)、检讨(初制,从七品。自修撰以下,宣统元年,并改从五品)、庶吉士(由新进士改用。试博学鸿词入式,或奉特旨改馆职者,间得除授。光绪末,停科举,改由外国留学毕业及本国大学毕业者,廷试后授之,食七品俸。或径授编修、检讨,与旧制殊),俱无定员。……掌院掌国史笔翰,备左右顾问。侍读学士以下掌撰著记载。祭告郊庙神祇,撰拟祝文。恭上徽号、册立、册封,撰拟册文、宝文,及赐内外文武官祭文、碑文。南书房侍直,尚书房教习,咸与其选。修实录、史志,充提调、总纂、纂修、协修等官。……初制,进士论甲第,修撰、编修、检讨不分升降。(顺治间,授编修程芳朝等为修撰,检讨李霨等为编修,姜元衡以编修降检讨,不为定制。又内三院编修等官不必尽由科目。靳辅、刘兆麟等并以官学生授编修,盖亦创举。)

修军事方略,则置方略馆。

《清史稿·职官志》曰:"方略馆总裁,军机大臣兼充,掌修方略。提调、收掌,俱满、汉二人。纂修,满洲三人,汉六人(俱由军机章京内派充。汉纂修缺内由翰林院咨送充补一人)。校对,无员限(六部司员、内阁中书兼充)。有事权置,毕乃省。"

亦有记注官,岁送所记于内阁,贮库收藏。

《清史稿·职官志》曰:"起居注馆,日讲起居注官,满洲十人,汉十有二人(由翰、詹各官简用。唯满、汉掌院学士例各兼一缺)。……日讲官掌侍直起居,记言记动。经筵临雍,御门听政,祭祀耕耤,朝会燕飨,勾决重囚,并以二人侍班。凡谒陵、校猎、巡狩方岳,请旨扈从,侍直,敬聆纶音,退而谨书之。月要岁会,贮置铁匦,送内阁尊藏。主事掌出纳文移,校勘典籍。初,天聪二年,命儒臣分两直,巴克什达海等译汉字书,即日讲所由始,巴克什库尔禅等记注政事,即起居注所由始。顺治十二年,始置日讲官。康熙九年,始设起居注官,在太和门西庑。置满洲记注官四人,汉八人,以日讲官兼摄(十二年,增满洲一人,汉二人。十六年,复增满洲一人。二十年,增汉八人。三十年,定汉员十有二人)。时日讲与起居注各自为职,并置满洲主事二人,汉军一人(五十七年省。雍正元年,置满洲二人。十二年,增汉一人)。二十五年停日讲,其起居注官仍系衔'日讲'二字。五十七年,省起居注馆,改隶内阁,遇理事日,以翰林官五人侍班。雍正元年,复置日讲起居注,满洲六人,汉十有二人。乾隆元年,增满员二人。嘉庆八年,复增满员二人。于是日讲、起居注合而为一。"

民国成立,屡议筹设史馆,而多未组成,或未从事编纂。元年三月,胡汉民、黄兴、黄大伟等九十七人,具呈孙临时大总统,请速设国史院,撰辑中华民国建国史。十七日,大总统批示,深表赞同。十九日,即咨由参议院审议。四月一日,□总理辞总统职。五月三十日,决以其事付法制委员会审查。政府北迁后,又改拟《国史馆官制》,送经参议院十月二十三日三读通过。二十八日,公布《国史馆官制》九条,规定:"国史馆掌纂辑民国史、历代通史,并储藏关于史之一切材料。"十二月十一日,特任命王闿运为馆长。三年五月二十五日,国史馆成立。六年四月十九日,又停其职。六月二十六日,以史馆并入国立北京大学文科。八年八月,北洋政府国务院复呈请附设国史编纂处,旋奉命批准。及国民政府奠都南京,内政、教育两部,又于二十八年八月间,呈准行政院,设立国史馆筹备处。处设筹备员十五人,主任一人,筹备期间定为三月。事无结果而罢。二十三年一月,中国国民党中央执行委员会邵元冲、居正、方觉慧三人,提议重设国史馆案于中央四届四中全会。二十四日第三次会议,议决通过,交政治会议。中政会旋于第三九四次会议决议送国民政府。后经国府委员会第十一次会议决议,先交行政院转饬内政、教育、财政三部,拟订办法,呈备参考。三月三日,行政院召集内政、教育、财政三部开会审查,结果拟订《国史馆组织法草案》及经费概算书。对于抄索史料及整理档案,并有所建白。行政院第一五一次会议决议,连同建议送中央常务委员会讨论。中全会第一一四次会议议决,由国民政府转饬有关系机关,依照行政院建议两项办理。四月十二日,国府始训令行政院遵办,并分别转知有关机关照办。行政院复以前次两项建议,仅系就本体上而拟具整理国史及档案之原则,至其实施办法,尚须详加研究,爰于四月二十八日,召集内政、教育两部,并函邀国立中央研究院派员参加,举行第二次审查会议。对于官书、私著、档案史料之搜集、保藏、整理、研究,更拟四种办法。行政院第一五八次会议通过之,五月十四日国府因以整理国史及档案办法,通令各机关遵行。行政院第一六三次会议又议决：以组织国立档案库筹备处一事,交行政效率研究会研讨方案。经两次讨论,始具覆行政院,请于院内设立档案整理处。行政院于第一七七次会议又通过之。十一月二日,档案整理处始行成立。(二十四年三月,又修正组织条例)二十四年七月,整理处并于行政效率研究会,不久均告停顿。迨中日战争既启,张继、吴敬恒、邹鲁等中委十三人,又以国史亟应筹划修纂,史料应及时保存,因于二十八年一月,提出建立档案总库,筹设国史馆案于第五届五中全会。二十七日第五次会议,加以讨论,其结果,原则通过,交国民政府妥筹办理。嗣经文官处分函五院征询意见,于十一月提出详细报告于六中全会。是时国府林主席及中委石瑛、戴愧生等十一人,复提议拟请改称党史编纂委员会会名为国史编纂委员会,以符名实案。十七日第五次会议讨论,决议:"以五中全会曾有建立档案总库,筹设国史馆,交国民政府妥筹办理一案；改名一事,颇有窒碍。如因经费、地址,不无困难,可先设立国史馆筹备处,以主持筹办征集史料及编纂国史等事宜。"十二月二十六日,国府委员会临时会议,又决定设立国史馆筹备委员会。二十九年四月,开始工作。其主要任务,约有五端:一、擘划史馆组织、史官制度及国史体例；二、设计档案总库条章；三、搜集史料；四、编辑中华民国史长编；五、审查《清史稿》。初定一年结束,以事延期至今日也。(本段系杂采商务印书馆出版之《法令大全》,中华书局出版之《中华民国法规汇编》,及友人许师慎先生所撰《中华民国国史馆史资料》与个人见闻而成)

(《说文月刊》1943年第4卷)

二十四史成书经过考略

建 儒

一 引 言

吾国史书浩如渊海，穷毕生精力，不足以毕其业，以《四库全书》论，史部占其中最大部分。历代论文者，必及于史，而治史者又必精于文，故史学在我国与文学几乎不能分界。清代史学家章学诚著有《文史通义》一书，即伸明此义也。其内篇《易教上》有言曰："六经皆史也，古人不著书，古人未尝离史而言；六经皆先王之政典也。"是广义之史也。然细察我国古史之起源及其经过变迁，又未尝不可曰"史书原于六经"，即以近代治史之眼光论之，亦未始不可曰"六经皆史料也"。盖六经为周史之大宗，故周秦诸子之言古者，必引六经之言以为据。若管子，若墨子，随处皆有《诗》、《书》之言；而吾儒孔子删定六经，注意教化，功盖千古，于是由史政而入于史教，此史之一变也。东周以后，诸子争鸣，孟子辟之，归于器识，于是由史才而入于史识，此史之二变也。若左氏之《战国策》长于议论，《公羊》、《穀梁》，文简义精，亦饶议论，是由史识而变为议论，此史之三变也。自议论递变则为实录，司马迁之《史记》是也，《汉书》及《后汉书》亦皆属于实录之体，他如《三国志》、《宋书》近实录而不纯，实录之体备于此矣，此史之四变也。夫所谓"实录"，即传记体之史也，如《新唐书》及宋辽金元明等史，亦皆因仿前四史之旧例，皆可称之为传记之史，此史之五变也。其后若《资治通鉴》，由传记而入于编年史，此史之六变也。至于《通鉴纪事本末》，分类编纂，以一事为一篇，各详其事之起讫，节目分明，经纬条贯，事迹井然，则由编年之史变而为类史矣。此吾国史学变迁之概况也。

按《四库全书》中，分史部为十五类，"正史"者，史部中之一类也。考"正史"二字之意义，始见于《隋书》，其言曰："自是有著述，皆拟班马以为正史，作者尤广。"所谓"正史"者，别于"编年"、"别史"、"纪事本末"、"杂史"等而言，通常所谓正史，皆指传记体裁者而言也。自《史记》为之创例，以迄元明之史，皆此类也。正史之成书，最为审慎，或屡修而屡改，或历数代而始成，少者数十年，多者数百年。其编纂或由御敕，或由私家，往往经数十人之手始成，可知其审慎也。本篇仅就正史中之二十四史分别考订，以明其成书经过之真像耳。

二　二十四史名称考

吾国史书以"正史"名者，有"四史"、"十七史"、"二十一史"、"二十二史"、"二十四史"、"二十五史"等名称，兹分别述之于左。

（甲）四史　四史因其居诸史之前，故亦称"前四史"，即司马迁之《史记》、班固之《汉书》、范晔之《后汉书》、陈寿之《三国志》是也。

（乙）十七史　据龙启瑞《经籍举要》云："汉司马迁《史记》一，班固《汉书》二，宋范蔚宗《后汉书》三，晋陈寿《三国志》四，唐房乔等《晋书》五，梁沈约《宋书》六，梁萧子显《南齐书》七，唐姚思廉《梁书》八、《陈书》九，北齐魏收《魏书》十，唐李百药《北齐书》十一，唐令狐德棻等《周书》十二，唐魏徵《隋书》十三，唐李延寿《南史》十四，《北史》十五，宋欧阳修、宋祁《新唐书》十六，欧阳修《新五代史》十七，毛氏汲古阁所刻十七史即此是也。"由此观之，则"十七史"之名，始于毛氏汲古阁所刻之十七史，其后如清王鸣盛之著《十七史商榷》，以及《十七史蒙求》、《空山堂十七史论》等书，皆因"十七史"之名而作者也。

（丙）二十一史　除以上所述十七史之外，又益以元托克托等之《宋史》为十八，《辽史》为十九，《金史》为二十，《元史》为二十一。明嘉靖中，南京国子监请校刻史书，万历中北监又刻廿一史，嘉定钱氏云："北板视南稍工，然校勘不精，讹舛弥甚，且有不知而妄改者。"即此是也。清沈炳震《廿一史四谱》，即因"二十一史"之名而作者也。

（丁）二十二史　除以上"二十一史"外，又益以钦定《明史》是为"廿二史"。清赵翼《廿二史札记》、钱大昕《廿二史考异》等，皆因"廿二史"之名而作者也。

（丁）二十四史　除上述二十二种史书之外，又益以晋刘昫等之《旧唐书》、宋薛居正之《旧五代史》则为"廿四史"矣。按"二十四史"之名，始于清乾隆间，钦定此二十四部史书皆为正史，共三千二百四十三卷。始由武英殿刊刻，其后有江宁、苏州、扬州、杭州、武昌五书局合刻本，新会陈氏覆刻殿刻本二种。民国以来，有商务印书馆之影印百衲本二十四史，中华书局之仿宋聚珍版二十四史等皆仿乾隆钦定二十四史而作者也。

（戊）二十五史　按所谓"正史"者，凡成续一部，合刻成书，即易一名，殆成为定律。近人柯劭忞因《元史》多误，而另著《新元史》，开明书店乃合二十四史之名，又加入《新元史》铅印成一巨帙，更名之曰"二十五史"焉。将来如果《清史》正式告成，则必有印"二十六史"者矣。是增一代而增一史，增一史而一其易名矣。未来之世将有"二十七史"、"二十八史"，以至无量数之史，亦不难想像而知也。

三　二十四史一览表

二十四史头绪纷繁，非察阅群籍，不能知其梗概，学者苦之。兹将书名、著者、卷数、成书年代，拟为草表列之如左，以资考证而醒眉目焉。

书　名	著　者	卷　数	著者年代	内　　容
史　记	司马迁	一百三十卷	西汉	纪前二六九七——一〇四
汉　书	班　固	一百二十卷	东汉	纪前一〇四——西元二四
后汉书	范　晔	一百二十卷	南宋	西元二四——二一九
三国志	陈　寿	六十五卷	晋	西元二一九——二六四
晋　书	房玄龄	一百三十卷	唐	西元二六四——四一九
宋　书	沈　约	一百卷	梁	西元四一九——四七七
南齐书	萧子显	五十九卷	梁	西元四七七——五〇一

续 表

书 名	著 者	卷 数	著者年代	内 容
梁书	姚思廉	五十六卷	唐	西元五〇一——五五六
陈书	姚思廉	三十六卷	唐	西元五五六——五八八
魏书	魏收	一百一十四卷	北齐	待考
北齐书	李百药	五十卷	唐	待考
周书	令狐德棻	五十卷	唐	待考
隋书	魏徵	八十五卷	唐	西元五八九——六一七
南史	李延寿	八十卷	唐	待考
北史	李延寿	一百卷	唐	待考
旧唐书	刘昫	二百卷	晋	西元六一八——九〇五
新唐书	欧阳修宋祁	二百二十五卷	宋	西元六一八——九〇五
旧五代史	薛居正	一百五十卷	宋	待考
新五代史	欧阳修	七十四卷	宋	待考
宋史	托克托	四百九十六卷	元	西元九六〇——一二七六
辽史	托克托	一百一十六卷	元	待考
金史	托克托	一百三十六卷	元	待考
元史	宋濂	二百一十卷	明	西元一二七七——一三六七
明史	张廷玉	三百六十卷	清	西元一三六八——一六四三

四 二十四史成书经过述要

1.《史记》考略

《史记》为廿四史中之第一部,一系汉司马迁所撰,为正史之一。考二十四史中,诸史多记本朝人物,惟《史记》则半载古人,故独加小注,其有不加注者,汉人也。《山堂考索》云:"古之为史者,举其大纲而已,尧舜二典是也。其后为编年以序事,至司马迁始创纪表书传之体焉,文中子以为始失古之体。"按二十四史中，其余诸史皆仿《史记》而为之，可称传纪体史之创始者。《隋书·经籍志》云："汉武帝时始置太史公，命司马谈为之，以掌其职。时天下计书，皆先上太史，副上丞相。遗文古事，靡不毕臻。谈乃据《左氏》、《国语》、《世本》、《战国策》、《楚汉春秋》，接其后事，成一家之言。谈卒，其子迁又为太史令，嗣成其志，上自黄帝，讫于炎汉，……谓之《史记》。迁卒，好事者颇著述，然多鄙浅，不足相继。"又据《史记·太史公自序》云："司马迁……网罗天下故旧闻，……原始察终，见盛观衰。……上记轩辕，下至于兹。著十二本纪，……作十表，……八书，……三十世家，……七十列传，凡百三十篇。"《汉书》中论《史记》有云："司马迁据《左氏》、《国语》，采《世本》、《战国策》，述《楚汉春秋》，接其后事，讫于天汉，其言秦汉详矣。至于采经摭传，分散数家之事，甚多疏略，或有抵牾，亦其涉猎者广博。贯穿经传，驰骋古今，上下数千载间，斯亦勤矣。又其是非，颇谬于圣人；论大道，则先黄老而后六经；序游侠，则退处士而进奸雄；传货殖，则崇势利而羞贱贫；此其所弊也。然自刘向、扬雄博极群书，比称迁有良史之才，服其善序事理，辨而不华，质而不俚，其文直，其事核，不虚美，不隐恶，故谓之实录。"但据《报任安书》有云："草创未就，适会此祸，惜其不成，是以就极刑而无愠色。"是公下狱时，书尚未成也。又云："卒无须臾之间，得竭志意。"是原书未成可知矣。

太史公之《史记》，不但书未告成，且迁书原名，并非"史记"。《汉书·艺文志》据刘歆《七略》称："太史公，百三十篇。"杨恽传谓之"太史公记"。考"史记"之名，盖起于魏晋间，为"太史公记"之简称耳。《汉书》本传称"其十篇缺，有录无书"。张晏注以为："迁没之后，亡《景帝纪》、《武帝纪》、《礼书》、《律书》、《汉兴以来将相年表》、《日者列传》、《三王世家》、《龟策列传》、《傅靳列传》。"按今《日者列传》、《龟策列传》，皆有褚先生补文附于赞词之后，而史公原文，则亦未尝稍缺，且有"太史公曰"、"褚先生曰"等字样，是为补缀残稿之明证也。相传补缀残篇者，为褚少孙，所书"褚先生曰"者，即褚少孙所补者也。梁任公所著《要藉解题及其读法》中，对此事考证极详，可资参证也。

司马迁究为何年著《史记》？是为若干岁？论者殊不一致。据赵翼

《二十二史札记》云：

> 司马迁《报任安书》，谓身遭腐刑，而隐忍苟活者，恐没世而文采不表于后世也。其《自序》谓父谈临卒，属迁论著列代之史，父卒三岁迁为太史令，即绅石室金匮之书，为太史令五年，当太初元年，改正朔，正值孔子《春秋》后五百年之期，于是论次其文。会草创未就，而遭李陵之祸，惜其不成，是以就刑而无怨。是迁为太史令即编纂史事，五年为太初元年，则初为太始令时，乃元封二年也。元封二年至天汉二年，遭李陵之祸已十年。又《报任安书》内，谓安抱不测之罪，将迫季冬，恐卒然不讳，则仆之意终不得达，故略陈之。安所抱不测之罪，缘戾太子以巫蛊事，斩江充，使安发兵助战，安受其节而不发兵，武帝闻之，以为怀二心，故诏弃市。此书正坐罪将死之时，则征和二年间事也。自天汉二年至征和二年，又阅八年。统计迁作《史记》，前后共十八年。况安死后，迁尚未亡，必有删订改削之功。盖书之成，凡二十余年也。其《自叙》末谓自黄帝以来，太初而讫。乃指所述历代史之事，止于太初，非谓作史岁月至太初而讫也。

观赵氏之言，则《史记》成书经过之年代，了然可见矣。

2.《汉书》考略

《汉书》今有名之为《前汉书》者，盖别于范晔之《后汉书》而言也；亦犹之《唐书》及《五代史》，其后欧阳修之《新唐书》及《新五代史》成，竟名《唐书》为《旧唐书》，《五代史》为《旧五代史》矣。而欧阳修所修之史，亦有径名为《唐书》及《五代史》者。史书名称之变迁，不可不察也。

《后汉书·班彪班固传》云："彪既才高，而好述作，遂专心史籍之间。武帝时司马迁著《史记》，自太初以后，阙而不录。后好事者颇或缀集时事，然多鄙俗，不足以踵继其书。彪乃继采前史遗事，旁贯异闻，作《后传》数十篇。子固，字孟坚，……博贯载籍，九流百家之言，无不穷究。……父彪卒，归乡里。固以彪所续前史未详，乃潜精研思，欲就其业。……召诣校书部，除兰台令。……成《世祖本纪》。……撰功臣、平林、新市、公孙述事,作列传、载记二十八篇,奏之。帝乃复使终成前所著书。固……故探撰前纪,缀集所闻,以为《汉书》。起于高祖,终于孝平王莽之诛,十有二世,二百三十年。……为《春秋》考纪表志传百篇。自永平中始受诏,潜精积思二十余年,至建初中乃成,当世尤重其书。"是《汉书》乃续《史记》而成者;所异者,《史记》乃继《春秋》后五百年间之通史,《汉书》乃自汉高祖时代始二百年间之事,开断代为史之先河。是故论史者既推崇《史记》,又赞美《汉书》,盖各有其特长在焉。据《山堂考索》云:"八表班昭所补,《天文志》马续所成。"又云:"迁文直而事核,固文赡而事详,若固之序事,不激诡,不抑抗,赡而不秽,详而有体,能使读者亹亹而不厌,信哉其能成名也。"据此,则《汉书》成于四人之手,时逾二三十年,宜乎其美且善也。兹为表于左。

《汉书》撰者之次第
1. 班彪(班固之父)
2. 班固(班彪长子,班超之兄)
3. 班昭(彪之女,固之妹)
4. 马续(马融之兄)

班昭之事迹,据《后汉书·列女传》云:"扶风曹世叔妻者,同郡班彪之女也。名昭,字惠班,一名姬,博学高才。……兄固著《汉书》,其八表及《天文志》未及竟而卒。和帝诏昭就东观藏书阁,踵而成之。帝数召入宫,令皇后诸贵人师事焉,号曰'大家'。……后又诏马融兄续继成之。"《汉书》虽成于四人,实则班氏父子女三人居功最大,而固所撰篇幅独多,故今本《汉书》皆题班固撰也。至于《汉书》成篇之年代,及其经过,据《廿二史札记》有云:

《汉书》武帝以前纪传表,多用《史记》文,其所撰述,不过昭、宣、元、成、哀、平、王莽七朝君臣事迹,且有史迁创例于前,宜其成之易易。乃考其始末,凡经四人手,阅三四十年,始成完书,然后知其审订之密也。据《后汉书·班固传》,固父彪接迁书太初以后,继采遗事,傍贯异闻,作《后传》数十篇。是彪已有撰述也。固以父书未详,欲就其业,会有人告其私改国史,明帝阅其书而善之,使固终成之。固乃起高祖,终孝平、王莽之诛,十有二世,二百三十年,为纪表志传百篇。自永平始受诏,积二十余年,至建初乃成。是固成此书,已二十余年。其八表及《天文志》尚未就,而固已卒。和帝又诏其妹昭,就东观藏书阁踵成之。是固所未成,又有妹为之卒业也。《汉书》始出,多未能通,马融伏于阁下,从昭受读。后诏融兄续继昭成之。是昭之外又有马续也。百篇之书,得之于史迁者已居其半,其半又经四人之手而成。其后张衡又条上《汉书》与典籍不合者十余事,卢植、马日䃅、杨彪、蔡邕、韩说等校书东观,又补续《汉记》,则是书亦尚有未尽善者,益信著书之难也。

《汉书》成于四人之手,已为定论,合诸家之言列为简表于左:

《汉书》作者年代及篇目表

作　者	记载之事迹	篇　目	编撰之年代
班　彪	太初以后至彪未卒以前	数十篇(目未详)	待详考
班　固	宣元成哀平王莽七朝事,计二百三十年	帝纪十二列传七十九志共百篇	永平至建初,积二十余年
班　昭	八表九志	八表	待详考
马　续	天文志	天文志	待考

按今本《汉书》有八表十志,一说《天文志》为班昭所补撰(见《后汉书》),一说《天文志》为马续所撰(见《山堂考索》)。本表在篇目栏中仅云"九志"者,以《天文志》非成于固之手也。至于编撰之年代,除班固著书经过之年,已详《后汉书》,其余三家详确年代,非旁证他书,博采群说,不敢轻为断定,故抱宁阙勿乱之旨焉。

现代所传《汉书》之版本,虽屡经翻刻,大体并无异说,唯据《十七史商榷》云:"《南史》五十卷《刘之遴传》:梁鄱阳嗣王范得班固《汉书》真本,之遴参校异同。……考其所云今本者,则梁世所行之本,与今刻不异。既编次体例若是参错,则字句异者必甚多,乃仅举《韩彭》叙数句,恐之遴等亦未能全校耳。"惜此古本今已不传。但《四库全书总目提要》对此古本则不表赞成,且认为梁代伪造之书,其言云:"《汉书》一百二十卷,汉班固撰,其妹昭续成之,始末具《后汉书》本传。是书历代宝传,咸无异论，惟《南史·刘之遴传》云：'鄱阳嗣王范得班固所撰《汉书》真本，献东宫，皇太子令之遴与张缵、到溉、陆襄等，参校异同。之遴录其异状数十事。'以今参之，则语皆谬矣。"《四库提要》中已将《南史》所载古本之特点，逐条详驳，兹不俱陈；且引据《汉书》张晏注及《文选》中所引古本《汉书》之字句与今本相同，以为论断确证。《提要》又云："自汉张霸始撰伪经，至梁人于《汉书》复有伪撰古本。然一经考证，纰缪显然。颜师古注本冠以《指例六条》，历述诸家，不及之遴所说，盖当时已灼知其伪。李延寿不讯端末，遽载于史，亦可云爱奇嗜博，茫无裁断矣。"《提要》所言甚是，益知读史者，不可"尽信书"矣。《南史》为正史之一，尚且如此，况其他私家之记载乎？

3.《后汉书》考略

今本《后汉书》题范晔撰，其实成书经过亦颇波折。据《宋书·范晔传》云："范晔，字蔚宗，……博涉经史，善为文章。……元嘉元年，……左迁晔宣城太守，不得志，乃删众家《后汉书》，为一家之作。……晔《狱中与诸甥侄书》，以自序曰：'……吾杂传论皆有精意深旨，既有裁味，故约其词句，至于《循吏》以下及《六夷》诸序论，笔势纵放，实天下之奇作。其中合者，往往不减《过秦论》。尝共比方班氏之作，非但不愧之而已。……自是吾文之杰思，殆无一字空设，奇变不穷，同合异体，乃自不知所以称之。此书行，故应有赏音者。纪传例为举其大略耳，诸细意甚多。自古体大而思精，未有此也。恐世人不能尽之，多贵古贱今，所以称情狂言耳。'"惟范晔仅著成十纪九十列传，书未成，即以太子詹事与孔熙先谋反，被收入狱。观其《与诸甥侄书》之语气，可知范氏自是之大也。观晔传中所云"删众家《后汉书》为一家之作"，可知先范氏必已有著《后汉书》者，兹将诸书所记，摘录于左，以资参证。

（甲）《隋经籍志考证》云："《后汉书》一百三十卷，（注：无帝纪，吴武陵太子谢承撰）……今存姚之骃辑本四卷。"

（乙）《晋书》卷四《华峤传》载："峤以《汉纪》烦秽，慨然有改作之意。会为台郎，典官制事，由是得遍观秘籍，遂就其绪。起于光武，终于孝献，一百九十五年，为帝纪十二卷，皇后纪二卷，十典十卷，传七十卷，及三谱、序传、目录,凡九十七卷。峤以皇后配天作合,前史作外戚传以继末编,非其义也,故易为皇后纪,以次帝纪。又志为典,以有《尧典》故也。而改名《汉后书》。……峤性嗜酒,率常沉醉。所撰书十典未成而终。秘书监何勖奏峤中子彻为佐著作郎,使踵成之,未竟而卒。后监缪徽又奏峤少子畅为佐著作郎,克成十典。……永嘉丧乱,经籍遗没,峤书存者五十余卷。"

（丙）《晋书·司马彪传》云:"汉氏中兴,迄于建安。……而时无良史。谯周虽已删除,然犹未尽,安、顺以下,亡缺者多。彪乃讨论众书,缀其所闻,起于世祖,终于孝献。编年二百,录世十二,通综上下,旁贯庶事,为纪志传,凡八十篇,号曰《续汉书》。"

（丁）《晋书·谢沈传》云:"何允、庾冰,并称沈有史才,迁著作郎。……著《后汉书》百卷。"

（戊）《晋书·袁山松传》云:"山松少有才名,传有文章,著《后汉书》百篇。"

（己）《晋书·袁宏传》云:"宏有逸才,文章绝美。……孝武太元初,卒于东阳。……撰《后汉纪》三十卷。"

（庚）《隋书·经籍志》载:"《后汉纪》六十五卷。（注:本一百卷,梁有,今残缺;晋散骑常侍薛莹撰）"

（辛）《隋书·经籍志二》载:"《后汉南记》四十五卷。（注:本五十五卷,今残缺,……晋江州从事张莹撰）"

（壬）《隋书·经籍志》:"先是明帝召固为兰台令史,与诸先辈陈宗、尹敏、孟冀等,共成《光武本纪》。擢固为郎,典校秘书,固撰后汉事,作列传、载记二十八篇。其后刘珍、刘毅、伏无忌等,相次著述东观,谓之《汉记》。及三国鼎峙,魏氏及吴,并有史官。"

（癸）《唐书·艺文志》谓:"为后汉史者,有谢承、薛莹、司马彪、刘义庆、华峤、谢沈、袁山松七家,其前又有刘珍等《东观汉记》,至晔乃删取众书,为一家之作。"

据以上十证观之,范晔之所以能述史事于二百年之后者,由于有诸家旧书在,可资采摘之故耳。

兹将诸家所著之《后汉书》,草为简表于左:

书　名	撰　者	时代	篇　数	内　容	存　亡
后汉书	谢　承	吴	一百三十卷	无帝纪	佚
后汉书	华　峤	晋	九十七卷	光武至孝献	佚
同　上	华　彻	晋	十典	十典未成	佚
同　上	华　畅	晋	十典	十典已成	佚
续汉书	司马彪	晋	八十篇	十二世（世祖至孝献）	佚
后汉书	谢　沈	晋	百卷	无可考	佚
后汉书	袁　崧	晋	百篇	无可考	佚
后汉纪	袁　宏	晋	三十卷	文章绝美	佚
后汉记	薛　莹	晋	一百卷	无可考	佚
后汉南记	张　莹	晋	五十五卷	无可考	佚
东观汉记	刘珍等	东汉	二十八篇	记后汉事	辑二十四本

晔既以罪入狱，书未能成。然则今之《后汉书》百二十卷者，究为何人补成耶？据《文献通考》中《经籍考》卷一八有云："初晔令谢俨撰志，未成而晔伏诛，俨悉蜡以覆车。梁世刘昭得旧本，因补注三十卷。……又曰志三十卷；晋秘书监河内司马彪绍统撰。梁剡令平原刘昭宣卿补注晔本书。……刘昭所注，乃司马彪《续汉书》之八志尔，序文固云范志今阙，乃借旧志注以补之。"然据《梁书·刘昭传》云："刘昭字宣卿，……昭又集后汉同异，以注范晔书，世称博悉。"是则以注代补而完成《后汉书》之法也。至唐章怀太子李贤又为之作注。清人专治《后汉书》者以惠栋《后汉书补注》及王先谦《后汉书集解》二书为最佳。

4.《三国志》考略

晋陈寿所撰之《三国志》，世推为良史，列为前四史之一，流传至今。计全书中凡魏四纪、二十六列传，蜀十五列传，吴二十列传，共凡六十五篇。唯书中崇魏抑蜀，论者病之。周平园谓："其身为蜀人，徒以仕屡见黜，父又为诸葛亮所髡，于刘氏君臣，不能无憾。"然察书中大体，尚无不实之处，唯稍简略耳。先陈氏而作三国之史者，尚有数家，据《晋书·王沈传》:"魏正元中,迁散骑常侍、侍中,典著作,与荀颛、阮籍共撰《魏书》,多为时讳,未若陈寿之实录也。"又据《三国·吴志·薛综附薛莹传》云:"右国史华覈上疏曰:'……大皇帝末年,命太史令丁孚、郎中项峻始撰《吴书》。'孚、峻俱非史才,其所撰作,不足纪录。至少帝时,更差韦曜、周昭、薛莹、梁广及臣五人,访求往事,所共撰立,备有本末。昭、广先亡,曜负恩蹈罪,莹出为将,复以过徙,其书遂委滞迄今未撰奏。"是则在当诸史所撰者,或未成,或未善,故独寿书能传于世也。陈寿著《三国志》之经过,据《晋书·陈寿传》云:"陈寿字承祚,……除佐著作郎。……撰魏吴蜀《三国志》凡六十五篇,时人称其善叙事,有良史之才。……元康七年病卒。……梁州大中正尚书郎范頵等,上表曰:'臣等按故治书侍御史陈寿作《三国志》,辞多劝诫,明乎得失,有益风化。虽文艳不若相如,而质直过之,愿垂采录。'于是诏下河南尹、洛阳令,就家写其书。"但寿书为省文计,后人病其过简。宋文帝命裴松之注之,松之因兼采群书,补其阙略,由是世言《三国志》者,以裴注为本,文注并行于世。据《宋书·裴松之传》云:"裴松之字世期,……元嘉三年,……转中书侍郎。上使注《三国志》,松之鸠集传记,增广异闻,既成奏上(元嘉六年),上善之,曰:'此为不朽矣!'"按裴松之《上三国志注表》有云:"臣前被诏,使采三国异同,以注陈寿《三国志》。寿书诠叙可观,近世之嘉史,然失在于略,时有脱漏。臣奉旨寻详,务在周悉,上搜旧闻,傍摭遗逸。……寿所不载,事宜存录者,则罔不毕取,以补其阙;或同说一事,而辞有乖杂,或出本异,疑不能判,并皆抄内,以备异闻。若乃纰缪显然,言不附理,则随违矫正,以惩其妄。其时事当否,及寿之小失,颇以愚意,有所论辩。自就撰集,已垂期月,写校始讫,谨封上呈。"可知裴松之注之审慎矣。赵翼《二十二史札记》谓:"《三国志》多回护。"然苟无裴注行世,何以能见其"回护"之处也,益知裴注之重要焉。

5.《晋书》考略

《晋书》成书之经过,亦颇复杂,据刘知幾《史通·正史篇》云:

> 晋史,洛京时,著作郎陆机,始撰《三祖纪》;佐著作郎束晳又撰十志,会中朝丧乱,其书不存。先是历阳令陈郡王铨,有著述才,每

私录晋事及功臣行状,未就而卒。子隐,博学多闻,受父遗业,西都事迹,多所详究。过江为著作郎,受诏撰晋史,为其同僚虞预所诉,坐事免官,家贫无资,书遂未就。乃依征西将军庾亮于武昌镇,亮给其纸墨,由是获成,凡为《晋书》八十九卷。咸康六年,始诣阙奏上。隐虽好述作,而辞拙作才钝。其书编次有序者,皆铨所修;章句混漫者,必隐所作。时尚书郎领国史干宝,亦撰《晋纪》,自宣讫愍七帝,五十三年,凡二十二卷。其书简略,直而能婉,甚为当时所称。晋江左史,自邓粲、孙盛、檀道鸾、王韶之以下,相次继作。远则偏记两帝,近则唯叙八朝。至宋湘东太守何法盛,始撰《晋中兴书》,勒成一家,首尾该备。齐隐士东莞臧荣绪,又集东西二史,合成一书。皇家贞观中,有诏以前后晋史有十八家,制作虽多,未能尽善,乃敕史官更加纂录。采正典与杂说数十余部,兼引伪史十六国书,为纪十、志二十、列传七十、载记三十,并叙例、目录,合为百三十二卷。自是言晋史者,皆弃其旧本,竞从新撰者焉。

按二十四史中诸史,以资料底本最多者论,首推《晋书》,次为《后汉书》,然《后汉书》之根据不过八九家耳,而《晋书》竟达十八家之多。兹将其十八家著晋史之经过,略述如左。

(1)《晋书·王隐传》载:"元帝以草创务殷,未遑史官,遂寝。……太兴初,典章稍备,乃召隐及郭璞,俱为著作郎,令撰晋史。……时著作郎虞预私撰《晋书》,而生长东南,不知中朝事,数访于隐,并借隐所作书,窃写之,所闻渐广。……隐竟以谤免,黜归于家,贫无资用,书遂不就。乃依征西将军庾亮于武昌,亮供其纸笔,书乃得成,诣阙上之。"考王隐所撰之晋史,据《隋书·经籍志》云:"《晋书》八十六卷,本九十三卷,今残缺,晋著作郎王隐撰。"

(2)《晋书·谢沈传》云:"谢沈……撰《晋书》三十余卷。"

(3)《晋书·虞预传》云:"预雅好经史,憎疾玄虚。……著《晋书》四十余卷。"

(4)《隋书·经籍志》载:"《晋书》十卷。"其注云:"未成,十四卷,今残缺,晋中书郎朱凤撰,讫元帝。"

(5)《隋书·经籍志》载:"《晋中兴书》七十八卷。"其注云:"起东晋,宋湘东太守何法盛撰。"

（6）《宋书·谢灵运传》云："太祖……征为秘书监，……使整理秘阁书,补足阙文。以晋氏一代,自始至终,竟无一家之史,令灵运撰《晋书》,粗立条流,书竟不就。"又据《隋书·经籍志》载："《晋书》三十六卷,宋临川内史谢灵运撰。"

（7）《南史·臧荣绪传》载："臧荣绪……纯笃好学,括东西晋为一书,纪录志传百一十卷。……建元中,司徒褚彦回启高帝,称述其美,以置秘阁。"

（8）《梁书·萧子云传》云："子云……以晋代竟无全书,弱冠便留心撰著,至年二十六,书成,表奏之,……著《晋书》一百一十卷。"

（9）《隋书·经籍志》载："《晋史草》三十卷。"其注云："梁萧子显撰。梁有郑忠《晋书》七卷,沈约《晋书》一百一十一卷,庾铣《东晋新书》七卷,亡。"

按以上九种晋史,皆系传纪体裁者。尚有有编年体晋史数种如下：

（10）《隋书·经籍志》载："《晋纪》四卷。"注云："陆机撰。"

（11）《隋书·经籍志》载："《晋纪》十卷。"注云："晋前军谘议曹嘉之撰。"

（12）《晋书·习凿齿传》云："凿齿在郡,著《汉晋春秋》。……起汉光武,终于晋愍帝。于三国之时,蜀以宗室为正,魏武虽受汉禅,晋尚为篡逆。至文帝平蜀,乃为汉亡,而晋始兴焉。……凡五十四卷。"

（13）《晋书·孙盛传》云"盛著《魏氏春秋》、《晋阳秋》,……《晋阳秋》词直而理正,咸称良史焉。既而桓温见之,怒谓盛子曰：'枋头诚为失利,何乃至如尊君所说！若此史遂行,自是关君门户事。'其子遽拜谢,谓请删改之。时盛年老还家,性方严。……诸子乃共号泣稽颡,请为百口计。盛大怒,诸子遂窃改之。盛写两定本,寄于慕容俊。太元中,孝武博求异闻,始于辽东得之,以相考校,多有不同,书遂两存。"

（14）《晋书·邓粲传》云："粲以父骞有忠信言而世无知者,乃著《元明纪》十篇。"又据《隋书·经籍志》云："《晋纪》十一卷,讫明帝,晋荆州别驾邓粲撰。"

（15）《晋书·干宝传》云："中兴草创,未置史官,中书监王导上疏：

'……备置史官,敕佐著作郎干宝等,渐就撰集。'元帝纳焉。宝于是始领国史,著《晋纪》,自宣帝迄于愍帝,五十三年,凡二十卷,奏之。其简略,直而能婉,咸称良史。"

(16)《晋书·徐广传》云:"义熙初,……尚书奏:'……宜敕著作郎徐广撰成国史。'于是敕广撰集焉。……十二年,勒成《晋纪》,凡四十六卷,表上之。"

(17)《宋书·王韶之传》云:"王韶之……父伟之,……少有志尚,当世诏命表奏,辄自书写。泰元、隆安时事,小大悉撰录之,韶之因此私撰《晋安帝阳秋》。既成,时人谓宜居史职,即除左著作郎,使续后事,讫义熙九年。善叙事,辞论可观,为后代佳史。"

(18)《南史·刘康祖传附刘简之传》云:"弟谦之,好学,撰《晋纪》二十卷。"

(19)《南史·檀超传》云:"超叔父道鸾,字万安,位国子博士、永嘉太守,亦有文学,撰《续晋阳秋》二十卷。"

(20)《隋书·经籍志》云:"《续晋纪》五卷。"注云:"宋新兴太守郭李产撰。"

按刘知幾《史通》中有云:"皇家贞观中,有诏以前后晋史十有八家。"其注云:"按隋唐二志正史部凡八家,其撰人则王隐、虞预、朱凤、何法盛、谢灵运、臧荣绪、萧子云、萧子显也。编年部凡十一家,其撰人则陆机、干宝、曹嘉之、习凿齿、邓粲、孙盛、刘谦之、王韶之、徐广、檀道鸾、郭季产也。据《志》盖十九家。……此云十八家。……是就敕修之始,罗致群书言。"但本篇所考据,则达二十家之多,其编年体者十一家,与《史通》注所举同;唯传纪体者则为九家,与《史通》注所举正史部八家之说较之,则多谢、沈二家。唯房玄龄撰《晋书》时所根据之"十八家",究为何家,尚待详考焉。兹将本篇所举之二十家,再草成简表于左,以清眉目,而资参证。

书 名	卷 数	体 裁	撰 者	出 处
晋 史	九十三卷	传纪体	王 隐 郭 璞	《晋书·王隐传》及《隋书·经籍志》
晋 书	三十卷	传纪体	谢 沈	《晋书·谢沈传》

续 表

书 名	卷 数	体 裁	撰 者	出 处
晋书	四十余卷	传纪体	虞预	《晋书·王隐传》及《虞预传》
晋书	十四卷	传纪体	朱凤	《隋书·经籍志》
晋中兴书	七十八卷	传纪体	何法盛	同上
晋书	三十六卷	传纪体	谢灵运	《宋·谢灵运传》及《隋·经籍志》
晋书	百十卷	传纪体	臧荣绪	《南史·臧荣绪传》
晋书	百十卷	传纪体	萧子云	《梁书·萧子云传》
晋史草	三十卷	传纪体	萧子显	《隋书·经籍志》
晋书	七卷	传纪体	郑忠	《隋书·经籍志注》
晋书	一百十一卷	传纪体	沈约	同上
东晋新书	七卷	传纪体	庾铣	同上
晋纪	四卷	编年体	陆机	《隋书·经籍志》
晋纪	十卷	编年体	曹嘉之	同上
汉晋春秋	五十四卷	编年体	习凿齿	《晋书·习凿齿传》
魏氏春秋	未详	编年体	孙盛	《晋书·孙盛传》
晋阳秋	未详	编年体	孙盛	《晋书·孙盛传》
元明纪	十篇	编年体	邓粲	《晋书·邓粲传》
晋纪	十一卷	编年体	邓粲	同上
晋纪	二十卷	编年体	干宝	《晋书·干宝传》
晋纪	四十六卷	编年体	徐广	《晋书·徐广传》
晋安帝阳秋	未详	编年体	王韶之	《宋书·王韶之传》
晋纪	二十卷	编年体	刘谦之	《南史·刘康祖传》
晋阳秋	二十卷	编年体	檀道鸾	《南史·檀超传》
续晋纪	五卷	编年体	郭李产	《隋书·经籍志》

右表以书名言之，则为二十五种，计传纪体者十二，编年体者十三；以撰述人言之，则为二十四人。然郑忠、沈约所著之二种《晋书》，及庾铣所著《东晋新书》，仅见于《隋书·经籍志》中萧子显《晋史草》条下之注，盖此三书，隋时已亡也。又孙盛所著之《魏氏春秋》及《晋阳秋》，《晋书·孙盛传》中既未详其卷数，想房玄龄撰《晋书》时，亦必未见其书也。由是论之，则《晋书》在当时，亦仅存十八九种耳。

著《晋书》者虽十有八家，然至唐太宗时，始撰成《新晋书》，名曰"御撰"，诸家之作多半散亡矣。据《旧唐书·令狐德棻传》称："贞观十八年，……有诏改撰《晋书》，房玄龄奏德棻令预修撰，当时同修一十八人，并推德棻为首，其体制多取决焉。"是则唐时预修晋史者，以令狐德棻为总纂也。又据《旧唐书·房玄龄传》称："贞观十八年，……与中书侍郎褚遂良受诏重撰《晋书》，于是奏取太子左庶子许敬宗、中书舍人来济、著作郎陆元仕、刘子翼、前雍州刺史令狐德棻、太子舍人李义府、薛元超、起居郎上官仪等八人，分功撰录；以臧荣绪《晋书》为主，参考诸家，甚为详洽。然史官多是文咏之士，好采诡谬碎事，以广异闻。又所评论，竞为绮艳，不求笃实，由是颇为学者所讥。唯李淳风深明星历，善于著述，所修天文、律历、五行三志，最可观采。太宗自著宣、武二帝及陆机、王羲之四论，于是总题曰'御撰'。至二十年，书成，凡一百三十卷，诏藏于秘府，颁赐加级各有差。"又查《李淳风传》(《旧唐书》)云："李淳风……幼俊爽，博涉群书，尤明天文、历算、阴阳之学。……贞观十五年，除太常博士。寻转太史丞，预撰《晋书》及《五代史》(梁、陈、北齐、后周、隋)，其天文、律历、五行志皆淳风所作也。"而《旧唐书》上《敬播传》有云："参撰《晋书》，播与令狐德棻、阳仁卿、李严等四人总其类。"由此诸说观之，合成简表于下：

撰者	所撰篇名	工作情形	撰者	所撰篇名	工作情形
房玄龄		总纂	李义府	未详	分功撰录
令狐德棻		总其类	薛元超	未详	分功撰录
褚遂良	未详	分功撰录	上官仪	未详	分功撰录
许敬宗		分功撰录	阳仁卿		总其类

续 表

撰 者	所撰篇名	工作情形	撰 者	所撰篇名	工作情形
来 济	未 详	同 右	李淳风	天文律历五行三志	撰 述
陆元仕	未 详	同 右	唐太宗	宣武二帝陆机王羲之论	撰 述
刘子翼	未 详	同 右	敬 播		总其类
李 严		总其类			

本表所举者,仅十五人,而《旧唐书·令狐德棻传》所云:"当时同修者十八人。"似尚差三人,未能考出。其中之唐太宗亦不应列在十八人之内,是则尚有四人未能考也。

6.《宋书》考略

《宋书》成书经过,亦极复杂,据《宋书·徐爰传》云:

> 先是元嘉中,使著作郎何承天草创国史。世祖初,又使奉朝请山谦之、南台御史苏宝生踵成之。六年,又以爰领著作郎,使终其业。爰虽因前作,而专为一家之书。

徐爰所著之《宋书》,据《隋书·经籍志》载:"《宋书》六十五卷,宋中散大夫徐爰撰。"但又云:"《宋书》六十五卷。"其注云:"齐冠军录职参军孙严撰。"是《宋书》有两种传本矣。然今传本《宋书》,则题沈约撰,是二书之外,又别有一种矣。据《宋书》卷一百自序云:

> 建元四年,被敕撰国史,……永明五年春,又被敕撰《宋书》,六年二月毕功,表上之曰:……宋故著作郎何承天始撰《宋书》,草立纪传,止于武帝功臣,篇牍未广。其所撰志,唯天文、律历,自此外悉委奉朝请山谦之。谦之孝建初,又被诏撰述,寻值病亡;仍使南台侍御史苏宝生续造诸传,元嘉名臣,皆其所撰。宝生被诛,大明中,又命著郎徐爰踵成前作。爰因何、苏所述,勒为一史。起自义熙之初,讫于大明之末。至于臧质、鲁爽、王僧达诸传,又皆孝武所造。自永光以来,至于禅让,十余年内,阙而不续。一代典文,始末

未举。且事属当时,多非实录。……臣今谨更创立,制成新史,始自义熙肇号,终于升明三年。……本纪列传,缮写已毕,合志表七十卷。……所撰诸志,须成续上。

除沈约所撰之《宋书》外,尚有《宋略》一书,惜今已失传,据《梁书·裴子野传》载:"子野曾祖松之,宋元嘉中受诏续修何承天《宋史》,未及成而卒。子野常欲继成先业。及齐永明末,沈约所撰《宋书》既行。子野更删撰为《宋略》二十卷。其叙事评论多善,约见而叹曰:吾弗逮也。"是《宋略》一书,必较沈约《宋书》既简且善矣。兹将著《宋书》诸家,合为简表如左:

书 名	著作人	时 代	内 容
国 史	何承天	元 嘉	止于武帝功臣及天文律历二志
宋 史	裴松之	元 嘉	续修何承天《宋史》未成而卒
国 史	山谦之	世祖初	续何承天所著未成者寻病亡
国 史	苏宝生	世 祖	续造诸传元嘉名臣皆其所撰后被诛
国 史	孝武帝	同	撰臧质鲁爽王僧达诸传
宋 书	徐 爰	世祖六年	自义熙讫大明之末
宋 书	孙 严	待 考	六十五卷
宋 书	沈 约	永 明	自义熙至升明三年
宋 略	裴子野	永明末	删沈约《宋书》为之二十卷

7.《南齐书》考略

《南齐书》之撰者,亦有数家,今可考者只四种耳。其说如左:

(甲)《梁书·江淹传》称:"江淹……永明初,迁骠骑将军,掌国史。……淹少以文章显。……凡所著述百余篇,自撰为前后集,并《齐史》十志,并行于世。"

(乙)《梁书·沈约传》云:"沈约……所著……《齐纪》二十卷。"

(丙)《梁书·萧子显传》载:"子显……又启撰《齐史》,书成表奏之,诏付秘阁。"

（丁）《梁书·吴均传》称："先是，均表求撰《齐春秋》。书成奏之，高祖以其书不实，使中书舍人刘之遴诘问数条，竟支离无对，敕付省焚之。"

考梁代两大史籍著述，一为《宋书》，一即《齐书》，今皆列入正史。但以后又有《北齐书》之著作，故又名《齐书》为《南齐书》也。察萧子显所撰之《南齐书》，本名《齐史》；当子显书未成时，江淹已作十志，沈约又有纪；而子显于天文但纪灾祥，州郡不著户口，祥瑞多载图谶；其表云："天文事秘，户口不知，不敢私载。"是萧子显之《齐书》，虽入正史，固仍有缺点在焉。然四家相较，仍以萧书为完善之故耳。兹草为简表如下：

书　名	著　者	年　代	内　容
齐　史	江　淹	永　明	仅十志
齐　纪	沈　约	永　明	二十卷
齐　史	萧子显	梁　代	纪八志十一传四十
齐春秋	吴　均	高　祖	三十卷

8.《梁书》考略

《梁书》据史书中之记载考之，有三种本：其一为《隋书·经籍志》所云："《梁书》四十九卷。"其注云："梁中书郎谢吴撰，本一百卷。"其二为："《梁史》五十三卷。"注云："陈领军大著作郎许亨撰。"（亦见《隋书·经籍志》）唯此二种史书今皆不传。现行二十四史中之《梁书》，乃题姚思廉所撰。据《陈书·姚察传》云："中书侍郎领著作杜之伟，与察深相眷遇，表用察佐著作，乃撰史。……察所撰梁陈史，虽未毕功，隋文帝开皇之时，遣内史舍人虞世基索本且进上。"姚察者，姚思廉之父也。据《旧唐书·姚思廉传》云："父察……在陈尝修梁陈二史，未就。……贞观三年，又受诏与秘书监魏徵同撰梁陈二史，思廉又采谢昊等诸家《梁史》，续成父书。并推究陈事，删益傅缥、顾野王所修旧史，撰成《梁书》五十卷。"按今本《梁书》百五十六卷。察撰二十六篇，余称史臣，是乃姚、魏二人所共续成者也。

9.《陈书》考略

按今《陈书》亦题姚思廉撰,但《陈书·姚察传》既云:"察所撰梁陈史,虽未毕功。"又据《旧唐书》所云:"思廉又受诏与秘书监魏徵同撰梁陈二史。"是《陈书》亦为姚察所先撰,由姚思廉与魏徵共续成之,与《陈书》经过略同。现行本《陈书》三十卷,二、三两卷题察撰。其余诸篇必系思廉所撰者。

10.《魏书》考略

《魏书》成书经过,较陈梁二史稍杂。据诸书所载,分述如下。

(甲)《魏书·邓渊传》:"太祖诏渊撰《国记》,渊造十余卷,惟次年月起居行事而已,未有体例。"

(乙)《魏书·崔浩传》:"世祖乃诏浩曰:'……逮于神麚,始命使职,注集前功,以成一代之典。自尔已来,戎旗仍举,……而史阙其职,篇籍不著,每惧斯事之坠焉。……命公留台,综理史务,述成此书,务从实录。'浩于是监秘书事,以中书侍郎高允、散骑侍郎张伟参著作,续成前纪。至于损益褒贬,折中润色,浩所总焉。……真君十一年六月,诛浩。……初郄标等立石,铭刊《国记》,浩尽述国事,备而不典,而石铭显在衢路,往来行者,咸以为言,事遂闻。发有司按验,……其秘书郎吏已下尽死。"

(丙)《魏书·高允传》云:"著作令史闵湛、郄標,……为浩信待。……湛有著述之才,既而劝浩刊所撰国史于石,用垂不朽,欲以彰浩直笔之迹。……未几而难作,……世祖怒甚,敕允为诏,自浩已下僮吏已上,百二十八人,皆夷五族。……浩竟族灭,余皆身死。"

(丁)《魏书·高允传》云:"允……虽久典史事,然而不能专勤属述。时与校书郎刘模,有所缉缀,大较续崔浩故事,准《春秋》之体,而有刊正。"

(戊)《魏书·李彪传》云:"自成帝以来,至于太和,崔浩、高允,著述《国书》,编年序录,为《春秋》之体,三无一存。彪与秘书令高祐,始奏从迁、固之体,创为纪传表志之目焉。……彪在秘书岁余,史业竟未成就,然区分书体,皆彪之功。"

由以上五说观之,魏史撰者虽众,然均未成书,至北齐魏收始勒成一书,名曰《魏书》。收博采诸说,缀属后事,成一代大典。然收谄于齐氏,言魏史多所不平,时人讥之谓之"秽史"。其书虽被谤毁,然其佳处终不可没,诸志尤见卓识,惜今本残缺三十卷。宋人以《北史》及《修文御览》、《高氏小史》等书补缀之,非收书之旧也。据《魏书》目录云:

《魏书》,十二纪,九十二列传,十志,凡一百一十四篇,旧分为百三十卷,北齐尚书右仆射魏收撰。初魏史官邓渊、崔浩、高允,皆作编年书,遗落时事,三不存一。太和中,李彪、崔光始分纪传表志之目。宣武时,邢峦撰《高祖起居注》,崔鸿、王遵业补续,下逮明帝。其后温子昇作《庄帝纪》三卷,济阴王晖业撰《辨宗室录》三十卷。魏末山伟,以代人谄附元天穆、尔朱世隆,与綦俊更主《国书》,二十余年,事迹荡然,万不记之。北齐文宣天保二年,诏魏收修魏史,博访百家谱状,搜采遗轶,包举一代始终,颇为详悉。收所取史官,本欲才不逮己,故房延祐、辛元植、睦仲、刀柔、裴昂之、高孝干皆不工纂述,其三十五例、二十五序、九十四论、前后二表、一启,咸出于收。五年,表上之。悉焚崔、李旧书。收党齐毁魏,褒贬肆情,时论以为不平。文宣命收于尚书省,与余家子孙诉讼者百余人评论。收始辨答,后不能抗。范阳卢斐、顿丘李庶、太原王松年,并坐谤史,受鞭配甲坊,有致死者。众口沸腾,号为'秽史'。时仆射杨愔、高正德用事,收皆为其家作传,二人深党助之,抑塞诉辞,不复重论,亦未颁行。孝昭皇建中,命收更加审核。收请写二本,一送并省,一付邺下,欲传录者听之。群臣竞攻其失。武成复敕收更易刊正。收既以魏史招众咎,齐亡之岁,盗发其冢,弃骨于外。隋文帝以收书不实,平绘《中兴书》叙事不伦,命魏澹、颜之推、辛德源更撰《魏书》九十二卷,以西魏为正,东魏为伪,义例简要,大矫收、绘之失,文帝善之。炀帝以澹书犹未尽善,更敕杨素及潘徽、诸亮、欧阳询别修《魏书》,未成而素卒。唐高祖武德五年,诏侍中陈叔达等十七人,分撰后魏、北齐、周、隋、梁、陈六代史,历年不成。……《唐书·艺文志》又有张大素《魏书》一百卷、裴安时《元魏书》三十卷,今皆不传。……惟以魏收书为主焉。

《魏书》既经数家之手,而收书又未尽善,然经过数代,几经波折,不可谓不难矣。兹拟为简表以明之。

书　名	著　者	年　代	内　　容
国　记	邓　渊	魏太祖	十余卷,惟次年月起居,未有体例(编年体)
国　记	崔　浩	魏世祖	(编年体)
同　上	高　允	同　右	较续崔浩故事,准《春秋》之体,时有刊正(编年体)
同　上	张　伟	同　右	同　右
国　书	李　彪	太　和	创为纪传表志之目
同　右	崔　光	太　和	同　右
起居注	邢　峦	宣　武	高帝起居注
起居注	崔　鸿	宣　武	续补至明帝
起居注	王遵业	宣　武	同　右
庄帝纪	温子昇	待　考	三卷
辨宗室录	王晖业	待　考	三十卷
国　书	山　伟	魏　末	未详
同　右	綦　俊	同　右	未详
魏　史	魏　收	天　保	三十五例二十五序九十四论前后二表一启出收手
魏　书	魏　澹	隋文帝	九十二卷,义例简要
同　右	颜推之	同　右	同　右
同　右	辛德源	同　右	同　右
魏　书	杨　素	隋炀帝	未成
同　右	潘　徽	同　右	未成
同　右	褚　亮	同　右	未成
同　右	欧阳询	同　右	未成
六代史	陈叔达	唐高祖	十七人,分撰后魏、北齐、周、隋、梁、陈。
后魏书	张大素	唐	一百卷
元魏书	裴安时	唐	三十卷

11.《北齐书》考略

《北齐书》虽不甚复杂,然亦经数代始成,惜今存本已残缺不完。晁公武《读书志》云:"是书残阙不完,传文似多补缀而成,非其本书。"是《北齐书》残缺已久矣。其成书之经过,据刘知幾《史通》云:

> "北齐史,后主纬天统初,太常少卿祖孝徵,述献武起居名曰《黄初传天录》。时中书侍郎陆元规,常从文宣征讨,著《皇帝实录》,唯记行师,不载他事。自武平后,史官阳休之、杜台卿、祖崇儒、崔子发等,相继注记。逮于齐灭,隋秘书监王邵,内史令李德林,并少仕邺中,多识故事。王乃凭述起居注,广以异闻,造编年书,号曰《齐志》,十有六卷。李在齐预修国史,创纪传书二十七卷。至开皇初,奉诏续撰,增多齐史三十八篇,以上送官,藏之秘府。皇家贞观初,敕其子中书舍人百药仍其旧录,杂采它书,演为五十卷。

今本《北齐书》题李百药撰,当系其著无疑矣。其身世,据《旧唐书·李百药传》云:

> 李百药字重规,定州安平人,隋内史令安平公德林子也。为童儿时多疾病,祖母赵氏,故以"百药"为名。……贞观元年,召拜中书舍人,……受诏……撰《齐书》。……十年,以撰《齐史》成,加散骑常侍,行太子左庶子。

现行之《北齐书》,凡本纪八,列传四十二,共五十卷。其内容之特点,据刘知幾《史通·杂说中》云:

> 北齐国史,皆称诸帝庙号,及李氏撰《齐书》,其庙号有犯时讳者(注:谓有世字,犯太宗文皇帝讳也)即称谥焉。至如变世宗为文襄,改世祖为武成,(高澄神武长子,天保初,追尊文襄皇帝,庙号世宗。高湛,神武第九子,谥武成皇帝,庙号世祖。)苟除兹"世"字,而不悟"襄"、"成"有别,诸如此谬,不可胜纪。又其列传之叙事也,或以武定臣佐降在成朝,或以清河事迹擢居襄代,故时日不接而隔越相偶,使读者瞢乱而不测,惊骇而多疑。

12.《周书》考略

《周书》在历代史书中,其编成经过较为简略。按《周书》,周有柳虬,隋有牛弘,各有撰次,惟多牴牾,德棻因之以成是书。凡本纪八,列传四十二,共五十卷。据刘知幾《史通·正史篇》述其经过云:

> 宇文周史,大统年,有秘书丞柳虬,兼领著作,直辞正色,事有可称。至隋开皇中,秘书监牛弘,追撰《周纪》十有八篇,略叙纪纲,仍皆抵忤。皇家贞观初,敕秘书丞令狐德棻、秘书郎岑文本,共加修缉,定为《周书》五十卷。

然据《旧唐书·令狐德棻传》称:"德棻又奏引殿中侍御史崔仁师,佐修周史,德棻仍总知类会。"是佐令狐德棻撰《周书》者,除岑文本外,尚有崔仁师其人。此外,据别家书称尚有陈叔达一人,其经过尚待详考。至于岑文本,则在《旧唐书》中有传,其辞云:

> 岑文本,字景仁,南阳棘阳人。……文本性沉敏,有姿仪,博考经史,多所贯综,美谈论,善属文。……又先与令狐德棻撰《周史》,其史论多出于文本。至贞观十年,史成。

今所传《周书》,据史学史评之,亦多残阙,乃后人剽取《北史》以补亡,痕迹显然。

13.《隋书》考略

考诸史中,以隋晋二史修撰之人最多,据《通考》中《经籍考》云:

> 古者修书,出于一人之手,成于一家之学,班马之徒是也。至唐始用众手,晋隋二书是矣。然亦随其学术所长者而授之,未尝夺人之所能,而强人之所不及。如李淳风、于志宁之徒,则授之以志;如颜师古、孔颖达之徒,则授之以纪传。以颜、孔博古通今,于、李明天文、地理、图籍之学,所以晋隋二志,高于古今,而《隋志》尤详明。

按《隋书》虽题魏徵所撰,初则诏颜师古、孔颖达修述,徵总其事,序论皆徵自作,志三十则长孙无忌撰。后又诏于志宁、李淳风、韦安仁、李延寿,同修《五代史志》,无忌上之。盖当时五史并修,故志亦兼该五代,以《隋书》居末,故将志列于《隋书》中,今竟称《隋志》,盖已失其实矣。又按刘知幾《史通·正史篇》云:

> 隋史,当开皇仁寿时,王劭为书八十卷,定其篇目。至于编年、纪传,并阙其体。炀帝世,唯有王胄等所修《大业起居注》。及江都之祸,仍多散逸。皇家贞观初,敕中书侍郎孔颖达,共撰成《隋书》五十五卷(志未列入),与新撰《周书》,并行于时。

按《隋书》之志既成众手,体例最完。其经过据刘知幾《史通》有云:

> 初,太宗以梁、陈及齐、周、隋氏,并未有书,乃命学士分修。……仍使秘书监魏徵总知其务,凡有赞论,徵多预焉。始以贞观三年创造,至十八年方就,合为《五代纪传》,并目录凡二百五十二卷。书成,下于史阁。唯有十志,断为三十卷,寻拟续奏,未有其文。又诏左仆射于志宁、太史令李淳风、著作郎韦安仁、符玺郎李延寿同撰。其先撰史人,唯令狐德棻重预其事。太宗崩后,刊勒始成。其篇第虽编入《隋书》,其实别行,俗呼为《五代史志》。

按《五代史志》之名,又见《旧唐书·高宗纪》,其言云:"永徽七年(即显庆元年)五月己卯,太尉长孙无忌,进史官所撰梁、陈、周、齐、隋《五代史志》三十卷。"参与修《五代史志》者,除于、李、韦等外,尚有李延寿,据《旧唐书·李延寿传》云:"李延寿者,本陇西著姓,世居相州。贞观中,……尝受诏与著作郎敬播同修《五代史志》,又预修《晋书》。"贞观时,同修《隋书》者,除颜师古、孔颖达外,尚有李延播参预其事,据《旧唐书·李敬播传》云:"敬播……贞观初,举进士。俄有诏诣秘书内省,佐颜师古、孔颖达修隋史。"以修史论功行赏,获赐最厚者,首推于志宁,《旧唐书·于志宁传》有云:"于志宁……前后预……修史等功,赏赐不可胜计。"《隋书》撰者既众,又能尽所长,故颇称完善。

14.《南北史》考略

《南北史》者,乃《南史》与《北史》合而言之也,二者皆为唐李延寿所撰。《南史》起宋尽陈,凡八十卷。是书大抵因四史旧文,稍为删润,不及《北史》成一家之言。《北史》起魏尽隋,为一百卷。是书较《南史》用力独深,如周则补文苑传,齐则补列女传,皆不似《南史》之阙略;出郦道元于酷吏,附陆法和于艺术,亦不似《南史》之因仍。据《北史》卷一百《序传》有云:

> 太师(延寿父)少有著述之志,常以宋、齐、梁、陈、齐、周、隋,南北分隔,南书谓北为索虏,北书指南为岛夷。又各以其本国周悉,书别国并不能备,亦往往失实,常欲改正,将拟《吴越春秋》编年,以备南北。至是无事,而杨恭仁家富于书籍,得恣意披览。宋、齐、梁、魏四代有书,自余竟无所得。……贞观二年五月,终于郑州荥阳县野舍。……既所撰未毕,以为没齿之恨焉。……子……延寿与敬播,俱在中书侍郎颜师古、给事中郎孔颖达下删削。既家有旧本,思欲追终先志,其齐、梁、陈五代旧事所未见,因于编辑之暇,昼夜抄录之。至五年,以内忧去职。……十五年……令狐德棻又启延寿修《晋书》,因兹复得勘究宋、齐、魏三代之事所未得者。十七年……褚遂良……奉敕修《隋书》十志,复准敕召延寿撰录,因此遍得披寻。……又从此八代正史外,更勘杂史,于正史所无者一千余卷,皆以编入。其烦冗者即削去之。始末修撰,凡十六载。始宋,凡八代,为《北史》、《南史》二书,合一百八十卷。其《南史》先写讫,……次以《北史》……乃上表。表曰:……贞观以来,……屡叨史局,不揆愚固,私为修撰。起魏登国元年,尽隋义宁二年,凡三代,二百四十四年。兼自东魏天平元年,尽齐隆化二年,又四十四年行事。总编为本纪十二卷、列传八十八卷,谓之《北史》。又起宋永初元年,尽陈祯明三年,四代,一百七十年,为本纪十卷、列传七十卷,谓之《南史》。凡八代,合为二书,一百八十卷,以拟司马迁《史记》。……私为抄录,一十六年,凡所猎略,千有余卷,连缀改定,止资一手,故淹时序,迄今方就。

按南北二史撰述之经过,《唐书·李延寿传》亦有记载,其辞云:

> 初延寿父太师,多识前世旧事,常以宋、齐、梁、陈、齐、周、隋,天下参隔,南方谓北为索虏,北方指南为岛夷。其史于本国详,他

国略,往往訾美失传,思所以改正,拟《春秋》编年,刊究南北事,未成而殁。延寿既数与论撰,所见益广,乃追终先志。本魏登国元年,尽隋义宁二年,作本纪十二、列传八十八,谓之《北史》。本宋永初元年,尽陈祯明三年,作本纪十、列传七十,谓之《南史》。凡八代,合二书百八十篇上之。其书颇有条理,删落浮辞,过本书远甚。时人见年少位下,不甚称其书。

南北二史既皆成于李延寿一人之手,故亦有简称之为《南北史》者,据《旧唐书·李延寿传》云:"延寿又尝删补宋、齐、梁、陈、及魏、齐、周、隋等八代史,谓之《南北史》,凡一百八十卷,颇行于代。"可知二书尝并行于世者。

15.《旧唐书》考略

《旧唐书》本名《唐书》,即石晋刘昫所撰者也。其后宋祁与欧阳修所撰之《新唐书》成,乃名原有之《唐书》为《旧唐书》,别于新者而言也。唐代屡经修撰国史,已具有规模。五季之际,历朝加以征集补缀。至后晋出帝时,书始告成。凡本纪二十、志三十、列传一百五,共二百卷,所谓《旧唐书》者是也。据《旧五代史·晋帝纪》云:

> 开运二年六月,……监修国史刘昫、史官张昭远等,以新修《唐书》纪、志、列传并目录,凡二百三卷,上之,赐器帛有差。

按刘昫所撰《唐书》之前,即有撰述史事,而亦以"唐书"为名者,据《唐书·吴兢传》云:"始兢在长安、景龙间任史事,时武三思、张易之等监领,阿贵朋佞,酿泽浮辞,事多不实。兢不得志,私撰《唐书》、《唐春秋》未就。至是丐官笔札,冀得成书,诏竞赴集贤院论次。时张说罢宰相,在家修史。大臣奏国史不容在外,诏兢等赴馆撰录。……久之,坐书事不当,贬荆州司马,以史草自随。萧嵩领国史,奏请遣使就兢取书,得六十余篇。兢叙事简核,号良史。晚节稍疏牾。时人病其太简。"惜乎皆未成就,至韦述时始勒成一家之言,据《唐书·韦述传》云:"初,令狐德棻、吴兢等,撰武德以来,皆不能成。述因二家,参以后事,遂分记传,又为例一篇。"《旧唐书》中亦有《韦述传》,所云修史事亦略同,其言云:"国史自令狐德棻至于吴兢,虽累修撰,竟未成一家之言。至述始定类例,补遗续阙,勒成《国史》一百一十二卷,并《史例》一卷。事简而记详,雅有良史之才,兰陵萧颖士以为谯周、陈寿之流。"考唐自天宝乱后,凡三修国史,然犹以述书为蓝本。其三次修史之经过如下:

(甲)第一次修史。据《旧唐书·柳登传》云:"柳登……父芳,肃宗朝史官,与同职韦述,受诏添修吴兢所撰《国史》。杀青未竟而述亡,芳绪述凡例,勒成《国史》一百三十卷。上自高祖,下止乾元,而叙天宝后事,绝无伦类,取舍非工,不为史氏所称。……上元中,坐事徙黔中,遇内官高力士亦贬巫州,遇诸途。芳以所疑禁中事,咨于力士。力士说开元、天宝中时政事,芳随口志之。又以《国史》已成,经于奏御,不可复改,乃别撰《唐历》四十卷,以力士所传,载于年历之下。"柳芳所修之史,最大功绩在能笔记高力士之言,以佐证开元、天宝中之实事,为未来修史者之底本,其功不可没也。

(乙)第二次修史。《旧唐书·于休烈传》云:"肃宗践祚,休烈……拜给事中。迁太常少卿,知礼仪事,兼修国史。……时中原荡覆,典章殆尽,无史籍检寻。休烈奏曰:《国史》一百六卷,《开元实录》四十七卷,《起居注》并余书三千六百八十二卷,并在兴庆宫史馆。京城陷贼后,皆被焚烧。且《国史》、《实录》,圣朝大典,修撰多时,今并无本。伏望下御史台推勘史馆所由,令府县招访。有人别收得《国史》、《实录》,如送官司,重加购赏。……数月之内,唯得一两卷。前修史官工部侍郎韦述陷贼,入东京,至是以其家藏《国史》一百一十三卷送于官。……休烈寻转工部侍郎,修国史,献《五代帝王论》,帝甚嘉之。"此次经过,不在韦述修史之功,而在其保存史料之力,故《新唐书·韦述传》亦云:"安禄山乱,……述独抱《国史》藏南山。身陷贼,污伪官。贼平流渝州,为刺史薛舒所困,不食死。广德初,甥萧直,为李光弼判官,诣阙奏事称旨。因理述仓卒奔逼,能存《国史》,贼平尽送史官于休烈,以功补过,宜蒙恩宥。有诏赠右散骑常侍。"新旧《唐书》所记韦述事迹,虽稍有出入,要之,韦述保存《国史》之功终不可没。盖荡乱之余,史材散失,如无此本,则缀拾传闻以记之,终非易易也。

(丙)第三次修史。据《旧唐书·令狐峘传》云:"令狐峘,德棻之玄孙。……及杨绾为礼部侍郎，修《国史》，引峘入史馆。……修《玄宗实录》一百卷、《代宗实录》四十卷。著述虽勤，属大乱之后，起居注亡失。峘纂开元、天宝事，虽得诸家文集，编其诏策，名臣传记，十无三四，后人以漏落多处，不称良史。"缀拾诸家文集，以编史事，用功不可谓不勤，尚未得良史之誉，宜乎历代修史之难也。兹将《旧唐书》所用之底本，草为简表如左：

书　名	著　者	内　　容	存　亡
国　史	柳　芳	一百三十卷，高祖至乾元	存
唐　历	柳　芳	四十卷，据高力士口所述	存
国　史	韦　述	一百一十三卷	存
国　史	于休烈	作五代帝王论	存
国　史	令狐峘	修玄宗实录一百卷代宗四十卷	存

16.《新唐书》考略

《旧唐书》虽已成书，然至宋仁宗时，仍以刘昫等所撰，尚多阙漏，又繁略不均，失实之处亦多，乃命曾公亮为监修官，宋祁与欧阳修为编修，宋撰列传，欧阳撰纪志，历十七年而书成。凡本纪十，志十五，表十五，列传五十，共二百二十五卷，世称《新唐书》者是也。

新旧二《唐书》相较，计《新唐书》中废传六十一，增传三百三十一，志三，表四。然论者颇谓永叔学《春秋》，每务褒贬；子京通小学，唯刻意文章；其书采拾杂说既多，亦往往牴牾，有失实之叹焉。

二《唐书》，既非尽善尽美，且新旧两书中，详略互见，要不可偏废，特《新书》中之志较详耳。昔人多以为《新唐书》既为后出之书，必胜于《旧唐书》，故十七史及二十一史中皆无《旧唐书》之名，然宿师老儒又未尝稍废，至清乾隆时，钦定之二十四史中，始将《旧唐书》增入，以垂永久。两《唐书》之优劣情形，据赵翼《廿二史札记》中云：

五代纷乱之时，唐之遗闻往事，既无人记述，残篇故籍，亦无人收藏，虽悬诏购求，而所得无几，故《旧唐书》援据较少。至宋仁宗时，则太平已久，文事正兴，人间旧时记载，多出于世，故《新唐书》采取转多。今第观《新书·艺文志》所载，如吴兢《唐书备阙记》、王彦威《唐典》、蒋乂《大唐宰辅录》、凌烟功臣、秦府十八学士、史臣等传、凌璠《唐录政要》、南卓《唐朝纲领图》、薛璠《唐圣运图》、刘肃《大唐新语》、李肇《国史补》、林恩《补国史》等书，无虑数十百种，皆《旧唐书》所无者。知《新书》之"文省于前，而事增于旧"，有由然也。试取《旧书》各传相比较，《新书》之增于《旧书》者有二种：一则有关于当日之事势，古来之政要，及本人之贤否，所不可不载者；一则琐言碎事，但资博雅而已。

《新唐书》虽所收资料，较多于《旧书》，然欧、宋二公皆不喜骈文，删改诏诰章疏，使一代典制不传，是其失也。据赵翼《廿二史札记》云：

> 欧、宋二公，不喜骈体，故凡遇诏诰章疏、四六行文者，必尽删之。……夫一代自有一代文体，……今以其骈体而尽删之，遂使有唐一代馆阁台省之文，不见于世，究未免偏见也。……其他如章疏之类，有关政体治道者，或就四六改为散文，或节其要语存之。

《新唐书》虽题宋祁、欧阳修合撰，实际经过情亦非简单。《宋史·宋祁传》称："修《唐书》十余年，自守亳州，出入内外，尝以稿自随，为列传百五十卷。"宋氏不可谓不勤苦矣。《宋史·欧阳修传》称："奉诏修《唐书》纪志表。"至于《新唐书》纂修经过，王偁《东都事略·宋祁传》中记之最详，其言云：

> 祁，字子京……初贾昌朝建议修《唐书》，始令馆职日供《唐书》所未载者二事，附于本传。命祁与王尧臣、杨察、张方平为修撰。又命范镇、邵必、宋敏求、吕夏卿为编修，而以昌朝提举。昌朝举王畴编修，必以为史出众手非是，辞之。昌朝罢相，以丁度兼领，度卒，刘沆代之，沆罢，王尧臣代之，尧臣卒，曾公亮代之。《唐书》初修，而尧臣以忧去。方平、察相继出外，祁遂独秉笔，虽外官，亦以稿自随。久之又命欧阳修刊修，分作纪志；刘羲叟修律历、天文、五行志；将卒业，而梅尧臣入局，修方镇、百官表；祁与范镇在局一十七年，王畴一十五年，宋敏求、吕夏卿，并各十年。

兹将参与修《新唐书》诸人，草列简表如左：

书 名	著 者	职 分	成 绩
新唐书	贾昌朝	提举（一）	建议修《唐书》
同	宋 祁	修 撰	修《唐书》十余年为列传百五十卷
同	王尧臣	同右（四）	以丁忧去职
同	杨 察	同 右	出外
同	张方平	同 右	出外
同	范 镇	编 修	佐宋祁在局十七年
同	邵 必	同 右	未详
同	宋敏求	同 右	在局十年，补唐武宗以下六世实录百四十八卷
同	吕夏卿	编 修	在局十年，创世系诸表，于《新唐书》最有功
同	王 畴	同	在局一十五年
同	丁 度	提举（二）	待考
同	刘 沆	提举（三）	待考
同	曾公亮	提举（五）	待考
同	欧阳修	刊 修	修纪志表
同	刘羲叟	编 修	修律历天文五行志
同	梅尧臣	编 修	修方镇百官表又撰《唐载》二十六卷
唐日历	赵邻幾	无 职	缀补《会昌以来日历》二十六卷
唐史记	孙 甫	无 职	著《唐史记》七十五传
唐纪	陈彭年	无 职	著《唐纪》四十卷
唐春秋	赵 瞻	无 职	著《唐春秋》五十卷
唐书备阙记	吴 兢	无 职	见《新唐书·艺文志》
唐典	王彦威	无 职	同右
大唐宰辅录	蒋 乂	无 职	同右
大唐新语	刘 肃	无 职	同右
国史补	李 肇	无 职	同右
补国史	林 恩	无 职	同右

［注］右表职分栏内所记提举下注有（一）（二）（三）（四）（五）等字样者，表示任职之先后也。

兹再将修《唐书》诸贤,其可考者,据《宋史》诸传所载述之如下:

(甲)梅尧臣。王偁《东都事略·梅尧臣传》云:"梅尧臣,字圣俞,宣城人也。……所撰《唐载》二十六卷,多补正旧史阙谬,乃命编修《唐书》,书未成奏而卒。"

(乙)刘羲叟。王偁《东都事略·刘羲叟》云:"刘羲叟,字仲更,泽州晋城人也。欧阳修……荐其学术该博,留修《唐书》。羲叟强记,于经史百家,无不通晓,至于国朝典故、财赋刑名、兵械钟律,皆知其要,其乐律、星历、数术尤过人。"

(丙)宋敏求。《宋史·宋敏求传》云:"敏求,字次道。……王尧臣修《唐书》,以敏求习唐事,奏为编修官。……补唐武宗以下六世实录,百四十八卷。"

(丁)吕夏卿。《宋史·吕夏卿传》云:"吕夏卿,字缙叔,泉州晋江人。……学长于史,贯穿唐事,博采传记,杂说百家,折衷整比,又通谱系之学,创为世系诸表,于《新唐书》最有功云。"

(戊)赵邻幾。《宋史·赵邻幾传》载:"赵邻幾,字亚之,郓州须城人。……常欲追补唐武宗以来实录,孜孜访求遗事,殆废寝食,会疾革,惟以书未成为恨。至淳化中,参知政事苏易简,因言及邻幾追补《唐实录》事,……太宗遣直史馆钱熙往取其书,得邻幾所补《会昌以来日历》二十六卷。"

(己)孙甫。《宋史·孙甫传》称:"孙甫,字之翰,许州阳翟人。少好学,日诵千言,慕孙何为古文章。……著《唐史记》七十五卷,每言唐君臣行事,以推见当时治乱,若身履其间,而听者晓然如目见之。时人言:'终日读史,不如一日听孙论也。'《唐史》藏秘阁。"

(庚)陈彭年。《宋史·陈彭年传》载:"陈彭年,字永年,抚州南城人。……所著……《唐纪》四十卷。"

(辛)赵瞻。《宋史·赵瞻传》云:"赵瞻,字大观。……著……《唐春秋》五十卷。"此外若王彦威、刘肃者流,虽《新唐书·艺文志》中有其名,载其书,然新旧两《唐书》中既无此辈列传,其事迹莫可得知,尚待其他书籍参考,容俟他日矣。

17.《五代史》考略

今二十四史中,有《新五代史》及《旧五代史》二种,内容大体相同,特史材之取舍详简有分耳。今之所谓"旧五代史"者,实即宋太祖命薛居正等所修之五代史,原本名为"五代史",迨欧阳修之"新五代史"成,为分别计,乃名薛著者为"旧五代史"矣。后以欧阳修之《新五代史》较佳,《旧五代史》渐不为人所重,故十七史及二十一史中,皆无《旧五代史》在内。清乾隆时,始由《永乐大典》中辑出。钦定为二十四史。但旧本原版已不可得,恐此书失传已久矣。今海内有无收藏者,亦不得而知。数年前商务印书馆影印百衲本二十四史时,曾登有广告,重价征求薛著《旧五代史》原印本,然亦未有应征者,此书或真失传欤。

据《宋史·薛居正传》载:"薛居正,字子平,开封浚仪人。……又监修《五代史》,逾年毕,锡以器币。"按薛著原本为本纪六十一,志十二,列传七十七,共一百五十卷。今存本虽篇次仍旧,而文中有缺漏处,欲补成旧观,已不可能。赵翼《二十二史札记》云:

> 宋太祖开宝六年四月,诏修梁、唐、晋、汉、周书,其曰《五代史》者,乃后人总括之名也。七年闰十月,书成,凡一百五十卷,目录二卷。监修者为司空同中书门下平章事薛居正,同修者为卢多逊、扈蒙、张澹、李昉、刘兼、李穆、李九龄(见《宋史》及晁公武《读书志》、《玉海·中兴书目》)。皆本各朝实录为稿本,此官修之史也。

薛著《五代史》,其后因欧阳修所著之《新五代史》成,新旧二史乃并行于世。至金章宗泰和七年,诏止用欧史,于是薛史渐湮。幸《永乐大典》中尚载其遗文,否则将如《乐经》之亡于秦火,成为古今二大凭吊之书矣。据《二十二史札记》"薛居正五代史"条云:

> 至金章宗泰和七年,诏止用欧史,于是薛史渐湮。惟前明《永乐大典》多载其遗文,然已割裂淆乱,非薛史篇第之旧。……开四库馆,命诸臣就《永乐大典》中甄录排纂,其缺逸者则采宋人书中之征引薛者补之,于是薛史复为完书。……今覆而案之,虽文笔迥不逮欧史,然事实较详。盖欧史专重书法,薛史专重叙事,本不可相无。

由此观之,是薛史自有其固有价值存在也。但以吾国文士旧习,文史相通,史之良否,以文章之巧拙衡之,此欧史之所以为士林所推重也。

18.《新五代史》考略

欧阳修因薛居正所撰之史,繁猥失实,重加修定,藏于家。永叔没后,朝廷闻之,取以付国子监刊行,所谓"新五代史"者是也。其书凡本纪十二,列传四十五,考三,世家年谱十,附录三及目录,共七十五卷。据《宋史·欧阳修传》云:"自撰《五代史记》,多取《春秋》遗旨。"故世称欧史著重书法,以文论之,以新史为优,然止于叙事实,尚缺志类。新史中仅有司天、官职、方域三考,故不若旧史之详密也。据《廿二史札记》云:"其后欧阳修私撰《五代史记》七十五卷,藏于家。修没后,熙宁五年,诏求其书刊行。(见《宋史》)于是薛、欧二史并行于世。至金章宗泰和七年,诏止用欧史,于是薛史渐湮。"由是可知欧史之为世所重也。然细考其故,亦自有因。欧阳修长于文学一也,欧阳修曾纂修《新唐书》二也,《新五代史》为欧阳氏之私著三也,参考书过于《旧五代史》四也。欧阳氏既长于文学,又加以修《唐书》之经验,故其史才颇不自已,跃跃欲试,因私著《新五代史》以泄其意。欧阳修既曾出入禁中,参阅典籍必多,故取材独广,有此五因,可知《新五代史》之所以负佳世誉者,良非偶然也。但论史者亦有谓其书"学究气过重"者,亦有谓"其事缺略"者。若以"一家之言"衡之,则二十四史中,舍前四史外,固无出其右者。其采用之资料,约有下列数种:

(一)《宋史·范质传》载:"范质,字文素,大名宗城人。……又述朱梁至周五代,为《通录》六十五卷,行于世。"

(二)《宋史·王溥传》称:"王溥,字齐物,并州祁人。……溥好学,手不释卷,尝集苏冕《会要》及崔铉《续会要》,补其阙漏,为百卷,曰《唐会要》。又采朱梁至周,为三十卷,曰《五代会要》。"

(三)《宋史·郑向传》:"郑向,字公明,开封陈留人。……五代乱亡,史册多漏失,向著《开皇纪》三十卷,摭拾遗事,颇有补焉。"

(四)《宋史·王子融传》云:"子融,字熙仲。……又集五代事,为《唐余录》六十卷以献。"

(五)《宋史·路振传》:"路振,字子发,永州祁阳人。……又尝采五代末,九国君臣行事,作世家、列传,书未成而卒。"

除以上五家外,据《廿二史札记》所载,又有下列诸人:

> 此外,又有孙光宪《北梦琐言》、陶岳《五代史补》、王禹偁《五代史阙文》、刘恕《十国春秋》、龚颖《运历图》,见《宋史·艺文志》及晁公武《读书志》者,皆在欧公之前,足资考订。其出自各国之书,如钱俨之《吴越备史》、《备史遗事》、汤悦之《江南录》、徐铉之《吴录》、王保衡之《晋阳见闻要录》,又皆流布。而徐无党注中所引证之《唐摭言》、《唐新纂》、《九国志》、《五代春秋》、《鉴戒录》、《纪年录》、《三楚新编》、《纪年通谱》、《闽中实录》等书,又皆欧所参用者。盖薛史第据各朝实录,故成之易,而记载或有沿袭失实之处。欧史博采群言,旁参互证,……卷帙虽不及薛史之半,而订正之功倍之。文直事核,所以称良史也。

新旧两《五代史》之大不同点,为薛史为官纂,欧史为私修;前者仅逾一年而毕其事,后者得细加笔削之时,故其精粗显有不同之处也。兹将欧史所用之资料,列表于后:

书 名	著 者	卷 数	内 容
通 录	范 质	六十五卷	朱梁至周五代
唐会要	王 溥	百 卷	集苏冕会要及崔铉会要而成
五代会要	王 溥	三十卷	朱梁至周
开皇纪	郑 向	三十卷	摭拾五代遗事
唐余录	王子融	六十卷	集五代事
世家列传	路 振	(未成书)	采五代末九国君臣行事
北梦琐言	孙光宪	未 详	待考
五代史补	陶 岳	未 详	待考
五代史阙文	王禹偁	未 详	待考
十国春秋	刘 恕	未 详	待考
运历图	龚 颖	未 详	待考
吴越备史	钱 俨	未 详	待考
备史遗事	钱 俨	未 详	待考

续　表

书　名	著　者	卷　数	内　容
江南录	汤　悦	未　详	待考
吴　录	徐　铉	未　详	待考
晋阳见闻录	王保衡	未　详	待考
唐摭言	?	未　详	待考
九国志	?	未　详	待考
五代春秋	?	未　详	待考
鉴戒录	?	未　详	待考
纪年录	?	未　详	待考
三楚新编	?	未　详	待考
纪年通谱	?	未　详	待考
闽中实录	?	未　详	待考

右表中有"未详"及"待考"字样者,非谓无可考,亦非不能考,盖以时间仓猝,兼以手头书少,尚待他日详察添注耳。

19.《宋史》、《辽史》、《金史》合考

宋、辽、金三史,皆为元代托克托一人先后编纂者,势难分述,故本编合为一节述之。兹将三史之篇目卷帙,表之如左:

书名	著者	本纪	志	表	列传	世家	共卷数
宋史	托克托	四七	一六二	三二	二五五	与列传合	四九六
辽史	托克托	三〇	三一	八	四六	?	一一六
金史	托克托	一九	三九	四	七三	?	一三五

宋、辽、金三史纂修经过,据王鸣盛《蛾术编》云:

辽、宋、金三史,皆元人所修。《辽史》,至正四年三月,中书右丞相都总裁脱脱等表进。《金史》,至正四年十一月,中书右丞相领三史事阿图鲁等表进。《宋史》,至正五年十月,阿图鲁等表进。

又据《续通考》中《经籍考》云：

> 初元世祖立国史院，首命王鹗修辽、金二史。宋亡，又命史臣通修三史。延祐（仁宗年号）、天历（文宗年号）之间，屡诏修之，以义例未定，竟不能成。顺帝至正三年，命托克托（《元史》作托托）为都总裁，特穆尔达实（《元史》作铁木儿塔识）、张起岩、欧阳玄、吕思诚、揭傒斯为总裁官，修之。或欲如《晋书》例，以宋为世纪，而辽、金为载记。或又谓辽立国先于宋五十年，宋南渡后，常称臣于金，以为不可。待制王理者，著《三史正统论》，欲以辽、金为北史，太祖至靖康为宋史，建炎以后为南宋史，一时持论不决。诏辽、宋、金各为史，凡再阅岁，书成上之，举例论赞表奏，多玄属笔云。

"正统"、"偏安"，为历代修史者难决之问题，而于各朝递禅，区域分割情形下为尤甚，前如三国（魏、蜀、吴），后如辽、金、元是也。但魏、蜀、吴同为汉末州牧割据之变相，而辽、金、元则种族有分。况宋于辽、金虽有称臣之时，而忍辱苟安，尚可延赵宋之系统不绝，与西蜀称帝之情形不同，三史分纂，理有固然。辽、金、宋三史成书甚易，推考其原，以有诸朝实录在也。赵翼之《廿二史札记》中，载三史纂修情形颇详，其言云：

> 元顺帝时，命托克托等修辽、宋、金三史。自至正三年三月开局，至正五年十月告成。以如许卷帙，成之不及三年。……实皆有旧本，非至托克托等始修也。各朝本有各朝旧史，元世祖时，又已编纂成书，至托克托等，已属第二、三次修辑，故易于告成耳。《辽史》在辽时已有耶律俨本，在金时又有陈大任本，此《辽史》旧本也。金亡后，累朝实录在顺天张万户家，后据以修史，此《金史》旧本也。宋亡后，董文炳在临安主留事，曰："国可灭，史不可灭。"遂以宋史馆诸记注，尽归于元都，贮国史院（见《元史·董文炳传》），此《宋史》旧本也。元世祖中统二年，王鹗请修辽、金二史，诏左丞相耶律铸、平章政事王文统监修，寻又诏史天泽亦监修。其金朝卫绍王记注已亡失，则王鹗采当时诏令，及杨云翼等所记足成之。及宋亡，又命史臣通修三史。此元世祖时纂修三史之本也。故至正中，阿鲁图、托克托等《进辽史表》云："耶律俨语多避忌，陈大任辞乏精

详。世祖皇帝敕词臣撰次三史,首及于辽。"《进金史表》云:"张柔归金史于先,王鹗采金事于后。"《进宋史表》云:"世祖皇帝拔宋臣而列政途,载宋史而归秘府,既编戡定之勋,寻奉纂修之旨。"可见元世祖时,三史俱以修订。而《元史·托克托传》并谓:"延祐、天历间,又屡诏修之。"则不惟修之于世祖时,而世祖后,又频有修辑矣。……其所以未成书者,……以义例未定。……各持论不决故耳。至顺帝时,诏宋、辽、金各为一史,于是据以编排,而纪传表志,本已完备,故不三年遂竣事。

至于纂修三史者之姓氏及其历略,尚无系统之记载。兹就辽、金、元三史中诸传,摘录如下:

(一)耶律俨。《辽史·耶律俨传》:"耶律俨,字若思,析津人。本姓李氏。道宗寿隆六年,……迁知枢密院事,……封越国公,修《皇朝实录》七十卷。……又善伺人主意,妻邢氏,有美色,尝出入禁中,俨教之曰:'慎勿失上意。'由是权宠益固。"

(二)元好问。《金史·元好问传》:"好问,字裕之。……以金源氏有天下,典章法度,几及汉唐,国亡史作,己所当任。时金国实录,在顺天张万户家,乃言于张,愿为撰述。既而为乐夔而阻而止。好问曰:'不可令一代之迹,泯而不传。'乃构亭于家,著述其上,因名曰'野史'。凡金源君臣遗言往行,采撮所闻,有所得辄以寸纸细字为纪录,至百余万言。今所传者有《中州集》及《壬辰杂编》若干卷。"

(三)脱脱。《元史·脱脱传》:"顺帝至正三年,诏修辽、金、宋三史,命脱脱为都总裁官。"

(四)铁木儿塔识。《元史·铁木儿塔识传》:"铁木儿塔识,字九龄,国王脱脱之子。资禀宏伟,补国子学诸生,读书颖悟绝人。……修辽、金、宋三史,铁木儿塔识为总裁官,多所协赞云。"

(五)揭傒斯。《元史·揭傒斯传》:"揭傒斯,字曼硕,龙兴富州人。……特授翰林国史馆编修官。时平章李孟监修国史,读其所传功臣列传,叹曰:'是方可名史笔,若他人直誉吏牍尔。'……诏修辽、金、宋三史,傒斯与为总裁官。……且与僚属言:'欲求作史之法,须求作史之意。古人作史,虽小善必录,小恶必记,不然何以示惩劝。'由是毅然以笔削自任，凡政事得失，人材贤否，一律以是非之公。至于物论之齐，必反覆辩论，以求归于至当而后止。至正四年，《辽史》成，有旨奖谕，仍督早成金、宋二史。俟斯留宿史馆，朝夕不敢休，因得寒疾，七日卒。"

（六）张起岩。《元史·张起岩传》："张起岩，字梦臣。……诏修辽、金、宋三史，复命入翰林为承旨，充总裁官。……起岩熟于金源典故，宋儒道学源委，尤多究心。史官有露才自是者，每立言未当，起岩据理审定，深厚醇雅，理致自足。"

（七）欧阳玄。《元史·欧阳玄传》："欧阳玄，字原功。……诏修辽、金、宋三史，召为总裁官，发凡举例，俾论撰者有所据依。史官中有悻悻露才，论议不公者，玄不以口舌争，俟其呈稿，援笔窜定之，统系自正。至于论赞表奏，皆玄属笔。"

（八）吕思诚。《元史·吕思诚传》："吕思诚，字仲实，平定州人。……总裁辽、金、宋三史。"

以上所举八人，除耶律俨及元好问，非直接参与修史外，其余六人皆为参与纂修辽、金、宋三史之总裁官。但据《元史·揭傒斯传》中所云："时平章李孟监修国史。"是于总裁官外另有"监修"之职。又同传中有"且与僚属言"之句，则修史者必不止数人而已。兹再将修辽、金、宋三史，可考之人物姓氏及职务，草成简表如左：

姓　名	职　份	成　绩
托克托	都总裁官	集总裁官之大成，故三史所属其名
铁木儿塔识	总裁官	协赞都总裁
揭傒斯	总裁官	功臣列传
张起岩	总裁官	熟于金源典故
欧阳玄	总裁官	发凡举例及论赞表奏
吕思诚	总裁官	未详
李　孟	监　修	评阅列传

其余编修、纂修诸人均不可考。至于表中所列"托克托"，据《元史》及《蛾术篇》则作"脱脱"，《续通考》及《廿二史札记》则作"托·克托"，盖皆译音耳。故铁木儿塔识亦作"特穆尔达实"，本表仅取其一，并无诚见也。

20.《元史》考略

按《钦定四库全书简明目录》中,正史类"元史"条云:"二百十卷,明宋濂等撰。其书仓卒而成,最为草略。碑志之语,案牍之文,往往不及修改。顺帝时事,虽经采补,亦复不详。太祖尝命解缙改修,书竟不成。故至今仍以是书列为正史。"由此语证之,《元史》殆为未修成之史稿耳。故近儒柯凤林有《新元史》之作,以补旧史之阙漏也。《元史》今传本计本纪四十七卷,志五十八卷,表八卷,列传九十七卷,共二百十卷。但与李善长等《进元史表》所云卷数,微有出入,其言云:"《元史》,本纪四十七卷,志五十三卷,表六卷,传九十七卷,目录二卷,通计二百十卷,凡一百三十万六千余字。"又据《日知录》"元史"条引宋濂序云:"洪武元年十二月诏修《元史》,臣濂、臣祎总裁,二年二月丙寅开局,八月癸酉书成。纪三十七卷,志五十三卷,表六卷,传六十三卷。顺帝时因无实录可征,因未得完书。上复诏议曹遣使行天下,其涉于史事者令郡县上之。三年二月乙丑开局,七月丁亥书成。纪十卷,志五卷,表二卷,传三十六卷,凡前书所未备,颇补完之。"据宋濂序,知第二次所成纪十卷,即顺帝纪也,合之第一次所成之三十七卷,为本纪四十七卷。志续成五卷,当即"五行二"、"河渠三"、"祭祀六"、"百官八"、"食货五"之五卷。表续成二卷,当即"三公二"、"宰相二"之二卷。传续成三十六传,当即三十三以后诸卷,略有归并,故合之先成之六十三卷,成九十七卷。总计得二百十卷,目录二卷除外。考李善长《进元史表》,上于洪武二年八月十一日,其所云之卷数,当为第一次所成之卷数。盖修史者,既改于本纪,而志表则仅分上下,未改其卷数,遂致讹误。以其成书所需时日计之,"洪武二年二月丙寅开局"至"八月癸酉"告成,其间仅百八十八日。其续修顺帝一朝史,于"洪武三年二月乙丑再开局,七月丁未书成",计一百八十三日。综前后两次修史所需之时间,尚不满一年,不过三百有十一日耳。古今成史之速,未有如是者。宜乎考订不审,指责非难者之多也。二十四史中,以《元史》为最不完善,其原因故系时间仓猝所致,而奉命诸臣不解蒙古文字,亦为其主因,虽云"燕京图籍橐载而南",实未必能尽读尽解;即或有少数蒙古人相助,而其时之蒙人汉化,亦复数典忘祖,伪误百出。故世之评者谓：《元史》中多"一人两传"，及"附传之外别立专传"之大误，惟《元史》中有之。考宋濂之事迹，据《历代名贤列女氏姓谱》云：

> 宋濂，字景濂，其先金华之潜溪人，至濂乃迁浦江。幼英敏强记，就学于闻人梦吉。……至正中，荐授翰林编修，以亲老辞不行，入龙门山著书。逾十余年，太祖取婺州，召见濂。时已改宁越府，命知府王显宗开郡学，因以濂及叶仪为五经师。明年三月，以李善长荐，因刘基、章溢、叶琛并征至应天。……命授太子经，改起居注。……洪武二年诏修《元史》，命充总裁官。是年八月史成，除翰林院学士。明年二月，儒士欧阳祐等采故元元统以后事迹还朝，仍命濂等续修，六越月再成，赐金帛。……六年七月，迁侍讲学士，知制诰，同修国史。……四方学者悉称为"太史公"，不以姓氏。

与宋濂同时纂修《元史》者，尚有王祎，据《氏姓谱》云：

> 王祎，字子充，义乌人。幼敏慧，及长，身长岳立，屹有伟度。师柳贯、黄溍，遂以文章名世。……隐青岩山，著书，名日盛。太祖取婺州，召见，用为中书省掾史。……太祖喜曰："江南有二儒，卿与宋濂耳。学问之博，卿不如濂；才思之雄，濂不如卿。"……修《元史》，命祎与濂为总裁。祎史事擅长，裁烦剔秽，力任笔削。书成，擢翰林待制，同知制诰兼国史馆编修官。……会元遣脱脱征饷，胁王以危言，必欲杀祎，王不得已出祎见之，脱脱欲屈祎，祎叱曰："天既讫汝元命，我朝实代之。汝烬火余烬，敢与日月争明耶？且我与汝皆使也，岂为汝屈！"或劝脱脱曰："王公素负重名，不可害。"脱脱攘臂曰："今虽孔圣，义不得存！"祎顾王曰："汝杀我，天兵继至，汝祸不旋踵矣。"遂遇害。

此外参与纂修《元史》者，以赵埙之功为大。据顾炎武《日知录》云："总裁仍濂、祎二臣，而纂录之士，独赵埙终始其事。"可知赵氏之力独伟也。其身世，据《氏姓谱》云：

> 赵埙，字伯友，新喻人。好学，工属文。元至正中举于乡，为上

犹教谕。洪武二年，太祖诏修《元史》，命左丞相李善长为监修官，前起居注宋濂、漳州府通判王祎为总裁官，征山林遗逸之士汪克宽、胡翰、宋僖、陶凯、陈基、曾鲁、高启、赵汸、张文海、徐尊生、黄篪、傅恕、王锜、傅著、谢徽为纂修官，而埙与焉。以是年二月，开局天界寺，取元《经世大典》诸书，用资参证。八月成书，诸儒并赐赉。……而顺帝一朝史犹未备，乃命儒士欧阳祐（按是时采书之官，欧阳祐外，有黄箎、危于徽、吕复诸人）往北平采遗事。明年二月还朝，重开史局，仍以宋濂、王祎为总裁，征四方文学士朱右、贝琼、朱廉、王彝、张孟兼、高逊志、李懋、李汶、张宣、张简、杜寅、殷弼、俞寅及埙为纂修官。先后纂修三十人，两局并与者，埙一人而已。阅六月，书成，诸儒多授官，惟埙及朱廉不受归。寻诏修日历，授编修，……命与宋濂同职史馆，濂兄事之。

与赵埙同时纂修《明史》者，除汪克宽、陶凯、曾鲁、高启、赵汸、贝琼、高逊志等于《明史》中，均有列传详其事迹外，其余同修诸臣，则仅附于《明史》文苑传中赵埙传之后，原文过长，不便一一繁引。兹将纂修《元史》诸臣，据《明史》诸传中所详，拟为简表如左：

姓 氏	职 份	居 里	姓 氏	职 份	居 里
李善长	监修官	定 远	王 祎	总裁官	义 乌
宋 濂	总裁官	浦 江	赵 埙	纂修官	新 喻
汪克宽	纂修官	待 考	胡 翰	纂修官	待 考
宋 僖	纂修官	余 姚	陶 凯	纂修官	待 考
陈 基	纂修官	临 海	曾 鲁	纂修官	待 考
高 启	纂修官	长 洲	赵 汸	纂修官	待 考
张文海	纂修官	鄞 州	徐尊生	纂修官	淳 安
黄 篪	纂修官	待 考	傅 恕	纂修官	鄞 州
王 锜	纂修官	待 考	傅 著	纂修官	长 洲
谢 徽	纂修官	长 洲	欧阳祐	采书官	待 考
黄 箎	采书官	待 考	危于徽	采书官	待 考

续　表

姓　氏	职　份	居　里	姓　氏	职　份	居　里
吕　复	采书官	待　考	朱　右	纂修官	临　海
贝　琼	纂修官	待　考	朱　廉	纂修官	义　乌
王　彝	纂修官	嘉　定	张孟兼	纂修官	浦　江
高逊志	纂修官	待　考	李　懋	纂修官	待　考
李　汶	纂修官	当　涂	张　宣	纂修官	江　阴
张　简	纂修官	吴　县	杜　寅	纂修官	吴　县
殷　弼	纂修官	待　考	俞　寅	纂修官	待　考
斯　道	纂修官	慈　溪			

右表中所列之斯道一人，《明史》赵埙本传中，所载同时纂修《元史》之人，无其名，而于附传中见之，或本传中脱漏欤？若以"先后纂修三十人"计之，则赵埙本传中仅列二十九人（埙在内），加斯道正合三十人之数矣。但"斯道"二字，"斯"为姓乎？据附传云："斯道，字继善，慈溪人，与兄本良俱有学。洪武中，斯道被荐授石龙知县。"观附传中常称"斯道"二字，是"斯"字非为姓可知，且"斯道"与"本良"意相近，为伊兄弟之二人之名无疑。余疑《明史》中脱字，其姓得暇待察他书以证之。再赵埙之附传中所列同修《元史》诸臣之字及号，有详有略者，本表均未列入，其居里有缺者，亦待他日察书再为补入。

21.《明史》考略

据《四库全书简目》云："《明史》三百三十二卷，目录四卷。"又云："国朝保和殿大学士张廷玉等奉敕撰，经始于康熙十八年，雍正二年，诏诸臣续葳其事，至乾隆四年告成。其中考究未详者，近又承命刊正，今谨以断定之本著于录。"又据邵懿辰《四库简明目录标注》云："《总目》作三百三十六卷，此作三百六十卷，待考。"是则《明史》有三种不同之卷数矣。邵氏注云："武英殿本，江苏翻刻本，余在方略馆时，见乾隆末年改定之本，惜已不全，仅列传百数十卷，中多签改，翻译人名地名，亦间引他书签改，本文似乎未曾改刊。曾嘱陈梁叔编录，出京匆匆不果，此目所云新定之本,或即此本。但所见列传卷数,并无分合,岂添列三藩事迹,增多二十四卷欤?须得阁本对勘,方释此疑。改本文处不甚多,亦不甚确。"但余所阅中华图书馆协会《四库全书简目》本(本版)则为"三百三十二卷",是与邵氏标注本作"三百六十卷"及其所云"《总目》作三百三十六卷"均不相合,且三百三十二卷,较三百三十六卷差四卷,较三百六十卷差二十八卷之多,未知孰是。但据张廷玉《上明史表》所云:"谨将纂成本纪二十四卷,志七十五卷,表十三卷,列传二百二十卷,目录四卷,共三百三十六卷。刊刻告成,装成一十二函。……乾隆四年七月二十五日。"由此证之,相差四卷之故,必为目录四卷之故也。盖一为连目录在内,故云"三百三十六卷";一为未算目录,故云"三百三十二卷"。然"三百六十卷"之说,不知《总目》中何所依据耶?

据张廷玉《上明史表》有云"爰即成编,用为初稿"云云,是殿版所印《明史》,是否一次,尚待详考,既云"初稿",当非定本,其后有增删改订之处是为可能。然则邵氏所见签改之本,或即为初稿后之改正本欤?

考自清圣祖(康熙)诏张廷玉等修《明史》,历经世宗二年,诏诸臣续葳其事,至高宗四年书成,表上,先后近六十年之久。以视明代之修《元史》未及一年,即仓猝成书者,宜乎其优劣相去之甚也。

细考明史馆,开于清顺治二年五月癸未,命内三院大学士冯铨、洪承畴、李建泰、范文程、刚林、祁充格等纂修《明史》。(事见《东华录》顺治四卷中)其后五年,又诏修天启及崇祯元年以后事迹。以是计之,先后修《明史》之岁月,竟达八十年之久矣。

史馆既开,尚感人材不备。康熙十八年时,乃谕吏部荐举到任人员,已经亲试取中一等彭孙遹、倪灿、张烈、汪霦、乔莱、王顼龄、李因笃、秦松龄、周清源、陈维崧、徐嘉炎、陆葇、冯勖、钱中谐、汪楫、朱彝尊、汤斌、汪琬、邱象随,二等李来泰、潘耒、沈珩、施闰章、米汉雯、黄与坚、李铠、徐釚、沈筠、周庆曾、尤侗、范必英、崔如岳、张鸿烈、方象瑛、李澄中、吴元龙、庞垲、毛奇龄、钱金甫、吴任臣、陈鸿绩、曹宜溥、毛升芬、曹禾、黎骞、高咏、龙燮、邵吴远、严绳孙,著修《明史》。此五十人皆一时硕彦鸿博之士,分任纂修之职,各以其所见闻,供献史馆,故世之称修《明史》者,多谓自康熙十八年始,盖以此也。此次史馆中修史办法,乃系按馆

内诸臣所知本乡之先贤事迹,分别撰述之,以取料易而谬误少之故耳。据毛奇龄《西河合集》中之《王文成公传本》之注云:

> 此即史馆列传中草构本也。馆例:史官入馆,先搜构其乡大臣事迹之在群书者,而后阄分其题以成之。文成,吾乡人,因构此本。其后同官尤展成(侗)阄得文成传,已取此本作传讬,而草还故处。今录此者,以为其事核,足以征信,且亦为未成之史,非秘笈,言之者无罪,可览观焉。

由此可知史馆中诸臣纂修之办法矣。又查尤侗《西堂余集》中,果有王守仁传在焉。由是益可知搜求史料及执笔者,本非一人,几成馆中定例,而《明史》体例之完善良有以也。又毛奇龄《王文成传本续补》中,其弟子远宗识云:

> 此后续补本也。先生以文成旧传多讹谬,史传未定,因携馆中草本归,藉以存实,而草本又轶其半,每思续之,而家无蓝本,且老病,绝笔久矣。康熙辛卯(五十),命予与及门张文枫,仍采诸谱状旧传,而录其实者呈定缀入,名曰续补,虽与前本大相径庭,顾较时本则稍有间云。

毛氏对搜求史事至老弗衰,可谓热心矣。观王文成传中,驳王文成年谱处甚多,可知氏之求真求实俱史家之卓见矣。又如毛氏《后鉴录》自注有云:

> 予少丧乱,往往承故老旧闻,由闾、献而上,遍采二百余年间所记群盗,汇积成帙,将以备史文之择。而承乏编纂,颇见搜录,则殷鉴在前,勿庸再讳。因仍本故本,而袭以给舍所录名曰"后鉴录",亦曰"夫犹是当日之爱书焉"尔。

其搜求之苦心,昭然可见矣。兹将与毛氏同时诸纂修官所拟史稿,列为简表如左,以资参证。

姓 氏	著 作	有关史稿部份	在馆年代
尤 侗	西堂余集	分纂弘正诸臣列传六卷,外国传六卷,艺文志五卷	三年
毛奇龄	西河合集	列传十一卷,王文成正续传,宗武外纪一卷,后鉴录一卷	康熙十八年入

续　表

姓　氏	著　作	有关史稿部份	在馆年代
汤　斌	分纂明史稿	存历志三,列传十二,太祖本纪四,后妃一	顺治九年入
方象瑛	明史分纂残本	据明史分类目录载云八十六年传	康熙十八年入
朱彝尊	曝书亭集	分撰列传三十篇附集后	康熙十八年入
施闰章	学余堂集	列传四十八篇(但四库本无)	康熙十八年入
汪　琬	钝翁续稿	撰列传百七十五篇(但四库本不载)	在馆六十日
万邦荣	明史列传分纂	撰列传十五卷(嘉靖万历间)	雍正三年
沈　珩	耿岩文选	列传十二篇	康熙戊午入
王　源	学春类稿	明史食货志稿	

　　本表仅列十人,其余诸纂修者,当各有成绩,势难列举。

　　考历次修《明史》诸臣,以康熙十八年所征之博学鸿词五十人全数入史馆(其姓氏已见前)为最多。此外如顺治二年有五人(名见前),多前朝贰臣,无成绩可述。余如康熙十八年修史之监修为徐元文(见张玉书《徐公神道碑》),总裁为叶方霭、张玉书二人。又康熙二十一年监修为李霨(见《清史列传》),总裁为汤斌、徐乾学、王鸿绪。二十五年监修为王熙、张玉书,总裁为陈廷敬、张英、王鸿绪。其后如三十三年及雍正元年,屡有更换,而以张廷玉在馆之时日为多。

　　按《明史》虽成书于乾隆四年,其后乾隆四十二年又有修改,据《东华录》称:"乾隆四十二年五月,诏刊正《明史》,除上派尚书英廉、程景伊、梁国治、侍郎和珅、内阁学士刘镛外,又续派大学士于敏中、侍郎钱汝诚二人,纂修官则宋铣、刘锡嘏、方炜、黄寿龄、严福、罗修源、章宗瀛等七人。"唯今传本《明史》中仍有乾隆四年张廷玉《上明史表》,未悉果为旧本,抑系改订者?亦待详考,方可定论。

　　《明史》最后纂修总裁虽为张廷玉,其实史稿底本,以万斯同之功为独多,据黄梨洲《送万季野北上》诗有云:"史局新开上苑中,一时名士走空同。是非难下神宗后,底本谁搜烈庙终。此世文章推婺女,定知忠义

及韩通。凭君寄语书成日，纠缪还防在下风。"(见《南雷诗历》)

世之论修《明史》者，多谓张廷玉据横云山人之《明史稿》以成《明史》。殊不知在此书之前，已有四明万季野先生《明史稿》，现在国立图书馆有藏本，且该馆中尚有四百十八卷本《明史稿》一部，以时间前后论之，不得谓横云山人首创也。且方苞《万季野墓表》有"季野所撰本纪列传，凡四百六十卷，惟诸志未就"之语，可知万氏确曾撰《明史稿》矣。

《潜研堂集·万季野传》云："乾隆初，大学士张公廷玉等，奉诏刊定《明史》，以王公鸿绪《史稿》为本而增损，王氏稿本大半出先生手。"此为王鸿绪据万氏《史稿》以成书一也。

张廷玉《上明史表》有云："旧臣王鸿绪之《史稿》，经名人三十载之用心。"据梁任公云："名人即指季野，不便质言耳。"二也。

钱大昕《潜研堂集·万季野先生传》中季野自言云："昔迁、固才既杰出，又承父学，故事信而言文。其后专家之书，才虽不逮，犹未至如官修者之杂乱也。譬如入人之室，始而周其堂寝匽湢，继而知其蓄产礼俗；久之其男女少长，性质刚柔，轻重贤愚，无不习察，然后可制其家之事。若官修之史，仓卒而成于众人，不暇择其才之宜与事之习，是犹招市人而与谋室中之事也。吾所以辞史局而假馆总裁所者，惟恐众人分操割裂，使一代治乱之迹暗昧而不明耳。"可为万氏撰史之三证也。

万氏所云"假馆总裁所"者，指徐元文也。徐氏彼时为史馆总裁，极力罗致万氏，但万氏不愿属衔，亦不受俸，仅元文家中，襄助其事而已，虽未居总裁之官，而有总裁之实权。观万氏之态度，可谓忠心史事者。设万氏应招而为编纂官，充其量不过得分撰一部份列传耳，不能总裁史之全豹也。观其"使一代治乱之迹暗昧而不明耳"之语，可知其伟大之志愿矣。

万氏不但襄助总裁，而辨正史事，认真取材之态度，亦非一般史家可比。方苞《望溪文集》中《万季野先生墓表》记季野之言云：

> 实录者，直载其事与言，而无所增饰者也。因其世以考其事，核其言而平心察之，则本末十得八九矣。然言之发或有所由，事之端或有所起，而考其流或有所激，而非他书不能具也。凡实录之难详者，吾以他书证之；他书之诬且滥者，吾以所得于实录者裁之。

虽不敢具谓可信,而枉者或鲜矣。昔人于《宋史》,已病其繁芜,而吾所述将倍焉。非不知简之为贵也,吾恐后之人务博而不知所裁,故先为之极,使知吾所取者有可损,而所不取者必非其事与言之真而不可益也。

万季野固素俱过人天质,实亦乃师黄梨洲先生有以成就之,谓季野之史学传自梨洲可也。《南雷文约》中有梨洲与季野所作之《历代史表序》,其言云:

> 嗟呼!元之亡也,危素趋报恩寺,将入井中,僧大梓云:"国史非公莫知,公死国之史也。"素是以不死。后修《元史》,不闻素有一辞之赞。及明之亡,朝之任史事者众矣,顾独藉一草野之万季野以留之,不亦可慨也夫!

梨洲对史事慨叹之深,活跃纸上,万氏承其学风,当无疑问。所可惜者,一般浅识之辈,束书不读,动谓《明史》系根据王鸿绪(横云山人)之《明史稿》而成,乃不察之谈也。

五 结 论

二十四史之成书经过,既已分述于前,此处似无庸再下结论。然归纳之,则有数点原则,略陈于后。

(1) 修史多在后代。历代修史,多为前朝已亡,后朝帝王命诸臣分别纂修。若《元史》、若《明史》最为显然,其他诸史,若《晋书》、若《新五代史》等,其间尚有隔一代或数代始完成者。以此之故,有三弊点生焉:前后两朝虽相连接,但中间必经过一度大变乱,社稷始定,种种史料,十存二三。使后代修史者不易搜罗博洽,一也;一代之时间少则数十年,多则数百年,以前朝最初之事迹,待后代始成书,史料既不完备,传说又多不可据,两朝制度不同,风俗亦异,想像追加记述,难成信史,二也;前后两朝交替以禅让方式行之者,舍尧舜禹外,后竟无之,既为争夺,必生恨怨,加之修史之臣,恐因文获祸,忌讳顾虑之处甚多,对前朝末帝君臣事迹,多贬少赞,此其三也。

（2）史料太秘，无从旁证。历代帝王史事，虽非如古代之左史记言，右史记事，然所谓起居注及日历（明代有之）等，亦无非记载帝王日常生活之种种。试问内阁学士、翰林编修等，对本朝皇帝敢有非难之词否？"隐恶扬善"几成原则。此种宝典竟谓为实录，藏之宫廷，外间不得闻问，即大内诸臣，若非奉命纂修史册者，亦岂敢私自翻阅。后代用以修史者多据前代实录，或有聪明之士，以理而推度之认为不实，据理以驳之，然宫帏之中又"谁经目睹"，果认为不实，又何所据而云然耶？

（3）正史多为官书。正史多为官书，虽非一定不移之理，但二十四史中，除迁史及欧史外，几无一非为官修之史。史既官修，在帝王监督之下，若太褒前朝，则显为本朝取代之不当，如太讥前朝，则其过苟与本朝相同，即有"对跋言跚"之嫌，因此而获罪者甚多。况既属官修，同僚当非一人，"文人相轻"之习极易促成，有功则互争互嫉，有过则互推互指，遇事苟且塞责，比比皆是。辽、金、宋及元史皆以官修而潦草，可资证明。司马迁之《史记》虽属私修，而司马父子在史馆多年，成书于一人之手，而其取材亦多来自秘府。欧阳修之《新五代史》，虽亦为私撰，然欧公曾奉命与宋祁同修《新唐书》，以其余力成《新五代史》，是迁史、欧史非官修而仍同官修也。

（4）史书多为修纂而少撰述。史书既多成于后代，故极少目睹而记述；多就前朝实录及零散传记以成，所谓"修"者，就旧有史料加以去取，字句修辞务求工整，故引典谈文，有时出于武夫之口，"文胜质则史"，几为一贯法则。如《史记》因《世本》、《国策》等以成书，《汉书》诸帝纪又多删改《史记》以成。《新唐书》、《新五代史》中固多新材新事，然大体又无不以《旧五代史》、《旧唐书》之文而成。所谓"纂"者，乃合各书史事史料，分类排比之谓也，分纂官则就某数传之史材，合而纂成一传；总裁官则合各分纂官之传，修删去留，比类而次叙以成书。若直接由目睹或耳闻之事迹，撰述以记成之者，则绝无仅有也。

（5）正史多为断代，编制体裁相同。"正史"二字，已无再解释之必要，正史多为断代，亦成普遍原则。二十四史中，除《史记》非为断代外，其余二十三种皆为断代之史。新旧两《五代史》虽非断代，然五代纷争之际，不易严格划分小时代，虽云"五代"，实仍一大时代也。诸史中之体例，自《史记》开其端倪，其余各史，体例略有增减，而本纪、世家、列传、志、表等，几成一贯通例。

二十四史之数大原则，既如上述矣。世之论作史者谓多遭遇不幸，韩昌黎尤极主其说。细察其因，多由猜忌之主所造成，或由作史者个性屈强所至，非一定不易之原则也。至如范晔系狱，亦非因史获罪，司马迁乃遭宫刑后而作成《史记》，不得为"史家多遭遇不幸"也。

二十四史卷帙虽多，梁任公谓"凡大学生即学理工者亦不可不一读也"，盖吾国至今尚无一种良好有系统之通史也。近年开明出版《二十五史人名索引》，梁启雄先生著成《二十四史传目引得》，阅史者又少许多检察之劳矣。

(《新东方》1941年第2卷第3、4期)

中国史籍分类之沿革及其得失

傅振伦

大道方行,俯龟象而设卦;后圣有作,仰鸟迹以成文。黄帝制文字,设史官,籍载于是兴焉。至于殷周,史官益备。下逮诸侯,亦各有国史,而史籍亦日以烦富。前人谓皋夔稷契,所读何书?殊不知古史典守图籍,即有目录,以为纲纪,故有以三坟、五典、八索、九丘为古代目录者。惟其体制埋灭,不可复知耳。孔子删《书》,别为之序,各陈作者所由,是盖目录源起之可考者。汉武时杨仆纪奏《兵录》,是官家校雠定书之始。其后,刘向始校群书,撰为《七略》、《别录》。其子歆,又撮其机要,以成《七略》,是为吾国书籍著录之始。班固撰《汉书》,因沿刘《录》,以成《艺文志》,分为六略,而史家无专篇,《议奏》、《国语》、《新国语》、《世本》、《战国策》、《奏事》、《楚汉春秋》、太史公冯商所续《太史公太古以来年纪》、《汉著记》、《汉大年纪》等五百一十八篇,均附于《春秋》家。他若《苍颉传》则见小学家,《高祖传》则见儒家,《青史子》则见小说家。晋秘书监荀勖,因郑默《中经》,更著《新簿》十四卷,分为四部,总括群书,实开四库之滥觞。其三曰丙部,有史记、旧事、皇览簿、杂事诸类,次经子之后,是为史籍独为部类之始。李充《晋元帝书目》又因荀氏《中经簿》,仍分四部,而以史记为乙部,于是史书之部次始定。嗣后谢灵运、王亮、任昉、殷钧、王俭(其《七志》则系私撰)等官撰书目,皆奉为法式,无所变更。梁《文德殿目录》其术数之书,更为一部,祖暅之撰其名,因有《五部目录》之作。然官家书目,则鲜因从焉。自是以降,著录群书者,有官家目录,有私家目录,有正史目录,有史家目录。史部之书,或合于经,或独自为目,又或以其子目,别为一类,其分类之法,有繁有简,尤、黄二氏,分史部为十八类,失之烦琐;《图书集成》分史书为六部,又失之挂漏。夫历史定律,人事由简单而趋复杂,而学术则又由综合而趋于分析。而目录上之分类,其始则患其凌杂,继又嫌其隶属不当,更进而又病其镂析过甚。广览古今书目,鲜免此失。又考《史记·自序》总历自道作书本意,并述其篇目,此史籍有目录之始也。《汉书·序传》(挚虞《流别集》谓之《汉书述》)、《后汉书》论赞(论赞初殆全附书末,非如今日之散置篇后,故《旧唐书·经籍志》载有《后汉书论赞》五卷)并其流也。而书目之有序录,则始于刘向。《隋书·经籍志》称其书剖析条流,各有其序,推寻事迹。盖书名之外,别有所稽撰。是以《汉志》录《七略》书名,不过数卷,而其《别录》则多至二十七卷也。唯后世之编目者,多列目而不录序,综其体制,大约有三:一为只列书名不加序释,《通志·艺文略》及诸家藏书目是也;二为列目之外,而于部类之下录小序者,《汉书·艺文志》、《隋书·经籍志》是也;三为部类有小序,而书名之下撰解题者,晁公武、陈振孙、马端临之书目皆是也。三者之中,后者居上。盖目录之学,贵乎辨章学术,考镜源流,苟无序释,殊不足取也。兹条述吾国史籍分类之沿革,兼及其得失焉。

刘歆《七略》首辑略,次六艺略,史书附于《春秋》家。班孟坚撰《汉书·艺文志》,以集略散在各家之中,始分六家,而史家亦无专篇(见上)。盖是时史籍篇帙无多,不能独为一略,附诸《春秋》,明古史之所自出也。马端临谓《春秋》即古史,而《春秋》之后,惟秦汉之事,编帙不多,故不必特立史部。胡应麟谓史籍甚微,未足成类。诚为笃论!《国语》为国别之书,附列编年《春秋》之后,则未免失当耳。

荀勖《中经》分群籍为四,其三曰丙部,有史记、旧事、皇览簿、杂事诸类。出史书于《春秋》家,独为一部,其见甚卓。其时史籍甚少,故只列四类。皇览簿虽近于类书,附于史部,亦属允当(说见拙作《编辑中国史籍提要之商榷》),惟《汲冢竹书》之史籍,方以类聚,似宜统入此门也。

东晋之初,著作郎李充,校订荀氏《旧录》为《元帝书目》,总没众篇之名,但以甲乙为次,始以史记为乙部。王西庄《十七史商榷》尝讥荀氏《中经》四部次序先子而后史,充始改正之,其法甚当,故至今用之,而无改易。《晋书·李充传》所谓分典籍为四部,以类相从,甚有条贯,秘阁以为永制者也。其后王俭撰宋《元徽书目》虽用四部之法，然俭于四库之制，颇致不满，故又别撰《七志》以见其意。其书首列经典志，以纪六艺、小学、史记、杂传，而地域图书之属，则列图谱志。夫史籍日广，类别繁多，合于六艺，未见其宜，虽得刘氏辨义部勒之谊，宁免胶柱刻舟之讥，锐意复古，多见其不通。《七录序》曰："刘、王并以众史合于《春秋》，刘氏之世，史书甚寡，附见《春秋》，诚得其例。今众家纪传，倍于经典，犹从此志，实为繁芜。且《七略》诗赋，不从六艺诗部，盖由其书既多，所以别为一略。今依斯例，分出众史。"非无见地也。

梁阮孝绪雅好坟典，乃博采王公之书，参酌古今著录之法，复分群书为七，以撰《七录》，二曰纪传录（内编二），以纪史传，分十二部：曰国史，曰注历，曰旧事，曰职官，曰仪典，曰法制，曰伪史，曰杂史，曰鬼神，曰土地，曰谱状，曰簿录。图画之篇，随其名题，各附本录，谱以与史体相参，亦载本志之末，均较王氏为允当。当王志一意返古，不免拘泥，阮录则斟酌于古今之间，铨配切合，贤于王氏远矣。隋秘书丞许善心《七林》，舍王志之体，从阮录之法，二氏得失，于此亦可见其一斑焉。

李唐之修《五代史志》也，因缘《七录》，勒为六部。于经传之中，分经史子集四部，以与道书、佛书对称（说见拙作《编制中文书目之管见》）。史之所记，十有三门：一曰正史，二曰古史，三曰杂史，四曰霸史，五曰起居注，六曰旧事篇，七曰职官篇，八曰仪注篇，九曰刑法篇，十曰杂传，十一曰地理之记，十二曰谱系篇，十三曰簿录。记注史籍部别，亦云清晰矣。以《史》、《汉》纪传诸史为正史者，以其书兼赅众体，世有其作，且便于披阅也。（此语本《玉海》卷四十六艺文门史部正史类）以编年诸书为古史者，明史书导源于《春秋》也。杂史而下，虽非史家正宗，以其可与正史相参比，故依次而及焉。又目录之名，昉于郑玄《三礼目录》，刘氏《七略》，首标辑略，王氏《七志》，殿以图谱，诚以目录之属，为六艺所不能该，故立此类，以为之总也。班氏作书，史著艺文，《隋志》以簿录入史，殆本于此。因事制宜，亦甚典切。

唐玄宗开元中修书学士毋煚自著《古今书录》四十卷，分为四录，乙为史录。每部皆有小序，每书各有论释。其书已佚，未敢臆断焉。

刘子玄《史通·六家篇》尝谓诸史之体，其流有六：一曰《尚书》家，二曰《春秋》家,三曰《左传》家,四曰《国语》家,五曰《史记》家,六曰《汉书》家。《尚书》载号令言辞,纪言之史也;《春秋》据行事,繋日月,纪事之史也;《左传》体同《春秋》,事具首尾,编年之史也;《国语》分国记事,国别载记之书也;《史记》以纪书表传为书,通于数代,通古纪传之史也;《汉书》包举一代,撰成纪传之书,断代纪传之史也。于《杂述篇》则又分史流史著为十类:权记当时国事,不终一代者,谓之偏记;独举所知人物,编为短部者,谓之小录;杂记前史所遗之书,谓之逸事;载当时辩对、流俗嘲谑者,谓之琐言;记一地方者,曰郡书;记一族或一家者,曰家史;博采前史,聚而成书者,曰别传;记神奇怪异者,曰杂记;记地理者,曰地里书;记都邑者,曰都邑簿。其《采撰》、《疑古》、《杂述》、《杂说上》诸篇,并谓诸子亦为史之杂著。《杂述》、《烦省》诸篇,又谓传说亦当入史。《杂说下篇》又谓辞章、别传、文集之属,亦应入史,可称绝识。《六家篇》且以经为史,尤具深意。(详拙著《中国史学名著评论讲义》第壹编第七第八两章)清儒章实斋"六经皆史"说,及"天地间凡涉著作之林皆是史学"一语,实本于此。是则于正史所分史部类目之外,别开分类之新局者也。

子玄又以朴散原销,时移世异,《尚书》等四家,其体久废,所可祖述者,唯《左氏》及《汉书》二家而已。(《史通·六家篇》)因更著《二体》之篇,而编年、纪传,遂为吾国史家之正宗。袁机仲撰《通鉴纪事本末》,以事为纲,各详起讫,在史学界更开一新例,于是自宋以后之著录家,因以二体为纪事本末诸史,并列史部之首焉。

隋之藏书,道佛经别有目录,故《隋书·经籍志》之著录,亦从附见,盖亦沿阮氏《七录》之例也。及刘昫等奉敕撰《唐书》,其《经籍志》部类,一依开元四部书目:一为甲部经录,二为乙部史录,三为丙部子录,四为丁部集录。合佛道于诸子之中,录其著述,而斥其经典,四部之法,至是始定。欧阳永叔谓四部之制始于唐,盖指此也。按《唐会要》卷三十六"修撰"条云:"开元九年十一月十三日,左散骑常侍元行冲上《群书四部录》二百卷。分为经史子集,……史库韦述、余钦编。"其史录殆分十三门,故《旧唐书·经籍志序》曰:"昭宗即位,志弘文雅,秘书省曰:'今录开元盛时四部诸书,以表艺文之盛。四部者,甲乙丙丁之次也,……

乙部为史，其类十有三：一曰正史，以纪纪传表志；二曰古史，以纪编年系事；三曰杂史，以纪异体杂记；四曰霸史，以纪伪朝国史；五曰起居注，以纪人君言动；六曰旧事，以纪朝廷政令；七曰职官，以记班序品秩；八曰仪注，以纪吉凶行事；九曰刑法，以纪律令格式；十曰杂传，以纪先圣人物；十一曰地理，以纪山川郡国；十二曰谱系，以纪世族继序；十三曰略录，以纪史策条目。'"《旧唐书》志史录，即全取之。惟稍变革其名目，以古史为编年，改霸史为伪史，易旧事为故事，变略录为目录，实录并于起居注，女训附于杂传记，分为十三家：曰正史，曰编年，曰伪史，曰杂史，曰起居注，曰故事，曰职官，曰杂传，曰仪注，曰刑法，曰目录，曰谱牒，曰地理。尝考古代史官，掌历明时，首创编年之史，迁、固纪传行，而古史之体废。《汉纪》编年，始复古法。晋太康汲冢发现《竹书纪年》，世人始悟编年为古法。后世专以纪传之书为正史，失其义矣。唯《隋志》以纪传表志为正史，退编年为古史，犹存史出于编年之义。自《唐书》以纪传为正史，以古史为编年，是以编年为非正史也。今人每主纪传而斥编年，且多昧于古史之源流者，未始非《唐书》擅定名目之过也。

《新唐书·艺文志》，其乙部数目，全师旧志。又其《叙》曰："至于上古三皇五帝以来世次，国家兴灭终始，潜窃伪乱，史官备矣。而传纪小说外，暨方言、地理、职官、氏族，皆出于史官之流也。"夫刘子玄《史通·采撰篇》曾谓作史应广探籍载矣，《杂述篇》曾列家史、别传、杂记、地理、都邑诸书于史矣，《书志篇》更建议史志方言、都邑、氏族诸篇矣。今观其叙中所述史部范围之广泛，盖有所本。其书虽拘于官守故常，而不敢变革增益史部类目，然亦可谓好学深思心知其义矣。

宋于四部之外，加天文、图画为六阁。王尧臣等撰《崇文总目》，史部所记，法本《唐志》，改起居注为实录，以谱牒为氏族，易杂传为传记，增岁时门而略故事，为目十三：曰正史，曰编年，曰实录，曰杂史，曰伪史，曰职官，曰仪注，曰刑法，曰地理，曰氏族，曰岁时，曰传记，曰目录。

李献臣尝录其家所藏图书，为《邯郸图书志》十卷，分图籍为八：二曰史志，介经志子志之间，（见《郡斋读书志》卷九）盖采四部之制，更存刘氏之遗意，惜其书久佚，无由知其详耳。

郑樵《通志》曰："十二野者，所以分天之纳；九州者，所以分地之纪；

七略者,所以分书之次。臣于是总古今有无之书,为之区别,凡十二类。"(《校雠略·编次必谨类例论》)其《艺文略》以史类列次第五,分十三门,门又析为子目,兹录十三家之门目于次:

史类第五　十三家

一　正史附通史及史评、史钞之属

二　编年附运历及记录

三　霸史

四　杂史

五　起居注:1 起居注,2 实录,3 会要。

六　故事

七　职官

八　刑法:1 律,2 令,3 格,4 式,5 敕,6 总类,7 古制,8 专条,9 贡举,10 断狱,11 法守。

九　传记:1 耆旧,2 高隐,3 孝友,4 忠烈,5 名士,6 交游,7 列传,8 家传,9 列女,10 科第,11 名号,12 冥异,13 祥异。

十　地理:1 地理,2 都城,3 宫苑,4 郡邑,5 图经,6 方物,7 川渎,8 名山洞府,9 朝聘,10 行役,11 蛮夷。

十一　谱系:1 帝系,2 皇族,3 总谱,4 韵谱,5 郡谱,6 家谱。

十二　食货:1 货宝,2 器用,3 豢养,4 种艺,5 茶,6 酒。

十三　目录:1 总目,2 家藏总目,3 文章目,4 经史目。

案郑氏分类,多别则裁,子目分明,尤属可法,其后尤袤、黄虞稷诸家书目,分目烦琐,颇有饾饤之嫌,盖不善法其意者也。《艺文略》以纪传诸通史,附于正史,自无不可。惟不立史评一门,以致以《史通》附见正史,柳氏《释史》、刘㻋《史例》、折公《史例》等书,列于文类之文史门,则未免失当。又无政书专门,故列会要于起居注,亦有未合。又,案类书一目,《崇文总目》以入子部,《四库书目》因之,章学诚则谓《艺文类聚》之类,不叙源委,宜入集部,盖亦胡应麟《笔丛》所谓类书宜入集部之意也。唯窃以类书、杂钞,本所以资寻检,备遗忘,推其功用,与目录多同,入子入集,均非所宜。《通志》以总众类而不可分之书,为类书类(见《校雠略》),固属允当。然目录入史,已成定例,苟类书列诸乙部,尤为公允也。又图谱之书,郑氏自为一略,亦属可法,倘依四库部勒,编诸史录,亦无不可也。

郑子敬《郑氏书目》以所藏书为七录,二曰史录,见《直斋书录解题》卷八,其书亦佚,不能悬为论断焉。

晁公武撰《郡斋读书志》,史分为十三类:一曰正史,二曰编年,三曰实录,四曰杂史,五曰伪史,六曰史评,七曰职官,八曰仪注,九曰刑法,十曰地理,十一曰传记,十二曰谱牒,十三曰书目。殆沿《唐志》以降官家书目之例,而著录所有之书也。赵希弁《附志》,又分史为正史、编年、杂史、史评、职官、刑法、仪注、天文卜算、五行、地理、传记、谱牒等十二门,又稍变晁氏之体焉。

陈振孙《直斋书录解题》,分史部为十五史:曰正史,曰别史,曰编年,曰起居注,曰诏令,曰伪史,曰杂史,曰典故,曰职官,曰礼注,曰传记,曰法令,曰谱牒,曰目录,曰地理。至是史之门类始广,后之著录史籍者,虽间或易其名称,而门目则多因之不改。案《隋志》以梁武帝、元帝《实录》及《东都事略》之属,并入杂史,于义未安。陈氏创立别史以纳之,甚为得体。清修《四库总目》更以歧出旁分,互取证明,及检校异同之书,统入别史,善于师古矣。

尤袤《遂初堂书目》,史部立目,多至十八门:曰正史,曰编年(附纪事本末),曰杂史,曰杂传,曰故事,曰伪史(附夷狄),曰国史,曰本朝杂史,曰本朝故事,曰本朝杂传,曰实录,曰职官,曰仪注,曰刑法,曰姓氏,曰史学,曰目录,曰地理,世人颇议其繁琐。以纪事本末附之编年,其书甚少,尚属可行。而章奏之书,本与史事相参考,尤氏列之子部,未见其宜。且其子部之类书,自今视之,亦宜并入史部也。

《宋史·艺文志》,分史部为十二门:正史、编年、杂史、史抄、故事、职官、传记、岁时、刑法、谱牒、地理、伪史,颇有斟酌。史钞,《隋志》列诸杂史,《宋志》始另为一门,盖其书渐繁,不便附见也。又金石之文,《隋志》附列小学,《唐志》因之,《宋志》始以附入目录,亦具卓识。《书目答问》以金石独自为类,隶属史部,即本于此。

马端临撰《文献通考》,其《经籍考》分史为十四门:曰正史,曰编年,曰起居注,曰杂史,曰传记,曰霸史,曰史钞史评,曰故事,曰职官,曰刑法,曰地理,曰时令,曰谱牒,曰目录。是时史钞史评之属,为书无多,合为一门,自无类例不清之嫌也。

黄虞稷《千顷堂书目》,史部所记,分十八门,各门又析为子目。分门虽繁,类例尚属清晰,私家书目中之善者也。兹录其类目:

一　国史(有实录、日历、宝训、圣政记、年表、起居注、大典、要典诸门。)

二　正史

三　通史(《史纂》、《宏简录》亦入此类。)

四　编年(有本朝传记、通鉴、世谱、纪元汇编诸门。)

五　别史

六　霸史

七　史学类:史评、史论、拾遗、考异、音释、辨疑,均入此类。

八　史钞:要览、启蒙、备忘、详节、类编,均入之。

案:《书目答问》别录,著初学诸书,殆本于此。

九　地理(分上中下)

十　职官

十一　典故

十二　时令

十三　食货

十四　仪注

十五　政刑

十六　传记

十七　谱系

十八　簿录

焦竑《国史经籍志》,史类所录,分为十五门,门亦分子目,其目如下:

一　正史　其中有通史一门,正史之《史记》、《南北史》、《五代史》,及史评、史纂、史钞、国别、别史、别裁诸书,皆列入焉。

二　编年　历代诸史外,又有运历、纪录二门。

三　霸史

四　杂史

五　起居注：1 起居注，2 实录，3 时政记。

六　故事

七　职官

八　时令

九　食货：1 货宝，2 器用，3 酒茗，4 食经，5 种艺，6 豢养。

十　仪注：1 吉礼，2 凶礼，3 宾礼，4 军礼，5 嘉礼，6 封禅，7 汾阴，8 诸记仪，9 陵庙制，10 东宫仪，11 后仪，12 王国州县仪，13 会朝仪，14 耕耤仪，15 车服，16 谥，17 国玺，18 家礼祭仪，19 射仪，20 书仪。

十一　法令：1 律，2 令，3 格，4 式，5 敕，6 总类，7 古制，8 专条，9 贡举，10 断狱，11 法守。

十二　传记：1 耆旧，2 孝友，3 忠烈，4 名贤，5 高隐，6 家传，7 交游，8 列女，9 科第，10 名号，11 冥异，12 祥异。

十三　地理：1 地里，2 都城宫苑，3 都邑，4 图经，5 方物，6 川渎，7 名山洞府，8 朝聘，9 行役，10 蛮夷。

十四　谱牒：1 帝系，2 皇族，3 总谱，4 韵谱，5 郡谱，6 家谱。

十五　簿录：1 总目，2 家藏总目，3 文章目，4 经史目。

案焦氏《国志》，经目子目，多本《通志》艺文略，间有稍变其名目者，如改刑法为法令，以谱系为谱牒，易目录为簿录。其子目或有减于郑氏者，盖焦氏只就所有诸书著录之，而不求全也。其异于夹漈者，惟增时令、仪注二目耳。

清代修《明史》，《艺文志》所录，多本焦氏，而门类则酌加厘革。省霸史、起居注、食货、时令、簿录之名，更改法令为刑法，而以史钞自为一门。至于编年之史，则附于正史。以二体同列正史。岂深明史学源流者欤？附录其类目于后：

（一）正史，（二）杂史，（三）史钞，（四）故事，（五）职官，（六）仪注，（七）刑法，（八）传记，（九）地理，（十）谱牒。

《四库全书总目》，分史部之书为十五类：曰正史，曰编年，曰纪事本末，曰别史，曰杂史，曰诏令奏议，曰传记（分圣贤、名人、总录、杂录四门。其存目中，又有别录一门），曰史钞，曰载记，曰时令，曰地理（分总志、都会郡县、河渠、边防、山川、古迹、杂记、游记、外纪等九门)，曰职官(分官制、官箴二门)，曰政书(分通制、典礼、邦计、军政、法令、考工六门)，曰目录(分经籍、金石二门)，曰史评。窃考杂史之目，肇于《隋书》，盖籍载既博，难于条列，义取乎兼包众体，宏括殊名，故王嘉《拾遗记》、《汲冢璅语》，得与《魏尚书》、《梁实录》同类并列，不为嫌也。后世著述日繁，类例自应分明，兼里巷琐语、稗官所记而录之，失于滥矣。《四库书目》虽因缘旧目，亦列杂史，其所记也，皆事系庙堂，语关军国，至若但具一事之始末，或但述一代之见闻，举凡遗文旧事，掌故之林，考证之资，亦并录之。唯琐言杂记，则列诸杂家之小说家，较诸他家书目，诚为允当矣。又考令无虚发，可稽时事，《尚书》誓诰，经有明征。《汉志》载《奏事》十八篇，列《战国策》、《史记》之间，则论事之文，当归史部，其证昭然。《史通·载言篇》谓人主之制册诰令，群臣之章表移檄，均宜收之纪传，悉入书部，即此义也。唯记载奏史，虽始《汉志》，而著录诏令，则昉于《唐志》。其后《千顷堂书目》移制诰于集部，次之别集；《通考》始以奏议自为一门，然亦列集末。案政事枢机，岂只文章，抑居词赋，于理为亵。而《四库书目》之修摅，诏令从《唐志》例，奏议从《汉志》例，合题入史，与纪传互考，其道甚便。不意《史通》之说，至斯始见诸事实也。又自来志艺文者，例有故事一类。史家著录，以前代之事为多。《隋志》载《汉武故事》，滥及稗官，《唐志》载《魏文贞故事》，横牵家传，循名误列，义例殊乖，则其疏也。而《四库总目》统核遗文，惟以国政朝章、六官所职者，入于斯类，以求符周官故府之遗，其义亦当。

《古今图书集成·理学汇编·经籍典》，分史书为《国语》、《战国策》、正史、编年、史学、地志六大部。此属类书，是就事部次，分类之法，则无足取焉。

孙星衍《孙氏祠堂书目序》曰："分部十二，以应岁周之数，……曰地理第五，先以总志，次以分志，或总记区宇，或各志封域。……曰史学第七，先以正史，次以类史，次以政书，古今成败得失，一振一弛，施之于政，厥有典则，存乎正史，史臣为国曲讳，或有牴牾，尤赖杂史，以广异闻，朝章国典，著作渊薮，举而措之，若指诸掌，则政书，尤要云。曰金石第八，金石之学，始自宋代，其书日增，遂成一家之学，钟鼎碑刻，近代出土弥多，足考山川，有裨史事，古今兼列，无所删除。"今观其书，史学分正史、编年、纪事（即本末）、杂史、传记、故事、史论（只列《史通》及《廿二史札记》二书，余则斥诸外编）、史钞等门。其类例虽颇整严，然此仅记其祠堂所藏学子应诵习之书，并非专论全史之类目，故其门目虽较他书为少，亦无足怪也。其序又云："曰类书第九，先以事类，次以姓类，次以书目。"是盖以类书之属，与目录同其功用也。故吾前尝谓以四库而部勒群书，类书一门，当与目录，并入史部也。

清儒会稽章实斋，尝于一切籍载，分为记注与撰述二种（见《文史通义·书教篇下》），而撰述之业，又分独断与考索二端（见《答客问中》），又依文之性质，分为七类（见《章氏遗书补遗·论课蒙学文法》），更依史文之性质，分史为著作与纂辑二类（见《报广济黄大尹论修志书》），亦此义也。《说林篇》又以史之范围，分为天下之史、一国之史、一家之史及一人之史四种（亦见《州县请立志科议》），然此向未尽章氏之意，而更有其精到之分类法焉。氏《报孙渊如书》谓："盈天地间，凡涉著作之林，皆是史学。六经特圣人取此六种之史，以垂训者耳。子集诸家，其源皆出于史。"《立言有本》曰："史乘而有稗官小说，专门著述而有语录说部，辞章泛应而有猥滥文集，皆末流之弊也，其中岂无可取？"《古文十弊》亦曰："又近来学者，喜求征实，每见残碑断石，余文剩字，不关于正义者，往往藉以考古制度，补史遗阙，斯固善矣。"《史通·杂述篇》多以子集为史流杂著，章氏深得其意矣。史学所包，既如此广泛，故《论修史籍考要略》曰："经部宜通，子部宜择，集部宜裁，方志宜选，谱牒宜略。"《史考释例》亦云："若专门考订为一家书，则史部所通，不可拘于三隅之一也。""盖史库画三之一，而三家多与史相通，混而合之则不清，拘而守之则已隘。"故其所撰《史考》，上援甲，而下合丙丁，类例甚广，分为五十六目，统为十一纲。兹首录其类目，次详其得失。

《史籍考》总目

制书

纪传部——正史　国史　史稿

编年部——通史　断代　记注　图表

史学部——考订　义例　评论　蒙求

稗史部——杂史　霸国

　　星历部——天文　历律　五行　时令

　　谱牒部——专家　总类　年谱　别谱

　　地理部——总载　分载　方志　水道　外裔

　　故事部——训典　章奏　典要　吏书　户书　礼书　兵书　刑书
工书　官曹

　　目录部——总目　经史　诗文　图书　金石　丛书　释道

　　传记史——记事　杂事　类考　法鉴　言行　人物　别传　内行
名姓　谱录

　　小说史——琐语　异闻

　　综观《史考》体例，卓识宏见，多非前人所及，然详而考之，亦不无微疵之可指。夫纪传、编年、纪事本末三体，皆史之正宗，以正史统名纪传，并与编年并举，诚得其宜，斥本末体于稗史部，抑诸杂史门，非其伦矣。又图象表历，皆为专门之学，充类以求，亦甚繁夥，自成一部，于义为允，今以附于编年，殊欠周审。然此亦不能掩其特色焉，请略举之。

　　（一）史部范围之扩充。史学所包，本甚广泛，一切籍载，固皆足考征史事矣。即古代器物，亦莫不有俾考征。夫书既以《史籍考》为名矣，则凡有关史部之作，均应酌为著录。惟吾国先哲，每尊经卑史，而抑子集，四部分疆，不容稍紊。刘子玄作《史通》，援《尚书》《春秋》《左传》诸经入于乙部，减价于知已，见轻于流俗。千余年间，绝无同调。及章实斋出，始绍其说，倡为"六经皆史"之说，及撰《史考》，即实行此理想，观其释例，即可知矣。而以小说独为一部，编入史部，尤为本书唯一之特色。《汉书·艺文志》曰："小说家者流，盖出于稗官。街谈巷语，道听涂说者之所造也。"唯其事虽属虚构，而多有所托，且当时社会背景，固不失其真也。《朝野佥载》、《唐国史补》、《大唐新语》诸书，虽出稗官，而皆足补史书之阙漏，官书之不实，往往于小说中得之。司马光撰《资治通鉴》，亦采杂说，不遗其漏。孙星衍《祠堂书目叙》亦曰："稗官野史，其传有自。自宋以前，载皆有出典，或寓难言之隐。今则矫诬鬼神，凭虚臆造，并失虞初志怪之意，择而取之，余同自郐焉。"孔子谓："虽小道，必有可观。"《隋志》亦云："小说可以观民风。"征于此而益信。章氏分小说为琐语、异闻二目，以其差近雅驯者，录目六卷，与纪传、编年等部并行，所见洵高人一等也。

（二）史籍类目之简赅。史部类目，《史通》分为六家十流。黄、焦诸氏分目，则多至十七八门。《四库总目》虽分史部为十五类，然实分四纲：正史，大纲也；编年以次七门，皆参考纪传者也；时令以次五门，皆参考诸志者也；史评，则参考论赞者也（见《史部总叙》）。而所分门目，亦不周备，不列谱牒，其显例也。毕沅《史考》原稿，析为子目一百十二，未为无意、而失之于繁。章氏修订《史考》，酌为并省，分为五十七目，统以十二纲，不遗不滥，殆至善也。章氏又恐并省过甚，类例不清，故又用暗分子目之法，各以类从，既无繁琐之嫌，而读者亦可逐类以求，体制之精，洵非前人所及也。又传记门目，自来最易繁杂，按其例创于《隋志》，然其部次，已甚混淆《通志·艺文略》传记一门，广分门类，为数十三。焦竑传记，全本郑氏。惟削列传之目，改名贤为名士，又微变其次序，亦失之烦碎。《四库总目》则概分圣贤、名人、总录、杂录四门，又失之简略。毕氏分为十七，章氏又定著为十门，较有斟酌焉。

（三）乙部史稿之著录。前尝论章氏《史考》之特点，在于广其类例。援经子集诸库入史之义，虽起于刘子玄，小说之著录，亦始前人，独增入史稿一目，为先人所未发，是则后之作史考者，宜取为法者也。

张之洞订《书目答问》，分群书为六（四部之外，又有丛书及别录二类），乙部史类，分十四门：曰正史，曰编年，曰纪事本末，曰古史，曰别史，曰杂史，曰载记，曰传记，曰诏令奏议，曰地理，曰政书，曰谱牒，曰金石，曰史评，今人史部分类，多因之。

吾国史部分类沿革，略如上述。自欧风东渐，学术日昌，世有以西人之说，分析吾国史籍统属者，今亦略述之。

（甲）章太炎分类法

章氏尝分史书为十二类：一曰纪传，二曰编年，三曰纪事本末，四曰国别史，五曰地志，六曰姓氏书，七曰行状，八曰别传，九曰杂事，十曰款识，十一曰目录，十二曰学案，史学、稗史、故事、小说，均不列目。窃以为：地志宜入国别或地理之属；行状、别传，不立传记一门以纳之；并宜立金石一门，兼包款识；更宜改学案为专史（学术史之类），备载昔人制成局部之史书。

（乙）梁任公分类法

梁氏《中国历史研究法》第二章，尝于吾国史家，分为纪传、编年、纪事本末、政书四体，又分杂著为二大类：一为供后人著史之原料者，二为制成局部的史籍者。第一类又分官撰、私撰二部，并谓："其余专明一义，如律历、金石、目录，……亦所在多有。……史籍既多，则注释考证，自然踵起，……近代著录家，又多立史评门。"其《饮冰室文集·中国史界革命案》，则分十种，二十二类。以科学的分类法，重定史学之范围，十类：一曰正史（分官书、别史二门），二曰编年，三曰纪事本末（分通体、别体二类），四曰政书（分通体、别体、小纪三类），五曰杂书（分综纪、琐记、诏令奏议），六曰传记，七曰地志（均分通体、别体二类），八曰学史，九曰史论（分理论、事论、杂论三目），十曰附庸（分外史、考地、注释）。不列图表，则其失也。

（丙）朱谒先先生分类法

朱先生《中国史学史讲义》第二编，以吾国史书，分为推理主义及记述主义二派。又自形式上，分记述诸史为六部，各部又分综合及单独二种。其六部：一曰编年史，二曰国别史，三曰传纪，四曰政治史及文化史（政治史单独的，又分法制、经济、法律、军事、社党、外交等门。文化史单独的，则分学术、宗教、文学、艺术、农业、工业、商业、风俗等门），五曰正史（纪表志传体），六曰纪事本末。其第五部虽少专书可举，则以其派别之渊源论列之。较梁氏之法，缜密多矣。

他若张森楷为严雁峰辑《贲园书库目录》，分史库为二部，十七类。其通究全部者，分正史、别史、编年、古史、杂史、载记、外史、记事本末、史钞、史评十类。专力于史之一方面者，分政书、诏令、奏议、传记、谱录、金石、地理、时令七类。国立北平图书馆第二馆中文书目，暂分二十一类：一曰书目，六曰史乘，七曰地理，八曰传记，九曰政书，十曰通制，十一曰古器物，则皆本辨义之体，而改进旧时四库之分类法者也。其类例起讫，多有可取。至若李守常历史学之分类法（见《史学要论》第三章），条理虽甚明晰，惜不合吾国史家体例，难取为法耳。余尝议部勒吾国旧籍之法，宜变四部之制，参七略之意，分群书为二十二门（见《北大图书部月刊》第二卷第一期）。又尝欲远师章实斋之遗法，撰《中国史籍提要》，以为将来编辑《中国史学史》、《史学概论》之参考。拟分史书为四类，十三部，六十八门（详《编辑中国史学书目提要之商榷》）。另有专篇论列，故从略焉。

（《图书馆季刊》1930年第4卷第3、4期）

史部流别论

张永康

一 导 论

昔仓颉见鸟兽蹄迒之迹,作书契以代结绳之制,而文字兴。文字者,所以记载之具也。故黄帝首立史官,而仓颉、沮诵,实董其职。职官既备,记述自繁,史学之兴,盖基于此。自时厥后,天子诸侯,必有国史,后世多务,其道弥繁。夏殷以上,左史记事,右史记言,言经则《尚书》,事经则《春秋》。唐虞流于典谟,夏商被于诰誓。至周则太史内史,分掌其职,而诸侯之国,亦置史官,彰善瘅恶,树之风声。自平王东迁,政不及雅,宪章散紊,彝伦攸斁。孔子闵王道之缺,伤斯文之废,乃观书周室,就太师以正雅颂,因鲁史以修《春秋》。举得失以表黜陟,征存亡以标劝戒。微婉其辞,志晦其说,为不刊之论,著将来之法,实圣文之羽翮,记籍之冠冕也。其后大乱蜂起,史职陵迟;然纵横之世,其制犹存。秦兼诸侯,而战国有策,刘向以谓盖录而勿叙,故即简以为名也。及夫秦为无道,焚灭先代之典籍,然后其遗制始荡然无复存者矣。至汉武帝时,始置太史公,命司马谈以掌其职。天下计书,皆先上太史,副上丞相。遗文古事,靡不毕臻。谈乃据《左氏》、《国语》、《世本》、《战国策》、《楚汉春秋》,接其后事,成一家之言,未终而卒。其子迁又为太史令,嗣成其志,成十二本纪、十表、八书、三十世家、七十列传,谓之《史记》。然其所载,止于汉武,以下阙而未录。班彪因之,撰成《后记》。至其子固为兰台令史,征书秘阁,校理旧文,以谓唐虞三代,各有典籍,史迁乃以汉继于百王之末,非其谊也。乃断自高祖,终于孝平王莽之诛,囊括一代,撰为《汉书》。盖正史之编,原于《史记》,断代为史,则始自班固。自斯而后,言体制者,以马班为大宗,有所继作,相与因循,假有改张,变其名目,区域有限,孰能逾此。然历时既久,其旨浸失,是非莫辨,臆说日增。迄乎唐世,刘知幾作《史通》,折中纪传、编年二体,进退六家,精思闳辩,度越诸家,扫史学之疑障,示学者以所宗,史学中兴,其功至伟。厥后清代章实斋,复著《文史通义》、《校雠通义》,皆于史学有所发明,于是史学益演而闳通矣。然刘氏生于唐代,其所评论,止于其时;章氏于学术,但能阐其大纲,而未能及其节目。以今准之,皆未得其宜也。

夫史者所以叙述人类社会过去之情状,以为吾人立身之龟鉴者也。故必古今俱载,巨细毕该,后世事业既众,则史体亦必委曲变化以相应。故曰明于古而暗于今,识其大而昧于细,皆未足以言史也。夫欲续刘氏之所未及,而补章氏之所未能,此吾此文之所为作也,文虽不逮,志则如斯。昔太史公之著《史记》,其体制既皆有法而云然,班固因之,然亦稍变矣。后来作者,莫不皆然。盖人情重创作而鄙因循,喜新奇而厌旧有,故事改张,以倾视听,其势然也。至有不则前式,任意更为,既无所据,又乖史裁,诸如此类,必明其妄。惟中国史部之书,所收至富,体式繁多,难以备论。今之流别,止于正史云耳。

二 本 论

(甲) 本纪

(一) 本纪之起源

本纪之原,出于《春秋》,而参取之《尚书·尧典》。刘氏《史通》所谓:"犹《春秋》之经,系日以成岁时,书君以显国统。所以纲纪庶品,网罗万象,篇目之大,莫逾于此也。"其源既明,乃进而论其所始。梁世刘勰《文心》云:"爰及太史谈,世惟执简;子长继志,甄序帝绩。比尧称典,则位杂中贤;法孔题经,则文非元圣。故取式《吕览》,通号曰纪,纪纲之号,亦宏称也。"此言太史迁本纪之名,出于《吕览》也。然征之典籍,则殊不然,考《史记·大宛列传》,称《禹本纪》所有怪物不敢言,是本纪之名,所从来远矣。又《汉书·艺文志》,有《太古以来年纪》;而《隋书·经籍志》"古史",又有纪年之书,不知与吕氏之十二纪孰为后先,要不能加夙于禹,则可断言也。本纪之名,盖始于此,刘氏之说,吾无取焉。

(二) 论本纪述前代之体例

刘氏《史通》深诋太史公《周秦本纪》之追述前代为不当,以谓姬自后稷至于西伯,秦自伯翳至于庄襄,皆居诸侯之位,何能列之本纪,宜别作周秦世家,以叙其事。此不达史迁之旨者也。夫史迁之所以历叙前代者,盖欲明其源流之所出,非有叙例之不伦也。且五帝夏殷,于事简略,当时侯国,湮没尤多,其有名于后世者,皆代有天下,故不别立专篇,而于此焉附出之,亦为例之得也,而刘氏独深诋之何哉?后来有作,递相祖述。如北魏之有叙纪,金之有世纪,仿此例也。至于陈寿《魏志》,著录武纪,而假汉正朔,则又仿《汉书》纪高祖之例而失之也。高祖统一区夏,当未始受命,固当尊秦正朔,故范晔之纪光武,以更始之号,建于建武之前,以光武始为之将也,实同斯旨,曹操相汉,未得躬践帝祚,安得为之年纪哉?陆机《晋书》,列纪三祖,直叙其事,竟未编年,于例为得。而知幾于此顾有非之之论,岂不诬欤?今推此义,权而论之,究原世纪,其先有名位于先朝,允宜系诸前史,使来者有所稽考。若金、魏本非臣属,别造世纪可也。光武绍统,而仍世无他殊伐,著其略于本纪可也。他若北魏之附纪景穆于太武之末,《金史》别撰世纪补,以叙追尊,而与帝纪相次,皆未若秦纪之得其宜也。

(三) 论本纪置闰之体例

刘氏《史通》讥项羽僭盗,不得为纪。推迁之意,秦楚之际,羽实雄长诸侯,而操之柄,纪纲之存,殆寄诸羽。汉初多言汉绍周统,秦为闰位,故视秦楚等耳,与纪周厉王之交,不夺共和同旨。夫王赧卒于秦昭襄五十二年,始上尊号。时七雄并争,天下之势,固趋于秦,不系之秦,其将安属?是以六国表并列周秦,不更目言七国。后此陈寿志三国,以统与魏,而与吴蜀并列,亦窃取《项羽本纪》之谊也。班固撰《元后传》,不敢拟之吕后,撰《王莽列传》,不敢拟之项羽,致其间历数莫晓,兹益疏矣。夫高祖之即尊位,秦亡殆已五年,史迁追叙汉元年于秦后,犹楚灭陈五年,惠公吴始复有陈国,乃探续哀公卒时年而为之也。光武与圣公,同起草泽,范史准项羽之例,以更始纪年,准王莽之例,降厕圣公于列传，可谓善于师古者矣。《明史》叙英宗终于北狩为前纪，即拔景年以弥其阙，迨其复辟，厥有后纪，年岁相承，按籍可详，最称精当，可谓善因时者矣。知幾所论纪以编年为主，惟叙天子一人，有大事可书，见之于年月，其书事委曲，付之列传，此其谊也。

（乙）年表

（一）论年表之起源

年表之原，本于《周谱》。太史公叙三代曰："余读牒记。"又叙十二诸侯曰："读《春秋历谱牒》。"兹其所放也。桓谭言世表："旁行斜上，并效《周谱》。"《汉书·艺文志》有《太古以来帝王年谱》，所谓《周谱》，傥其是邪？然其书附历篇，殆难以事经纬，而叙四时之位，正分至之节，从其本言之，因取备历家。知幾叹美史公创表，以谓："燕越万里，而径寸之内犬牙可接；昭穆九代，而分寸之中雁行有叙。使读者举目可详。"非虚誉也。

（二）论史公各表

太史公以三代年岁莫稽，仅有世次可考，于是作世表，以帝世为经，而纬之以系属。《辽史》谱其先世，亦以世表为名，其实不过金世纪之流而已，列之为表，实乖体制，后之善法史公者，惟班固而已，其作《古今人表》，上起太昊，下讫子婴，以世为经，以九等为纬，得其统矣。而颜师古见其不表今人，以为其表未卒，盖妄论也。夫汉人已有列传，安用更著于表邪？

史公叙十二诸侯及六国始为年表，经之以年，纬之以国，《五代史》之《十国世家年谱》、《金史》之《交聘表》，并取诸此。叙诸侯十三，而表惟言十二，盖依《春秋》为叙，吴通上国，在其季世，故表以为附隶而从略，其制盖《世本》王族大夫谱之遗也。

汉兴以后诸侯，名虽为王，与古侯国无异；且都邑分并不常，秦楚之际，侯国并争，历时最浅，故史公作《汉兴以来诸侯表》，经以年时，纬以侯国，盖表之正法也。

史公之《高祖功臣表》、《惠景间侯者》及《建元以来侯者》等表，皆以国为经，以年为纬，大抵首著国名，次陈侯功，然后以次历其年纪，诸帝各为一格,此其体也。班固列表首著号谥姓名,次纪侯状户数,又次列始封,又次叙位次,然后及其系属,其弊在年与事不相经纬,乖于旧法矣。嗣班有作,如《唐书》之《宗室世系》,《辽史》之《皇族表》、《外戚表》,《明史》之《诸王世表》,类详于系别,而靡考其岁年,皆沿固系子孙之例而失之也。

史公《建元以来王子侯者年表》,首著国名,次陈王子号,余并与侯表例同。班固本之,作《诸侯王表》,以别于异姓诸侯王,大体皆善,惟以地望间隔于世系之中,失迁之旧。

史公《汉兴以来将相名臣表》,亦年经事纬,首大事记,次相位,次将位,又次御史大夫位,而以年纪为之冠。班固因之,作《百官公卿表》,与迁异者鲜矣。

秦楚之际,岁计不足,月计有余,于是造月表。虽以月纪犹不废二世义帝之年也。《辽史》表游幸、表部族、表属国,年为之经,月为之纬,不知其所取法矣。

(丙) 书志

(一) 论书志之起原及其名义

书志之原,本于《礼经》。《汉志·周书》附次刘向、许商《五行传记》末,即今所谓《逸周书》是也。其言颇杂采《礼经》别录;而《尚书》言礼则有《顾命篇》,言刑则有《吕刑篇》,历详于《尧典》,河渠、平准备于《禹贡》,迁之以书名篇,殆取诸此。《世本》有《作篇》、《谥法篇》,亦礼书之先导,又有《居篇》,亦《河渠书》之变体。班固著史,更号曰志,《左氏传》数举前志,此其所仿也。蔡邕传称邕补《后汉记》,著《十意》,《书》曰"诗言志",易志为意,则二字之相通假,自古已然也。华峤曰典,取诸《尧典》、《舜典》也。张勃曰录,孟坚作史,已定书名,其诸掌录,遂变为志,勃师法马班河渠,诡立新名,昧所变通欤?何法盛曰说,《汉志》有《虞初周说》,史迁取况《周书》,法盛乃谦居于《周说》,亦事理之宜也。《东观》曰记,《汉志》叙《礼》有记百三十一篇,变志为记,良得其通。《五代史》谓之考,《汉志》小说有《周考》,以考周事,则亦证诸旧闻之旨矣。此其为名,可谓多矣。

(二) 论史公八书之次序

史公八书之次序，有不可易者焉。夫礼乐者，治世之大本，因取以为八书之冠焉。律者，兵刑之所消息，以济礼乐之穷，故次之。治历明时，亦消息于律，因又次之。天官之验于轨度，治历之类也，因又次之。封禅之事，于汉为巨典，因别析为篇，而差降于后，封禅者以礼于名山大川。而宣防，决渎通沟，尽地之利，斯为要已，因又次之以河渠。而终之以平准者，以观事变，犹列传终于货殖之谊耳。

(三) 论书志之变迁

自史迁作礼、乐、律、历、天官、封禅、河渠、平准八书，班固并礼乐为一，易天官为天文，封禅为郊祀，河渠为沟洫，平准为食货，又益以刑法、五行、地理、艺文，而悉名曰志。厥后史家依用，于礼乐、律历，或分或合；河渠、郊祀，或有或无。天文独《辽史》不书，食货惟三朝未具。五行而外，兼有符瑞、灵征；地理一篇，或曰职方、州郡。刑法亦言刑罚，经籍以易艺文。刘昭注范书，补以彪志，始有舆服、百官。欧阳修与宋祁更定《唐书》，乃立兵志、仪卫。释志独著于魏，营卫惟见于辽，选举创自薛史，而欧公采作《唐书》，宋、金、元、明相承不废，此其兴革之大略也。

(丁) 世家

(一) 世家之源及其名之所始

世家之原，亦出于《春秋》，其编次视本纪不殊。《世本》有诸侯大夫谱，而迁次《卫康叔世家》，称"读世家言"，是世家之称，亦非创自汉氏也。

(二) 论史公列陈胜孔子于世家为权宜

夫世家之谊，本取诸开国承家，世代相续，以传其业于无穷也。然亦有位非公卿，势齐凡庶，而史公亦列之世家者，则陈涉、孔子是也。推史公之意，盖以周之侯国，法度虽本诸王朝，若夫张弛之宜，则各自以意为之消息，其所以特立世家，而不混之列传，以列传所叙必循王制，无敢少有越逾者，本不同伦耳。是以陈胜起自群盗，称王六月而死，亦得参列其间，此管叔伏诛，犹得比肩曹蔡之例也。孔子布衣，初无爵命，亦得僭同诸侯，居之不疑，求之往例，绝无可儗。然其修明六艺，立道之极，世守其学，人各名家，列之世家，所以为权宜也。

（三）史公以后世家之体制

刘知幾讥《史记》列萧、曹、荆、楚于世家，以谓汉制宗子王者，受制京邑，自同州郡，异姓侯者，从官天朝，不临方域，不类古之诸侯，得专制一国也。或传国唯止一身，或袭爵才经数世，不类古之诸侯仍世无替也。虽名班祚土，而体异人君，班固改隶列传，斯为允矣。然迁咸加假藉，讵不达随时之谊，固将以位相从，使来者昭然于古今之升降、度数之损益焉耳。外戚侯者，取例盖均，比诸周制，倪犹陈宋以帝胄作宾之亚乎？陈其侯功，职后妃之故，故篇虽题外戚，而事详后妃也。班固则改隶列传，范史以其匹体，乃撰后妃以次帝纪，实非其谊。不知纪者，示天下之所由纲纪，非名位之判其尊卑也。是以吕后临朝，亦得次之本纪，《汉书》之叙元后，顾杂出于臣传，未免为例不纯。自兹以后，《三国》于魏曰后妃，于吴曰妃嫔，于蜀且汇之宗室，谓之二主妃子；《五代史》谓之家人；《南齐》谓之皇后，革世家之称，咸以为传，允得画一之宜矣。班固修书东观，裁取刘圣公、公孙述，别勒载记，《晋书》之述十六国，遂准以命篇，实导源于世家也。而乐资之叙山阳公，亦以此命名，献帝身丁末运，受制强臣，岂得与夫割据者同日而语哉！《汉志》儒家，高祖孝文，并皆有传，乐资载记，自古于传说耳，必以本纪系之帝王，世家系之侯伯，兹平章类谊，不几立论多穷欤？然史公之叙绝域，顾不次之世家，此乃内外之辨也。观《北史》之有僭伪附庸，《旧五代》之有世袭、僭伪，并革世家之称，而征之于实，未可诬也。魏收撰《魏书》，斥晋元帝为僭号，南齐高帝、梁武帝、宋武帝及桓玄曰岛夷，谓北燕曰海夷，西秦、南凉曰鲜卑，北凉曰卢水胡，后蜀曰賨，而于张实、李暠，又题以私署，俨若十六国无与伦比，疑也。昔陈寿志蜀，盖以先主、后主为本，而冠之以二牧，张、李之于凉，岂后于二牧之在蜀乎？至五代之际，李世真世领凤翔，刘守光僭号大燕，虽规栊狭小，与古侯国或异，然当朝政不纲之时，固亦夜郎自大，不知有汉官威容也，欧公概出之僭伪，实不若标目私署之为得也。外戚、帝系之次列传允矣，然观三国南史宋齐梁陈北周五代辽元，皆不详后族，而晋北史魏齐陈唐宋金明并依范史之例，金特改外戚之称谓之世戚。夫马班之详后事于外戚，明其盛衰之所由兆也，今不类叙，而虚张篇目,实无所用之。至于帝子,自班固杂厕臣传中,遂为定例。而南史北史北魏周齐唐薛史宋辽明,综叙宗室,不加区别,失固之旨矣。及欧阳述唐,详诸帝女,号曰诸帝功主,亦别缀专篇。考唐以前史,《后汉》则附次诸后篇,《北史》则错出之列女史;在唐后者,《元史》则纪之表中,不为立传,权衡得失,范氏为优矣。

(戊) 列传

(一) 论列传之起源

列传之源,出于《春秋》三传。刘氏《史通》云:"夫纪传之兴,肇于《史》、《汉》。盖纪者,编年也;传者,列事也;编年者,历帝王之岁日,犹《春秋》之经;列事者,录人臣之行状,犹《春秋》之传;《春秋》则传以解经,《史》、《汉》则传以释纪。"此其验也。

(二) 论史迁列传之体制

太史迁之次列传也,二人行事,首尾相随,则一传兼书,事为包括;若陈余、张耳,合体成篇,自为经纬;若卫青、霍去病二传,诸裨将最隶之青者十三,最隶之去病者二是也。又有附出之例,攀列传以垂名。同纪季之入齐,类颛臾之事鲁,皆附庸自托,得厕朋流,班固记商山四皓,事列王阳之首,庐江毛义,名在刘平之上。殆以行事实寡,而名义可崇,故附出之,此亦效史公叙佞幸,推原事始于闳、籍耳。及叙司马相如、扬雄,一卷之中,各析分为二,而《严朱吾丘主父徐严终王贾传》,亦分严安以后为下,杨、马事言浩博,非一传可尽,析出允已。若严、朱并合,限各有极,然而综九人而同之,又离一卷而异之者,九子类以文学进,宜比事以书,析卷儗之马、杨也。史公之叙循吏,断自有周,于篇次为五十九,其第六十,惟详汲、郑,盖以汲、郑奉职循理,所至有声,不愧古之循吏,故以汉人上继前篇也。《后汉》沮授之附于袁绍,《魏志》陈容之党于臧洪,又邵平、纪信不勒专篇之续耳。

(三) 史公以后列传体制之变迁

世之善法史公者,厥惟班固。其序次列传,皆准子长,曾未少异。继班有作,鲜能备善,范史叙列传,离析破碎,远逊马班,则才识有短长,固不可同日而语也。至传之别为叙录者:曰循吏,各史皆异其名,《晋书》沿《宋书》、《北魏书》之称,谓之良史,《南齐》谓之良政,《辽史》谓之良吏。曰儒林,《唐书》、《元史》并谓之儒学。曰酷吏,裴注梁习传,述《魏略》以王思、薛悌、郄嘉为《苛吏传》。曰游侠,裴注阎温传,述《魏略》以孙宾硕、祝公道、杨阿若、鲍出四人为《勇侠传》。曰佞幸,《宋书》谓之恩幸,《南齐》谓之幸臣,《五代》所谓义儿传,伶官传,皆佞幸之流耳。史公传佞幸,中山李延年以故倡善歌,亦次篇中,固伶官也。《后汉》之宦者,《北魏》谓之阉官,《旧唐书》谓之宦官,《明史》宦官后又别有阉党,以阉官之为佞幸,未若党人之贤也。《北史》以齐诸宦者入恩幸,最为有识。汉世弘恭、石显,擅权专柄,事详佞幸之篇,非其例欤?曰日者,曰龟策,此即《魏志》所谓方伎者也,《后汉》谓之方术,《北魏》谓之术艺,《北周》、《晋》、《隋》谓之艺术,并异名同实。曰货殖,自汉以后,不复有其目。曰滑稽,自汉以后,并削不具。曰刺客,因事命名,不同诸科,《后汉》传党人,别系以党锢,盖师其意耳。《后汉》所续者曰文苑,此即史公传屈原、贾谊例也,《南齐》、《南史》、《隋书》谓之文学,《唐》谓之文艺。曰独行,此即史公传鲁仲连、邹阳例也,《新五代》谓之一行,《新唐书》谓之卓行。曰逸民,此即史公传伯夷例也,《晋》、《宋》、《隋书》谓之隐逸,《北魏》谓之逸士,《南齐》谓之高逸,《梁史》特次诸引年致仕之士,谓之止足。曰列女,此即史公录缇萦讼父淳于意于太仓公传,录寡妇清以财自殖于货殖传例也。《南史》所创曰夷貊,《晋》谓之四夷,《宋》谓之外国传、蛮夷传,《辽》谓之外纪。曰贼臣,《新唐》以背国自擅者谓之叛臣,僭号称尊者谓之逆臣,《明史》有流贼,逆臣之匹也;《宋书》二凶之有始兴王濬,叛臣之伦也。《宋书》所创曰孝义,《南齐》、《北周》、《隋》及《南史》因之,《梁》、《陈》、《北史》谓之孝行,《晋》仍《北魏》之旧,谓之孝感,《唐》谓之孝友。《北魏》所创曰节义,《隋》谓之诚节,《晋》谓之忠义,《新五代》以终持一节者谓之死义,始虽更历数主,后乃效节者,谓之死事。《新唐》所创曰奸臣,《宋史》因之,前史所未有也,《后汉》如梁冀、董卓之流,并散次篇中,各依其世代,亦足惧奸邪之心矣。《宋史》所创曰道学,此史公传仲尼弟子例也。《五代新史》所创曰杂传,《旧史》叙五代诸臣,以卒时年为断,《新史》特立此传,使以类次,惟未更事二姓者,始各为其臣传,盖广外传之体而为之也。后来继作,相与因循,鲜有造作,故不详云。

（己）论赞

（一）论赞之起原及其名义

论赞之原，亦本于《春秋》三传，知幾《论赞篇》曰：《春秋左氏传》每有发端，假君子以称之。二传云公羊子、穀梁子，《史记》云太史公。既而班固《汉书》曰赞，荀悦《汉纪》曰论，刘珍等《东观汉记》曰叙，吴谢承《后汉书》曰述，晋常璩《华阳国志》曰撰，后汉刘昞《敦煌实录》曰奏，晋袁宏《后汉纪》、梁裴子野《宋略》自题姓名，沈约《宋书》、萧子显《南齐书》通称史臣。其名万殊，其谊一揆。

（二）论诸家论赞之得失

夫论以辨疑释滞，若人人共了，固无待商榷，丘明君子曰者，谊实在斯。司马迁始限以篇终，各书一篇，必理有非要，则强生其文，史论之繁，实始于此。惟孟坚辞旨温雅，理多惬当，其尤美者，有典诰之风，良可诵也。荀悦《汉纪》，谊理虽长，失在繁富。自兹以降，流宕流返，大抵华多于实，理少于文，鼓其雄辞，夸其俪事，袁宏《后汉纪》，务饰玄言；谢灵运《晋书》，虚张高论。玉卮无当，曾何足云。王劭《齐志》，志在简直，言兼鄙野，苟得其理，遂亡其文，观过知仁，斯之谓矣。（谢灵运《晋书》，王劭《齐志》，今皆不传，此本《史通》所论。）唐修《晋书》，作者皆当代词人，远弃史、班，近宗徐、庾，饰彼鄙薄之句，编为史籍之文，无异加粉黛于壮夫，服绮纨于高士矣。原史之有论也，盖欲事无重出，文省可知。及后来赞语，多录纪传之言，所异者惟加文饰而已。至若与夺乖宜，是非失中，如班固之深排贾谊，范晔之虚美隗嚣，陈寿谓诸葛不逮管、萧，魏收称尔朱可方伊、霍，或言伤其实，或儗非其伦，褒贬任声，抑扬过当，安在其为信史而成实录也。

（庚）叙例

叙例之原，本于《书》叙及《左氏》之发凡。叙者，所以叙作者之意也。夫史氏之书，各有其用心之所在，苟不先叙其意，则后之读史者，何由通其情款？故《史》、《汉》之体，虽以纪事为宗，至于表志杂传，亦时复立叙，文兼史体，状若子书，实可与誓诰相参，风雅齐列矣。迨华峤《后汉》，多同班氏，且言辞简直，叙致温雅，叙体之美，追迹孟坚矣。爰及蔚宗，始更其制，遗弃史材，徒炫文采，至乃后妃列女，文苑儒林，凡此之流，莫不列叙。后来作者，递相祖述，故上自晋宋，下及陈隋，每书必叙，课成其数，范史之流毒也。史之有例，犹国之有法，国无法则上下靡定，史无法则是非莫准。昔夫子修经，首发凡例；左氏之传，显其区域。科条一辨，彪炳可观；战国而后，斯道莫闻。唯干宝先觉，远述丘明，重立凡例，勒成《晋纪》，邓粲之著《元明纪》，孙盛之修《魏氏春秋》，遂蹑其踪，史例中兴，于斯为盛。若沈约《宋书》志叙，萧子显《齐书》叙录，虽皆以叙为名，其实例也。必定其臧否，干宝、蔚宗，理切而多功，邓粲《元明纪》、檀道鸾《续晋阳秋》，词烦而寡要，子显虽文伤蹇踬，而谊甚优长，斯二三家者，实叙例之美者也。知幾《史通》，谓："《史记》上自轩辕，下穷汉武，疆宇修阔，道路绵长。其《自叙》始于氏出重黎，终于身为太史。上下驰骋，终不越《史记》之年。《汉书》止叙西京二百年事，自叙追征令尹，起楚文王之世，追录《宾戏》，当汉明帝之朝，包括所及，逾本书远矣。施于家谍，犹或可通，列于国史，多见其失。"岂特非得其神，并形而失之矣。《文选》引谢承《后汉书叙》，似分系篇目，盖仿马班之体也。《唐志》叙本书，别有录一卷，盖即谓叙耳。隋许善心《梁史叙》，云叙传论述一卷，又别为叙论一篇，托于叙传之末，盖以叙述家世者为传，综叙书旨者为论，分析至精，然与班氏则未必有合也。魏澹撰《后魏书》，别为史论及例一卷，《隋书》本传，不言详叙先世，斯善于善心者矣。《东观汉记》易论为叙，必循名以求，其为烦惑，抑孰与历之，此其得失之林也。

三　结　论

余尝论读史之法有三：一曰当有研究之态度，二曰当观其会通，三曰当有归纳之考察，此三者缺一，则史迹之原委莫明，而是非靡辨矣。夫中国史籍之浩浩，著作者之众，若江海然，其间鱼龙起伏，波涛变化，固不可得而穷矣。然古人著述，大抵损益前人之制而为之，学者苟能得其相因之迹，然后如枢之有纽，木之有根，循序而进之，触类而长之，则中国史体之变迁，可得而明矣。昔史公著《史记》，其体例一准前代，而微以己意损益其间，以成一家之言。学者苟欲明其著作之源，则必求其所以损益之故，欲求其损益之故，则研究之态度尚焉。研究者，所以研精一理，以明事物之情状或变迁之迹者也。夫史氏之体，其损益之状，至为复杂，非赖研究，何足以明之。虽然，史者，所以载前代之事也，天下万事万物，靡不毕书，若一一求其损益之故，则一人之精力有限，势自有所不能，故又宜从其大者以观之，而求其会通之所在，举一目以纲万象，因一事而睹万情，然后始可收事半功倍之效，此所谓当观其会通者也。既观其会通者，又必各以其类相从，还其义例，归其本源，故曰"天下一致而百虑，同归而殊途"，盖谓此也。史公者，中国史体之集大成者也，其余则尽为其流裔。学者苟循是三者以求之，从其流以及其源，则何史体之纷而不理哉。余之此文，非敢自谓能几于此旨也，不过聊就平日之所见，及闻之师友者，草率以成之，其间谬误，自所不免，所望达者加以辩正，匡所不逮，则受赐多矣。

（《湖南大学期刊》1933 年第 9 期）

史体论征

郭翠轩

古代史体，漫无规庑，秦汉以降，体例渐备。所谓纪传体，如《史记》是；编年体，如《汉纪》、《资治通鉴》是；纪事本末体，如《通鉴纪事本末》是。梁任公曰：历史为过去人类之再现，为全社会已往之业影。顾史家叙述史事，欲其事物毕真，背景完整，如电影片然，前张后张，紧紧衔接，此固须具有历史天才之人，而尤赖最圆通之史体焉。盖人类活动之现象，至为复杂，而时间前后，又不一致，事虽万变而不齐，然文必屈曲适如其事也。王桐龄谓：历史有三大要素，一曰民族，二曰区域，三曰年代。以戏剧譬之，民族如脚色，即历史上之全人类也；区域如舞台，即人类活动所在之地方也；年代如出幕，即人类活动所经过之时间也。善为史者之驭史实也，于横的方面，最注意于其来因去果，所叙事项虽千差万别，而各有其凑筍之处，此为吾侪今日理想中之史学。旷观我国旧日史籍，果何如耶？

古代著述，大率短句单辞，不相联属者居多。厥后《左传》、《史记》等书，虽连篇累牍，首尾完整，然而以全书论，仍不过百数十篇文章汇成一帙而已。《汉书》以下各史，踵效《史记》（纪传史体）；《汉纪》、《通鉴》等书，踵效《左传》（编年史体）。或以一人为起讫，或以年月为起讫，要皆不免将史迹纵切横断。袁枢《纪事本末》力矫此弊（纪事本末体），然亦仅以一事为起讫，事与事之间，缺少连络，而且社会活动状态，原不只区区数件大事，纪事纵极精善，犹不能无遗憾也。此为我国旧日三种史体之概况，今试比较而论征之。

一　纪传体

纪传史体，以人为主，创始于司马迁。后此史家踵效其体，不能超其范围。自《隋书·经籍志》著录，更以纪传为正史，编年为古史。自是以后，历代依之，史书遂分正附（《文史通义·书教篇》）。论者以迁为率私意，荡古法，纪传烦漫，不如编年（皇甫湜《编年纪传论》中语），然亦有深加推崇者，其说固莫能衷诸一是也。兹所述者，以史公《史记》为代表，间及《汉书》以下之纪传史书。

（一）诸家对于纪传体之批评

班彪谓："迁之所纪，采经摭传，分散百家之事，甚多疏略。论术学，则崇黄老而薄五经；序货殖，则轻仁义而羞贫穷；道游侠，则贱守节而贵俗功。此其大弊伤道也。"又曰："一人之精，文重思烦，故其书刊落不尽，尚有盈辞，多不齐一。"（《汉书·班彪传》）

刘勰曰："爰及太史谈，世惟执简；子长继志，甄序帝绩。比尧称典，则位杂中贤；法孔题经，则文非元圣。故取式《吕览》，通号曰纪。纪纲之号，亦宏称也。故本纪以叙皇王，列传以总侯伯，八书铺政事，十表谱年爵。虽殊古式，而得事序焉。"（《文心雕龙·史传》）

刘知幾曰："寻《史记》疆域辽阔，年月遐长，而分以纪传，散以书表。每论国家一政，而胡越相悬；叙君臣一时，而参商是隔。此其为体之失者也。兼其所载，多聚旧记，时采杂言，故使览之者，事罕异闻，而语饶重出。此撰述之烦者也。"（《史通·六家》）又谓："《史记》者，纪以包举大端，传以委曲细事，表以谱列年爵，志以总括遗漏，逮以天文地理、国典朝章，显隐必赅，洪纤靡失，此其所以为长也。若乃同为一事，分在数篇，断续相离，前后屡出。于《高纪》则云语在《项传》，于《项传》则云事具《高纪》。又编次同类，不求年月，后生而擢居首帙，先辈而抑归末章，遂使汉之贾谊将楚屈原同列，鲁之曹沫与荆轲并编，此其所以为短也。"（《史通·二体》）

清章学诚氏，则极称赞之，谓迁书"体圆而用神"（《文史通义·书教》)。他如扬雄、郑樵诸人,亦备极推崇。扬之言曰:"迁有良史之材,善序事理。"(《汉书》本传赞)郑樵亦云:"自《春秋》后,惟《史记》独擅制作之规模。"(《通志·总序》)兹综合诸说,详列史实,以明纪传史体之短长。

(二) 纪传体长短之比较

纪传史体,其长有二:一曰圆通,二曰赅备。其短有三:一曰重复,二曰编次不伦,三曰疆界凌乱。

(甲) 纪传之长

一、圆通。所谓圆通者,对编年体而言也。我国古代史体,按年记事,不分类例。逮司马迁,乃错综古今,囊括纪录,上起皇帝,下至汉武,为十表,十二本纪,书八章,世家三十,列传七十,凡百三十篇,曲分类例,备论二千四百一十三年间之君臣、父子、夫妇、长幼之序,天地、山川、国邑、名号、殊俗、物类之品,其事详而明,其体圆而通,斯亦可谓尽美矣(《史公自序》、《报任少卿书》及《史记》张守节论史例)。更以其类例言之,本纪者,纲纪庶品,网罗万物,犹《春秋》之经,系日月以成岁时,书君臣以显国统。纪传体之以人物为本位者,赖此而时际之观念不迷。如汉五年正月,徙齐王信为楚王云云(《淮阴侯列传》),魏安釐王三十三年云云(《信陵君列传》),自屈原沉汨罗江后,百有余年,汉有贾生为长沙王太傅云云(《屈原贾谊列传》)。又如《刺客列传》于曹沫、专诸、豫让诸人之后,辄曰其后若干年而有某某之事。书中此例,举不胜举,时际清晰,此其圆通一也。又本纪虽能科条明晰,而并时异世,事繁变众,难以顾虑周到,史公乃于本纪之外,又作十表,以谱年爵,部别班分,所以济本纪之穷也。以十表补本纪之不足,此纪传之圆通二也。他如以列传述细事,以书志铺政事而括遗漏,天文地理,朝章国典,无不毕具,体例周密,此其圆通三也。凡此种种,较编年体之仅以年月为经,不能伸缩自如者,不可同日而语矣。

二、赅备。所谓赅备者,对纪事本末体而言之也。纪事本末,仅记一事之首尾,而于某事中之人物,其生平若何,其思想背景又如何,多阙而不载。即以所记载言之,亦不过仅仅数件重大之事,其遗漏固已多矣。至于纪传史体，凡论一人之行事，"始自初生，及乎行历，事无巨细，莫不备陈"（《史通·杂说》）。不特此也，每于一人之行事，更能顾及其背景，赅备周密，决非本末体之可比拟。且如《史记》纪传，不仅叙述朝堂显贵，而于市井乡曲细民，亦必详为记载，如信陵君传内所叙毛公、薛公两人，不过卖浆博徒，而史公亦必曲为记载。他如游侠、货殖、刺客、滑稽诸传所叙朱家、郭解诸人，概皆穷巷掘门、瓮牖绳枢之徒。乃史公叙述其事，无不加意描写，酣畅淋漓，使千载而下，读其书，慕其人，油然有宁为平民不为高官之感，如斯人者，可谓幸矣。故曰：史公《史记》，以社会全体为中枢，而尤注意于平民之述叙。史公之言曰："古布衣之侠，靡得而闻已。"又曰："自秦以前，匹夫之侠，湮灭不见，余甚恨之。"刘知几亦云："召平、纪信、沮授、陈容之徒，或运一异谋，树一奇节，并能传之不朽，人到于今称之。"（《史通·列传》）故洪纤靡失，显隐赅备，此亦纪传史体之长也。

(乙) 纪传之短

一、重复。本书中之重复。纪传史体以人物为本位，所以叙述各个人相互间之关系，多有重复。此亦自然之趋势，而不得不然者也。如《史记·高帝本纪》既言高祖八男，而《吕后纪》又叙之。《郦食其传》既载食其见高祖之事，而《朱建传》又重言之（《二十二史札记》）。此本书中之重复，即刘子玄所谓断续相连、前后屡出者也。各书中之重复。一部二十四史从何处说起，盖叹我国史籍之浩繁也。推史籍浩繁之原因，一方面固由于人事日愈复杂，而他方面实由于纪传体之著述多雷同重复。考我国古籍，有一人二史各传者，有一文数处引用者，展转抄袭，展转增加，史籍之繁，良由于此。如《史记·仲尼弟子列传》多录《鲁论》原文，苏秦、商君等传亦采《国策》原文。他如《楚辞》、《国语》、《左传》等书，史公亦无不引用。至班固《汉书》，则武帝以前，皆引《史记》原文。且："后汉之董卓、公孙瓒、陶谦、袁绍、刘表、袁术、吕布诸人，当陈寿撰《三国志》时，以诸人皆与曹操并立，且事多与曹操相涉，故必立传于《魏志》而叙事始明。刘焉乃刘璋之父，其他则昭烈所因也，欲纪昭烈，必先传璋，欲传璋，必须传焉，故以立传于《蜀志》之首。及蔚宗修《后汉书》，则董卓等皆汉末之臣，荀彧等虽为操画策，而心犹为汉，皆不得因《三国志》有传,遂从删削,所以一人而两史皆有传也。"(《二十二史札记》)又陶潜隐居完节,卒宋代,故《宋书》为隐逸之首。然潜以家世晋臣不复仕宋,始终为晋完人,故修《晋书》者,特传于隐逸之末,二史遂并有传。又如贾谊《过秦》一文,三处引用。史书浩繁重复,此不得不谓纪传体之短也。

二、编次不伦。刘知幾曰:"司马迁错综成篇,区分类例。(中略)体统不一,名目相违,朱紫以之混淆,冠履于焉颠倒。"又曰:"陈涉、项籍见编于高祖之后,隗嚣、孙述不列于光武之前。而陈寿《蜀志》,首标二牧,次列先主,以继焉、璋。岂以蜀为伪朝,遂乃不遵恒例。"(《史通·编次》)又如《史记》列传一门,"随意排比,李广传后,忽列匈奴,其下又列卫青、霍去病传,朝臣与外夷相次,已属不伦,然此犹曰诸臣事皆与匈奴相涉也。乃公孙宏传后,忽列南越、东越、朝鲜、南衡等传,其后又列司马相如传,相如之下,又列淮南、衡山王传。循吏之后,忽列汲黯、郑当时传。儒林、酷吏后,忽列大宛传。其次第似皆随得随编",故极不伦也(《二十二史札记》)。至《史记》中之合传,更多不论人品,随意配比。如"伯阳清虚为教,韩子峻刻制法,静躁不同,德刑斯舛,今宜柱史共漆园同传,公孙与商君并列",始为得当(司马贞《补史记序》)。又如孟荀列传,杂叙淳于髡、慎到、驺奭诸人之言行,如以数子可以媲美于孟荀耶?则孟荀二子为儒学之正宗,固非数子之可比。夫墨翟学术,当时与孔子并称(《韩非子·显学篇》:世之显学,儒墨也),自应专为立传,以明墨学之渊源。乃史公仅以二十四字曰:盖墨翟宋之大夫,善守御,为节用,或曰并孔子时,或曰在其后。附诸孟荀列传之末,岂墨子之贤,尚不如淳于髡数子者耶? 又张苍、任敖、周昌合为一传,似断不断,似连不连。随意排比,编次不伦,此亦纪传体之短也。

(三) 史家对于纪传体之矫正

纪传之弊,已如上述,然则欲救正之,将如之何? 章实斋曰:"司马光病纪传之分,而合之以编年。"(《文史通义·书教下》)《后汉书·荀淑传》亦称:"汉献帝好典籍,以班固《汉书》文繁难省,乃令荀悦依《左氏传》体,为《汉纪》三十篇。词约事详,论辩多美。"又宋英宗亦以史籍浩繁,特命司马光论次历代君臣事迹,为编年一书,神宗以鉴于往事,有资于治道，故名其书曰《资治通鉴》，并为之叙曰："博而得其要，简而周于事，是亦典刑之总会，册牍之渊林矣"(《资治通鉴序》)凡此皆欲以编年之长，救纪传之失，各是其是，所谓矫枉过正，而非中正之道也。

刘知幾以纪传史体，篇名虽广，而无录艺文诰章之目，谓宜于表志之外，更立一书。其言曰："按迁、固列君臣以纪传，统遗逸于表志，虽名甚广，而言无独录。愚谓凡为史者，宜于表志之外，更立一书。若人主之制册诰命，群臣之章表移檄，收之纪传，悉入书部，题为制册章表书，以类区别，他皆仿此，亦犹志之有《礼乐志》、《刑法志》者也。又诗人之什，文章(中略)皆施纪传。窃谓宜从古诗例，断入书中。亦犹《舜典》列'元首之歌'，《夏书》包'五子之咏'者也。"(《史通·载言》)吾谓此乃论纪传史体以外之著述，而非讨论纪传史体本身问题，亦不得谓为良法。其比较可取者，则为章实斋之别录办法，谓："于纪传之史，必当标举事目，大书为纲，而于纪表志传与事连者，各于其类附注篇目于下，定著别录一篇，冠于全书之首，俾览者如振衣之得领，张网之得纲。治纪传之要义，未有加于此者也。"(《史篇别录例议》)

二　编　年　体

编年史体，以年为主，以事为从，以年为经，以事为纬。刘知幾曰："昔《尚书》记言，《春秋》纪事，以日月为远近，年世为前后，用使阅之者，雁行鱼贯，皎然可寻。"(《史通·编次》)。章实斋亦云："《左氏》体直，自为编年之祖。"(《书教》)然而记事者以一篇记一事，而不能统贯一代之全。编年者，又不能即一人而各详其本末，是各有长短，互有利弊也。《春秋》节约，不离帐簿形式。"《左氏》传经，犹衣之表里"(桓谭《新论》)，均不得为编年史之极则。惟荀悦《汉纪》，辞约事详，温公《通鉴》，经纬规制，为我国中古以降之极大制作。故兹所述著，以《汉纪》、《资治通鉴》为代表，间及《左传》等编年史籍。

(一) 诸家对于编年体之批评

皇甫湜《编年纪传论》曰："编年纪事，束于次第，牵于混并，必举其大纲,而简于叙事。是以多阙载,多逸文,乃别为著录,以备书之言语,而尽事之本末。故(中略)《左氏》之外,又为《国语》。合之则繁,离之则异,削之则阙。"

刘知幾曰:"《春秋》者,系日月而为次,列岁时以相续,中国外夷,同年共世,莫不备载其事,形于目前。理尽一言,语无重出,此其所以为长也。至于贤士贞女,高才俊德,事当冲要者,必盱衡而备言;迹在沉冥者,不枉道而详说。(中略)故论其细也,则纤芥无遗;语其粗也,则邱山是弃。此其所以为短也。"(《史通·二体》)

杨万里曰:"余每读《通鉴》之书,见事之肇于斯,则惜其事之不竟于斯。盖事以年隔,年以事析,遭其初莫绎其终,揽其终莫志其初。如山之峨,如海之茫。盖编年系日,其体然也。"(《通鉴纪事本末》杨叙)

梁任公曰:"《汉纪》之作,以年系事,易人物本位为时际本位,学者便焉。"又曰:"编年体以年为经,以事为纬,使读者能了然于史迹之时际关系,此其所长也。然史迹因有连续性,一事或亘数年,或百数十年,编年之记述,无论若何巧妙,其本质总不能离帐簿式。其本年所纪之事,其原因在若干年前者,或已忘其来历,其结果在若干年后者,苦不能得其究竟。非直翻检为劳,抑亦寡味矣。"(《中国历史研究法》)

(二)编年体长短之比较

编年史体,其长有二:一曰时际观念明了,二曰无重复。其短有三:一曰体例拘泥,二曰详略不均,三曰本末混并。

(甲)编年之长

一、时际观念明了。编年史体按年纪事,时间先后,依次并比,不相混乱,而共世同时之事,亦能备举详列,头绪即更清晰,而区划亦复明白,而且年经事纬,欲知某年所发生之事迹,翻检极为便易,史籍时间观念之清晰,未有如编年者也。如荀悦《汉纪》,上起高帝,下逮新莽,计十二世,十一帝,通王莽二百四十二年,为书三十卷,都十余万言,凡祥瑞灾异之变,政治法式之典,华夏夷狄之事,皆总为帝纪,系以年月,比其时事,撮几举要,存其大体,以副《汉书》。司马光《资治通鉴》,起自周烈,迄于五代,共十六代,记载千三百余年之事,前后贯串,一线相承,此拟史体,非惟时际明晰,而且更易检阅,此编年之长,而为纪传、本末之所不及也。

二、语无重复。所谓重复者,对纪传体而言之也。纪传史体,以由分类例之故,往往于一书中,一事而数见。各书之内,又复展转抄袭,前后雷同,以致史事因之而歧互,言语由此而重复,前章业已详言之矣。而编年史体则不然,盖编年史体,按年纪事,时序递嬗,岁月去而不复返,故前后次第,不容少有更张。凡事之已叙于前者,不能再见于后,叙于后者,自不能复移置于前,其以语无重出者,盖示体例之使然,而不得不谓为编年之长也。

(乙) 编年之短

一、体例拘泥。体例拘泥云者,盖就记事方法而言,亦即对纪事史体之圆通而言也。天下之大,品类之繁,人类生活现象,亦至为复杂。史籍记载之关于中外夷狄、天文人事,以及社会、经济、政治等,若不区分门类,则不免杂然并录,混乱不清。例如《资治通鉴》一百九十二卷,记载唐太宗贞观二年之事,计四十一项,内关于天文者二,灾异者一,善德异行者二,反叛及夷狄之事者七,规谏刑赏、政治法律者二十有九,统观所记,仅以年月冠于篇首,中间杂录史事,致使首尾不清,眉目难分。《汉纪》亦然,全书皆系割裂《史》、《汉》原文,强使附录于同年同月之下。此种史体呆板滞泥,失却著作圆通之旨,宜乎王荆公之讥《春秋》为断烂朝报,如流水帐簿也。而且记事之法,逐条排比,颇似大事年表,而无历史之真正价值,体例拘泥,此乃编年史之短也。

二、详略不均。编年史体,因拘于年月,牵于岁时,故叙事之详略,以及其配比排列,极不匀称,各年间之事,既不相等,而同年内之事,亦不平均,分别言之如次。(一) 各年间之不均。编年体所叙各年间史事之不均者,例如《汉纪》每年所记史事,约皆十数项,或至数十项,其篇幅较长者,若孝景帝三年所记,约记三千余言。而其最短者,则如王莽四年所记,仅曰"夏赤气出,东方竟天,东北西南皆反乱侵边"十七字。汉昭帝元丰二年曰"夏六月赦天下,问民所疾苦",仅十一字而已,此各年间详略不均之例也。(二) 同年内之不均。同一年内,而所叙史事,亦复详略不均。例如《汉纪》昭帝六年内所载之史事,统计七项,一曰昭帝耕于上林,二曰昭举贤良,三曰问疾苦,四曰罢盐铁榷酤,五曰苏武还汉,六曰大旱,七曰立无波为鉤王。七事之中,独叙苏武身世遭遇极详,约计一千余言,而其余六事,其长不过数字,或十数字而已。又《资治通鉴》汉献帝建安十三年,杂记史事十数项。有仅数字者,如秋三年曹操南击刘表;有十数字者,如曹操还邺作玄武池,以肄舟师。其稍详者,若孙权之遇甘宁,刘琦、刘琮之争立。最详者则为赤壁战役,洋洋二千余言,将战争之前因后果,千端万绪,大小纠纷,无不屈曲写出,以此与前所举之数字或十数字相较,则相差不啻十百千倍。其他之类此者尤多,史事之详略不均,于此可见一斑也。

三、本末混并。本末混并者,对纪事本末体而言也。盖史事发生,因有一定之时间性,而其经过、结果、影响,前后相贯,非只一时,故尤须有连续性焉。编年史体因限于年月,杂列史迹,故其所叙者,只能言其当时之情况,至其事之前后颠末,不克彻始彻终,一气叙完,间有追述往事。如《左传》隐公元年曰"初郑武公娶于申曰武姜"云云,《汉纪》昭帝六年初"苏武"云云,《资治通鉴》汉建安十三年初"鲁肃闻刘表卒"云云,凡此等等,不一而足。然既为编年史书,则应按年记事,始为得体,乃于编年史内,将过去与现在并在一处,此其本末之混者也。又其依年记事,致令同一史事,片片割裂,前后间隔。如上节所举《通鉴》,操作玄武池练水军及南击刘表诸事,与赤壁战役,俱有前因后果关系,乃散刊杂叙,使之不相连属,此其本末之混并者二也。

(三)史家对于编年体之矫正

编年之弊,在于不能曲分类例。《史》、《汉》之纪表志传,所以济类之穷也。章实斋曰:"《尚书》圆而神,其于史也,可谓天之至矣。(中略)折入《左氏》,而合于班马。"又曰:"《尚书》一变而为左氏之《春秋》,《尚书》无成法,而左氏有定例。《左氏》一变而为史迁之纪传,左氏依年月,而迁书分类例。"(《文史通义》)以纪传救编年,此史官展转治弊之说也。

"左邱明既为《春秋》内传,又稽其逸文,纂其别说,分周、鲁、齐、晋、郑、楚、吴、越八国事,起自周穆王,终以鲁悼公,别为《春秋》外传《国语》,合二十一篇。其文以方内传,或重出而小异。"(《史通·六家》)司马光作《资治通鉴》既竟,以自病其浩繁难读,故复撰《资治通鉴目录》三十卷,以匡救之。"其法年经国纬,著其岁阳岁名于上,而各标《通鉴》卷数于下。次第厘然,具有条理。使与《通鉴》相辅而行,易于循览。"(《四库全书总目提要》)此盖编年史家自知其书体例之不善,乃另作一书以救正之之说也。

二者究孰是耶?前者以纪传正编年,恰如以编年救纪传,各有所长,各有所弊,而其结果,则纪传自纪传,编年自编年,而于编年史体又何补益。后者欲于本书之外,另作一书以事匡救,此则形成两大有如脱离母体之细胞,各自独立,不相附属,恐此亦非善法。其比较可取者,当推章实斋氏之《别录》主张。虽然另作《别录》,而却仍附于本书之内,氏之言曰:"今为编年而作《别录》,则如每帝纪年之首,著其后妃、皇子、公主、宗室、勋戚、将相、节镇、卿尹、台谏、郡县、守令之属,区别具见于某年为始,某年为终。(中略)有大制作、大典礼、大刑狱、大经营,亦可由事定名,区分名目,注其始终年月。至于两国联盟战争,亦约举年月,系事隶名。"(《章氏遗书·史篇别录例议》)如此则两相参证,便莫大焉。

三 纪事本末体

本末史体,以事为主,而以人物年月为从,盖即所谓因事命篇也。创始于宋之袁枢,明清两代,踵作者虽多,然谨严精粹,皆未有能及枢者。张西铭曰:"国史因人,《通鉴》因年,《本末》因事。人非纪传不显,年非《通鉴》不序,事非《本末》不明。"(《通鉴纪事本末序》)按此三体,实有相依为用之关系,不可执一而偏废。近世学者,以本末体与吾人之理想史最为相近,故咸趋重之。然以实较之,斯体优点固多,而亦不能谓为完全无弊焉,试请论之如次。

(一) 诸家对于本末体之批评

赵与𥴤曰:"《纪事本末》,区别条流,各从其类,岂求加于《通鉴》之外哉?盖《通鉴》以编年为宗,《本末》以比事为体。编年虽一事而岁月辽隔,比事则虽累载而脉络联贯。故读《通鉴》者,如登高山,泛巨海,未

易遽睹其津涯。得《本末》而阅之,则根干枝叶,绳绳相生,不待反复它卷而了然于中矣。"(《通鉴纪事本末序》)

杨万里曰:"搴事之成,以后于其萌;提事之微,以先于其明。其情匿而泄,其故悉而约。"(同见《本末序》)

纪昀曰:"纪传之法,或一事而复见数篇,宾主莫辨;编年之法,或一事而隔数卷,首尾难稽。枢乃自出新意,因司马光《资治通鉴》,区别门目,以类排纂。每事各详起讫,自为标题;每篇各标年月,自为首尾。始于三家之分晋,终于周世家之征淮南,包括数千年事迹。经纬明晰,节目详具,前后始末,一览了然。遂使纪传、编年,贯通为一,实前古之所未有也。"(《四库全书总目提要》)

章实斋谓:"按本末之为体也,因事命篇,不为常格,非深知古今大体,天下经纶,不能网罗隐括,无遗无滥。文省于纪传,事豁于编年,决断去取,体圆用神,斯真《尚书》之遗也。"(《文史通义》)

梁任公曰:"欲求史迹之原因结果,以为鉴往知来之用,非以事为主不可。故纪事本末体,于吾侪之理想的新史最为相近,抑旧史界之极轨也。"

(二) 本末体短长之比较

本末之长,则为端绪分明,其短,则为事多遗阙忽略。

(甲) 本末之长

端绪分明。史家著述,最忌条理紊乱,区划不清。纪传史籍,史事互见,后先倒置。编年之书,则又割裂史实,首尾难稽。惟本末体,以事为主,每叙一事,既必详言其原因经过,更必述其结果影响,前后一贯,始终连络,其端绪之分明,脉络之条贯,未有如本末体者也。关于此条,上述诸家,言之已详,兹不多赘焉。

(乙) 本末之短

事多遗阙忽略。史家每述一事,说明事实本身之原因结果,为其重要职责。但宇宙之事物,与人类之活动,其因果关系,千头万绪,至为复杂。某一事实之发生,由空间言,同时必与其他若干事实有连带之关系;就时间言,则既为前事实之果,复为后事实之因,错综纠纷,难以计数。袁氏《纪事本末》,仅记《通鉴》中数件大事,而与此有关系之事实,概置不论,岂能将一时代之整个社会状况,跃然纸上。而且国内国外,同年共世之事,不能并载,须于篇前篇后题殊代异之中,牵连叙明,致使读者每注意一事,而遗其他,事多遗阙忽略,此盖本末体之短也。

(三) 史家对于本末体之矫正

本末史体,较编年、纪传已为进化,可谓美矣,然犹未可谓为尽善也。欲史体之尽善尽美,则须采集三体之长,加以神明变化,使事不失真,文无虚妄。对此问题,章实斋氏曾反复著论,其言曰:"袁枢《纪事本末》,书亦不尽合于所称。但即其成法,沉思冥索,加以神明变化,则古史之原,隐然可见。(中略)斟酌古今之史,而定文质之中,则师《尚书》之意,而以迁史义例,通《左氏》之裁制焉。所以救纪传之弊,非好为更张也。"又曰:"以《尚书》之义,为迁史之传。或考典章制作,或叙人事始终,或究一人之行,或合同类之事,或录一时之言,或著一代之文,因事命篇,以纬本纪,则较之《左氏》翼经,可无拘于年月后先之累。较之迁史之分列,可无歧出互见之烦。文省而事益加明,例简而体益加精,岂非文质之适宜,古今之中道欤?至于人名事类,合于本末之中,难以稽检,则别编为表,以经纬之,天象地形,舆服仪器,非可本末赅之,且亦难以文字著者,则别绘为图,以表明之。盖通《尚书》、《春秋》之本原,而拯马史班书之流弊,其道莫过于此。"(《文史通义·书教》)推论精密,体例完备,此真吾人理想中之史体也。氏曾拟著《圆通篇》,专论史体(据《与邵晋涵论修宋史书》:发凡起例,别具圆通之篇),惜未脱稿,而所拟撰之《宋史》,又终不成书,以致至今徒载空言,未能见诸事实,诚可慨也。

(《国立河南大学学术丛刊》1946 年第 1 期)

中国历史体裁底演变

白寿彝

中国历史体裁底演变，大约可分为四个时期。

第一个时期可以从春秋开始。春秋以前，虽有甲骨文字底记录，有《商颂》底《玄鸟》、《长发》、《殷武》，有《大雅》的《大明》、《绵》、《生民》，有《小雅》底《六月》、《采芑》，有《易》卦爻辞里所记殷周的故事，但或是故老相传的口说，或是零星的史料，都不能说是历史。《尚书》这部书是被认为最早的古史的，但究竟它是本来的很古的记录或是后人底复述，还是一个很值得研究的问题。并且它里边的记录，有很多篇是连一件史事所发生的地点和时间都没有的。我们说它是一部史料汇编，是可以的；说它是一部历史，是不可以的。我们说《春秋》是中国底第一部历史书，是因为它是第一部具有历史书之起码条件的。《春秋》以前，在事实上也许已有类似的历史书底存在，但我们已不能确切地知道了。我们现在所确切知道的最早的历史书，只有《春秋》，所以我们讲历史体裁，也只有从《春秋》开始。

《春秋》虽是一部很简单的书，但它把二百四十二年的军政大事，按照发生的顺序排列起来，"以事系日，以日系月，以月系时，以时系年"，次序底明朗和时空观念底清晰，都是空前的。这不能不说是《春秋》在历史体裁上的大贡献。自此以后，中国才算有了一部真正的历史书，同时也就是有了第一种重要的历史体裁——编年体。

《春秋》以后，比较重要的史书，有《左传》、《竹书纪年》和《世本》。《纪年》所记的年代比较长，体裁和《春秋》相仿佛。《世本》有《王侯大夫谱》，性质上很和后来的史表接近；有《氏姓篇》、《居篇》、《作篇》等，分类记录若干方面的史事,也很和后来的书志相近。《纪年》、《世本》两书都久已散佚,我们已不能详细地知道它们的体裁。至于《左传》,在纪录底内容上,是一部和《春秋》相终始的书,在体裁上,也是一部编年史的体裁。不过《左传》底编年体,却显然是比《春秋》进步了。

《左传》和《春秋》,在体裁上最重要的不同,至少有两点。第一,《春秋》所记,都是标题式的;《左传》所记,对于一件事底曲折,大抵都是详详细细地说的。像《左传》内许多关于战事的长篇的生动记载,在《春秋》里只用了很少的几个字。第二,《春秋》记事不记言,《左传》里却到处有娓娓动听的言论和关系重要的文告。另外,《左传》有时追记事之始,有时顺记事之终,这一点更是打破编年体之严格的束缚而有以补救编年体之不足的。

但《左传》底体裁虽进步,编年底形式究限制了许多重要的史料,使一些不便用年月排列的史事得不到记录的机会。于是,第二种史体出现了,这便是司马迁所创始的纪传体。

纪传体,详细地说,应该是纪表世家书传体。因为司马迁底《史记》,就是包含这五个部份的。不过司马迁以后的同类作家往往不能具备这五个部份,只有纪传两项是始终保持着的,所以不称作纪表世家书传体而只称作纪传体,也是很切合事实的。

在《史记》底五个部份中,"本纪"和"表"是全书底纲领。"本纪"揭载历年的重大史事,"表"则表明史事之综错的关系,"书"指陈重大的历史现象,"世家"记述帝王以下的领袖人物和他们世代相续的情形,"列传"记述若干方面的凸出人物。这五个部份底体裁,个别地说,大概都不是司马迁所创始的;但把它们完全用在一部书里,成一种综合的体裁,这是以前所没有的。

《史记》和《春秋》、《左传》,在体裁上最重要的不同,是后者以年月为主,而《史记》以人物为主。因为《史记》不再以年月为主,便不再受年月上的限制,只要作者认为是重要的史事,不问有无确切的年月可考,都可以叙在书里。这是《史记》在体裁上之最大的贡献,可以减去编年体之遗憾不少。

但《史记》毕竟是一部创始的书,细微的地方仍不免有所不周。例如"七十列传"底次第,似乎就没有仔细地排列过。"八书"底内容不惟没有怎样地充实,"八书"底项目也嫌过于简单。此后,《汉书》虽是继承着《史记》底纪传体,但却比《史记》谨严多了。《汉书》底列传,在各传底分合之间虽不见得比《史记》高明,但在次第排列上确是比《史记》进步。《汉书》底"十志"也远比《史记》底"八书"规模完备。此外,《汉书》把《史记》之通史式的纪传体改为断代的纪传体,使西汉一代史事首尾具备,也是在史体上的一种创获。这一点,对于后来史书的影响,是特别大的。

纪传体到了《汉书》,可以说已经十分成熟。可是同时纪传体到了《汉书》,也就开始使人感觉着遗憾。西汉一代不过二百二十九年的事情,但《汉书》却用了八十一万多字写成了一百卷。史事底容量诚然是扩大了,但这样的史书却就更难读了。于是某些人就又想起来编年史底好处。编年史是那样地简单易读,那样地可以在一个地方一口气读完了一年间的记载,不必像读纪传体那样地麻烦。于是,便有一位荀悦出来,把纪传体的《汉书》删改成编年体的《汉纪》,以适应某些人底需要。

话说到这里,也许有人要问:《汉纪》出世后,历史体裁是否又转回《春秋》、《左传》底老路呢?事实底回答是:不然。《汉纪》底编年体决不同于《春秋》、《左传》底编年体。它对于《春秋》、《左传》所现示出的缺憾,是已经解决了的。许多无年月可考的史迹已不能再使我们的编年史家困惑,他已经用类举的办法,或因事以及事,或因人以及人,都给它们安排下了一个适当的位置。编年体到了《汉纪》,活动的领域是大大地开拓了,它的功能也大大地增强了。编年体至此才算有真正的成熟,而和纪传体争得了对峙的地位。

编年、纪传二体之确切的建立,是第一时期历史体裁底主潮。这个时期,从鲁哀公十四年孔子作《春秋》起,到汉建安五年《汉纪》成书时止,当于公元前四八一至西元二零零年,约共六百八十年。

第二时期,断代史底著述普遍地发达。依现在我们的粗疏的考据,后汉史有十三家,三国史有十四家,晋史有二十七家,南北朝史有四十五家,十六国史也有若干家。其中用纪传体的,大概都是效法《汉书》;用编年体的,都是规模《汉纪》。这个时期,在史体方面虽不能像第一时期的部部史著都有显著的创造性,但在断代的纪传史和编年史底范围内,仍是有不少的进步。其中最值得说者,约有四点。一是序例,干宝在《晋纪》里首先创用。其后,编年体的邓粲(晋人)《晋纪》、孙盛《晋阳秋》、何之元(陈人)《梁典》,纪传体的范晔《后汉书》、魏收《魏书》,也都有序例。二是自注,自注又分两种,一种是干宝所主张的,国家大事写入正文,臣下委曲别为谱注。又一种是王劭在《齐志》里所采用的,把史事底异说列为子注。三是总论,干宝《晋纪》和裴子野《宋略》都曾应用。四是分期,何之元底《梁典》曾经把梁代史事分为六意,六意就是六个时期。这四点可以说,都是使历史体裁往严密的路上走的。

但可惜魏晋南北朝的时代,朝代底改换太骤了,政治环境也太恶劣。因为政治环境底恶劣,一个作家在不能抵抗的时候,便不免在作品里呈露出某种畸形的状态。因为朝代底改换太骤了,断代史里便不免把一件事情一记再记,把一个人一传再传,这很使读史的人觉得重复和烦琐。尤其是典章制度方面,断代史家更会感觉头痛。如果对于一种制度,不叙述原委,则未免太过兀突;如叙述原委,却往往要超出了时代底断限。这真是一件左右为难的事。唐代修志而要修《五代史志》,李延寿治史而要写《南史》、《北史》,可以说明唐初一部份史家对于断代史之不满的感觉,已露出了断代史时代将要走向通史时代之一种征兆。

唐景龙四年(西七一零年)历史理论家刘知幾写成了他的《史通》。他在这书里,对于各家史书在体裁方面以及别的方面,都有严厉的批评。他主张在纪传体里,另外立一个门类,专收制诰表章,以当载言的责任,免得在叙事的部门里夹杂着许多文章。后来清代章学诚修方志,专立《文征》一书,就是受这种主张的影响。另外,他又主张在书志里,立"都邑"、"氏族"、"方物"三志,后来宋代郑樵作《通志》,也都实行了。但刘知幾却是一个坚持断代史体的人,他认为,在各种史体之中,只有断代的编年体和断代的纪传体是可以祖述的,其他都可以不必要了。他这一点,把他成为第二时期底一个结束人物,而使他不能成为新时代底前驱。他在史学上的成就,徒然为这时期之夕阳底余晖罢了。

这一时期,可从曹魏建安五年《汉纪》成书到唐贞元之十九年《通典》奏上,约当西元二零零至八零三年,约共六百零三年。

第三时期,是通史时期。这个时期是先从大家最感觉需要的典章制度方面作起,而后及其他。所以这时期底代表作,先有《通典》,而后有《通鉴》和《通志》。

(一)《通典》是一个大工程的创作。杜佑经营这部书,经历了三十六年以上的时间。全书从有史以来说起,直到贞元年间的事。共有二百卷,分为九个门类,每个门类里又有小的分类,各门中除记载典章制度外,并记载各时代有关的言论,除正文外,还有小注。有时,杜佑还加上一些评论。这书,在表面上虽似各史志底综合,实则无论在门类底精详上或在资料底丰富上,都不只于各史志之综合而止的。

《通典》行世后,宋代的宋白作《续通典》、魏了翁作《国朝通典》,都是继《通典》而作,惜两书都已久佚,不可详考。宋元之间,马端临作《文献通考》,虽没有用"通典"二字作书名,但实际上是为续补《通典》而作。不过一般的续补书,不载原书已有的材料,《通考》却把《通典》已有的材料已收到了很多。这是因为《通考》撰作的动机虽是要续补《通典》,但它却是要独立成书的。马端临作这部书,也写了二十多年,他把《通典》底门类分合增删成为二十四门,共三百四十八卷,把年代拉长到宋嘉定底末年,在开创书志体的通史一点上,《通考》自不能和《通典》相比。但在别的方面,《通考》也有它在体裁上的贡献。例如《通考》直录采辑各书底原文,别加按语以表示他自己的见解,这就与《通典》之自出熔铸者不同,而是别开生面的。明末,有王圻者,著《续文献通考》,是紧接着《通考》,写到万历年间,门类全书用马书,而有增益。

(二)《通鉴》也是一个大工程。全书二百九十四卷,是司马光同几个专家费了十九年的功夫写成的。这书开创了编年的通史,并开创了目录举要和考异底体裁。目录就是本书底索引,举要是本书底纲要,考异就是与本书有关的考证,有点像以前史书中的自注,而又不尽同于以前的自注。

《通鉴》出世不久,就有人继起同样的工作。最值得称述的,有李焘底《续通鉴长编》一百六十八卷,李心传底《建炎以来系年要录》二百卷。李焘不只作了《续通鉴》,而且同样地也有了目录和举要。元明间还有许多续补《通鉴》的书,但可惜没有甚么好的。

另外，更值得注意的，是《通鉴》这一派作家中出了两个支派。一个支派是纪事本末体，始于袁枢底《通鉴纪事本末》。袁枢就《通鉴》原文钞撮，分为二百三十九事，每事各详起讫，各标年月，自为首尾，自为标题。在袁枢当时不过为看《通鉴》的方便，但结果却因这种体裁是"文省于纪传，事豁于编年"，竟在纪传、编年两体以外，创了一个新的体裁，鼎足而三。后来效法袁氏的，接踵而起，慢慢成了史体中的一个更受重视的体裁。另外的一个支派是纲目体，始于朱熹底《通鉴纲目》。《纲目》底好处，就是眉目清醒。每一件事，有一条纲作标题，有一段目作扼要的记述，并且每事提行，看起来是一目了然。这书比《通鉴》本书底分量少得多，而又比《通鉴》容易看，它在读书界所受到欢迎，远在《通鉴》本书之上。元明二代模仿《纲目》或续补《纲目》的，在史部撰述里面也很达到一个相当的数目。

（三）《通志》也是一部二百卷的巨著，是用纪传体写的通史。这部书底影响，不如《通鉴》底大，但在体裁方面的贡献却特别地多。《通志》所最特出的，大家公认是《二十略》。《二十略》之所以特出，固然在于他能提出新的观点和新的资料，同时也在于能用新的形式来表现。例如《氏族略》分氏族为三十二类，《艺文略》分图书为十二类，一百五十六小类，二百八十四细目，这种分析综合的形式是以前所没有的。而《六书》、《七音》等略中之有图，也是一种新的尝试。《通志》之其他的部份，通常多为人所瞧不起，实则也是有很值得重视的地方。第一，《通志》在纪传世家之间，它能不为形式上的类别所限而注重实质上的类别。例如《后妃传》不和列传放在一起，而和本纪放在一起；周同姓世家和宗室列传在一起，而周异姓世家又和别的列传放在一起；各杂传放在载记之前，而《四夷传》却又放在载记之后。第二，《通志》底谱特别精粹，对于繁文末节底删改，有非历代各史表及《通鉴目录》所能及者。并且它的谱也特别有体系，自三皇五帝直谱到隋末。这两点自不能说尽《通志》底好处。但仅这两点而论，也就可见《通志》中《二十略》以外的部份之价值了。

在通史体的著述外，这个时期还有别的不少的史著。但这些都已非时代底主潮所在，是无足轻重了。

这个时期，从杜佑奏进《通典》起，到明末止，约当西元八零三年至一六四四年，共八百四十年。

第四个时期，是专史时期。专史可以分为好几种，有个人底专史、地方底专史、学术底专史、制度底专史等。

个人底专史在这时期多为年谱。有为自撰者，有为门生故旧所撰者，有为后人代先贤所撰者。王懋竑费毕生精力撰《朱子年谱》和《朱子年谱考异》，是这方面最为特出的著作。

地方底专史是地方志。地方志之起源甚早，但把它作为地方史看，并特别注重其价值者，实始于这个时期底章学诚。学诚主张把方志和图经分开，主张方志立三书（《志》、《掌故》、《文征》），实建设了地方史学底基础。章氏本人也曾修《和州志》、《永清县志》，并与修《湖北通志》。此后李兆洛修《凤台县志》，莫友芝修《遵义府志》，陈澧修《番禺县志》，都不愧为名家底作品。

学术底专史是讲学术源流的，制度底专史是讲制度底沿革的。属于前者，有孙奇逢底《理学宗传》，黄宗羲底《明儒学案》，全祖望底《宋元学案》，而黄、全之作更是这时期史著底冠冕。这两书底最大贡献，在一变过去之点的写法、线的写法，而为面的写法。在这两部书里我们开始看见全书脉络底贯通。此外，万斯同底《儒林宗派》，江藩底《汉学师承记》、《宋学渊源记》，都是这方面的著述，但规模小多了。朱彝尊底《经义考》，章学诚底《史籍考》，谢启昆底《小学考》，以及阮元底《畴人传》，周亮工底《印人传》，也可以说是学术专史，不过这些有的是用目录体，有的是用传记体罢了。

关于制度底专史，值得特别提出来的，有顾祖禹《读史方舆纪要》一百三十四卷，徐乾学《读礼通考》一百二十卷，和秦蕙田《五礼通考》二百六十二卷，而顾氏之书尤为瑰玮的创作。顾氏书虽以讲山川形势著名，但实是一部以人文地理沿革为主的书。这书可分四部份：第一部份讲历代州域形势，共九卷。第二部份讲直隶、江南十三省，共一百十四卷。第三部是川渎，述山川原委，共六卷。第四部是分野，说天象地理的关系，共一卷。四部之后，附以地图，共四卷。这书底体裁，大概是从纪传体脱胎的。第一部份似本纪，第二部份似列传，第三部份似志，第四部份似载记或别录，地图则相当于表。但话虽如此，这书在体裁上部署之困难实非一般纪传史所能比拟的。

在这个时期，史表和补注、改修旧史之风颇盛，纪事本末之体裁和通史之创修也颇为章学诚等所主张。但通史创修之议，并没有取得重要的地位。纪事本末体之应用，也不能作为这个时期历史体裁的主潮。旧史底补注和改修，则只足证明这时期底史学方法在考据学方面的发达，而不能说明旧史体在这时历史体裁上的地位。至于史表，则有许多名著都是具有专史性质的。如陈芳绩《历代地理沿革表》、沈炳震《二十一史四谱》，都是最显著的例证。

但这话并不是说，这个时期在专史以外没有好书，如顾栋高底《春秋大事年表》，是极好的纪事本末式的史表体著述。所附地图，用朱墨二色，尤为有用。又如马骕的《绎史》，大体上是用纪事本末体，但实兼有纪传体及学案体底长处。在这书底外集中，有图，有表，图不限于地图，表也不全同于旧表。这也是一部在体裁方面有创造性的作品。

这个时期，从明末到现在，已有了三百多年。中间虽曾经过几度的历史上的巨浪，但只能使这个时期作阶段的结束，而不能使它作整个的结束。近三四十年来，历史体裁是向新的方面走了，但仍不能脱离专史时期。不只近三四十年如此，将来相当长的时期间内恐怕还要如此。所不同者是：以前，人与社会的关系不很显著，所以平面的，甚而至于是点线的写法，已可以使人满意。现在，人与社会的关系日见复杂，非用立体的写法不能适应大家底要求。以前的历史是以各方面的权势者为内容，并且是写给权势者或权势底附属者看的，所以过去的史书形式也还罢了。现在将要以人民为重要的内容，并且以能供给大多数人民阅读为最大的目的，以后的史书形式必须是能适合这种内容这种目的的体裁才是最好的体裁。现在中国史学底前途，仅在体裁方面说，还是艰难万状，让我们的作者和我们的读者携手前进，来共同克服种种的困难，来实现我们的理想吧。

三十五年九月二十七日昆明五华学院学术演讲稿

（《文讯》月刊 1946 年新 10 号）

《史记》解题及其读法[*]

梁启超

《史记》作者之略历及其年代

《史记》百三十篇,汉太史令司马迁作。迁字子长(见扬雄《法言》及王充《论衡》),左冯翊夏阳人(据《自序》"司马氏入少梁"语案推汉地),今陕西之同州韩城县也。司马氏世典周史。迁父谈,以汉武帝建元、元封间仕为太史令。谈卒,迁袭官。迁生卒年不见于《太史公自序》及《汉书·司马迁传》,惟据《自序》云:"为太史令五年而当太初元年。"张守节《正义》云:"案迁年四十二岁。"以此推算,知迁生于景帝中五年(西纪前一四五)。父谈,学天官于唐都,受《易》于杨何,习道论于黄子。迁皆传其学。迁又受业孔安国治《尚书》,闻《春秋》于董仲舒。喜游历,足迹遍天下,其所经行之地见于本书者如下:

《五帝本纪》:"余尝西至空同,北过涿鹿,东渐于海,南浮江淮矣。"

《河渠书》:"余南登庐山,观禹疏九江,遂至于会稽太湟,上姑苏,望五湖。东窥洛汭、大邳,迎河,行淮、泗、济、漯洛渠。西瞻蜀之岷山及离碓。北自龙门至于朔方。"

《齐太公世家》:"吾适齐,自泰山属之琅邪,北被于海,膏壤二千余里。"

《魏世家》:"吾适故大梁之墟。"

《孔子世家》:"余适鲁,观仲尼庙堂。"

《伯夷列传》:"余登箕山,其上盖有许由冢云。"

---

[*] 原题:"要籍解题及其读法《史记》"。

《孟尝君列传》:"吾尝过薛,其俗闾里率多暴桀子弟,与邹、鲁殊。"

《信陵君列传》:"吾过大梁之墟,求问其所谓夷门。夷门者,城之东门也。"

《春申君列传》:"吾适楚,观春申君故城宫室,盛矣哉!"

《屈原贾生列传》:"余适长沙,观屈原所自沉渊。"

《蒙恬列传》:"吾适北边,自直道归,行观蒙恬所为秦筑长城亭障。"

《淮阴侯列传》:"吾如淮阴,淮阴人为余言韩信。""余视其母冢"。

《樊郦滕灌列传》:"吾适丰沛,问其遗老,观故萧、曹、樊哙、滕公之冢。"

《太史公自序》:"二十而南游江、淮,上会稽,探禹穴,窥九疑,浮于沅、湘。北涉汶、泗,讲业齐、鲁之都,观孔子之遗风,乡射邹、峄。厄困鄱、薛、彭城,过梁、楚以归。""奉使西征巴、蜀以南,南略邛、筰、昆明。"

吾侪试取一地图,按今地,施朱线,以考迁游踪,则知当时全汉版图,除朝鲜、河西、岭南诸新开郡外,所历殆遍矣。

迁初仕为郎中,及继父任太史令,则奉诏修太初历。自发议迄颁定,皆迁主之。修历事毕,从事作史。史未成,因上书救李陵,获罪下蚕室。已而为中书令,尊宠任事。其卒年无考,大率在武帝末年。今据王静安(国维)所著《太史公系年考略》,略表其行历年代如下:

西纪前一四五(景帝中五年),迁生。

前一四〇(武帝建元元年),六岁。

前一三六(建元五年),十岁。《自序》云:"年十岁则诵古文。"

前一三四(元光元年),十二岁。

前一二八(元朔元年),十八岁。

前一二六(元朔三年),二十岁。《自序》云:"二十而南游江、淮……过梁、楚以归。"(全文见前)所记或不止一年事。要之,自二十岁起游学四方也。

前一二二(元狩元年),二十四岁。《史记》所记事,讫于是年。说详下。

前一一六(元鼎元年),三十岁。《自序》云:"于是迁仕为郎中。"其年无考,大约在元狩、元鼎间。

前一一〇(元封元年)，三十六岁。《自序》云："奉使西征巴、蜀，还报命。是岁，天子始建汉家之封。"迁自南归，见父谈于河、淮之间。未几，谈卒。遗命迁撰史。

前一〇八(元封三年)，三十八岁。始为太史令。《自序》云："太史公卒三岁，而迁为太史令，䌷石室金匮之书。"

前一〇四(太初元年)，四十二岁。据《汉书·律历志》，元封七年，因太史令司马迁等言历法废坏，宜改正朔，乃诏以明年为太初元年，命迁等造汉历，选邓平及民间治历者二十余人参其事。事竣，诏迁颁所造八十一分历，即所谓太初历也。迁生平事业，造历之功，盖亚于作史云。

《史记》盖以是年属稿。《自序》云："五年(为太史令后之五年)而当太初元年。……太史公曰：孔子卒后至于今五百岁。……小子何敢让焉。……于是论次其文。"

前一〇〇(天汉元年)，四十六岁。

前九八(天汉三年)，四十八岁。下狱被刑。《自序》云："七年而太史公遭李陵之祸，幽于缧绁。"徐广注云："天汉三年。"(据《李将军列传》及《匈奴列传》，李陵降匈奴在天汉二年)是时《史记》尚未成书，故《报任安书》云："草创未就，适会此祸。惜其不成，是以就极刑而无愠色。"

前九六(太始元年)，五十岁。《汉书》本传云："迁既被刑之后，为中书令，尊宠任职事。"当在此数年中。

前九三(太始四年)，五十三岁。是年有报益州刺史任安书。书见《汉书》本传，不著年月，惟书中有"会东从上来"语，又有"涉旬月迫季冬，仆又薄从上雍"语。考《汉书·武帝纪》"是年春三月，行幸太山。夏四月，幸不其。五月，还幸建章宫"，即所谓"东从上来"也。又，"冬十二月，行幸雍，祠五畤。"即所谓"季冬从上雍"也。故知报书在是年。迁时为宦侍，故每出必扈行也。

前九二(征和元年)，五十四岁。

前八八(后元元年)，若迁尚在，则其年五十八岁。明年武帝崩。

迁卒年，绝无可考。惟据《汉书·宣帝纪》载武帝后元二年遣使尽杀长安狱囚，内谒者令郭穰夜至郡邸狱云云。案《续汉书·百官志》知内谒者令即中书谒者令，亦即中书令。然则其时迁已不在中书，计当前卒矣。大约迁之年代与武帝相始终也。

《史记》之名称及其原料

《史记》之名，非迁书原名也。其见于《汉书》者，《艺文志》述刘歆《七略》称"《太史公》百三十篇"；《杨恽传》谓之"太史公记"，应劭《风俗通》（卷一、卷六）同；《宣元六王传》谓之"太史公书"，班彪《略论》、王充《论衡》同。而《风俗通》（卷二）时或称"太史记"。是知两汉时并未有名迁书为"史记"者。本书中"史记"之名凡八见（一、《周本纪云》："太史伯阳读史记。"二、《十二诸侯年表》云："孔子论史记旧闻。"三、《十二诸侯年表》云："左丘明因孔子史记具论其语。"四、《六国表》云："秦烧天下书，诸侯史记尤甚。"五、《六国表》云："史记独藏周室。"六、《天官书》云："余观史记考事。"七、《孔子世家》云："乃因鲁史记作《春秋》。"八、《太史公自序》云："䌷史记石室金匮之书。"）皆指古史也。"史记"之名，盖起于魏晋间，实"太史公记"之省称耳。

《史记》所据之原料，据班彪《略论》，则（一）《左传》，（二）《国语》，（三）《世本》，（四）《战国策》，（五）陆贾《楚汉春秋》。今考本书中自述，其所取材者如下：

《五帝本纪》："予观《春秋》、《国语》。"

《殷本纪》："自成汤以来，采于《诗》、《书》。"

《秦始皇本纪》："吾读《秦记》。"

《孝武本纪》："余究观方士、祠官之言。"

《三代世表》："余读牒记，稽其历谱。"

《十二诸侯年表》："太史公读《春秋历谱牒》。""《秦记》不载日月，其文略不具。""余于是因《秦记》，踵《春秋》之后……著诸所闻兴坏之端。"

《吴太伯世家》："余读《春秋》古文。"

《卫康叔世家》："余读世家言。"

《伯夷列传》："学者载籍极博，犹考信于六艺。"

《管晏列传》："吾读管氏《牧民》、《山高》、《乘马》、《轻重》、《九府》及《晏子春秋》。"

《司马穰苴列传》:"余读《司马兵法》。"
《孙吴列传》:"《孙子》十三篇,《吴起兵法》世多有。"
《仲尼弟子列传》:"悉取《论语》弟子问,并次为篇。"
《孟子荀卿列传》:"余读孟子书。""自如孟子至于吁子,世多有其书。"
《商鞅列传》:"余尝读商君《开塞》、《耕战》书。"
《屈原贾生列传》:"余读《离骚》、《天问》、《招魂》、《哀郢》。"
《郦生陆贾列传》:"余读陆生《新语》书。"
《儒林列传》:"余读功令。"

大抵除班彪所举五书外,史公所采主要材料:(一)六艺,(二)秦史记,(三)牒记(或即《世本》),(四)诸子著书现存者,(五)功令官书,(六)方士言。而秦火后"诸侯史记"之湮灭,则史公最感苦痛者也。

史公史料,多就地采访,观前条所列游踪可见。各篇中尚有明著其所亲见闻者如下:

《项羽本纪》:"吾闻之周生。"
《赵世家》:"吾闻冯王孙。"
《魏世家》:"吾适故大梁之墟,墟中人言曰。"
《淮阴侯列传》:"吾如淮阴,淮阴人为余言。"
《樊郦绛滕列传》:"余与他广通,为言高祖功臣之兴时若此云。"
《冯唐传》:"唐子遂与余善。"
《韩长孺列传》:"余与壶遂定律历,观韩长孺之义。"
《李将军列传》:"余观李将军,悛悛如鄙人。"
《卫将军骠骑列传》:"苏建语余曰。"
《游侠列传》:"吾观郭解,状貌不如中人。"

凡此皆《史记》资料多取诸载籍以外之证也。

《史记》著述之旨趣

《史记》自是中国第一部史书,但吾侪最当注意者,"为作史而作史",不过近世史学家之新观念,从前史家作史,大率别有一"超史的"目的,而借史事为其手段。此在各国旧史皆然,而中国为尤甚也。孔子所作《春秋》,表面上像一部二百四十年的史,然其中实孕含无数"微言大义",故后世学者不谓之史而谓之经。司马迁实当时《春秋》家大师董仲舒之受业弟子,其作《史记》盖窃比《春秋》,故其《自序》首引仲舒所述孔子之言曰:"我欲载之空言,不如见之于行事之深切著明也。"其意若曰:吾本有种种理想,将以觉民而救世,但凭空发议论,难以警切,不如借现成的历史上事实做个题目,使读者更为亲切有味云尔。《春秋》旨趣既如此,则窃比《春秋》之《史记》可知。故迁《报任安书》云:"欲以究天人之际,通古今之变,成一家之言。"《自序》亦云:"序略,以拾遗补艺,成一家之言,厥协六经异传,整齐百家杂语。藏诸名山,副在京师,俟后世圣人君子。"由此观之,其著书最大目的,乃在发表司马氏"一家之言",与荀卿著《荀子》,董生著《春秋繁露》,性质正同。不过其"一家之言",乃借史的形式以发表耳。故仅以近世史的观念读《史记》,非能知《史记》者也。

《史记》之史的价值

然则《史记》不复有史的价值耶? 是又不然。据《自序》:"司马氏世典周史。"古代学术,率为官府所专有,而史官尤为其渊海。谈、迁父子入汉,世守其业。自序云:"百年之间,天下遗文古事,靡不毕集太史公。太史公仍父子相续纂其职。"盖当时具备作史资格者,无如迁父子。故谈临终以此业责迁,而迁亦毅然以此自任。前此史家著述成绩何如,今不可尽考。略以现存之几部古史观之,大抵为断片的杂记,或顺按年月纂录。其自出机杼,加以一番组织,先定全书规模,然后驾驭去取各种资料者,盖未之前有。有之,自迁书始也。《自序》云:"余所谓述故事整齐其世传,非所谓作也。"此迁自谦云尔。作史安能凭空自造? 舍"述"无由。史家惟一职务,即在"整齐其世传"。"整齐"即史家之创作也。能否"整齐",则视乎其人之学识及天才。太史公知整齐之必要,又知所以整齐,又能使其整齐理想实现,故太史公为史界第一创作家也。

《史记》创造之要点,以余所见者如下:

一、以人物为中心。历史由环境构成耶？由人物构成耶？此为史界累世聚讼之问题。以吾侪所见，虽两方势力俱不可蔑，而人类心力发展之功能，固当畸重。中国史家，最注意于此，而实自太史公发之。其书百三十篇，除十表八书外，余皆个人传记，在外国史及过去古籍中无此体裁。以无数个人传记之集合体成一史，结果成为人的史而非社会的史，是其短处。然对于能发动社会事变之主要人物，各留一较详确之面影以传于后，此其所长也。长短得失且勿论，要之，太史公一创作也。

二、历史之整个的观念。从前的史，或属于一件事的关系文书——如《尚书》，或属于各地方的记载——如《国语》、《战国策》，或属于一时代的记载——如《春秋》及《左传》。《史记》则举其时所及知之人类全体自有文化以来数千年之总活动冶为一炉，自此始认识历史为整个浑一的，为永久相续的。非至秦汉统一后，且文化发展至相当程度，则此观念不能发生。而太史公实应运而生，《史记》实为中国通史之创始者。自班固以下，此意荒矣。故郑渔仲（樵）、章实斋（学诚）力言《汉书》以后"断代史"之不当。虽责备或太过，然史公之远识与伟力，则无论何人不能否定也。

右二项就理想方面论。

三、组织之复杂及其联络。《史记》以十二本纪、十表、八书、三十世家、七十列传组织而成。其本纪及世家之一部分为编年体，用以定时间的关系；其列传则人的记载，贯彻其以人物为历史主体之精神；其书则自然界现象与社会制度之记述，与"人的史"相调剂；内中意匠特出，尤在十表。据桓谭《新论》谓其"旁行斜上，并效《周谱》"，或以前尝有此体制亦未可知，然各表之分合间架，总出诸史公之惨淡经营。表法既立，可以文省事多，而事之脉络亦具。《史记》以此四部分组成全书，互相调和，互保联络，遂成一部博大谨严之著作。后世作断代史者，虽或于表志门目间有增减，而大体组织不能越其范围。可见史公创作力之雄伟，能笼罩千古也。

四、叙列之扼要而美妙。后世诸史之列传，多藉史以传人。《史记》之列传，惟藉人以明史。故与社会无大关系之人，滥竽者少。换一方面看，立传之人，并不限于政治方面，凡与社会各部分有关系之事业，皆有传为之代表。以行文而论，每叙一人，能将其面目活现。又极复杂之事项——例如《货殖列传》、《匈奴列传》、《西南夷列传》等所叙，皆能剖析条理，缜密而清晰，其才力固自复绝。

右二项就技术方面论。

要之，《史记》价值，久为学界所公认。吾侪赞美，适成赘词，反不如攻其阙失，犹足附于史公忠臣之列。今姑述此四项，致吾敬仰云尔。

《史记》成书年代及后人补续窜乱之部分

现存古书，什有九非本来面目，非加一番别择整理工夫而贸然轻信，殊足以误人。然别择整理之难，殆未有甚于《史记》者。今欲从事研究，盖有先决问题二：一、为《史记》是否已成书之问题；二、为《史记》记事最终年限问题。

《史记》是否已成书耶？按《自序》则百三十篇粲然具备，似悉出史公手定。故此问题，二千年从未发生。然据《汉书·司马迁传》已云："十篇有录无书。"《后汉书·班彪传》亦云："十篇缺焉。"注家谓"迁没之后亡"，则认为书本完成后乃亡佚云尔。吾细考史公年历，则不能无疑。《报任安书》自述下狱时事，云："草创未就，适会此祸。惜其不成，是以就极刑而无愠色。"则其时书尚未成可知。时天汉三年也。自此以后，去太史令职而为中书令，"金匮石室之藏"，不复能如昔时之恣其细读。又近侍尊宠，每有巡幸，无役不从。依《汉书·武帝纪》所载："太始二年，正月，行幸回中，登陇首。三年，正月，行幸甘泉。五月，行幸东海至琅邪成山，登之罘。冬乃归。四年，三月，行幸泰山。四月，幸不其。十二月，行幸雍，西至安定北地。"此皆史公官中书时事，计数年间能安居京师从事著述者殆无几日，《报任书》所谓"卒卒无须臾之间得竭志意"，盖实情也。《报任书》已经考定为太始四年冬间作，玩其语气，史确未成。《书》云："仆诚已著此书，则偿前辱之责，虽万被戮，岂有悔哉！"下又云："是以肠一日而九回，居则忽忽若有所亡，出则不知其所往。每念斯耻，汗未尝不发背沾衣也。"则书未成而前辱未偿明甚。越二年而巫蛊难作，史公存亡已不可考矣。然则书竟不成而赍志以没，未可知也。

信如是也，则《史记》之有缺篇，非亡佚而原缺也。而今本乃百三十篇，一无所欠，其果为迁书之旧耶？否耶？

《史记》所记事，以何年为最终年限耶？据《自序》曰："故述往事，思来者，卒述陶唐以来，至于麟止。"《集解》："张晏曰：武帝获麟，以为述事之端。上包黄帝，下至麟止，犹《春秋》止于获麟也。"《汉书·扬雄传》云："太史公记六国，历楚汉，讫麟止。"《后汉书·班彪传》云："太史令司马迁，上自黄帝，下讫获麟，作本纪、世家、列传、书、表，凡百三十篇。"右据迁所自言及扬雄、班固言（《扬雄传》雄所自作，班书全采之。《班彪传》班固作，范书全采之），则"麟止"一语，殆为铁案。案武帝获麟，在元狩元年冬十月（西纪前一二二）。孔子作《春秋》，讫于鲁哀公十四年西狩获麟，《史记》窃比《春秋》，时亦适有获麟之事，故所记以此为终限。然则《武帝本纪》当叙至元狩元年十月止，年表、世家、列传称是。凡此年以后之记事，皆非原文。此标准宜为最可信据者。

虽然，本书所载元狩元年以后之事甚多，而年限亦有异说。其年限之异说，则：

一、讫太初说。《太史公自序》最末一段云："余述历黄帝以来，至太初而讫。"《汉书·叙传》云："太初以后，阙而不录。"太初凡四年，若讫太初四年（西纪前一〇一），则逾麟止之限二十二年。

二、讫天汉说。《汉书·司马迁传赞》云："述《楚汉春秋》，接其后事，讫于天汉。"《史记》之《集解》、《索隐》、《正义》皆主是说。天汉接太初后，凡四年，若讫天汉四年（西纪前九七），则逾麟止之限二十六年。

三、讫武帝末说。《建元以来侯者年表》末附："褚先生曰：太史公记事，尽于武帝之末。"武帝最末一年为后元二年（西纪前八七），若讫于此，则逾麟止之限三十六年。

右第二、第三两种异说出自后人之口，且暂置不理。惟第一异说之讫太初，则与"讫麟止"语同出《自序》。一篇之中，矛盾至此，实令人迷惑。查"讫麟止"语，在《自序》大序之正文中，"讫太初"语，乃在小序之后另附一行，文体突兀不肖。又《汉书》本传全录《自序》而不载此一行，似班固所见《自序》原本，并无此语。衡以史公窃比《春秋》之本意，固宜以"麟止"为断也。但太初、天汉事，尚为史公所及见耳。

今本《史记》，不独太初、天汉事盈篇累幅也，乃至记武帝后事者，且不一而足。如：

一、《酷吏传》载："杜周捕治桑弘羊昆弟子。"事在昭帝元凤间（西纪前八〇至七五），距武帝崩六年至十二年。

二、《楚元王世家》云："地节二年，中人上书告楚王谋反。"宣帝地节二年（西纪前六八），距武帝崩十九年。

三、《齐悼惠王世家》载："建始三年，城阳王景卒。同年，菑川王横卒。"成帝建始三年（西纪前三〇），距武帝崩五十七年。

四、《将相名臣表》武帝后续以昭、宣、元、成四帝，直至鸿嘉元年止。成帝鸿嘉元年（西纪前二〇），距武帝崩六十七年。

右不过举数条为例。书中所记昭、宣、元、成间事，盖更仆难数。无论如何曲解，断不能谓太史公及见建始、鸿嘉时事。然而此诸条者，固明明在今本正文中，稍粗心读去，绝不能辨矣。吾侪据此等铁证，可以断言：今本《史记》决非史公之旧，其中有一部分乃后人羼乱。

然则《史记》何故容后人羼乱耶？某部分属于后人羼乱耶？其来由及种类约有三：

第一类，原本缺亡而后人补作者。《汉书·司马迁传》云："十篇缺，有录无书。"颜注引张晏曰："亡《景纪》、《武纪》、《礼书》、《乐书》、《兵书》、《汉兴以来将相年表》、《日者列传》、《三王世家》、《龟策列传》、《傅靳列传》。元、成之间褚先生补缺，作《武帝纪》、《三王世家》、《日者》、《龟策列传》，言辞鄙陋，非迁本意也。"案：今本《三王世家》、《日者》、《龟策》两传，皆有褚先生补文，附于赞词之后，而史公原文，似亦未尝缺。若《武帝纪》则并褚补字样而无之，而其文乃割裂《封禅书》，赞语亦全与《封禅书》同，非原文明矣。其余张晏所举诸篇，今本皆现存，其不足信益明。又《三代世表》、《建元以来侯者年表》、《陈涉世家》、《外戚世家》、《梁孝王世家》、《田叔列传》等篇，皆各有"褚先生曰"一段补文附于赞语后，则褚补原不仅四篇也。又如《张丞相列传》于赞语后有一大段补文，但并无"褚先生曰"字样，知补者又不独一褚先生也。补文别附赞后者，吾辈能识别之。若如《武帝纪》之类，竟以补文作正文，或所补并非褚先生之旧者，则后人从何辨耶？

第二类，后人续撰者。《汉书·艺文志》于"《太史公》百三十篇"（《史记》本名"太史公书"）之后，接列"冯商所续《太史公》七篇"。刘知幾《史通·正史篇》云："《史记》太初已后，阙而不录。其后刘向、向子歆及诸好事者若冯商、卫衡、扬雄、史岑、梁审、肆仁、晋冯、段肃、金丹、冯衍、韦融、萧奋、刘恂等相次撰续，迄于哀、平间，犹名'史记'。"（《后汉书·班彪传》注亦列举续《史记》者尚有阳城衡、史孝山二人，孝山当即岑）据此，则西汉、东汉之交，续《史记》者将二十家，而皆仍其旧名。即班彪续作数十篇，亦仅名为《后传》（见彪传）。盖自冯商、刘向以迄班彪，其意皆欲各据所立时代以次递续，不别为书。其截采《史记》记汉初以来之一部分，续以昭、宣迄哀、平之部分，以成断代之史，则自班固始耳（然《汉书·古今人表》所表皆汉以前人，则其体裁仍是补续《史记》也）。当时既未有印书，传钞皆用竹木简或缣帛，弆携两艰，用之弥啬。各家所续本，或即以涂附于原钞本中。即不然，而学者展转诵习，竟将续本与原本合钞以图省便，亦意中事。故今本《史记》，有冯商、刘向、刘歆诸人手笔杂入其中者，定不少也。

总之，书中关于汉事之记载，若严格的甄别，宜以元狩元年以前为断。即稍宽，亦只能截至太初末而止。其有溢出此年限外者，决非史公之旧也。然此犹较易辨别，其最难者，则有：

第三类，后人故意窜乱者。西汉末学界一大公案起焉，曰今古文之争。事缘刘歆典校中秘书，自称发见各种古文经传，其主要者则《春秋左氏传》、《周礼》、《古文尚书》，其余群经亦皆有古本，而其学说什九与汉初以来诸师所传者相背戾。又有各种纬书，亦皆起自哀、平间，其言荒诞不可究诘。东汉以后，多数学者皆信此等书为先秦古籍，而今文家则谓是皆歆及其徒党所伪造以媚王莽而助其篡。内中与《史记》问题关系最密切者，尤在《尚书》、《左传》两书。今文家"谓《尚书》为备（意谓汉初诸师所传二十八篇之《尚书》已完备无缺，无所谓百篇及《书序》也），谓《左氏》不传《春秋》（意谓《左氏春秋》即《国语》，纯属别行之史，并非为《春秋》作传也）"，然则史公所述三代前及春秋间事，宜以《尚书》二十八篇及原本《左氏春秋》——即《国语》为限，而今《史记》乃多有助"古文家言"张目者。严鞫此谳，乃不能不归狱于歆等有意之窜乱。

然则歆等窜乱，果有可能性耶？曰有。其一，据《汉书·王莽传》："元始四年，征天下有《逸礼》、《古书》（即《古文尚书》）、《毛诗》、《周官》、《尔雅》、天文、图谶、钟律、月令、兵法、史篇、文字，通知其意者，皆诣公车。前后至者千数，皆令记说廷中。将令正乖缪壹异说。"古文学说之掩袭天下，自此役始。盖此千数人者，皆承莽、歆意旨以改窜古书为职者也。而"史篇"亦在其中，则迁书之遭蹂躏，实意中事。时歆方典中秘书，则彼之所改，自称定本，谁复能与抗辩？其二，续《史记》者十六人，而歆与居一。歆所续今虽不传，然其人学博名高，其书必有可观。故班固《汉书》多采之（黄省曾《西京杂记序》谓："班固《汉书》全取刘歆。"虽言之或太过，然歆书为固书最重要之原料殆不可疑）。今本《史记》以后人补续之语羼入正文者，既所在多有（见前文），且尤有后世妄人取《汉书》窜补者（见下文），则其中有一部分为歆手笔，并无足怪。

右所举第一、第二类，清代乾嘉诸儒考证颇详。其第三类，则吾师康南海先生（有为）之《新学伪经考》初发此疑。近人崔觯甫（适）著《史记探源》大发其覆。虽其中有过当之处，而大致盖可取。今略综诸家之说，推考各篇真伪如下：

第一，全篇原缺，后人续补者。《汉书》本传明言："十篇缺，有录无书。"班固所不及见者，后人何由得见？故左列十篇，应认为全伪。

《孝景本纪》，张晏云："亡。"司马贞云："取班书补之。"

《孝武本纪》，张晏云："《武纪》亡，褚先生补作也。"司马贞云："褚先生集合武帝事以编年，今止取《封禅书》补之，信其才之薄也。"今案：此纪即《封禅书》之下半，疑并不出褚先生手。或褚补亦亡，后人再割裂他篇充数耶？

《汉兴以来将相名臣年表》，张晏云："亡。"裴骃云："太始以后，后人所续。"案：当从张说，全篇为后人补续。

《礼书》，张晏云："亡。"司马贞云："取荀卿《礼论》。"

《乐书》，张晏云："亡。"司马贞云："取《礼记·乐记》。"

《律书》，张晏云："《兵书》亡。"颜师古云："序目无《兵书》。"司马贞云："《兵书》，迁没之后亡。褚少孙以《律书》补之。"

《三王世家》，张晏云："亡。褚先生补。"案：今本于太史公赞后附录褚补文,而赞前则录三封策,实则前后皆褚补也。

《日者列传》、《龟策列传》,张晏云:"亡。褚先生补。"案:此两篇文甚芜鄙,是否即褚补原本,尚未敢信。

《傅靳蒯成列传》,张晏云:"亡。"案:今本盖后人从《汉书》录补。

第二,明著续之文及补续痕迹易见者。

《三代世表》,篇末自"张夫子问褚先生曰"以下。

《张丞相传》,篇末自"孝武时丞相多"以下。

《田叔列传》,篇末自"褚先生曰"以下。

《平津侯主父列传》,篇末自"太皇太后诏"以下。又自"班固称曰"以下。

《滑稽列传》,篇末"褚先生曰"以下。

以上各条,今武英殿版本皆改为低一格以示识别。

第三,全篇可疑者。班固称有录无书者虽仅十篇,然吾侪因此已得知《史记》确为未成之书,或虽成而已有亡佚。原书未成之推定,说已详前。即已成之部分,亦有亡佚之可能性。以卷帙浩瀚之书,在传写极艰之时代,散亡甚易,略可想见。《汉书》本传云:"迁既死后,其书稍出。"据此似是一部分陆续传布。《后汉书·窦融传》云:"光武赐融以太史公《五宗世家》、《外戚世家》、《魏其侯列传》。"则摘篇别写单行,固有明例矣。则各家钞本有一部分亡缺,亦事理之常。要之,原缺续补者既有十篇,则所缺所补亦可至十篇以外。《淮南子》所谓"凿一孔而百隙随"也。今本《史记》中多有与《汉书》略同,而玩其文义,乃似《史记》割裂《汉书》,非《汉书》删取《史记》者。崔适指出各篇如下:

《孝武本纪》	妄人录《汉书·郊祀志》
《律书》、《历书》	妄人录《汉书·律历志》
《天官书》	妄人录《汉书·天文志》
《封禅书》	妄人录《汉书·郊祀志》
《河渠书》	妄人录《汉书·沟洫志》
《平准书》	妄人录《汉书·食货志》
《张丞相列传》	妄人录《汉书》
《南越尉佗列传》	妄人录《汉书》

《循吏列传》	妄人所补
《汲郑列传》	妄人录《汉书》
《酷吏列传》	妄人录《汉书》
《大宛列传》	妄人录《汉书·张骞李广列传》

崔氏疑古太勇,其言虽未可据为典要,然既对于此诸篇提出问题,且颇能言之有故,持之成理,则吾辈固宜一为推勘矣。

第四,元狩或太初以后之汉事为后人续补、窜入各篇正文者。此类在年表、世家、列传中甚多,不复枚举。

第五,各篇正文中为刘歆故意窜乱者。此项辨别甚难,举要点数端如下:

一、凡言"终始五德"者。《五帝本纪》、《秦始皇本纪》、《十二诸侯年表》、《孟子荀卿列传》、《张苍列传》等篇。

二、凡言"十二分野"者。《十二诸侯年表》,齐、宋、郑世家,《张苍列传》等篇。

三、凡言《古文尚书》及所述《书序》。夏、殷、周本纪,齐、鲁、卫、宋世家等篇。

四、凡记汉初古文传授者。《儒林列传》、《张苍列传》等篇。

以上所论关于《史记》真本之种种考证,多采自近人著作而略断以己意。其言颇繁重,或为读者所厌。吾所以不惮烦为此者,欲学者知今本《史记》非尽原文而已。着手读《史记》以前,必须认定此事实,否则必至处处捍格难通也。

读《史记》法之一

读《史记》有二法。一、常识的读法。二、专究的读法。两种读法,有共同之入门准备。

一、先读《太史公自序》及《汉书·司马迁传》,求明了作者年代、性行、经历及全书大概。

二、读《汉书·叙传》论《史记》之部,刘知幾《史通》之《六家篇》、《二体篇》、《正史篇》,郑樵《通志·总序》论《史记》之部,《隋书·经籍志》及《四库提要》之史部正史类关于记述《史记》之部分,求略识本书在史学界之位置及价值。

今先论常识的读法。《史记》为正史之祖,为有组织有宗旨之第一部古史书,文章又极优美。二千年来家弦户诵,形成国民常识之一部,其地位与六经诸子相并。故凡属学人,必须一读,无可疑者。惟全篇卷帙颇繁,卒业不易。今为节啬日力计,先剔出以下各部分:

一、十表但阅序文,表中内容不必详究。但浏览其体例,略比较各表编次方法之异同便得。

一、八书本为极重要之部分,惟今所传似非原本。与其读此,不如读《汉书》各志,故可全部从省。

一、世家中吴、齐、鲁、管蔡、陈杞、卫、宋、晋、楚、越、郑各篇,原料什九采自《左传》。既读《左传》,则此可省。但战国一部分之世家仍须读,因《战国策》太无系统故。

一、《武帝纪》、《日者传》、《龟策传》等,已证明为伪书,且芜杂浅俚,自可不读。《扁鹊仓公传》等,似是长编非定本,一涉猎便足。

以上所甄别,约当全书三分之一,所省精力已不少。其余各部分之读法略举如下。

第一,以研究著述体例及宗旨为目的而读之。《史记》以极复杂之体裁混合组织,而配置极完善,前既言之矣。专就列传一部分论,其对于社会文化确能面面顾及,政治方面代表之人物无论矣,学问、艺术方面亦盛水不漏。试以刘向《七略》比附之:如《仲尼弟子》、《老庄申韩》、《孟子荀卿》等传,于先秦学派网罗略具,《儒林传》于秦汉间学派渊源叙述特详,则《六艺略》、《诸子略》之属也;如《司马穰苴》、《孙子吴起》等传,则《兵书略》之属也;如《屈原贾生》、《司马相如》等传,则《诗赋略》之属也;如《扁鹊仓公传》,则《方技略》之属也;如《龟策》、《日者》两传,则《术数略》之属也。又如《货殖传》之注重社会经济,《外戚》、《佞幸》两传暗示汉代政治祸机所伏,处处皆具特识。又其篇内排列,亦似有微意。如本纪首唐虞,世家首吴泰伯,列传首伯夷,皆含有表章让德之意味。此等事前人多已论列,不尽穿凿附会也。

若以此项目的读《史记》,宜提高眼光,鸟瞰全书,不可徒拘拘于寻行数墨,庶几所谓"一家之言"者,可以看出。

第二,以研究古代史迹为目的而读之。《史记》既为最古之通史,欲知古代史迹,总应以之为研究基础。为此项目的而读,宜先用"观大略"的读法,将全篇一气呵成浏览一过。再用自己眼光寻出每个时代之关键要点所在,便专向几个要点有关系之事项,注意精读。如此方能钩玄提要,不至泛滥无归。

第三,以研究文章技术为目的而读之。《史记》文章之价值,无论何人当不能否认。且二千年来相承诵习,其语调字法,早已形成文学常识之一部。故专为学文计,亦不能不以此书为基础。学者如以此项目的读《史记》,则宜择其尤为杰作之十数篇精读之。孰为杰作,此凭各人赏会,本难有确定标准。吾生平所最爱读者则以下各篇:《项羽本纪》、《信陵君列传》、《廉颇蔺相如列传》、《鲁仲连邹阳列传》、《淮阴侯列传》、《魏其武安侯列传》、《李将军列传》、《匈奴列传》、《货殖列传》、《太史公自序》。此诸篇皆肃括宏深,实叙事文永远之模范。班叔皮称史公:"善序述事理,辨而不华,质而不俚,文质相称,良史之才。"如诸篇者,洵足当之矣。学者宜精读多次,或务成诵,自能契其神味,辞远鄙倍。至如明清选家最乐道之《伯夷列传》、《管晏列传》、《屈原贾生列传》等,以吾论之,反是篇中第二等文字耳。

读《史记》法之二

今当继论专究的读法。《史记》为千古不朽之名著,本宜人人共读。徒以去今太远,文义或佶屈难晓,郡国名物等事,世嬗称易,或不审所指。加以传写讹舛,窜乱纷纭,时或使人因疑生蔑。后辈诵习渐希,盖此之由。谓宜悉心整理一番,俾此书尽人乐读。吾夙有志,未能逮也。谨述所怀条理以质当世,有好学者或独力或合作以成之,亦不朽之盛事也。

一、《史记》确有后人续补窜乱之部分,既如前述。宜略以前文所论,列为标准,严密考证。凡可疑者,以朱线围之,俾勿与原本相混,庶几渐还史公之真面目。学者欲从事此种研究,可以崔适《史记探源》为主要参考书,而以自己忠实研究的结果,下最后之判断。

二、吾辈之重视《史记》,实在其所纪先秦古事。因秦汉以后事,有完备之《汉书》可读。唐虞三代春秋战国之事,有组织的著述,未或能过《史记》也。而不幸《史记》关于此点,殊不足以餍吾辈所期。后人窜乱之部分无论矣,即其确出史公手者,其所述古史可信之程度,亦远在所述汉事下。此事原不能专怪史公。因远古之史,皆含有半神话的性质,极难辨别,此各国所同,不独我国为然矣。近古——如春秋战国,资料本尚不少,而秦焚一役,"诸侯史记"荡尽,凭藉缺如,此亦无可如何者。顾吾辈所致憾于史公,不在其搜采之不备,而在其别择之不精。善夫班叔皮之言也:"迁之著作,采获古今,贯穿经传,至广博也。一人之精,文重思烦,故其书刊落不尽,尚有盈辞,多不齐一。"(《后汉书·班彪传》)试将《史记》古史之部分与现存先秦古籍相较,其中芜累诬诞之辞,盖实不少。即本书各篇互相矛盾者,亦所在而有,此非"文重思烦,刊落不尽"之明效耶?然居今日而治古史,则终不能不以《史记》为考证之聚光点。学者如诚忠于史公,谓宜将汉以前之本纪、世家、年表全部磨勘一度。从本书及他书搜集旁证反证,是正其讹谬而汰存其精粹,略用裴注《三国志》之义例,分注于各篇各段之下,庶几乎其有信史矣。学者欲从事此种研究,则梁玉绳《史记志疑》、崔述《考信录》实最重要之参考书,钱大昕《廿二史考异》、王鸣盛《十七史商榷》、赵翼《廿二史札记》三书中《史记》之部次之,其余清儒札记文集中,亦所在多有。然兹事既极繁重,且平决聚讼,殊大非易,成功与否,要视其人之学力及判断力如何耳。然有志之青年,固不妨取书中一二篇为研究之尝试。纵令不能得满意之结果,其于治学之方法及德性,所裨已多矣。

三、《史记》之训诂名物,有非今人所能骤解者,故注释不可少。然旧注非失之太简,即失之太繁,宜或删或补。最好以现今中学学生所难了解者为标准,别作简明之注,再加以章节句读之符号,庶使尽人能读。

四、地理为史迹筋络,而古今地名殊称,直读或不知所在。故宜编一地名检目,古今对照。

五、我国以帝王纪年,极难记忆。春秋战国间,各国各自纪年,益复杂不易理。宜于十表之外,补一大事年表,贯通全书,以西历纪,而附注该事件所属之朝代或国邑,纪年于其下。其时代则从《十二诸侯年表》以共和元年起,盖前乎此者无征也。其事件则以载于本书者为限。

以上五项,为整理《史记》方法之纲要。学者如能循此致力,则可以《史记》之学名其家,而裨益于后进者且不赀矣。至如就史文内容分类研究,或比较政治组织,或观察社会状态,则问题甚多,取材各异,在学者自择也。

(《史地学报》1923年第7期)

《文心雕龙·史传篇》疏证

金毓黻

叙曰：余欲发愤撰《史通》疏证久矣。惮其篇帙繁重，累年莫殚，乃先取《文心雕龙·史传篇》试为之，以引其端，亦以《史通》论旨，多取材于是篇也。《文心》旧有黄叔琳注，近有李详补注。先师蕲春黄君更撰《札记》，同门范君文澜又因《札记》而详为之注。然《札记》于《史传篇》训释甚简，范君取之，更不复别白。余撰是篇，列载黄、李二家之注于前，如群经之注，再为之疏证于后，以比群经之疏，注所详者，疏不复举，第疏其未详者，若注语之待阐发者，亦为疏之。凡采范注，亦不复别白，以范注于师说外，兼综诸家之说，如言范注，则无以赅诸家，惟范君所自申说者，则必著明，以示不敢掠美，中间为之补阙正误，亦不下数十事。是篇正文仅千三百言，而余所疏约得三万言，其繁而不杀，无乃类秦延君之说《尧典》"曰若稽古"。然博学而详说之，将以反说约也，不有博，何能约？然则详说何足病？依此推之，以疏《史通》全书，将二三百万言不止，虽非可观，亦甚可喜，特是书之杀青可缮写，尚不知其何日耳。民国三十二年三月，识于重庆。

开辟草昧，岁纪绵邈，居今识古，其载籍乎。轩辕之世，史有仓颉。主文之职，其来久矣。

〔注〕　叙《世本》注："黄帝之世，始立史官。仓颉、沮诵，居其职矣。"

[疏证]　《说文叙》："黄帝之史仓颉，见鸟兽蹄迒之迹，初造书契。"

《荀子·解蔽篇》："好书者众矣，然而仓颉独传者，壹也。"《后汉书·献帝纪》注引《风俗通》曰："沮，姓也，黄帝史官沮诵之后。"卫恒《四体书势·科斗古文势序》："昔在黄帝，创制造物，有沮诵、仓颉者，始作书契，以代结绳。盖睹鸟迹以兴思也。"《史通·史官建置篇》："盖史之建官，其来尚矣。昔轩辕氏受命，仓颉、沮诵，实居其职。"

懿案：仓颉为黄帝之史，且为创造吾国文字之祖，传说已久。是否可信，姑不必论。然黄帝果为古帝，应有司记载主文书之史官，在其左右，则可断言。近人研古史者，断自商周，此自别一见解。彦和梁人，榷论《史传》，上及轩辕，并不为过。彦和固云："居今识古，其载籍乎。"载籍有征，何为置而不言？近人重史迹而略文献，史迹固足以证史，然于文献讵可弃置而不顾乎？彦和所论依于载籍，故极重视文献，如《说文叙》、《荀子·解蔽》，皆为可贵之文献，不能弃而不取。故考论吾国史官，仍以仓颉为始。

《曲礼》曰："史载笔。左右。史者，使也，执笔左右，使之记也。"

〔注〕《玉藻》："动则左史书之，言则右史书之。"

〔疏证〕《曲礼》："史载笔。"谓史官从君于会同，则载笔以从也。孔疏："不言简牍而云笔者，笔是书之主，则余载可知。"

懿案：《说文》："史，记事者也。从又持中。中，正也。"史官以记事为职，故须秉笔为记。杜预《左传叙》云："《周礼》有史官，掌邦国四方之事，达四方之志。诸侯亦各有国史，大事书之于策，小事简牍而已。"史官记事，或书于策，或书于简牍，其为秉笔一也。《周礼·春官》官属，天府"掌祖庙之守藏，与其禁令。凡官府乡州及都鄙之治中，受而藏之"。又小司寇"以三刺断庶民狱讼之中。岁终，则令群士计狱弊讼，登中于天府。"注："治中，谓职簿书之要。"江永据此为之说云："凡官署簿书谓之中。故诸官言治中、受中。小司寇断民狱讼之中，皆谓簿书，犹今之案卷也。"

懿案：中，对贰而言也。《周礼·秋官》大司寇："凡邦之大盟约，莅其盟书，而登之于天府。大史、内史、司会及六官，皆受其贰而藏之。"小司寇亦于登中于天府之下，继以内史、司会、冢宰贰之之语。贰为簿书之副本。中则簿书之正本也。副本称贰，则正本亦可称中矣。史字从又持中为义。又者右之本字，义为右手。云手持中，即手持簿书之谓也。中为簿书之正本，故《说文》以正释中，不得谓误。或以良史不隐为持中之道。然中正为无形之物德，非可手持，故近贤解者，皆不之从。王国维以中为盛筭之器，亦由中正之义，难于索解而然。然既不取以中为簿书之义，亦不得谓为允当。若彦和"史者使也"之义，则出于《白虎通》。其说云："所以谓之史何？明王者使为之也。"陈立《疏证》云："《汉书·杜延年传》注，史、使一也，或作使也。"然愚不敢谓然。盖以史、使同音，而曲为之解，仍以记事者为史之义为正。

又案：《说文》以"记事者"三字释史，则古所谓史，即为史官之简称，乃专指记事之人而言。至汉魏以后，乃泛称记事之书为史，非本义也。本文"史载笔"下"左右"二字，衍文，别本有不误者。

古者，左史记事者，右史记言者。言经则《尚书》，事经则《春秋》。

〔注〕 王肃曰："上所言下，为史所书，故曰《尚书》。"《诸侯年表》："孔子西观周室，论史记旧闻，兴于鲁而次《春秋》，以制义法，王道备，人事浃。左邱明因孔子史记，具论其语，成《左氏春秋》。虞卿上采《春秋》，下观近世，为《虞氏春秋》。吕不韦集六国时事，为《吕氏春秋》。"

〔疏证〕 黻案：左史右史，分记言事之记载，凡数见。一见《礼记·玉藻》，已具前注，即为彦和所本。又郑注《玉藻》云："其书《春秋》、《尚书》具在。谓右史书动，为《春秋》；左史书言，为《尚书》也。"此解与经文异者，以书动者为右史，书言者为左史耳。二见《汉书·艺文志》，三见郑玄《六艺论》，并云："左史记言，右史记事，事为《春秋》，言为《尚书》。"四见荀悦《申鉴》，文云："古者天子诸侯有事，必告于庙。庙有二史，左史记言，右史书事，事为《春秋》，言为《尚书》。"后三书所谓"右史记事"，即《玉藻》之"动则左史书之"。记事与记动，其义一也。然何以左右互异？是必有故。据《周礼》孔疏载熊安生所说：《左传》记大史书曰"崔杼弑其君"，是记事为大史之职。又《周礼》"内史掌王之八柄。凡命诸侯及孤卿大夫，则策命之"，是记言为内史之职。又据黄以周《礼书通故》所说：《大戴礼·盛德篇》："内史大史，左右手也。"谓内史居左，大史居右。又《觐礼》有"大史是右"之语，亦其一证。依上所释，则内史一名左史，职司记言；大史一名右史，职司记动。至《玉藻》之左右字，黄氏则谓为互讹，其说甚是。彦和不从《汉志》，而用《玉藻》，是宜订正。至《尚书》记言，《春秋》记事，则诸家说皆无异。然《尚书》未尝不记事，《春秋》有《左氏传》，传亦未尝不记言。《文史通义·书教篇》申此义云："夫《春秋》不能舍传而空存其目，则左氏所记之言，不啻千万矣。《尚书》典谟之篇，记事而言亦具焉；训诰之篇，记言而事亦见矣。古人事见于言，言以为事，未尝分事与言为二也。"审此所论，则知《尚书》之记言，即为当代之策诰；《春秋》之记事，即大史所书于简策者。大史初本不记言，及左氏究其本末，则言与事并记矣。又宋衷《世本》注，谓沮诵、仓颉为黄帝左右史，愚谓沮诵、仓颉居黄帝左右为记事之史，自属可信，而谓左史右史之官起于是时，则嫌过早。左右史之称盖始于周，又非本名，依上所述，可得其审。

唐虞流于典谟，商夏被于诰誓。

［疏证］ 黻案：《尚书序》《虞书·尧典》、《舜典》、《大禹谟》三篇，皆记尧舜二帝事，藉以流传于后。故曰："唐虞流于典谟。"然《今文尚书》二十八篇，以《舜典》合于《尧典》，无《大禹谟》。伪孔传本有《大禹谟》，则赝作也。又《今文尚书》《商书》有《汤誓》一篇，《周书》有《牧誓》、《大诰》、《康诰》、《酒诰》、《召诰》、《洛诰》、《费誓》、《秦誓》诸篇，而《书序》《商书》又有《汤诰》、《仲虺之诰》，皆已久佚。伪孔本有之，亦赝作也。诰以告谕民众，如今公文之布告。誓以誓师，如今文之誓师文。《尧典》曰："光被四表。"被谓被及。言如日光之充被四表也。夏商之事，藉所撰诰誓而传之久远。故曰："商夏被于诰誓。"又《榖梁》隐八年传云："诰誓不及五帝。"注谓："五帝之世，治化淳备，不须诰誓。"由此可知唐虞之世，只有典谟，而无诰誓，是为彦和所本。本文"商夏"二字，应作"夏商"，以明时代先后。盖为传写误倒。

洎周命维新，姬公定法，䌷三正以班历，贯四时以联事。

［注］《书·甘誓》："怠弃三正。"注："三正，子、丑、寅之正也。"杜

预《春秋序》："记事者，以事系日，以日系月，以月系时，以时系年。史之所记，必表年以首事。年有四时，故错举以为所记之名。"

[疏证] 杜预《春秋经传集解序》云："仲尼因鲁史策书成文，考其真伪，而志其典礼，上以遵周公之遗制，下以明将来之法。"又曰："盖周公之志，仲尼从而明之。"又曰："其发凡以言例，皆经国之常制。周公之垂法，史书之旧章，仲尼从而修之，以成一经之通体。"

皦案：篇中所云"姬公定法"，即本杜序之旨。杜氏别撰《春秋释例》，其旨以"经之条贯，必出于传。传之义例，总归诸凡。《左传》称凡者五十，其别四十有九。皆周公之旧法，仲尼因而修之"。信如此说，则周公制例，颁之诸侯；各国修史，皆秉成式。《春秋》以为鲁史官所记，即依周公成法而秉笔直书。后人欲考周公垂示之成法，就《春秋》及《左氏传》求之，而灿然具在。《释例》一书，即本此旨而作者也。然遍考古籍，未尝有周公制例之明证，孔子亦无一语及此。杜氏何从而知其为周公所作耶？昔朱子撰《大学章句》，为之说曰："右经一章，盖孔子之言，而曾子述之。其传十章，则曾子之意，而门人记之也。"洎戴震幼年读书至此，乃以"朱子何以知《大学》为曾子所述，而门人记之"？难其蒙师。以此例彼，毋乃相类。寻杜氏之意，盖以晋卿韩宣子适鲁，见《易象》与《鲁春秋》，曰："周礼尽在鲁矣。吾乃今知周公之德与周之所以王。"故以周之旧典礼俗，皆周公所制作，五十发凡，亦为周公制作之一。故于《春秋序》中，一再申明此旨。然究嫌近于推测，而乏正面之确证。清代治今文学诸经师，咸谓孔子作六经，《春秋》笔削之法，为孔子所创。故曰"笔则笔，削则削，游、夏之徒不能赞一辞"，其说竟与杜义相左。

愚谓周代列国，皆有史官，以司记载。如晋之《乘》，楚之《梼杌》，应与鲁之《春秋》同有定式，以为秉笔之准。杜氏所谓五十凡，或即王室所颁之成法，为列国史官奉以为准则者。然必谓为周公所创制，则失之拘。姬周隆盛之世，秉政大臣如周公者，前后何限？一切悉属之周公，不亦拘而鲜通乎？特彦和所说，仍用杜义。以为有周开基，周公已创史例，以垂将来。故曰"周命维新，姬公定法"也。

所谓"三正"者，谓夏以建寅之月为正，商以建丑之月为正，周以建子之月为正也。《史记·历书》曰："夏正以正月，殷正以十二月，周正以十一月,盖三王之正若循环,穷则反本。"马融注《尚书》亦云:"建子、建丑、建寅,三正也。"汉儒如贾谊、董仲舒,皆谓一代帝王之兴,必改正朔,易服色。夏以寅月为正,商以丑月为正,故周以子月为正。凡姬周一代制度,说者皆以为周公所创,故举细三正以颁历,属周公制法之一也。然所谓三正之法,循环不穷,建子之后,又当返为建寅。嬴秦继周,以十月为岁首,汉初本之,是则建亥为正,合前三正,而有四正,不合古法,汉儒多不谓然。故武帝即位,改以建寅为正,以合三正循环之法。此又三正之说盛于汉世之证也。

所谓"贯四时以联事"者,杜序所释綦详。例如《春秋》隐公二年经云:"秋八月庚辰,公及戎盟于唐。"经于"公及戎盟于唐"六字之上,系以"庚辰",是为"以事系日";又于"庚辰"二字之上,系以"八月",是为"以日系月";又于"八月"二字之上,系以"秋"字,是为"以月系时";至是秋为隐公二年之秋,可以一览而知,是为"以时系年"。案:此书法乃为周室所颁成式之一,一如前论之五十凡,凡列国秉笔之史,皆应遵而无改。证以古本《竹书纪年》,亦用是例。《纪年》即《晋乘》之异名。晋史与鲁史同用一法,益以知其为一代成式也。其纪日不用数字而用干支者,亦为皇古以来相沿之成法。《尚书·商书·伊训》有"元祀十有二月乙丑"之语,然出于伪作,可以勿道。殷墟所出甲骨文,皆以干支纪日。是知其为古法,而周代因之也。纪年纪月,皆以数字,是为必备之科,古今皆不能改。然何以必须"以月系时"?案:此亦古法也。《尧典》曰:"期三百有六旬有六日,以闰月定四时,成岁。"盖一年分四时,一时分三月,亦为唐虞以来一成不易之法。故周代定例,史官书事,必年时月日四者兼具。彦和立论,概用杜义。故以月日上贯四时之法,亦属之周公也。

诸侯建邦,各有国史,彰善瘅恶,树之风声。

[疏证] 杜预《春秋序》云:"诸侯各有国史,大事书之于策,小事简牍而已。"《孟子》曰:"楚谓之《梼杌》,晋谓之《乘》,而鲁谓之《春秋》,其实一也。"

戳案:《春秋》为鲁国史,《孟子》已明言之。《晋乘》即汲冢所出之《纪年》,是晋国史亦复残存。惟《楚梼杌》则不可见。然左氏纪晋楚事,皆较他国为详,是必亲见《晋乘》及《楚梼杌》。楚国史之一部,犹藉《左传》以流播于方来也。彦和谓"诸侯建邦,各有国史",盖本杜序立言。由《孟子》之言观之,鲁、晋、楚三国有史,则其他诸国亦必有史。《公羊疏》引闵因叙云:"孔子得百二十国宝书。"《墨子》佚文亦云:"吾见百国《春秋》。"杜氏所论,盖有明征。

又案:《左传》成公十四年传谓"《春秋》之称有五",其五曰"惩恶而劝善"。夫《春秋》为鲁史旧名,谓之《春秋》之称,即为鲁史之所称,亦姬周一代颁于诸侯之史例也,而"惩恶劝善"为其五者之一。故彦和以诸侯各有国史,为"彰善瘅恶,树之风声"而作也。吾国前代史家,多以"惩恶劝善"为史家之职志。荀悦为献帝撰《汉纪》,谓:"立典有五志:一达道义,二章法式,三通古今,四著功勋,五表贤能。"夫曰"达道义"、"表贤能",亦"惩恶劝善"之旨也。韩愈曰:"诛奸谀于既死,发潜德之幽光。"往代史家,以此自负,非一日矣。

自平王微弱,政不及雅,宪章散紊,彝伦攸斁。

[疏证]《毛诗序》曰:"至于王道衰,礼义废,政教失,国异政,家殊俗,而《变风》、《变雅》作矣。国史明乎得失之迹,伤人伦之废,哀刑政之苛,吟咏情性,以风其上,达于事变,而怀其旧俗者也。是以一国之事,系一人之本,谓之风。言天下之事,形四方之风,谓之雅。雅者,正也,言王政之所由废兴也。政有小大,故有《大雅》焉,有《小雅》焉。"依此所论,则知诗之有雅,以言天下之事,形四方之风,乃天子之诗也。诗之有风,以言一国之事,系一人之本,乃诸侯之诗也。姬周盛时,咏其盛德郅治,被之诗声,是之谓《大雅》。洎乎周德既衰,暴君间作,民受其敝,诗人亦咏其事,以为风刺,是之谓《小雅》,亦谓之《变雅》。然无论为《大雅》,为《小雅》,为美,为刺,皆以言天下之事,形四方之风。故曰:"雅者,正也。言王政所由废兴也。"文武、成康为周之盛世。昭穆之世,王政已替。幽厉之世,周道遂衰。宣王中兴,劣能自振。当此之时,中朝臣僚所撰之诗,皆谓之雅,以言王政废兴,亦可谓之"政能及雅"也。洎乎平王东迁,王室微弱,政令仅行于境内,不复遍及于诸侯。是时辀轩使者在王境所采之诗,谓之曰《王风》,而不复名之为雅。以其仅言王境

之事,已下侪于列国,不复能及天下之事,非王政废兴所由系也。故彦和云"平王微弱,政不及雅"。

孟子谓:"王者之迹熄而诗亡。"诗亡,谓《黍离》降为《国风》而雅亡。故与其谓为"诗亡",无宁谓为"雅亡"也。《诗》有《周南》、《召南》,为姬周盛时所作,何以亦列于《国风》?盖二南之诗,以姬周初封之地为限,以非该乎天下之大,故以风名之。然此外之十三国风,皆在东周以后,其不能与雅为比,又明甚矣。彦和谓平王"政不及雅",则其所施之政,自不得谓之王政,乃下同于诸侯之政。其在王境所采之诗,乃列国之风,而非天子之雅也。

又案:"及雅"义同"复雅"。郑玄《毛诗·王城谱》云:"是王室之尊,与诸侯无异,其诗不能复雅,故贬之,谓之王国之变风。"范宁《穀梁传序》云:"列《黍离》于《国风》,齐王德于邦君,所以明其不能复雅,政化不足以被及群后也。"此二文应为彦和所本。云"政不及雅"者,即"政不复雅"也。

杜预《春秋序》云:"周德既衰,官失其守。上之人不能使《春秋》昭明,赴告策书,诸所记注,多违旧章。"案:此即"宪章散紊"之证也。《孟子》曰:"世衰道微,邪说暴行有作,臣弑其君者有之,子弑其父者有之。"注家谓《孟子》此语,指周室东迁以后而言。此即"彝伦攸斁"之证也。凡"宪章散紊,彝伦攸斁"二者之失,皆由平王东迁、王室微弱所致。故彦和举此,以为"政不及雅"之证。又范序有"昔周道衰陵,乾纲绝纽,礼坏乐崩,彝伦攸斁"四语,亦为彦和因袭所自。

昔者夫子闵王道之缺,伤斯文之坠,静居以叹凤,临衢而泣麟。

〔注〕《孔丛子》:"叔孙氏之车子曰鉏商,樵于野而获兽焉。众莫之识,以为不祥,弃之五父之衢。孔子往观,泣曰:'麟也!麟出而死,吾道穷矣!'"

〔疏证〕 憼案:"王道衰"一语,已见上引《毛诗序》。篇中曰"王道缺",缺,即衰也。又《孟子》曰:"王者之迹熄而诗亡,诗亡然后《春秋》作。"盖孔子作《春秋》,由于王者之迹熄。王迹,即王道也。彦和谓"夫子闵王道之缺",义出于此。孔子曰:"天之将丧斯文也,后死者不得与于斯文也。天之未丧斯文也,匡人其如予何?"注家谓斯文为礼乐制度之类。玩其语意,即"伤斯文之将坠"也。孔子又曰:"凤鸟不至,河不出图,吾已矣夫。"此所谓"静居以叹凤"也。

黄注于泣麟事引《孔丛子》。不知《孔丛子》为后人伪作,其说别有所本。《春秋左氏》哀公十四年传云:"十四年春,西狩于大野,叔孙氏之车子鉏商获麟。以为不祥,以赐虞人。仲尼观之,曰:麟也!然后取之。"同年《公羊传》云:"孔子曰:孰为来哉?孰为来哉?反袂拭面,涕沾袍。"又云:"西狩获麟。孔子曰:吾道穷矣!"案《史记·孔子世家》,即取《左》、《公》二传以成文,然无"弃之五衢"之语。盖伪撰《孔丛子》者,别有所本。本文曰"临衢而泣麟",盖用《孔丛子》,彦和不知其为伪作也。

又案本文"昔者"二字,潮阳郑氏据《御览》增入,今通行本无之。愚意应从通行本,文义乃顺。

于是就太师以正《雅》、《颂》,因鲁史以修《春秋》。举得失以表黜陟,征存亡以标劝戒。褒见一字,贵逾轩冕;贬在片言,诛深斧钺。

[疏证] 孔子曰:"吾自卫反鲁,然后乐正,《雅》、《颂》各得其所。"又语鲁太师乐曰:"乐其可知也。"合此两文,所谓"就太师以正《雅》、《颂》"也。杜预谓仲尼因鲁史策书成文,考其真伪,以正其典礼,此所谓"因鲁史以修《春秋》"也。

黻案:彦和此文,悉本范宁《穀梁传序》。序曰:"于是就大师而正《雅》、《颂》,因鲁史而修《春秋》。举得失以彰黜陟,明成败以著劝诫。一字之褒,宠逾华衮之赠;片言之贬,辱过市朝之挞。"疏云:"云就太师而正《雅》、《颂》者。太师,乐官也。诗者,乐章也。以太师掌诗乐,故仲尼自卫反鲁,就而正之。"

黻案:孔子曰:"师挚之始,《关雎》之乱,洋洋乎盈耳哉!"注家谓孔子自卫反鲁而正乐,适师挚在官之初,故乐之美盛如此。其说是也。

范序疏又云:"云举得失以彰黜陟者,谓若仪父能结信于鲁,书字以明其陟。杞虽二王之后,而后代微弱,书子以明其黜。云明成败以著劝戒者，成败黜陟，事亦相类。谓若葵丘书日，以表齐桓之功。戎伐凡伯，言戎以明卫侯之恶。又定哀之时，为无贤伯，不屈夷狄，不申中国，皆是书其成败以著劝善惩恶。"

斠案：范序"成败"二字，彦和易为"存亡"者，功成则存，事败则亡，二者之义一也。

范序疏又云："言仲尼之修《春秋》，文致褒贬。若蒙仲尼一字之褒，得名传竹帛，则宠逾华衮之赠。若定十四年石尚欲著名于《春秋》是也。若被片言之贬，则辱过市朝之挞。若宣八年仲遂为弑君不称公子是也。言华衮则上比王公，称市朝则下方士庶。"

斠案：杜预《春秋序》云："《春秋》虽以一字为褒贬，然皆须数句以成言。"又云："推变例以正褒贬。"杜之说经，虽异于《公》、《穀》两家，然《春秋》以一字为褒贬，则亦明认之。范序"辱过市朝之挞"一语，彦和易为"诛深斧钺"，不过变文。以明片言之贬，可畏之甚，而语意又加重。《孟子》曰："孔子成《春秋》而乱臣贼子惧。"亦此意也。

然睿旨 存亡 幽隐，经文婉约。邱明同时，实得微言，乃原始要终，创为传体。传者转也，转授经旨，以授于后，实圣文之羽翮，记籍之冠冕也。

〔注〕《春秋序》："左邱明受经于仲尼。以为经者，不刊之书也。故传或先经以始事，或后经以终义，或依经以辨理，或错经以合异，随义而发其例之所重。"

〔疏证〕《汉书·艺文志》云："仲尼思存前圣之业。以鲁周公之国，礼文备物，史官有法，故与左丘明观其史记。据行事，仍人道，因兴以立功，就败以成罚，假日月以定历数，藉朝聘以正礼乐。有所褒讳贬损，不可书见，口授弟子，弟子退而异言。丘明恐弟子各安其意，以失其真，故论本事而作传，明夫子不以空言说经也。《春秋》所贬损大人当世君臣有威权势力，其事实皆形于传。是以隐其书而不宣，所以免时难也。"杜预《春秋传序》云："左丘明身为国史，躬览载籍，必广记而备言之。其文缓，其旨远，将令学者原始要终，寻其枝叶，究其所穷。"

斠案：《汉志》所谓仲尼"有所褒讳贬损，不可书见，口授弟子，退而异言",此即"睿旨幽隐,经文婉约"之注脚也。杜氏又谓丘明"将令学者原始要终,寻其枝叶,究其所穷",此即"乃原始要终,创为传体"之注脚也。《左氏》成十四年传:"《春秋》之称,微而显,志而晦,婉而成章。"杜氏之释"微而显"曰:"文见于此,而起义在彼。"释"志而晦"曰:"约言示制,推以知例。"释"婉而成章"曰:"曲从义训,以示大顺。"案曰微,曰晦,其为幽隐可知。曰约言,曰曲从,其为婉约可知。是其所谓幽隐婉约,又为《春秋》之义例矣。

"传者转也"之义,一见《释名·释书契》,二见《广雅·释诂》。《释名》且为之说曰:"转移所在,执以为信也。"愚以为以转训传,亦犹以使训史,同以音近而曲为之解。盖传对经而言。经为高文典册,其长在二尺以上。传之本字为专。《说文》:"专,六寸簿也。"其尺寸小于经,专为释经而作。左氏为《春秋经》作传,以论其本事,传盖附经以行者也。子夏有《丧服传》,见于《仪礼》。毛亨为《诗》三百篇作传,皆同如后儒之笺注。不惟"转移所在,执以为信"之训释,失之肤浅,即"转授经旨,以授于后"之解义,亦失之望文生训也。《史通·六家篇》云:"孔子既著《春秋》,而丘明受经作传。盖传者转也,转受经旨,以授后人。或曰传者传也,所以传示来世。案孔安国注《尚书》,亦谓之传。斯则传者亦训释之义乎?观《左传》之释经也,言见经文,而事详传内,或传无而经有,或经阙而传存,其言简而要,其事详而博,信圣人之羽翮,而述者之冠冕也。"

皪案:子玄此文,多本彦和,形迹未化,一览可知。然于传字之训释,既取"传者转也"之说,又附明二义:一曰"传者传也",一曰"传亦训释"之义。最后一义,与愚前说相发,而以传训传,亦胜于"传者转也"之义。此所谓前修未密,后出转精也。至本文"存亡"二字,衍文应删。《御览》所引,即无此二字,可以为证。

及至纵横之世,史职犹存。秦并七王,而战国有策,盖录而弗叙,故即简而为名也。

〔注〕《战国策》刘向序:"国策或曰国事,或曰短长,或曰事语,或曰长书,或曰修书。臣向以为战国时游士辅所用之国,为之策谋,宜为《战国策》。其事继《春秋》以后,讫楚汉之起,二百四十五年间之事,皆

定以杀青,书可缮写,得三十篇。"

〔补注〕 详案:《战国策》刘向序,以为"战国游士辅所用之国,为之策谋,宜为《战国策》"。向改原名国事、短长、事语、长书、修书诸名,然终以彦和"即简为名"为正。观其言"战国有策",加一有字,则指史策明矣。刘知幾《史通·六家篇》论《战国策》,亦袭彦和之说。

〔疏证〕 黻案:孟子尝谓:"诸侯恶其害己也,而皆去其籍。"此所谓诸侯,指战国之君而言。而战国之世,史籍流传绝少。然彦和犹谓"纵横之世,史职犹存",何也?考战国时代史籍,仅有《竹书纪年》,出自汲冢。今所传者,虽为后人伪造,然其文多有依据,且朱右曾、王国维二氏辑本,一一出自古籍,所引尤可互证。杜预《春秋后序》论及《纪年》曰:"《纪年》篇起自夏殷周,皆三代王事,无诸国别,惟特纪晋国。晋国灭,独记魏事,下至魏哀王之二十年,盖魏国之史记也。"据预所言,《纪年》真本,后半独记魏事,其为魏国史官所记,已属无疑。魏上承晋,于战国前特记晋国,应即《孟子》所谓《晋乘》也。《纪年》自魏安釐王冢中发出。哀王为安釐王之祖,故安釐王冢得藏哀王时书。此又魏有国史之一证。《战国策》所记,为"继《春秋》之后,讫楚汉之起,二百四十五年间之事",其为何人所著,虽不可知;然班彪《略论》已云:"春秋之后,七国并争,秦并诸侯,则有《战国策》三十三篇。"此为彦和"秦并七王而战国有策"一语所本。盖其书为秦统一六国时所采辑,其所据者,必为各国之史籍。合以上述纪事,皆为"纵横之世,史职犹存"之证。不特此也,太史公屡称《秦记》,《史记·六国表》凡三见:一曰"太史公读《秦记》";二曰"独有《秦记》,又不载日月,其文略不具,然战国之权变,亦颇有可采者";三曰"余因《秦记》,踵《春秋》之后"。注:"《秦记》者,秦之史记也。"又见同书《秦始皇本纪》,李斯请史官非《秦记》皆烧之。此所谓《秦记》,应详述战国时事,或为作《战国策》者所资。亦"纵横之世,史职犹存"之明证也。综上所述,战国史籍,仅有《纪年》可考。秦统一时,乃撰《战国策》。至《秦记》一书,则合春秋、战国、统一三时期而并记之矣。

《史通·六家篇》云:"暨纵横互起,力战争雄,秦兼天下而著《战国策》。夫谓之策者,盖录而不序,故即简以为名。或云汉代刘向以战国游士为之策谋,因谓之《战国策》。"

案：子玄前说，承用彦和之说，意谓为记战国时事之简策；后说则节录刘向之言，盖兼取二者之义，案而不断。李氏补注，是彦和而非子政，亦未见其必然。刘向序本谓"中书本号，或曰国策，或曰国事"。黄注于"国策"二字上，脱去"中书本号或曰"六字，一似《战国策》为向所命新名，实则不然。玩"或曰国策"四字之义，即知其书本名《战国策》也。

《史通·历代正史篇》云："楚汉之际，有好事者，录自古帝王公侯卿大夫之世，终乎秦末，号曰《世本》十五篇。"据此，似《世本》所录，亦兼及战国时事。然班彪《略论》则曰："又有纪录黄帝以来至春秋时帝王公侯卿大夫，号曰《世本》。"是又知《世本》所录，不兼战国。愚以彪说在前，应较子玄为可信。

汉灭嬴项，武功积年，陆贾稽古，作《楚汉春秋》。

〔注〕《史记索隐》："陆贾撰。记项氏与汉高祖初起之事，名《楚汉春秋》。"

〔疏证〕《汉书·艺文志》春秋类："《楚汉春秋》九篇，陆贾所记。"又同书《司马迁传》、《后汉书·班彪传》皆言迁撰史采《左氏》、《国语》、《世本》、《战国策》及《楚汉春秋》。《彪传》并云："汉兴定天下，大中大夫陆贾记录时功，作《楚汉春秋》九篇。"又云："百家之书，犹可法也。若《左氏》、《国语》、《世本》、《战国策》、《楚汉春秋》、《太史公书》，今之所以知古，后之所由观前，圣人之耳目也。"

戴案：班彪"记录时功"一语，即彦和"汉灭嬴项，武功积年"二语所由出。陆氏之书，既为叔皮所盛称，则其内容必甚可观。今有茆泮林辑本，刊入龙溪精舍丛书。

爰及太史谈，世惟执简。子长继志，甄序帝绩，比尧称典，则位杂中贤；法孔题经，则文非元圣。故取式《吕览》，通号曰纪。纪纲之号，亦宏称也。

〔注〕《太史公自序》："司马喜生谈，谈为太史公。仕于建元、元封之间。有子曰迁。太史公发愤且卒，执迁手而泣曰：余先周室之太史也。自上世尝显功名于虞夏，典天官事。后世中衰，绝于予乎？汝复为

太史，则续吾祖矣。谈卒三岁，而迁为太史令。"又《司马迁传》："太史公仍父子相继纂其职。曰：余维先人，网罗天下放失旧闻。王迹所兴，原始察终。见盛观衰，论考之行事。略三代，录秦汉，上纪轩辕，下至于兹，著十二本纪，既科条之矣，并时异世，年差不明，作十表。礼乐损益，律历改易，兵权山川鬼神天人之际，承敝通变，作八书。二十八宿环北辰，三十幅共一毂，运行无穷，辅弼之臣配焉，忠信行道，作三十世家。扶义俶傥，不令己失时，立功名于天下，作七十列传。凡百三十篇，为《太史公书》。"迁字子长。又《吕不韦传》："不韦使其客人人著所闻，集论以为八览、六论、十二纪，二十余万言，号曰《吕氏春秋》。"

[疏证]　黻案：《太史公自序》谓："当周宣王时，(官)失其守，而为司马氏。司马氏世典周史。"故太史谈有"余先周室之太史也"一语，此亦彦和"世惟执简"一语之由来也。

同门范君文澜云："位杂中贤，谓后世帝王不皆贤圣；文非元圣，谓迁不敢比《春秋》。《自序》所谓'述故事整齐其世传'，非所谓作也是也。"盖壶遂尝以迁书比于孔子之作《春秋》，迁谦不敢当，且曰："君比之于《春秋》，谬矣。"寻彦和之旨，以为孔子删《书》，首列《尧典》，即为"甄序帝绩"。而子长修史，叙帝王事为本纪，亦为"甄序帝绩"，何以不称典而称纪？即由于不敢比尧也。孔子删《书》之外，又作《春秋》，后人以《春秋》列为六经之一。《春秋》虽非如《尚书》之"甄序帝绩"，然假鲁史以寓尊王之义，称周王曰天王，称正月曰王正月，犹以当代之帝王为诸侯之共主。且迁之撰本纪，年经月纬，兼详时日，即用《春秋》之法，何为不以《春秋》名书？即由不敢比孔也。本纪所载尧、舜、禹、汤、文、武之外，兼及世承诸王，下逮秦、楚、汉初，圣贤并载，明昏兼叙，故曰"位杂中贤"。

"元圣"应作"玄圣"。玄圣之称，始见《庄子·天道篇》，曰："以此处下，玄圣素王之道也。"然此所谓玄圣，不得云专指孔子。又《后汉书·班彪传》附子固《典引》篇，有曰："故先命玄圣，缀学立制。"注："玄圣，谓孔丘也。《春秋演孔图》曰，孔子母征在梦感黑帝而生，故曰玄圣。"此则以玄圣专指孔子矣。《春秋》为孔子所作，故可题以经号。《史记》之文，由迁所作，不敢比拟孔子，故曰："文非玄圣。"按明刊本及今本皆作"元圣"者，盖由宋人讳玄而改。犹宋真宗本以玄宗为庙号，由讳玄而改称真宗也。

范君文澜云："本纪之名，彦和谓'取式《吕览》'，恐非。《史记·大宛传赞》两言《禹本纪》，正迁所本耳。"黻案：范君之言是也。《吕览》虽有十二纪，以纪一岁十二月，然非史官纪事之作可比。盖与《史记》之本纪，仅有几微之相似。谓为取式，岂得谓然？惟其前有《禹本纪》，而子长仍用其名，是为得之。《史通·本纪篇》云："昔汲冢《竹书》，是曰《纪年》；《吕氏春秋》，肇立纪号。盖纪者，纲纪庶品，网罗万物，考篇目之大者，其莫过于此乎。"子玄一则曰"《吕氏春秋》，肇立纪号"，再则曰"纲纪庶品，网罗万物"，其为袭用彦和之说，已极显然。寻二刘之意，皆谓《吕览》始有纪号，而子长袭用其名，非谓其内籀亦从同也。汲冢《纪年》于晋初出土，为子长所未及见，故无从因袭其名。故与其举《纪年》，未若举《禹本纪》之为的当。本纪为提纲挈领而作，故子玄谓其"纲纪庶物"，无所不包，而彦和亦谓为纲纪之宏称也。

《御览》录《史传篇》，"爰及史谈"一句，无"太"字，胜于通行本。

故本纪以述皇王，列传以总侯伯，八书以铺政体，十表以谱年爵，虽殊古式，而得事序焉。

[疏证]　黻案：班彪《略论》云："司马迁序帝王则曰本纪，公侯传国则曰世家，卿士特起则曰列传。"彪以本纪、世家、列传并举，当为彦和所本。此文当作："本纪以述皇王，世家以总侯伯，列传以录卿士。"范君文澜以此为说，余深取之。盖本书文有脱误使然，否则"列传以总侯伯"，语不可通。又遗世家而不举，果何说耶？

又案：本纪、世家、列传、书、表之分，以《史通》所释为最明晰。其于本纪、列传之分，一见《本纪篇》，曰："盖纪之为体，犹《春秋》之经，系日月以成岁时，书君上以显国统。又纪者，既以编年为主，唯叙天子一人，有大事可书者，则见之于年月。其书事委曲，付之列传。此其义也。"一见《列传篇》，曰："盖纪者，编年也。传者，列事也。编年者，历帝王之岁月，犹《春秋》之经。列事者，录人臣之行状，犹《春秋》之传。《春秋》则传以解经，《史》、《汉》则传以释纪。"其于世家，则论于《世家篇》，曰："司马迁之记诸国也，其编次之体，与本纪不殊。盖欲抑彼诸侯，异乎天子，故假以他称，名为世家。"其于表，则一见于《表历篇》，云："盖谱之建名，起于周代。表之所作，因谱象形。故桓君山有云：太史公《三代世表》，旁行邪上，并效《周谱》。此其证欤？"一见于《杂说上篇》，云："观太史公之创表也，于帝王则叙其子孙，于公侯则纪其年月，列行萦纡以相属，编字戢峯而相排。虽燕越万里，而于径寸之内，犬牙可接；虽昭穆九代，而于方尺之中，雁行有序。使读者阅文便睹，举目可详，此其所以为快也。"其于志，则论于《书志篇》，曰："夫刑法礼乐，风土山川，求诸文籍，出于三礼。及班马著史，别裁书志，考其所记，多效《礼经》。且传纪之外，有所不尽。只字片文，于斯备录。语其通博，信作者之渊海也。"寻上所论，本纪、列传二者对举，传以纪为本，故纪曰本纪；纪之不能详者，则列叙于传，故传曰列传。裴松之谓："天子称本纪，诸侯称世家，系其本系，故曰本。"此说恐未必然。夫本纪为天子系其本系，固矣。然世家亦为诸侯系其本系，何以不名曰本家耶？《汉书·叙传》尝称《史记》本纪为《春秋考纪》，此亦本纪之异名。以其纪事系以岁时如《春秋》，故曰《春秋考纪》。《史记》记周诸侯事，用编年体，一如本纪，然亦列事如传。《孔子世家》及汉相萧、曹、周、陈诸世家是也。徒以孔子之后为汉所宗，萧、曹之后累叶公侯，故以世家名之。是则世家之体，又兼具本纪、列传二体焉。

《世本》为表谱之祖，今考其书，有《帝系篇》、《氏姓篇》、《居篇》、《作篇》、《谥法篇》，其体如表，又别有谱。司马迁所见五帝系、《春秋历谱牒》、牒记，疑皆出于《世本》，亦桓君山所谓《周谱》也。近人考辑《世本》者，又谓有世家有传。世家之名，当为子长所因。《史记·伯夷列传》有"其传曰"一语，此传为古传，或即出于《世本》。子玄所论，尚未尽得其朔。

吾国典志之书，以《官》、《礼》为最古。《周官》为详载百官职掌之书，即为《汉书·百官公卿表》、诸史百官志之所因。《仪礼》记昏、冠、丧、祭之礼綦备，即为《周官·大宗伯》五礼中之吉、嘉、凶三礼，所缺者独军、宾二礼耳。此实为诸史礼志所本。惟诸书地理志，仿自《尚书·禹贡》。至《仪礼》为礼中之经，《礼记》为释《礼经》而作，为研礼者所共知。其与《官》、《礼》合称三礼,亦俗说耳。子玄谓"刑法礼乐,风土山川,求诸文籍,出于三礼",实为确论。古人总称典章制度为礼,亦称典礼。《周官》太史所掌建邦之六典,今多不传,故不能窥见周代典礼之全。韩宣子适鲁,见《易象》与《鲁春秋》,曰:"周礼尽在鲁矣。"周礼即周代之典礼,亦为太史所掌之六典。《易象》与《鲁春秋》俱得称礼,即《诗》、《书》二经,亦得称礼。是则所谓《周礼》,不限于《周官》、《仪礼》可知。或谓"子玄书志出于三礼之说,恐非",盖未之深考也。

彦和谓"八书以铺政体",政体即典礼之异称,典礼亦称政典,从政者必守之典也。体即体要,体要即典要也。又谓"十表以谱年爵"者,凡《史记》十表,皆称年表,而汉兴功臣侯以下诸表,又专为谱爵而作。其谓"殊古式"者,古史皆编年,而子长改为本纪、世家、列传、志、表五体,异乎周代史官所用之成法,故云然也。

尔其实录无隐之旨,博雅弘辩之才,爱奇反经之尤,条例踳落之失,叔皮论之详矣。

〔注〕《司马迁传赞》:"刘向、扬雄皆称迁有良史之材,服其善序事理,其文直,其事核,不虚美,不隐恶,故谓之实录。"《扬子法言》:"多爱不忍,子长也。仲尼多爱,爱义也。子长多爱,爱奇也。"《史记》叙传,但美其长,不爱其短,故曰爱奇。《檀超传》:"超与江淹掌史职,上表立条例。"《班彪传》:"彪字叔皮。斟酌前史,而讥正得失。其《略论》曰:迁之所记,采经摭传,分散百家之事,多疏略。论学术,则崇黄老而薄六经;序货殖,则轻仁义而羞贫穷;道游侠,则贱守节而贵俗功;此其大敝伤道也。"又曰:"一人之精,文重思烦,故其书刊落不尽,尚有盈辞,多不齐一。"

〔疏证〕 黻案:《后汉书·班彪传》云:"彪既才高而好述作,遂专心史籍之间。武帝时,司马迁著《史记》,自太初以后,阙而不录。后好事者颇缀集时事,然多鄙俗,不足以踵继其书。彪乃继采前史遗事,傍贯异闻,作《后传》数十篇,因斟酌前史而讥正得失。"审此,则彪为续《史记》以作《后传》,而又略论《史记》之得失也。今考彪所论《史记》得失,悉具于本传著录之《略论》。黄注所举,尚有未备。又《汉书·司马迁传赞》,文多同于《略论》,乃固采其父作,亦彪所作《后传》之文也。必取而合观之，乃得其全豹。

如《略论》所云："善序事理，辩而不华，质而不俚，文质相称，盖良史之才也。"此非所谓"实录无隐之旨，博雅弘辩之才"乎？又云："至于采经摭传，分散百家之事，甚多疏略，不如其本，务欲以多闻广载为功，论议浅而不笃。"又云："迁序帝王则曰本纪，公侯传国则曰世家，卿士特起则曰列传，又进项羽、陈涉而黜淮南、衡山，细意委曲，条例不经。若迁之著作，采获古今，贯穿经传，至广博也。一人之精，文重思烦，故其书刊落不尽，尚有盈辞，多不齐一。"此非所谓"爱奇反经之尤，条例踳落之失"乎？

再细核之，"质而不俚"，即"实录无隐"也。"辩而不华"，即"博雅弘辩"也。"文质相称"，即"实录无隐"又兼"博雅弘辩"也。"采经摭传，甚多疏略，不如其本，务欲多闻广载"，即"爱奇反经"也。"细意委曲，条例不经"，"刊落不尽，尚有盈辞"，即"条例踳落"也。又细审传赞所云"其文直，其事核，不虚美，不隐恶，故谓之实录"，即为本文"实录无隐"四字之注脚，尤为固采父作之确证。彪之所论，略具于此，故曰"叔皮论之详矣"。

若如黄注所举，爱奇之讥，则出于《法言》，盖与叔皮无涉。岂叔皮本有斯言，而本传刊落之耶？彦和之世，诸家《后汉书》传本具在，所见叔皮《略论》，或多于范书。今既无征，可弗置论。

又注引《南史·檀超传》，以释史之有条例，尚不足以抉其原。说详下文。

及班固述汉，因循前业，观司马迁之辞，思实过半。其十志该富，赞序弘丽，儒雅彬彬，信有遗味。

〔注〕《汉书·叙传》：固"探纂前记，缀辑所闻，以述《汉书》。起于高祖，终于孝平王莽之诛，十有二世，二百三十年。综其行事，为《春秋》考纪表志传凡百篇"。十志：律历、礼乐、刑法、食货、郊祀、天文、五行、地理、沟洫、艺文。

〔疏证〕《史通·历代正史篇》云："《史记》所书，年止汉武。太初已后，阙而不录。其后刘向、向子歆，及诸好事者，若冯商、卫衡、扬雄、史岑、梁审、肆仁、晋冯、段肃、金丹、冯衍、韦融、萧奋、刘恂等，相次撰续。迄于哀平间，犹名《史记》。至建武，司徒掾班彪以为其言鄙俗，不足踵前史。又雄、歆褒美伪新，误后惑众，不当垂之后代者也。于是采其旧事，旁贯异闻，作《后传》六十五篇。其子以父所撰未尽一家，乃起元高皇，终乎王莽，十有二世，二百三十年，综其行事，上下通洽，为《汉书》纪表志传百篇。"又辑本《东观汉记·班固传》，弟超诣阙上书，陈固续父所记述汉事。所记较范书为翔实。

骥案：《史通》所叙，较《汉书·叙传》及《后汉书》本传为详明可稽。又可以《东观记》补《汉书》之缺。余故取之。固之所述，太初以上，取自《史记》，悉录原文，略易字句而已。太初以下，采取父作六十五篇，当亦少有改易。试以《司马迁传赞》例之，彦和已指为叔皮之论。此外所采，亦必未尽著明。且如向、歆父子及冯商、扬雄之徒所续，亦必间有采获。然彦和所谓"因循前业"者，仍指采取父作一端而言。又其钞取《史记》，适当全书之半，故曰"观司马迁之辞，思实过半"，亦犹《易系传》"知者观其《象辞》则思过半矣"之义也。

《汉书》十志，视《史记》为博赡整齐。地理、食货、刑法、艺文四志，尤为创作。《百官公卿表》为《续书·百官志》所因，亦为志之变体。东京之末，蔡邕尝撰《汉记》、《十意》，今所传《续汉》八志，多与《前志》相接。范晔既撰《后汉》纪传，又欲别撰十志，《前汉》所有者悉令备。尝曰："班氏后赞，于理近无所得，唯志可推耳，博赡不可及之。"其见重于前代者如此。故论正史书志，《汉书》为甲，《史记》尚有可议，况下于此者乎？《史通·论赞篇》之称班固曰："孟坚辞惟温雅，理多惬当，其尤美者，有典诰之风，翩翩奕奕，良可咏也。"其说与蔚宗异。盖蔚宗盛称自撰之赞"为文之杰思，殆无一字空设"，故于班赞有贬词焉。又自称："杂传论及循吏以下及六夷诸序论，以为笔势纵放，实天下之奇作，比方班氏所作，非但不愧之而已。"今考彦和于班氏十志，则称为"该富"，赞序则称为"弘丽"，又以"彬彬儒雅，信有遗味"兼称十志及赞序，其推许之深，倾服之至，又加于蔚宗一等。信乎其为杰作也。

至于宗经矩圣之典，端绪丰赡之功，遗亲攘美之罪，征贿鬻笔之愆，公理辨之究矣。

〔注〕《史记》必称父谈太史公。《汉书》多踵彪所作《后传》，而曾

不及之。《陈寿传》："丁仪、丁廙有盛名于魏。寿谓其子曰：可觅千斛米见与，当为尊公作佳传。丁不与之，竟不为立传。"《后汉书》：仲长统字公理，著论曰《昌言》，略曰："数子之言，当世得失皆究矣，然多谬通方之训，好申一隅之说。"

[疏证]　黻案：《后汉书·仲长统传》："著论名曰《昌言》，凡三十四篇，十余万言。"传中录三篇：曰理乱，曰损益，曰法诫。又《群书治要》载九篇，而多所节删。《意林》中亦录《昌言》多条，皆无论及《汉书》之语。盖原书久佚，而公理所辨究者，应在所亡三十一篇之中也。然其所论亦非不可考见。其一"遗亲攘美"。考班固所撰《汉书·叙传》，叙父彪事，无一语及作《史记后传》。乃曰："史臣追述功德，私作本纪，编于百王之末，厕于秦项之列，太初以后，阙而不录。故探纂前记，缀辑所闻，以述《汉书》。"详此，则太初以前出于司马迁，太初以后则固缀辑所闻而自为之纂述也。微《后汉书》彪传所载，则后人何从而知彪曾作《史记后传》？微《史通·正史篇》所载，何从而知所撰至于六十五篇之多乎？所谓遗亲攘美，盖即指此。又考郑樵《通志序》，曾攻班固之失，略曰："自高祖至武帝，凡六世之前，尽窃迁书，不以为惭。自昭帝至平帝凡六世，资于贾逵、刘歆，不以为耻。况又有曹大家终篇。则固之自为书也几希。"又曰："司马谈有其书，而司马迁能成其父志。班彪有其业，而班固不能读父之书。固为彪之子，既不能保其身，又不能传其业，又不能教其子，为人如此，安在乎言为天下法。"详樵所论，只言上窃迁书，下窃贾、刘，虽有攘美之病，而未尝发其遗亲之覆。然樵又曰："善学司马迁者，莫如班彪，其书不可得而见，所可见者，元、成二帝赞耳。"

黻案：《元帝纪赞》云："臣外祖兄弟，为元帝侍中，语臣曰"云云。《成帝纪赞》云："臣之姑充后宫婕妤，父子兄弟侍帷幄，数为臣言"云云。注引应劭曰："元、成帝纪皆班固父彪所作，臣则彪自说也。"此为樵说所本。固尝于传赞中数引"司徒掾班彪曰"云云，一见《韦贤传》，二见《翟方进传》，三见《元后传》。审此，则樵所说，尚有未尽。又《韦贤传》注云："《汉书》诸赞，皆固所为。其有叔皮先论述者，固亦具显示后人。而或谓固窃盗父名，观此可以免矣。"盖《四库提要》据引及此，可证师古作注以前，已早有人讥固"遗亲攘美"，故公理及彦和皆以此为言也。又

《颜氏家训·文章篇》亦云班固盗窃父史。案作《家训》之颜之推,为师古之祖,是则颜注所云"窃盗父名"一语,或指之推,未能详也。

其二为"征贿鬻笔"。案《史通·曲笔篇》云:"亦有事每凭虚,词多乌有。或假人之美,藉为私惠;或诬人之恶,持报己仇。若(中略)班固受金而始书,陈寿借米而方传,此又记言之奸贼,载笔之凶人。"审此,可为班固"征贿鬻笔"之证。然先于子玄,尚有柳虬已论及此。《周书·柳虬传》,虬上疏言:"古者立史官,非但书事,所以为监诫也。汉魏以还,密为记注,无益当时。纵能直笔,人莫之知。何止物生横议,亦且异端互起。故班固致受金之名,陈寿有求米之论。"是知孟坚求金之谤,传说已久,而公理亦复及之。惟范书本传仅言有人告固私改作国史,系京兆狱,无一语及求金事。意公理别有所据。又《唐书·文艺传》:"刘允济工文辞,与王勃齐名,为著作佐郎,修国史。尝曰:史官善恶,必使骄主贼臣惧,此权顾轻哉!而班生受金,陈寿求米,仆乃视如浮云耳。"王应麟《困学纪闻》(十四)本之,乃云:"刘允济曰:班生受金,陈寿求米。"又自注云:"受金事未详。"不知公理初论之,彦和再论之,柳虬三论之,至允济而四焉。王氏既举一而遗三,且知后而忘前,不得谓为博洽也。愚谓柳虬之世,公理《昌言》未佚,故本其所论"征贿鬻笔"之愆,而有班生受金之论。允济又本之柳虬,子玄更本之允济。柳虬既兼及陈寿求米事,故二刘皆以班、陈对举,其本末盖可考也。

至公理所论"宗经矩圣之典,端绪丰赡之功",虽难考见,亦可推寻。《汉书·叙传》之末节有"纬六经,缀道纲,总百氏,赞篇章"之语,非所谓"宗经矩圣"乎?又有"准天地,统阴阳","穷人理,该万方","函雅故,通古今"之语,非所谓"端绪丰赡"乎?又华峤之评《汉书》曰:"固之叙事,不激诡,不抑抗,赡而不秽,详而有体。"愚案:非"宗经矩圣",何以能"不激诡,不抑抗";非"端绪丰赡",何以能"赡而不秽,详而有体"。盖公理所论,先阐其长,后张其短,二者兼举,两不相妨。"宗经矩圣,端绪丰赡",举其长也;"遗亲攘美,征贿鬻笔",举其短也。阎若璩云:"公理辨之究矣。辨之究,犹上文论之详,非辨其诬也。"所论甚允。

若如师古所论,固屡引父论以入赞,不得谓之窃盗。因谓公理所辨,为辨人言之妄,则又非也。或谓世官世业,父子相续,自名一家。

谈、迁父子，皆称太史公，彪、固亦然。故元、成二帝纪赞，不著叔皮之名。颜注《汉书》，多取其叔父游秦之说，《叙例》亦不著其名字，古今固为一例。愚谓其说虽是而未允也。固作《叙传》，自述家世，以效太史公之《自序》。其叙父彪言行，无异为彪作传。奈何于其精心结撰之《史记后传》，曾无一语及之？且篇名《叙传》，为述撰书之本末而作，太初以后，又多本之父著，此为极重要之纪事，以子述父，乃置而不言，谓非遗亲攘美，其谁敢信？且既于本纪不著彪名以明世业，何为于传赞中又三见彪名以自乱其例？师古不举游秦之名亦有攘美之嫌，不得援古人世官世业之说以自饰。况固遗亲之咎，大非师古之比乎？余附发此义，以见公理立论之允，不得谓为其解辨，以失古人之旨。

黄注引《陈寿传》以证"征贿鬻笔"，然公理所论者，班固也。且公理生在寿先，何由知其求米？柳虬以来，始以受金求米并言。兹为以后证前，以乙证甲，注不应经，是为一失。

黄注引《仲长统传》，且附以略曰云云。案《后书》统与王充、王符同传，而合论于后曰："数子之言当世失得皆究矣，然多谬通方之训，好申一隅之说。"所谓数子，指二王与统也。今取以释《昌言》，可谓语不衷本，是为二失。黄注之失，类此者多，不暇悉举。

观夫《左氏》缀事，附经间出，于文为约，而氏族难明。及史迁各传，人始区详而易览，述者宗焉。

[疏证] 黻案：综论古今之史，其别有四：有以年为主者，始于《春秋》及《左氏传》，继以《汉纪》，而大成于《通鉴》；有以人为主者，创于《史记》，而定于《汉书》，厥后诸史，遵而弗改；有以事为主者，《尚书》有《金縢》、《顾命》以肇其端，而终以确定其体者，则《通鉴纪事本末》也；有以地为主者，启于《国语》、《国策》，以国别为史，继以《华阳国志》，大成于各省县之方志。然以事以地为主之史，发生较晚；而以年为主者，发生最早；以人为主者次之。本文所论，则以年为主及以人为主之史二者之比较也。《左传》为释经而作，亦为《春秋》之羽翼，故"或先经以始事，或后经以终义，或依经以辨理，或错经以合异"。然无论先经后经，依经错经，其为附经缀事，论者皆无异议。以其附经缀事，语有断限，故曰

"于文为约"。

然《左传》记事,以年为次,日月先后,秩然可寻。若事属于一人,则分见于各年之下,散述于诸事之中,漫无统纪,寻绎为难。且如晋国诸臣,如司空季子,亦名胥臣,一名曰季;如阴饴甥,一名瑕吕饴甥,一名吕甥子金,一名瑕甥;如赵衰,一名子余,一名赵成子,一名成季,一名孟子余,一名原大夫;如怀嬴,一名嬴女,一名辰嬴。若斯之类,殊难殚举。非览杜注,几无以知之。其于氏族,诚哉其"难明"也。

《史记》一书,亦非专主记人。八书所叙,各明一事,实近于纪事本末。本纪记年,亦兼记人记事。表以佐纪传之不及。惟列传以记人为主,凡属某一人之事,悉具其本传,兼详其姓氏里居,究其老死继嗣。其事兼二人以上者,则互有详略,以免重出。譬语草木,区以别矣。故曰"史迁各传,人始区而易览"。

然史以记事,亦兼以传人。记事者,史之职也,而人不过藉事以传。若曰吾记人焉耳。人之区别已明,何论其事之有无经纬。如是,则失史之职。故纪传之史,能明氏族,而于文为繁,仍不足为史之极则。兹寻彦和所论,仅指《史记》中列传一项而言耳。既未言纪,更遗书表,究不足以举纪传之史之全。纪以记年,书以记事,传以记人,合此三者,而年人事兼具。再益以国别史或地方志,则以地为主之旨亦具。是知子玄以纪传、编年对举,称为二体,犹不得谓为深衷理道。若曰纪传一体之史,以记人者为多为精,故举其大而遗其细,斯则然耳。

及孝惠委机,吕后摄政,班史立纪,违经失实。何则?庖牺以来,未闻女帝者也。汉运所值,难为后法。牝鸡无晨,武王首誓。妇无与国,齐桓著盟。宣后乱秦,吕氏危汉。岂唯政事难假,亦名号宜慎矣。

〔注〕《汉·外戚传》:"惠帝以戚夫人事,因病岁余,不能起,日饮为淫乐,不听政,七年而崩。乃立孝惠后宫子为帝,太后临朝称制。"立纪,《汉书·高后纪》第三。牝鸡,见《书·牧誓》。《穀梁传》葵邱之盟曰:"无使妇人与国事。"《匈奴列传》:"秦昭王时,义渠戎王与宣太后乱,有二子。"《高后纪》:"太后以惠帝无子,取后宫美人子名之,以为太子。

惠帝崩,太子立为皇帝,年幼,太后临朝称制。乃立兄子吕台、产、禄、台子通四人为王,封诸吕六人为列侯。四年夏,少帝自知非皇后子,出怨言。皇太后幽之永巷,立恒山王弘为皇帝。太后崩,禄、产谋作乱,悉捕诸吕皆斩之。大臣相与阴谋,以为少帝及三弟为王者,皆非孝惠子,复共诛之,尊立文帝。"

[疏证] 黻案:此段谓《汉书》不应为高后立纪也。范君文澜云:"委机,谓孝惠因吕后戮戚夫人,以忧疾不听政而崩。"其说甚是。至云吕后摄政,非谓因孝惠委机而摄政,乃谓孝惠既崩,吕后立后宫子为帝,而自临朝称制也。

《易·系辞传》以庖牺、神农、轩辕三氏相次。司马贞补《史记·三皇本纪》,以庖牺氏、女娲氏、神农氏为三皇,以下接《五帝本纪》之黄帝。司马贞曰:"女娲氏风姓,蛇身人首,有神圣之德。"郑玄《礼记·明堂位》注用《春秋纬》说,亦曰:"女娲,三皇承伏羲者。"由是言之,女娲乃以女娲为氏,非女身也。惟《说文》于"娲"字下云:"娲,古之神圣,女化万物者也。"依许氏则女娲氏为古女帝。然《说文句读》云:按女娲在大庭柏皇以前,亦古皇之号,非必妇人也。以故不为彦和所取,故曰:"庖牺以来,未闻女帝者也。"又《通典》(六十七)载:晋《庾翼答何充书》曰:"中古以上,未有母后临朝女主当阳者,乃起汉耳。"此语当彦和所本。

《书·牧誓》:"王曰:古人有言曰,牝鸡无晨。牝鸡之晨,惟家之索。"本文谓为"武王首誓"者,由此。

《穀梁传》:"僖公九年九月,诸侯盟于葵丘。曰:毋雍泉,毋讫籴,毋易树子,毋以妾为妻,毋使妇人与国事。"《孟子·告子篇下》曰:"五霸桓公为葵丘之会,诸侯束牲载书而不歃血。初命曰:诛不孝,无易树子,无以妾为妻。(中略)五命曰,无曲防,无遏籴,无有封而不告。"《孟子》不言"无使妇人与国事",盖有所遗。本文谓为"齐桓著盟"者,由此。

宣后为秦昭王母,事见《史记·匈奴列传》。传云:"秦昭王时,义渠戎王与宣太后乱,有二子。宣太后诈而杀义渠戎王于甘泉,遂起兵伐残义渠,于是秦有陇西、北地、上郡。"审此,则宣太后转因与戎王乱,得以开边强国,非宣太后能乱秦也。且所谓戎王与宣太后乱,乃淫乱之乱。彦和取与"吕氏危汉"对举,非其义矣。

《史记》于《高祖本纪》之下,继以《吕后本纪》,附孝惠七年之事于后纪,而不举其名。至《汉书》乃为孝惠立纪,继以高后,下接孝文,次第井然,无可议者。清官本《汉书考证》载齐召南曰:"《史记》于《高祖本纪》后,《孝文本纪》前,止作《吕后本纪》,以惠帝事附入,殊非体制。班氏列《惠帝纪》于《高后纪》之前,义理甚正。"其说是也。彦和訾"班史立纪,违经失实",然班实因马,彦和何为以马之咎加班?且"牝鸡无晨"、"妇无与国",古人垂为大戒,俾君人者厚为之防。若已临朝称制,为天下主,虽欲讳之,其焉可得?《汉书》不为高后立纪,则孝文与孝惠中隔八年之事,无所统纪。正史立本纪,以编年为主,书其大事,使有伦脊,非得已也。即如朱熹《纲目》,严正统闰统之辨,其于孝惠之后,未尝不以高后纪年。盖舍高后而取两少帝,则名不正言不顺也。旧新两《唐书》亦为武后立纪。武后废唐自立,建号改元,确为女帝,为国史所仅见。《纲目》摈之,改以被幽废之中宗纪年,称其年曰嗣圣。不悟史以纪事,事贵征实。时无唐号而寄以周事,名实乖舛,讵得谓合于史法乎?彦和以为女后立纪,不合古人"牝鸡无晨"、"妇无与国"之训。谓之"违经",固无不可,然不得谓之"失实"。嫌其"违经"而不为吕后立纪,则"失实"弥甚。二者盖不可得兼,且吕后临朝称制,孝惠所不能违,大臣所不能废,事实尤彰彰矣。史官秉笔为记,欲不违经,其何可得!彦和所论,未见其然。

彦和一则曰"汉运所值,难为后法",再则曰"岂惟政事难假,亦名号宜慎"。盖鉴于后世母后临朝,外戚擅权,为祸甚烈,欲假此以为戒。吕后称制,诚难法于后世。然所谓"政事难假,名号宜慎"者,乃君人者之事,亦且史官之所能预哉?黄注引《汉书·高后纪》:太后以惠帝无子,取后宫美人子名之,以为太子。语有节删,致成大谬。案原文作"太后立帝姊鲁元公主女为皇后,无子"云云。此所谓无子,谓皇后无子,非谓惠帝无子也。惠帝是否有子,说详下文。

张衡司史,而惑同迁、固。元帝王后,欲为立纪,谬亦甚矣。寻子弘虽伪,要当孝惠之嗣;孺子诚微,实继平帝之体。二子可纪,何有于二后哉?

〔注〕《张衡传》:"衡以为王莽本传,但应载篡事而已。至于编年月,纪灾祥,宜为《元后本纪》。"《吕后本纪》:"惠帝二年,常山王不疑薨,以其弟襄成侯山为常山王,更名义。孝惠崩,太子立为帝。太后以帝病久不已,不能继嗣,帝废位,立常山王义为帝,更名弘。"《王莽传》:"时元帝世绝,而宣帝曾孙有见王五人,莽恶其长大,曰:兄弟不得相为后。乃选玄孙中最幼广成侯子婴,年二岁,托以为卜相最吉,立之。"

〔疏证〕 黻案:此文乃彦和不主为吕后立纪,并斥张衡建议之谬也。张衡于安、顺二帝之世,两为太史令,尝疏请专事东观,收检遗文,毕力补缀。又条上司马迁、班固所叙与典籍不合者十余事。故彦和有"张衡司史"之言,以其欲为元后立纪,与《史》、《汉》之为吕后立纪同旨,故曰"惑同迁、固"。

黄注引《史记·吕后本纪》,中多舛误,应为正之。案《吕纪》云:"七年秋八月戊寅,孝惠帝崩。九月太子即位为帝。(吕后)元年四月,太后欲王诸吕,先立孝惠后宫子不疑为常山王,子山为襄成侯。后二年,常山王薨,以其弟襄成侯为常山王,更名义。宣平侯女为孝惠皇后,时无子,佯为有身,取美人子名之,杀其母,立所名子为太子。孝惠崩,太子立为帝。帝壮,或闻其母死,非真皇后子。乃出言曰:后安能杀吾母而名我。我未壮,壮即为变。太后闻而患之,恐其为乱,幽之永巷中。言帝病甚,左右莫得见。太后曰:今皇帝病久不已,乃失惑昏乱,不能继嗣,奉宗庙祭祀,不可属天下,其代之。群臣顿首奉诏。帝废位,太后幽杀之。五月丙辰,立常山王义为帝,更名曰弘"云云。试取此文对校黄注,其误自见。往者俞正燮尝作《汉少帝本孝惠子考》(见《癸巳存稿》十一),足为彦和张目。

详案马班二史,一则曰"孝惠后宫子",再则曰"非真皇后子",三则曰"所立太子乃美人子"。前后两少帝:前少帝失其名,为美人子,废后见杀。后少帝名弘,为后宫子。尚有其他诸王,亦为后宫子。太后既崩,诸吕被诛,诸大臣相与阴谋曰:"少帝及梁、淮阳、常山王,皆非真孝惠子也。吕后以计诈名他人子,杀其母,养后宫,令孝惠子之,立以为后,及诸王,以强吕氏。今皆已夷灭诸吕,而置所立,即长用事,吾属无类也。"及孝文入宫之夜,诛灭少帝及梁、淮阳、常山王,而所名孝惠子皆死。此事本末可考见者如此。寻前少帝为孝惠在日所立，亦为张后所子，如果来历不明，孝惠讵能轻许？若后少帝及诸王，则来历不必尽明。诸大臣谓后少帝及诸王皆非真孝惠子，语或可信。彦和谓"子弘虽伪，要当孝惠之嗣"，此语恐未必然。

又案《汉书·王莽传》：居摄元年三月，立宣帝玄孙婴为皇太子，号曰孺子，而莽居摄，为假皇帝。此即莽鸩平帝之翌年也。婴为宣帝玄孙，血胤甚明，人所共见，不同两少帝之暧昧。且既立为皇太子，诚足以继平帝之体。然王莽居摄之日，孺子实未为君，用以纪年，亦乖史实。故《通鉴》于平帝被弑之翌岁，即用王莽纪年，以存其实。即《纲目》主存汉统，曾以孺子系年，然迨王莽即真，仍用新室之号。其不能长保汉号，以接更始、光武，又可知矣。张衡欲为元后立纪，以存汉统。不惟元后实未称制，难以上比吕后。且元后崩于王莽始建国五年，去莽之亡尚赊十年，将系何氏之号，以下接更始、光武乎？衡主立纪，其论实谬，然不能以例迁、固。寻彦和之论，盖信少帝为孝惠嗣子，可为立纪，以存汉统；而班固不取，故以失实诋之。不知为少帝立纪，尤悖于孺子。盖一则是非难定，一则血胤甚明也。要之，为高后立纪则是，为元后立纪则非。至子弘、子婴，皆无立纪必要。持此以折彦和之锋，庶得其平。所谓"二子可纪，何有于二后"者，岂得谓之达论哉？

本文"元帝王后"一语，别本作"元平二后"，意谓"帝王"二字与"平二"近似而讹。然《张衡传》明言宜为《元后本纪》，自不含平后在内，别本似不可从。

至于后汉纪传，发源东观。袁、张所制，偏驳不伦；薛、谢之作，疏谬少信；若司马彪之详实，华峤之准当，则其冠也。

〔注〕《东观汉记》一百四十三卷，起光武至灵帝。刘珍等撰。《后汉书》一百一卷，袁山松撰。《后汉南纪》五十八卷。《后汉记》一百卷，薛莹撰。《后汉书》一百三十卷，无帝纪，谢承撰。《司马彪传》："彪讨论众书，缀其所闻，起于世祖，终于孝献，编年二百，录世十二，通综上下，方贯庶事，为纪传凡八十篇，号曰《续汉书》。"《华峤传》："峤以《汉记》烦秽，慨然有改作之意，起于光武，终于孝献，为帝纪十二卷，皇后纪二卷，

十典十卷,传七十卷,及三谱、序传、目录,凡九十七卷。峤以皇后配天作合,前史作外戚传以继末编,非其义也;故易为皇后纪,以次帝纪。又改志为典,以有《尧典》故也。而改名《汉后书》,奏之。诏朝臣会议。时中书监荀勖、令和峤、太常张华、侍中王济,咸以峤文质事核,有迁、固之规,实录之风,藏之秘府。"

[疏证] 斀案:据《隋书·经籍志》及《旧唐书·艺文志》、《新唐书·艺文志》著录之后汉史,凡十三家。除袁宏、张潘二家之《后汉纪》为编年体外,其余十一家,皆纪传体也。十一家之书,以《东观记》居首。《史通·正史篇》纪载纂修《汉记》之始末最详,略谓:"明帝始诏班固等作《世祖本纪》,并撰功臣及新市、平林及公孙述事作列传、载记二十八篇。又诏史官刘珍、李尤杂作纪、表、名臣、节士、儒林、外戚诸传,起自建武,讫乎永初。事业垂竟,而珍、尤继卒。复命伏无忌、黄景作诸王、王子、功臣、恩泽侯表,南单于、西羌传,地理志。元嘉元年,复令边韶、崔寔、朱穆、曹寿杂作孝穆、崇二皇及顺烈皇后传,又增外戚传。寔、寿又与延笃杂作百官表、顺帝功臣、孙程等传,凡百十有四篇,号曰《汉记》。熹平中,马日磾、蔡邕、杨彪、卢植著作东观,接续纪传之可成者。而邕别作朝会、车服二志,后续成十志。会董卓作乱,史臣废弃,旧文散佚。及在许都,杨彪颇存注记。"撰述《汉记》之可考见者如此。

东观者,在洛阳南宫,为章、和二帝以后聚藏图籍之所,亦为修史者所取资。《宋书·百官志》所谓:"汉东京图籍在东观,故使名儒硕学著作东观,撰述国史。"亦《史通·史官篇》所谓"章、和以后,图籍盛于东观,凡撰《汉记》,相继在乎其中"是也。以在其中撰述《汉记》,故又谓之著作东观。观上文所述,《汉记》之体,一踵《汉书》,纪传志表,无一不备。彦和举其多者言之,故称曰"后汉纪传"。《后汉书》之作者,既有十一家之多,而以《汉记》居先,且皆由帝室命撰,接续而成,而为诸家之所本。故又曰"发源东观"也。

《汉记》之外,后汉史之作,尚有十家:一,吴谢承《后汉书》;二,晋薛莹《汉后记》;三,晋司马彪《续汉书》;四,晋华峤《汉后书》,五,晋谢沈《后汉书》;六,晋张莹《后汉南记》;七,晋袁山松《后汉书》。《东观汉记》有清代四库馆臣辑本二十四卷,差有条理。其余十家,惟范书具在。《续汉》八志，以并入范书而得存。刘、张、萧三氏之书，本末无考，此外则俱有辑本可考。彦和谓"袁、张所制，偏驳不伦"者，指袁山松《后汉书》、张莹《后汉南记》而言也。黄奭袁书辑本，谓其文多排叠，喜志灾祲，皆非史载所尚。彦和所谓"偏驳不伦"者，殆谓是欤？彦和又谓"薛、谢之作，疏谬少信"者，指谢承《后汉书》、薛莹《汉后记》而言也。谢承吴人，薛莹亦吴人，薛综之子，尝与韦曜等同修《吴书》，后入晋为散骑常侍，故《隋志》称为晋人。姚之骃《后汉书补逸》尝称："谢伟平之书，东汉第一良史也。"惟仅由逸文窥见厓略，未必衷于情实。之骃又论薛莹之书曰："读世祖及显宗二论，波屡云委，灏瀚苍郁，洵良史手。"然袁宏《后汉纪》称及谢承，而不及薛莹，岂以其书无可称道之故。彦和谓其"疏谬少信"，虽无可考，必非妄语。两书皆出吴人，传闻失实，在所不免。又晋人谢沈（一作忱），亦作《后汉书》，著录《隋志》，袁纪自序亦及之焉。知彦和所论，是沈非承，余以沈书不甚显，且承、莹皆吴人，故取而并言之也。

彦和盛称司马彪、华峤二氏之书，初非偶然。彪书八志具在，如郡国、百官二志，可与班书争烈，为有目所共见。天文、律历、五行诸志之功力，亦足以继武班书。所缺者，惟食货、艺文二志耳。华峤之书，已为荀勖、张华诸人所赏。其后范晔撰书，多采峤作。峤书易外戚为后纪，范即仍之，而《肃宗纪论》、《中兴二十八将传论》、《桓谭冯衍传论》、《袁安传论》、《刘赵淳于江刘周赵传序》、《班彪传论》，其文中之一部，章怀并注为峤之辞。《王允传论》，章怀漏注。以《三国·魏志·董卓传》注参校，知亦峤辞。又袁宏《后汉纪》引峤说凡三四见。由是可证华峤之书，极为范、袁二氏所重，而远出诸家之上也。案《晋书》本传谓永嘉丧乱，峤书存者五十余卷，《隋书》著录者则仅十七卷，盖当范晔之世，峤书已十不存一，几于零落殆尽，否则亦无事改作矣。又曰："为编年者四族，创纪传者五家，推其所长，华氏居最。"又于《二体篇》曰："班固、华峤，子长之流也。"又于《史官篇》云："若中朝之华峤、陈寿、陆机（等）并史官之尤美，著作之妙选也。"盖彦和以彪、峤并称，子玄尚不谓然，故一再称许华峤，且以为与子长、孟坚同俦。今取《续汉》八志观之，诚不愧为详实。再详范、袁二书所采华氏诸论，亦无惭于准当。彦和立论之允,亦可见矣。

然彦和之世,范晔《后汉书》已显,何无一语齿及?愚考其故,不外两端:一因范书多采华峤,兼及于司马彪,今日所见范书,渊雅可诵之处,大抵出自峤书。其栗密可征之典,又必出于司马。既举彪、峤,已笼括蔚宗之长在内,所谓举重略轻是也。二因蔚宗身被诛夷,名实俱殒,后世目为凶人,遂鄙视而不屑道。不惟彦和早持此见,即后来之子玄亦未能免此也。实则蔚宗成书在后,实有出蓝之喻。司马详实而未洁,华峤准当而多缺,蔚宗之书以准当而兼详实,观其盛自称誉,论者不嫌其夸。今与班书如日月并悬于中天,盖皎皎不可诬也。《史通》于《补注篇》曰:"范晔之删《后汉》也,简而且周,疏而不漏。"于《论赞篇》又以蔚宗与干宝、裴子野,并称为史家之善者。又于《序例篇》曰:"干宝、蔚宗理切而多功。"推挹不为不至。惟《序例篇》云:"峤言辞简质,叙致温雅,味其宗旨,亦孟坚之亚。爰洎范晔,始革其流,遗弃史才,矜衒文彩。后来所作,他皆若斯。"是则右华左范,甚属显然。然犹曰:"世传汉中兴史者,惟范、袁二家而已。"袁谓袁宏之《后汉纪》,盖当唐初,诸后汉史非佚则缺,唯此两家为备,故特标举之焉。

及魏代三雄,记传互出。《阳秋》、《魏略》之属,《江表》、《吴录》之类,或抗激难征,或疏略寡要。唯陈寿《三志》,文质辨洽,荀、张比之于迁、固,非妄誉也。

〔注〕 潘岳诗:"三雄鼎足。"注:"三雄,即三国之主。"《魏阳秋异同》八卷,孙寿著。《魏略》五十卷,鱼豢著。《虞溥传》:"溥撰《江表传》。卒后,子勃上于元帝,诏藏于秘书。"《吴录》三十卷,张勃撰。《陈寿传》:"寿撰魏吴蜀《三国志》,张华深善之。谓寿曰:当以《晋书》相付耳。"

〔疏证〕 献案:三国史撰者甚多,《隋志》著录者约二十余种。厥后陈寿荟萃以为《三国志》。本文所举四种,不过其厓略耳。黄注引潘岳诗,见《文选》二十四,题云为《贾谧作赠陆机》。所谓注,即李善注。

晋孙盛著《魏氏春秋》二十卷,见《晋书》本传及《隋志》。《史通·模拟篇》,有孙盛"魏晋二阳秋"之语,是知《魏氏春秋》,本名《魏阳秋》。晋简文帝太后名阿春,故晋人讳"春",改《春秋》为《阳秋》。本文所云《阳秋》,指《魏阳秋》而言也。黄注引《魏阳秋异同》者,《唐书·艺文志》著录《魏阳秋异同》八卷,孙寿撰。章宗源《隋书经籍志考证》,历举《三国志》裴注所引孙盛《异同杂语》多条,谓《唐志》之"孙寿"即"孙盛"之误。审此,则《魏阳秋异同》,别为一书,亦盛所撰。黄氏不知《魏阳秋》即《魏氏春秋》之异名,故仅举《异同》而遗本书。究以两书并举,乃为备也。

《隋志》著录《典略》八十九卷,魏郎中鱼豢撰。《旧唐志》著录《典略》五十卷,《魏略》三十八卷,皆鱼豢撰。《新唐志》则仅著录《魏略》五十卷。姚振宗《考证》谓:《隋志》合《典略》、《魏略》为一书,且多序录一卷,故为七十九卷。其说是也,今有辑本《魏略》可考。

虞溥《江表传》二卷,不见《隋志》。《唐志》入杂史。黄氏引《晋书》本传。而《三国·魏志·少帝纪》注亦云:鄱阳内史虞溥著《江表传》,粗有条贯。

《吴录》三十卷,著录《隋志》。《史记·伍子胥传》索隐:张勃晋人,吴鸿胪俨之子也,作《吴录》。

《三国志》裴注曾谓:"孙盛著书,多用《左氏》,以易旧文。后之学者,将何取信?"又云:"孙盛言诸所改易,非别有异闻,自以意制,多不如旧。"《史通·模拟篇》亦谓:"孙盛《魏晋二阳秋》,每书年首,必云某年春帝正月。夫年既编帝纪,而月又编帝名,以此拟《春秋》,所谓貌同心异也。"按此为《魏阳秋》之疏失之可考见者。《史通·题目篇》曰:"鱼豢、姚察著魏、梁二史,巨细毕载,芜累甚多,而俱榜之以略。"此又《魏略》之疏失之可考见者。《江表传》及《吴录》之疏失,则不可考。彦和"抗激难征"之论,似指《阳秋》;"疏略寡要"之论,似指《魏略》。以此两作,例彼二书,大略可知。

《晋书·陈寿传》云:"寿撰魏吴蜀《三国志》六十五篇,时人称其善叙事,有良史之才。夏侯湛时著《魏书》,见寿所作,便毁己书而罢。张华深善之,谓寿曰:当以《晋书》相付耳。其为时所重如此。"《华阳国志·后贤传》亦云:"吴平后,寿乃鸠合三国史,著魏吴蜀三书六十五篇,号《三国志》。中书监荀勖、令张华深爱之,以班固、史迁,不足方也。"案:彦和谓其"文质辨洽",荀、张比之于迁、固,即本之《华阳国志》。或以本传记:寿卒后,梁州大中正范頵表上其书,称其"辞多劝戒,明乎得失,有益风化"。乃谓本文所称"荀、张"应为"张、范"之误。良由未检《华阳国志》,而致有此猜测,其实非也。惟荀、张二氏常称华峤之书,文质事核,有迁、固之规,不应于寿同持此论。二者或有一误,然必咎在常璩,而与彦和无涉。精于考古者,当能辨之。

至于晋代之书,繁乎著作。陆机肇始而未备,王韶续末而不终,干宝述《纪》,以审正得序;孙盛《阳秋》,以约举为能。

〔注〕《晋书》:"元康二年诏:著作旧属中书令,秘书既典文籍,宜改为秘书,著作于是改隶秘书。著作郎一人,谓之大著作,专掌史任。"《晋纪》四卷,陆机撰。《王韶之传》:"韶之私撰《晋安帝阳秋》。及成,时人谓宜居史职,即除著作佐郎,使续后事。"《干宝传》:"宝字令升,王导荐之元帝,领国史。著《晋纪》,自宣帝讫于愍帝,凡二十卷。其书简略,直而能婉,咸称良史。"《孙盛传》:"盛字安国,累迁秘书监,著《晋阳秋》,词直而理正,咸称良史。"

〔补注〕 详案:《隋书·经籍志》:《晋纪》四卷,陆机撰。《晋纪》十卷,宋吴兴太守王韶之撰。《史通·正史篇》:晋史:"洛京时,陆机始撰《三祖纪》。晋江左史,自邓粲、孙盛、王韶之已下,相次继作。远则偏记两帝,近则唯叙八朝。"案:陆机止记宣、景、文三帝,是肇始未备也。《宋书·王韶之传》:"韶之私撰《晋安帝阳秋》成,时人谓宜居史职,即除著作佐郎,使续后事,讫义熙九年。"是续末而不终也。黄注俱未了悉。

〔疏证〕 斁案:明刊本"繁"字作"系"。校勘诸家多以"繁"为误字。愚谓此文有两释义:一谓晋代之书系乎著作者。晋代以著作郎、著作佐郎任修史之责,而著作郎又隶于秘书监,如王韶之、干宝、孙盛皆以良史见称,或任著作,或领国史,或迁秘书监,是其证也。一谓诸家所修之晋史甚繁。如唐修《晋书》以前,晋史有十八之多,本文未举者,有王隐、虞预、朱凤、谢沈四家之《晋书》,何法盛之《晋中兴书》,皆晋人之作也。其余诸家,则在刘宋以下。《文心》一书,当作于齐末梁初,如谢灵运、臧荣绪二家之《晋书》,当已出世。彦和置而不言,惧见忤于时贤也。然所举晋代作者,仅陆、王、干、孙四家,一如所举撰后汉史诸家之例,然不害其为作者之繁。由是言之,则今本"繁"字,亦未见其为必误为也。

　　陆、王二家之史，补注所释，最为章明，无待辞费。干、孙二氏之书，已为当代所称，本书《才略篇》亦云："孙盛、干宝，文盛为史，准的所拟，志乎典训；户牖虽异，而笔彩略同。"是二氏为彦和所盛称，可与本文互证。《史通》论之尤详，《二体篇》曰："干宝著书，盛誉邱明，而深抑子长，其义云：能以三十卷之约，囊括二百四十年之事，靡有遗也。"又《载言篇》曰："干宝议撰晋史，以为宜准邱明，其臣下委曲，仍为谱注。于时议者，莫不宗之。"按此所论，皆以彰干宝撰史之长也。又《采撰篇》曰："安国之述《阳秋》，梁、益旧事，访诸故老。夫以刍荛鄙说，列为竹帛正言，而欲与五经方驾，三志竟爽，斯亦难矣。"又《模拟篇》亦论及《晋阳秋》，已见前引。按此所论，又以明孙盛撰史之得失也。《文选》著录干氏《晋纪总论》，诚不愧文盛为史之誉。详观子玄所论，则"干宝述《纪》，以审正得序"，允矣。至"孙盛《阳秋》，以约举为能"，则无明征。惟二家之书皆有辑本可考，孙氏"以约举为能"，亦可约略得之。

　　按《春秋》经传，举例发凡。自《史》、《汉》以下，莫有准的。至邓粲《晋纪》，始立条例，又摆落汉魏，宪章殷周；虽湘川曲学，亦有心典谟。及安国立例，乃邓氏之规焉。

　　〔注〕《春秋序》："发凡以言例。"注："如隐公七年，凡诸侯同盟，于是称名之类，有五十条，皆以凡字发明类例。"《邓粲传》："荆州刺史桓冲请为别驾，粲以父骞有忠信言，而世无知者，乃著《元明纪》十篇。"邓粲，长沙人。

　　〔疏证〕　黻案：本篇前言"姬公定法"，即指《左传》五十凡而言。杜预所释，以《春秋》有新旧二例。传言凡者，是为旧例，其数五十，周公之所垂法也。传不言凡而比于凡者，是为新例，孔子之所补定也。无论杜预所释之为是为非，而《春秋》书法本于凡例，则显然可见。至其何者为凡，何者为例，则一由传发之。故彦和有"《春秋》经传，举例发凡"之语。盖《春秋》经传之凡例，即为吾国所创之史例。

　　《史记》有《自序》，《汉书》有《叙传》，而皆无凡例。《三国志》则并自序而无之。故曰"自《史》、《汉》以下，莫有准的"。《史通·序例篇》云：

"昔夫子修经,始发凡例。左氏立传,显其区域。科条一辨,彪炳可观。降及战国,迄乎有晋,年逾五百,史不乏才。虽其体屡变,而斯文终绝。"详其所论,亦本于彦和之旨以立言也。

《晋书·邓粲传》,粲不作璨,传云:"著《元明纪》。"盖所录者为东晋元、明二帝之事。《隋志》著录:邓粲《晋纪》十一卷。注云"讫明帝",可资互证。粲,长沙人,故彦和以"湘川曲学"呼之。

粲著《晋纪》,先立条例。而孙盛《晋阳秋》效之,故曰"安国立例,乃邓氏之规"。考晋宋人撰史之有例者,不止邓、孙二氏。《史通·序例篇》云:"唯令升先觉,远述邱明,重立凡例,勒成《晋纪》。邓、孙已下,遂蹑其踪。史例中兴,于斯为盛。"据此,则丘明而后,重立史例者,是惟干宝。故子玄以"史例中兴"称之。至邓、孙二氏之史例,乃为蹑踪干氏。彦和之语有误,故子玄特为正之。范晔《后汉书》、檀道鸾《续晋阳秋》皆有例,章怀注数举范例。故《序例篇》又曰:"必定其臧否,征其善恶。干宝、范晔,理切而多功;邓粲、道鸾,词烦而寡要。"于是邓史之例,又得一证。谓其"词烦寡要",则又不能无病。无怪乎彦和以"湘川曲学"称之也。

愚意:彦和所见诸晋史,惟邓、孙二氏有例,而邓氏在前,故以"始立条例"归之。《史》、《汉》、《三国》诸史皆无例,邓氏不此之从,故曰"摆落汉魏"。上法仲尼、丘明,重立史例,故曰"宪章殷周"。

上文黄注引《南史·檀超传》,谓与江淹掌史职,上表立条例。事在陈世,非彦和所能知。黄氏举之,以证本篇"条例踳落之失"一语,其谬实甚。

原夫载籍之作也,必贯乎百氏,被之千载,表征盛衰,殷鉴兴废。使一代之制,共日月而长存;王霸之迹,并天地而久大。

[疏证] 黻案:此言作史旨趣之所在也。载籍即谓史策。凡古之六经,汉魏以来之诸史,皆载籍也。史策所载,上综六艺,旁赅诸子,无所不包。故曰"贯乎百氏"。今之所以知古,后之所以观前,亦惟史策有此功用。故曰"被之千载"。史之所记,为往代盛衰兴废之事,非假记载,莫由征其盛衰。传之后世,更可鉴其兴废。《周礼》以详官

制，《仪礼》以述节文。兼《史》《汉》以下所立书志诸篇，皆所以详一代之制。《尚书》所载，皆王者之迹。《春秋》所载，皆霸者之迹。秦汉以下诸史所载，治世之迹近王，乱世之迹近霸。然何以欲述一代之制及王霸之迹？盖使之"共日月而长存，并天地而久大"耳。作史旨趣，不外是矣。

是以在汉之初，史职为盛。郡国文籍，先集太史之府。欲其详悉于体国（也）。必阅石室，启金匮，抽裂帛，检残竹，欲其博练于稽古也。

〔注〕《汉仪注》："太史公，武帝置。天下计书，先上太史，副上丞相。"《太史公自序》："迁为太史令，绅史记石室金匮之书。"

[疏证] 《史记·太史公自序》集解、《汉书·司马迁传》注皆引如淳曰："《汉仪注》：太史公，武帝置，位在丞相上。天下计书，先上太史公，副上丞相。序事如古《春秋》。迁死后，宣帝以其官为令，行太史公文书而已。"又《太史公自序》正义引《汉旧仪》云："太史公秩二千石，卒史皆秩二百石。"《御览·职官部》引《汉旧仪》云："承周史官，至武帝置太史公，司马迁父谈为太史。"

瀫案：《汉书·百官公卿表》奉常属官有太史令，而不详其职掌。《续汉书·百官志》云："太史令一人，六百石，掌天时星历，凡岁将终，奏新年历。凡国祭祀、丧娶之事，掌奏良日及时节禁忌。国有瑞应，掌记之。"《后书》所叙，为东京之制，或与西京不尽同。然《前书》何以不言有太史公。且太史令秩六百石，仅当于下大夫。故子长自云："常厕下大夫之列。"又曰："仆之先人，非有剖符丹书之功，文史星历，近乎卜祝之间。固主上之所戏弄，倡优畜之，流俗之所轻也。"如果谈、迁官太史公，位丞相上，比于三公，则不能以下大夫自称，更不能以倡优为喻。即如《汉旧仪》所说，实有太史公秩二千石之官，亦不得位于丞相之上。《汉书·律历志》及《儿宽传》，皆称迁为太史令，而不称公，即为汉无太史公一官之反证。司马贞《索隐》谓："迁尊其父故称公"，而斥"位丞相上"之语为谬，允矣。

周代谓官署簿书之正本为中，副本为贰。又登中于天府，藏贰于内史、司会、冢宰，前已论之。天府一名曰藏，老聃为守藏史，即典守天府之太史。孔子观书于周室，问礼于老聃。周室藏书之所为天府，问礼于老聃，即考论故事于史官也。汉承周制，仍以太史典藏计书，即官署簿书，可资保藏，以供修史之用者。其正本应上史官，故曰"天下计书，先上太史公"。其副本应送丞相府保存，亦用周代冢宰藏贰之制，故曰"副上丞相"。其本末盖可考也。

汉代太史令主掌星历，证以《前书·律历志》及《后书·百官志》，皆有明征。然前汉之制，似不尽同于后汉。迁以文史星历并言，是于星历之外，兼掌文史，犹用周代太史之法。不得以后疑前，迁以官太史令而修《史记》，后无其例，此由古今之制有不同也。彦和谓汉初"史职为盛，郡国文籍，先集太史之府"。证以上述，岂不然乎？

《史记·太史公自序》更有："秦焚灭《诗》、《书》，故明堂石室金匮玉版图籍散乱"之语。《索隐》曰："案石室金匮，皆国家藏书之处。"《墨子·天志中篇》云："书于竹帛，镂之金石。"《说文叙》云："著于竹帛谓之书。"段注："古者大事书之于册，小事简牍。古用竹木不用帛，用帛盖起于秦。秦时官狱职务繁，初有隶书以趋约易。始皇至以衡石量书决事，此非以缣素代竹木不可。"《后汉书·和熹皇后纪》云："故虽圣明，必书功于竹帛。"注："竹谓简册，帛谓缣素"又《蔡伦传》云："自古书契，多编以竹简。其用缣帛者，谓之为纸。缣贵而简重，并不便于人。伦乃造意，用树肤、麻头及敝布、鱼网以为纸。"综上所记，古书初用竹简，继以缣帛，后乃造纸以代竹帛。蔡伦以前之古书，不外竹帛两种。故曰"著于竹帛谓之书"。古籍密藏于石室金匮，须启辟而后能阅览。故曰："阅石室，启金匮。"书之最古者，其竹简必有残缺，其缣帛必有断裂，故曰："抽裂帛，检残竹"也。

《周礼·天官·大冢宰》有"体国经野"之语。《尚书·尧典》亦以"曰若稽古"为起语。注家谓"体国"为"分国"，"稽古"为"考古"，"体国经野"为君相所有事。其事之炳著者，必著纪于史官。是惟史官乃能详悉于体国。"曰若稽古"以造典谟，而著之竹帛，掌于史官，故史官必假于竹帛，乃能博练于稽古也。

今本"体国"二字下，无"也"字，据《玉海》补。

是立义选言,宜依经以树则;劝戒与夺,必附圣以居宗。然后诠评昭整,苛滥不作矣。

〔注〕 谢承曰诠,陈寿曰评。

[疏证] 黻案:彦和论文,以《征圣》、《宗经》居首。撰史之旨,亦不外是。本篇谓"宗经矩圣之典",为公理所辨究之一事,当为彦和论史所本。此所谓经,为《春秋》之经;此所谓圣,为孔子之圣。孔子曰:"其义则丘窃取之矣。"是谓立义。太史公曰:"孔子作《春秋》,笔则笔,削则削,子夏之徒不能赞一辞。"《春秋》经孔子之笔削,而后谓之为选言。凡立义选言,皆应以《春秋》为极则,亦后来史家所取法。故曰"宜依经以树则"。《春秋》以褒贬示劝戒,即因褒贬而有所与夺。然非圣人不能得褒贬与夺之公,必取法孔子而后可。故曰"必附圣以居宗"。究而言之,依经附圣,为彦和素所持论。迨刘子玄出,以《疑古》、《惑经》名篇,始于《春秋》孔子有驳难之言。后人遂以为可骇,乃以删去此篇为快者矣。

"谢承曰诠,陈寿曰评"二语,出《史通·论赞篇》。黄注未注所出,应为补著之。彦和谓论史能依经附圣,然后诠评得当,否则不免于苛滥。盖持论苛则失之过,持论滥则失之宽。苛而过,滥而宽,皆不得谓之"诠评昭整"。

然纪传为式,编年缀事。

[疏证] 黻案:"纪传为式,编年缀事"二语,应为下二段之纲。此刘子玄撰《二体篇》之所本也。《史通·二体篇》云:"丘明传《春秋》,子长著《史记》,载笔之体,于斯备矣。后来继作,相与因循,假有改张,变其名目,区域有限,孰能逾此。"盖自后汉魏晋,以逮彦和,作者辈出,要不逾于纪传、编年二体。纪传一体,为撰史之正轨,班、陈以下,莫不因之。故彦和有"纪传为式"之言。编年一体,发生虽早,乃自有马班二史,降居次位。如因有两《汉书》而别有两《汉纪》,因有《晋书》而别有《晋纪》,因有《宋书》而别有《宋略》,皆其明证。然编年之史,重于纪事,而不必列传之多载文翰。故彦和又有"编年缀事"之论也。下文一言"总会",盖论编年;一言"诠配",盖论纪传。

文非泛论，按实而书。岁远则同异难密，事积则起讫易疏，斯固总会之为难也。

　　［疏证］　黻案：此节论编年之史之难于撰作也。编年之史，莫古于《春秋》。《春秋》循鲁史记事之法，造语至简，皆"按实而书"，故"文非泛论"。《左氏传》于记事外，间举凡以示例，或为"君子曰"以发其旨，是虽有泛论，曾不失"按实而书"之旨。刘子玄之论《左氏》曰："其书自宣、成以前，三纪而成一卷；至昭、襄以下，数年而占一篇。是知国阻隔者，记载不详；年浅近者，撰录多备。"（《烦省篇》）此非所谓"岁远则同异难密"乎？又曰："至于贤士贞女、高才俊德，事当冲要者，必盱衡而备言；迹在沈冥者，不枉道而详说。论其细也，则纤芥无遗；语其粗也，则丘山是弃。"（《二体篇》）此非所谓"事积则起讫易疏"者乎？子玄又谓："夫《春秋》者，系日月以为次，列时岁以相续。中国外夷，同年共世，莫不备载其事。形于目前，理尽一言，语无重出。"（《二体篇》）按此语实兼《左氏传》而言，亦即善于"总会"，而为编年史之冠冕者。厥后荀悦效《左氏》之体而撰《汉纪》，司马光更撰《通鉴》，记一千三百六十二年之事。年代愈长，总会愈难，细核其书，违失转少。将所谓"后来居上"者乎？

或有同归一事，而数人分功。两记则失于复重，偏举则病于不周。此又诠配之未易也。

　　［疏证］　黻案：此节论纪传之史之难于撰作也。纪传一体之史，莫先于《史记》，而《史记》之自相抵牾，亦最甚。子玄之论《史记》曰："若乃同为一事，分在数篇，断续相离，前后屡出。于《高纪》则云语在《项传》，于《项传》则云事具《高纪》。又编次同类，不求年月，后生而擢居首帙，先辈而抑归末章。遂使汉之贾谊，将楚屈原同列；鲁之曹沫，与燕荆轲并编。"此论诠配之难，最为昭晰。而其论旨，则本之彦和。盖记一事而涉数人，述一事而分见数传，欲其无所复重，免于不周，则属甚难，亦为纪传之史之所短。彦和故特表而出之，亦举重略轻之旨也。

故张衡摘史班之舛滥，傅玄讥后汉之尤烦，皆此类也。

　　〔注〕《张衡传》："衡条上司马迁、班固所叙，或典籍不合者十余

事。"《傅玄传》："玄虽显贵,而著述不废,撰论经国九流及三史故事,评断得失,各为区别,名为《傅子》。"

[**疏证**] 黻案:《后汉书·张衡传》注:"《衡集》其略曰:《易》称宓牺氏王天下。宓牺氏没,神农氏作。神农氏没,黄帝、尧、舜氏作。史迁独载五帝,不纪三皇,今宜并录。"又一事曰:"帝系,黄帝产青阳、昌意。《周书》曰'乃命少暤清',清即青阳也。今宜实定之。"此即衡所摘《史记》舛滥也。衡又以为:"王莽本传,但应载篡事而已。至于编年月,纪灾祥,宜为《元后本纪》。"此已具载前引黄注,即衡所摘《汉书》之舛滥也。衡又谓:"更始居位,人无异望,光武初为其将,然后即真。宜以更始之号,建于光武之初。"此又摘明、章以来所撰《汉记》之失,而与《史》、《汉》无与。

傅玄,晋初人。是时记后汉事,仅有《东观汉记》。而谢承之书,撰著较早,计尚未出。至司马彪、华峤二氏之书,虽撰于西晋,未必为玄所见。严可均《全晋文》辑《傅子》最备,无"讥后汉尤烦"之明文。《史通·核才篇》曰:"昔傅玄有云:观孟坚《汉书》,实命世奇作。及与陈宗、尹敏、杜抚、马严撰《中兴纪传》,其文曾不足观。岂拘于时?不然,何不类之甚也?是后刘珍、朱穆、卢植、杨彪之徒,又继而成之,岂亦各拘于时,而不得自尽乎?何其益陋也。"

案:班固及陈宗、尹敏等始撰《中兴纪传》,刘珍等续有所作,讫于灵帝,是为《东观汉记》。详《史通》所引傅玄之语。即本传所谓"撰论三史故事,评论得失"。其评论《东观汉记》之语,又殆所谓"讥后汉之尤烦"者也。魏晋时人,常以三史与五经对举。钱大昕《十驾斋养新录》"三史"条云:所谓三史,《史记》、《汉书》及《东观汉记》是也。惟未究言所本。徐坚《初学记》(二十一)史部史传第二下云:"世以《史记》、《汉书》及《东观汉记》为三史。"所释至为明晰。唐宋之世,《汉记》残缺,乃以范书代《汉记》而称三史。由是乃知傅玄所撰论之三史,自含《东观汉记》在内。彦和所云"讥后汉之尤烦",亦专指《汉记》而言。

若夫追述远代,代远多伪。公羊高云传闻异辞,荀况称录远略近。盖文疑则阙,贵信史也。

〔注〕《汉艺文志》:"《公羊传》十一卷。"注:"公羊子,齐人。师古曰:名高。"传曰:"所见异辞,所闻异辞,所传闻又异辞。"

［疏证］ 黻案:此言述远之史难于征信,应以阙疑为贵也。所闻异辞三语,《公羊传》凡三见:一见隐公元年公子益师卒下,一见桓公二年公会齐侯于稷以成宋乱下,一见哀公十四年结尾数语。何氏《解诂》云:"所见者,谓昭、定、哀,己与父时事也。所闻者,谓文、宣、成、襄,王父时事也。所传闻者,谓隐、桓、庄、闵、僖,高祖、曾祖时事也。"依何氏所诂,则知春秋十二公,二百四十二年之间,已分为三期:即第一期为传闻期,第二期为所闻期,第三期为所见期。所见期最详最确,然犹不免异辞,况为所闻期,或远而为传闻期乎? 盖去吾愈远,则异辞愈多,而愈难信。故彦和有"追述远代,代远多伪"之言也。

《荀子·非相篇》云:"传者久则论略,近则论详。略则举大,详则举小。愚者闻其略而不知其详,闻其详而不知其大也。"注:"略谓举其大,详谓周备也。唯圣人乃能以略知详,以小知大也。"审此,则史家略远详近之旨,荀子已阐发之矣。惟本文云"荀况称录远略近",义似相反。《史通·烦省篇》云:"昔荀卿有云'录远略近',则知史之详略不均,其为患者久矣。"其文亦同《文心》。今浦氏《通释》本,改为"远略近详",且曰:"《史通》此文,以涉《文心》而误。"理或然也。《韩诗外传》(三)亦引《荀子》之语,文有小异,曰:"夫传者,久则愈略,近则愈详。略则举大,详则举细。故愚者闻其大不知其细,闻其细不知其大。是以久而差。"由此以证"录远略近"一语,应有舛误。细审本文,所谓"录远略近",似为录远宜略之义。下文又云"录远而欲详其迹",正为录远应略之反义,否则前后之语意不合。如何尚待参证。

《论语》:"子曰:吾犹及史之阙文也。"《集解》引包曰:"古之良史,于书有疑则阙之。"此为本文"文疑则阙,贵信史也"二语所本。

然俗皆爱奇,莫顾实理,传闻而欲伟其事,录远而欲详其迹。于是弃同即异,穿凿傍说,旧史所无,我书则传。此讹滥之本源,而述远之巨蠹也。

［疏证］ 黻案:此言述远之讹滥,由于爱奇好异,且不能阙疑之所

致也。范君文澜云:"彦和此论,见解高绝。《史通·疑古》《惑经》诸篇所由本也。孔子修《春秋》,托始乎隐,以高祖以来,事尚可闻知也。《尚书》托始于尧舜,以尧舜为孔子所虚悬之理想人物。《竹书纪年》起夏禹,不必可信。司马迁撰《史记》,乃又远推五帝,作《五帝本纪》。张衡欲纪三皇,司马贞本其意补《三皇本纪》。宋胡宏撰《皇王大纪》,又复上起盘古。愈后出之史家,其所知乃愈多于前人。牵引附会,务欲以古复有古相高,信述远之巨蠹矣。"

愚谓:范君此议,非由自创,乃拾近人之牙慧,以同俗自媚于世,实则不必如此立论也。孔子因鲁史而修《春秋》,隐公以上,纪载不备,故托始于隐公。至于《尚书》,则节删古文旧记而成。尧舜是否为孔子理想人物,尚待研讨,特古文旧记之中已叙及尧舜,孔子以为可信,故删《书》断自唐虞。不得与修《春秋》相提并论也。司马迁以百家所记黄帝以前事,其言不雅驯,故作《史记》断自黄帝,态度亦极矜慎。惟司马贞作《三皇本纪》,诚为多事。且《尚书》与《春秋》,同裁定于孔子之手,何得谓后出史家所知愈多于前,彦和所谓"俗皆爱奇,莫顾实理"者,非指孔子与司马迁而言也。惟后人说古史者,实多荒诞不经之说。考彦和以前,流传乙部之书,如《纪年》、《古文瑣语》、《穆天子传》,皆出自汲冢,尚为古史之仅存者。又如《逸周书》、《山海经》,行世在汲冢古书之前。太史公且言及《山海经》,是汉代已有其书矣。至若来奥撰《帝王本纪》,环济撰《帝王略要》,刘滔撰《先圣本纪》,杨晔撰《华夷帝王纪》,韦昭撰《洞纪》,皇甫谧撰《帝王世纪》及《高士传》,吉文甫撰《十五代略》,周澍撰《洞历纪》,徐整撰《三五历纪》,孔衍撰《千年历》,陶宏景撰《帝王年历》,王子年撰《拾遗记》,葛洪撰《西京杂记》、《神仙传》,著录于隋唐二志者,林林总总,不可胜数。非失之"弃同即异",即不免"穿凿傍说"。且其所说,多不为《左传》、《国语》、《国策》、《史记》、《汉书》所载,故曰:"旧史所无,我书则传。"

寻彦和立论之旨,非概指远古之史而言,凡后代人追述前代史事者,皆谓之述远,以与下文"同时之枉"一节对举。例如《史记》所记秦汉以前事,则为述远,汉初迄太初事为述同时。刘珍等撰《东观汉记》为述同时,而范晔因《汉记》及诸家之作以撰《后汉书》,又为述往。《史记》述春秋以往之事最略，春秋战国时事差详，而记汉代事最详，甚符《荀子》远略近详之旨。然述古代事犹不免于好奇反经，则其他可知矣。本篇尚论诸史，于《左氏》则曰"氏族难明"，于《史记》则曰"爱奇反经"，于《后汉史》则曰"疏谬少信"，于《三国史》则曰"激抗难征"，皆以明述古讹滥之弊。依公羊氏述高祖以上事即为传闻，传闻则不免异其辞。依本篇所述，述前代事即为录远，录远则难于求详。凡"传闻而欲伟其事，录远而欲详其迹"者，皆讹滥之本源也。

至于记编同时，时同多诡。虽定、哀微辞，而世情利害。勋荣之家，虽庸夫而尽饰；迍败之士，虽令德而常嗤。理欲吹霜煦露，寒暑笔端。此又同时之枉，可为叹息者也。

〔注〕《史记》："孔子著《春秋》，隐、桓之间则章，至定、哀之际则微。谓其切当世之文，而罔褒忌讳之辞也。"

〔疏证〕 黻案：此言记近之枉，又不同于述远也。《公羊》定公元年传："定、哀多微辞。"《解诂》云："孔子畏时君，上以讳尊隆恩，下以避害容身，慎之至也。"《史记》用《公羊》家说，故曰："定、哀之际则微。"《史通·曲笔篇》发挥记近多枉之义最晰，其言曰："其有舞词弄札，饰非文过。若王隐、虞预，毁辱相凌；子野、休文，解纷相谢。用舍由乎臆说，威福行乎笔端。斯乃作者之丑行，人伦所同疾也。亦有事每凭虚，词多乌有。或假人之美，藉为私惠；或诬人之恶，持报己仇。（中略）此又记言之奸贼，载笔之凶人也。"又曰："至如朝廷贵臣，必父祖有传；考其行事，皆子孙所为。而访彼流俗，询诸故老，事有不同，言多爽实。"又曰："盖史之为用也，记功司过，彰善瘅恶，得失一朝，荣辱千载。苟违斯法，岂曰能官。但古来唯闻以直笔见诛，不闻以曲词获罪。故令史臣得爱憎由己，高下在心，进不惮于公宪，退无愧于私室，欲求实录，不亦难乎？"案子玄此论，实与彦和同符。昔者春秋之世，齐太史书"崔杼弑其君"，至于兄弟相继，虽死不恤，此为记编同时，颇存直笔之证。夫以孔子之圣，而于定、哀之世多微辞，有所褒讳贬损，不可以书见也。直笔难存，由是可知。大抵后世修史所资，王室则有记注实录，私家则有传状墓志。称颂功德，谀辞满纸。取此以事简裁，其为可信，宁复有几？若乃

"纣之不善,不如是之甚",子贡尝论之矣。周史已然,况后世乎?《后汉书》记更始南面而立,群臣羞愧流汗。以此反形光武为中兴令主。若斯之类,不谓之曲笔不得也。彦和云:"勋荣之家,虽庸夫而尽饰;迍败之士,虽令德而常嗤。"古今一揆,可为慨叹。

陈寿谓丁仪、丁廙之子曰:"可觅千斛米见与,当为尊公作佳传。"魏收之撰《魏书》,"性憎胜己,喜念旧恶。甲门盛德,与之有怨者,莫不被以丑言,没其善事。迁怒所及,毁及高曾。又以杨遵彦为北齐贵臣,势倾朝野,撰其家传甚美。由是世传其书,号为秽史。"夫陈寿有良史之目,魏收亦富于史才。一则以求米贻讥,一则以秽史见病。所谓"吹霜煦露,寒暑笔端",惟魏收一类人,足以当之。

述古易诬,记近易柱,其趋虽异,厥失惟均。彦和论史,慨乎言之,足以昭示准的矣。

"理欲"二字衍文,应删。

黄注所举《史记》,乃《匈奴传赞》语。

故述远则诬矫如彼,记近则回邪如此。析理居正,唯素臣乎。

〔注〕《春秋序》:"说者以仲尼自卫反鲁,修《春秋》,立素王,邱明为素臣。"

[疏证] 黻案:此数语为总结上文之辞。述远之弊为诬矫,记近之弊为回邪,皆与修史之旨无当。述远以讹滥为巨蠹,讹滥即诬矫也。记近以同时之柱为可叹,同时之柱即回邪也。诬矫、回邪,俱有不可。惟有出于"析理居正"之一途。

何谓析理?"贯乎百世,被之千载,表征盛衰,殷鉴兴废"是也。何谓居正?使"一代之制,共日月而长存;王霸之迹,并天地而久大"是也。必如《史记》之实录无隐,博雅宏辨,乃得谓之析理。又如《汉书》之宗经矩圣,端绪丰赡,乃得谓之居正。盖作史必能析理,而后述远不失于诬矫;必能居正,而后记近不至于回邪。彦和举"析理居正"四字,所以箴述古记近之失也。

素王、素臣之名,既见杜预《春秋序》,疏复为之说曰:"麟为帝王之瑞,故有素王之说。言孔子自以身为素王,故作《春秋》立素王之法。丘明自以身为素臣,故为素王作左氏之传。汉魏诸儒,皆为此说。"又曰:"素,空也。言无位而空王之也。"由此说推之,素臣之义,亦为无位而空臣。又杜预于"隐公元年春王正月"下注云:"凡人君即位,欲其体元以居正,故不言一年一月也。"审此,更知左丘明为素臣,而"体元居正",亦左氏作传之始义。盖彦和以左氏为史家之冠冕,故亟称之以示准。

明刊本"素臣"作"素心"。《御览》六百四引作"懿士心"三字。纪昀评云:"陶诗有'闻多素心人'句,所谓有心人也。"愚谓如作"素臣",则上下文义甚顺。否则费解。故不之从。

若乃尊贤隐讳,固尼父之圣旨。盖纤瑕不能玷瑜瑾也。奸慝惩戒,实良史之直笔。农夫见莠,其必锄也。若斯之科,亦万代一准焉。

[**疏证**] 《公羊》闵公元年传:"《春秋》为尊者讳,为亲者讳,为贤者讳。"尊谓君,亲谓父,贤谓贤士大夫。史贵直笔,而于君亲贤士大夫,例须为之隐讳。此为《春秋》之法。故以"尼父之圣旨"释之。

《左氏》宣公二年传:"太史书曰:赵盾弑其君。以示于朝。宣子曰:不然。对曰:子为正卿,亡不越境,反不讨贼,非子为谁。宣子曰:呜呼!我之怀矣,自贻伊戚。其我之谓矣。孔子曰:董狐,古之良史也,书法不隐。赵宣子,古之良大夫也,为法受恶。"按:此所谓良史之直笔也,而"惩戒奸慝"之旨存焉。《春秋》之情有五,而以惩恶劝善居其一。夫岂不以是哉?《史通·惑经篇》曰:"观夫子修《春秋》也,多为贤者讳。狄实灭卫,因桓耻而不书;河阳召王,成文美而称狩。斯则情兼向背,志怀彼我。岂不使为人君者靡惮宪章,虽玷白圭,无惭良史也乎?"又曰:"夫臣弑其君,子弑其父,凡在含识,皆知耻惧。苟欺而可免,则谁不愿然。且宦为正卿,反不讨贼。被以恶名,播诸来叶。嫉恶之情,岂其若是?"案:此为子玄于《春秋》之义所未喻之二事也。

愚谓《春秋》所书,皆因鲁策。狄灭卫而不书,当由桓耻而不赴。晋召王而书狩,亦因赴告以成文。为尊亲贤者讳,乃鲁史之成法,仲尼遵之而未尝改也。若乃赵盾亡不越境,反不讨贼,阴纵其弟弑君,情迹已甚显然。书于晋之太史,因以赴告于鲁,身膺千载恶名,更不关于孔子。

是则子玄所谓未喻，亦未见其必然也。

本篇尚论古史，于《左氏》外兼用《公羊》之说。以《春秋》为仲尼所笔削，而为"尊贤隐讳"，亦为"尼父之圣旨"。至书赵盾弑君，出本晋史，而《春秋》依用之。是则仲尼亦不愧为良史之直笔。前者如瑜瑾之有纤瑕，后者如农夫之锄稂莠，不惟修《春秋》应如此，凡《春秋》以下百代之史，皆应以是为准，故曰若斯之科，亦万代一准。

《孟子》曰："《春秋》成而乱臣贼子惧。"刘允济亦谓："史官善恶，必使骄主贼臣惧。"此为仲尼以来修史准绳之所在，谓为"万代一准"，谁曰不然。自迁、固以下，历代秉笔之士，多禀此旨以撰史。其于君上，则寓以隐恶扬善之旨；其于奸慝，则寄以惩恶劝善之法。作者以此自矜，读者以此怀惧。是知彦和所论，乃本情实以立言，非寄其空想于缣素也。

至于寻繁领杂之术，务信弃奇之要，明白头讫之序，品酌事例之条，晓其大纲，而众理可贯。

［疏证］　戢案：此文所举之四事，乃彦和所建立之修史总纲也。刘子玄曰："书事记言，出自当时之简；勒成删定，归于后来之笔。"郑樵亦云："有史有书。史者，官籍。书者，书生之所作也。"章学诚曰："三代以上，记注有成法，而撰述无定名。三代以下，撰述有定名，而记注无成法。"综此三氏之言，以今语释之，所谓当时之简，所谓官籍之史，所谓记注，皆史料也。所谓后来之笔，所谓书生所作之书，所谓撰述，皆史著也。周室所藏百二十国宝书为史料，而孔子所修之《春秋》为史著。汉代郡国所上之计书为史料，而司马迁所撰之《史记》为史著。此二者之辨也。

且夫修史之序，始以原料，继以长编，终以定本。司马光之修《通鉴》也，先由二刘一范，辑成长编，多于定本数倍。长编由整理原料而成，亦为定本之初步。是则长编不得谓之史料，亦不得谓之史著，实介乎史料、史著之间，鼎足而三焉。如依彦和之说，"寻烦领杂之术"，即搜集史料之谓也；"务信弃奇之要"，即整理史料之谓也；"明白头讫之序"，即辑成史著之谓也。初步征集之史料，是为原料；继而整理之史料，是为长编；最后集成之史著，是为定本。此为修史必经之序，彦和已备言之矣。

不特此也,修史尤贵有例,以立载笔之准。刘子玄曰:"国无法则上下靡定,史无例则是非莫准。"春秋各国史官,皆依王室所颁之例,以为载笔之准。唐宋以来,纂修国史,亦莫不先定凡例。古今一揆,盖已久矣。是则删成勒定之际,尤贵先立史例。此彦和所以又有"品酌事例之条"之说也。

再就上文所述,加以申明。"寻繁领杂之术",实为总会;"明白头讫之序",属于诠配。总会之后,必知"务信弃奇之要",乃能诠配之得当;诠配之际,必依"品酌事例之条",乃究总会之极功。四者缺一,又不可也。总上四事,实为修史之总纲。握定总纲以修史,则万殊归于一本,自可有条不紊。故曰"晓其大纲,则众理可贯"也。再案《史通》《采撰》、《探赜》、《补注》诸篇,皆以论"寻繁领杂之术";《浮辞》、《直笔》、《曲笔》、《模拟》诸篇,皆以论"务信弃奇之要";《断限》、《编次》、《叙事》、《序传》、《烦省》诸篇,皆以论"明白头讫之序";《六家》、《二体》、《本纪》、《世家》、《列传》、《表历》、《书志》、《论赞》、《序例》诸篇,皆以论"品酌事例之条"。范君文澜谓:"《史通》全书,皆推阐此四句之义。"岂不然哉!

然史之为任,乃弥纶一代,负海内之责,而赢是非之尤。秉笔荷担,莫此之劳。

[疏证] 馥案:此言修史之责重也。自班固断代为史,以撰《汉书》,后世仍之。故彦和谓修史之责,足以"弥纶一代"。董狐直笔,见称于仲尼;魏收秽史,受訾于当代;其"负海内之责,而赢是非之尤",又为何如?由此而知秉笔修史之士,其劳亦莫甚矣。盖上文言"晓其大纲,则众理可贯",是修史尚非难事。此文又言修史之责重,且足以酿生是非,而其劳亦可念。以明修史仍非易事,用以警惕作者。

迁、固通矣,而历诋后世。若任情失正,文其殆哉。

[疏证] 馥案:班彪《略论》谓:司马迁"议浅而不笃,其论术学,则崇黄老而薄五经;序货殖,则轻仁义而羞贫穷;道游侠,则贱守节而贵俗功。此其大敝伤道,所以遇极刑之咎也"。其子固作《司马迁传》,亦

用父说为赞,其文微异。曰:"序游侠,则退处士而进奸雄;述货殖,则崇势利而羞贱贫。此其所蔽也。"又《后汉书·班彪附子固传》论云:"彪、固讥迁,以为是非颇谬于圣人。然其议论,常排死节,否正直,而不叙杀身成仁之为美,则轻仁义、贱守节愈矣。固伤迁博物洽闻,不能以智免极刑。然亦身陷大戮,智及之而不能守之。呜呼!古人所以致论于目睫也。"章怀注以为华峤之辞。袁宏《后汉纪》作于范书之前,亦引此论,信矣。又《史通·书事篇》云:"傅玄之贬班固也,论国体,则饰主阙而折忠臣;叙世教,则贵取容而贱直节;述时务,则谨辞章而略事实。"此文盖出玄所撰《傅子》。以上皆彦和所谓后世历诋迁、固之辞也。

本文"任情失正"四字,对上文"析理居正"而言。惟不能析理者乃任情,不能居正者乃失正。文者,斯文也。"文其殆哉",即斯文将丧之旨也。迁、固通人,犹为后世所历诋。若下于此,而任情失正,则斯文有将丧之惧。以言修史,不亦远乎!彦和以慨叹作结,以明修史之非易事。

赞曰

[疏证]《史通·论赞篇》云:"《春秋左氏传》每有发论,假君子以称之。二传云公羊子、穀梁子。《史记》云太史公。而班固曰赞,荀悦曰论,《东观》曰序,谢承曰诠,陈寿曰评,王隐曰议,何法盛曰述,刘昫曰奏,袁宏、裴子野自显姓名,史官所撰通称史臣。其名万殊,其义一揆。必取便于时者,则总归论赞焉。"又云:"司马迁自序传后,历写诸篇,各叙其意。既而班固变为诗体,号之曰述。范晔改彼述名,呼之以赞。然固之总述,合在一篇,使其条贯有序,历然可阅。蔚宗《后书》,实同班氏,乃附本事,书于传末,篇目相离,断绝失次。而后生作者,不悟其非。夫每卷立论,其烦已多,而嗣论以赞,为黩弥甚。亦犹文士制碑,序终而续以铭曰;释氏演法,义尽而宣以偈言。苟撰史若斯,难与议夫简要者矣。"寻上所论,《史》、《汉》二书,皆于纪传之后,系论以发未尽之义。《汉书》名之曰赞,其实论也。《汉书》于《叙传》历叙诸篇之意旨,皆以四言韵语出之,号之为述。故《史通》谓其变为诗体。至范晔则改述称赞,分系于纪论传论之后。司马贞撰《史记索隐》,又为《史记》补撰述赞,分

系各篇之后，即师范书之法。今《文心雕龙》五十篇，各篇之后，皆系以赞，文用四言韵语，一如范书。语其来源，略如上述。

史肇轩黄，体备周孔。世历斯编，善恶偕总。腾褒裁贬，万古魂动。辞宗邱明，直归南董。

〔注〕 南董，齐南史氏，晋董狐。

〔疏证〕 黻案：此以赞语总括《史传篇》之全文也。本篇云"轩辕之世，史有仓颉"，是为"史肇轩黄"。又云："姬公定法"，夫子"因鲁史以修《春秋》"。周公立作史之凡，仲尼奠编年之体，是为"体备周孔"。本篇于《史》、《汉》以下，兼叙后汉、魏晋诸家之作，而惩恶劝善之旨以备，是为"世历斯编，善恶偕总"。又云"褒见一字，贵逾轩冕；贬在片言，诛深斧钺"，是为"腾褒裁贬，万古魂动"。史之直笔，应以南董为归；史之辞采，应以左氏为宗。南董之直笔，更于《春秋》见之。本篇曰："立义选言，宜依经以树则；劝戒与夺，必附圣以居宗。"此"直归南董"之注脚也。又曰："邱明同时，实得微言。乃原始要终，创为传体。实圣文之羽翮，记籍之冠冕。"此"辞宗邱明"之注脚也。

夫居今以裁古，《春秋》及《左氏传》是否为禹域史籍之冠冕，笔削之极则，尚有疑问。然居彦和之时，而造论史之篇，实未能脱去宗经征圣之见。以此相短，未见其可。《孟子》曰："孔子，圣之时者也。"《中庸》曰："君子而时中。"明乎"时中"之义，论古乃无谬误。余于彦和所论，谨以此旨释之。

董狐已见上文。《左氏》襄公二十五年传："（齐）太史书曰：'崔杼弑其君。'崔子杀之。其弟嗣书，而死者二人。其弟又书，乃舍之。南史氏闻太史尽死，执简以往。闻既书矣，乃还。"本文以南董皆能直笔，故并称之。

《南齐书·鱼腹侯子响传》：刘绘《为豫章王嶷乞收葬蛸子响表》云："积代用之为美，历史不以云非。"或谓此即"世历斯编"之义。愚案：此云历史，即历世之史之义，与今言历史之义不殊。

（《中国学报》1943年第1卷第2期、1944年第1卷第3期）

《史通》评论

何炳松

《史通》,唐彭城刘知幾撰。刘氏何人,具详《新唐书》刘知幾本传及《史通·自叙篇》。其作《史通》也,自谓:"尝以载削余暇,商榷史篇。下笔不休,遂盈筐箧。于是区分类聚,编而次之而已。"书凡二十卷,前十卷为内篇,凡三十六篇。后十卷为外篇,凡十三篇。共四十九篇。据原序旧注:"除所阙篇,凡八万三千三百五十二字。注五千四百九十八字。"间尝披诵其书,觉其瑕瑜互见,似远逊章学诚之《文史通义》。殆所谓"天下耳目无穷,一人聪明有限"欤?兹篇先述《史通》之内容,继述其重要之篇章,再综合刘氏重要之主张并评其得失。末学不敏,何敢轻谤前辈。凡所论列,无非略表不敢苟同之意云尔。

一 上篇述略

内篇一曰《六家》。详述《尚书》、《春秋》、《左传》、《国语》、《史记》、《汉书》六家之来历、内容,及后世仿六家之著作,并附以意见。

内篇二曰《二体》。即"邱明传《春秋》,子长著《史记》"是也。二体互有短长,不能偏废。《通释》案"六家举史体之大全,二体定史家之正用"云。

内篇三曰《载言》。略谓"言为《尚书》,事为《春秋》"。逮左氏为书,言事相兼,使读者寻绎不倦。《史》、《汉》以后,包举务博,交错分扰。故主张表志之外,更立一书。

内篇四曰《本纪》。先言"纪"字之意义为"纲纪庶品,网罗万物"。

本纪始于史迁,批其不当者二端。继评陈《志》、《晋书》、《魏书》等之未妥。

内篇五曰《世家》。先述世家之由来。史迁欲"抑彼诸侯,异乎天子",故称诸侯之纪曰世家。继评《史记》世家之未当者三点。谓《汉书》能矫正前非,《通史》能去其太甚。

内篇六曰《列传》。略谓纪传兴于《史》、《汉》。纪为编年,传为列事。《春秋》以传释经,《史》、《汉》以传释纪。继后批评《史》、《汉》以下列传之得失。叙述方法有二:或"一传兼书,包括令尽",或"寄在他篇,为其标冠"。后世史中之"附出",与古相同。

内篇七曰《表历》。主张史传废表。一因重复,一嫌无用。

内篇八曰《书志》。略谓马班书志为作者之渊海。自后命名编目,虽异实同。并主张天文、艺文可以不志。至于五行、古书灾祥,为其异闻,不言休咎。最后谓宜再立三志:即都邑、氏族、方物是也。

内篇九曰《论赞》。先述论赞之名异实同。邱明最得其义。史论之烦,萌于《史记》。私徇笔端,嘉辞美句,非史书之大体、载削之指归。

内篇第十曰《序例》。先述序例之意义及其源流,而加以批评。

内篇十一曰《题目》。略述史名之来历,并言纪书之有别。谓"名以定体,为实之宾。苟失其途,有乖至理"。又谓"旧史列传,题卷靡恒",或具出姓名,或唯书姓氏。刘氏以为篇帙可以不题,"何必开帙解带,便令昭然满目也"。

内篇十二曰《断限》。略谓书必"正其疆里,开其首端"。《汉书》以下,范围不明。已见他书,不宜重述。

内篇十三曰《编次》。略谓上古史书以年世为前后,"马迁始错综成篇,区分类聚"。继评《史》、《汉》以下诸史编次之得失。

内篇十四曰《称谓》。略谓"名之折中,君子所急"。夫子《春秋》为褒贬之大体,前修之楷式。马迁已降,讹谬相因。名讳所施,轻重莫等。

内篇十五曰《采撰》。略述《左传》、《史》、《汉》所本之材料,类皆当代雅言,事无邪僻。中世作者,其流日烦,朱紫不别,秽莫大焉。继言史料应慎加鉴别。讹言难信,传闻多失。"故作者恶道听途说之违理,街谈巷议之损实"。异辞疑事,学者宜善思之。

内篇十六曰《载文》。略谓"文之为用,远矣大矣"。文之将史,其流一焉。中叶以后,诡妄淫丽。魏晋以下,其失有五,即虚设、厚颜、假手、自戾、一概是也。"苟能拨浮华,采贞实,亦可使夫雕虫小技者,闻义而知徙矣"。

内篇十七曰《补注》。略谓注传同功,中古始名传曰注。再述儒宗经注、杂记、补阙、子注等之别。最后乃批评各史补注之得失。

内篇十八曰《因习》。略谓《传》称因俗,《易》贵随时。若事有贸迁,言无变革,岂非刻舟求剑。继复批评《史》、《汉》以下因习旧文之得失。

内篇十九曰《邑里》。略谓上古人物,邑里难详。《史记》凡有列传,先述本居。弛张并省,随时而载。晋后作者为人作传,其地每取旧号,施之于今。欲求实录,不亦难乎。

内篇二十曰《言语》。略谓"饰词专对,古之所重"。上古朴略,专简意深。周监二代,郁郁乎文。战国虎争,驰说云涌。汉魏已降,无足观焉。时人出言,史官入记。虽有润色,终不失真。足以验畎俗之递改,知岁时之不同。后世作者,通无远识。记当世语,追效昔人,伪修混沌,失彼天然,不其惑乎。故言无美恶,事必近真,庶几可与古人同居矣。

内篇二十一曰《浮词》。略谓枢机之发,亹亹不穷。"得失禀于片言,是非由于一句。谈何容易,可不慎欤"。"夫人有一言,史辞再三。……言之反覆,观者惑焉"。

内篇二十二曰《叙事》。略谓史之美者,叙事为先。文而不丽,质而非野。自汉已降,非复一家。求其善者,盖亦寡矣。又谓叙事工者,简要为主。其体有四,即才行、事迹、言语、赞论是也。凡此四者,皆不相须。兼而毕书,其费尤广。叙事之省,其流有二:一曰省句,二曰省字。省句为易,省字为难。洞识此心,始可言史。又谓繁词缛说,省字约文。晦之将显,优劣不同。当以"迹而不遗,俭而无阙"为贵。若夫文非文,史非史。是乌孙造室,杂以汉仪;刻鹄不成,反类于鹜者也。

内篇二十三曰《品藻》。略谓"方以类聚,物以群分"。自迁、固作传,品汇相从。或以年世迫促,或以人物寡鲜。求其具体必同,不可多得。

内篇二十四曰《直书》。略谓世途多险,实录难遇。烈士徇名,壮夫重气。宁为玉碎,不为瓦存。虽周身之防,有所不足。而遗芳余烈,人到于今称之。

内篇二十五曰《曲笔》。略谓事涉君亲,言多隐讳。虽直道不足,名教存焉。"其有舞词弄札,饰非文过",或"事每虚凭,词多乌有",皆记言奸贼,载笔凶人。

内篇二十六曰《鉴识》。略谓"识有通塞,神有晦明","欲求铨核得中,其唯千载一遇"。继评《史》、《汉》以下之得失。

内篇二十七曰《探赜》。略谓古之述者,岂徒然哉。苟失指归,即难传授。

内篇二十八曰《摸拟》。略谓"述者相效,自古而然"。摸拟之体,厥有二途。一曰貌同心异,一曰貌异心同。前者为下,后者为上。人皆好下不好上,盖鉴识不明,嗜爱多僻故也。

内篇二十九曰《书事》。略谓立典有五志,即达道义、彰法式、通古今、著功勋、表贤能是也。更广三科,即叙沿革、明罪恶、旌怪异是也。叙事之烦有四,即修写符瑞、常朝入化、虚衔备载、赘录世官是也。记事之体,在于简而且详,疏而不漏。"若烦则尽取,省则多捐。此乃忘折中之宜,失平均之理"。

内篇三十曰《人物》。略谓人有贤愚善恶,凡足示后,当见史册。并批评《尚书》、《春秋》、《史》、《汉》诸书记人之得失。

内篇三十一曰《核才》。略谓史才之难,其难甚矣。蔡邕、刘峻、徐陵、刘炫四人,各自谓长于著书,达于史体。然观侏儒一节,他事可知。自世重文藻,词宗丽淫。西省东观,必推文士。"遂使握管怀铅,多无铨综之识;连章累牍,罕逢微婉之言"。

内篇三十二曰《序传》。略谓自叙始于《离骚》,马叙不越《史记》之年,班叙包括过远。后来作者,从风而靡,多见其失矣。

内篇三十三曰《烦省》。略谓史之详略,各有不同。势使之然,难立标准。"故论史之烦省者,似当求其事有妄载,言有阙书,斯则可矣。必量世事之厚薄,限篇第以多少,理则不然"。

内篇三十四曰《杂述》。略谓偏记小说,由来尚矣。爰及近古,斯道渐烦。权而为论,其流有十,即偏记、小录、逸事、琐言、郡书、家史、别传、杂记、地理书、都邑簿是也。其间得失纷糅,善恶相兼。学者博闻,盖在择之而已。

内篇三十五曰《辨职》。略谓史之为务,厥途有三。或彰善贬恶,不避强御;或编次勒成,郁为不朽;或高才博学,名重一时。《春秋》、《史记》之修,不藉权势。近古每有撰述,必有大臣。凡所引进,皆非其才。是以深识之士,知其若斯,退居清静,杜门不出也。

内篇三十六曰《自叙》。详述其少年求学之经过,及著作《史通》之本意。并举四端,以自拟扬雄。

二　外篇述略

外篇一曰《史官建置》。略谓人之生也,皆图不朽之业,即书名竹帛是也。史官之作,肇自黄帝,备于周室,迄秦无改。汉武之世,置太史公。王莽改置柱下五史,东汉兰台之职,为著述之所,东观亦然。魏始置著作郎。齐梁二代又置修史学士。其他偏小僭伪诸国,如蜀、吴、伪汉等亦有史官。元魏初即有史臣。高齐及周,迄于隋氏,史官皆以大臣统领。至唐别置史馆。此外有起居注与女史二职。私人著史,兹不具详。夫为史之道,其流有二,即当时、后日是也。前者贵博闻实录,后者贵俊识通才。相须而成,其归一揆。

外篇二曰《古今正史》。略谓上古坟典所记,无得而称。孔子删为《尚书》。有今文、古文之别。孔子因鲁史记而作《春秋》。邱明恐失其真,故为之传。末世口说流行,故有公羊、穀梁、邹夹之传。魏晋之世,《左传》渐行,《公》、《穀》渐废。左氏并撰外传《国语》。楚汉之际,有《世本》、《战国策》。汉兴,陆贾作《楚汉春秋》。孝武之世,司马谈作史未就,子迁继作《史记》。其后刘向等相次撰续,犹名《史记》。建武中班彪作《后传》,子固以未尽一家,乃作《汉书》。荀悦《汉记》与记传并行。《汉记》残缺,至晋无成。至宋范晔作《后汉书》,先是晋袁宏著《后汉纪》,世言汉中兴史者,范、袁而已。晋陈寿集三国志撰为《国志》。宋文帝命裴松之兼采众书,补注其失。晋史有王铨父子之《晋书》,章句混漫。干宝之《晋记》,为时所称。宋何法盛撰《中兴书》,首尾该备。齐臧荣绪集二史合成一书。贞观中敕史官更加纂录，言晋史者竞从之。齐沈约成《宋书》，裴子野删为《宋略》。言宋史者裴、沈是尚。齐史先有江淹之志，沈约之纪。后有萧子显之史，吴均之春秋。梁史有沈约辈之百篇，何之元辈之梁典。陈姚察有志撰勒，其书未成。陈史初有顾野王辈之本纪，陆琼之续撰。姚察就加删改，荏苒不就。贞观初其子思廉奉诏撰成《梁》《陈》二书，今并行世。十六国史之作者，前赵有公师彧、和苞等，后赵有徐光、王兰、田融、郭仲产等。前燕有杜辅全。后燕有董统。南燕有王景晖。汉有常璩。前凉有索绥、刘庆、索晖、刘昞等。前秦有赵渊、吉翰、赵整、裴景仁等。后秦有马僧虔、姚和都等。夏有赵思群等。西凉、西秦，今并共传。后凉有段龟龙，北凉有宗钦。南凉有失名作者。北燕有韩显宗。魏崔鸿考核众家，除烦补阙，勒成《十六国春秋》。魏收等所撰《魏史》，世称秽史。言齐史者唯王劭及李德林父子二家。后周史有令狐德棻、岑文本之《周书》。隋史有颜师古与孔颖达之《隋书》。及魏徵、于志宁辈之《五代史志》。唐史有温大雅、房玄龄、许敬宗、长孙无忌等之著作。敬宗总统史任，所作纪传，多非实录。后有李仁实、牛凤及之著作。李书未竟厥功，牛著了无厘革。武后时刘知幾与朱敬则等撰《唐书》。自古史臣撰录，梗概如上。

外篇三曰《疑古》。略谓古代重言轻事，孔子删《书》，动皆隐讳。故评其疑事，以著于篇。疑《尚书》者七，疑《论语》者二，疑《汲冢书》者一。

外篇四曰《惑经》。略谓尺有所短，寸有所长。孔子虽圣，亦有得失。《春秋》之义，有所未谕者，计十二条。

外篇五曰《申左》。略谓《左氏》之义有三长：笔削发凡，皆得周典，一也；广包他国，每事皆详，二也；凡所采摭，实广闻见，三也。《公》、《榖》二传有五短：得诸传闻，异乎亲见，一也；语乃龃龉，文皆琐碎，二也；自我作故，无所准绳，三也；重述经文，无所发明，四也；奖进恶徒，疑误后学，五也。

外篇六曰《点烦》。本篇实为叙事尚简之实例。仿陶隐居、阮孝绪朱墨点名、丹笔写字之法，点古代传文之烦。计《家语》二条、《史记》十条、《汉书》一条、《新晋书》一条、《十六国春秋》一条。

外篇七、八、九三篇曰《杂说》上、中、下。杂评各史小疵。计《春秋》、《左传》、《公羊》各二条,《汲冢书》一条,《史记》八条,汉诸史十条,诸晋史六条,《宋略》一条,《后魏书》二条,北齐诸史三条,诸史六条,别传九条,杂识十条。

外篇十曰《〈汉书·五行志〉错误》。定为四科:一曰引书失宜,其流有四;二曰聚事乖理,其流有五;三曰释灾多滥,其流有八;四曰古学不精,其流有三。

外篇十一曰《〈五行志〉杂驳》,凡十五条。

外篇十二曰《暗惑》。略谓史传叙事,每有道理难凭,欺诬可见。然古来学者莫觉其非。爰依常识,驳难《史记》以下之诸作。计《史记》五条、《东观汉记》二条、《魏志》注一条、魏世诸小书一条、《晋阳秋》一条、《新晋书》二条。

外篇十三曰《忤时》,略述当时小人道长,仕于其间,忽忽不乐,乃上书求退史官。书中详言领局修史之五弊:一曰人多阁笔,二曰史材难集,三曰不能直书,四曰禀承牵制,五曰铨配无人。

三 各篇利害

吾人既悉《史通》之内容,兹再略论各篇之得失。内篇一《六家篇》、外篇二《古今正史篇》二篇,于中国史流及正史,叙述详明,一目可了。外篇一《史官建置篇》,详述古今史官沿革。读此三篇,于吾国古代史书史官之渊源,可知梗概。自古以来之史书,虽详《古今正史篇》,而瑜瑕未著,于是有内篇二《二体篇》、四《本纪篇》、五《世家篇》、六《列传篇》、七《表历篇》、八《书志篇》、九《论赞篇》、十《序例篇》、十一《题目篇》、十二《断限篇》、十三《编次篇》、十四《称谓篇》、十七《补注篇》、十八《因习篇》、十九《邑里篇》、二十六《识鉴篇》等篇,分门别类,加以评击,可资参阅。其他如外篇三《疑古篇》,四《惑经篇》,六《点烦篇》,七、八、九《杂说》三篇,十、十一《五行志》二篇,十二《暗惑篇》,大抵吹毛求疵,一字推敲。读之可见刘氏读书精博及其勤学之一斑。

正史之外有杂述。即内篇三十四所举者是也,其流有十,善恶相兼。刘氏视同史材,故曰学者博闻,盖在择之而已。

刘氏述古史虽有六家,而内篇二《二体篇》,总归二体。即编年、纪传是也。互有长短,不能偏废。故外篇二《古今正史篇》,详述历代古史时,均编年、纪传并举。

内篇十五《采撰篇》,详述古史所凭,及慎选之意。于抉择史料之态度,言之甚当。

内篇二十《言语篇》,全篇主张以当代文著当代史,与现代主张国语著书之意极合。刘氏此见,散见各篇,容后再述。

以上所举诸篇,即内篇一《六家篇》,外篇二《古今正史篇》,外篇一《史官建置篇》,内篇三十四《杂述篇》、二《二体篇》、十五《采撰篇》、二十《言语篇》,较为重要。

《史通》编次,有可并之篇,有琐碎之处。如内篇十三《编次篇》与二十三《品藻篇》可并。十六《载文篇》与三十一《核才篇》可并。二十一《浮词篇》、二十二《叙事篇》、二十九《书事篇》与外篇六《点烦篇》可并。内篇三十五《辨职篇》与外篇十三《忤时篇》可并。至如内篇十四《称谓篇》、十七《补注篇》、十八《因习篇》、十九《邑里篇》,外篇三《疑古篇》,外篇七、八、九《杂说》三篇,十一、十二《五行志》二篇,十二《暗惑篇》,琐碎拉杂,有同随笔。无关宏恉,有类簿书。

四 《史通》主见

吾人就《史通》所述,总其主见,得十二端。而以秉笔直书与应用当代文字二者为尤主要。兹先述其他各端,再详及之。

(一)史书可以无表。《表历篇》谓:"以表为文,用述时事。施彼谱牒,容或可取。载诸史传,未见其宜。"盖"文尚简要,语恶烦芜。何必款曲重沓,方称周备"?"且表次在篇第,编诸卷轴,得之不为益,失之不为损。……语其无用,可胜道哉"!唯"列国年表,或可存焉。……群雄错峙,各自年世。若申之于表,以统其时。则诸国分年,一时尽见"。

(二)天文、艺文可以不志。《书志篇》谓:"古之天犹今之天也,今之天即古之天也。必欲刊之国史,施于何代不可也。"至于"艺文一体,古今是同。详求厥义,未见其可。愚谓凡撰志者,宜除此篇"。

（三）篇幅不必命题。(《题目篇》)"窃以《周易》六爻,义存象内。《春秋》万国,事具传中。读者研寻,篇终自晓。何必开帙解带,便令昭然满目也。"

（四）文人不宜作史。谓:"树理者多以诡妄为本,饰辞者务以淫丽为宗。譬如女工之有绮縠,音乐之有郑、卫。""喻过其体,词没其义。繁华而失实,流宕而忘返。无裨劝奖,有长奸诈。"今之为史而载文也,"苟能拨浮华,采贞实,亦可使夫雕虫小技者,闻义而知徙矣"。(以上皆见《载文篇》)"自世重文藻,词宗丽淫。于是沮诵失路,灵均当轴。西省虚职,东观仁才。凡所拜授,必推文士。遂使握管怀铅,多无铨综之识;连章累牍,罕逢微婉之言。而举俗共以为能,当时莫之敢侮。"(《核才篇》)

（五）史评之无谓。"其有本无疑事,辄设论以裁之。此皆私徇笔端,苟衒文彩;嘉辞美句,寄诸简册。岂知史书之大体,载削之指归者哉。""夫以饰彼轻薄之句,而编为史籍之文。无异加粉黛于壮夫,服绮纨于高士者矣。""且欲观人之善恶,史之褒贬,盖无假于此也。"(《论赞篇》)

（六）叙事尚简。"夫人有一言,而史辞再三。良以好发芜音,不求说理。而言之反覆,观者惑焉。""词寡者出一言而已周,才芜者资数句而方浃。"(《浮词篇》)"夫国史之美者,以叙事为工。而叙事之工者,以简要为主。""骈枝尽去而尘垢都捐。华逝而实存,滓去而渖在。"(《叙事篇》)"纪事之体,欲简而且详,疏而不漏。"(《书事篇》)

以上六端,为刘氏消极之主张。兹再述其积极方面之主见。

（七）史书烦省,不必拘泥。"余以为近世芜累,诚则有诸。亦犹古今不同,势使之然也。""国阻隔者,纪载不详。年浅近者,撰录多备。""夫论史之烦省者,但当要其事有妄载,苦于榛芜。言有阙书,伤于简略,斯则可矣。必量世事之厚薄,限篇第以多少,理则不然。"(《烦省篇》)

（八）立志录言。"左氏为书,不尊古法。言之与事,同在传中。""迁、固篇名甚广,而言无独录。愚谓凡为史者,宜为表志之外,更立一书。"(《载言篇》)

（九）另立都邑、氏族、方物三志。(《书志》后论)

（十）史体有二,即编年、纪传是也。二者不可偏废。(《二体篇》)

以上十端,皆刘氏所主张而不甚重要者。史书无表,恐不尽然。近世章学诚制表读书,万季野《历代史表》,若网在纲,学者称道。天文、艺文,固可不志。然天文、艺文诸学之变迁,则不可以不志。篇幅无题,殊难索解。刘氏仅以《周易》、《春秋》为例,其殆尊孔申左太过之故与?文人不宜作史,刘氏言之极详,而苦于不知文史合一之弊。痛诋文学,宁得谓平。史评无谓,极为精当。史当烦省,诚不可拘。另立三志,仍属杂流,似非正史,未免添足。史体有二,未见其通,容再述焉。

兹再述刘氏最重要最切实之主张二端如后。

(十一)史贵直书。"美者因大美而美之,虽有其恶,不加毁也。恶者因其恶而恶之,虽有其美,不加誉也。"(《疑古篇》)"盖明镜之照物也,妍媸必露,不以毛嫱之面或有疵瑕,而寝其鉴也。虚空之传响也,清浊必闻,不以绵驹之歌时有误曲,而辍其应也。夫史官执简,宜类于斯。苟爱而知其丑,憎而知其善。善恶必书,斯为实录。""盖君子以博闻多识为工,良史以实录直书为贵。"若为其切当世之文,而罔褒讳之辞。斯则"危行言逊,吐刚茹柔。推避以求全,依违以免祸"。(以上皆见《惑经篇》)所谓直笔,"不掩恶,不虚美。书之有益于褒贬,不书无损于劝诫。但举其宏纲,存其大体而已。"(《杂说下》)"盖烈士徇名,壮夫重气。宁为兰摧玉折,不作瓦砾长存。……虽周身之防,有所不足。而遗芳余烈,人到于今称之。"(《直书篇》)

(十二)作史应用当代方言。"时人出言,史官入记。虽有讨论润色,终不失其梗概者也。夫《三传》之说既不习于《尚书》,两《汉》之词又多违于《战策》,足以验甿俗之递改,知岁时之不同。而后来作者,通无远识。记其当世口语,罕能从实而书。方复追效昔人,示其稽古。……伪修混沌,失彼天然。今古以之不纯,真伪由其相乱。""王、宋著书,叙元、高时事,抗词正笔,务存直道。方言世语,由此毕彰。""夫以枉饰虚言,都捐实事。便号以良直,师其模楷。是则董狐、南史,举目可求,班固、华峤,比肩皆是者矣。""天地长久,风俗无恒。后之视今,亦犹今之视昔。而作者皆怯书今语,勇效昔言,不其惑乎!""若事皆不谬,言必近真,庶几可与古人同居,何止得其糟粕而已。"(以上皆见《言语篇》)"古往今来,名目各异。区分壤隔,称谓不同。所以晋楚方言,齐鲁俗语,六经诸子,载之多矣。自汉已降,风俗屡迁。求诸史籍,差睹其事。"近古史籍,亦载俗称。"足以知甿俗之有殊,验风土之不类。自二京失守,四夷称制。夷夏相杂,音句尤媸。或务存隐讳,或志在文饰。遂使中国数百年内,其俗无得而言。"(《杂说中》)"夫以记宇文之言,而动遵经典,多依《史》、《汉》。此何异庄子述鲋鱼之对,而辩类苏、张;贾生叙鹏鸟之辞,而文同屈、宋。施于寓言则可,求诸实录则否矣。世称近世编语,唯周多美辞。夫以博采古文而聚成今说。是则俗之所传,有《鸡九锡》、《酒孝经》、《房中志》、《醉乡记》。或师范五经,或规模三史。虽文皆雅正,而事悉虚无。岂可便谓南董之才,宜居班马之职也。"(《杂说下》)

　　刘氏本极推崇孔子者,且生当唐代,尤不应出诋孔之言。乃因主张直笔之故,竟不惜有疑古惑经之论。有胆有识,斯之谓矣。其言曰:"鲁史之有《春秋》也,外为贤者,内为本国。事靡洪纤,动皆隐讳,斯乃周公之格言。然何必《春秋》,在于六经,亦皆如此。"(《疑古篇》)"观夫子修《春秋》也,多为贤者讳。……斯则情兼向背,志怀彼我。苟书法其如是也,岂不使为人君者靡惮宪章。虽玷白圭,无惭良史也乎。""国家事无大小,苟涉嫌疑,动称耻讳。厚诬来世,奚独多乎?"(以上皆见《惑经篇》)

　　此外刘氏对于作史之途径,除上述各种主张外,尚有当时后日二流之说,极其切实可行。现今整理国故之说,甚嚣尘上,而对于现代事迹,未尝注意及之。昧今博古,谓之陆沉;眼高手疏,岂称学者。间尝谓研究古史,固属要图,比次时事,亦属急务,与刘氏当时后日之说正同。刘氏之言曰:"夫史之为道,其流有二。何者?书事记言,出自当时之简;勒成删定,归于后来之笔。然则当时草创者,资乎博闻实录,若董狐、南史是也;后来经始者,贵乎俊识通才,若班固、陈寿是也。必论其事业,前后不同。然相须而成,其归一揆。"(《史官建置篇》)此论与章实斋撰述、记注之说相同,而刘氏特提出当时后日之别,尤觉清浅有味,可资实用。

五　刘氏成见

　　刘氏之主见略如上述。然刘氏生当唐代,受当时环境之束缚,难以自拔。言其著者,如刘氏虽诋孔而心实尊孔,故虽有疑古惑经之论,而《六家篇》则谓仲尼之修《春秋》也,"据行事,仍人道。就败以明罚,因兴以立功。……微婉其说,志晦其文。为不刊之言,著将来之法。故能弥历千载,而其书独行"。又谓《史记》以后所书之事,"皆言罕褒讳,事无黜陟。故马迁所谓整齐故事耳,安得比于《春秋》哉"。凡此论调,屡见不鲜。此刘氏所见未周者一。又如刘氏不信命运,而亦时信灾祥。例如《书志篇》之言曰:"然则天道辽远,禆灶焉知。日蚀不常,文伯所对。至于梓慎之占星象,赵达之明风角,单飏识魏祚于黄龙,董养征晋乱于苍鸟,斯皆肇彰先觉,取验将来。言必有中,语无虚发。苟志之竹帛,其谁曰不然。"此刘氏所见未周者二。

又刘氏曾为史臣,专执史笔,因"于时小人道长,纲纪日坏。仕于其间,忽忽不乐",遂详陈不可,上书求退。于是刘氏遂力诋领局修史之不当。其言曰:"昔鲁叟之修《春秋》也,不藉三桓之势;汉臣之著《史记》也,无假七贵之权。"又曰:"昔邱明之修传也,以避时难;子长之立记也,藏于名山;班固之成书也,出自家庭;陈寿之草志也,创于私室。然则古来贤俊,立言垂后,何必身居廨宇,迹参僚属,而后成其事乎?"(以上皆见《辨职篇》)

又刘氏对于魏收《魏书》,极致不满。《通释》谓:"公最不满收书,……然亦以托起敕改耳。"《古今正史篇》窃以为彼史曹虽"崇局峻宇,深附九重。……素餐之窟宅,尸禄之渊薮"。(《辨职篇》)然吾国国史纂修,世续罔替,史学观念,深中人心,不可谓非受领局修史之赐。吾人爱屋及乌,焉可因噎废食。

刘氏《史通》每有痛骂文人作史之辞,其言曰:"宣、僖善政,其美载于周诗;怀、襄不道,其恶存乎楚赋。读者不以吉甫、奚斯为谄,屈平、宋玉为谤者,何也?盖不虚美、不隐恶故也。是则文之将史,其流一焉。固可以方驾南、董,俱称良史者矣。爰洎中叶,文体大变。树理者多以诡妄为本,饰辞者务以淫丽为宗。譬如女工之有绮縠,音乐之有郑、卫。"又曰:"凡今之为史而载文也,苟能拨浮华,采贞实,亦可使夫雕虫小技者,闻义而知徙矣。"(以上皆见《载文篇》)又谓古昔文义,务却浮词,"言如阔略,文实周赡。故览之者初疑其易,而为之者方觉其难。固非雕虫小技所能斥苦其说也"。(《叙事篇》)刘氏骂文人修史,以《核才篇》最为痛快。"略观近代,有齿迹文章,而兼修史传。其为式也,罗含、谢客,宛为歌颂之文。萧绎、江淹,直成铭赞之序。温子昇尤工复语,卢思道雅好丽词。江总猖獗以沉迷,庾信轻薄而流宕。此其大较也。然向之数子所撰者,盖不过偏记杂说小卷短书而已,犹且乖滥踳驳,一至于斯。而况责之以刊勒一家,弥纶一代。使其始末圆备,表里无咎,盖亦难矣。但自世重文藻,词宗丽淫。于是沮诵失路,灵均当轴。每西省虚职,东观仵才。凡所拜授,必推文士。遂使握管怀铅,多无铨综之识。连章累牍,罕逢微婉之言。而举俗共以为能,当时莫之敢侮。""自梁室云季,雕虫道长。平头上尾,尤忌于时。对语俪辞,盛行于俗。始自江外,被于洛中。而史之载言,亦同于此。""然则文章小道,无足致嗤。""是知著述之功,其力大矣。岂与夫诗赋小技,校其优劣者哉。"(以上皆见《杂说下》)夫文人不定能作史,与史文不应视同文学,固是卓见。唯后世章学诚尝谓有文人之文,有史家之文。各自成家,各有其用。刘氏见不及此,文史不分,乃诋文学为"雕虫末技,无足致嗤",其亦不思之甚矣。唯刘氏在《核才篇》中之言曰:"昔尼父有言'文胜质则史'。盖史者当时之文也,然朴散淳销,时移世异。文之与史,较然异辙。"在《杂说下篇》中之言曰:"喉舌翰墨,其辞本异。而近世作者,撰彼口语,同诸笔文。斯皆以元瑜、孔璋之才,而处邱明、子长之任。文之与史,何相乱之甚乎!"凡此数语,稍露文史异辙之意,然不彻底也。刘彦和谓意翻空而易奇,言征实而难巧。又谓意授于思,言授于意。隐示文史不同之意。知幾之见,似不及此。

刘氏尝谓:"书事之法,其理宜明。使读者求一家之废兴,则前后相会。讨一人之出入,则始末可寻。"(《惑经篇》)凡兹数言,颇见通意。然详述六家,总归二体。叙述古今正史,编年、纪传并提。并谓各有短长,不宜偏废。刘氏殆以本纪仿自《春秋》,纪传仿自《左传》,尊孔申左,故遂奉为模范欤?后世郑樵《通志》,卓绝一时。《文史通义》,独崇通史。刘氏生当唐代,未见其通,又何异焉。

此外吹求所得,每见小疵。《表历篇》之言曰:"文尚简要,语恶烦芜。何必款曲重沓,方称周备。观马迁《史记》则不然矣。天子有本纪,诸侯有世家,公卿以下有列传,……而重列之以表。成其烦费,岂非谬乎?"而《杂说篇》则又谓:"观太史公之则表也,燕越万里,而径寸之内,犬牙可接。昭穆九代,而方寸之中,雁行有序。使读者举目可详。"又

《表历篇》之言曰："异哉,班氏之人表也!区别九品,网罗千载。论世则异时,语姓则他族。自可方以类聚,物以群分。使善恶相从,先后为次,何藉而为表乎?"而《品藻篇》则又谓:"班书《古今人表》,仰包亿载,旁贯百家。分之以三科,定之以九等。其言甚高,其义甚慊。"夫史书不表,刘氏言之极详。乃批评《史记》,前后不同;褒贬《汉书》,首尾互异。纵曰各篇主见,时有变迁。然而一之为甚,其可再乎。《探赜篇》谓《史记》列传,夷、齐居首,乃理之恒。而《人物篇》则又谓断以夷、齐,龌龊之至。后先相去,宁不太远。孔子言多隐讳,谓为名教存焉。后人文过饰非,则又目为凶人奸贼。是非厚薄,两未折衷。时谓"文之将史,其流一焉",又谓"文之与史,较然异辙"。异同一二,读之茫然。书称《史通》,名未副实。兹并举之,亦犹刘氏疑古惑经之遗意耳。崔东壁尝谓知几于秦汉之书,纪春秋之事,考之详而辨之精如是。至于虞夏商周之事,乃又采摭百家杂史之文而疑经者何哉?此言虽仅指一端,而《史通》之病,似全在此矣。

六 末学一得

《史通》内容,既如上述。善恶利害,读者自明,抑尤有感焉。近人有谓史迁《史记》,始重个人,异于古书,此为不朽。窃独以为不然。夫吾国史病,病在不通。不通之根,树在人物。后世本末、通史诸体之可贵,在于轻人重事耳。史迁重人,又何称焉?且自史重人物,作史者有曲直褒贬之空谈,史学界有焚稿杀身之惨祸。遂至一部二十四史,名为正史,仅同史材。垂训谬见,直传今日。几同伦理之书,初非切实之学。谓为史迁作俑,岂不然乎!读《史通》《编次》、《品藻》、《直书》、《曲笔》、《人物》诸篇,觉其词费,故并抒所感如右。

(《民铎》1925年第6卷第1号)

《资治通鉴》纂修始末

张芝联

一　缘　起

宋英宗治平三年(1066)四月十八日,命龙图阁直学士兼侍讲司马光编历代君臣事迹①,自辟官属,置局崇文院,许借龙图天章阁三馆图书秘籍,赐御府笔墨缯帛,及御前钱,以供果饵②。

初,温公蓄志重修通史,仁宗嘉祐(1056—1063)中,尝语筠州刘道原(恕)曰:"《春秋》以后,迄今千余年,《史记》至《五代史》一千五百卷,诸生历年莫能竟其篇第,毕世不暇举其大略,厌烦趋易,行将泯绝。予欲托始于周威烈王命韩魏赵为诸侯,下讫五代,因丘明编年之体,仿荀悦简要之文,网罗众说,成一家书。"③治平元年,已成《历年图》五卷,上之。其书起周威烈王二十三年(403B.C.),尽周世宗显德六年(959),"略举每年大事,编次为图,年为一行,六十行为一重,五十重为一卷,凡一千三百六十二年"④。《资治通鉴》之茎干具焉。未几,又上《通志》八卷⑤,起周威烈王二十三年,尽秦二世三年(207B.C.),以编年为体,略

---

① 李焘:《续资治通鉴长编》(浙江书局刊本,以下简称《长编》)。208/2b(上数指卷,下数指页,a指上页,b指下页,下仿此)。
② 司马光:《资治通鉴》《四部丛刊》末卷附《进资治通鉴表》。按:是《表》系范祖禹(淳甫)代草,见晁以道《晁氏客语》(《学海类编》)43a,《四部丛刊》《温国文正司马文集》(以下简称《文集》)未收。
③ 刘恕:《通鉴外纪》(《四部丛刊》,以下简称《外纪》)引3b。
④ 司马光:《稽古录》(《四部丛刊》)16/88a。按:《稽古录》分三部:第一部起伏羲氏,迄周威烈王二十二年,元祐元年上;第二部起周威烈王二十三年,迄周显德六年,治平元年上,即《历年图》;第三部起宋太祖建隆元年,迄英宗治平四年,神宗时上,即《国朝百官公卿表大事记》。
⑤ 进《通志》年代不详;顾栋高《司马温公年谱》(求恕斋,以下简称顾《谱》)系治平三年正月末。

述七国兴亡之迹；今《通鉴》周秦二《纪》是也。英宗悦其书，至是命续成之。公乃奏述其志趣，谓："自少以来，略涉群史，窃见纪传之体，文字繁多，虽以衡门专学之士，往往读之不能周浃，况于帝王日有万几，必欲遍知前世得失，诚为未易。窃不自揆，常欲上自战国，下至五代，正史之外，旁采他书；凡关国家之盛衰，系生民之休戚，善可为法，恶可为戒，帝王所宜知者，略依《左氏春秋传》体，为编年一书。"①其不起自获麟以后者，盖不敢续经耳。②

治平四年正月，英宗崩，神宗即位。闰三月，除公翰林学士，辞曰："臣累曾奏先帝，乞家便一官，亦蒙圣恩许候修书略成规矩，即除外任。无何，先帝奄弃天下，臣哀荒失图，未敢叙陈。近方欲具所修《前汉纪》三十卷，先次进呈，然后以私恳上干陛下圣听。不期忽有今兹恩命，诚非臣本心所愿。……伏望圣慈仍依旧职于晋绛或京西陕西路，除一知州差遣。"③不许。四月，改除御史中丞。九月，复除翰林学士兼侍读学士。十月，初开经筵，奉旨改名《通志》为《资治通鉴》进读。公又奏："其书卷帙尚少，须日逐接续编修；史籍烦多，恐难以应副禁林文字，乞免翰林学士一职，……只以侍读学士专治《资治通鉴》，如此则材器稍宜，职业无旷。"④其月九日，公初赴经筵，神宗面赐御书御制《序》一篇，令候书成写入，又赐颍邸旧书二千四百二卷。公乃读三家为诸侯《论》，神宗称美久之。嗣后随修随上，并时进读焉。⑤

熙宁三年(1070)二月，以公为副枢密使。时王安石已行新法，公与安石政见不合，上疏累争，且谓："果能行此(罢新法)，胜于用臣为两府。"⑥辞章凡九上，始收还敕诰。公自治平四年以后，累乞出除外任，至是以神宗大用安石，求去益力。九月，以端明殿学士出知永兴军，朝辞进封，犹乞免本路青苗助役。在职数月，迭言新法之害，不获报，知言

---

① 《长编》208/2b。
② 《外纪》、《引》4b。
③ 《文集》35/11a《第三上殿札子》。温公一生事迹，参阅顾《谱》。
④ 同上 38/10b《乞免翰林学士札子》。按原文"日逐接续编修"作"日近……"，兹改正。
⑤ 史载温公进读《通鉴》凡四处：熙宁元年六月乙卯，读苏秦约六国经事，据毕沅《续资治通鉴》(江苏书局刊本，以下简称《续通鉴》)66/2b，事见今《通鉴》卷二；二年十一月庚辰读汉萧何代曹参事，据同书 67/15a，事见今《通鉴》卷十二；三年四月甲申读贾山上疏，据《长编》210/17b，事见今《通鉴》卷十三；丙戌读张释之论啬夫利口，据同书 210/20a，事见今《通鉴》卷十四。
⑥ 《文集》42/2a《辞枢密副使第五札子》。

不用,遂乞判西京留司御史台。四年二月,诏知许州,辞,因请留台。四月,始得其请。五年,奏迁书局于洛阳。自是至元丰七年(1084)十一月书成,不预朝政①,居洛邑专力编修《通鉴》。其间六任崇福宫提举②,亦可见神宗之厚望温公,重视《通鉴》矣。

二　分　修

编修《资治通鉴》诏下,温公即奏荐"翁源县令广南西路经略安抚司勾当公事刘恕,将作监主簿赵君锡,皆习史学,为众所推,欲望特差二人与臣同修"。诏从之。其后君锡父丧不赴,命太常博士国子监直讲刘攽(贡父)代之③。熙宁三年六月,温公又乞差试校书郎前知龙水县范祖禹(淳甫)同修《资治通鉴》,许之④。据此则温公修《通鉴》得三人焉:二刘一范是也。三人各有所长,温公分期属之。然《通鉴》自起修迄成书,历时十九年有八月,温公累迁官,其出知永兴军也,未闻以书局自随。修书先在汴梁,继徙洛阳,而分任其事者,或以斥官,或为病困,或以后至,皆未能始终随公参预编修。故自宋以来,公私载籍,言诸子分修一事,鲜能得其真相。今试汇集众说,辨析异同,非敢吹求前贤,冀得史实而已。

《通鉴》之纂修也,先成长编,温公令刘、范诸子各择其长分董之。胡梅磵序《通鉴注》曰:"汉则刘攽,三国讫于南北朝则刘恕,唐则范祖禹,各因其所长属之;皆天下选也。"⑤分职自汉始者,缘汉以前八卷,温公已独力修成,治平中上之,即所谓《通志》也。《宋史·刘攽传》谓攽"博记能文章,尤邃史学,作《东汉刊误》,为人所称颂"⑥。贡父入书局年代不详,其代赵君锡之缺,不知始自何年。仅知其在局五年,后以忤新党王、吕,斥通判泰州⑦。贡父入局,如在治平三年,则通判泰州

---

① 熙宁七年四月十六日,又应诏言朝政阙失。据《长编》252/11b。顾《谱》6/13b系四月十八日。
② 元丰五年,将行官制,神宗谓辅臣曰:"御史大夫非司马光不可。蔡确进曰:国是方定,愿少迟之。王珪亦助确,乃已。"据《长编》350/8b—9a。
③ 《长编》208/12a。
④ 同上 212/12a。
⑤ 胡三省:《资治通鉴注》(商务)《序》2b。
⑥ 《宋史》(殿本)319/14b。
⑦ 《长编》350/8b。

必在熙宁三年,盖熙宁四年二月,放方通判泰州①。然则贡父在局,当起自治平三年四月以后,迄熙宁四年二月以前(1066—1071),殆不谬矣。

贡父专职汉史,《宋史》有明文②。晁以道记温公嗣子公休(康)之言,谓:"《史记》、《前后汉》,则刘贡父。"③添"史记"二字,不知《史记》以前,温公已自成之矣。然此尚属小疵,盖《史记》尚载汉事也。及全谢山作《通鉴分修诸子考》,乃疑胡梅磵之说,其言曰:"予读温公与淳甫帖子,始知梅磵之言不然,帖曰:'从唐高祖起兵,修长编,至哀帝禅位止。其起兵以前,禅位以后事,于今来所看书中见者,亦请令书吏别用草纸录出,……隋以前与贡父,梁以后与道原。'……观于是言,则贡父所修,盖自汉至隋,而道原任五代明矣。"④按谢山谓贡父修汉至隋一段,殊不尽然。夫贡父分职汉史,除温公此帖外,自来无异词。温公帖子,初见《通鉴释例》(一作《前例》)⑤,是书并非定本,乃"南渡后温公之从曾孙司马伋者搜得公与范梦得(即淳甫)论修书义例二帖,又与刘道原十一帖,编为《通鉴前例》刻之"⑥。温公与淳甫此帖,固非赝品,然其年代不详。以意度之,似作于熙宁三年六月以后,翌年二月以前。盖六月以前,淳甫尚未入局;翌年二月以后,贡父已通判泰州,不预史事⑦。予疑此帖为淳甫初入局时所作。其时分职粗定,而贡父旋即斥官,温公帖子所言,殆未能贯彻实行耳。至于三国至隋长编为道原所修,不特梅磵云然,即刘淳甫亦明言之(详后)。谢山欲以孤证夺旧文,其说殊难自圆。

---

① 同上 220/7b。
② 《宋史》319/14b。
③ 晁说之:《嵩山文集》(《四部丛刊》,以下简称《晁集》)17/39a《送王性之序》。按:晁以道传温公《潜虚》之学,于《通鉴》似未预闻,观其《题长编疑事》(《晁集》18/10a—11a)可知。此条得自援庵先生。
④ 全祖望:《鲒埼亭集》(《四部丛刊》,以下简称《鲒埼》)《外编》40/20a—21a《通鉴分修诸子考》。
⑤ 此《帖》今亦见于《传家集》卷六十三。
⑥ 王鸣盛:《十七史商榷》(《广雅丛书》100/3a)按:据陈振孙《直斋书录解题》(《武英殿聚珍版全书》,以下简称《解题》)4/23a《通鉴前例》有前例一卷,修书帖一卷,三十六条四图共一卷,今仅存十一例二帖。
⑦ 《长编》284/3a—3b 熙宁十年八月壬午载:"司封员外郎集贤校理权知曹州刘攽……为国史院编修官。既而御史蔡确言攽昔在馆书,掷帽为戏,不可任史职。……攽亦以久废笔砚为辞,乃换开封判官。"按:如依三年改任为准,则攽必于熙宁四年通判泰州,七年改知曹州,与前所推论不相抵触。又攽自言"久废笔砚",可证其不预修书有年矣。

《宋史·刘恕传》谓:"恕笃好史学,自太史公所记,下至周显德末,纪传之外,至私家杂说,无所不览。上下数千载间,巨微之事,如指诸掌。司马光编《资治通鉴》,英宗命自择馆阁英才共修之,光对曰:'馆阁文学之士诚多,至于专精史学,臣得而知者,唯刘恕耳!'即召为局僚,遇史事纷错难治者,辄以诿恕。恕于魏晋以后事,考证差谬,最为精详。……偕司马光游万安山,道旁有碑,读之,乃五代列将,人所不知名者,恕能言其行事始终,归验旧史,信然。"①王安石行新法,道原颇不以为然,面刺其过,至与安石绝。及温公知永兴军,道原亦以亲老求监南康军酒以就养,将即官修书。温公判西京御史台,后数年,道原奏请诣温公议修书事,留数日而归,俄得风疾,"每呻吟之隙,辄取书修之,病益笃,乃束书归之局中,以元丰元年终,年四十七"②。

晁以道记司马公休言曰:"自三国历七朝而隋则刘道原。"③范淳甫亦谓:"道原于魏晋以后事,尤能精详考证前史差谬,司马公委而取决焉。"④据此则道原分修三国至隋长编明矣。而尤资证明者,则道原子壮舆(羲仲)所记之《资治通鉴问疑》⑤是也。其书专载温公与道原往来问答,漫涉魏晋南北朝及五代史事书法。读此则益信道原所修长编,乃自三国迄隋。而道原兼修五代,尤为前人所罕道。温公与道原书,尝询及五代长编⑥。道原殁后,温公奏乞官其一子,亦称:"十国五代之际,群雄竞逐,九土分裂;传记讹谬,简编缺落;岁月交互,事迹差舛。非恕精博,他人莫能整治。"⑦惟晁以道以五代归范淳甫⑧,实大误。其说转为马贵与采入《文献通考》⑨,《四库全书提要》复引晁说,误以为出邵氏

---

① 《宋史》444/10a—11a。
② 《文集》65/7b《刘道原十国纪年序》。道原监南康军酒,据此《序》约在温公知永兴军时,唯据《传家集》63/9b—10a《贻范梦得书》(即温公与淳甫帖子)谓:"今夏递(《晋纪》)往南康军路中,遗失却三卷。"此书据前所考,约作于熙宁三年六月、四年二月之间,而温公言"今夏递往南康军路中",则道原曾于是年四月至六月之间一度离汴赴南康军。盖如在四年夏,则其时贡父已离书局,不预修史矣。
③ 《晁集》17/39a。
④ 范祖禹:《范太史集》(《四库全书珍本》初集,以下简称《范集》)38/6a《秘书丞刘君墓碣》。
⑤ 刘羲仲:《资治通鉴问疑》(《豫章丛书》册三十五,以下简称《问疑》)。
⑥ 《文集》62/14a《与刘道原书》。
⑦ 同上 53/11a《乞官刘恕一子札子》。
⑧ 《晁集》17/39b。
⑨ 马端临:《文献通考》(江苏书局)293/12a《经籍考》二十。

《闻见录》①,后人不察,以邵氏之说为必可信②,径以五代为范淳甫所修。始作俑者,可不慎乎!胡梅磵《序》不言道原修五代,亦未言五代属谁氏,殆疏略欤?谢山之文,虽多疵谬③,然于道原修五代一事,独得其真,仍不可厚非也。

汉、魏、晋、南北朝、五代各期分职既明,则有唐一代,必由范淳甫专修无疑矣。淳甫《进唐鉴表》亦称:"臣在先朝,承乏书局,与司载籍,实董有唐。"④淳甫为范景仁(镇)从孙,温公与景仁最友善,因得识淳甫。淳甫自熙宁三年六月入局,迄元丰七年十一月书成,未尝一日不修史。在洛十三年⑤,不事进取,温公颇嘉许之⑥。大抵道原淹博⑦,淳甫勤勉,《通鉴》之成,二人之力为多。而司马公休自熙宁六年后,协助检阅《通鉴》文字⑧,其功力亦不可抹煞也。

三　编　纂

《通鉴》凡例,今唯见于《通鉴释例》一书,内收十一例二帖,虽非完本(详前),幸得保存,俾可窥见温公用心之一二。

十一例者:周天子例,书列国例,书帝王未及即位及受禅例,书称号例,书官名例,书事同日例,书两国相涉例,书斩获例,书后姓例,书字例,书反乱例,是也。凡此皆为统一行文而定,非若《春秋纲目》之斤斤

---

① 《钦定四库全书总目提要》(大东书局)88/4a引邵伯温《闻见录》作"以三国历九朝至隋属恕",《文献通考》引晁说同,然《晁集》原作"以三国历七朝至隋",足证《四库全书》直引《通考》,误以晁说之为邵伯温,故有此讹。此条得自援庵先生。
② 详见"后记"。
③ 如:《五代纪》二十九卷,谢山误作二十七卷;又范淳甫《唐鉴》十二卷为一单行书,与《通鉴·唐纪》无涉,谢山误以为一书。
④ 《范集》13/10b。
⑤ 《宋史·范祖禹传》337/12b作在洛十五年,误。按《范集》37/7b《祭司马文正公文》有"从公在洛,十有三年"之句,盖淳甫参预修史,首尾十有五年,然书局迁洛,则在熙宁五年也。
⑥ 《文集》45/10b《荐范梦得状》:"智识明敏,而性行温良,如不能言;好学能文,而谦晦不伐,如无所有;操守坚正,而圭角不露,如不胜衣。"
⑦ 《文集》53/11b《乞官刘恕一子札子》:"恕博闻强记,尤精史学,举世少及。及臣修上件书(《通鉴》),其讨论编次,多出于恕。"《问疑》15b:"光之得道原,犹瞽师之得相者也。"
⑧ 顾《谱》6/10b。按:司马公休与范淳甫结姻亲,《范集》5/7a《乞避亲状》:"臣有女许嫁康之子。"淳甫与公休情笃,公休卒,淳甫哭之曰:"金华同劝讲,石室共绅书。鲍叔深知我,颜渊实长予。衰年哭心友,忍复望灵车。"(同上3/15b)

于褒贬书法也①。

贻范淳甫二帖，专涉修《唐纪》长编步骤。大抵淳甫初入书局，于编纂方法，尚未娴习，故温公为之详述之。今依次条列如下，举此可以赅其余。

（一）丛目。将《实录》事目标出，其《实录》中事应移在前后者，注于逐事下讫。

（二）附注。将《新旧唐书》纪志传及统纪、补录，并诸家传记、小说，以至诸人文集，稍干时事者，皆须依年月注所出篇卷于逐事之下。《实录》所无者，亦须依年月日添附，无日者附于其月之下，称其月；无月者附于其年之下，称是岁；无年者附于其事之首尾；有无事可附者，则约其事之早晚，附于一年之下。但稍与其事相涉者即注之，过多不害。

（三）分工。从高祖初起兵修长编，至哀帝禅位而止。其起兵以前，禅位已后事，于今来所看书中见者，亦请令书吏别用草纸录出，每事中间空一行许素纸（以备剪开粘缀故也）。隋以前与贡父，梁以后与道原。令各修入长编中。……二君所看书中有唐事，亦当纳足下处，修入长编。

（四）选材。修长编时，据事目下所该新旧纪志传及杂史小说、文集，尽检出一阅。其中事同文异者，则请择一明白详备者录之；彼此互有详略，则请左右采获，错综铨次，自用文辞修正之，一如《左传》叙事之体也。此并作大字写。

（五）考异。若彼此年月事迹有相违戾不同者，则请选择一证据分明、情理近于实者，修入正文；余者注于其下，仍为叙述，所以取此舍彼之意。

（六）年号。凡年号皆以后来者为定，假如武德元年，则从正月便为唐高祖武德元年，更不称隋义宁二年。

（七）取舍。诗赋若止为文章，诏诰若止为除官，及妖异止于怪诞，诙谐止于取笑之类，便请直删不妨。或诗赋有所讥讽，诏诰有所戒谕，妖异有所警戒，诙谐有所补益，并告存之。

大抵长编宁失于繁，无失于略②。

---

① 温公史观，已于"正闰论"（《通鉴》卷六十九）中发之，其言曰："臣今所述，止欲叙国家之兴衰，著生民之休戚，使观者自择其善恶得失以为戒，非若《春秋》立褒贬之法，拨乱世反诸正也。"
② 以上皆采自《通鉴释例》（《通鉴》全书卷首）。关于《通鉴》删剪前史例，前人多有评论，如刘壮舆八疑（见《问疑》），洪迈《容斋随笔》亦有数条。《通鉴》之史学，余当于他篇专论之，今略。

其缜密周慎如此！近人动言科学方法，不知温公早已施诸行事，第不知其合"科学"标准耳。

长编既成，温公乃从而增损之，盖最后定稿，无卷不出温公亲笔。刘壮舆有言："先人在局，止类事迹，勒成长编，其是非予夺之际，一出君实笔削。"①其言甚信。今长编既佚，无以考见温公删添苦心；然以有唐一代而论，《唐纪》长编六百卷②，删成定本仅八十一卷，温公笔削之力，于此可见。温公自谓："入洛以来，专以修《资治通鉴》为事，至今八年，仅了得晋宋齐梁陈隋六代"③，其谨审又如此！据温公与淳甫帖子，可见长编中"目录"、"考异"皆灿然齐备，则分修诸子，功力亦甚巨④。笔削之外，凡遇史事尤足资鉴者，温公皆以评论方式标出之，或引古语，或述私意，《通鉴》史观，于此具焉。

《通鉴》随修随上，神宗仍"命经筵读之，所读将尽而进未至，则诏促之"⑤。事繁且迫，又遭小人中伤⑥，要非温公心诚志坚，恐难免中道而废矣。

元丰七年，《五代纪》修毕，全书成，十二月初三日，上之⑦。温公《进表》曰"臣之精力尽于此书"，诚非虚语也！神宗谓："前代未尝有此书，过荀悦《汉纪》远矣。"⑧以公为资政殿学士，降诏奖谕，以淳甫为秘书省正字。时贡父废黜，道原已殁七年，皆未授赐赏。及元祐七年（1092），《通鉴》镂版成，分赐编校诸子⑨。其时温公父子及贡父俱殁，

---

① 《问疑》13a。
② 《解题》4/28b。
③ 高似孙《纬略》（《守山阁丛书》）12/10b，温公又谓："唐文字尤多，托范梦得将诸书依年月编次为草卷，每四十年为一卷，自课三日删一卷，有事故妨废则追补。自前秋始删到今，已二百余卷，至大历末年耳。"
④ 道原、淳甫分修《通鉴》，皆各别有撰述：道原成《通鉴外纪》及《十国五代纪年》（后书为其子壮舆续成，今佚），淳甫成《唐鉴》。
⑤ 邵伯温：《闻见录》（《津逮秘书》册一一六）11/4a。
⑥ 顾《谱》7/10b引致堂胡氏（寅）曰："公六任冗官，皆以书局自随，岁月既久，又数应诏上书论新法之害。小人欲中伤之，而公行义可誉者，乃倡为浮言，谓书之所以久不成，缘书局之人利尚方笔墨绢帛，及御府果饵金钱之赐耳。"《文集》36/19b《同景仁寄修书诸同舍诗》亦曰："小人势力合，倾覆无常心；君子道德亲，白首犹视今。"盖激励刘、范诸子也。
⑦ 《长编》350/8b。《五代纪》二十九卷，《长编》误作三十卷。
⑧ 同上。
⑨ 分校《通鉴》者，除范祖禹、司马康外，尚令黄庭坚（参阅《文集》51/10a《奏乞黄庭坚同校资治通鉴札子》）、张舜民（参阅吕祖谦《皇朝文鉴》，《四部丛刊》69/8b《谢赐资治通鉴表》）等八人同校（《通鉴》末卷附）。

独淳甫健在①,抚书凭吊,能不慨然!《资治通鉴》是年"立于学官,与六籍并行,天下之士,闻公之名,则想公之风;读公之书,则见公之志。千载之下,其犹存也"②。

四　结　论

综观《通鉴》之成书,既得英、神二宗之鼓导,国家之资助;复获温公为总纂,刘、范诸子为分修。历时二十载,为书三百五十四卷,上起战国,下尽五代,一千三百六十二年史迹,了如指掌。大纲挈在《目录》,歧说汇于《考异》;其规模之宏,用力之勤,不特前此所未有,抑亦近世所罕见,厥功伟哉!

或问:温公距今八百余载,今日修史,年代较前益为悠长,史料又数百倍于北宋,历史观点,亦与时俱异,《通鉴》足以为今人取法者何在?应之曰:夫年代长,则必合力治之,犹刘、范之分职;史料繁,则取舍益宜谨慎,非《考异》莫能存众说。观点虽异,然史重纪事,事实备然后可以言观点,不然,仍难免空论;非《长编》无以囊括史实,明因果,定舍取。《考异》、《长编》,皆温公所手创也。昔李仁甫欲修北宋一朝史,不敢私续《通鉴》,乃先修《长编》。今正史虽成,然欲考天水一祖八宗史迹,此书终不可废。今日修史,不论其为通史、断代或专科,非先修长编,无以窥全豹。至于图书典籍,物力供养,私力所不逮,端赖国家之赐予,倡导其事,尤藉明政。凡此《通鉴》皆立先例矣。孰谓不足效法耶?

附记　予草是篇方竟,又承陈援庵(垣)先辈口示数条,今皆于注中标出。援庵先生又云:"近人陈伯弢(汉章)撰《缀学堂初稿》,有《书全谢山分修通鉴诸子考后》一篇。所论虽不尽当,可取而参考焉。"予搜觅是书数日,始得见此文,陈氏《书后》欲为梅磵申辩,用意可嘉,然其所举例证,似不无可议之处。兹附论于此。

---

① 温公殁于元祐元年(1086),贡父殁于元祐三年(1088),公休殁于元祐五年(1090),淳甫殁于元符元年(1098)。
② 《范集》37/16a《告文正公庙文》。

《书后》首引《通鉴注》梅磵《序》曰："汉则刘攽，三国讫于南北朝则刘恕，唐则范祖禹。与《宋史》同。"按《宋史》但言"贡父专职汉史"，并未及道原、淳甫分修部分。陈氏此说，不知据何而言？又引《续通鉴长编》谓：温公荐范淳甫入局修书，在熙宁二年，因定温公与淳甫帖子，为是年在朝初议。按温公乞差淳甫同修《通鉴》，李仁甫明明系于熙宁三年六月下。二年当为三年之讹。又陈氏仍以唐五代属淳甫之说，为出自邵氏《闻见录》，并谓其说必可信。此因未检原书，致为《四库全书提要》所欺。而五代为道原所修，温国《文集》有明文，陈氏殆未之见？

然陈氏最得意之创获，在取《通鉴》各卷结衔所题温公之官职寄禄，与《进通鉴表》末所具刘、范三子之官职寄禄相对比，以示邵说（应作晁说）之不谬：如《通鉴·汉纪》下温公自题"翰林学士某"，而《进通鉴表》末列贡父职衔曰"尚书屯田员外郎充集贤校理某"，进《通鉴》时，贡父方黜监衡州盐仓，温公题其旧衔，盖明其后贡父通判泰州，即不预修书；因断《汉纪》为贡父与温公同修。又《通鉴》，《晋纪》至《隋纪》下，温公自题"端明殿学士权判西京御史台某"，而《进通鉴表》末列道原职衔曰"秘书丞某"，此乃道原监南康军酒时寄禄；因断《晋纪》前后迄《隋纪》为道原与温公商榷而成。又《通鉴》，《唐纪》至《五代纪》下，温公自题"大中大夫某"此乃元丰五年以后官制，其时道原已卒，贡父早不预修书，独淳甫随公在洛，则自唐至五代，非淳甫与公同修而谁欤？

陈氏之辩证如此。其说骤视似言之成理，然吾人如明分修与同修有别，即知其说不可通。盖《通鉴》先成长编，然后汇交温公笔削增损，定稿一出温公之手（详前）。三子专职既定，各自分别编修，先毕先交，此与成书先后，并无必然关系。故道原虽未见书成而殁，其五代长编，仍可早成，有待温公审订；淳甫虽俟书成方与温公告别，然五代长编，仍可不出淳甫，其理甚明。至于贡父修汉史，本证甚多，不必恃此旁证。结衔所题，仅能考温公进书先后，不能考分修诸子所职。陈氏误以《通鉴》为温公与刘、范三子同修，乃以其人之居职存亡，定其专修部分，语虽辩，总难令人悦服也。

《汉学》1944 年第 1 期）

《文史通义》解题及其读法

钱基博

中国之书，总以四部，四部之学，经史为大。特是经名学而史不闻，（浦起龙《史通通释》叙曰："六经之名，始见《庄》、《列》书。史名尤古，见于《书》、《论语》。自汉止立经博士，而史不置师；向、歆《七略》不著类。至唐千年，人为体例，论罕适归。"）史有书而学罕述。三五之代，书有典坟，悠哉邈矣，不可得而详。古往今来，质文递变；诸史之作，不恒厥体；然载笔有人，而述学罔见。囊括大例，权而为论，史之名学，断自二家：唐有刘知幾，近推章学诚。刘知幾作《史通》，章学诚纂《文史通义》，千载相望，骈称绝作。然而有不同者：刘知幾别出经生而自成史家，章学诚综赅经学而贯以史例。刘氏之业专，而章氏之学大，其不同者一也；刘知幾著书言史法，章学诚发凡籀史意。刘氏之裁断有法，而章氏之议论入微，其不同者二也；刘知幾议馆局纂修之制，章学诚明一家著述之法。刘氏之论备，而章氏之道尊，其不同者三也。（章氏《家书二》曰："吾于史学，盖有天授，自信发凡起例，多为后世开山。而人乃拟吾于刘知幾，不知刘言史法，吾言史意；刘议馆局纂修，吾议一家著述。截然两途，不相入也。"见《章氏遗书》卷九《文史通义》外编三。）明乎章氏之不同于刘氏，而后可与读章氏之书。然孟子有言："颂其诗，读其书，不知其人可乎？是以论其世也。"仆纂兹篇，爰析四目：一曰论世，述章氏之生世也；二曰叙传，知章氏之为人也；三曰解题，正名以核实也；四曰读法，发凡而起例也。至"读法"之章，重分四节：曰校本，明刊本之不同；曰析篇，辨众篇之异趣；曰原学，明作者之有本；曰异议，竟群言之流别。将以究义蕴，诏读例。词不必自我出，学庶以明一家。百尔君子，尚览观焉。

论　世

　　夷考让清一代学派,实开自昆山顾炎武亭林。其后婺源有江永慎修,休宁有戴震东原,歙有程瑶田易畴。而休宁戴氏声誉隆洽,最称大师,由声韵、训诂、名物、度数以返求之于诸经,一洗宋元儒者肤受之陋,其所变易,灼然如晦之见明;其所弥缝,奄然如合符复析。三吴间则吴县惠栋定宇禅其家学,亦称大师,衍昆山顾氏之绪,与休宁戴氏同。然而有不同于戴氏者:惠氏之学,博闻强识,以信而好古为揭帜,说者谓之纯汉学。戴氏之学,"空诸依傍",以"实事求是"为鹄的,(戴氏《东原文集·与某书》曰:"志存闻道,必空所依傍,汉儒训诂有师承,有时亦傅会。"钱大昕《潜研堂集·戴震传》曰:"实事求是,不主一家。")说者谓之考证学。皖之有戴氏,犹吴之有惠栋。

　　惠栋受学于其父士奇;其弟子有同县江声艮庭、余萧客古农,而嘉定王鸣盛西庄、钱大昕辛楣,乃汲吴县惠氏之流而别自成家。盖吴县专汉儒治经家法,而嘉定则以其汉学考证之法,旁及诸史也。夫嘉定出于吴学,而门户较吴为大,非吴学所得贱。犹之文家阳湖派衍自桐城,而附庸蔚为大国,非桐城所得掩耳。

　　戴震受学于江永,亦尝执经问业于惠栋,则是皖者吴之旁出也。惟吴中惠氏世守古学,张皇补苴,而未知所入手。至戴震始谓有志闻道,当先从事于字义、制度、名物以通六经之语。考诸篆书由《说文》以睹古圣人制作本始,更念《尔雅》为承学津筏,又殚心其书,遂为后来治学者开一法门。实事求是,不主一家,"有一字不准六书,一字解不通贯群经,即为无稽者不信,不信,必反复参证而后即安,以故胸中所得,皆破出传注重围。"(采余廷灿《戴东原先生事略》,见《国朝耆献类征》百三十一。)其播教四方,传于北,有曲阜孔广森㢲轩、栖霞郝懿行兰皋,传于南,有金坛段玉裁懋堂、高邮王念孙怀祖。段玉裁阐扬师说,穷微极博,撰《说文解字注》,因字形以说字音字义,谓:"《说文》、《尔雅》相为表里,治《说文》而后《尔雅》及传注明,《说文》、《尔雅》及传注明而后谓之通小学,而后可通群经之大义。"而于是汉学之机括以发。王念孙精审故训,乃别出机杼,而撰《广雅疏证》一书,谓"训诂之指,本于声音",就古音以求古义,扩充于《说文》《尔雅》之外。无所不达,传其学以授于子引之伯申,而于是休宁之门户始大。郝懿行为《尔雅义疏》,乃不惮繁词,以阐发字借声转之义,正名辩物,旁笺子史,并为休宁法嗣。独孔广森虽从戴震学,而工骈文,说《公羊》,不类休宁朴学面目。其间段氏、王氏最能光大震学,世称戴段二王。而高邮王氏父子尤以朴学精识谠正经传,旁及诸子,袁然为乾嘉大师,以追徽休宁戴氏,骈称曰休宁、高邮之学。特是休宁专治经训,而高邮旁及诸子。盖高邮之学,由名物训诂以通大义,出皖派师法,而别开蹊径,犹吴派之别出嘉定也。德清俞樾曲园、瑞安孙诒让仲容、余杭章炳麟太炎,皆衍高邮而有大名。及其蔽也,碎义逃难。"于是专求古人名物、制度、训诂、书数,以博为量,以窥隙攻难为功,枝之猎而去其根,细之搜而遗其巨。"(采姚鼐《赠钱献之序》,见《续古文辞类纂》卷十二)风气所鼓而不知偏之为害,虽有大力莫之敢逆也。

独章学诚生当举世溺于训诂、音韵、名物、度数之时,谓"君子学以持世,不宜以风气为轻重",(《家书五》,见《章氏遗书》卷九《文史通义》外编三。)治学蕲于明道,立言必有宗旨。言道之不离于事,将以实事求是,砭宋儒之空。明经之不外于史,亦以疏通致远,救汉学之碎。理贵实证,言不离宗,又推其说,施之于一切立言之书,而条其义例,比于子政,辨章旧闻,一人而已。大抵"章氏之学,其缜密繁博,或不逮休宁、高邮诸儒远甚。即其文事僿蔓,亦不如孔广森之渊雅,然识足以甄疑似,明正变,提要挈纲,卓然有以见夫经史百家之支与流裔而得大原,则有非休宁、高邮诸儒所能谛言者。盖休宁、高邮诸儒之学精于核,而章氏之学则善于推;休宁、高邮诸儒之学审于析,而章氏之学则密于综;休宁、高邮诸儒所用以为学之术径,惟章氏能会其通,亦惟章氏能匡其蔽。"(采刘承幹《章氏遗书序》。)休宁、高邮诸儒之学既世学者承袭,浸成风会,破坏形体,支离大道,而所以议章氏者且百端。君子则以章氏之召世疾也,盖有五焉,何则?"为休宁、高邮之学者,凭据佐验,得一孤证,即可间执承学之口,而不必问其全书宗旨之如何;不通,则引申假借以说之;又不通,则错简衍文以迁就之。为章氏之学,则每立一例,必穿穴群籍,总百氏之所撑,而我乃从而管之。故为章氏之学也拙,而为休宁、高邮之学也巧。人情喜巧而恶拙,一也。为休宁、高邮之学者,劳于目治,逸于心获，但使有古类书、字学书数十种，左右钩稽，一日可以得三四条。为章氏之学，则其立义也探赜甄微，彷徨四顾，有参考数年而始得者，亦有参考数十年而始得者，及其得也，适如人所欲言，则人之视之也亦与常等矣。故为章氏之学也难，而为休宁、高邮之学也易。人情趋易而避难，二也。为休宁、高邮之学者，严绝剿说，故必引据成文，往见时贤解经之书，王伯申说，段茂堂说，开卷灿然，非是则人以为陋。为章氏之学则不然，有隐括成文者焉，亦有不必隐括成文者焉，同不是，异不非，惟义之与比，放之四海而准，公之四达之衢而人不能窃。故为章氏之学也约，而为休宁、高邮之学也博。人情尚博而鄙约，三也。为休宁、高邮之学者，意主疏通以求是，解一名，详一训，虽繁杀殊科，而其义也，皆有所底。为章氏之学，则规矩诚设，其运无乎不在，有略引其端以俟好学深思之自反者，有泛称广譬，验之造述而后确者，虽复节目有疏落，援考有舛谬，而正无害其大体。故为章氏之学也虚，而为休宁、高邮之学也实。人情诞虚而夸实，四也。抑又有其可异者。为休宁、高邮之学者，以墨守为宗，再传而后，疲精许、郑，至甘以大义微言，拱而让之宋儒，佞程朱者，喜其不我牴巇也，则往往援之以自重。为章氏之学，则务矫世趋，群言殽列，必寻其原而遂之于大道，虽以举世所鄙弃之郑樵，举世所訾毁之象山、阳明，章氏扬榷所及，亦且时时称道焉。章氏以不党救党，而守门户者以为党；章氏以不衷治衷，而昧别识者以为衷。故为章氏之学也逆风会，而为休宁、高邮之学也顺风会。逆则不乐从，而顺则人人皆骛之，五也。虽然，学之为术，有统有宗，必伦必脊，或治其分，或揽其总，虽相迕而实相济，譬则振裘然，章氏挈其领，而休宁、高邮诸儒则理其氄。为章氏之学，而不以休宁、高邮精密征实之术佐之，凭臆肤受，其病且与便词巧说者相去不能以寸。"（采张尔田《章氏遗书序》。）而为休宁、高邮之学者，不幸不见天地之纯，古人之大全，不该不遍，一曲之士也。傥无章氏以持其后，则判天地之美，察古人之全，道术将为天下裂矣。昔者孔子问于子贡曰："汝以予为多学而识之者欤？"对曰："然！非欤？"曰："非也！予一以贯之。"大抵为休宁、高邮之学者，所谓"多学而识之"者也，而章氏则"一以贯之"者也。

余诵近儒吴兴刘承幹翰怡、钱唐张尔田孟劬所以叙《章氏遗书》者如此。谨顺择其辞,补其阙略,以著于篇,而为读章氏书者知人论世之资焉。

叙　　传

　　章氏名学诚,字实斋,浙江会稽人。乾隆戊戌进士,官国子监典籍。其先世由浦城迁居山阴,再徙而籍道墟称道墟章氏。(见《章氏遗书》卷二十三《家谱杂议》)后又自道墟迁居绍兴府城,至学诚盖百年矣。(见《章氏遗书》卷二十八《仲贤公三世像记》。)父镳,字骧衢,号励堂,乾隆壬戌进士,官湖北应城知县。少孤,喜读书,而家贫不能购书,则借读于人,随时手笔记录,孜孜不倦,晚年汇所札记,殆盈百帙。尝得郑氏《江表志》及五季十国时杂史数种,欲钞存之,嫌其文体破碎,随笔删润,文省而义意更周,仍其原名,加题为《章氏别本》。又喜习书,缮五经文,作方寸楷法,尤喜《毛诗》《小戴氏记》,凡写数本,手不知疲,尝恨为此二事所牵,不得专意札录所未见书。每还人所借,有札未竟者,怅怅如有所失,盖好且勤也如是。然聚书无多,仕官所历,随身三数千卷,(见《章氏遗书》卷二十二《瀹云山房乙卯藏书目记》)最重余姚邵廷采念鲁《思复堂文集》。廷采尝及事同邑黄宗羲梨洲,讲肄宗阳明,而学问则贯串群史,盖衍浙东学术之绪。(《浙东学术》语详《章氏遗书》卷二《文史通义》内篇二)而为镳家学之所自出也。(见《章氏遗书》卷九《文史通义》外篇三《家书三》曰:"祖父生平极重邵思复文,吾实景仰邵氏而愧未能及者也。盖马班之史、韩欧之文、程朱之理、陆王之学,萃合以成一子之书。自有宋欧、曾以还,未有若是之立言者也。而其名不出于乡党,祖父独深爱之。由由是定所趋向。"亦庭训也。)

　　浙东学术,始余姚黄宗羲,盖出山阴刘宗周蕺山之门,而开鄞县万斯大充宗、斯同季野兄弟经史之学,再传而得鄞县全祖望谢山,三传而得余姚邵晋涵二云,皆以史学有闻于当世。而晋涵,廷采从孙,与学诚欢好。学诚之学,可谓集浙东学术之成者焉。其好学深思,于史学盖有天授,一本之于父镳。镳尝辨《史记索隐》,谓十二本纪法十二月、十表法十干诸语,斥其支离附会。而学诚时年未弱冠,亦议邓氏《函史》上下篇卷,分配阴阳老少为非,特未能遽笔为说耳。(亦见《章氏遗书》卷九《文史通义》外篇三《家书三》)然幼而多病,一岁中,铢积黍计,无两月功,资又椎鲁,日诵才百余言,犹汲汲不中程。十四受室,尚未卒业《四子书》。(见《章氏遗书》卷二十二《文集》七《与族孙汝楠论学书》)顾拙于记诵,神于解会。初镳之聚徒授经也,评点诗文,为及门称说,深辟村塾传本之胶执训诂,独究古人立言宗旨。(见《章氏遗书》卷九《文史通义》外篇三《家书三》)听者罕会。而学诚尚为群儿,嬉戏左右,闻父言,则私心独喜,决疑质问,间有出成人拟议外者。(见《章氏遗书》卷二十二《文集》七《与族孙汝楠论学书》)年十六,侍镳应城官舍,童心未歇,从学于江夏柯绍庚公望。绍庚工书,善举业,而学诚则无意于应举文,独好为诗赋,绍庚意以为恨,曰:"文无今古,期于通也。时文不通,诗古文辞又安能通耶?"顾学诚不屑其言。春秋佳日,宾从联骑出游,归必有所记述,见者相与叹赏,学诚益喜自命。(见《章氏遗书》卷十七《文集》二《柯先生传》)又取《春秋左氏传》删节事实,镳见之乃诲曰:"编年之书,仍用编年删节,无所取裁,曷用纪传之体分其所合?"于是力究纪传之史,而辨析体例。(见《章氏遗书》卷九《文史通义》外编三《家书三》)日夜钞录《春秋》内外传及衰周、战国子史辄复以意区分,编为纪表志传,作《东周书》凡百余卷。(见《章氏遗书》卷九《文史通义》外编三《家书六》,又卷二十二《文集》七《与族孙汝楠论学书》)自命史才,大言不逊。然于文字承用转辞助语,犹未尝一得当也。(见《章氏遗书》卷十七《文集》二《柯先生传》)

自以读书当得大意,方年少气锐,专务涉猎,四部九流,泛览不见涯涘,好立议论,高而不切,攻排训诂,驰骛空虚,盖未尝不悃然自喜。独怪休宁戴震东原振臂而呼曰:"今之学者,毋论学问文章,先坐不曾识字!"既骇其说,就而问焉,震应之曰:"予弗能究先天后天、河洛精蕴,即不敢读'元亨利贞'。弗能知星躔岁差、天象地表,即不敢读'钦若敬授'。弗能辨声音律吕、古今韵法,即不敢读'关关雎鸠'。弗能考三统正朔、《周官》典礼,即不敢读'春王正月'。"学诚闻震言则大愧。(见《章氏遗书》卷二十二《文集》七《与族孙汝楠论学书》)徒以天性高明,沉潜不足,故于训诂考质多所忽略,而神解精识,乃能窥及古人所未到处。年二十岁,购吴兆宜注《庾开府集》,中有"春水望桃花"句,注引《月令章句》"三月桃花水下"。既为镳所见,则抹去其注而评于下曰:"望桃花于春水之中,神思何其绵邈。"学诚读之,顿觉有会,回视吴注,意味索然矣。自后观书,遂能别出意见,不为训诂牢笼,虽时有卤莽之弊,而古人大体,乃实有所窥。廿一二岁,骎骎向长,纵览群书,于经训未见领会,而史部之书,乍接于目,便似夙所攻习。(见《章氏遗书》卷九《文史通义》外编三《家书三》、《家书六》)意所不惬,辄批抹涂改,疑者随时札记,以俟参考。(见章氏之子华绂《文史通义跋》)尝谓"读书札记,贵在积久贯通"。(见《章氏遗书》卷二十二《文集》七《与族孙汝楠论学书》)自称"廿三四时所笔记者,后虽亡失,然论诸史于纪表志传之外,更当立图,列传于儒林、文苑之外,更当立史官传,此皆当日之旧论也。惟当时见书不多,故立说鲜所征引耳。其识之卓绝,则有迨老不能易者。"(见《章氏遗书》卷九《文史通义》外编三《家书六》)年二十三,始游北京,应顺天乡试。自是三应举,三报罢。年二十八,始读《史通》。既累举不得意,肄业国子监,乃问学于大兴朱筠竹君。筠既通儒硕望,一见许以千古。独言及时文,则曰:"足下于此无缘,不能学,然亦不足学也。"学诚请益,曰:"家贫亲老,不能不望科举。"筠对曰:"科举何难,科举何尝必要时文。由子之道,任子之天,科举未尝不得;即终不得,亦非不学时文之咎也。"与曩者所闻柯绍庚言不同。学诚则大服。(见《章氏遗书》卷二十九《外集》二《与汪龙庄简》)顾旅困不能自存,遂依筠以居,咤嚓无聊甚。然由是得见当世名流及一时闻人之所习业。(见《章氏遗书》卷十八《文集》三《任幼植别传》)讨论讲贯,备知学术源流同异,以证曩昔之所治学,有幼时所见,至是证其至当不可移者。乃知一时创见,或亦有关天授,特少小学力未充,无所取证,不能发挥尽致耳。从此所学益以坚定。(见章氏之子华绂《文史通义序》)

年三十一,实为乾隆三十三年戊子,中顺天乡试副榜。而国子监司业仁和朱芬元春浦为同考官,见学诚对策言国子监志之得失,惊叹不已,怪六馆师儒,安得遽失此人,于是名稍稍闻。(见《章氏遗书》卷十六《文集》一《国子监司业朱府君墓碑》)既而朱筠以翰林侍读学士出提督安徽学政,与偕者胥一时名士,而学诚与焉,所与上下议论,欣合无间者,最称邵晋涵。时学诚方学古文辞于朱筠,苦无藉手,晋涵辄据前朝遗事,俾学诚试为传记,以质文心。其有涉史事者,若表志、记注、世系、年月、地理、职官之属,凡非文义所关,覆检皆无爽失,由是与晋涵论史契合隐微(见《章氏遗书》卷十八《文集》三《邵与桐别传》),没齿不贰。然晋涵长于学,而学诚善于裁。(见《章氏遗书》卷九《文史通义》外编三《家书五》)方当乾隆御宇,四库馆开,广献书之路,遗籍秘册,荟萃都下。学士侈于闻见之富,别为风气,讲求史学,非马贵与之所为整齐类比,即王应麟之所为考逸搜遗。独学诚语丁晋涵曰:"史学不求家法,则贪奇嗜琐,但知日务增华,不过千年,将恐大地不足容架阁矣。"晋涵闻之,抚膺叹绝。欲以斯意刊定前史,自成一家。时议咸谓前史榛芜,莫甚于元人修宋、辽、金三史,而措功则《宋史》尤难。晋涵遂慨然自任。尝据宋事与史策流传大违异者凡若干事,燕闲屡为学者言之。学诚因言:"俟君书成,余更以意为之,略如二谢、司马诸家之《后汉》,王隐、虞预之《晋书》,各自为家,听抉择于后人。"晋涵曰:"何如?"学诚曰:"当取名数事实,先作比类长编,卷帙盈千,可也。至撰集为书,不过五十万言,视始之百倍其书者,大义当更显也。"晋涵曰:"如子所约,则吾不能。然亦不过三倍于君,不至骛博而失专家之体也。"学诚曰:"愿闻立言宗旨?"晋涵曰:"宋人门户之习,语录庸陋之风,诚可鄙也。然其立身制行,出于伦常日用,何可废耶!世之士大夫博学工文,雄出一代,而于辞受取予、出处进退之间,不能无箪豆万钟之择,本心既失,其他又何议焉!此著《宋史》之宗旨也。"学诚闻其言而耸然。

学诚尝盛推晋涵从祖廷采所著《思复堂文集》,谓五百年来罕见,晋涵则谦挹之甚,疑学诚阿私所以及其先也。学诚正色曰:"班马、韩欧、程朱、陆王,其学其文,如五金贡自九牧,各有地产,不相合也。独君家念鲁先生洪炉鼓铸,自成一家,更无金品州界之分,谈何容易。文以集名,而按其旨趣义理,乃在子史之间,五百年来谁能办此。"晋涵虽诺,未深然也。久之,乃过学诚曰:"近忆子言,熟复先念鲁文,信哉如子所言。乃知前人之书,竟不易读,子乃早辨及此。"学诚因为言曰:"《思复堂文》,全氏祖望著书尝排诋之。然以余所论,全氏通籍馆阁,入窥中秘,出交名公巨卿,以视念鲁先生终老诸生,穷伏海滨,闻见自宜有进,然论文章则不如思复堂远甚。何者?盖全氏修辞饰句,芜累甚多,不如《思复堂集》辞洁气清。若其泛滥驰骤,不免蔓衍冗长,不如《思复堂集》雄健谨严,语无枝剩。至于数人共为一事,全氏各为其人传状碑志,叙所共之事,复见叠出,至于再四。不知古人文集,虽不如子书之篇第相承,然同在一集之中,必使前后虚实分合之间,互相趋避,乃成家法,而全氏不然，以视《思复堂集》全书止如一篇，一篇止如一句，百十万言，若可运于掌者，相去又不可以道里计矣。至于闻见有所出入，要于大体无伤，古人不甚校也。往者王弇州（太仓王世贞）之雄才博学，实过震川（昆山归有光），而气体不清，不能不折服于震川之正论。今全氏之才，不能远过弇州；而《思复堂集》高过震川数等，岂可轻相非诋。是全氏之过也。"晋涵深契其论。(见《章氏遗书》卷十八《文集》三《邵与桐别传》及其子贻选跋)

晋涵尝为总督湖广尚书镇洋毕沅秋帆诶定所撰《宋元通鉴》以续司马光书，则请姑标《宋元事鉴》，言："《说文》史训记事，又《孟子赵注》亦以天子之事为天子之史，见古人即事即史之义。"宛转迁避，盖取不敢遽续司马光书，犹世传李焘所续，谦称为《长编》尔。而学诚因推孟子其事其文之义，且欲广吕祖谦撰辑之《宋文鉴》一书，别为《宋元文鉴》，将与《事鉴》并立，以为后此一成之例。晋涵又仿司马光例，年经国纬，以为《事鉴》目录，而学诚则曰："纪传之史，分而不合，当用互注之法以联其散。编年之史，浑灏无门，当用区别之法以清其类。"晋涵就求其说，则应之曰："纪传之史，事同而人隔其篇；犹编年之史，事同而年异其卷也。马班篇叙之法亡，而后史乃于篇首为目录。倘作史者诚取目录子注之意，而稍从类别区分，著于编首，以为别录焉，则详略可以互纠，而繁复可以检省矣。大抵纪传苦于篇分，别录联而合之，分者不终散矣；编年苦于年合，别录分而著之，合者不终混矣。盖枉欲矫而直欲揉，归于相济而已矣。今于纪传之史，必当标举事目，大书为纲，而于纪表志传与事连者，各于其类附著篇目于下，定著别录一编，冠于全书之首，俾览者如振衣之得领，张网之挈纲，治纪传之要义，未有加于此也。倘为编年而作别录，则如每帝纪年之首，著其后妃、皇子、公主、宗室、勋戚、将相、节镇、卿尹、台谏、侍从、郡县、守令之属，区别其名，注其见于某年为始，某年为终，是亦编年之中，可寻列传之规模也。其大制作、大典礼、大刑狱、大经营，亦可因事定名，区分品目，注其终始年月，是又编年之中，可寻书志之矩则也。至于两国聘盟，两国争战，亦可约举年月，系事隶名，是又于编年之中，可寻表历之大端也。如有其事其人，不以一帝为终始者，则于其始见也注其终详某帝，于其终也注其始详某帝可也。其有更历数朝，仿其意而推之可也。要使人于编年之中，隐得纪传班部，以为较司马光目录举要诸编,尤得要领。且欲广其例而上治司马光书以为编年者法。"问何所昉？学诚则言:"其意盖本于杜预治《左》,别有世卿公子诸谱例耳。"(见《章氏遗书》卷七《文史通义》外编一《史篇别录例议》,卷九《文史通义》外编三《为毕制军与钱辛楣宫詹论续鉴书》)沉善其说而不能用也。

　　学诚尝以马班而后,二十一家,义例不纯,体要多舛。世士以博稽言史,则史考也;以文笔言史,则史选也;以故实言史,则史纂也;以议论言史,则史评也;以体裁言史,则史例也。唐宋至今,积学之士,不过史纂、史考、史例。能文之士,不过史选、史评。其间独推刘知幾、曾巩、郑樵皆良史才,生史学废绝之后,能推明古人大体。然郑樵有史识而未有史学,曾巩具史学而不具史法,刘知幾得史法而不得史意。故欲遍察其中得失利病,为校雠之学。上探班固、刘向,溯源官礼,下贱《雕龙》、《史通》,甄别名实,品藻流别,约为科律,为《文史通义》一书。(见《章氏遗书》卷二十二《文集》七《与族孙汝楠论学书》,卷二十九外集二《与严冬友侍读》、外编卷十六《和州志》一《志隅自叙》及《补遗》)大指以为:"撰述欲圆而神,记注欲方以智。智以藏往,神以知来。记注欲往事之不忘,撰述欲来者之兴起。故记注藏往似智,而撰述知来拟神也。藏往欲其赅备无遗,故体有一定,而其德为方。知来欲其决择去取,故例不拘常,而其德为圆。而撰述之书,不可律以记注一成之法。迁书所创纪传之法,本自圆神,固书因迁之体,而为一成之义例。后世袭用其体,不知变通,而史才、史识、史学,转为史例拘牵,愈袭愈舛,以致圆不可神,方不可智,如《宋》、《元》二史之溃败决裂,不可救挽,实为史学之河淮洪泽逆河入海之会。于此而不为回狂障癛之功,则滔滔者何所底止。不知纪传原本《春秋》,《春秋》原本《尚书》。《尚书》典谟之篇,记事而言亦具焉,训诰之篇,记言而事亦见焉。古人事见于言,言以为事,未尝分事言为二物也。《尚书》训诰之记言,必叙其事以备所言之本末。汉儒误信《玉藻》记文,而以《尚书》为记言之专书焉,毋乃因后世之空言而疑古人之实事乎？《春秋》之事则齐桓、晋文,而宰孔之命齐侯,王子虎之命晋侯,皆训诰之文也。而左氏附传以翼经,夫子不与《文侯之命》同著于编,则《书》入《春秋》之明证也。《尚书》讫平王,而《春秋》托始于平王,明乎其相继也。马迁绍法《春秋》,而删润典谟以入纪传。班固承迁有作,而《禹贡》取冠《地理》,《洪范》特志《五行》,而贾、董二传,仿《尚书》训诰之记言,叙贾、董生平行事,无意求详,前后寂寥数言,不过为政事诸疏、天人三策备始末尔。则以《春秋》之学为《尚书》也,而《书》与《春秋》不得不合为一矣。逮史迁著书,自命《春秋》经世,一出董子天人性命之学,则是纪传原本《春秋》,《春秋》原本《尚书》之明效大验也。《尚书》一变而为左氏之《春秋》,《尚书》无成法,而左氏有定例,以纬经也。左氏一变而为史迁之纪传,左氏依年月,而迁书分类例,以搜逸也。迁书一变而为班氏之断代,迁书通变化,而班氏守绳墨,以示包括也。司马光《通鉴》病纪传之分,而合之以编年。袁枢《纪事本末》又病《通鉴》之合,而分之以事类。夫《通鉴》为史节之最粗,而《纪事本末》又为《通鉴》之纲纪奴仆,此不足为史学,而止可为史纂、史钞者也。然神奇可化臭腐,臭腐亦复化为神奇。《纪事本末》之作,本无深意,而因事名篇,不为成法,文省于纪传,事豁于编年,则引而伸之,扩而充之,遂觉体圆用神。《尚书》神圣制作,数千年来可仰望而不可接者,至此可以仰追,岂非穷变通久,自有其会。纪传流弊,至于极尽,而天诱吾衷,为从此百千年后史学开山。诚窃以为当仍纪传之体,而参本末之法,增图谱之例,而删书志之名。"发凡起例,推论甚精。徒以载之空言,不如见之实事,常思自以义例撰述一书以明所著之非虚语,(见《章氏遗书》卷一《文史通义》内篇一《书教》上中下,卷九《文史通义》外篇三《与邵二云论修宋史书》,卷十八《文集》三《邵与桐别传》)而薄出其技以治方志。

初学诚随父镳客湖北天门,适改修县志,请镳主其事,为撰《修志十议》,时在乾隆二十九年甲申,学诚之二十七岁也。其后二十六年间,历修成和州、永清、亳州诸州县志,所自得意者,莫如《亳州志》,言:"此志拟之于史,当与陈、范抗行。义例之精,则亦《文史通义》中之上乘也。回视和州、永清之志,一半为土苴矣。"(见《章氏遗书》卷九《文史通义》外编三《又与永清论文》)盖学诚方志之学,于是为大成也。居常持论,谓:"欲经纪一方之文献,必立三家之学,而始可以通古人之遗意也。仿纪传正史之体而作志,仿律令典例之体而作掌故,仿《文选》、《文苑》之体而作《文征》,三书相辅而行,阙一不可,合而为一,尤不可也。而其要原本于六经,六经皆史也,后世袭用而莫之废者,惟《春秋》、《诗》、《礼》三家之流别耳。纪传正史,《春秋》之流别也。掌故典要,官礼之流别也。《文征》诸选,《风诗》之流别也。获麟绝笔以还,后学鲜能全识古人之大体,必积久而后渐推以著也。马《史》、班《书》以来,已演《春秋》之绪矣;刘氏《政典》、杜氏《通典》,始演官礼之绪焉;吕氏《文鉴》、苏氏《文类》,始演《风诗》之绪焉。并取括代为书,互相资证,无空言也。六艺并立,乐亡而入于《诗》、《礼》,《书》亡而入于《春秋》。六经演而为三史,亦一朝典制之巨也。方州蕞尔之地,一志足以尽之,而必取于备物者。天下政事始于州县而达乎朝廷,朝廷六部尚书之所治,则合天下州县六科吏典之掌故以立政也。六部必合天下掌故而政存,史官必合天下纪载而籍备也。州县虽小,其所承奉而施布者,吏、户、礼、兵、刑、工无所不备,是则所谓具体而微矣。国史于是取裁,方将如《春秋》之藉资于百国宝书,何可忽也。今天下大计,既始于州县,则史事责成,亦当始于州县之志。州县有荒陋无稽之志,而无荒陋无稽之令史案牍。志有因人臧否,因人工拙之义例文辞;案牍无因人臧否,因人工拙之义例文辞。盖以登载有一定之法,典守有一定之人。故州县之志,不可取办于一时。平日当于诸典吏中,特立志科,金典吏之稍明于文法者,以充其选,而且立为成法,俾如法以纪载,略如案牍之有公式焉,则无妄作聪明之弊矣。积数十年之久,则访能文学而通史裁者,笔削以为成书。如是又积而又修之,于事不劳,而功效已为文史之儒所不能及。夫史之为道,文士雅言与胥吏案牍,皆不可用,然舍是二者,则无所以为史矣。孟子曰'其事'、'其文'、'其义',《春秋》之所取也。即簿牍之事,而润以《尔雅》之文,而断之以义。国史方志,皆《春秋》之流别也。譬之人身,事者其骨,文者其肤,义者其精神也。断之以义而书始成家,书必成家而后有典有法,可诵可识,乃能传世而行远。"(见《章氏遗书》卷一《文史通义》内篇一《书教上》,卷十四《方志略例》一《方志立三书议》、《州县请立志科议》)故史之大原,本乎《春秋》,《春秋》之义,昭乎笔削,笔削之义,不仅事具始末,文成规矩,以夫子"义则窃取"之旨观之,固将纲纪天人,推明大道,所以通古今之变,而成一家之言者,必有详人之所略,异人之所同,重人之所轻,而忽人之所谨,绳墨之所不可得而拘,类例之所不可得而泥,而后微茫杪忽之际,有以独断于一心。及其书之成也,自然可以参天地而质鬼神,契前修而俟后圣。此家学之所以可贵也。然古人一事,必具数家之学,著述与比类两家,其大要也。班氏撰《汉书》,为一家著述矣。刘歆、贾护之《汉记》,其比类也,司马撰《通鉴》,为一家著述矣。二刘、范氏之《长编》,其比类也。比次之书,则掌故令史之孔目,簿书记注之成格,其原虽本柱下之所藏,其用止于备稽检而供采择,初无他奇也。然而独断之学,非是不为取裁。独断之学欲其智,而比次之书欲其愚。古人云:"言之不文,行之不远","文不雅驯,荐绅先生难言之",为职官、故事、案牍、图牒之难以萃合而行远也,于是有比次之法。不名家学,不立识解,以之整齐故事,而待"好学深思,心知其意"者之裁定,是则比次欲愚之效也。但为比类之业者,必知著述之意,而所次比之材,可使著述者出,得所凭藉,有以恣其纵横变化。又必知己之比类,与著述者各有渊源,而不可以比类之密而笑著述之或有所疏,比类之整齐而笑著述之有所畸轻畸重,则善矣。(见《章氏遗书》卷四《文史通义》内篇四《答客问》上中,卷九《文史通义》外篇三《报黄大俞先生》)时虽称善。顾莫之用。

尝客浙江宁绍台兵备道、代州冯廷丞子弼所,遇戴震,震自负高名,见《和州志例》,乃曰:"志以考地理,但悉心于地理沿革,不当侈言文献。"学诚曰:"不然!方志如古国史,本非地理专门。如云但重沿革,而文献非所急,则但作沿革考一篇足矣。且古今沿革,非我臆测所能为也。考沿革者取资载籍,载籍具在,人人得而考之,虽我今日有失,后人犹得而更正也。若夫一方文献,及时不与搜罗,编次不得其法,去取或失其宜,则他日将有放失难稽、湮没无闻者矣。不得已而势不两全,无宁重文献而轻沿革。"震拂衣径去。学诚又以震出示所撰《汾州府志》有古迹一门,谓:"古迹非志所重,当附见于舆地之图,不当自为专门。"往复辩难,终不为屈。(见《章氏遗书》卷十四《方志略例》一《记与戴东原论修志》)

既,毕沅延撰《湖北通志》,又出其余力以修常德、荆州、石首诸府县志,皆有成书。独《湖北通志》,书未成而论者诋諆。既不得行其意,重自审订,成《湖北通志检存稿》四卷。大要参取古今史志义例,剪截浮辞,禀酌经要,分二纪、三图、五表、六考、四政略、五十三传以为《通志》七十四篇。而于《通志》之外,取官司见行章程,分吏、户、礼、兵、刑、工六门,叙其因革条例,以为《掌故》。更取传记、论说、诗赋、箴铭诸篇,别次甲乙丙丁上下八集,以为《文征》。勒成三家之书,而推本于六经,《方志》义本百国《春秋》,《掌故》义本三百官礼,《文征》义本十五《国风》。至于畸说剩言,采撮所余,虽无当于正裁,颇有资于旁证,故附稗野说部之流而作《丛谈》,犹经之别解,史之外传,子之外篇也。其不合三书之目而称四者,三书皆经要,而《丛谈》则非不可阙之书也。《汉书·艺文志》所谓"小说家者流,出于稗官,街谈巷议,亦采风所不废"云尔。(见《章氏遗书》卷十四《方志略例》一《方志立三书议》,卷二十四《湖北通志检存稿》一《为毕制府撰湖北通志序》)即此可概见其义法焉。学诚地产霸材,天挺史识。(见《两浙辅轩录》补遗《章学诚传》后王宗炎曰)大抵推原官礼,而有得于刘氏向、歆父子之传,故于古今学术渊源,辄能条别而得其宗旨。(见章氏之子华绂《文史通义跋》)尤善属书离辞,指事类情,虽当世宿学不能自解免。

　　与休宁戴震、江都汪中同客浙江宁绍台兵备道冯廷丞所,咸被敬礼,而所学异趣。学诚则谓戴震功力不浅而无得于性情,汪氏聪明有余而不足于识力。何以言其然？散万殊者为聪明,初学之童,出语惊其长老,聪明也。等而上之,至于学充文富,而宗本尚未之闻,犹聪明也。定于一者为识力,其学包罗富有,其言千变万化,而所以为言之故,则如《诗》之三百,可以一言蔽也,是识力也。今有文章如入万花之谷,学问如窥五都之市,可以窥奄陋而箴鄙僮矣。问其何以为言,不能答也。盖与荒经灭古,舍学识而空言一贯者,其功虽有难易之殊,其于无当则一也。舍学识而空言宗本,是寠子据空室而指其门闼以为家也,是宋学末流之失也。博学能文而不知宗本,是管库为人守藏多财,而不得主其财也,是汪氏之学也。古人著书,各有立言之宗。而推本所自,史学本于《春秋》,专家著述本于官礼,辞章泛应本于《风诗》,天下之文尽于是矣。子有杂家,杂于众,不杂于己,杂而犹成其家者也。文有别集,集亦杂也,杂于体,不杂于指,集亦不异于诸子也。故诸子杂家与文集中之具本旨者,皆著述之事,立言之选也。今观汪氏《述学》所为《内篇》,大约杂举经传小学,辨别名诂义训,初无类例,亦无次序,苟使全书果有立言之宗,恐其孤立而鲜助也。杂引经传以证其义,博采旁搜以畅其旨,则此纷然丛出者,亦当列于杂篇,不但不可为内,亦并不可谓之外也。古人著书,内外分篇,盖有经纬。内篇必立所言之宗,而外、杂诸篇,取与内篇之旨相为经纬,一书只如一篇,无泛分内外之例。汪氏之书,不过说部杂考之流耳，何以为内篇哉。观其外篇，则序记杂文，泛应辞章，斯乃与《述学》标题，如风马牛，列为外篇，以拟诸子，可为貌同而心异矣。然汪氏工辞章而优于辞命，苟善成之，则渊源非无所自。古者行人之遗，流为纵横家学，其源实出于《风诗》也。引伸比兴，抑扬往复，可以穷文心之极变，达难显之至情，用以规谏讽喻，兴起好善恶恶之心，使不分心于著述，固可进于专家之业也。内其所外，而外其所内，识力暗于内，而名心骛于外也。(见《章氏遗书》卷七《文史通义》外篇一《立言有本》)戴君所学深通训诂，究于名物制度，而得其所以然，将以明道也。时人方贵博雅考订，见其训诂名物，有合时好，以谓戴之绝诣在此。及戴著《论性》、《原善》诸篇，精微淳邃，于天人理气，实有发古人所未发者，时人则谓空说义理，可以无作，是固不知戴氏者矣。然戴氏不能无过焉，戴氏之过，在诋宋儒之躬行实践，而置己身于功过之外。至于校正宋儒之讹误，可也，并一切抹杀，横肆诋诃，至于休、歙之间，自命通经服古之流，不骂朱子，不得为通人，则戴氏实为作俑。夫空谈性理，孤陋寡闻，一无所知，乃是宋学末流之大弊。然通经服古，由博反约，即是朱子之教。一传而为蔡沈、黄幹，再传而为真德秀、魏了翁，三传而为黄震、王应麟，其后为许谦、王柏、金履祥，至国初而顾炎武、黄宗羲、阎若璩，皆俎豆相承，甚于汉之经师谱系。戴氏之学，实自朱子道问学而得之，故戒人以凿空言理，其说深探本原，不可易矣。顾以训诂名义，偶有出于朱子所不及者，因而丑贬朱子，至斥以悖谬，诋以妄作，此饮水而忘其源也。(见《章氏遗书》卷二《文史通义》内篇二《朱陆》、《书朱陆篇后》、《补遗《又与朱少白书》)学博者长于考索，岂非道中之实积。而骛于博者，终身敝精劳神以狗之，不思博之何所取也。程子曰："凡事思所以然，天下第一学问人。"亦盍求所以然者思之乎？诸子百家之患，起于思而不学；而世儒之患，起于学而不思。即如王应麟搜罗摘抉，穷幽极微，其于经传子史，名物制数，贯串旁骛，实能讨先儒所未备，其所纂辑诸书，至今学者资衣被焉。然王氏诸书，谓之纂辑可也，谓之诸述不可也。谓之学者求知之功力可也，谓之成多之学术则未可也。今之博雅君子，疲精劳神于经传子史，而终身无得于学者，正坐宗仰王氏，而误执求知之功力，以为学即在是尔。学与功力，实相似而不同。学不可以骤几，人当致勉乎功力则可耳，指功力以为学,是犹指秫黍以为酒也。夫学有天性焉,读书服古之中,有人识最初而终身不可变易者,是也;学又有至情焉,读书服古之中,有欣慨会心而忽焉不知歌泣何从者,是也。功力有余而性情不足,未可谓学问也。今之学者,且憾不见夫子未修之《春秋》,又憾戴公得《商颂》而不存七篇之阙,自以为高情胜致,至相赞叹。充其僻见,且似夫子删修,不如王应麟之善搜遗逸焉。盖逐于时趣,而误以擘绩补苴,谓足尽天地之能事也。幸而生后世也,如生秦火未毁以前,典籍具存,无事补辑,彼将无所用其学矣。所贵君子之学术,为能持世而救偏,而世之学者,不知持风气,而惟知狥风气,(见《章氏遗书》卷二《文史通义》内篇二《原学下》、《博约中》)风气所趋,竞为考订,学识未充,亦强为之。读书之功少,而著作之事多,耻其言之不自己出也,而不知其说之不可恃也。著作本乎学问,而近人所谓学问,则以《尔雅》名物,六书训故,为足尽经世之大业,虽以周程义理,韩欧文辞,不难一映置之。(见《章氏遗书》卷九《文史通义》外篇三《与族孙守一论史表》、《与陈鉴亭论学》)不知训诂名物,亦一端耳。古人学于文辞,求于义理,不由其说,如韩欧、程张诸儒,竟不许以闻道,则亦过矣。(见《章氏遗书》卷二《文史通义》内篇二《书朱陆篇后》)今之攻小学者,以为六书不明,则言语尚不可通,况乎义理。然韩愈曰:"凡为文辞,宜略识字。""略识"云者,未如今之辗转攻取,毕生莫能殚也。以其毕生莫殚也,故终其身而无可属辞之日,然不应妨他人之属辞也。韩子立言如《五原》、《禹问》诸篇,昔人谓与孟、扬相表里者,其中仁义道德诸名,修齐治平诸目,不知于六书音画,有何隐奥未宣究也?近日考订之学,正患不求其义,而执形迹末,铢黍较量,小有同异,嚣然纷争,而不知古人之真,不在是也。读《易》而知寡过,读《书》而得知人安民,读《诗》而知好善恶恶,读《春秋》而论其谨严名分,不待穷《说文》之偏傍,辨《广韵》之音释,与夫诸子之纷纷考辨,而六经大义,昭如日月,虽使许慎复生,康成再出,卒莫能有加重于此也。(见《章氏遗书》卷八《文史通义》外篇二《朱先生墓志书后》、《说文字原课本书后》)然所贵君子之学术,非特能持风尚之偏而已也。知其所偏之中,亦有不得而废者焉,非特能用独擅之长而已也。知己所擅之长,亦有不足以该者焉。学问之途,有流有别,尚考证者薄词章,索义理者略征实,随其性之所近,而各标独得,则服郑训诂,韩欧文章,程朱语录,固已角犄鼎峙而不能相下。必欲各分门户,交相讥议,则义理入于虚无,考证徒为糟粕,文章只为玩物。汉唐以来,楚失齐得,至于嚣嚣有未易临决者,惟自通人论之则不然,考证即以实此义理,而文章乃所以达之之具,事非有异。学者先求征实,后议扩充,祈向贵有专属,博详反约,原非截然分界。及乎泛滥渟蓄,由其所取愈精,故其所至愈远。然而谈何容易! 十年闭关,出门合辙,卓然自立以不愧古人。正须不羡轻隽之浮名,不揣世俗之毁誉,循循勉勉,即数十年中人以下所不屑为者而为之,乃有一旦庶几之日,斯则可为知者道,未易一一为时辈言耳。(见《章氏遗书》卷四《文史通义》内篇四《说林》,卷二十二《文集》七《与族孙汝楠论学书》)要之,议论不为苟同。又以并世学者征实太多,发挥太少,有如桑蚕食叶而不能抽丝,往往劝人多作古文,而衡之以文律,曰清,曰真,清则气不杂也,真则理无支也。(见《章氏遗书》卷九《文史通义》外篇三《与汪龙庄书》、《与邵二云》)

所自著书,以《史籍考》为最博,而《文史通义》为最精。金坛段玉裁若膺读《通义》有精深者,相与叹绝,而文句有长排作偶者,则曰"惜杂时文句调"。学诚闻之不服,曰:"文求其是耳,岂有古与时哉? 即曰时文体多排比,排比又岂作时文者所创为哉。使彼得见韩非《储说》、淮南《说山》、《说林》、傅毅《连珠》诸篇,则又当为秦汉人惜有时文之句调矣,论文岂可如是。此由彼心目中有一执而不化之古文,怪人不似之耳,未可以绳吾《通义》也。"(见《章氏遗书》卷九《文史通义》外篇三《与史余村简》)《史籍考》代毕沅撰,一踵秀水朱彝尊竹垞《经义存亡考》例,凡十二纲,五十七目,三百二十五卷。大指谓史部虽占四部书之一,其实上援甲而下合丙丁,故范围广博,竭毕生心力,厪乃成之,今也则亡,仅存《释例》,独《文史通义》盛传于世云。

解　　题

《文史通义》何谓也? 曰:"章氏著书以明'文史通'之义云尔。"《说文》训通为达,自此之彼之谓也。夫通之为名,盖取譬于道路,四冲八达,无不可至,谓之通也。然究其心之所识,虽有高下、偏全、大小、广狭之不同,而皆可以达于大道,故曰通也。(见《章氏遗书》卷四《文史通义》内篇四《释通》、《横通》）朱筠尝为人言："学者读书求通,当如都市逵路,四通八达,无施不可。非守偏隅一曲,便号通才。"顾章氏以为朱氏言通,"盖扩乎其量,而未循乎其本。苟不善究其旨,则高明者驰骛于浩博难罄之数而无所得,中人以下又谓古之人必有天授神诣,非常人所可几及,而自安固陋,以为当然。是'四通八达,无施不可'之说,适足为学者患。孟子曰:'尧舜之知,而不遍物;尧舜之仁,不遍爱人。'后之学者,不知用其资之所近,力之能勉,而泛泛焉求尧舜之所不知不能,则求通而骛于其名之过也。古人读《易》如无《书》,读《书》如无《诗》。汉初儒者,学守专经,言无旁出,推而及于当世,卓然见其本末,儒效于是见矣。元成而后,学者旁通曲究,不专一家之言,其业可谓富矣。而儒术之显,乃转不如汉初。君子又多乎哉。凡人之性,必有所近,必有所偏,偏则不可以言通,古来人官物曲,守一而不可移者,皆是选也。薄其执一而舍其性之所近,徒泛骛以求通,则终无所得矣。大抵学问文章,须成家数,博以聚之,约以收之,载籍浩博难穷,而吾力所能有限,非有专精致力,则如钱之散积于地,不可绳以贯也。惟即性之所近而用力之能勉者,因以推微而知著,会偏而得全,斯古人所以求通之方也。"（见《章氏遗书》卷八《文史通义》外篇二《通说为邱君题南乐官舍》,卷九《文史通义》外篇三《与林秀才书》）章氏于史学,盖有天授。独即性之所近而用力之能勉,因以推见一切文之通于史,而著书阐明其义焉尔,故题目之曰《文史通义》也。若然,章氏征"文史通"之义则若何？按章氏之言曰:"盈天地间,凡涉著作之林,皆是史学。六经特圣人取此六种之史以垂训者耳。子集诸家,其源皆出于史。"（见《章氏遗书》卷九《文史通义》外篇三《报孙渊如书》）"昔曹子建自谓辞赋小道,而欲采庶官实录,辨时俗得失,成一家言。韩退之自谓记事提要,纂言钩玄,而正言其志,则欲求国家遗事,考贤人哲士终始,作唐一经。然则辞章记诵,非古人所专重,而才识之士,必以史学为归。"（见《章氏遗书》卷九《文史通义》外篇三《报黄大俞先生》）此明乎"文史通"之义者也。章氏又曰:"文章乃立言之事,言当各以其时,即同一言也,而先后有异,则是非得失,霄壤相悬。郦食其请立六国之后,时势不同楚汉之初,是亦其一端也。前人未知以文为史之义,故法度不具,必待好学深思之士,探索讨论,竭尽心力,而后乃能仿佛其所言之始末焉,然犹不能不缺所疑也。其穿凿附会与夫卤莽而失实者,则又不可胜计也。文集记传之体,官阶姓氏,岁月时务,明可证据,犹不能无参差失实之弊。若夫诗人寄托,诸子寓言,本无典据明文,而欲千百年后,历谱年月,考求时事与推作者之志意,岂不难哉!故凡立言之士,必著撰述年月,以备后人之考证;而刊传前人文字,慎勿轻削题注与夫题跋评论之附见者,以使后人得而考镜焉。至于传记碑碣之文与哀诔策诰之作,前人往往偏重文辞,或书其官,或书某官而不载其何官,或书某某而不载其何名何姓,或书年月日,或书某年某月某日而不载其何年月日。撰者或不知文为史裁,则空著其文,将以何所用也!传录者或以为无关文义,略而不书,则不知录其文,将何所取也!凡此诸弊,皆是偏重文辞,不求事实之过。"(见《章氏遗书》卷八《文史通义》外篇二《韩柳二先生年谱书后》)斯则不明乎"文史通"之义者也。"然就文论文,则一切文士见解,不可与论史"。

"盖文辞以叙事为难。今古人才,骋其学力所至,辞命议论,恢恢有余,至于叙事,汲汲形其不足,以是为最难。"而工叙事者,不必即工为史之志传。记叙之文,往往"比志传修饰简净,盖有意于为文也。志传不尽出于有意,故文或不甚修饰,然大体终比记事之文远胜。盖记事之文,如盆池拳石,自成结构,而志传之文,如高山大川,神气包举,虽咫尺而皆具无穷之势,即偶有疏忽,字句疵病,皆不足以为累,此史笔与文士之分别"。"文士务去陈言,而史笔点窜涂改,全贵陶铸群言,不可私矜一家机巧也"。"文士撰文,惟恐不自己出;史家之文,惟恐出之于己,其大本先不同矣。史体述而不造,史文而出于己,是为言之无征,无征,且不信于后也。识如郑樵,而讥班史于孝武前多袭迁书。然则迁书集《尚书》、《世本》、《战国策》、《楚汉牒记》,又岂为不蹈袭哉?充其所说,孔子删述六经,乃蹈袭之尤矣,岂通论乎!夫工师之为巨室,度材比于燮理阴阳;名医之制方剂,炮炙通乎鬼神造化。史家诠次群言,亦若是焉已尔。是故文献未集,则搜罗咨访,不易为功。观郑樵所谓八例求书,则非寻常之辈所可能也。观史迁之东渐南浮,则非心知其意不能迹也,此则未及著文之先事也。及其纷然杂陈,则贵决择去取。人徒见著于书者之粹然善也,而不知刊而去者,中有苦心,而不能显也。既经裁取,则贵陶熔变化。人第见诵其辞者之浑然一也,而不知化而裁者,中有调剂,而人不知也。即以刊去而论,文劣而事庸者,无足道矣。其间有介两端之可,而不能不出于一途;有嫌两美之伤,而不能不忍于割爱。佳篇而或乖于例,事足而恐徇于文,此皆中有苦心,而不能显也。如以化裁而论,则古语不可入今,则当疏以达之;俚言不可杂雅,则当温以润之。辞则必称其体,语则必肖其人。质野不可以用文语,而猥鄙须删;急遽不可以为宛辞,而曲折仍见。文移须从公式,而案牍又不宜徇;骈丽不入史裁,而诏表亦岂可废。此皆中有调剂,而人不知也。文至举子之《四书》义,可谓雕虫之极难者矣。法律细于茧丝牛毛,经生老儒,白首攻习,而较量于微茫秒忽之间,鲜能无憾。其故非他,命题虚实偏全,千变万化,文欲适如其题,而不可增损故也。史文千变万化,岂止如《四书》命题之数,而记事记言,必欲适如其言其事而不可增损,恐左、马复生,不能无遗憾也。故六经以还,著述之才,不尽于经解、诸子、诗赋、文集,而尽于史学。凡百家之学,攻取而才见优者,入于史学而无不绌也。记事之法,有损无增,一字之增,是造伪也。往往有极意敷张,其事勿显,刊落浓辞,微文旁缀,而情状跃然,是贵得其意也。记言之法,增损无常,惟作者之所欲,然必推言者当日意中之所有,虽增千百言而不为多。苟言虽成文,而推言者当日意中所本无,虽一字之增,亦造伪也。或有原文繁富,而意未昭明,减省文句,而意转刻露者,是又以损为增。变化多端,不可以笔墨罄也"。"前明信阳何景明谓韩愈'文起八代之衰,而古文失传由昌黎始',杭大宗堇浦斥其病狂。夫昌黎道德文辞,并足泰山北斗,景明何所见闻,敢此妄议。杭氏斥之,是也。然古文必推叙事,叙事实出史学,其源本于《春秋》'比事属辞',左、史、班、陈家学渊源,甚于汉廷经师之授受。马曰'好学深思,心知其意',班曰'纬六经,缀道纲,函雅故,通古今'者。《春秋》家学,递相祖述,虽沈约、魏收之徒,去之甚远,而别识心裁,时有得其仿佛。而昌黎之于史学,实无所解,即其叙事之文,亦出辞章之善,而非有'比事属辞'、'心知其意'之遗法也。其列叙古人,若屈、孟、马、扬之流,直以《太史》百三十篇,与相如、扬雄辞赋同观,以至规矩方圆如班固,卓识别裁如陈寿,而不屑一顾盼焉,安在可以言史学哉!欧阳修步趋昌黎,故《唐书》与《五代史》虽有佳篇,不越文士学究之见,其于史学,未可言也。然则推《春秋》'比事辞'之教,虽谓古文由昌黎而衰,未为不可,特非信阳诸人所可议耳。盖六艺之教,通于后世有三:《春秋》流为史学,官礼诸记流为诸子论议,《诗》教流为辞章辞命。其他《乐》亡而入于《诗》、《礼》、《书》亡而入于《春秋》,《易》学亦入官礼,而诸子家言,源委自可考也。昌黎之文,本于官礼,而尤近于孟、荀,荀出礼教,而孟子尤长于《诗》。故昌黎善立言而又优于辞章,无伤其为山斗也,特不深于《春秋》,未优于史学耳。噫!此殆难以与文学士言也。"(见《章氏遗书》卷十四《方志略例》一《与陈观民工部论史学》、《补遗》《又答朱少白书》、《跋湖北通志检存稿》、《上朱大司马论文》)然则章氏明文史之通义,而推究言之,未尝不知史笔与文士之异趣也。昔人论刘勰知文不知史,刘知幾知史不知文。(邵晋涵《题章氏与陈观民论史学后》)读章氏书,而文史可以各识职矣。

读　　法

解题既竟,可论读法。章氏言:"立言有本。"然则读章氏书者,不可不知立言之所本也。然不事众义之剖析,而漫言大本之一贯,则所谓"一贯"者,徒笼统之假借耳,故必先籀明一致之百虑,而后可与言殊途之同归。然则不先溯流,乌能探源?欲言原学,宜事析篇。章氏言:"学问之始,未能记诵,博涉既深,将超记诵。"(见《章氏遗书》卷三《文史通义》内篇三《辨似》)然则记诵者,启悟之所资也。析篇者,将以启记诵之途径,探学问之堂奥。然析篇之事,先以辨本者,盖善本不得,则记诵末由。而"博涉既深,将超记诵",斯明立言之有本,而窥学术之大原矣。然人心不同,亦如其面。他山之石,可以攻玉。终之以异议,而得失有可互镜者焉。穷竟原委,说以四事。

第一,辨本。按章氏《文史通义》一书,最初刊清道光十二年壬辰,刻于河南开封,为大梁本。盖章氏次子华绂绪迁之所编,而属大梁书院山长洪洞刘师陆子敬及华亭姚椿春木为之覆勘者也。凡《文史通义》"内篇"五卷、"外篇"二卷,《校雠通义》三卷,厥为后来诸刻之所自出。其后南海伍崇曜翻之为"粤雅堂本",山阴杜氏亦有翻刻,而华绂"大梁刻板"旋亦携回原籍,于是两板皆存越中。至咸丰十一年辛酉,太平军徇下绍兴,两板皆毁,独华绂从子□□同卿,携"大梁本"一册,游河南得存。因笺正舛讹以付其子季真小同。光绪元年乙亥,季真游幕贵州按察使署,乃重刊之,为"黔刻本",其底本即同卿笺正之"大梁本"也。始于丁丑二月付雕,至戊寅七月竣事。华阳王秉恩雪澂实按察贵州,而与贵筑罗文彬植庵任雠校焉。尝以"粤雅堂刻"斠数四,其同卿笺正者依改,乃知"粤雅堂刻"依"大梁本",校未精审,然有夺讹而无增减,间有据改"大梁本"者。至《校雠通义》中引《汉书·艺文志》,"大梁本"捝讹尤夥,则据志正之,乃知"大梁本"虽华绂初刻,刘、姚覆勘,而讹捝不免,是非未可凭也。其后仁和谭献访得"大梁板刻"于会稽周氏祠堂,亦阙佚矣。出箧中旧本,补刻于浙江书局,坊行本皆由此翻,所谓"浙刻本"是也。其目次板式,一依"大梁刻"。而据"大梁刻"华绂跋称其父"易箦时,以全稿付萧山王毂塍先生,乞为校定,时嘉庆辛酉年也。道光丙戌,长兄杼思自南中寄出原草,并毂塍先生订定目录一卷。查阅所遗尚多,亦有与先人原编篇次互异者,自应更正,以复旧观"云云。不知章氏当日本不以原编篇次为定,故以属稿于王氏,而托言"更正",乱其篇从,可谓无知妄作,不善继志者矣。王氏名宗炎,毂塍其号,亦称毂人。乾隆庚子进士,未授官而归。藏书甚富,号十万卷楼,尤精校勘,故为章氏所崇信。年八十余,犹孜孜不讫,著有《晚闻居士集》者也。集中有《答实斋先生书》,论《章氏集》编次之例。其大恉分内外二篇,内篇又别为子目者四:曰《文史通义》,凡论文之作附焉;曰《方志略例》,凡论志之作附焉;曰《校雠通义》;曰《史籍考叙录》。其余铭志叙记之文,择其有关系者,录为外篇,而附以《湖北通志传稿》,凡三十卷。中《文史通义》内篇六卷,外篇三卷;《校雠通义》内篇三卷,外篇一卷;《方志略例》二卷;《文集》八卷;《湖北通志检存稿》四卷;《外集》二卷;《湖北通志未成稿》一卷。此王氏论录之大略也。华绂之"大梁刻"行,而王氏所编者不出。嘉兴沈曾植子培购得王编本,吴兴刘承幹翰怡爱录而覆刊之,益以已刊未刊《乙卯札记》、《丙辰札记》、《知非日札》、《阅书随札》、《永清县志》、《和州志》诸书,曰《章氏遗书》:自卷一至八为《文史通义》内外篇,卷十至十三为《校雠通义》内外篇,卷十四、卷十五为《方志略例》,卷十六至二十三为《文集》,卷二十四至二十七为《湖北通志检存稿》,卷二十八、卷二十九为《外集》，卷三十为《湖北通志未成稿》。自此以上，一依王氏编目而稍有勘定。如王编《方志略例》有《和州志》、《湖北通志》、《永清县志》"序录"诸文。而刘氏以《通志》已有检存稿载于后，和州、永清志则均刻入外编，删之以避重复。又据"浙刻本"《文史通义》外篇三，增《答甄秀才论修志书》二篇，《论文选义例书》二篇，《修志十议》、《天门县志》艺文、五行、学校三《考序》，《报广济黄大尹论修志书》入《方志略例》，是也。此外又《外编》十八卷，《补遗》一卷，《附录》一卷，合共五十卷。钱唐张尔田孟劬、元和孙德谦隘堪序而行焉，于是章氏之学赅备。今取"浙刻本"《文史通义》以与对勘，其内篇卷一同，惟浙刻少《礼教》一篇。浙刻卷二《原道》、《原学》、《博约》三篇之后，即取《遗书》本卷四《言公》上中下三篇继之，为第二卷。浙刻卷三至五所载各篇，均不出《遗书》本三、四、五、六等卷之内，而次序多为改易。《遗书》本卷六有《同居》、《感赋》、《杂说》三篇，为浙刻所无。浙刻外篇卷一、卷二，均在《遗书》本《方志略例》二卷之内。惟省《和州志序例》十五篇、《永清县志序例》十五篇。其余浙刻外篇所有，皆在《遗书》本《方志略例》卷一之内。又"浙刻本"《校雠通义》三卷，与《遗书》本《校雠通义》内篇三卷，次序篇数，一一相合，而无外篇。惟《遗书》本《文史通义》外篇、《校雠通义》外篇所录，皆取驳议、序跋、书说诸文之与内篇意相发明者。是诚王氏《答实斋先生书》所称"其余铭志叙记之文，择其有关系者，录为外篇"，而与章氏平日持论"内外分篇，盖有经纬"之指相合辙也。（见《章氏遗书》卷七《文史通义》内篇七《立言有本》）而华绂妄为更张，乱其篇从，斯亦过矣。

第二，析篇。刘氏刻《章氏遗书》，卷帙繁重，而章氏精要之论，具于《文史》、《校雠》两通义及《方志略例》。今按浙刻《文史》、《校雠》两通义内篇与《遗书》无大出入，而《文史》外篇，亦备《方志略例》之要删。所不足者，厥指未能经纬内篇，无当章氏著书之指耳。然具体而微矣。匪曰卑之无甚高论。徒以世本通行，学者便于购读，姑以浙刻为主，而籀其指意，析其文目，都为五部：曰穷经，曰核史，曰衡文，曰校雠。而先以"通论"者，明宗趣之所归，知学问之径途也。终以"校雠"者，辨学术之异同，通群书之伦类也。庶几学者循序渐进，知所观览焉。具目如左：

（甲）通论：《原道》上中下，《原学》上中下，《天喻》，《朱陆》，《浙东学术》《博约》上中下,《假年》《针名》《砭异》《师说》《横通》《辨似》《习固》《妇学》《妇学篇书后》《说林》。

(乙) 穷经:《经解》上中下,《易教》上中下,《书教》上中下,《诗教》上中下。

(丙) 核史:《史德》《史释》《史注》《传记》《释通》《申郑》《答客问》上中下(以上史例通论),《答甄秀才论修志第一书》《答甄秀才论修志第二书》《与甄秀才论文选义例书》《答甄秀才驳文义例书》《修志十议》《方志立三书议》《州县请立志科议》《地志统部》(以上志例通论),《书吴郡志后》《书武功志后》《书朝邑志后》《书姑苏志后》《书滦志后》《书灵寿县志后》(以上论古方志),《天门县志·艺文考序》《天门县志·五行考序》《天门县志·学校考序》《和州志·皇言纪序例》,《和州志·官师表序例》《和州志·选举表序例》《和州志·氏族表序例》上中下,《和州志·舆地图序例》《和州志·田赋书序例》《和州志·艺文书序例》《和州志·政略序例》《和州志·列传总论》《和州志·阙访列传序例》《和州志·前志列传序例》上中下,《和州文征序例》《记与戴东原论修志》《永清县志·皇言纪序例》《永清县志·恩泽纪序例》《永清县志·职官表序例》《永清县志·选举表序例》《永清县志·士族表序例》《永清县志·舆地图序例》《永清县志·建置图序例》《永清县志·水道图序例》《永清县志·六书例议》《永清县志·政略序例》《永清县志·列传序例》《永清县志·列女传序例》《永清县志·阙访列传序例》《永清县志·前志列传序例》《永清县志·文征序例》《亳州志·人物表例议》上中下,《亳州志·掌故例议》上中下,《为张吉甫司马撰大名县志序》《为毕秋帆制府撰常德府志序》《覆崔荆州书》《为毕秋帆制府撰荆州府志序》《与石首王明府论志例》《为毕秋帆制府撰石首县志序》《报广济黄大尹论修志书》(以上方志例议)。

(丁) 衡文:《言公》上中下,《文集》《篇卷》《质性》《文德》《文理》《古文公式》《繁称》《匡谬》《黠陋》《砭俗》《俗嫌》《答问》《古文十弊》。

(戊) 校雠:《原道》《宗刘》《互著》《别裁》《辨嫌名》《补郑校

雠条理》、《著录残逸》、《藏书》、《补校汉艺文志》、《郑樵误校汉志》、《焦竑误校汉志》、《汉志六艺》、《汉志诸子》、《汉志诗赋》、《汉志兵书》、《汉志术数》、《汉志方技》。

按《校雠》别出为书，王目亦同浙刻。兹析篇而不分书，总称以《文史通义》者，仍章氏之意也。昔章氏与严冬友侍读书，自称："为校雠之学，上探班、刘，渊源官礼，下该《雕龙》、《史通》，甄别名实，品藻流别，为《文史通义》一书。"(见《章氏遗书》卷二十九《外集》二)则是校雠之学，已赅《文史通义》一书之中，而以别出《文史》之外，自为一书，非章氏之意矣。因附辨之于此。

第三，原学。夷考章氏之学，其大指在即事以见道，明经之本史。王阳明《传习录》上卷一答门人徐爱问曰："以事言谓之史，以道言谓之经。事即道，道即事。《春秋》亦经，五经亦史，《易》是包牺氏之史，《书》是尧舜以下史，《礼》、《乐》是三代史，其事同，其道同，安有谓异。"疑若章氏之学所由本焉。然章氏不自承出阳明，而细籀其所著书，盖读《汉书·艺文志》而有会，因以推明古人官师合一之道。"有官斯有法，故法具于官。有法斯有书，故官守其书。有书斯有学，故师传其学。有学斯有业，故弟子习其业。三代之盛也，官守学业出于一，而天下以同文为治。及其衰也，官司失其守，而师弟子之传业，于是判焉。秦人禁偶语《诗》、《书》，而云'欲学法令者，以吏为师'。其禁《诗》、《书》，非也；其曰'以吏为师'，则犹官守学业合一之谓也。由秦人'以吏为师'之言，想见三代盛时，《礼》以宗伯为师，《乐》以司乐为师，《诗》以太师为师，《书》以外史为师，三《易》、《春秋》，亦若是则已矣。《汉书·艺文志》叙六艺而后，次及诸子百家，必云某家者流，盖出古者某官之掌，其流而为某氏之学。其云某官之掌，即'法具于官'、'官守其书'之义也。其云流而为某家之学，即'官司失职'而'师弟传业'之义也。"(见《章氏遗书》卷十《校雠通义》内篇一《原道》)既以读书有得，疏通伦类，傅合《周礼》之分官，旁采郑《略》之校雠，而条其义例，上宗刘向父子，辨章旧闻，观其会通。由艺文以见道原，推史意以穷经学，列篇数十，而义则一以贯之者。曰："道不离于事，学必致之用。"是也。所论之事不一，而理则无不相通，知道之所以然，而施之实事也。通经于史，而私家之专集，文章之体裁，亦以史例绳之。归史于实用，而著述之变迁，风气之出入，亦以实用概之者也。

其学一衍而为仁和龚自珍定庵，作《乙丙之际著议第六》（一本题曰《治学》），以明一代之治即一代之学，"官师合一"之说也。又著《古史钩沉论》以明五经为周史之大宗，诸子为周史之支孽小宗，"六经皆史"之衍也。具见《定庵文集》。然矜其独得，而讳所自出，不云本章氏。（章氏卒嘉庆六年，龚自珍年才十岁）近儒余杭章炳麟太炎讥之，著为《校文士》一文，谓"自珍剽窃成说而无心得，其以六经为史，本之《文史通义》而加华辞，观其华诚不如观章氏之质"者也。其后章氏之学，再衍而为章炳麟，衍"官师合一"之说，以征《曲礼》"宦学事师"之义。（见《诸子学略说》，未收入《章氏丛书》）推本章氏"六经皆史"之指，以明孔子之述而不作，而难今文家说之称孔子作六经者。（见《国故论衡》中《原经》)亦尝箴其阙失，见所刊《太炎文别录》二《与人论国学》一书。

又一衍而为钱唐张尔田孟劬、元和孙德谦隘堪。尔田考镜六艺诸子学术流别，著《史微》内篇八卷，以丕扬章氏"六经皆史"之义。而德谦则为《汉书艺文志举例》、《刘向校雠学纂微》两书，以论定雠例。又著《太史公书义法》二卷，以究明史意。斯皆《通义》之嗣响，章学之功臣。

所可异者：章炳麟嬗崇古学，(《国故论衡》中《明解故下》曰："六经皆史之方，治之则明其行事，识其时制，通其故言，是以贵古文。古文者，《书》、《礼》得于孔壁，《周官》写于河间，《左氏》献于张苍者已。"）张尔田指归今文，(《史微》内篇一《史学》曰："六艺者，先王经世之书也。经世之书皆掌诸柱下，皆太史之所录。不知六艺为史，无以见先王制作之本原；不知六艺为经，无以窥孔子删修之大法。孔子闵王路废而邪道兴，论次《诗》、《书》，修起《礼》、《乐》，赞《易》十翼，因史记作《春秋》，以寓王法，而经之名始立。"刘彦和言："经也者，恒久之至道，不刊之鸿教。"言其不得与民变革者也。）宗尚不同，而诵说章氏则无乎不同。信足以见大道之一贯，而藉征章学之毕该也已。

第四，异议。伯祀以来，章氏之学，既大明于世。然而见仁见智，难者不一。湘潭王闿运壬秋，博学通人，最称同光间大师，南方之学者，未能或之先也。顾读章氏《通义》，谓："其言方志体例甚详，然别立文征一门，未为史法，其词亦过辩求胜。'诗亡然后《春秋》作'，此特假言耳，《春秋》岂可代诗乎？孟子受《春秋》，知其为天子之事，不可云王者微而孔子兴，故托云'诗亡'。而章氏入诗文于方志，岂不乖类。要之，以志为史,则得之矣。余以诗词不入志为宜,而有鸿章巨著,事关经国,各附本传以征生平,斯谓合体。"(见《湘绮楼日记》第三册"同治十年辛未三月四日")不啻微言讽刺于章氏而已。然闿运楚产,不尚浙学,宁必其言善,则千里之外应之,其不足于章氏宜也。

顾有生章氏之邑,以后生自居,而核于持论,不为苟同者,会稽李慈铭爱伯也。其大指以为:"章氏用力方志,实为专家,而自信大过,喜用我法,尝言'作史作志,必须别有宗旨,自开境界',此固可为庸下针砭。而其弊也,穿凿灭裂,尽变古法,终堕宋明腐儒师心自用之学。大抵浙儒之学,江以东,识力高而好自用,往往别立门庭,其失也妄;江以西,途辙正而喜因人,往往掇拾细琐,其失也陋。章氏识有余而学不足,志大而才实疏。故其长在别体裁,核名实,空所依傍,自立家法;而其短则读书鲁莽,糠秕古人,不能明是非,究正变,泛持一切高论,凭肊进退,矜己自封,好为立异。"(见《祥琴室日记》"同治八年三月十二日")即以《文史通义》、《校雠通义》而论,其抵牾有不胜诘者。谓史须兼苞百代,司马子长是已。后世惟梁武《通史》为知其法。《通史》不传,幸有郑樵《通志》知其遗意,而痛诋班氏《汉书》,谓史法由之而亡,又极诋《文献通考》为类书俗学。(见《章氏遗书》卷四《文史通义》内篇《释通》、《申郑》及《答客问》上中下篇)夫班氏之去马,仅百余年,自后易姓,代必修史。如章氏之言,则将百年为限,编一通史,叠床架屋,陈陈相因。抑或易代之际,姑且不为,悬待数姓,以归统辑。著作之事,恐无是理。且所谓兼苞百代者,将如郑樵之依次剿录,同于钞胥乎?抑将别立宗旨,各自为书乎?同则毋乃过烦,异则恐穷于变。此不可解者一也。谓今之各省,当称各统部,以总督、巡抚为主,不以布政司为主。(见《章氏遗书》卷十四《方志略例》一《地志统部》)夫元以设行中书省而有省名。明改为布政司而仍称省,此明代之陋。国朝未及更正,然事主布政司,而督抚持节监临,版籍赋税,未当属之督抚也。曰督,曰抚,曰巡,明是巡行监察之义。故督抚之关防,布政司之方印,未尝改也。且统部之名何居乎?六部之设,自在中朝。督抚所兼,皆是虚号,未尝实有部权,分立部名也。况督抚皆又兼都察院,何以略院而不言也?舍显设之司,而称虚拥之部,既非国制,又非古称,以名则不正,以言则不顺。此不可解者二也。谓著录之例,大小《戴记》，当依类分编，如《汉志》别出《弟子职》、《小尔雅》例。(见《章氏遗书》卷十《校雠通义》内篇一《别裁》，卷十一《校雠通义》内篇二《焦竑误校汉志》)《周易》'经'及'十翼'亦当分载。夫《弟子职》故是古书别行，非刘、班所出。《小尔雅》今在《孔丛子》，《孔丛子》明是伪书，特窜入《小尔雅》以示可信，是后人之窃《小雅》，非《汉志》之析《孔丛》。乃欲缘斯谬肬，遍乱古经，则卦画之文，当别收于图籍；赓歌之语，且分录于诗篇。此其不可解者三也。谓府县地志，当以人物为重，不在考核疆域。(见《章氏遗书》卷十四《方志略例》一《记与戴东原论修志》)夫古人之地记，本不及人，后世滋繁，意存夸饰。今谓四至八到，可以略举，古今沿革，无须过详。是则志以地名，先亡其实；人以地系，先迷其邦。将晋宋之扬州，尽为广陵之产，秦汉之会稽，悉成东部之英。此其不可解者四也。凡此四端，实为大谬，贻误后学，不可不辨。其谓作史须别有宗旨，欲作《宋史》，当以维持宋学为主。(见《章氏遗书》卷十八《文集》三《邵与桐别传》)又谓《周官》师儒本分，师者，道学也；儒者，儒林也，《宋史》分立《道学》、《儒林传》为是。皆迂妄偏谲，不出村学究识见。(见《越缦堂骈文》卷□《与谭仲修书》)至讥近儒著述，多自称某某学，谓误用《汉书》某经有某氏之学语而不通，此尤不根之论。不知近儒经说之称某某学者，乃用何劭公《公羊解诂》称'何休学'之例，明谦辞也，非用《汉书·儒林传》语。章氏疏于经学，自蔽而嫉贤，好诋切并时江疆涛、戴东原、汪容甫、洪北江诸君子以自矜大，而其言失之不考，大率类此。(见《桃花圣解庵日记》"同治十二年七月初五日")其一生所最长者，在辨体例，明义法，自昌黎、半山皆诋之不遗余力，以为其文全不知法。今章氏文之传者，皆冗散缓漫，气体缓弱，其不中与韩、王作奴仆，三尺童子能辨之。夫古人文成法立，本无一定之义法也。章氏严核称谓，诚文章之要义，然其中亦自有辨，执而求之，则不能通。盖称谓莫严于碑志传状，不容一字出入，郡县官名，一参古俗，皆乖史法。降而至序记，则可稍宽矣；又降而至书问笺启，则更可稍宽矣。今名称之古而失实者，有如生员为秀才，举人为孝廉者乎？然与士友通书问，而必称之曰某生员、某举人，则哗然骇矣。名称之俗而不典者，有如知县为大令，同知为司马乎？(唐之长史乃今同知之职，司马秩在别驾下，略仿汉之都尉而非是。)然与当路通笺启，而必目之曰某知县、某同知，则色然愠矣。是惟求其不大戾乎？古以病吾文，而因文体之所宜，择近焉者以不骇乎俗，古人于此，盖亦有所不得已也。故大令不可称也，不得已而曰明府。司马不可称也，不得已而曰郡丞。生员，则秀才之可也。举人，则孝廉之可也。若碑版纪载，则确守不可易。此仆为文之旨，而亦尝取以裁量古今者也。章氏之学，自有独得处，其议论可取者甚多，浙东西中当推一作家。仆非好诋乡先生也，而其立旨纰失，亦不能为之讳。"（见《越缦堂骈文》卷□《与谭仲修书》）辞致峻厉，殆有甚于闿运者焉。而条举件系，同根煎迫，要不得不令前贤畏后贤也。

然慈铭守康成而宗戴氏，而章氏翘朱子以正戴学，道不同，不相为谋，尚曰固其所尔。亦有揭引章氏，貌同心异，而匡谬发讹，自比诤友者，是则章炳麟、张尔田也。

章炳麟与人论国学，每谓："郑樵《通志》，章氏《通义》，其误学者不少。昔尝劝人浏览，惟明真伪、识条理者可尔。若读书驳杂，素无统纪，则二书适为增病之累。郑樵所长，独在校雠、图谱、氏族数事，其他皆无可采，六书尤谬。章氏欲护其短，则云：'创条发例，未尝与小学专家絜长短。'（见《章氏遗书》卷四《文史通义》内篇四《申郑》）若尔，但作略例可矣，焉用繁辞曲证为耶？章氏虽少谬语，然其用只在方志。内篇《易教》以佛书本于羲、文，诞妄实甚。至谓象通六艺，取证尤肤，（见《章氏遗书》卷一《文史通义》内篇一《易教下》）无异决科之策。且于文人作传，则斥辨职之言。（见《章氏遗书》卷五《文史通义》内篇五《传记》）准是为例，范晔作《后汉书》，习凿齿作《汉晋春秋》，亦非身居左史，奉敕编定者也。史可私作，不嫌僭窃王章，上拟麟笔，独于《太玄》、《潜虚》，谓其非分，适自相攻伐矣。《史德》一篇，谓：'子长非作谤书，将以究天人之际，通古人之变。'语亦谛审。至谓'微文讥谤，为乱贼之居心'，（见《章氏遗书》卷五《文史通义》内篇五《史德》）宁知史本天职，君过则书，不为讪上。又述朱元晦语，以为《离骚》不甚怨君。是则屈平哀歌，徒自悲身世耳。逐臣失职，类能为之，何当与日月争光，而《古今人表》列于仁人孟荀之伍哉。刘子玄云：'怀、襄不道，其恶存于楚赋。'斯为至言。章氏之论，徒教人以谄耳。其余陋者，自撰《文德》，以为新奇，（见《章氏遗书》卷二《文史通义》内第二）不悟《论衡》已有斯语。《论衡·佚文篇》：'上书陈便宜，奏记荐吏士，一则为身,二则为人,繁文丽辞,无文德之操,治身完行,徇利为私,无为主者。'文气出于魏文《典论》,而徒推本韩、苏,何其厚弃古人也。至以庄子为子夏门人,(见《章氏遗书》卷一《文史通义》内篇一《经解上》)盖袭唐人率尔之辞,未尝订实录。庄生称田子方,遂谓子方是庄子师,斯则《让王》亦举曾、原,而则阳、无鬼、庚桑诸子,名在篇目,将一一皆是庄师矣。以《艺文志》"《平原君》七篇",谓是著书之人自托儒家,而述诸侯公子请益质疑,因以名篇居首。(见《章氏遗书》卷三《文史通义》内篇三《匡谬》)不晓平原固非赵胜,《艺文》本注,谓是朱建,建与郦生、陆贾、娄敬、叔孙通同传,陆、娄之书,亦在儒家,《汉书》明白,犹作狐疑,以此匡谬,其亦自谬云尔。昔人云:'玉卮无当,虽宝非用。'学者喜郑、章二家言,至杜佑、刘知幾则鲜留意。杜固括囊大典,朴质无华;刘亦精审,不作犷语。学之既非骤了,以资谈助,则不如郑、章之恢宏,故其弃录如此。由斯以谈,亦见学人苟简,专务窃剽矣。故其铺陈流别,洋洋盈耳,实未明其条系,甄其得失也。往见乡先生谭仲修,有子已冠,未通文义,遽以《文史》、《校雠》二种教之。其后抵掌说《庄子·天下篇》、刘歆《诸子略》,然不知其义云何。则知学无绳尺,鲜不眯乱,徒知派别,又不足与于深造自得者。"(见《章氏丛书·太炎文录》别录二《与人论国学书》)盖章炳麟之褒弹则然也。

至张尔田,则益疾言激论,以明六经之出于史,而非六经之即皆史,声章氏诬圣之罪,不惮作鸣鼓之攻。其辞曰:"章氏著《原道篇》,以谓'集大成者为周公,而孔子删述六艺,则所以学周公也。'(见《章氏遗书》卷二《文史通义》内篇二)自此论出,而先圣后圣,始若分茅而设蕝矣,不知周孔不容轩轾也。孔子以前不必有周公,而周公以后则不可无孔子。天不生周公,不过关系一姓之兴亡而已,而牺、农、尧、舜、禹、汤、文、武之书犹在也。天不生孔子,则群圣人之道尽亡,虽有王者,无从取法矣。何则?周公思兼三王,监于二代,集牺农群圣人之大成,为一代致太平。孔子则祖述尧舜,宪章文武,集周公之大成,为万世立名教,为一代致太平,则典章制度不能不详备。为万世立名教,则不惟典章制度而已,必有其精义存焉。故《周易》,史也,而孔子赞之;《诗》、《书》,史也,而孔子删之;《礼》、《乐》,史也,而孔子定之;《春秋》,史也,而孔子笔削之。非敢僭越王章也,以为后王制法,不得不然也。夫六艺皆周公之旧籍也,而有经孔子别识心裁者,则今文诸说是也;有未经孔子别识心裁者,则古文诸说是也。今文为经,经主明理,故于微言大义为独详;古文为史,史主纪事,故于典章制度为最备。典章制度乃周公致太平之迹,而我孔子思存前圣之业,有德无位,不能不假周公之旧史制法后王。其中有因乎旧史者,亦有本旧史之文,别创义例者。"(见《史微》内篇卷第八《古经论》)然则三代以上,帝王无经也,史而已矣;三代以上,帝王无教也,政而已矣。六艺皆三王之典章法度,太史职之以备后王顾问,非百姓所得而私肄也。自六艺修于孔子,三代之典章法度,一变而为孔子之教书,而后经之名始立。故经也者,因六艺垂教而后起者也。后世僻儒,其知六艺为史者鲜矣,其知六艺由史而为经者更鲜矣。知六艺为史者,挽近独一章实斋,可谓好学深思,不随流俗之士也。然章氏只知六艺之为史,而不知六艺之由史而为经,故其持论曰:"古之所谓经,乃三代盛时典章法度见于政教行事之实,而非圣人有意作为文字以传后世也。"又曰:"六艺皆周公之典章,孔子有德无位,不敢操制作之权,惟取周公典章申而明之,所以学周公也。"(见《章氏遗书》卷一《文史通义》内篇一《经解》,卷二《文史通义》内篇二《原道》)夫六艺为周公之典章法度,是固然已。然典章法度,历代不相沿袭者也。六艺虽周公旧史,苟非经孔子删定纂修,垂为万世不刊之经,又何取乎历代不相沿袭之典章法度以垂教后王也。且如章氏言,则后世会典通礼,其为政教行事之实,岂不更切于周公之典章法度乎?而章氏何以不与六艺并列为经也。既不列会典通礼于经,而独奉孔子手定之六艺为经,则六艺因孔子而重,而非因周公之典章法度而重,亦可知矣。如此而犹谓孔子不敢操制作之权,何其视圣人不如一钞胥哉。以钞胥为圣人,宜其推大成于周公,而不知孔子为万世之教祖也。欲辨孔子之教,亦惟正经与史之名而已。经与史之区分,政与教之所由判也。由前而言,六艺皆三代之政也,故谓之为史;由后而言,六艺皆孔子之教也,故谓之为经。章氏有言:"周公集典章法度之大成以行其政,孔子集周公之政以明其教。"因以为:"政见实用,而教垂空言。儒生崇性命而薄事功,皆由于盛推孔子过于尧舜也。"(见《章氏遗书》卷二《文史通义》内篇二《原道上》)若然,则垂教者绌于行政矣,政与教,岂可以空言实用分优劣哉。自周公至今日,凡几姓矣,典章法度,未闻仍沿用周公之创制。然而人莫不有亲,莫不知孝其亲,莫不有长,莫不知敬其长,则自有天地以来,未闻有改焉者也。夫典章法度,所谓政也。孝亲敬长,所谓教也。孰可实用,孰可空言,必有能辨之者。若如章氏言,以为政见实用耶?吾未闻后世天下可以实行数千载上周公之典章法度者也;以为教垂空言耶?吾未闻有亲可以不孝、有长可以不敬者也。章氏以挽近之人,服挽近之服,言挽近之言,不责人孝亲敬长,而望人实行周公之典章法度,亦可谓进退失据矣。(见《史微》内篇卷第八《明教》)夫一代之典章法度,一代之风系焉,文质异尚如循环,虽以牺、农、尧、舜、禹、汤、文、武之创制,不能历久而不变,而况周公一王之法哉。(见《史微》内篇卷第八《古经论》)然则周公之政,历代沿袭不同者也。孔子之教,天不变,道亦不变者也。天下有敢于更张周公典章法度之人,必无敢于灭裂孔子名教之人。此宰我所以盛推孔子过于尧舜也。宰我之言,见述于孟子。使孟子而崇性命,薄事功,则章氏议之是矣。使孟子而非崇性命,薄事功也,则章氏诬圣之罪为何如哉。其所以然者,由于知史而不知经也。(见《史微》内篇卷第八《明教》)斯足以明国学之准绳,而当章氏之诤友。(张尔田《史微·明教篇》后题曰:"章实斋先生书,博学详说,余所服膺。惟斯言则害于道,故敢附于诤友之列,赞而辨之。")宁得曰"蠹生于木,还食其木",漫为譬喻,而引以相讽哉。然张尔田特明六艺之由史而为经,而非径斥"六经皆史"之说,以为巨谬不然也。乃有发"六经皆礼"之说,而明"六经皆史"之大相刺谬者,是则盐城陈钟凡斠玄也。

今按钟凡之言曰:"六经皆古之典礼。百家者,礼教之支与流裔也。上世官师不分,政教合一,凡百制作,莫备于典礼。是故诸夏学术,三古礼隆其极。故礼事起于火化,礼文昭于祭祀,祭礼行于明堂,礼乐政教由是演,制度典章由是出。礼云礼云,诸夏道术之滥觞矣。周公集六代之大成,存先圣之旧典,经论制作,备于礼经。礼经者,六籍之大名,百家所由出也。征诸《周官》:'太卜掌三易之法:一曰《连山》,二曰《归藏》,三曰《周易》。其经卦皆八,其别皆六十有四。'又:'太卜之职,大祭祀,则眂高命龟。凡小事,莅卜。国大迁,大师则贞龟。凡旅,则陈龟。凡丧事,则命龟。'是《易》用诸丧祭、迁国、师旅诸卜筮者也,则《易》为礼经,此其证矣。太师教六诗:曰风,曰赋,曰比,曰兴,曰雅,曰颂。而'太师之职:大祭祀,则帅瞽登歌,令奏击拊,下管播乐器,令奏鼓鼜;(鼜读为道引之引)大飨亦如之。大射,帅瞽而歌射节。大师,执同律以听军声。大丧,帅瞽而廞作匶谥。'是《诗》亦用诸飨射、师旅、丧祭者也,则《诗》为礼经,此其证矣。大司乐以乐舞教国子,舞云门、大卷、大咸、大磬、大夏、大濩、大武。又,'大司乐之职,以六律、六同、五声、八音、六舞、大合乐,以致鬼神示,以和邦国,以谐万民,以安宾客,以说远人,以作动物。乃分乐而叙之,以祭,以享,以祀。是《乐》所以祀天神四望,祭地示山川,享先祖先妣者也,则《乐》为礼经之明证。《汉志》本《七略》曰:'古之王者,世有史官,君举必书。左史记言,右史记事。事为《春秋》,言为《尚书》。'《大戴礼》曰:'内史太史,左右手也。'是左史右史,即周官之内史太史。《尚书》、《春秋》,内史太史所掌之籍也。考太史之职:大祭祀,与执事卜日。戒及宿之日,与群执事读礼书而协事。祭之日,执事以次位常。大会同,朝觐,以书协礼事。大师,抱天时与大师同车。大迁国,抱法以前。大丧,执法以莅劝防。内史之职,掌叙事之法。受纳访以诏王听治。凡命诸侯及孤卿大夫,则策命之。凡四方之事书,内史读之。王制禄,以赞为之,以方出之。赏赐亦如之。是《春秋》为丧祭、师旅、迁国及会同、朝觐之典,《尚书》者,叙事、策命、制禄、赏赐之籍,则《春秋》、《尚书》皆礼经之明证也。故观于太卜、太师、大司乐、太史、内史,皆宗伯之属,则其所掌《易》、《诗》、《书》、《乐》、《春秋》皆先王之典礼,昭然若揭,奚待韩宣子适鲁而后知《易象》、《春秋》之为《周礼》哉。《左氏》昭二年传)故曰:'六经皆古之典礼也。'诸子者,礼教之支与流裔也。考诸《汉志》:'儒家出于司徒'。《周官》载'司徒施十有二教:一曰以祀礼教敬,二曰以阳礼教让,三曰以阴礼教亲,四曰以乐礼教和',又'以五礼防万民之伪而教之中,以六乐防万民之情而教之和',是司徒以礼教民者也。儒家学本于礼,有明验矣。道家出于史官,而'太史,大祭祀与群执事读礼书而协事,小史,大祭祀读礼法'。《史记》又谓'孔子适周,问礼于老子'。(《老庄列传》)《小戴记》孔子对曾子问礼,一则曰'吾闻诸老聃',再则曰'吾闻诸老聃'。(《曾子问》)则道家学出于礼,有明验矣。阴阳家出于羲和之官,《周官》冯相氏、保章氏之职,礼官之属也。《大戴礼》谓：'明堂为天法。'(《盛德篇》)《礼·明堂阴阳录》曰：'阴阳者，王者所以应天。'(引见《牛宏传》及《御览》)蔡邕亦谓：'明堂者，所以明天气，统万物，上通天象，故十二宫象日辰。'(《明堂月令论》)是以观象授时，本明堂之大典。阴阳家学本于礼，有明验矣。名家出于礼官，《周官》大小宗伯之职也。法家出于理官，大小司寇之职也。宗伯掌建邦之天神、人鬼、地示之礼，以佐王建保邦国。司寇掌建邦之三典，以佐王刑邦国，诘四方。司马迁曰：'礼禁未然之前，法施已然之后。法之所为用者易见，而礼之所为禁者难知。'(《史记·自叙》)陈宠曰：'礼经三百，威仪三千。故《甫刑》，大辟二百，五刑之属三千。礼之所去，刑之所取，失礼则入刑，相为表里。'(《后汉书》本传)故刘氏谓其辅礼制，则名家、法家学出于礼，有明验矣。墨家出于清庙之守，《周官》巫祝之职也。蔡邕曰：'取其宗祀之貌，则曰清庙。取其堂，则曰明堂。异名同实，其实一也。'(《明堂月令论》)《吕览》言：'鲁惠公使宰让请郊庙之礼于天子。桓王使史角往，惠公止之。其后在于鲁，墨子学焉。'(《当染》)则墨学出于礼之明验也。纵横家出于行人之官，《周礼》大小行人之职也。大行人，掌大宾之礼及大客之义，以亲诸侯。小行人，掌邦国宾客之礼籍，以待四方之使。则纵横家学本于礼之明验也。杂家出于议官，《周官》三公之职也。《尚书》言：'三公论道经邦，燮理阴阳。'(《周官》)《吕览》首陈十二纪，《淮南》亦训《时则》，并本夏时遗制，为《小戴·月令》之所本。是杂家学本于礼之明验也。农家出于农稷之官。《国语》载虢文公谏周宣王曰：'民之大事在农，上帝之粢盛于是乎出，民之蕃庶于是乎生，事之供给于是乎在，是故稷为大官。古者，太史顺时覛土，阳瘅愤盈，土气震发。农祥晨正，日月底于天庙，土乃脉发。先时九日，太史告稷曰：自今至于初吉，阳气俱蒸，土膏其动。弗震弗渝，脉其满眚，谷乃不殖。稷以告王。及期，王裸鬯，飨醴乃行。后稷监之，膳夫、农正陈籍礼，太史赞王，王敬从之。王耕一坺，班三之。而时布之于农。稷则遍诫百姓，纪农协功。民用莫不震动，恪恭于农。'(《周语》)是后稷播时百谷，必遵太史敬授民时，则农家学本于礼之明证也。小说家出于稗官，《周官》土训、诵训、训方氏、匡人、撢人诸职也。土训，掌道地图，道地慝。诵训，掌道方慝。训方氏，掌道四方之政事与其上下之志，诵四方之传道。匡人,掌达法则,匡邦国而观其慝。撢人,掌诵王志。凡是诸职,皆所以布则训四方,道方志方慝以诏王国。是小说家学本于礼之明证也。然则诸子出于王官者,其学即莫不原于典礼。故礼学为道术之根荄、群言之郛廓。六经诸子,莫不由此滋生萌蘖。章学诚不明乎此,妄有'六经皆史'之论。若谓六经掌于史官,应得史称,不知《春秋》、《尚书》掌于太史、内史,而《诗》、《易》则分掌于太卜、太师,乐掌于司乐,礼掌于宗伯,各有当官,非必史官之专守,(史氏所掌当属其贰)则不得并名为史。'六经皆史'之说,发自王守仁。章学诚申其说,龚巩祚更畅言之,谓:'任照之史,为道家祖。任天之史,为农家祖。任约剂之史,为法家祖。任名之史,为名家祖。任文之史,为杂家祖。任讳恶之史,为阴阳家祖。任喻之史,为纵横家祖。任本之史,为墨家祖。任教之史,为小说家祖。'(《古史钩沉论》)语半无征,将焉取信。今推寻本柢,正以'六经皆礼'之说。"(见《诸子通谊》卷上《原始》)则是与章氏之明"六经皆史"者,如别黑白之不同矣。然其以《周官》为根柢,以《汉书·艺文志》为崖廓,则又与章氏无乎不同者也,可谓貌同而心异者焉。於戏!章氏不云乎,"古人最重家学,叙列一家之书,凡有涉此一家之学者,无不穷源至委,竟其流别,所谓著作之标准,群言之折衷也。"(见《章氏遗书》卷十《校雠通义》内篇一《互著》)余故备著异议,不惮烦琐,利钝毕著,义蕴究宣矣。

博端诵章书,发蒙髫年,迄今四十,玩索不尽。粗述睹记,以为成学治国闻者观览焉。

(《国光》1929 年第 1 期)

刘知幾与章实斋之史学

张其昀

目次：（一）导言；（二）典籍之搜罗；（三）校雠与考证；（四）论纪载之真确；（五）史之义例甲、类例，乙、断限，丙、史之宗旨；（六）史之述作；（七）结论上；（八）结论下。

一 导 言

历史者，人道之纪录。古人之言行思想，藉历史以传遗后人，后人积累古人之经验以善其生。展转递增，展增递蜕，人类社会逐渐见进化之迹。是故民族文化之高下，亦可以其所产生史家与史篇多寡之数为差。古今中外，作史者众矣，然往往徒矜文采，尚弘丽而失信。至于能商榷史法，讨论书之体裁、文之法度者，有史以来，甚不多觏。其在西洋，德史家贝恒（Bernhein）始考史著，裁定史例，距今仅三十二年耳[①]。中国史籍，自《春秋》经传，初发凡例，《史》、《汉》以下，莫有准的。南朝梁时有刘勰者，深知史法之要，而未遑自创条例也。

《文心雕龙》第十六《史传》：居今识古，其载籍乎。（中略）按《春秋》经传，举例发凡，自《史》、《汉》以下，莫有准的。俗皆爱奇，莫顾实理。传闻而欲伟其事，录远而欲详其迹，于是弃同即异，穿凿傍说，此讹滥之本源，而述远之巨蠹也。（中略）至于寻烦领杂之术，务信弃奇之要，明白头讫之序，品酌事例之条，晓其大纲，则众

[①] 贝恒于一八八九年（即光绪十五年）著 Lehrbuch der Historischen Methode。见 Fling：The Writing of History 二三页。

理可贯。然史之为任,乃弥纶一代,负海内之责,而赢是非之尤,秉笔荷担,莫此为劳。

唐史家刘知幾怀独见之明,负不刊之业,历观自古史传,积习忘返,乖作者之规模,违哲人之准的,喟然叹息,思欲厘革前史,刊定得失。

> 自汉以降,几将千岁,作者相继,求其善者,盖亦几矣。(《史通》内篇二十二《叙事》)

> 呜呼！去圣日远,史籍逾多,得失是非,孰能刊定。假有才堪厘革,而以人废言,此绕朝所谓勿谓秦无人,吾谋适不用者也。(《史通》内篇二十一《浮词》)

美志不效,中怀阙然,因发愤而著《史通》,分内外篇,备载史例之要。

> 《史通》之为书也,盖伤当时载笔之士,其义不纯,思欲辨其指归,殚其体统。(内篇三十六《自叙》)

> 夫史之有例,犹国之有法,国无法则上下靡定,史无例则是非莫准。(内篇十二《序例》)

其书讥评古今,辨别源流,条分缕析,详其是非,中国评论史学之专书,自刘君始。夫以千载奉行,持为故事,而一朝纠正,必惊愚俗。刘君虽掌知国史垂二十载,然见窘于朋党,不得已而整齐故事,俯同妄作,深足悲也。自唐以降,诸作史者,大抵陈人耶。纪传泛滥,书志不能言物始,苟务编缀,而无所于期赴①。盖史学之衰久矣！至清乾隆时,会稽章实斋(学诚)独能缵刘君之绩,识前史不足以语史学。

> 自迁、固以后,史家既无别识心裁,所求者徒在其事其文。(《文史通义》内篇五《申郑》)

> 整齐排比,谓之史纂;参互搜讨,谓之史考,皆非史学。(同《浙东学术》)

> 既不获与纂国史,又伤州县志书通无识力,漫漶无当。

---

① 引章太炎:《尊史》(《检论》二)。

> 州县志乘，虽有彼善于此，而卒鲜卓然独断，裁定史例，可垂法式者。（外篇三《修志十议》）
>
> 近人修志，识力不能裁断，又贪奇嗜琐。（中略）漫漶无当，扰而不精。（同《书吴郡志后》）

念方志亦属信史，体裁当规史法，特屡膺志乘之聘。故章君之新史学，多寓于其所修诸志序例之中。章君以修志不足以尽其学，因著《文史通义》一书，辨古史之源流，定述作之标准，自信为千古史学开辟榛芜，以世人未能具领其学，故创论尚多隐而未宣者。

> 拙撰《文史通义》，中间议论开辟，实有不得已而发挥，为千古史学开其榛芜。然恐惊世骇俗，为不知己者诟厉，姑择其近情而可听，稍刊一二，以为就正同志之质，亦尚不欲遍示于人也。（《与汪辉祖书》）

就已刊之本观之，其书大抵仿《史通》之体，而详其所略，补其所不及。虽半涉文学，而于史学发明孔多。又著《校雠通义》，论校书及著录之道，章君之书，盖吾国史学评论第二部名著也。①

刘章二君皆负良史才，博而能断，既不得志于当世，惟建言为将来法。

> 刘君自叙获罪当时，章君亦见嗤于并世大儒戴东原辈，自谓修《湖北通志》，在于众谤群哄之际。

然凿山浚源，疑古惑经，为学究之所骇。虽不乏知音之士，而未闻继续研究，发挥而光大之。呜呼！西洋史学自贝恒以来，学者踵起。大

---

① 按章君《志隅》曰：至唐而史学绝矣。其后如刘知幾、曾巩、郑樵皆良史才，生史学废绝之后，能推古人大体，非唐宋诸儒所能测识。余考《宋史·曾巩传》，称其曾任史馆修撰，未闻著作。郑樵著《通志》，章君盛称其卓识名理，独见别裁，古人不能任其先声，后代不能出其轨范。《文史通义·释通》其所推奖者至矣。然《通志》自序，旨在综天下之学术，百代之宪章，而条其纲目为《二十略》，故《通志》实一革新体之史著，而非评论史学之专书，其史例大要见于总序及艺文、校雠、图谱诸略，识力诚精绝，顾范围尚狭，近代史家所论之内证、外证、史之宗旨、史之述作之类，郑君多未及议。余故以章君之书，为中国史学评论第二部名著。章君之史学，如贯串通义、精校雠、重图表之类，自皆渊源郑君，故本篇间亦撮述郑君之学说。

又按章君家书云：吾于史学，自信发凡起例，多为后人开山。而人乃拟吾于刘知幾，不知刘言史法，吾言史意；刘议开局纂修，吾议一家著述。余读二君之书，知其互有详略，原非因袭。然互相补益，相需而备，章君实刘君之功臣，其论史精神先后一贯，故合述之。

抵前修未密，后出转精，或究义理，或述史册，故年未半百，而成效卓然。吾国有千二百年前、百五十年前史学大家，发凡起例，特著专书，至今竟以无学闻于世。此章君所为抚卷太息，刘君所以深慨为莫谓秦无人，吾谋适不用者也。

  《通义》示人，而人犹疑信参之，盖空言不及征诸实事。《志隅》二十篇，略示推行之一端能反其隅。（中略）天下解者不过一二人，亦不暇究其业焉。笑且诽者又无论已，则余所为抚卷而欷歔者也。（《志隅》）

  余近读西洋史家朗各（Langlois）、辛诺波（Seignobos）、文森（Vincent）、鲁宾孙（Robinson）、法林（Fling）诸氏之书①，觉西人所研究之史学问题，二君多已道其精微。其不逮之处，则在近世西洋史家能吸收科学发明之精华，故于人类起源、演进及未来诸观念，皆有实证以张其新理。二君则为时地所限，故阙而不详，无足怪也。余今不揣寡昧，综述《史通》与《文史通义》、《校雠通义》三书，新立条章，区分类聚，编而次之，为成学治国闻者参考焉。

附刘君传略及《史通》篇目

  刘知幾，唐彭城人。今江苏铜山县字子玄，以高宗龙朔元年生，玄宗开元九年卒，即西元六六一年至七二一年年六十一。君通览群史，尽其利害。武后时三为史官，掌知国史二十余年。《史通》成于中宗景龙四年，西元七一一年凡内篇三十六，外篇十三。

〔内篇〕

  （一）六家，（二）二体，（三）载言，（四）本纪，（五）世家，（六）列传，（七）表历，（八）书志，（九）论赞，（十）序例，（十一）题目，（十二）断限，（十三）编次，（十四）称谓，（十五）采撰，（十六）载文，（十七）补注，（十八）因习，（十九）邑里，（二十）言语，（二十一）浮词，（二十二）叙

---

① Langlois 与 Seignobos 皆法人，合著 *Introduction to the Study of History*；Vincent 著 *Historical Research*，Robinson 著 *New History*，Fling 著 *The Writing of History*，以上三君皆美国人。

事,(二十三)品藻,(二十四)直书,(二十五)曲笔,(二十六)鉴识,(二十七)探赜,(二十八)模拟,(二十九)书事,(三十)人物,(三十一)核才,(三十二)序传,(三十三)烦省,(三十四)杂述,(三十五)辨职,(三十六)自叙。

〔外篇〕

(一)史官建置,(二)古今正史,(三)疑古,(四)惑经,(五)申左,(六)点烦,(七至九)杂说,(十)五行志错误,(十一)五行志杂驳,(十二)暗惑,(十三)忤时。

附章君传略及《文史通义》、《校雠通义》篇目

章学诚,字实斋,清浙江会稽人。生于乾隆三年,卒于嘉庆六年。即西元一七三八年至一八〇一年章君年十五六,即志于史学,纵览群籍,洞悉其利弊。三十许,肄业国子监。师事大兴朱筠(竹君),与姚江史家邵晋涵成深交。章君毕一生尽瘁于讲学与修志,尝主讲大名之清漳书院、永平之敬胜书院、保定之莲池书院、归德之文正书院。先后纂修《和州志》《永清县志》《亳州志》《湖北通志》《常德府志》《荆州府志》等。流离奔走,亘四十年。晚年依制府毕沅于武昌,深感知遇,得以心力编辑《史籍考》,助修《续通鉴》。而《湖北通志》之役,亦能于众谤群哄之际,独恃督府一人之知,卓然无所动摇。用其别识心裁,为撰方志者开山。自诩雅有一得之长。非漫然也。迨毕沅去位,章君自湖北回乡,借贷俱竭,疾病日侵,可谓惫矣。卒时年六十一。《文史通义》内篇五卷,外篇三卷;《校雠通义》三卷。大部成于五十岁以后。据胡适著《章实斋先生年谱》

(甲)《文史通义》篇目(以关于本文者为限)

内篇 (一)易教上,书教上中下;(二)原道下,言公上中;(三)史德,史释,史注;(四)说林,释通;(五)申郑,答客问上中下,浙东学术。

外篇 (一)方志立三书议,州县请立志科议,和州志舆地图序例;(二)永清县志序例,亳州志序例;(三)答甄秀才论修志书,修志十议,为张吉甫司马撰大名县志书。

(乙)《文史通义补编》篇目(灵鹣阁丛书第四集·元和江氏本)(但录有关本文者)·

志隅,杂说,为毕制府拟进湖北三书序,与陈观民工部论湖北通志,跋湖北通志检存稿。

(丙)《章氏遗书》篇目之见于胡适著《章实斋先生年谱》者

答沈枫墀论学,与周永清论文,代毕沅作书寄钱大昕,与邵二云论修宋史书,韩柳年谱书后,史学别录例议,与汪辉祖书,报孙渊如书,上辛楣宫詹书,家书,修史籍考要略。

(丁)《校雠通义》篇目

(一)原道,(二)宗刘,(三)互著,(四)别裁,(五)辨嫌名,(六)补郑,(七)校雠条理,(八)著录残逸,(九)藏书,(十)补校汉艺文志,(十一)郑樵误校汉志,(十二)焦竑误校汉志,(十三至十七)汉志。

二 典籍之搜罗

典籍者,古人思想行为之遗迹也。古人已往,不能亲观,彰往察来,典籍是资。历史为间接之方法,无典籍即无历史,故典籍为史学之起点。

刘君言为史之道,其流有二,综其旨归,不外典籍。

> 夫为史之道,其流有二。何者,书事记言,出自当时之简;勒成删定,归于后来之笔。然则当时草创者,资乎博闻实录,若董狐、南史是也;后来经始者,贵乎俊识通才,若班固、陈寿是也。必论其事业,前后不同,然相须而成,其归一揆。(《史通》外篇一《史官建置》)

章君师其遗意,名之曰记注与撰述,记注欲其赅备无遗,而后史家取材,渊源不竭。

> 记注欲往事之不忘。(中略)欲其赅备无遗,故体有一定;撰述欲来者之兴起。(中略)欲其抉择去取,故例不拘常。(《文史通义》内篇一《书教中》)

章君盛称古人之于典籍,不惮繁复周悉,以为记注之备。

> 《周官》六典之文,盖五倍其副贰,而存之于掌故焉。其他篇籍亦称是。是则一官失其守,一典失于水火之不虞,有司皆得藉征于副策。(中略)盖官礼制密,而后记注有成法;记注有成法,而后撰述可以无定名。以谓纤悉委备,有司具有成书,而吾特举其重且大者,以示帝王经世之大略。而典训诰谟贡范官刑之属,详略去取,惟意所命。(《书教上》)

> 古人之于史事,未尝不纤析也。外史掌四方之志,是一国之全史也。而行人又献五书,太师又陈风诗,是王朝之取于侯国,其文献之征,固不一而足也。(《文史通义》外篇《方志立三书议》)

自《周官》之法废,而记注不足备其全,于是史家不得不网罗天下之放失旧闻,以备其事之始末。

> (上略)至官礼废而记注不足备其全,《春秋》比事以属辞,而《左氏》不能不取有司之掌故,与夫百国之宝书,以备其事之始末,其势有然也。(《书教上》)

虽炎汉之世,州郡上计先集太史。然自马迁卒后,故事不奉。章君推迹史学之衰,由于记注无成法,伪乱真而文胜质,陈古刺今,感慨系之矣。

> 三代以上,记注有成法,而撰述无定名;三代以下,撰述有定名,而记注无成法。夫记注无成法,则取材也难;撰述有定名,则成书也易。成书易则文胜质矣,取材难则伪乱真矣。伪乱真而文胜质,史学不亡而亡矣。良史之材,间世一出,补偏救弊,愈且不支,非后人学识不如前人,《周官》之法亡,而《尚书》之教绝,其势不得不然也。(《书教上》)

夫后世修史者,文献难征,自不得不好古敏求,广事搜罗。言征集史料之法,章君之所发明,远较刘君为详。综而述之,盖有六端。

一曰先王政典。

> 六经皆史也,六经皆先王之政典也。六经皆先王得位行道,经纬世宙之迹,而非托于空言。(《文史通义》内篇一《易教上》)

二曰州郡方志。

> 方志具体而微,国史于是取裁。(外篇一《方志立三书议》)

> 州县志书,下为谱牒传志持平,上为部府征信,实朝史之要删也。史官必合天下纪载而籍备,惟分者极其详,然后合者能择善而无憾也。(外篇一《州县请立志科议》)

三曰金石图谱。

> 三代钟鼎,秦汉石刻,款识奇古,文字雅奥。(中略)取辨其事,虽庸而不可废。(内篇二《言公中》)

> 治《易》者必明乎象,治《春秋》者必通乎谱。图象谱牒,《易》与《春秋》之大原也。夫谓之系辞属辞者,明乎文辞属其后也。然则图象为无言之史,谱牒为无文之史,相辅而行。(中略)图学失传,由司马迁有表无图,遂使后人不知采录。图之远者,姑弗具论,自《三辅黄图》、《洛阳宫殿图》以来,都邑之簿,代有成书,后代搜罗,百不存一。(中略)好古之士,载考陈编。口诵其辞,目迷其象,是亦载笔之通弊,斯文之阙典也。(《文史通义》外篇一《和州志舆地图序例》)

四曰诗文歌谣。

> 诗类今之文选耳,而亦得与史相终始者,何哉?土风殊异,人事兴衰,纪传所不及详,编年所不能录,而参互考验。其合于是中者,如鸱鸮之于《金縢》,乘舟之于《左传》之类。(《与甄秀才论文选义例书》)

> 文集者,一人之史也。家史、国史与一代之史,亦将取以证焉。(《韩柳年谱书后》)

> 风俗篇中,有必须征引歌谣之处,即《左》、《国》引谚征谣之义也。(外篇三《修志十议》)

五曰官府簿籍。

> 史之为道也,文士雅言,与胥吏簿籍,皆不可用。然舍是二者,无所以为史矣。(外篇一《方志请立三书议》)

六曰私门撰述。

> 国史不得已而下取于家谱、述状、文集、记述,所谓礼失求诸野也。(《方志请立三书议》)

章君之意,以为盈天地间,凡涉著作之林者皆是史学。

> 承询《史籍考》事,取多用宏,包经而兼采子集。(中略)愚之所见,以为盈天地间,凡涉著作之林,皆是史学。(《报孙渊如书》)

盖典籍皆古人言行思想之遗蜕,即可取以考见古人活动之迹。故章君言搜罗史料之广,实为有史以来所仅见也。

附章君《史籍考》总目(见胡适《章实斋先生年谱》一○○页)

一、制度 二卷。

二、纪传部 正史十四卷,国史五卷,史稿二卷。

三、编年部 通史七卷,断代四卷,记注五卷,图表三卷。

四、史学部 考订一卷,义例一卷,评论一卷,蒙求一卷。

五、稗史部 杂史十九卷,霸国三卷。

六、星历部 天文二卷,历律六卷,五行二卷,时令二卷。

七、谱牒部 专家二十六卷,总类二卷,年谱三卷,别牒三卷。

八、地理部 总载五卷,分载十七卷,方志十六卷,水道三卷,外裔四卷。

九、故事部 训典四卷,章奏二十一卷,典要三卷,吏书二卷,户书七卷,礼书二十三卷,兵书三卷,刑书七卷,工书四卷,官曹三卷。

十、目录部 总目三卷,经史一卷,诗文(即文史)五卷,图书五卷,金石五卷,丛书三卷,释道一卷。

十一、传记部 记事五卷,杂事十五卷,类考十三卷,法鉴三卷,言行三卷,人物五卷,别传六卷,内行三卷,姓名二卷,谱录六卷。

近代史家所谓典籍(Document)者,大别为二:一,心理之遗迹,文字是也。二，物质之遗迹，器物（Remains）是也。章君所言，除金石外，皆属文字之典籍。金石稽古，议本郑樵，其见甚卓，顾尚不足以包器物之全耳。

《通志总序》：金石之功，寒暑不变，以兹稽古，庶不失真。今艺文有志，而金石无纪，臣于是采三皇五帝之泉币，三王之鼎彝，秦人石鼓，汉魏丰碑，上自仓颉石室之文，下逮庶人之书，各列其人而名其地，故作金石略。

近五十年来，考古之学日兴。西方学者，采掘地藏，创获甚多。于是有史以前之事，向视为荒昧无稽者，今则渐有端绪可寻。千古之秘，一旦宣泄，是皆考证古物之功也。吾国史家，自孔子删《书》，断自唐虞。太初之事，盖以言不雅驯，难以垂后，虽百家时有三皇十纪之传说，而不为信史。刘君亦以其非坟典所载，纠其不经。

自尧而往，圣贤犹述，求其一二，仿佛存焉。而后来诸子，广造奇说，其语不经。故马迁有言：神农以前，吾不知矣。班固亦曰：颛顼之事，未可明也。斯则坟典所记，无得而称者焉。（《史通》外篇二《古今正史》）

学者因循，皆无采视石史之志。原人生活，暗昧未详，遂使东西史家，逞其不根之游说（如汉族西来之说，言者纷然，莫衷一是），是皆吾国人向不重视器物为史料之故也。然而章君隐然有前知矣。

古物苟存于今，虽户版之籍，市井泉货之簿，未始不可备考证也。（《文史通义》外篇二《亳州志·掌故例议中》）

至其特辟列女一传，扫陋儒之成见。其修永清诸志，至于亲询乡妇委曲，（见《与周永清论文》）其思想之勇，考信之勤，或为古今史家所未及也。

列女名传，创于刘向。班马二史，均阙此传。范蔚宗《东汉书》中，始载列女。自东汉以后，误以罗列之列为殉烈之烈。于是法律之外，可载者少。而蔡文姬入史，人多议之。（中略）今苟有才情卓越，操守不同，或有文苑可观，一长擅绝者，不妨入于列女，以附方

技、文苑、独行诸传之例,庶妇德之不尽出于节烈。而苟有一长足录者,亦不致有湮没之叹云。(外篇三《答甄秀才论修志第二书》)

夫古史阙佚,采辑难周,疑信相杂,整齐不易,必须穷微索隐,参镜群言,然后删其掌故而裁为典要。荀卿有言:传者久则论略,近则论详。洵乎稽古之难也。岁月如流,目前之事,悠成往迹,有志之士,若不及时实录,将使后来良史,畴所征信。是故征集史料,固史家之首务,而保存纪载,亦史家之大任。刘、章二君皆见及此,以为地小年近,易为功力。

夫地之偏小,年之窘迫,适使作者采访易洽,巨细无遗,耆旧可询,隐讳易露,此小国之史所以不减于大邦也。(《史通》内篇三十三《烦省》)

修志有二便,地近则易核,时近则迹真。(《文史通义》外篇三《修志十议》)

而章君议立州县志科,孤识周虑,讨论最详。大旨谓有司主事,关会典故,学校师儒,从公讨论,储材于平日,详备而覈核,绍《周官》之旧典,建将来之良法。

志之为体,当详于史。而今之志乘所载,百不及一。此无他,搜罗采辑,一时之耳目难周;掌故备载,平日之专司无主也。尝拟当时者,欲令志无遗漏,平日当立志科。凡政教典故,堂行事实,六曹案牍,一切皆令关会。目录真迹,汇册存库,异日开局纂修,取裁甚富。(《文史通义》外篇三《答甄秀才论修志第一书》)

州县之志,不可取办于一时,平日当于诸典吏中特立志科。史官失而野史逞其私,晚近文集传志之猥滥,说部是非之混淆,其渎乱纪载,荧惑清议,盖不可得而胜诘者矣。苟于论定成编之业,必呈副于志科,而学校师儒,从公讨论,则地近而易于质实,时近而不能托于传闻,而不致有数者之患矣。(外篇一《州县请立志科议》)

按州郡立志,昉自明世(此语本章君《答甄秀才论修志第一书》。柳先生曰:"州郡立志,其源甚古。《隋志》所载晋熊默《豫章旧志》、齐崔蔚祖《海岱志》等,今虽不传,要为其时各地有志之证")。习俗沿修,率凭

一时采访，人多庸猥，例罕完善。清初大儒若戴震辈，但知方志为地理专门，而文献非其所急。（外篇三《记与戴东原论修志》）

章君独以志属信史，体裁当规史法（外篇三《为张吉甫司马撰大名县志书》）。详略去取，精于条理。政教典故，备于平日。使后有专家，但须提元钩要，达于大体，即足以尽良史之能事。盖分者极其详，然后合者能择善而无憾也。独慨夫古今中外，喻此者鲜。书阙有间，故校雠考征之业繁；挟私诬罔，故真讹舛讹之辩烈。史学之难，为他科最。考据之学，必须分析。今述之于下。

三 校雠与考证

夫古书流传至今，累次抄写，又遭兵火虫鱼之劫，其间伪漏、窜乱、补缀、剽窃者多矣。古籍既乱，古义遂亡。

子曰：吾犹及史之阙文也。是故史文有阙，其来尚矣。自非博雅君子，何以以补遗逸者哉。（《史通》内篇十五《采撰》）

夫坟典已亡，而作伪之搜辑补苴，亦未必无什一之存也。然而不得不深于作伪者，遗篇逸句，附于阙文，而其义犹存。附会成书，而其义遂亡也。

故章君言治书之道与求书并重。

郑樵论求书遣官，校书久任之说，真得校雠之要义矣。夫求书在一时，而治书在平日。求书之要，即郑樵所谓其道有八，无遗议矣。（《通志·校雠略》求书之道有八：一曰即类以求，二曰旁类以求，三曰因地以求，四曰因家以求，五曰求之公，六曰求之私，七曰因人以求，八曰因代以求，当不一于所求也。）治书之法，则郑樵所未及议也。古者同文称治。汉制：吏民上书，字或不正，则举劾之。蔡邕正定石经，以谓四方之民，至有贿改兰台漆书，以合私家文字者。是当时郡国传习，容有与中书不合者矣。然此特小学字体言之也。若纪载传闻，诗书杂志，真讹纠错，疑似两渻，其隐显出没，大抵非一时征求所能汇集，亦非一时讨论所能精详。凡若此

者,并当于平日责成州县学校师儒讲习考求,著为录籍。(《校雠通义》七《校雠条理》)

盖征求故籍,采撰群言,固嚆矢之功程;整齐脱误,是正文字,尤当前之要务也。章君以为校勘一书,宜广储副本、以待质正,注明原文,存其阙目,又引语必标最初所出之书。

校书宜广储副本,刘向校雠中秘,有所谓中书,有所谓外书,有所谓太常书,有所谓太史书,有所谓臣向书、臣某书。夫中书与太常书,则官守之书不一本也;外书与臣向、臣某,则家藏之书不一本也。夫博求诸书乃得雠正一书,则副本固宜广储以待质也。(《校雠条理》)

古之校雠,于书有讹误,更定其文者,必注原文于其下。其两说可通者,亦两存其说。删去篇次者,亦必存其阙目,所以备后人之采择,而未敢自以为是也。(《校雠条理》)

考证之体,一字片言,必标所出。所出之书,或不一而足,则必标最初者。最初之书既亡,则必标所引者,是乃慎言其余之定法也。(《文史通义》内篇四《说林》)

极其精微,则为总类群书,著录部目,参互错综,旁证远搜。

夫著录之道,系于考证,存其部目,可以旁证远搜。(《校雠通义》十六《汉志兵书》)

校雠之先,宜尽取四库之藏,中外之籍,择其中之人名、地名、官阶、书目,凡一切有名可治、有数可稽者,略仿《佩文韵府》,悉编为韵。乃于本韵之下注明原书出处,及先后篇第,自一见再见以至数十百详注之,藏之馆中,以为群书之总类。至校书之时,遇有疑似之处,即名以求韵,因韵以检本书,参互错综,即可得其至是。(《校雠条理》)

是则由鱼鲁亥豕之细,恢弘至于辨章学术,考镜源流矣。

家法不明,著述所以日下也;部次不精,学述所以日散也。(《校雠通义》二《宗刘》)

古人著录,不徒为甲乙部次计。(中略)盖欲人即类求书,因书

究学。(中略)所谓著作之标准,群言之折衷也。(《校雠通义》三《互著》)

章君于校雠之学,深得向、歆、郑樵之旨,孑孑独造,有功古人,有光来学。

校雠之义,盖自刘向父子部次条别,将以辨章学术,考镜源流,非深明于道术精微,群言得失之故者,不足与此。

郑樵生千载之后,慨然有会于向、歆讨论之旨,因取历朝著录,略其鱼鲁亥豕之细,而特以部次条别,疏通伦类,考其得失之故,而为之校雠。盖自石渠天禄以还,学者所未尝窥见者也。(《校雠通义叙》)

言其要领,则有所谓重复互注之法。

书之易混者,非重复互注之法,无以免后学之牴牾;书之相资,非重复互注之法,无以究古人之源委。(《校雠通义》三《互著》)

欲免一书两入之弊,但须先作长编,取著书之人与书之标名,按韵编之,详注一书源委于其韵下。(中略)深究载籍,详考史传。(中略)然后可以有功古人,而有光来学耳。

校书著录,其一书数名者,必当历注互名于卷帙之下。(《校雠通义》五《辨嫌名》)

有所谓裁篇别出之法,与西洋所谓 Bibliography 者相近,是为科学著作(Scientific Exposition)之所贵。

或曰:裁书别出之法行,则一书之内,取裁甚多,纷然割裂,恐其支离破碎而无当也。答曰:学贵专家,旨存统要,显著专篇,明标义类者,专门之要学所必究,乃撰取于全书之中焉。章而鉥之,句而厘之,牵率名义,纷然依附,则是类书纂辑之所为,而非著录源流之所贵也。且如韩非之《五蠹》、《说林》,董子之《玉杯》、《竹林》,当时并以篇名见行于当世,今皆会萃于全书之中。则古人著书,或离或合,校雠编次,本无一定之规也。然则裁篇别出之法,何为而不可以著录乎?(《校雠通义》十《焦竑误校汉志》)

其苦思孤诣，至可惊服。惜前世大儒，罕有用之。章君既建言为将来法，则继志述事，后学者责无旁贷矣。考据之学，其道有二：书本之校勘一也，文义之申释二也。夫作者深远，常有微言，若非究其本旨，阐其家学，何以转授于后世乎？史有传注，其来尚矣。刘章二君，尝详言之。

昔《诗》、《书》既成，而毛、孔立传，传之时义，以训诂为主。盖传者转也，转授于无穷；注者流也，流通而靡绝。（中略）裴骃、李奇、应劭、晋灼训解三史，开导后学，发明先义。（《史通》内篇十七《补注》）

昔夫子作《春秋》也，笔削既具，复以微言大义，口授其徒。三传之作，因得各据闻见，推阐经蕴，于是《春秋》以明。（中略）至于史事，则古人以业世其家学者，就其家以传业。（中略）史迁著百三十篇，乃云藏之名山，传之其人。其后外孙杨恽，始布其书。班固《汉书》，自固卒后，一时学者未能通晓。马融乃伏阁下，从其女弟受业，然后其学始显。夫马班之书，今人见之悉矣。而当日传之必以其人，受读必有所自者，古人专门之业，必有法外传心，笔削之功所不及，则授其徒而相与传习其业，以垂永久也。迁书自裴骃为注，固书自应劭作解，其后为之注者，犹若干家，则皆阐其家学者也。魏晋以来，著作纷纷，前无师承，后无从学，且其为文也，体既滥漫，绝无古人笔削谨严之义；旨复浅近，亦无古人隐微难喻之故。自可随其诣力，孤行于世耳。（《文史通义》内篇三《史注》）

然古今世隔，师授路绝，遥溯之力，甚难为力。盖古文简漏，推求难详。

古文载事，其词简约，推者难详，缺漏无补，遂令学者莫究其源。（《史通》外篇三《疑古》）

门户分歧，解说牴牾。

训诂章句，疏解义理，考求名物，皆不足以言道也。取三者兼用之，则以萃聚之力，补遥溯之功，或可庶几耳。而经师先已不能无牴牾，传其说者，又复各分门户。（中略）门径愈歧，大道愈隐矣。

(《文史通义》外篇二《原道下》)

又或妄生穿凿，失其指归。

> 夫前哲所作，后来是观。苟失其指归，则难以传授。而或有妄生穿凿，轻究本源，是乖作者之本旨，误生人之后学。其为谬也，不亦甚乎。(《史通》内篇二十七《探赜》)

会斯三端，加以学者驰逐忘返，误以擘绩补苴为天下之能事，此刘章二君所以疾首于考据之流弊，叹为菁华久谢、大道愈隐也。

> 古今世殊，师授路隔。(中略)徒以研寻蠹简，穿凿遗文，菁华久谢，糟粕为偶，遂使理有未达，无由质疑。是以握卷踌躇，挥毫悱愤。(《史通》外篇四《惑经》)

> 今之学者，以谓天下之道，在乎较量名数之异同，辨别音训之当否，如斯而已矣。是何异观坐井之天，测坳堂之水，而遂欲穷六合之运度，量四海之波涛，以谓可尽哉。(《文史通义》内篇五《答客问下》)

虽然，考据为史学必经之历程，不由其道，则不解典籍，或误解典籍。故章君曰：是亦专门之业，不可忽也。

> 考索之家，亦不易易。大而《礼》辨郊社，细若《雅》注虫鱼，是亦专门之业，不可忽也。(中略)立言之士，读书但观大意；专门考索，名数究于细微。二者之于大道，交相为功。(《答沈枫墀论学》)

西人称考据分析之事为方法，与章君所谓功力者，其意正同。

> 学与功力，实相似而不同。学不可骤几，人当致力乎功力则可耳。指功力以为学，是犹指秫黍以为酒也。(《文史通义》内篇二《博约中》)

功力固不可即指以为学，而学由于是，此西洋史家所以发"无考据即无历史"(No erudition, no history)之论也。学者诚能舍短集长，博而知要，由分析而之综合，由征实而致发挥，由功力而通义例，庶几矣。

四　论纪载之真确

典籍备矣，校雠完矣，然史料之价值，尚未可知。刘君有言：良史以实录直书为贵(《惑经篇》)。而又谓史职求真，特为难遇。

嗟乎！必于史职求真，斯乃特为难遇者也。(《史通》内篇三十五《辨职》)

何则？诞者不信，惭者不直。曲笔诬书，秽累浮讹，至于是非相乱，真伪莫分，或事迹牴牾，前后乖舛，生则厚诬当世，死则暗惑千载。

汉魏以降，史官取人，有声无实，生则厚诬当时，死则致惑来代。(外篇一《史官建置》)

昔孟子有"尽信书不如无书"之叹，异辞疑事，学者可不善思之乎？孔子因鲁史作《春秋》，首考真伪。

仲尼因鲁史策书成文，考其真伪而志其典礼。

学者尊经，宜宗斯旨。凡征史书，当怀疑虑，剖析舛讹，详其是非，审思明辨，不为瞽罔。然此固为常情之所难也。

世以《春秋》善无不备，审形者少，随声者多，相与雷同，莫之指实。(外篇四《惑经》)

刘君慨言史文伪谬之由，深切著明，虽散见诸篇，而条理可寻。权而论之，其失有五：

一曰见闻不周。如传闻失实，引书多误是。

《春秋》记他国之事，必凭来者之辞。而来者所言，多非其实，遂使真伪莫分，是非相乱。(《惑经》)

中世作者，其流日烦。(中略)则有苟出异端，虚益新事，至如海客乘槎以乘汉，姮娥窃药以奔月，如斯踳驳，不可殚论。嵇康《高士传》，好聚七国寓言；玄晏(皇甫谧)《帝王纪》，多引六国图谶。引书之误，其萌于此矣。魏朝之撰《皇览》，梁世之修《编略》，务多为美，聚博为功，虽取说于小人，终见嗤于君子矣。夫同说一事而分为两家,盖言之者彼此有殊,故书之者是非无定。况古今路阻,视听壤隔,而谈者或以前为后,或以有为无,泾渭一乱,莫之能辨。而后来穿凿,喜出异同,不凭国史,别讯流俗。故作者恶道听途说之违理,街谈巷议之损实。(内篇十五《采撰》)

二曰言不称实。如隐讳、矫饰、虚美、厚诬是。

夫子之修《春秋》也,多为贤者讳,有惭良史。(《惑经》)

夫以敌国相仇,交兵结怨,载诸移檄,则可致诬;列诸缃素,难为妄说。苟未达此义,安可言于史也。(内篇二十五《曲笔》)

夫郡国之记,谱谍之书,务欲矜其州里,夸其氏族,读之者安可不练其得失,明其真伪者乎。(《采撰》)

《论语》曰:君子成人之美,不成人之恶。又曰:成事不说,遂事不谏,既往不咎。孟子曰:尧舜不胜其美,桀纣不胜其恶。子贡曰:桀纣之恶,不如是之甚,君子恶居下流。

三曰炫于文采。如喻过其实,词没其义是。

史氏所书,固当以正为主。(中略)若喻过其实,词没其义,繁华而失实,流宕而忘返,无裨劝奖,有长奸诈,不其谬乎。(内篇三十六《载文》)

时人出言,史官入记,虽有讨论润色,终不失其梗概者也。后来作者,通无远识,记其当世口语,罕有从实而书,方复追效昔人,示其稽古。用使周秦言辞,见于魏晋之代;楚汉应对,行乎宋齐之日。而伪修混沌,失其自然。今古以之不纯,真伪由其相乱。夫以枉饰虚言,都捐实事,便号良直,则是董狐、南史,举目可求者矣。(内篇十九《言语》)

四曰屈于势力。如人主之威,当世之难是。

如董狐之书法不隐,赵盾之为法受屈,彼我无忤,行之不屈,然后能成其良直。若齐史之书崔弑,马迁之述汉非,韦昭仗正于吴朝,崔浩犯讳于魏国。或身膏斧钺,取笑当时;或书填坑窖,无闻后代。夫世事如此,而责史臣申其强项之风,盖亦难矣。(内篇二十四《直书》)

> 苟欲取悦当代,遂乃轻侮前朝,播之千载,宁为格言。(内篇十三《编次》)

五曰徇于私情。如爱憎之怀,党派之见是。

> 两国殊党,乃务进己而黜辱人。魏收性憎胜己,喜念旧恶。甲门盛德与之有怨者,莫不被以丑言,没其善事。(外篇二《古今正史》)

> 魏收自我作故,无所宪章。其撰《魏书》也,谄齐则轻抑关右,党魏则深诬江外。爱憎出于方寸,与夺由其笔端。语必不经,名必骇物。(内篇十三《称谓》)

于是刘君矫正前枉,正定直道。谓史职求真,审慎实录,坦怀爱憎,不避强御,犹如明镜照物,空谷传声。

> 盖明镜照物也,妍媸必露;虚空之传响也,清浊必闻。史官执简,宜类于斯。苟爱而知其丑,憎而知其善,善恶必书,斯为实录。(《惑经》)

盖历史事实,全属心理影像,不能以实验方法观察过去,历史难成为纯粹科学者以此。夫主观之学,固危殆险戏之所迫也。刘君欲令史家务存客观态度,展陈原状,不失真实。又以中世以后,开局纂修,国史诎于人主,首施俯仰,无奈之何。故历举古之良史,以示申儆。

> 昔仲尼之修《春秋》,不藉三桓之势;子长之著《史记》,无假七贵之权。班固之成《书》也,出自家庭;陈寿之草《志》也,创于私室。然则古来贤俊,立言垂后,何必身居廊宇,迹参僚属,而后成其书乎。(内篇三十五《辨职》)

> 孙盛作《晋春秋》,质以大司马之威而不变;吴兢撰《唐史》,勒以宰相之私而不改。褚遂良之是非必纪,魏謩之善恶必录,虽以天子临之而不失其职。古人正直,若此数子者可矣。(外篇二《古今正史》)

章君于史源之真伪,论列较寡,然亦特重史德。谓史为天下公物,著书宜正心术。

志乃史体,原属天下公物。(中略)据笔直书,善否自见。不可专事浮文,以虚誉为事也。(《文史通义》外篇三《答甄秀才论修志第二书》)

史德者何?谓著书者之心术也。夫秽史者所以自秽,谤书者所以自谤,素行为人所羞,文辞何足取重。魏收之矫诬,沈约之阴恶,读其书者先不信其人,其患未至于甚也。所患夫心术者,谓其有君子之心,而所养未底于粹也。(中略)文非情不深,而情归于正。人之情虚置无不正也。因事生感,而情失则疏,情失则溺,情失则偏。(中略)至于害义而违道,其人犹不自知也。(内篇三《史德》)

至于阙疑之例,所以刊定同异,审判讹确者,言之特详。

史家阙文之例,备于《春秋》。司马迁肇法《春秋》,其于传闻异辞,折衷去取者,可谓慎矣。顾石室金匮,方策留遗,名山大川,见闻增益。其叙例所谓疑者阙之,与夫《书》阙有间,其轶时时见于他说云云者,但著所取而不明取之之由。(中略)存其信而不著所疑以待访,是直所谓疑者削之而已矣,又复何阙之有哉?

阙疑之例有三:(一)一事两传而难为衷一者;(二)旧著其文而今亡其说者;(三)慎书闻见而不自为解者。

马班以还,书闻见以示意者,盖有之矣,一事两书以及空存事目者,绝无闻焉。史无阙疑之篇,其弊有十(撮录五条):(一)一己之见,折衷群说,稍有失中,后人无由辨正;(二)才士意在好奇,文人义难割爱。猥杂登书,有妨史体,削而不录,又阙情文;(三)传闻必有异同,势难尽灭其迹。不为叙例大凡,则禅说丛言,起而淆乱;(四)载籍易散难聚,不为存证崖略,则一时之书,遂与篇目俱亡,后人虽欲考求,渊源无自;(五)凡有略而不详、疑而难决之事,不存阙访之篇,不得不附著于正文之内,类例不清,文辞难称粹洁。

一事两说,参差异同。偏主则褒贬悬殊,并载则抑扬无主。欲求名实无憾,位置良难。(中略)今为别裁阙访,同占列传之篇,各有标目,可与正载诸传,互相发明。是用叙其义例,以待后来者之

所审正云尔。(《文史通义》外篇二《永清县志阙访列传序例》)

诚以史事间接取裁于典籍,其中矛盾异同之故,不能如实验科学直接试验其结果,而惟有以阙疑之心,救独断之失。韩非有言:无参验而必之者愚也,勿能必而据之者诬也。观夫章刘二君勉厉戒慎之意,史家载笔,当知所觉悟矣。

五 史 之 义 例

以上所述,皆讨论史料,近代史家所谓批判之学(Criticism)也。搜罗典籍,为嚆矢之功程。校雠与考征,但及史册之文字,可称外证(External Criticism);论纪载之真确,则涉作者之心术,可称内证(Internal Criticism)。而要皆分析记注是也。然史学起于记注,而作史与当官记注有殊。当官记注,纂辑比次,事具始末,文成规矩,固足以尽识一朝之故事,备稽检而供采择矣。但其事理烦碎,述者记注无涯,而学者神识有限,其势非就湮没不止。作史求备,人之厌窥亦然矣。既以无益而书,岂若遗而不载。删定之业,正为是耳。

> 载言示后者,贵于辞理可观。既以无益而书,岂若遗而不载。盖学者神识有限,而述者记注无涯。以有限之神识,观无涯之记注,必如是,则阅者心目视听告劳,书之简编,缮写不给。(《史通》外篇九《杂说中》)

刘章二君皆言作史为专门之学,故必有义例,以别于比次之业,整齐故事者。

> 夫史之有例,犹国之有法。国无法则上下靡定,史无例则是非莫准。昔夫子修经,始发凡例(下略)。(《史通》内篇十《序例》)

> 唐人整齐晋隋故事,亦名其书为一史。而学者误承流别,不复辨正其体焉。史之大原,本乎《春秋》,《春秋》之义,昭乎笔削。笔削之义,不仅事具始末,文成规矩已也。以夫子义则窃取之旨观之,固将纲纪天人,推明大道,所以通古今之变而成一家之言者。必有详人之所略,异人之所同,重人之所轻,而忽人之所谨,绳墨之

所不可得而拘,类例之所不可得而泥,此家学之所以可贵也。(中略)若夫君臣事迹,官司典章,纂辑比类以存一代之旧物,是则所谓整齐故事之业也,岂所语于专门著作之伦乎?(《文史通义》内篇五《答客问上》)

是知作史之道,源远流长。先为整理史料,资乎博闻实录,赅备无遗;然后以别识裁义例,决择去取,勒成删定。一为消极,一为积极;一为分析,一为综合。必论其事业,前后不同,然相须而成,其归一揆。刘章二君言史之义例,今分类例、断限及史之宗旨三端述之。

甲　类例

刘君论史之流品,穷于六家。

> 诸史之作,其流有六。一曰《尚书》家,二曰《春秋》家,三曰《左传》家,四曰《国语》家,五曰《史记》家,六曰《汉书》家。(《史通》内篇一《六家》)

言其大较,则《尚书》因事命篇。

> 《书》之所载,皆典谟誓命之文。至于尧舜二典,直序人事;《禹贡》一篇,唯言地理;《洪范》总述灾祥,《顾命》都陈丧礼。(《六家》)

《春秋》、《左传》编年,《国语》以国别。

> 《国语》者,其先亦出于左丘明。既为《春秋》内传,又稽其逸文,纂其别说,分周、鲁、齐、晋、郑、楚、吴、越八国,别为《春秋》外传《国语》。(《六家》)

司马迁初为人列传。

> 传者列事也。(中略)录人臣之行状。(内篇六《列传》)

惟《太史公书》鸠集国史,包该百代,网罗隐括,错综成篇,序以纪传,散以书表,故其分类方法,实兼有《尚书》及《春秋》内外传之所长。班固一宗史迁体例,惟断代为史耳。《史》、《汉》之本纪年表,以年月为经纬者也。

纪之为体,犹《春秋》之经。(中略)以编年为主。(《史通》内篇四《本纪》)

侯国世家,有国别为书之义。

世家之义,开国成家,世代相续。(内篇五《世家》)

书志以典故事类相聚。

夫刑法礼乐,风土山川,求诸文籍,出于三礼。及班马著史,别裁书志,语其通博,信作者之渊海也。(内篇七《书志》)

列传亦有因事命篇之意,不仅为一人具始末也。

迁书列传有因事命篇之意,初不沾沾为一人具始末也。(《文史通义》内篇一《书教下》)

自汉至唐,《尚书》等四家其体久废。惟《左氏》及《汉书》二体,各相矜尚。一为编年,祖述《春秋》;一为纪传,规模马班。刘君尝辨其利害,谓互有得失。

夫《春秋》者,系日月而为次,列时岁以相续。中国外夷,同年共世,理尽一言,语无重出,此其所以为长也。至于贤士贞女,高才俊德,事当冲要者,必盱衡而备言;迹在沉冥者,不枉道而详说。其有贤如柳惠,仁如颜回,终不得彰其姓氏,显其言行。(中略)此其所以为短也。

《史记》者,纪以包举大体,传以委曲细事,表以谱列年爵,志以总括遗漏。逮于天文地理,典国朝章,显隐必该,洪纤靡失,此其所以为长也。若乃同为一事,分为数篇,断续相离,前后屡出。(中略)此其所以为短也。(《史通》内篇二《二体》)

夫史事非孤立者也。其起伏消长错综变化之迹,与其前后四周之景况,互相影响,互相连络,故知但堆事实,不足成史。彼编年、纪传二体,虽编次不同,但年之次序与人之次序,俱非论理之次序,故难以显明史事因果连类之关系,此其弊短之尤大者也。

追宋世袁枢始创纪事本末之体,因事命篇,不为常格,文省于纪传,事豁于编年。

纪事本末之为体也，因事命篇，不为常格。非深知古今大体，天下经纶，不能网罗隐括，无遗无溢。文省于纪传，事豁于编年，决断去取，体圆如神，斯真《尚书》之遗也。(《文史通义》内篇一《书教下》)

惜袁枢之学，未足与此，其书亦不尽合于所称耳。至于章君，以为纪传之史引而不合，当用互注之法以联其散；编年之史浑灏无门，当用区别以法以清其类《代毕沅作寄钱大昕书》。其大要详于《史学别录例议》中。

于纪传之史，必当标举事目，大书为纲。而于纪表志传与事连者，各于其类附注篇目之下，定著别录一篇，冠于全书之首。俾览者如振衣之得领，张网之得纲，治纪传之要义，未有加于此者。

今为编年而作别录，则如每帝纪年之首，著其后妃、皇子、公主、宗主、勋戚、将相、卿尹、台谏、侍从、郡县、守令之属，区别其名，注其见于某年为始，某年为终。(中略)其大制作、大典礼、大刑狱、大经营，亦可因事定名，区分名目，注其终始年月。(中略)至于两国聘盟争战，亦可约举年月，系事隶名。

别录之法，所以救前史已往之失也。章君之新史学，则仍纪传之体，而参本末之法，增图谱之例，而删书志之名《与邵二云论修宋史书》。创立新裁，疏通条目，较古今之述作，定一书之规模。

夫史为纪事之书。事万变而不齐，史文屈曲而适如其事，则必因事命篇。(中略)或考典章制度，或叙人事终始，或究一人之行，或合同类之事，或录一时之言，或著一代之文。(中略)较之《左氏》，可无局于年月先后之累；较之迁史，可无歧出互见之烦。文省而事益加明，例简而义益加精，岂非文质之适宜，古今之中道与？至于人名事类合于本末之中，难于稽检，则别编为表，以经纬之；天象地形，舆服仪器，非可本末该之，且亦难以文字著者，则别绘为图，以表明之。盖通《尚书》、《春秋》之本原，而拯马《史》班《书》之流弊，其道莫过于此。(《书教下》)

观其特长在于因事命篇，不徇成例，包该万殊，连类相属，起讫自如,无遗或溢。而又别编表解,绘著图象。可知章君之新史学,极合于今日修史之用。其应行申说者,即全书当以论理之组织统一之,要其大体实不可移矣。

乙 断限

章君言"六经皆史",若明彼断限,六经者上古之通史也,相续而成,观司马迁之言而知。

> 伏羲至纯厚,造《易》八卦。尧舜之盛,《尚书》载之,礼乐作焉。汤武之隆,诗人歌之。《春秋》采善贬恶,推三代之德,褒周室,非独刺讥而已也。(《太史公自序》)

古无断代为史之例。《易》为伏羲以来开物成务之史,《书》为尧舜至秦穆之史,《春秋》为东周至鲁哀之史,《礼》、《乐》为统贯二帝三王之史。详见钱塘张采田《史微》卷一《史学》"自五经间行,百家竞列,事迹错糅,前后乖舛"《史通·六家篇》语。司马迁乃鸠集国史,甄综古今,上起黄帝,下穷汉武,自谓"绍明世,正《易传》,继《春秋》,本《诗》、《书》、《礼》、《乐》之际"。是则上古通史,集成于《史记》,特有综合之实,而无通史之名耳。

断代之体,始自班固。纪传所存,惟留汉日。东汉以后,作者相仍,袭其体制,无所变革。

> 唯东观日记,三国日志,然称谓虽别,而体制皆同。(《(史通)》内篇一《六家》)

梁武帝以班固而下,断代为书,于是上起三皇,下讫梁代,撰为《通史》一编,欲以包罗众史。史籍标通,其滥觞也。

> 梁武帝敕其群臣,上自太初,下终齐室,撰成《通史》六百二十卷,大抵其体皆如《史记》。其后元魏济阴王晖业,又著《科录》二百七十卷,其断限亦起自上古而终于宋年。其编次多依仿《通史》,而取行事尤相似者,共为一科,故以科录为号。凡此诸作,皆《史记》之流也。(《六家》)

夫历史事迹,演进迁流,无有已时。其变通张弛之故,非融会错综,原始要终而推寻之,固未易言也。断代为史,则不能见会通因仍之道,且社会全体之演进,万不可以易姓嬗代为段落。是故《史》、《汉》二体,通塞昭然。班史地理诸志,上溯夏周,盖欲通古今,自不能以汉为断也。然而刘君立论,盛称《汉书》之精密,而深诫《通史》之芜累。

寻《史记》疆宇辽阔,年月遐长。(中略)此撰录之烦者也。况《通史》以降,芜累尤深,遂使学者宁习本书而怠窥新录,且撰次无几而残缺遽多,可谓劳而无功,述者所宜深诫也。

如《汉书》者,究西都之首末,穷汉氏之废兴,包举一代,撰成一书。言皆精练,事甚该密,故学者寻讨,易为其功。(《六家》)

详夫刘君之旨,盖以时近则易核,代远文庞,贯穿益难。又鉴于《通史》、《科录》芜编纷出,罕有义例,略以比次,本无增损,但易标题,使学者宁习本书,怠窥新录。故特标举断限,假《史》、《汉》二体以示适从。盖刘君但论作史之功程,至于历史本质,未遑深考。视点不同,则结论相反,固亦不可厚非。特不识刘君所谓"学者寻讨,易为其功"者,是否第就王家之废兴、一朝之故事而言。若夫考民族之进化,较古今之礼俗,窃恐断代为之,转觉为难耳。

自梁以后,史部之通,源流渐别。或存正史之规《通志》,或正编年之的《通鉴》,或以典故为纪纲《通典》,或以词章存文献《通选》,章君《释通》,尝叙述之。

总古今之学术,而纪传一规乎史迁,郑樵《通志》作焉;统前史之书志,而撰述取法乎官礼,杜佑《通典》作焉;合纪传之互文,而编次总括乎荀、袁,司马光《资治通鉴》作焉;寻公私之述作,而铨录略乎孔、萧,裴潾《太和通选》作焉。(《文史通义》内篇四《释通》)

郑樵极斥断代之非,其言至为明通。

自《春秋》以后,唯《史记》擅制作之规模。不幸班固非其人,遂失会通之旨。(中略)断汉为书,周秦不相因,古今成间隔。(中略)自班固以来,以断代为史,语其异也,则前事不接后事,郡县各为区域,而昧迁革之源;礼乐自为更张,遂成殊俗之政。自东都至江左,无一人能觉其非。(中略)自唐以后,又莫觉其非。(《通志·总序》)

章君助长樵目，而谓通史之修，其便有六。

  通史之修，其便有六：一曰免重复。总合为书，事可互见，文无重出。二曰均类例。例由义起，自就隐括。三曰便铨配。同传同科，正有深意，相附而彰，义有独断。四曰平是非。衡鉴至公，笔削平允。五曰去牴牾。详略去取，首尾交错。六曰详邻事。悉端终记，不至中朝典故居全，而蕃国载记乃参半也。

  其长有二：一曰具剪裁。通合诸史，括其凡例，补其缺略，截其浮辞，乃就一家绳尺。二曰立家法。卓识名理，独见别裁，自具体要，辨正名物。

  其弊有三：一曰无短长。纂辑之书，略以次比，使学者宁习本书，怠窥新录。二曰仍原题。不定新裁，无取失当。三曰忘题目。

舍短取长，存乎义例。章君之言，至不可易。今后读史者，贵乎博通古今，以明发达（Development）之理，而万不可囿于朝代。其与通史争衡并大者，乃为各种专门之史。然而通史终不可废者，因历史事实，错综蕃变，不可孤离。专史不足见人事之全，一如断代之史不能见会通因仍之道也。

丙　史之宗旨

为史之道，贵通古今，前既言之矣。古人已亡，杳成空寂。今人好古，意究何居？中国古哲多主准古镜今，以为今人之法。

  老子曰：执古之道，以御今之有，能知古始，是为道纪。
  管子曰：疑今者察之古，不知来者视之往。（《形势》）

刘君因仍《春秋》褒贬劝诫之义。

  昔尼父裁经，义在褒贬。明如日月，持用不刊。（《史通》内篇二十一《浮词》）
  史之为务，申以劝诫，树之风声。（内篇二十四《直书》）
  仲尼之修《春秋》，据行事，仍人道。就败以明罚，因兴以立功。假日月以定历数，藉朝聘而定礼乐。微婉其志，隐晦其文，为不刊之言，著将来之法。（中略）言罕褒贬，事无黜陟，故马迁所谓整齐

故事耳,安得比于《春秋》哉?(内篇一《六家》)

章君论史,特重实用,谓博古之士,宜讲当代之制。

> 君子苟有志于学,则必求当代典章,以切人伦日用。(中略)不知当代而言好古,不当于实用。孔子曰:生乎今之世,反古之道,灾及其身者也。不知礼时为大,而动言好古,非真知古制者也。(中略)而学者昧于知时,动矜博古,比如考西陵之蚕桑,讲神农之树艺,以谓可以御饥寒而不须衣食也。(《文史通义》内篇三《史释》)

然就史事以辨明道理,则二君之公言也。

> 文中子曰:古之史也辨道,今之史也耀文。(《史通》内篇三十《人物》)

> 文章之用,或以述事,或以明理。事溯已往,理阐方来。其至焉者,则述事而理以昭焉,言理而事以范焉。(《文史通义》内篇二《原道下》)

史既明道,则必有别裁,庶不至于虚班史传,妄占篇目。

> 夫名家撰述,意之所在,必有别裁。或详人之所略,或弃人之所取,初无一成之法。(《文史通义》外篇二《亳州志掌故例议下》)

> 嗟乎!自班马以来,获书于国史者多矣。其间则有生无令闻,死无遗迹,用使游谈者靡征其事,讲习者罕记其名,而虚班史传,妄占篇目,若斯人者,可胜纪哉。(《史通》内篇六《列传》)

刘君言书事之例甚详。

> 昔荀悦有云,立典有五志焉:一曰达道义,二曰彰法式,三曰通古今,四曰著勋绩,五曰表贤能。干宝之释五志也,体国经野之言则书之,用兵征伐之权则书之,忠臣烈士孝子贞妇之节则书之,文诰专对则书之,才力技艺殊异则书之。盖记事之所网罗,书事之所总括,粗得于兹矣。今更广以三科,用增前目:一曰叙沿革,二曰明罪恶,三曰旌怪异。于是以此三科,参诸五志,则史氏所载,庶几无阙。(《史通》内篇二十九《书事》)

章君言史所以协天道,经世务,裨风教,顾散见而无统绪,以详定史之宗旨耳。

《易》以天道而切人事,《春秋》以人事而协天道。(《文史通义》内篇一《易教下》)

浙东之学,言性命者必究于史,此其所以卓也。(内篇五《浙东学术》)

史家所以经世,固非空言著述也。(《浙东学术》)

史志之书有裨风教者,原因传述,使观者有所兴起。(外篇三《答甄秀才论修志第一书》)

今试衡以西洋人之所谓史学观念,则二君已弃除美术史观二君昌言史学与文学分立,谓史非观美之具,详见下史之述作章,而注全力于道德史观、政治史观昭善恶鉴戒,考治乱兴废之本,具见上述。

至于哲学史观,虽有明道之志,而语焉不详,刘君依违于宗教史观。

幽明感应,祸福萌兆,则书之。(《史通》内篇二十九《书事》)

范晔博采群书,裁成汉典。观其所取,颇有奇工。至于方术篇及诸蛮夷传,乃录王乔、左慈、廪君、槃瓠,言唯迂诞,事多诡越,可谓美玉之瑕。(《书事》)

而特重命世大才、英雄奇事,此西人所谓个人史观也。

洎夫子修《春秋》,记二百年行事,行传并作,史道并兴,若秦之由余、百里奚,越之范蠡、大夫种,鲁之曹沫、公仪休,齐之宁戚、田穰苴,斯并命世大才,挺生杰出。或功冠一时,或杀身成仁,苟师其德业,可以治国字人,激贪励俗,此而不书,无乃太简。故太史公有云:自获麟以来四百余年,明主贤君忠臣死义之士,废而不载,余甚惧焉。(《史通》内篇三十《人物》)

必时乏异闻,世无奇事,英雄不作,贤俊不生,区区碌碌,抑无恒理,而责史臣显其良直之体,申其微婉之才,盖亦难矣。(内篇二十二《纪事》)

若夫区区碌碌人理常事,则以为可以废而不载。

晋王衍以为国史所以表言行,昭法式,至于人理常事,不足备列。(内篇一《六家》)

与社会史观之究心于群众之势力与隐微之动因者,大相径庭。章君虽屡言地图之要,然于地理与历史之关系,亦未能质言之也。至于刘君言史职求真,章君亦详言考订史源,深符于科学史观之精神。终以中国科学向未发达,故西洋所谓经济史观、群众心理史观,远非二君心思所能经纬。平心言之,近今西洋史学之发展,实食五十年来科学之赐。人类学、经济学、心理学、社会学之发明,使史家对于人类源始、演进及未来诸观念骤放异彩,证据具备,义理周详,是皆吸取科学之菁华,初非一二史家所能冥造见 Robinson's《新史学》*New History* 十九页。刘君之生,远在千载之前,即章君之时,西洋史学亦尚迟迟为文学之一支,而二君独能昌言文之与史较然异辙,以明述作之则,排时论而倡新学。士生今日,不得不悲其遇而赞其俊识已。

六 史 之 述 作

西洋史家之著作,有能重科学之精神,用批评之方法者,起自最近六七十年,当中国道咸之际。开其端者,德史家朗凯 Ranke,生一七九五年,殁一八八六年是也。以前史家,竞炫文采,尚弘丽而失信。西方学者,皆不讳言。详见 Langlois and Seignobos "*Introduction to the Study of History*" Ⅲ.5. "Exposition"

中国前史,亦重藻饰,文以害意,自古而然,《史通·浮词篇》详言之矣。

> 昔夫子有云:文胜质则史。故知史之为务,必藉于文。今之所作多尽于是,其立言也,或虚加练饰,轻事雕彩;或体兼赋颂,词类俳优。文非文,史非史。(《史通》内篇二十二《叙事》)

> 文之为用,远矣大矣。若乃宣、僖善政,其美载于周诗;怀、襄不道,其恶存乎楚赋。读者不以吉甫、奚斯为谄,屈平、宋玉为谤者,盖不虚美不隐恶故也。爰泊中叶,文体大变。树理者多以诡妄为本,饰辞者务以淫丽为宗。(中略)喻过其实,词没其义,繁华而

失实，流宕而忘归，不其谬乎。（内篇十六《载文》）

然而中国千二百年前、百五十年前之史学评论家，早已昌言史学独立。

> 文之与史，较然异辙。（《史通》内篇三十一《核才》）
> 文人不可与修志。（《文史通义》外篇三《书姑苏志后》）
> 词采以为才，非良史之才也。（内篇二《言公上》）

校以年世，吾人不得不服先民之卓识矣。夫文学为美术，兴感于想象。史学则求真，考信于典籍，文辞特假之以表达而已。而族史以文是竞，岂非不知大体，舍本而逐末者哉？

> 私徇笔端，苟炫文采，嘉辞美句，寄诸简册，岂知史书之大体，载削之指归者哉。（《史通》内篇九《论赞》）
> 文辞有工拙，而族史方且以是为竞焉，是舍本而逐末也。（《文史通义》内篇三《史德》）

难者谓刘君于《载文篇》言：文之与史，其流一焉。得毋自相矛盾与？应之曰：此言史家叙事之要，与修辞原理不能相背，非谓舍己以骛外也。史学必有以自立，而修辞以副焉。是即章君所谓求工其文，以达其诚之意也。

> 无其实而有其文，即六艺之辞犹无所取，有其故而修辞以副焉。是其求工其文，所以求达其诚也。（《文史通义》内篇二《言公中》）

言叙事之体裁，刘君为详。举其要者，可分三端。
一曰简要。谓剪裁浮词，撮其机要，使疏而不漏，俭而无阙。

> 观《左传》之释经也，其言简而要，其事详而博，信述者之冠冕也。
> 国史之美者，以叙事为工；而叙事之工者，以简要为主。（中略）文约而事丰，此述作之尤美者也。（中略）自史道陵夷，作者芜音累句，弥漫重沓，不知所裁。（中略）叙事之省，其流有二焉：一曰省字，二曰省句。（内篇二十二《叙事》）

夫记事之体,欲简而且详,疏而不漏。盖烦则尽取,省则多捐,此乃忘折中之道,失均平之宜。惟夫博雅君子知其利害者焉。(内篇二十九《书事》)

二曰雅正。谓文而不丽,质而非野,叙致温雅,婉而成章。

史论立言,理当雅正。(中略)近代文章,实同儿戏。(内篇十五《称谓》)

夫史之称美者,以叙事为先。(中略)文而不丽,质而非野。(《叙事》内篇二十二)

夫史之叙事也,当辨而不华,质而不俚。其文直,其事核,若斯而已可也。(内篇二十六《鉴识》)

唯王劭撰齐隋二史,其所取也,文皆诣实,理多可信。至于悠悠饰词,皆不之取。此实得去邪从正之理,捐华摭实之义也。凡今之为史而载文也。苟能拨浮华,采贞实,亦可使雕虫小技闻义而知徙矣。(内篇十六《载文》)

三曰自然。谓方言世语,成文公牍,存其本质,无取饰伪。

近古述事,多比于古。(中略)欲令读者何以考时俗之不同,察古今之有异。(《叙事》)

时人出言,史官入记,虽有讨论润色,终不失其梗概者也。后来作者,通无远识,记其当时口语,罕能从实而书,方复追效昔人,示其稽古。是以好丘明者则偏模《左传》,爱子长者则全学史公。用使周秦言辞,见于魏晋之代;楚汉应对,行乎宋齐之日。而伪修混沌,失彼天然,今古以之不纯,真伪由其相乱。(中略)若选言可以效古而书,其难类者则忽而不取。料其所弃,可胜纪哉。(中略)已古者即谓其文,犹今者乃惊其质。(中略)作者皆怯书今语,勇效昔言,不其惑乎?(内篇二十《言语》)

援引史法,引用成文,期明事实,非尚文辞。苟于事实有关,则胥吏文移,亦所采录;苟于事实无关,虽扬、班述作,亦所不取。(《文史通义》外篇三《修志十议》)

章君论史,于文辞不甚措议,而独摈一切文士见解,谓不可与论史文。

> 仆论史事详矣。大约古今学术源流，诸家体裁义例，多所发明。至于文辞，不甚措议。盖论史至于文辞，末也。然就文论文，则一切文士见解不可与论史文。文士撰文，惟恐不自己出；史家之文，唯恐出之于己。其大本先不同矣。史体述而不作，史文而出于己，是为言之无征，无征则不信于后也。（《文史通义》补编《与陈观民工部论湖北通志》）

> 史笔与文士异趋。文士务去陈言，而史笔点窜涂改，全贵陶铸群言，不可私矜一家机巧也。（同《跋湖北通志检存稿》）

文学与史学之别，在于文学贵独造，有不朽之价值；史学贵共业，有大公之精神。章君立言，至称阔达。

> 仆以为修志者，当续前人之纪载，不当毁前人之成书。（中略）仍取前人卷帙目录、作者姓名，录入新志艺文考中，以备遗亡，庶得大公无我之意。（《文史通义》外篇三《答甄秀才论修志第一书》）

> 学者莫不有志于不朽，而抑知不朽固自有道乎。言公于世，则书有时而亡，其学不至遽绝。盖学成其家，而流衍者长。（内篇二《言公中》）

史家一方贵抉择去取，陶铸群言；一方又重保存文献，以资旁证。章君尝论其化裁调剂之道，谓宜立三家之学。

> 凡欲经纪一方之文献，必立三家之学：仿纪传正史之体而作志，仿律令典例之体而作掌故，仿文选文苑之体而作文征。三书相辅而行，缺一不可。（《方志立三书议》）

> 昔隋儒王通，尝谓古史有三，《诗》、《书》、《春秋》是也。（中略）方志义本百国《春秋》，掌故义本三百官礼，文征义本十五《国风》。（中略）唐宋以来，正史而外，有会要会典，以法官礼；文鉴文类，以仿风诗，盖不期而合于古也。至于畸说剩言，采撷所余，虽无当于正裁，颇有资于旁证。志家附于余编闰位，义亦未安。今编考据、轶事、琐语、异闻四门，别为丛谈四卷。所谓先民有言，询于刍荛。稗官小说，亦议政者所参听也。（《文史通义》补编《为毕制府拟进

湖北三书序》）

　　文献未集，则搜罗咨访不易为功。及其纷然杂陈，则贵抉择去取。人徒见著于书者之粹然善也，而不知刊而去者，中有苦心而不能显也。既经裁取，则贵陶镕变化。人第诵其辞者之浑然一也，而不知化而裁者，中有调剂而人不知也。（《文史通义》补编《与陈观民工部论湖北通志》）

西洋史籍，自 Manuals 以外，常有 Source Books 与 Readings 相辅而行，此正与章君之意冥符而遥契者也。

史学既贵共业，故述作取裁，必标所自。缵先之绩，以垂后绪。积人积世，绵延无穷。章君谓自注之例，权舆马迁，所以明述作之本旨，明去取之从来。

　　太史公《自叙》之作，其自注之权舆乎。明述作之本旨，见去取之从来，所谓不离古文及考信六艺云云者，皆百三十篇之宗旨。或殿卷末，或冠篇端，未尝不反复自明也。（内篇三《史注》）

至于行文所载之事实，有须详考颠末者，亦可自注。

　　班史自注，于十志尤多。（《答甄秀才论修志书》）

　　亦有躬为史臣，手自刊补。除烦则意有所吝，毕载则言有所妨。遂乃定彼榛楛，列为子注。若羊炫之《洛阳伽蓝记》、王劭《齐志》之类是也。（《史通》内篇十七《补注》）

章君又详言自注之例，大有功于史法。盖足以考见作者功力之疏密，心术之诚伪，则著述之业，自然日趋于诚朴，而前世藏书，亦因援引所及，保存大略，是则又大有功于来学矣。

　　夫文史之籍，日以繁滋。一编刊定，则征材所取之书，不数十年皆已亡其十之五六。宋元修史之成规，可覆按焉。使自注之例得行，则因援引所及，而得存先世藏书之大概，因以校正艺文著录之得失，是亦史法之一助也。且人心日漓，风气日变，缺文之义不闻，而附会之习且愈出而愈工焉。在官修书，惟冀塞责；私门著述，苟饰虚名。或剽窃成书，或因陋就简，使其术稍黠，皆可愚一时之耳目，而著作之道益衰。诚得自注以标所去取，则闻见之广狭，功力之疏密,心术之诚伪,灼然可见于开卷之倾,而风气可以渐复于质古,是又为益之大者也。然则考之往代,家法既如彼;揆之后世,系重又如此。夫翰墨省于前,而功效多于旧,孰有加于自注也哉。(《文史通义》内篇三《史注》)

自注之注,与西洋所谓 Critical note 者,若合符契。西洋史家所谓科学之著作者(Scientific Exposition)具有三部:Prose narrative 一也, Foot-note 二也, Critical bibliography 三也见 Fling: *The Writing of History*. Ⅷ Exposition。

章君所谓裁篇别出之法,与 Bibliography 相近,前已言之。益以刘君所言叙事体裁,亦可合而称为述作之三部。好学之士,苟能深知其意,一一实践,积久力真,则于著述之道,信可谓始末完备,表里无咎者矣。

章君于述作之则,溯源《易》象,特重图学,尤能直指最新史书体例之要素。

治《易》者必明乎象。(中略)图象为无言之史,图不详而系之以说,说不显而实之以图,互著之义也。文省而义无所晦,形著而言有所归,述作之则也。(《文史通义》外篇一《和州志舆地图序例》)

史不立表,而世次年月犹可补缀于文辞;史不立图,而形状名象必不可旁求于文字。此耳治目治之所以不同,而图之要义所以更甚于表也。(外篇二《永清县志舆地图序例》)

其学说盖本于郑樵。

古之学者,为学有要。置图于左,置书于右。索象于图,索理于书。故人亦易为学,学亦易为功。(中略)图谱之学不传,而实尽化为虚文矣。

今总天下之书,古今之学术,而条其所以为图谱之用者十有六:一曰天文,二曰地理,三曰宫室,四曰器用,五曰车旂,六曰衣裳,七曰坛兆,八曰都邑,九曰城筑,十曰田里,十一曰会计,十二曰法制,十三曰班爵,十四曰古今,十五曰名物,十六曰书。凡此十六

类,有书无图,不可用也。(《通志·图谱略》)

章君推原图学失传,归罪马班,而要由于古无印书,图画难摩。

> 古无镌木印书,图学难以摩画。而竹帛之体繁重,则又难家有其编。马班专门之学,不为裁定其体,而后人溯流忘源,宜其相率而不为,读史如迷,凡以此也。(《永清县志舆地图序例》)

今章君之殁久矣,而学者著史,犹以印刷之术未精,罕列图迹。自马班以来,二千年间,进步若兹,斯真吾国学艺文大辱也。有志之士,乌可不思奋起,共雪此耻乎?

七 结论上

昔孔子分作史之道为三:曰事、曰文、曰义。

> 夫子因鲁史而作《春秋》。孟子曰:其事则齐桓、晋文,其文则史。孔子自谓窃取其义焉耳。(《文史通义》内篇二《言公上》)

刘君言史才须兼有才、学、识三长。

> 礼部尚书郑惟忠尝问子玄曰:自古以来,文士多而史才少,何也?对曰:史才须有三长,世无其人,故史才少也。三长谓才也、学也、识也。有学无才,犹愚贾操金,不能殖货。有才无学,犹巧匠无楩楠斧斤,弗能成室。(《史通》外篇十三《忤时》)

章君易之以今语,称之曰考据之学、词章之学、义理之学。

> 史之所贵者识也,而所具者事也,所凭者文也。非识无以断其义,非才无以善其文,非学无以练其事。(《文史通义》内篇三《史德》)

> 夫事即后世考据学之所尚也,文即词章家之所重也。然夫子所取,不在此而在彼,则史家著述之道,岂可不求义意所归乎?(内篇五《申郑》,《说林篇》称义曰义理之学。)

寻其源流,前后一贯。虽今世西洋史家之分类,不外是矣。今以表示之。

孔子	刘君	章君	本　篇	西洋史家
事	学	考据	史之考证	Analytical Operations
义	识	义理	史之义例	Synthetical Operations
文	才	词章	史之述作	Exposition

三者之中，孔子自谓有取于义，章君亦以义为全书精神所在。

> 譬之人身，事者其骨，文者其肤，义者其精神也。断之以义，而书始成。(《文史通义》外篇一《方志宜立三书议》)

> 学之贵于考证者，将以明其义理尔。(内篇五《说林》)

西洋史家，以考证为方法而非目的，与章君所谓器者，其意正同《原道下》。器固不可溺，亦不可舍，此西人所以有"无考证即无历史"(No erudition no history)之论也。详见 Langlois and Seignobos, *Introduction to the Study of History*. II A.5 Critical scholarship and scholars.

至于布史籍于民众，或以传后，则赖于述作。

> 求义理与征考订者，皆薄文辞，以为文取事理明白而已矣，他又何求焉。而不知辞气受病，观者郁而不畅，将并所载之事理而亦病矣。(《文史通义》补编《杂说》)

三者相须而成，废一不可，然而三长难兼，而常相病。

> 主义理者拙于辞章，能文辞者疏于证实，三者交讥而未有已也。(《文史通义》内篇四《说林》)

章君谓自马班而后，史家多无别识心裁，文人矜其词采，学士侈其搜罗，其弊至于空言制胜，华辩伤理。

> 自迁、固而后，史家既无别识心裁，所求者徒在其事其文。(内篇五《申郑》)

> 文人矜于辞采，学士侈其搜罗，而事之关于经济，文之出于史裁，则未之议也。(外篇三《为毕秋帆制府撰常德府志序》)

> 道不明而争于器，实不足而竞于文，其弊与空言制胜，华辩伤理者，相去不可以寸焉。(《答客问下》)

独郑樵有志于求义,而学者以其无考索之功,嚣然争之。

> 郑樵生千载之后,慨然有见于古人著作之源,而知作者之旨,不徒以词采为文,考据为学也。(中略)发凡起例,绝识旷伦,斟酌群言,为史学要删,以义类明其家学。郑氏所振在鸿纲,而末学吹求则在小节。(内篇五《申郑》)

史才之难,其难甚矣。二君之叹,岂徒然哉。

> 史才之难,其难甚矣。(《史通》内篇十六《核才》)

> 六经以还,著述之才,不尽于经解、诸子、诗赋、文集,而尽于史学。凡百家之学攻取而才见优者,入于史学而无不诎也。(《文史通义》补编《为毕制府拟进湖北三书序》)

唐世修史置馆局,馆局则各效所长也,其弊则漫无统纪而失之乱。刘君久居史馆,至于疾众功而尊一家,尝言修史有五不可,大半归咎于史馆之无组织。

> 古者国史,皆出自一家,如鲁汉之丘明、子长,晋齐之董狐、南史,咸能立言不朽,藏之名山。未闻藉以众功,方云绝笔。唯后汉东观,大集群儒,而著述无主,条章靡立。今史司取士,有倍东京。每欲记一事,载一言,皆阁笔相视,含毫不断,故首白可期,汗青无日。其不可一也。

> 古者刊定一史,纂成一家,体统各殊,指归咸别。(中略)顷史官记注,多取禀监修。杨令公则云必须直词,宗尚书则云宜多隐恶,一国三公,适从焉在。其不可四也。

> 夫言监修者,盖总领之义耳。如创纪编年则年有断限,草传叙事则事有丰约,或可略而不略,或应书而不书,则失刊削之例也。属辞比事,劳逸宜均,此铨配之理也。斯并宜明立科条,审定区域,俾人思自勉,则书可立成。今监之者既不指授,修之者又无尊奉,用使争学苟且,务相推避,徒延岁月。其不可五也。(《史通》外篇十三《忤时》)

清代有志局,而同局各挟成见,或起牴牾,章君且叹三者相病矣。

今之所谓修志令长,徒存空名,作者又鲜学识。(中略)启奔竞,舞曲笔。……各挟成见,同局或起牴牾。(《文史通义》外篇三《答甄秀才论修志第一书》)

义理存乎识,辞章存乎才,征实存乎学,刘子玄所以发三长难兼之论也。一人不能兼,而咨访以为功,以其所能,易其所不能,则所求者可以无弗得也。私心据之,惟恐名之不我擅焉,则三者不相为功而且以相疾矣。(《说林》)

呜呼!史学至难,而史才多偏,欲宏造就,孰逾共业 Langlois 与 Seignobos 之书亦极言 Collective Enterprise 之要。史局之乱,由于学者无大公无我之意,岂制度之罪哉?吾人鉴于前世史馆志局之失败,则今后中国史学会,当如何讲究组织,确定步骤,明立科条,审定区域,使有总纂以举纲领,有编辑以尽分功,以其所能,易所不能,或事分析,或事综合,互助合作,秩然有序,庶几实现章君大公无我之精神见前"史之述作"章,并期不忝刘君所言史之功用。

史之为用,其利甚博,乃生人之急务,为国家之要道。(《史通》外篇一《史官建置》)

此余读《史通》、《文史通义》之感想也。

八　结　论　下

章君绍刘君之学,其书体例相似,而互有详略。刘君固为独创,章君尤多发明,互相补益,故非因袭之比。论典籍之搜罗,章君为详,立州县志科以存文献,乃其建议。至于校雠著录,又章君专门之学矣。论纪载之真确及史之述作,刘君特审,章君所补,为阙疑之例及自注之例。故三书者相须而备。

二君皆逆于时趋,而自信颇真,惟著书为后世计。

学诚从事于文史校雠,盖将有所发明,然辩论之间,颇乖时人好恶。(中略)逆于时趋,时趋可畏,甚于刑曹之法令也。(《上辛楣(钱大昕)宫詹书》)

> 近日撰《亳州志》，颇有新得。此志拟之于史，当与陈、范抗行。义例之精，则亦《文史通义》中之最上乘也。世人忽近贵远，自不察耳。后世是非终有定评。如有良史才出，读《亳志》而心知其意，不特方志奉为开山之祖，即史家得其一二精义，即当奉为不祧之宗。此中自信颇真，言大实非夸也。（《与周永清论文》）

刘君屡冀知音君子，章君亦云建言为将来法，其于后学，实寓无穷之希望。然唐以后诸史，皆不能用刘君之义法。清代重姗谤之禁，士莫敢记述时事，以触网罗。章君生不为史臣，因倡议立州郡志科，以存文献，世亦无遵行之者。观近人章君炳麟之哀清史，《检论》知清代官书之无可依实，为历朝最。是则刘章二君之学说，微特不行于时，亦无传于后。今大学特立史科，又有史学会之组织，史学报之发刊，而正当西学东渐之会，虽草创伊始，殊不宜自逸。余特综二君之志，而述今后中华新史学之三大希望。

（壹）希望于大学史科者，广罗典籍，分别部居。 据章君所言史料之征集与保存及其著录之道而发

郑樵有言：以一道士能备一唐朝之文集，以一僧而能备一宋朝之笔迹，况于堂堂天府而不能尽天下之图书乎？患不求耳。《通志·校雠略》此语最足令今之堂堂大学图书馆自反而勇往者也。

如章君之言，则凡四库之旧藏，各地之方志，以及金石图谱、公私簿籍，咸在征藏之列。群书既备，更为部次条别，申明家学。凡章君所谓经部宜通，子部宜择，集部宜裁，方志宜选，谱牒宜略，考异宜精见《修史籍考要略》者，并当以重复互注之法与裁篇别出之法，编一精密易检之史籍目录或索引，使学者求其书，可以即类以明学，由流而溯源，则研索之功更易为力。是则希望今后大学史科教授，合力以成此著录之宏业也。

今后为世界文化沟通时代，则东西洋之史著典录，学者并宜广罗而研习之，可勿待言。余近见印人萨噶（Sarkar）著《东方思想》一书（原名 Chinese Riligion thorough Hindu Eyes，实非专论中国），末附研究印度文化之参考书，凡二百余种。内印度文化史二十六种，政治史二十三种，宗教三十七种，哲学三十六种，古代梵文学十三种，古代政治思想七种，政治经济二十四

种,科学十种,方言九种,民谣十二种,外人著作十三种。设大学图书馆一无此书,试思学者所感之困难为何如乎?

典籍不限于文字,而吾国前史多不重视器物。今后大学宜建筑并扩充历史博物馆,以藏古人物质之遗蜕,实为不容再缓之事。已经发见之古物,如钟鼎、龟甲、残碑、坠简、陶瓦、钱币、图版、器用等,自应随时调查搜积。即西洋大学考古发掘之所得,如骸骨、石器之属,亦当设法征求,以资考证原人生活之概况。大学并宜及时培养地质考古之人材,以期后日结队开掘古墟。倘深土宝藏,三泉未蚀,人力所加,一旦重见天日,以作增订史乘之新资料,考镜古代生活之渊薮,启蛰重光,快何如乎。

章君议立州县志科,谓与学校师儒,从公讨论。夫文献之征,非所望于今日之吏治,明甚。则大学史科宜特辟时事史一门,似亦为先识之史家所宜留意。西洋史家,亦有以新闻纸为史料者。如 Vincent Historical Research 第十九章夫及时实录,以待论定,并与各国大学交换报告,共谋历史文化之谅解。信不可谓非今后大学史科之大任也。

大学为播布史学之中枢,诚有完备之典籍,精审之著录,将见千章万卷,日见流通,则中华之新史学,岂有不骎骎日进之理哉。

(贰)希望于史学会者,确定步骤,分工研究。据刘君三长难兼之论,又鉴于前世史馆志局之无组织而发

史学会宜讲求组织,分工研究,大意见于第七章,兹不复述。分工研究之法,亦不限于才学识功力一方面。大抵典籍散乱向未校理者,考据之学必须自立专门。迨校雠已完,舛讹既晰,则分析综合之功正可连成一气,以见史学历程之全也。

分工研究,有以时期为单位者,有以地方为单位者,如西洋大学以埃及学为专门之业,称为 Egyptology 而以历史事实之性质为分业者为多。即各种专门史但各门性质往往互相逾越,互有关系,故又必须会通以观历史之全体。要之,史家各因其性之所嗜与力之所及,为部分的精密的研究,而悬一公趋之目的与公用之研究方法。分途以赴,而合力以成。史学会之真正功用,即在于是。

法国史家朗各（Langlois）、辛诺波（Seignobos）二君论列历史事实之分类，至称详密。见二君合著之《史学研究法》导言第三编第二章余尝取吾国历史正史之志与三通及章君《湖北通志》之类目，以相比较，附于篇末，为海内有志史学之士览观焉。

（叁）希望于史书及史学杂志者，行文自注，言必征信。 据章君详言自注之益而发。章君又言著史宜多列图表，图表亦自注之例也

至于三书之价值，自来赞为深窥古人全体，作者精微，别裁卓见，体大思精。有批评之方法，有创造之精神者，大致近是。且刘君自言之固已足矣。

《史通自叙》：《史通》之为书也，盖伤当时载笔之士，其义不纯，思欲辨其指归，殚其体统。（中略）其为义也，有与夺焉，有褒贬焉，有鉴诫焉，有讽刺焉。其为贯穿者深矣，其为网罗者密矣，其所商略者远矣，其所发明者多矣。犹冀知音君子，时有观焉。

附历史事实分类表

历史事实分类表

法史家朗哥,辛诺波二氏之分类(下译与原文微有不同)	历代正史之志(因仍者不书)	杜佑通典(八典)	郑樵通志(二十略)	马端临文献通考(二十四考)	章学诚湖北通志	
(Ⅰ)物质的状况		刘君史通独创议作人形志,此真千古之卓识也。	郑樵通志(内篇7书志)			二纪,三图,五表,六考,四改略,五十三传
(1)人体 { (A)人类学(Anthropology)……如人种学,解剖学,生理学,病理学,变态学等。 (B)人口学(Denisgraphy)……如男女,户口,生死,年岁等。	〔人形〕中国自来史家作志,向未尝立此目。 〔氏族〕刘君议增此志,谓即谱学。(书志)		户口考(3)	〔氏族表〕(荆州志)族望(表4)	
(2)地理 { (A)自然地理……如地形,气候,土壤,生物等。 (B)人文地理……如衣殖,道路,建置,器物等。	地理(汉书地理志、后汉书郡国志、宋书州郡志、魏书地形志) 沟洫(史记河渠书、汉书沟洫志) (刘君议增方物志、都邑志)	州郡典(7)	地理略(5) 都邑略(6) 昆虫草木略(15)	舆地考(23) 物异考(12)	舆地(考2)府县(考1)水利(考4)方舆(图1)沿革(图6)水道(图4)	
(Ⅱ)心灵的状态						
(1)语文……如语言,文字,声韵,章句,训诂等。	〔方言〕刘君谓既乙文当有志,应并立方言。		六书略(2) 七音略(3)			
(2)美术 { (A)静的……如装饰,造象,绘画等。 (B)动的……如音乐,舞蹈,文字等。	音乐(史记乐书、隋书音乐志) 文苑传	乐典	金石略(8) 乐略(9)	乐考(13)	金石(考6)	
(3)科学	天文(史记天官书、汉书天文志) 律历(史记律书、历书、汉书律历志) 艺文、经籍(汉书艺文志、隋书经籍志) (宋书道学传)		天文略(4) 图谱略(12) 艺文略(10) 校雠略(11)	象纬考(21) 经籍考(18)	〔艺文书〕(荆州志)	
(4)哲学、道德(观念、实行)						
(5)宗教(信念、支行)	五行、符瑞(汉书五行志、宋书符瑞志、魏书灵征志) 释老(魏书释老志)		灾祥略(14)			

(续　表)

法史家朗哥、辛诺波二氏之分类（下译与原文微有不同）	历代正史志之志（因仿有不书）	杜佑通典（八典）	郑樵通志（二十略）	马端临文献通考（二十四考）	章君湖北通志
（Ⅲ）人事的风俗 （1）生活（A）饮食 　　　　（B）衣服 　　　　（C）家室、器用……如装饰、卫生 （2）私事（A）燕居……如装饰、卫生 　　　　（B）礼尚……如昏丧酬应、节日、仪式 　　　　（C）娱乐……如游戏、观览、会客、旅行	舆服（后汉书舆服志，唐书车服志） 礼（一部分）（史记礼书、隋书礼仪志）	礼典	器服略(8) 谥略（7） 礼略(16)		二纪、三图、五表、六考、四政略、五十三传
（Ⅳ）经济的习惯 （1）生产……如农、牧、矿 （2）制造……如加工艺 （3）交易……如买卖、交通、授受、契约、债息 （4）分配……如财产、继承、遗产	食货（史记平准书、汉书食货志、货殖传）	食货典(1)	食货略(20)	田赋考(1) 钱币考(2) 市籴考(6) 征榷考(5) 土贡考(7)	食货(考3)〔田赋书〕（和州志）
（Ⅴ）社会的组织 （1）家庭（A）组织……家长、妻子 （2）教育（B）经济……继承、遗产 （3）社会阶级……分业、交际	礼（一部分） 礼	（礼典）(4)	（礼略）	学校考(10)	师儒政略(4) 学校考（天门县志）

刘知幾与章实斋之史学　619

（续表）

法史家朗哥、辛诺波二氏之分类（下译与原文微有不同）	历代正史之志（因仍者不书）	杜佑通典（八典）	郑樵通志（二十略）	马端临文献通考（二十四考）	章菊湖北通志
（Ⅵ）政治的制度					二纪、三图、五表、六考、四政略、五十三传
（1）国政 (A)主权者……人员及办法，治吏、兵事、司法、财政等 (B)行政…… (C)选举……选举权、选举程序	职官（后汉书百官志，晋书职官志）刑（汉书刑法志，魏书刑罚志）兵卫（唐书兵志，汉卫志，辽史营卫志，兵志）	礼典（4）职官典（3）兵刑典（6）	礼略（16）职官略（17）刑法略（19）	帝系考（19），封建考（20），王礼考（11），职官考（14），兵考（16），刑考（17），职役考（4），国用考（8）	皇言纪（纪1）皇朝编年纪（纪2）职官（表1）封建表（表2）经济（政略1）循绩（政略2）捍御（政略3）
（2）教会 选举	选举（唐书选举志）	选举典（2）	选举略（18）	选举考（9）	〔选举表〕（利州志）
（3）国际关系 (A)战争 (B)外交 (C)国际法、国际通商	封禅、郊祀（史记封禅书，汉书郊祀志，魏书祭祀志）			郊祀考（12）宗庙考（13）	
		边防典（8）		四裔考（24）	

（《学衡》1922年第5期）

图书在版编目(CIP)数据

中国古代史学评论 / 王应宪编校. —上海：上海古籍出版社，2018.11
　(中国近代史学文献丛刊)
　ISBN 978-7-5325-8999-9

Ⅰ.①中… Ⅱ.①王… Ⅲ.①史学－中国－古代－文集 Ⅳ.①K092.2-53

中国版本图书馆 CIP 数据核字(2018)第 232723 号

中国近代史学文献丛刊
中国古代史学评论
王应宪　编校
上海古籍出版社出版发行
(上海瑞金二路 272 号　邮政编码 200020)
　(1) 网址：www.guji.com.cn
　(2) E-mail：guji1@guji.com.cn
　(3) 易文网网址：www.ewen.co
浙江新华数码印务有限公司印刷
开本 635×965　1/16　印张 39.25　插页 5　字数 596,000
2018 年 11 月第 1 版　2018 年 11 月第 1 次印刷
ISBN 978-7-5325-8999-9
K·2560　定价：158.00 元
如有质量问题，请与承印公司联系